그들은 왜 순국해야 했는가

최병효

버마암살폭발사건의 외교적 성찰

The Innocent Martyrs
Diplomatic Reflections on the Rangoon Bombing Incident

박영사

버마순국자묘소에서 1983년 10월 9일 아침,
억울하게 순국한 한국의 영령들께 이 책을 바친다.

"우리 모두의 이타카를 향한 여정"

1983.10.8(토) 아침 10시 30분, 김포 국제공항을 떠난 대통령 특별기에 탑승한 나는 그날 오후 4시 30분 랑군 밍가라돈 국제공항에 도착하였다. 그리고 다음 날인 10.9(일) 아침 10시 30분의 아웅산묘소 참극에서 살아남은 수행원들은 모두 그날 오후 4시 30분, 대통령과 함께 랑군을 떠났다. 아웅산묘소에서 암살폭발사건이 발생한 지 여섯 시간 후이자 랑군에 도착한 지 24시간 만이었다. 그리고 그들은 다음 날 새벽 김포 국제공항에 귀환하여 악몽을 털고 각자의 업무로 돌아갈 수 있었다. 그러나 버마행 특별기의 말석을 차지하였던 나는 귀국하는 특별기에 탑승하지 못하고, 살아남은 공식수행원 중 한 명인 김병연 외무부 아주국장과 함께 밍가라돈 국제공항에서 이들을 전송해야만 했다. 본연의 임무가 버마를 위시한 서남아지역에 관한 일이라서 사건이 마무리될 때까지 우선 현지에서부터 그 수습에 매달리지 않으면 안 되었던 것이다.

현지에 남은 우리는 다음 날 긴급 파견되어 온 이원경 정부특사의 활동을 지원하고, 특사와 같이 10.12(수) 랑군을 떠나 방콕에서 하룻밤을 지낸 후 10.13(목) 귀국하였다. 김병연 아주국장은 귀국 후 바로 駐우루과이대사로 전임되었고, 나는 그 다음 해인 1984.3월 말 駐영국대사관 1등서기관으로 런던에 부임할 때까지 "버마암살폭발사건" 수습업무를 담당하며 거의 매일 상황보고서를 만들어 대통령실에 보내야 했다. 사건에 대한 악몽 속에서 하루도 빠짐없는 야근을 통해 계속 이에 천착할 수밖에 없으니 평생 튼튼함을 자랑하던 위장도 탈이 나서 그야말로 정신적·육체적으로 쓰라린 세월을 보내야 했다.

1984.2월에 접어들어 사태가 거의 마무리되고 내가 영국으로 떠나게 되자 이상옥 차관보(외무장관 역임)는 사건을 종합적으로 정리하는 보고서를 만들라고 지시하였다. 이런 경우 보고서를 책자 형식으로 발간하여 외무부 내 관련 부서와 정부 유관부처에 배포하는 것이 정상일 것이다. 그러나 국내적으로 사건의 여파가 어디로 번질지 알 수 없는 일이라 이차관보는 책자 형태가 아니고 보고서로 한 부만 작성해서 보관해 두라고 했다. 나는 추후 이 사건에 대한 조사를 받을 경우에 대비하여 내가 만든 보고서 한 부를 복사하여 현재까지 가지고 있다. 37년이 지난 지금까지도 그 엄청난 세계외교사적 사건에 대한 한국정부 차원의 어떤 종합적인 조사도 없었고 앞으로도 없을 것이다. 이제 나도 불유구不踰矩[1]의 나이를 지났으니 기억을 되살리고 자료를 검토하여 그 사건을 최대한 명확하게 정리함으로써 후세에 참고할 수 있는 역사의 기록을 남겨야 할 시점이 됐다. 나로서는 그 후 세계 여러 나라에서 근무하면서도 그 보고서를 잃어버리지 않고 잘 간직해 왔는데 이제 공개된 여러 자료들을 참조하여 나름대로 하나의 완성된 보고서를 쓰게 되어 다행이라고 생각하고 있다. 버마 방문과 관련된 많은 외교문서는 1982.2월부터 1984.3월까지 내가 외무부 서남아과 서기관으로 근무하며 직접 기안하고 보고하고 각 기관에서 수령한 것들로서 30년이 지난 2013-2015년에 공개되었다.

사건 발생 몇 달 후부터 최근 수년 전까지, 이 사건에 대한 여러 분의 저술이 사건의 실체에 대한 접근을 시도하였다. 그들 대부분은 북한 지도부와 그들이 보낸 암살자들에게 초점을 맞춰 가해의 책임을 거론하고, 우리 측의 책임문제에 관해서는 깊이 있는 분석을 생략하고 있다. 민주화가 많이 진전된 현 시점에서도 우리 사회 곳곳에는 무의식적으로나 습관적으로 과거의 특권을 성역시하고 그들의 기득권을 당연한 것으로 인정하는 경향이 남아 있다. 앞의 저술들은 이러한 현실적 상황을 반영한 부득이한 것일 수도 있다. 억울하게 목숨을 잃고 순국자로 박제화되어 버린 희생자들의 입장에서나 민주공화국인 대한민국의 외교정책적 관점과 국제정치적 맥락에서 이 사건을 바라보려는 시도는 없었다. 물론 암살자들과 그 지시자인 북한의 지도자들이 무고하게 희생된 자들에게 직접적인 책임을 져야 할 일이다. 그러나 좀 더 깊고 넓은 시각에서 이를 바라보는 것이 사건의 배경을 전체적으로 조망하고 우리의 정치·외교가 계속 발전해 나갈 방향을 제시하는 데 도움이 될 것으로 본다. 나로서는 이러한 관점에서 사건의 내막을 보고자 노력하였지만 여러 가지로 불비한 탓에 뜻한바 목표를 달성하기가 쉽지 않은 일임을 깨닫게 된다.

역사는 사라지지 않는다. 인간 개개인은 죽더라도 역사는 인류가 계속되는 한 살아서 움직인다. 당시에는 알지 못했던 사실이나 상황과 의미가 오랜 세월이 흐른 다음 밝혀지고 깨우쳐지기도 한다. 이로써 다 지나간 일이라고 생각했던 역사가 살아나 다시 쓰여지고 새로운 힘을 지니게 된다. 우리가 역사를 재조명하고 재분석하는 것은 과거에 얽매이고자 해서가 아니라 미래를 잘 살기 위해서이다. 과거와 같은 잘못을 되풀이하지 않기 위함이다. 비극이 비극으로만 끝난다면 너무 허무하다. 비극을 거울삼아 앞으로 전진하는 발판으로 삼는다면 그 비극은 헛됨으로 끝나지는 않을 것이다. 머나먼 이역 땅에서 벌어진 트로이 전쟁은 트로이의 멸망과 아테네 연합군의 의미 없는 승리로 막을 내려서는 안 되는 것이다. 부질없는 이유로 시작된 10년간의 헛된 전쟁으로 수많은 생명이 사라진 뒤에, 살아남은 오디세우스는 아내와 아들이 기다리고 있는 고향 이타카에 돌아가야 하는 것이다. 10년에 걸친 모질고 힘들었던 항해 끝에 그가 비로소 고향에 돌아옴으로써 비극은 그 대단원의 막을 내릴 수 있다. 그리고 그는 다시 새로운 일상을 시작할 수 있게 되는 것이다. 그렇다, 우리 현대사에 커다란 오점으로 남겨진 하나의 큰 비극을 진정으로 끝내기 위해서는 자의든 타의든 그 비극에 참여하였다가 살아남은 자들이 각자의 이타카를 찾아 돌아가야 한다. 그 귀로가 아무리 험난하고 쓰라린 기억으로 점철된 것이더라도 고향으로 돌아가지 않는다면 기다리는 자들에게 전쟁은 끝나지 않은 고통으로 남아 있을 것이다. 귀향의 과정에서 그 무모한 전쟁이 왜 시작되었는지에 대한 깊은 성찰을 통하여 헛되이 목숨을 잃은 자들에게 사죄하고 미래에 대한 교훈으로 삼아야 한다.

이미 오래 전에 그 여정을 마무리한 전사들도 있겠지만 나는 이제서야 37년 전의 악몽에서 벗어나 이타카의 한구석에 도달할 수 있게 되었음을 하느님께 감사드린다. 10년간의 트로이 전쟁과는 달리 버마를 둘러싼 우리의 무모한 전쟁은 일 년도 안 되는 짧은 기간이었지만 그 짧은 전쟁에 이르기까지는 대내외적으로 수십 년간의 치열한 갈등이 있었다. 이로써 우리의 이타카로의 귀향은 오디세우스의 10년 항해보다도 훨씬 더 긴 여정을 필요로 하고 있다. 꿈에서라도 다시는 생각하고 싶지 않은 그 비극적인 전쟁을 상기하고 복기하는 것은 오직 우리 정치·외교사에서 그러한 불행이 다시는 되풀이 되어서는 안 된다는 믿음에서다. 잘못된 정치적 리더십에 의한 탐욕과 소모적 외교전쟁이 국익이라는 미명하에 일상적으로 수행되어서는 안 되며, 그 과정에서 무고한 순국자가 더 이상 발생되어서는 안 된다는 믿음에서다. 이 부족한 연구가 아직도 일천한 대한민국의 외교가 어떻게 전개되어 왔는지에 대한 하나의 작은 통찰을 제공함으로써 미래로 가는 작은 불빛이라도 될 수 있기를 바랄 뿐이다. 이제 우리도 패거리나 특정 집단의 이익이 지배하는 야수의 정치를 끝내고, 보다 보편적 정의가 지배하는 사회와 국가를 만드는 데 각자가 큰 희생 없이도 더 적극적 역할을 할 수 있는 시대에 살고 있다는 믿음을 가져야 할 때가 되지 않았는가?

2020년 11월
최병효

Contents

차례

사건의 발단 · 전개 · 참사

제2부

사건의 조사 · 외교전

제3부
책임 · 동맹 · 순국

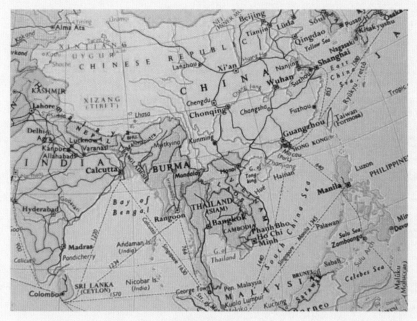

남아시아 지도

사건현장 인근 지도

No. 2½ 21 7

The Ministry of Foreign Affairs of the Socialist
Republic of the Union of Burma presents its compliments
to the Embassy of the Republic of Korea and has the honour
to convey the following message from U San Yu, President
of the Socialist Republic of the Union of Burma, to
His Excellency Mr. Chun Doo Hwan, President of the Republic
of Korea:-

To

His Excellency Chun Doo Hwan,
President of the Republic of Korea

Excellency,

I was greatly shocked and aggrieved for
the most tragic mishap that had regretfully
occured at the Martyrs' Mausoleum on 9th October
1983 during the state visit of Your Excellency
to our country, resulting in the demise of, and
injuries to some high ranking members of
Your Excellency's entourage.

On behalf of the Government and the people
of the Socialist Republic of the Union of Burma
as well as in my own name, I tender our deepest
sentiments of condolence and sorrow to
Your Excellency and through you to the bereaved
families for this most tragic incident.

Our sense of sorrow is augmented by our
deepest sense of regret that this most regrotful
incident had occured during Your Excellency's
state visit to our country, which has nevertheless
contributed toward the further enhancement of
relations between our two countries.

0031

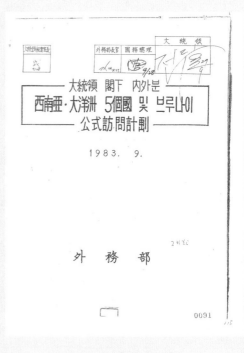

大統領 閣下 內外분
西南亞·大洋洲 5個國 및 브루나이
公式訪問計劃

1983. 9.

外 務 部

0090

2

Please also allow me to further express
my own personal sentiments of condolence and
grief for this most sorrowful mishap.

Yours sincerely,

San Yu
President of the Socialist
Republic of the Union of
Burma

The Ministry of Foreign Affairs of the Socialist
Republic of the Union of Burma avails itself of this
opportunity to renew to the Embassy of the Republic of
Korea the assurances of its highest consideration.

RANGOON
9 October 1983.

0032

사건 당일 버마 대통령이 보내 온 조의문서

巡 訪 航 路

——— : 我側 特別栈
=== : 訪問國 航空栈
——— : 陸 路

대통령 순방 결재서류

폭발 직후 상황

버마순국자묘소 폭발 현장   1983.10.9. 10:28
버마순국자묘소 앞에 두 줄로 선 공식 수행원들 (폭발 직전)
앞줄 오른편부터 서석준, 이범석, 김동휘, 서상철, 이계철, 함병춘,
심상우, 이기백

순국외교사절 영결식   여의도, 1983.10.13

"아웅산묘역 대한민국 순국사절 추모비"에 헌화하는 문재인
대통령 내외   2019.9.4

임진각 "버마아웅산 순국외교사절 위령탑" 앞에 선 필자
2020.8.29

국립서울현충원 국가유공자 묘역1, 이범석과 서석준의 묘
2020.8.30

　　버마인들은 부계나 모계를 따르는 식의 성family name이 없다. 버마인들은 살아가면서 자신의 생애를 반영하여 이름을 마음대로 바꿀 수 있다. 또 그들은 살아가면서 어떤 시기에 주어진 경칭을 이름의 일부로 사용한다. 전통적으로 그들의 이름은 U Nu나 U Thant처럼 한 문구였다(U는 Mr.와 같은 경칭). 20세기 중반부터는 많은 사람들이 두 문구 이상의 이름을 쓰기 시작했다. 이는 서양의 영향을 받은 것으로 남자들은 네 문구까지 여자들은 다섯 문구까지 이름으로 쓰게 되었다. 근래에는 부친이나 모친의 이름을 자기 이름에 붙여 사용하는 경우가 흔하나 그것이 성을 의미하는 것은 아니다. 예로서 Aung San의 부모 이름은 한 글자인 Pha와 Suu였다. Aung San은 태어나서는 Htain Lin이었으나 나중에 Aung San으로 바꿨다. 그의 딸은 Aung San Suu Kyi로 "Aung San"은 부친의 이름이고 "Suu"는 조모의 이름이다. "Kyi"는 모친 Khin Kyi에서 따왔다.

　　한 글자나 두 글자 이름인 경우, 경칭이 붙는 경우가 많다. 주로 사용되는 경칭은 다음과 같다:

경칭	의미	사용자
Aung	successful	
Aye	calm, peaceful	
Bo, Bogyoke	사령관,장군,지도자	군 장교(예: Bogyoke Aung San)
Chit	loving	
Daw	aunt/ Ms.	숙녀나 높은 위치에 있는 여성
Gyi	big, Great	존칭 접미사
Hla	beautiful, handsome	
Khun	Mr	Shan 족 남성
Ko	brother(older)	비슷한 연령의 남성
Kyaw	famous	
Kyi	clear	
Ma	sister/Ms	젊은 여성이나 비슷한 나이의 여성
Mahn	Mr	Karen족 남성
Maung (Mg로 약칭)	brother(younger)	이름으로도 사용됨
Mi	Ms	젊은 여성 또는 Mon족 여성
Min	prince, ruler	존칭 접미사
Minh	brother(younger)	Maung에 해당하는 Mon족 소년
Nai	Mr	Mon족 남성
Naw, Nant, Nan	Ms	Karen족 여성
Nu	soft, youthful	
San	unusal, outstanding	
Sein	diamond	
Shin	lord	승려나 귀족 남.여
Shwe	gold	
Suu	gather together, collect	
Thakin	master	We Burmans Association, DAA회원들이 사용
U	uncle/Mr	성인 남성, 고위직 남성, 승려
Win	radiant	

*이 책의 버마이름과 지명의 한글표기는 영문을 참조했으므로 실제 발음과는 다를 수 있음.

그들은 왜
순국해야 했는가

버마암살폭발사건의 외교적 성찰

THE
INNOCENT
MARTYRS

제1장
버마로 가는 길

1. 가을비에 젖은 김포 국제공항

    1983.10.8 토요일 아침, 서울은 초가을 날씨답지 않게 보슬비가 내리고 을씨년스러웠다. 우리 역사상 처음으로 버마로 가는 새로운 길을 열기 위한 대통령의 국빈방문이라지만 나로서는 어떤 설렘이나 기대감도 느껴지지 않았다. 대신 마음 한편에 깃든 암울한 불안감이 가을비에 젖은 낙엽처럼 쉽사리 사라지지 않았다. 광화문에서 김포공항에 이르는 도로변에는 구간별로 동원된 태극기를 든 학생들과 시민들이 "4천만이 뭉친 국력 서남아로, 대양주로" 등의 피켓을 들고 18일간 서남아와 대양주 6개국 순방에 나서는 전두환 대통령내외를 환송하였다. 김포 국제공항에서는 영등포여상 합창단이 "선구자"를 합창하는 가운데 국내 주요 인사들과 외교단이 참석한 공식 환송행사가 거행되었다. 이어 대통령 내외와 각료급 공식 수행원들은 활주로 위에 깔린 붉은 카펫 위를 걸어서 비행기 앞문에 놓인 트랩으로, 나를 포함한 비공식 수행원들, 경제인들과 기자단은 아스팔트 위에 놓인 트랩을 올라 뒷문으로 특별기에 탑승하였다. 서울에서 버마로 가는 전두환 대통령의 일정은 이렇게 시작되었다.

    1931년 만주를 점령하여 다음 해에 위성국가 '만주국'을 세운 일본은 북경 교외에서 '루거우차오蘆溝橋'사건(1937.7)을 일으켜 중국 본토를 침략하였다. 일본군이 무서운 기세로 상하이와 난징, 우한을 점령하자 장개석의 중화민국 정부는 충칭으로 도피하였다. 국공합작으로 잠시 내전을 멈춘 장개석의 국민당 정부와 모택동의 공산당 정부는 대일 공동항전에 임했으나 1939년 무렵부터 전세는 소강상태에 빠져들었다. 일본은 중국침략의 여세를 몰아 동남아시아와 오세아니아를 포함하는 "대동아공영권大東亞共榮圈"이라는 제국주의 팽창정책을 본격 추진하기 시작하였다. 일본의 진주만 공습(1941.12.7)으로 미국이 일본에 선전포고를 함으로써 제2차세계대전은 아시아 전체로 확대되었다. 미·영 연합군은 일본에 대항하여 싸우는 중국군을 지원하기 위해 영국령 버마의 북부 라쇼Lashio에서 중국 서남부 위난성 컨밍雲南省 昆明까지 보급로를 건설하였는데 그 길이 버마 로드Burma Road이다. 그러나 일본이 1942년 버마를 점령함으로써 버마 로드의 이용이 어렵게 되자, 연합군은 다시 버마 서쪽 인도의 아쌈지역 레도Ledo에서 중국 컨밍을 잇는 레도 로드Ledo Road를 완성하여 1945년부터 중국에 대한 보급로로 사용하였다. 한편 버마를 점령한 일본은 국경을 넘어 인도로 쳐들어갔고 1944.3−7월간 버마에서 멀지 않은 인도의 임팔Imphal지역에서 영국군과 대규모 전투가 벌어졌다. 버마와 동남아 전역戰域에서의 전황을 결정지은 이 대전투에서 일본군은 5만여 명의 사상자를 내며 그때까지의 일본역사를 통틀어 가장 큰 군사적 패배를 당하였다. 당시 중국군도 버마로 진입하여 중국으로 통하는 새로운 보급로로 레도 로드를 완성하였는데, 일본이 1945.9.2 중국 전쟁에서 항복함으로써 아시아에서의 전쟁도 모두 막을 내렸다. 세계대전 중에 "중국 버마 인도 전투지역China Burma India Theater"으로 알려진 20세기 아시아 최대의 전쟁터에서 죽은 중국 민간인이 1천만−2천5백만 명, 중국과 일본의 군인이 4백만 명이라니 "버마 로드"는 가히 피바다로 가는 길이기도 했다. 이 전투에는 영국의 요청으로 중국 내 대한민국임시정부의 직할부대인 한국광복군 요원들이 정보 및 통역을 위해 참전하기도 하였다.

그로부터 39년이 지난 후, 한국인들의 피바다가 될 신버마 로드New Burma Road로 가는 특별기에는 전대통령 내외와 20명의 정부 공식수행원이 탑승하였다. 그 외에 비공식 수행원으로 청와대에서 의전·공보 비서관 등 23명, 외교부에서 정무·의전·통역 등 과장급 이하 직원 11명, 경제기획원·상공부·동자부의 장관을 수행한 직원 3명, 합참의장 부관 1명, 경호관 20명, 기자단 26명, 정주영 전국경제인연합회장등 경제계 인사 29명이 동행하였다. 비행기 승무원 27명을 포함하여 162명을 태운 대한한공 특별기 KE521은 10.8(토) 오전 10시

30분 김포 국제공항을 이륙하였다.

　가을날 때 아닌 보슬비를 맞으며 비행기에 탑승하니 불길한 기분이 몰려왔다. 기내로 들고 간 내 서류가방 안에는 북한 선박 "동건애국호"의 최근 랑군 기항 시에 아무런 문제점이 없었다고 전날 밤에 駐버마대사가 보고해온 전문電文이 들어 있었다. 나를 계속 괴롭힌 것은 그 전문이 버마대사가 '동건애국호'의 기항사실이나 기항 중 동향을 미리 파악해서 보고해 온 것이 아니라는 데 있었다. 그 배의 랑군 기항사실은 3일 전인 10.5(수) 駐스리랑카대사가 외무장관 앞으로 보내 온 전문 보고를 통해 처음으로 알게 되었다. 그 즉시 나는 상부의 결재를 받아 버마대사에게 이 사실을 알리면서 그 배의 랑군 기항 중 특이 이동향이 없었는지 문의하였고, 이에 대한 버마대사의 회신이 출발 전날 저녁 늦게 도착하였다. 나는 10.8(토) 아침 일찍, 청와대 앞에서 김포공항으로 떠나는 수행원 버스에 탑승하기에 앞서 세종로 정부종합청사 내 외무부 외신과에 들려 그 버마대사의 보고 전문을 수령하였다. 원본은 이범석 외무장관에게 보고하도록 김병연 아주국장에게 주고 나는 사본 한 부를 만들어 서류가방에 넣어 갔다. 나는 비행기 탑승 후에도, 버마대사관이 그 배가 9.17－21간 랑군항에 기항하였던 사실조차 모르고 있었기에 외무부에 보고를 하지 못한 것인지, 알고도 무슨 연유에서 이를 보고하지 않은 것인지, 그런데도 내가 랑군 기항 사실을 버마대사관에 알리고 그 배의 기항 중 동향을 문의한 데 대하여 하루 만에 아무런 문제점이 없었던 것으로 파악됐다고 확실하게 보고한 근거는 무엇인지 등 여러 가지 석연치 않은 상념에서 벗어날 수 없었다. 비행기가 무사히 랑군까지 갈 수 있을까하는 이상한 생각도 들었다. 이 비행이 내 생의 마지막이 될지 모른다는 막연한 의구심은 비행기를 탈 때마다 항상 느끼는 기분이기에 애써 평온을 찾고자 하였다. 복도 건너 옆 자리에는 이기백 합참의장을 수행하는 부관인 전인범 대위(특전사령관, 1군 부사령관 역임)가 군인 정장을 하고 앉아 있었다. 그는 앞쪽 공식 수행원석에 앉은 합참의장으로부터 혹시 있을지도 모르는 지시를 대기하는지 아무 말도 없이 긴장된 모습으로 8시간 반의 비행시간을 견디고 있었다.

　한국보다 시차가 2시간 반이 늦은 랑군에는 현지 시간으로 오후 4시30분(서울시간 오후 7시) 도착 예정이니 비행시간만 8시간 반이 걸리는 먼 여정이었다. 지금 같으면 7시간에 가겠지만, 당시에는 중국이나 북부 베트남과 수교가 없어 안전을 감안하여 최대한 그들 나라에서 멀리 떨어져 비행을 하다 보니 시간이 그렇게 길어진 것이다. 특별기는 대한항공에서 임차한 보잉 B747−SP 기종이었다. 대통령의 버마 방문 지시가 있은 직후, 경호와 의전쪽에서 보잉 747 점보기가 랑군의 밍가라돈 국제공항에 내릴 수 있는지 염려되어 현지 공관을 통해 확인하니 밍가라돈 공항은 활주로 길이가 짧아서 보잉 727까지만 착륙 가능하고 747은 비상 착륙만 허가하고 있다고 하였다. 방콕까지 747로 간 후에 별도의 특별기로 바꿔 타고 가는 방안도 검토하였다. 그러나 대한항공 관계자가 밍가라돈 공항을 사전 답사한 후 점보기중 이착륙 거리가 짧은 B747−SP기종을 사용하면 문제가 없다고 하여 그리 결정된 것이었다.

당시 안기부장이었던 노신영은 1982년 전두환 대통령의 아프리카 순방 시처럼, 1983.10월의 버마와 서남아 순방 시에도 자신의 독자적인 판단으로 대통령 일행의 안전문제를 미국 측과 협의하고 협조를 요청하였다고 한다. 대통령의 방문 일정과 탑승기의 항로를 미국 측에 통보하고 검토를 요청한 결과, 미국 측은 비행항로가 중국대륙과 베트남에 너무 근접해 있음을 지적하고 좀 더 떨어져서 비행함이 좋겠다고 권고하면서 바람직한 비행항로를 지도 위에 그려 왔다고 한다.[1] 그 항로를 따르면 당초 버마와 합의하여 확정된 순방일정인 10.8(토) 오후 4시의 랑군 도착이 한시간 이상 늦어지게 되고, 도착 후 공항에서 바로 아웅산묘소로 직행하여 묘소 참배를 할 계획도 어둠 때문에 다음날로 변경할 수밖에 없게 된다고 하였다. 이에 따라 노신영 부장은 미국 측이 그려온 항로 지도를 가지고 먼저 장세동 경호실장과 협의한 후 같이 전대통령을 만났다고 한다. 설명을 들은 전대통령은 미국 측 권고에 따르는 것이 좋겠다고 하면서 참배 일정을 도착 다음날로 변경하도록 지시하였다고 한다. 그러나 이 같은 노신영의 기억은 일부 착각일 가능성이 크다. 아웅산묘소 참배시간이 당초 계획하였던 10.8(토) 오후 5시30분에서 다음날인 10.9(일) 아침 10시30분으로 변경된 것은 항로변경으로 인해 랑군 도착시간이 한시간 늦춰졌기 때문은 아니었다.

1983.7.20 외무부에서 대통령 결재를 받은 "대통령각하 버마·인도·스리랑카·호주·뉴질랜드 순방일정 건의(안)(괌 경유)"에는 서울 출발시간이 10.8(토)

11:00, 랑군 도착이 16:00(비행시간 7시간 반)이고, 도착 후 영빈관에서 휴식 후 17:30에 아웅산묘소에 헌화하도록 되어 있었다. 도착 다음 날인 10.9(일)에는 항공편으로 버마의 불교 유적지 파간 지역을 하루 종일 방문하도록 되어 있었다. 1983.9.29 다시 대통령 결재를 받은 "대통령각하 내외분 서남아·대양주 5개국 및 브루나이 공식방문계획"에는 10.8(토)의 서울 출발시간이 30분 빨라진 10:30, 랑군 도착은 30분 늦춰진 16:30(비행시간 8시간 반)이나, 아웅산묘소 헌화는 그대로 17:30이고 10.9(일)에도 예정대로 파간지역을 방문하는 것으로 되어 있다. 노신영의 회고대로 미국 측의 항로변경 권유로 출발시간을 11시에서 10:30으로 앞당기고 랑군 도착시간은 오후 4:30으로 늦춰져서 비행시간이 1시간 길어진 것은 사실인 것 같다. 그러나 헌화시간은 영향을 받지 않은 것이 명확하다. 당시 랑군의 일출 시간은 06:00, 일몰은 17:48이라고 우리 측에서 작성한 "버마 방문일정 세부설명서" 책자에 나와 있는데 일몰시간이 걱정이었다면 공항에서 바로 아웅산묘소로 가서 17:00에 참배할 수도 있었을 것이다. 그런데 버마 특별기(Fokker28 제트기)로 치안상의 우려가 있는 지방을 방문해야 되는 경호상 문제를 이유로 출국 수일 전에 우리 측에서 갑자기 파간 방문을 취소함으로써 10.9(일) 일정이 비게 되었다. 그래서 도착일인 10.8(토)의 아웅산묘소 참배를 10.9(일) 오전으로 미루고, 10.9(일) 오후에는 그 인근의 쉐다곤 사원 방문으로 일정을 조정한 것이었다.

2. 쾌청한 하늘의 밍가라돈 국제공항

특별기는 10.8(토) 오후 4시30분, 서울과는 달리 쾌청한 하늘의 랑군 밍가라돈 국제공항에 도착하였다. 우기가 끝나고 건기에 접어드는 시기로 약간 무더웠으나 맑은 날씨였다. 이계철 駐버마대사와 버마 외무성 우 떼인아웅U Thein Aung 의전장이 기내에 올라와 전두환 대통령 내외를 모시고 비행기 트랩을 내려오자 21발의 예포가 울렸다. 트랩 아래에서는 우 산유U San Yu 버마 대통령 내외가 환영을 하였다. 양국 대통령이 사열대에 서서 의장대의 경례를 받은 다음 애국가와 버마국가가 연주되었다. 이어 우 산유 대통령의 안내로 의장대를 걸어서 사열한 다음, 일행은 공항 내 환승 라운지로 이동하였다. 전대통령은 서석준 부총리 등 각료급 수행원들을, 우 산유 대통령은 우 아예코U Aye Ko 국가평의회 서기 내외, 우 센루윈U Sein Lwin 국가평의회 의원 내외, 우 마웅마웅카U Maung Maung Kha 수상 내외, 인민사법회의 의장, 인민검찰회의 의장, 인민감찰회의 의장, 부수상, 우 칫라잉U Chit Hlaing 외상 등 주요 각료 내외와, 동경에서 일시 귀국한 우 키마웅U Kyi Maung 주한 대사(일본에 상주) 등 10여 명의 버마정부 고위급 인사들을 소개하였다. 우 산유 대통령 등 버마 인사들은 스코틀랜드의 남자 치마kilt를 연상시키는 전통의상 론지longi를 입고 있었다. 열대의 날씨에 어울리는 복장이었다.

　의장대 사열이 끝난 후 각료급을 제외한 나머지 수행원들과 함께 나도 뒷문으로 내려와서 환영식을 지켜보며 승차 준비를 하였다. 공항 내 라운지에서 우 떼인아웅 의전장은 버마주재 외교사절들을 전대통령 내외에게 소개하였고 이계철駐버마대사는 우리 대사관 직원들을 소개하였다. 이어 한인 화동 2명이 대통령 내외에게 꽃다발을 증정하고 이대사가 교민대표를 소개하였다. 우 산유 대통령의 안내로 전대통령은 그와 함께 버마 국빈 1호차에, 대통령의 부인들은 국빈 2호차에 탑승하여 16:40분 모터케이드를 이뤄 10km 떨어진 10분 거리의 영빈관State Guest House에 도착하였다. 영빈관이 협소하여 그 본관에는 대통령 내외와 함병춘 대통령비서실장, 심상우 민정당 총재비서실장, 민병석 주치의, 장세동 경호실장 등이, 그 별관에는 김병훈 의전수석, 노영찬 외교부 의전장과 필수 의전·경호요원만 묵게 되었다. 서석준 부총리, 이범석 외무장관 등 나머지 공식, 비공식 수행원과 경제인들, 기자단은 영빈관에서 1km정도 떨어진 "인야레이크 호텔Inya Lake Hotel"에 숙소를 정하였다. 200개 객실의 호텔은 전적으로 우리 일행이 사용하였다.

　공항에서 시내로 들어가는 동안 길거리에서는 녹색 치마에 하얀 블라우스를 입은 여학생들이 태극기와 버마기를 흔들며 우리 일행을 환영하였다. 그들의 얼굴이 동남아 사람들답지 않게 하얗게 보여 버마인들이 대부분 중국계가 아닌가 하는 생각이 들었다. 차 안에서 시내를 내다보니 키 큰 야자수들이 잘 계획된 넓은 도로 양측에 줄지어 서 있고 모두 5층 이하로 보이는 식민시대의 건물들로 인해 유럽의 옛 도시에 온 것 같은 느낌을 받았다. 버마 전체 인구 3,600만 명 중 320만 명이 사는 랑군은 70여 년간 영국의 식민국가 수도로서의 위엄을 갖춘 잘 정비된 유럽식 도시라는 인상이었다. 지나가는 차들을 보니 1940－50년대의 빈티지 차들이 많아서 시간은 영국이 철수한 1940년대에 그대로 멈춘 듯하였다. 마치 타임머신을 타고 제2차세계대전 직후로 돌아간 것 같아 비현실적이고 정겨운 느낌마저 들었다. 버마는 1886년 영국령 인도에 편입된 후 1937년에는 인도에서 분리되어 영국의 직할령이 되었다. 1942－45년 간에는 일본군에 점령되었다가 1947년 영국－버마 간 독립협정이 체결되어 1948년 버마연방공화국으로 독립하였다. 특이한 점은 독립하면서 영국연방 British Commonwealth의 일원이 되지 않은 것이다. 초대 총리에는 우 누U Nu가 취임하였으나, 1962.3월 네윈Ne Win 장군이 쿠데타로 집권하여 버마사회주의계획당을 만들고 1974.1월 버마사회주의연방공화국을 선포하면서 본격적인 버마식 사회주의 정치·경제체제를 수립하여 유지해 오고 있었다. 버마는 우리와 체제나 문화가 다른 매우 생소한 국가였다.

3. 인야레이크 호텔

수행원들이 묵게 된 인야레이크 호텔은 이름 그대로 인야 호수Inya Lake를 품은 랑군 도심의 최고급 호텔이라고 하였다. 1960년대에 소련이 지었다는 이 호텔은 높지는 않으나 객실이 200개 정도로 제법 크고 오래된데다 시설도 매우 검소해서 사회주의 냄새가 물씬 났다. 에어컨 외에 냉장고나 텔레비전도 없고, 방은 상당히 좁고, 딱딱한 작은 침대 두개가 방마다 배치되어 있었고, 나는 최남준 서남아과장과 206호를 쓰게 되었다. 김병연 아주국장은 공식수행원이라 207호에 단독으로 배치되었다. 짐을 풀고 샤워를 하니 저녁식사 시간이 되었다. 도착한 토요일이 버마에서는 공휴일이었고, 전대통령도 공식 행사 없이 영빈관에서 사적인 만찬을 가졌다.

호텔에 머무는 수행원들은 호텔 내에서 뷔페 음식을 먹었다. 그런데 사회주의국가의 국영호텔이라 그런지 인접한 태국이나 다른 열대국가와 달리 음식이 빈약하고 맛이 없어 과일을 제외하고는 먹기 어려울 정도였다. 호기심이 많고 자유롭게 활동하는 기자들은 취재거리도 찾을 겸 저녁식사 후에 호텔 밖에 나가 시내 구경을 하였다고도 하나, 정부 측 수행원들은 거의 호텔에 머무르며 다음 날부터 시작되는 공식행사들을 점검한 후 일찍 잠자리에 들었다.

4. 나의 서남아지역 인연

나는 군 복무를 마친 후 1974.1.4부터 외무부 근무를 시작하였다. 여권과 근무 일 년을 거쳐 통상2과에서 유럽과의 통상업무를 담당하다가 영국문화원 장학금으로 1976-77년간 옥스퍼드대학교의 머튼컬리지Merton College의 학생 member이 되어 외교관 과정을 수료하였다. 머튼컬리지는 옥스퍼드대학교를 구성하는 30여개 컬리지 중에서도 가장 일찍 1264년에 창립된 유서 깊은 학교로서 대학원생까지 포함하여 총 400명이 안되는 남자 대학이었다. 한국인이 그 학생이 된 것은 학교 창립 700여 년 만에 내가 처음이었고 내가 사실상 유일한 동양인이었다. 그 후 영국에서 근무 중이던 1984년 여름 어느 주말에 머튼컬리지를 방문하니 일본 황태자(나루히토 德人, 2019.5.1 일본 천황으로 즉위)가 현재 대학원에 유학중(1983-85년)이라고 했다. 그 후 일본 황실의 다른 인물도 그 학교에 유학하는 등 일본과 긴밀한 유대관계를 맺은 것으로 알려졌다. 나는 옥스퍼드에서의 과정을 마치고 1977.6월 말 외무부 경제협력과로 발령받아 귀국하였으나, 2주일 만에 갑자기 駐포르투갈대사관 3등서기관 겸 부영사로 발령받았다. 이삿짐도 아직 바다로 오고 있었고 출국 준비가 안되어 부임 연기를 한 끝에 1977.9월 말 리스본에 가서 2년을 근무하였다. 그 후 駐네팔대사관 2등서기관겸 영사로 전보되어 3인 공관의 차석으로서, 다시 2년을 근무한 후 1981.10월 초 서울로 귀환하였다. 네팔 근무 중 1981.6월에 서기관으로 승진하였으나 아직 과장 보직을 받을 차례가 안되어 귀국 후 외무부 정보2과(북한과)의 서기관으로 부임하였다. 그러던 중 대통령의 서남아 순방계획이 있으니 서남아과로 옮겨 그 일을 하면 좋겠다는 당시 친하게 지내던 서남아과 김성엽 사무관 제의로, 최남준 서남아과장과 최동진 아주국장의 동의를 받아서 1982.2월 서남아과 차석으로 전보되었다. 인도, 파키스탄, 버마, 네팔, 방글라데시, 스리랑카, 몰디브 등과의 외교업무를 하는 서남아과에는 이례적으로 부이사관인 과장 아래 고참 사무관인 김성엽(駐리비아대사, 애틀랜타 총영사 역임)과 신참 사무관으로 신동익(駐오스트리아 대사 역임), 조준혁(현 駐페루대사) 등이 있는 외교부 내에서도 규모가 큰 과였다. 당시 외교부의 각 과는 거의 서기관 과장과 사무관 2-3명, 주사급 1명 등으로 구성되었다. 김성엽 사무관은 駐인도대사관 근무 시 모셨던 이범석 대사가 1982.6월 외무장관으로 부임하자 이미 장관보좌관으로 있던 반기문과 같이 보좌관직을 맡았다. 그 후임으로 서백림총영사관을 거쳐 인도대사관에서 근무하던 송민순 사무관(駐폴란드대사, 청와대 통일외교안보정책실장, 외교통상부 장관, 민주당 국회의원 역임)이 부임하였다. 송민순과는 문리대 동기이기도 해서 가까이 지내며 서남아 순방행사를 같이 준비하였다.

1925년 평양 태생인 이범석은 해방 후에 월남하여 고려대학을 졸업하고 보건사회부에서 근무하다가 한국전쟁 시 부산에서 적십자사 미국연락관 업무를 맡았다. 그 후 대한적십자사 청소년부장으로 활동하며 1959.3-5월간 일본의 재일교포 북송 저지를 위해 제네바 국제적십자사에 파견된 한국정부대표단에 참여하였으며 1960년 4.19 의거 후에는 정일형 외무장관에 의해 외무부에 특별 채용되었다. 외무부 의전실장, 駐튀니지대사를 거쳐 1972년에는 외무부 본부대사와 대한적십자사 부총재직을 겸직하며 남북적십자회담 수석대표를 맡아, 1972.8월부터 1973.7월까지 평양과 서울에서 북한적십자사 측과 각각 4회와 3회의 회의를 갖고 이산가족 상봉을 위해 노력하였다. 그 후 駐인도대사로 4년여(1976.6-80.9) 근무하다가 통일원장관(1980.9-82.1)으로 귀국한 후 대통령비서실장(1982.1-6)을 잠시 역임하고 외무부 장관으로 발탁된 탓으로 서남아과와 인도 업무에 관심이 많았다.

나는 1979.10월 초 리스본에서 카투만두로 전보되어 가면서 비행기를 바꿔 탈 겸 뉴델리를 경유하게 되었었다. 마침 김성엽 3등서기관이 뉴델리에 근무하고 있어 이틀간 묵을 호텔 예약을 당부하였다. 그런데 뉴델리 공항에 도착하니 김서기관은 이범석 대사가 우리 식구들을 대사관저에 묵도록 하라고 지시하여 놀랐다고 하면서 관저로 가자고 하였다. 숙소도 몇 달 전인 5월에 신축, 완공된 대사관과 관저가 있는 경내에 별채로 지어진 게스트 하우스가 아닌 대사관저 내 침실을 이용한다고 하였다. 나로서는 이범석 대사와 개인적인 인연이 전혀 없었는데 인근 네팔대사관의 차석으로 가는 직원이니 잘 보살피라는 대사의 지시라고 하였다. 우리 가족은 이범석 대사 내외와 관저에서 같이 식사하였는데 김서기관도 참석시키지 않고 우리 가족과만 하였다. 이대사는 대사관과 관저를 지으면서 힘들었던 이야기를 많이 하였다. 유명 건축가 김수근의 설계이나 자신의 공관 근무 경험에 비추어 많은 조언을 하여 사실상 내부 구조는 자기 작품이라고 자부하였다. 뉴델리 외교단지내 5,400여 평의 대지 위에 연건평 800여 평에 달하는 공관 및 관저는 겉모양을 인도 서부 라자스탄주의 특산인 붉은 돌을 사용하여 무갈제국의 건축양식에 우리 고유의 건축미를 가미하여 지었다고 하는 뉴델리의 명물 건축이었다. 눈에 띄는 붉은 돌의 건물 외관은 델리의 "레드 포트Red Fort"를 연상시켰다. 관저는 대규모 만찬이나 리셉션 등 여러 행사를 하기에 적합한 좋은 구조로 되어 있었다. 외교관 경험이 없는 건축가로서는 그런 설계를 하기 어렵다는 점에 동의하지 않을 수 없었다. 이대사는 우리 외교사상 최초로 우리가 설계한 공관과 관저 건물을 지은 것이라면서 관저 곳곳을 상세히 설명하여 주었다. 박정희 대통령에게 직접 예산지원을 요청하여 한국외환은행에서 건축비를 차입하고, 인도의 악명 높은 관료주의를 극복하며 공사 개시 후 1년 남짓의 짧은 기간에 건축을 완성하는 과정에서 어려움이 많았다고 하였다. 이 과정에서 특히 김성엽 서기관의 고생이 많았다고 하였다. 모든 행정에 레드 테이프가 많은 인도에서 1년 2개월 만에 신축공사를 마무리한 것은 당시 외교가에서도 큰 화젯거리였다고 할 정도로 이대사가 온 힘을 다하여 추진한 것이었다.

당시 인도의 우리 대사관저에는 요리사 보조, 청소원, 운전원, 경비원 등 인도인들이 많이 근무하였는데 카스트 제도 때문에 각자 한가지 일밖에 안 하므로 인력을 많이 고용해야 되는 어려움이 있다고 하였다. 운전원은 운전만 하지 자동차 청소는 안 하고 청소원은 청소만 하지 다른 심부름은 안 한다는 것이었다. 세분화된 직업별로 카스트와 등급이 다르기 때문에 그렇다는 것이었다. 또 영국이 오랜 식민지배를 하며 인도 내 다양한 민족 간의 불신과 갈등을 조장하는 식으로 통치를 해 온 탓에 인도인들은 상호간 불신이 심하다고 하였다. 그래서 경비원은 충성심이 강하고 용맹한 네팔인들을 고용한다고 하였다. 네팔에 부임해서 보니 과연 네팔인들은 가난하지만 정직하고 충직함을 알게 되었다. 산악지대 사람들이라서 그렇다는 이야기도 있었지만 식민지 통치를 당하지 않은 국가라서, 식민지배자들을 속이는 것이 미덕이 되고 독립 후에도 습관이 되어 버린 나라들과는 다르다는 것이었다.

우리 가족은 이대사 내외의 배려로 대사관저에서 편안하게 잠을 자고 다음 날 아침 대사관에 들러 직원들을 만나니 관저는 좋으나 대사관 건물이 인도의 옛 요새 같다고 하면서 사무실로서는 좀 불편한 점이 있다는 의견도 있었다. 한국적 정서가 많이 반영된 관저 내부에 비하여 대사관 건물의 정체성이 한국보다는 인도로 기운 것은 좀 아쉽지 않나 생각되기도 하였다. 후에 내가 1993.1월 뉴질랜드에 참사관으로 부임해서 보니 10여 년 전에 사둔 대사관저용 부지가 그대로 비어 있었다. 건물을 신축하면 대사나 직원들이 모두 고생이 너무 심하다면서 그냥 땅을 묵혀 두고 있는 것을 보고 내가 대사를 강하게 설득하고 서울에 예산을 신청하여 신축을 추진한 것은 그때 이범석 대사와의 대화가 계기가 되었다. 마침 내가 임차하여 살던 집 주인Joyce이 수도 웰링턴에서 유명 건축회사를 운영하였기에 그에게 대사관저 건물 설계를 의뢰하였다. 그가 추천한 설계사David Pawson가 한국을 방문하여 한국적 건축에 대한 이해를 넓히고 싶다고 하여 문화관광부에 일정 주선을 건의하였고, 그는 1995.3월 말경 한국의 주요 문화유적을 둘러볼 수 있었다. 마침 당시 나도 뉴질랜드 근무를 막 마치고 서울에 근무 중이라서 그와 다시 만나 여러 이야기를 나누었다. 그는 대사관저 설계에 한국적 미를 많이 가미하였고 내부도 외교행사에 편리하도록 내 의견을 많이 반영하였다. 내가 뉴질랜드를 떠난 후에 우여곡절을 거쳐 그 설계대로 1998.12월 완공된 그 건물은 웰링턴의 유명 건축물이 되었다고 한다. 나는 그 완공된 모습을 아직 직접 보지는 못하였지만 사진을 보면 마음이 뿌듯하다. 내가 좋아하는 작가이자 철학자인 알렝 드 보통Alain de Botton도 "치유로서의 미술Art as Therapy"에서 우리 인간은 개인 혼자서 자부심을 느끼기에는 부족하므로 집단적 자부심이 중요하다고 하면서, 한 예로서 한 나라가 대사관이나 대사관저를 지을 때 이러한 점을 고려하여 국가의 정체성을 표현할 수 있는 건축물을 설계하는 것을 그 기회로 활용할 수 있다는 점을 언급하고 있다.[2] 그는 또 그런 건물은 외국인들이 그 나라와 접하는 장소이기에 국가적 정체성을 나타나는 중요한 상징이라고 한다. 정체성이란 오랜 세월에 걸쳐 형성되는 것이며 국민적 자부심과 밀접히 연결되어 있으나 국민들은 스스로가 누구인지에 대한 긍정적이고 현재적인 이미지를 가지고 있어야 자신들의 사회에 대한 자부심을 가질 수 있다고 한다. 우리의 경제발전에 맞추어 이제 전 세계적으로 거의 대부분의 중요한 나라에는 우리 대사관과 관저가 국유화 되었으나 이러한 철학적 개념을 가지고 건물을 설계하거나 구입하여 개조한 것이 얼마나 되는지는 의문이 든다.

당시 이범석 대사와 이야기 도중에 나한테 리스본에서 김정태 대사 아래에서 어려움이 많았을 것이라고 해서 깜짝 놀랐다. 김대사는 외무부 정무차관보를 마치고 1977.2월 포르투갈에 부임하였고 나도 그 6개월 후에 그리 발령받아 2년간 근무하고 네팔로 전임된 것이었다. 김대사는 주일대표부 1등서기관과 동북아과장으로서 1965년 한일협정 교섭에 참여하였고 1968－71년간은 아주국장, 1974－77년 초까지는 정무차관보를 역임한 유능한 외교관으로 차기 외무차관으로 유력시되고 있었다. 정치적 감각이 뛰어나고 통이 큰 이대사는 커리어(직업 외교관)들은 생각과 행동에 유연성이 부족하고 주어진 여건에 안주하는 경향이 있다고 보는 듯하였다. 반면에 커리어들은 그 반대의 이유로 외부에서 특채된 직원들을 경계하였고 이범석은 외무부 내의 이와 같은 갈등으로 인한 답답함을 많이 토로한 것으로 알려졌다. 1980.9월 이범석 대사가 통일원장관으로 귀국하고 그 후임에 우연하게도 김대사가 포르투갈에서 인도로 부임하였다. 김대사는 1983.10월 전대통령이 버마를 거쳐 방문할 인도에서 영접을 준비하고 있었으니 이범석 장관과 나도 그를 뉴델리에서 다시 만나게 될 운명이었다. 그러나 우리들의 인연은 거기까지는 닿지 않았다.

내가 네팔에 근무하는 동안 1980년 봄에 이대사 내외가 카투만두를 방문하게 되어 내가 모시고 다니며 뉴델리에서의 호의를 조금이라도 갚을 수 있어 다행이었다. 그때 이대사가 뉴델리에서 선물로 가져온 껍질이 얇고 작은 노란 봄베이 망고의 기막힌 맛은 평생 잊을 수가 없다. 이범석 장관과 관련하여 떠오르는 또 한 가지 일화로, 1982년 가을경인데 장관실로 오라는 연락이 왔다. 미국인인 애틀랜타 명예총영사가 장관 예방을 하니 배석하라는 것이었다. 명예총영사 업무는 해당 지역과(북미과)나 문화협력과 소관인데 업무상 관련이 없는 서남아과의 인도·버마 등을 담당하는 내가 배석하게 되었다. 이장관은 손님을 반갑게 맞았고 서로 오랫동안 잘 아는 사이인 것 같았다. 두 분이 이런저런 이야기를 하다가 명예총영사가 인도에 투자하여 사업을 넓히려고 한다면서 인도통인 이장관의 의견을 물었다. 그러자 이장관은 알다시피 자기가 인도에서 오래 살아 사정을 잘 아는데 그곳에 아직 투자할 때는 아니라고 하였다. 그러면서 인도에서는 길을 가다가 사람과 코브라를 만나면 사람을 먼저 죽여야 살 수 있다는 이야기가 있다고 하였다. 혹시 명예총영사와 관련하여 업무적으로 처리해야 할 일이 있을까 하여 배석한 나로서는 몹시 당황할 수밖에 없었다. 개인적으로 가까운 사이라고 해도 장관으로서 저런 이야기를 해도 되는 것인지 하는 의문과 함께 이장관이 인도 근무 중 얼마나 심한 마음고생을 했을지 짐작이 되었다. 당시 특히 북한과의 외교적 대결이 극심한 상황에서 일부 비동맹국가들의 우리에 대한 갑질은 도를 넘는 경우가 많았는데 인도의 경우도 예외는 아니었을 것이다. 사실 사람과 코브라 이야기는 인도인들 스스로 하는 이야기지만 이는 인도에만 국한된 이야기는 아닐 것이다. 지구상에서 가장 위험한 동물은 코브라나 사자가 아니라 인간인 것이 사실이고, 같은 종種끼리 탐욕 때문에 서로 살육하는 동물은 인간이 거의 유일하다고 한다. 인도사회가 많은 다른 신생 독립국가처럼 서로를 불신하며 살게 된 것은 그들이 특별히 사악해서가 아니라 오랜 영국의 이이제이以夷制夷식 식민통치와 지역 군주들인 마하라자Maharaja의 절대권력 하에서 극심한 고난에 시달려 온 탓임은 물론이다. 그러니 인도 외교가에서도 가장 유능한 외국대사로 꼽혔던 이장관의 말은 인도인들에 대한 불신이라기보다는 당시 그 어려운 여건하의 국가에 투자하는 것의 위험성을 지적한 것이었을 것이다. 아시아에서 최고의 민주화와 경제발전의 기적을 이루었다는 우리의 경우에도 같은 역사적 이유로 아직도 사회내 불신과 극한 대립이 팽배하고 있음을 보면 신뢰사회 건설이 얼마나 어려운 과제인가를 실감하지 않을 수 없다.

한편 내가 네팔에 근무하는 동안 1980.9월에 이범석 대사가 통일원장관으로 이임하고 후임 인도대사로 내가 포르투갈에서 모셨던 김정태 대사가 부임해 왔는데 1981년 봄쯤에 김대사에게서 전화가 왔다. 지금 카투만두 공항에 와 있으니 오라는 것이었다. 웬일인지 깜짝 놀라 나가보니 혼자서 뉴델리에서 항공편으로 카투만두에 왔는데 몇시간 후에 다시 뉴델리로 돌아가는 항공기를 예약했다고 하였다. 놀랐지만 일단 우리 집으로 모셔 급하게 닭칼국수를 준비해서 점심으로 대접하니 평생 먹은 닭칼국수 중 최고의 맛이라고 칭찬하였다. 어떻게 된 연유인지 물으니 인도의 관료주의 탓이고 또 그 덕분이라고 하였다.

아프리카 케냐에서 열린 비동맹회의에 한국대표단으로 참가한 후, 오늘 새벽 뉴델리 공항에 도착하였는데 아프리카 여행자가 소지해야 되는 댕기열병 예방접종 증명서가 없어서 인도 입국이 거절되었다는 것이었다. 공항 내 검역소에서 3일간 격리하며 관찰을 한 후에야 입국이 가능하다는 것이었다. 인도주재 대사라고 해도 보건문제라서 예외가 없다는 것이었다. 그래서 할 수 없이 검역소 숙소에 가보니 도저히 거기서 밤을 지낼 사정이 아니었다고 하였다. 우리 공관원들이 공항 보건당국과 어렵게 교섭한 결과, 일단 인도를 출국한 후에 댕기열병 주의국가가 아닌 다른 나라로부터 입국하면 아프리카 여행한 것은 덮어두고 그냥 입국시켜 주는 것으로 타협이 되어 지금 가까운 카투만두에 온 것이라고 하였다. 눈 감고 아웅하는 식이기도 하지만 한편으로는 법적인 어려움을 현실적으로 타개하는 인도식 관료주의의 현명함이 깃든 방안이었다. Covid-19 관련해서뿐만 아니라 근래 일본이나 중국 등과의 외교에서 우리가 겪는 어려움을 보며 한국의 관료들도 법적으로 어려운 문제를 외교적으로 타개하는 현명한 방안을 강구하는 노력이 더 필요하지 않은지 생각하게 만드는 일화이다.

제2장
왜 버마인가?

1. 서남아-대양주 순방 계획

　내가 서남아과 차석으로 옮긴 1982.3월, 당시로서는 전두환 대통령의 서남
아－대양주 순방계획은 비동맹국들과의 관계 강화라는 명분하에 이미 인도 방
문이 원칙적으로 합의된 상태였다. 이범석 장관은 인도대사로 근무 중에 박정
희 대통령의 인도 방문을 위하여 많은 노력을 하여 거의 성사단계에 이르렀으
나 1979년 10월 26일 박대통령의 암살로 불발된 바 있었다. 그 후 뉴델리 총
영사와 초대 駐인도대사를 지낸 노신영이 1980.9월 외무장관이 되어 전두환 대
통령의 인도 방문을 추진하여 1982년 봄에 인도 측과 방문 원칙이 공식 합의
되었다. 1982.6월 노신영이 안기부장으로 전임되고, 이범석이 외무장관이 되자
인도 방문이 구체적으로 진행되어 1983.2월에 인도 방문일자가 그해 10.11－
14로 확정되었다. 1983.2.15 전두환 대통령이 서명한 "대통령각하 인도, 호주
및 뉴질랜드 방문" 문서 내용은 아래와 같다. 인도 방문일자가 확정됨에 따라
이미 방문이 결정된 호주, 뉴질랜드 외에 추가로 방문할 서남아 국가를 검토하
게 되었다. 1983.3월 스리랑카, 파키스탄, 방글라데시를 후보로 선정하고 이들
국가의 국내 정세, 우리와의 관계 등을 검토한 후에 서남아지역에서는 스리랑
카만 추가로 방문함이 좋겠다는 외무부의 의견을 청와대에 보고하게 되었다.

그 후 청와대와의 순방 대상국가 검토 과정에서 스리랑카를 포함하되 4개국 방문은 4자가 좋지 않으니 한 나라를 더 추가하는 것이 좋겠다는 의견으로 홍콩에서 1박하는 4개국 1경유지 순방이 잠정 결정되었다. 그 시기는 1983.5월 초순이었다. 버마는 방문 검토대상조차 되지 못하였던 것이다.

대통령각하 인도, 호주 및 뉴질랜드 방문

1. 인도 방문일자 확정

가. 인도정부는 2.8 대통령각하 인도 방문일자를 간디수상의 재가를 받아 83.10.11 (화)-14(금)(3박4일)로 확정, 통보해왔습니다.

나. 인도 측은 간디수상 일정상 상기 방문일자에 변경이 없기를 바란다고 하였습니다.

2. 호주 방문 추진

가. 대통령각하의 금년 하반기경 호주 방문에 관하여는 호주 측이 원칙적으로 동의한바 있습니다.

나. 상기 대통령각하의 인도 방문 예정일정에 비추어 10.14(금)-18(화)(4박5일)간 호주를 방문하시도록 추진할 계획입니다.

다. 이와 관련, 호주의 총선거(3.5.실시 예정) 후 교섭에 임할 예정입니다.

3. 뉴질랜드 방문 추진

가. 호주 방문 이후 인접국인 뉴질랜드를 10.18(화)-21(금)(3박4일)간 방문하시도록 교섭할 예정입니다.

나. 뉴질랜드 방문은 호주 방문 일정 확정 후 교섭하겠습니다.

"노신영 회고록"에 의하면 1982.8.17－26간 전대통령의 아프리카 방문(나이지리아, 케냐, 가봉, 세네갈)이 확정된 이후 1983년도 상반기 중 일본 방문을 염두에 두고 다른 국가들에 대한 1983년도 대통령 순방계획을 검토하면서, 하반기에는 인도, 호주, 뉴질랜드와 파푸아뉴기니PNG의 4개국을 선정하여 미리 대통령의 승인을 받았다고 한다. 인도는 비동맹의 지도국인 대국이고 호주와 뉴질랜드는 6.25 전쟁파병국으로서 호주는 특히 자원 부국이며, 새로 독립한 PNG도 장차 자원 외교의 대상이 될 수 있음을 감안한 것이었다고 한다.[1] PNG는 옆 사무실인 동남아과 소관이기도 했지만 나로서는 PNG 방문 추진에

대한 기억은 전혀 없는데 아마 장관의 친전으로 방문 여건을 점검하다가 현지 대사의 부정적 의견에 따라 일찍이 검토에서 제외한 것 같다. 이에 대해서는 당시 동남아과 사무관으로 대양주 순방 부분을 맡았던 최종화(駐브라질대사 역임)도 기억이 전혀 없다고 한다. 노신영 장관 시절 의전쪽에서 현지 대사와 상의 없이 일단 포함하여 대통령의 재가를 받은 후, 이범석 장관 때에 순방계획이 보다 구체화되면서 현지 대사의 의견을 물어 삭제한 듯하다. PNG 방문이 추진되지 않은 이유에 대해서 박창석은2 이장관 측근의 말을 인용하여 "인도·스리랑카·호주·뉴질랜드가 확정된 후, 장관이 한 나라 정도 더 추가해야겠는데 PNG가 어떤지 우문기 대사에게 전문을 보내라고 했다. 그 후 우대사로부터 답신이 왔는데 치안이 안 좋고 마땅한 호텔도 없으니 가급적 피해 줄 것을 요청해 왔다."고 한다. 이처럼 PNG 방문은 장관의 친전 문의와 대사의 부정적 의견으로 일찍이 제외된 것이다.

나는 1983.3월 駐영국대사관 공사로 떠난 최동진 아주국장 후임으로 부임한 김병연 국장의 지시로, 1983.5월 중순 대통령 재가를 위한 문서로 인도, 스리랑카, 호주, 뉴질랜드(홍콩 경유 귀국)를 방문하는 "서남아ᅳ대양주 대통령순방 기본계획서안"을 만들었다. 김병연 국장은 내가 근무했던 정보문화국의 국장직에서 전보돼 와서 다시 만나게 된 것이다. 순방계획서안은 외무장관ᅳ국무총리ᅳ대통령만 결재하도록 된 중요한 문서라서 장기 보관용으로 일반 A4용지가 아닌 두꺼운 종이를 사용하였다. 문서 작성은 당시에 사용하였던 공타利打라는 일본에서 들여온 국한문 겸용의 대형 전동타자기를 이용하였다. 김국장이 외무장관의 결재를 받아 온 후, 총리실에 내가 그 문서를 전달하였다. 그 후 다음 날 쯤 총리 재가가 났다는 연락을 받고 나는 정부종합청사 9층 총리실에 올라가서 그 문서를 수령하여 대통령 결재를 받도록 8층의 이범석 장관실에 두고 왔다.

2. 버마를 방문지에 추가하라

그 하루 이틀 후인 1983.5.20 오후, 장관실 김성엽 보좌관이 6층 서남아과로 내려왔다. 장관이 4개국 순방계획안 문서를 가지고 대통령 결재를 받으러 갔으나 버마를 순방 국가에 포함하라고 해서 결재를 받지 못했다고 하였다. 총리까지 결재한 문서를 나에게 돌려주면서 버마를 포함한 문서를 다시 만들어야 된다는 것이었다. 아주국장이나 서남아과 직원 모두 뒤통수를 맞은 기분이었다. 외무부 차원에서 검토 대상으로조차 포함시키지 않았고, 그동안 청와대와의 협의과정에서도 전혀 언급이 없었던 버마를 대통령이 방문한다는 것은 상상할 수 없는 일이었기 때문이다. 당혹감과 더불어 큰일 났다는 생각이 들었다. 버마는 사회주의 정치, 경제체제를 가진 폐쇄국가로서 우리보다는 북한과 더 긴밀한 관계를 유지하고 있고 외무장관이나 차관조차도 방문한 적이 없는 미답의 먼 나라였기 때문이다. 비록 1982.10.12 버마 외무장관이 방한하여 전두환 대통령을 예방하면서 우 산유 대통령의 전대통령에 대한 버마 방문 초청 의사를 구두로 전달한 바는 있으나 이런 초청은 의례적인 것이다. 그런 자리에서 구두로나마 방문 초청을 하지 않는 것은 거의 결례라는 점에 비추어, 꼭 방문해달라는 것이라기보다는 수교가 된 국가 간 외교관례에 따른 의전상의 인사 정도로 받아들이는 것이 일반적이고 우리 쪽에서도 그 정도로 받아들였던 것이다. 이쪽에서 꼭 그쪽을 방문하고자 할 경우에는 공식 문서로 초청장을 보내줄 것을 요청하는데 당시 우리 쪽에서 그런 요청을 한 바도 없었다. 서로 문서로 초청이나 방문 의사를 표명한 바 없이 그저 구두로 한번 다녀가라고 덕담한 것에 불과하였고 이쪽에서도 그렇게 받아들였던 것이었다.

김성엽 보좌관으로부터 대통령의 버마 방문 추가 지시를 접한 후 옆 자리의 송민순과 나는 씁쓸한 웃음을 교환하였다. 그 십여일 전쯤 국정자문위원들인 전직 대법원장과 두명의 전직 고위 법조인들이 5.25－28간 버마(스리랑카, 인도도 동시 방문)를 방문할 예정이니 현지 대사관을 통하여 필요한 일정 주선을 해달라는 "국정자문회의" 공문을 받은 적이 있었기 때문이었다. 국정자문위원들이 왜 버마에 가려고 하는지 이상하게 생각했었던 의문이 풀렸기 때문이었다. 대통령의 버마 방문 의도에 대해 서로 말이 필요 없는 이심전심의 한숨 어린 웃음이었다. 최남준 당시 서남아과장(駐카타르대사 역임)도 이로써 그들의 버마 방문 목적이 버마의 권력제도와 관련이 있을 것으로 생각하게 되었었다고 회고한다.

3. 버마는 요즘도 축구를 잘합니까?

버마 외무장관 우 칫라잉은 1982.10월 방한 시에 김상협 국무총리도 예방하였는데 최동진 아주국장(駐영국대사 역임)과 함께 나도 그 자리에 배석하게 되었다. 김총리에게는 버마 개황과 더불어 양국관계 현황과 면담 중 이야기할 말씀 자료를 미리 보냈고 김총리는 이를 옆의 탁자에 두고 살펴봤다. 버마 외상이 들어오자 총리가 일어서 맞이하고 자리에 앉자 차가 나왔는데 김총리의 입에서는 한참 동안 아무 말도 나오지 않았다. 배석한 우리들은 당황하고 손님이 불쾌한 인상을 받지 않을까 우려되었다. 말씀 자료에는 총리가 처음부터 할 의례적인 인사말까지 들어 있으니 그대로 한국말로 하면 영어 통역(김재범 사무관, 駐우루과이대사 역임)이 이를 전달할 텐데 긴 침묵만 흘렀다. 보다 못해 최동진 국장이 "거기 말씀 자료가 있으니 한 말씀 하십시오"라고 하며 침묵을 깼다. 이에 김총리는 한동안 자료를 들여다보더니 한마디 하였다. "요즘도 버마는 축구를 잘합니까?" 우리 배석자들은 맥이 풀리고 안절부절못해졌다. 멀리서 오시는데 고생이 많으셨겠다든가 음식이 괜찮은가 등 손님에 대한 의례적인 인사말 대신 뜬금없이 수 십년 전에 아시아의 강호였던 버마 축구 이야기를 하니 창피하기도 하고 버마 외상이 어떻게 받아들일지 걱정되었다. 양국 수교 역사상 두번째로 버마 외상이 6년 만에 방한하여 대통령 방문에 앞서 총리에게 인사를 왔으니, 그 나라 지도자들의 근황도 묻고 앞으로 양국관계가 이런 식으로 발전했으면 좋겠다든가 버마 정세는 어떠냐는 등 물어볼 것이 산적한데 웬 엉뚱한 축구 이야기인지 기가 막혔다. 버마 외상도 일순 당황한 듯하였으나 이내 침착하게 버마는 옛날에는 축구를 잘했으나 요즘은 그렇지 못하다고 하면서 한국의 경제 등 분야로 화제를 바꾸었다.

겨우 겨우 20분 정도의 면담을 어렵게 마치고 나오니 버마 측도 좀 당황하고 기분이 썩 좋은 것 같지는 않았다. 최동진 국장도 총리실을 나온 뒤 "원 참.. 원 참.."을 연발하며 답답해했다. 명문대학의 총장까지 한 신망 있는 학자인데 허명인가 하는 생각도 들고 나로서도 부끄러웠던 자리로 생각되어 지금까지도 잊을 수가 없다. 그러나 김총리 입장에서 생각해 보면, 버마는 1960년대 축구를 잘했던 국가로만 기억되는데 그 나라 외상이 왜 한국에 왔는지 이해가 안 되고 그래서 자료를 봐도 머리에 들어오지 않았던 것인지도 모른다. 버마는 그 정도로 우리에게 멀고 생소했던 나라라는 반증이기도 하였다. 국가 원수가 이렇게 생소한 "머나먼 알려지지 않은 나라a remote and unknown country"[3]를 방문하여 새로운 관계를 개척한다는 것은 일반적인 외교상식으로는 있을 수 없는 일이었다. 국가 원수가 한 나라의 외교 수장인 것은 헌법상의 규정이지만 전쟁에서 총사령관이 병사들 앞에 서서 돌진하며 싸워야 훌륭한 군대인가? 대통령의 외교권은 특별한 경우를 제외하고는 외무장관에게 일상적으로 위임되어 있으며, 외무장관은 이를 해외에 나가 있는 공관장들과 외교관, 서울에 있는 외무부 직원들에게 위임하고 정책 수립과 집행에 대한 보고와 지시를 하는 것이 민주국가의 외교행태인 것이다.

4. "주재국 정부는 대통령각하의 버마 방문을..."

버마가 포함되지 않은 "서남아－대양주 순방계획안" 문서를 들고 대통령을 만났다가 퇴짜를 맞은 이범석 외무장관의 심정도 편치 않은 것 같았다. 이를 전하기 위해서 바로 서남아과로 내려온 김성엽 보좌관은 장관도 놀랐으나 대통령 지시이니 어떻게 하겠냐면서, 駐버마대사에게 우리 대통령 방문에 관한 의견을 묻는 장관 친전親展(수신자 혼자만 보는 문서)을 보냈다며 사본을 주었다. 2급 비밀 문서로서 읽고 나서 파기하라는 "독후파기讀後破棄" 표시가 되어 있었으나 실무적으로 방문을 준비해야 하는 사람은 알아야 된다는 취지로 사본을 만들어 가지고 온 것이었다. 그 문서의 중요성을 감안하여 나는 이를 파기하지 않고 파일에 보관하여 두었다. 이러한 문서가 없다면 후일, 남은 문서만 보고 연구하는 사람들은 외무부(장관)가 대통령 지시에 대해 아무런 검토 없이 무책임하게 그저 이를 이행했다고 책임을 외무부에 모두 돌리게 되지 않겠는가.

서류 이야기가 나왔으니 또 기록해 두지 않을 수 없는 것이 있다. 1983.5월 중순에 내가 기안하여 총리 결재를 받은 후, 이범석 장관이 5.20 대통령 결재를 받으러 갔었던, 버마가 포함되지 않은 "서남아 순방 계획안" 문서를 외교사료관에서 찾을 수 없는 것이다. 누가 왜 그 실행되지는 않았으나 국무총리까지 결재한 문서를 없앴을까 의문으로 남는다. 서울에서 근무하던 2000년경 아직

문서들이 30년이 안되어 공개되기 전이었지만 외교사료관에 가서 그 문서를 열람하고자 하였다. 당시 駐노르웨이대사를 마치고 퇴임한 김병연 전 아주국장이 그 중요한 문서가 잘 보관되어 있는지 궁금하다며 찾아보라고 하였기 때문이었다. 그러나 버마가 갑작스럽게 대통령 방문국에 포함되는 과정을 보여주는 핵심이 되는 그 문서를 찾을 수 없어 매우 의아하였고 낙담하였다. 1983년도의 외교문서가 2014년에 공개된 후에 외교사료관에서 다시 이를 찾아보았으나 역시 찾을 수 없었다. 사료가 사료인 것은 보관되어 남아 있기 때문이지 않는가. 아무리 중요한 사료라 하더라도 사라지고, 그러한 사료가 존재하였었다는 사실조차 모르게 되면 후대들은 엉뚱한 역사적 결론을 내리게 될 수도 있을 것이다. 어떤 사실이 그 자체로서는 거짓이 없어 신성하다고 할지라도 다른 사실과의 연관성하에서는 다른 의미를 가질 수도 있다는 것을 보여주는 사례이다. 그래서 카E.H.Carr는 "사실은 신성하다facts are sacred"고 한 영국의 저명한 자유주의 언론인 스콧C.P.Scott의 주장을 비웃으며, "흔히 사실은 스스로 이야기한다고들 말한다. 이것은 물론 진실이 아니다. 사실은 역사가가 허락할 때에만 이야기한다. 어떤 사실에게 발언권을 줄 것이며 그 서열이나 차례는 어떻게 할 것이냐를 결정하는 것은 바로 역사가이다. 역사가는 필연적으로 선택을 하게 된다."4고 한 것이 아니겠는가.

여담이지만 나는 1984.3월 말에 駐영국대사관에 부임하여 정무1등서기관 일을 맡게 되었다. 일 년 전에 최동진 아주국장이 그곳에 공사로 부임하여 근무 중이라 다시 만나게 되었고 강영훈 대사가 4년 여째 근무 중이었다. 몇 달 전에 1883.11.26 체결된 한·영수호통상조약 100주년을 기념하는 행사가 있어 당시의 수호조약문서를 참고하고자 외무부를 통하여 구한말 외교문서를 보관하는 서울대학교 규장각에 문의하였으나 그 문서가 없었다고 하였다. 그래서 우리 대사관에서 영국 외무성에 요청해서 사본을 잘 만들어 받은 것이 내 사무실에 보관되어 있었다. 구한말 이후의 어려운 상황 속에서 조선의 외교문서들도 사라진 것이 많은 것이다. 조선시대를 통틀어 기록의 나라라고 할 정도로 승정원 일기나 왕조실록 등이 잘 보관되어 왔지만, 일제침략기를 맞아 문서가 유실되기도 하고 세심하게 보관하는 전통도 사라진 것이다. 나쁜 전통은 길지 않아도 잘 유지되는 것인지 해방 후의 외교문서도 없어진 것이 많다고 한다.

駐영국대사관에서 근무하면서 또 우리 측 문서가 없어져 당황한 일이 있다. 북한의 국제해사기구IMO 가입문제와 관련된 과거 문서였다. 당시 북한의 IMO 가입을 저지하고자 영국정부와 교섭할 사항이 있었는데 전에 영국 측과 오간 문서가 없어져서 우리 입장을 정리할 수가 없었다. 부끄럽지만 영국 측에 그 사본을 부탁하여 얻은 적이 있다. 그래가지고 무슨 중요한 외교교섭을 할 수 있을지 암담한 심정이었다. 그때까지는 외무부나 재외공관에 전문직 사서가 없어서 직원 각자가 스스로 문서를 정리, 보관해야 했었는데 제대로 정리되지 않는 경우가 많았다. 나는 외교부에 근무하면서 가는 곳마다 전임자들이 방치해둔 문서를 정리하느라 매번 고생한 기억이 많다. 과거를 모르면 미래도 알 수 없는 것이다. 국익을 놓고 치열하게 다투는 외교에서 과거 문서의 중요성은 말로서 강조할 수 없을 정도이나 우리 정부나 공무원들의 문서에 대한 의식은 매우 희미하였는데 지금의 상황은 어떤지 모르겠다. 바쁜 시간에 내가 직접 문서까지 정리해야 되나 하는 잘못된 인식이 우리 외교관들에게서 쉽게 개선되지 않았을지 모른다는 우려를 가지고 있다. 괴테도 "과거의 것을 문제 삼지 않고는 현재의 것을 인식할 수 없으며 이 양자를 비교하는 데에는 많은 시간과 안정이 필요하다."고 "이탈리아 기행"에서 언급하고 있다. 그는 멸망한지 일천수백 년이 지난 로마를 방문하며 "내가 로마 땅을 밟게 된 그 날이야말로 나의 제2의 탄생일이자 나의 진정한 삶이 시작된 날이라고 생각한다."고 할 정도로 과거와의 대화에 큰 의미를 두었다. 외교에서 과거와의 대화는 문서나 증언에 의존할 수밖에 없으니 외교문서나 회고록의 중요성을 더 이상 강조할 필요는 없을 것이다. 나의 뒤늦은 이 작업도 과거와의 대화의 일환이라고 해야 할 것이다.

　1983.5.20 오후 이범석 장관이 이계철 駐버마대사에게 보낸 친전의 내용은 아래와 같다.

번호: WRA-132 일시: 0520….
수신: 주버마대사
발신: 장관(친전)

정상외교 추진에 참고코자 하니 주재국의 치안상태, 국가원수 영접에 필요한 영빈관 및 호텔 시설 유무, 랑군 공항 B747 이착륙 가능 여부 및 버마정부의 외국 국가원수 영접 방침 등을 지급 보고 바람.

이와 같은 친전을 놓고 김성엽, 송민순과 나는 허심탄회한 의견을 나눴다. 대한민국 대통령이 갈 만한 나라가 아니고 장관도 원치 않는 방문이니 버마대사관 관계관에게 전화를 걸어 부정적인 의견을 보내라고 하면 어떨까 하는 것이었다. 그러나 장관도 대통령 지시의 배경을 모르고, 우리가 대사관에 조금이라도 부정적 의견으로 전화를 하면 안기부나 경호실 등에서 파악하게 될 우려가 있었다. 그러면 대통령 뜻을 외무부에서 거스른다고 우리 목이 달아날 테니 그냥 이계철 대사의 판단에 맡겨야 된다는 쪽으로 의견이 모아졌다. 대통령 지시의 의도나 전후 사정도 모르는데 실무자 판단으로 그 지시를 거스르는 것은 안 되지 않느냐는 것이었다. 사실 버마를 포함하라는 지시를 하며 이장관에게 전대통령이 그 배경을 뭐라고 설명했는지는 밝혀진 바가 없다. 그 자리에서 이장관이 문제점을 지적해서 재고하도록 했으면 좋았을 것이라는 생각은 든다. 그러나 전두환 대통령의 비서실장까지 지낸 이장관으로서는 대통령의 성격을 잘 알고 그 의도도 짐작했을 터이니 이에 반대해 봐야 실익도 없고 자신의 입지만 어렵게 될 것으로 생각해서 그냥 수긍하고 나왔을 가능성이 클 것으로 짐작해 볼 뿐이다. 아무튼 이장관은 내심으로는 버마대사로부터 대통령의 버마 방문에 대한 부정적 회신을 기대하면서 그런 친전을 보냈으나 부정적 의견을 유도할 수는 없는 처지였을 것이라고 실무자로서도 인정하지 않을 수 없었다.

위의 장관이 직접 기안하여 버마대사에게 보낸 친전의 내용을 보더라도 버마 방문의 필요성 여부나 그 타당성 등에 대한 문의가 아니라, 방문을 기정사실화하고 치안 상태와 숙소 등 경호와 의전상의 여건을 파악하는 데 중점을 두고 있음을 알 수 있다. 대통령의 방문 의지가 이미 확고함을 이장관이 명확하게 인식하고 있었던 것이다.

나는 버마가 사회주의 군사독재국가로서 국가 이념상 남한보다는 북한과 관계가 긴밀하고, 비록 남북한과 수교는 동시에 했으나 남한에서는 외무차관급도 방문한 적이 없는 반면에, 북한과는 오래 전부터 김일성-네윈 간의 상호 방문이 있는 등 전통적 우호관계를 유지하고 있는 점, 1982.10월 버마 외상이 한국 방문 이후에 북한을 의식하여 연이어 북한을 방문한 점, 현대건설이 댐 공사를 맡아 진출하기는 하였으나 우리와 경제관계도 깊지 않은 점, 비동맹운동권에서도 버마가 별 목소리를 내는 나라가 아니라는 점, 네윈 정부에 반대하는 반군의 활동이 비교적 활발하여 치안상의 문제가 있는 점 등을 고려할 때, 내심 駐버마 이계철 대사가 이 시점에서의 대통령 방문은 신중히 고려해야 된다든가 아니면 좀 더 부정적 의견을 보낼 것으로 기대하였다. 그런데 친전을 보낸 바로 그 다음 날인 5.21 저녁 늦게 이계철 대사로부터 주재국의 치안상태는 양호하며 시기만 맞으면 버마정부도 대통령의 방문을 환영할 것으로 판단된다는 내용의 장관앞 친전이 도착하였다. 이제 외무부로서는 꼼짝없이 대통령의 버마 방문을 추진해야 하는 처지가 되어 버린 것이다. 내가 더 놀란 것은 친전 보고의 내용보다도 그 보고의 신속성이었다. 서울에서 전문이 5.20 오후에 나갔으니 버마대사관에서 암호를 풀고 대사에게 전달한 것이 그날 저녁 늦은 시각이던지 그 다음날 아침이었을 것이다. 당시 버마대사관 차석이었던 송영식 참사관(駐호주대사 역임)은 5.21 아침 출근하자마자 대사가 불러서 가보니 장관의 친전을 받았다고 보여주고 회신 방안을 협의하였다고 회고한다.[5] 그리고 그 날 오후 늦게 장관에게 대통령의 버마 방문에 따른 문제점이 없다고 친전으로 보고하였으니 친전 수령 후 24시간 이내에 보고를 한 것이다. 나는 이 전문과 북한 상선 "동건애국호"가 랑군을 방문하였지만 특이한 동향은 없었다는 1983.10.6자 버마대사의 전문을 각각 복사하여 서류 가방에 넣어 가지고

10.8 대통령 특별기에 탑승하였다. 나로서는 너무 확신에 찬 이 보고서들이 대통령이 버마를 방문하는 날까지 계속 마음에 걸렸던 탓이다. 이제 대통령이 비행기를 탔으니 일은 끝난 것이다. 비행기를 타기 전까지의 과정은 이제 다 지난 일이라서 관심을 둘 것은 아닌데 버마에 간다는 것이 계속 왠지 불안한 마음이 들어서 넉달도 더 지난 과거의 전문까지 복사해서 들고 특별기에 오른 것이다.

　해외에 근무하는 대사로서는 자기 임기 중에 국가 원수가 방문하는 것은 그 준비가 매우 고생스러우나 대단한 영광이고, 이를 계기로 주재국 내에서의 위상도 강화되고 방문하는 국가 원수의 환심을 사서 영전할 수도 있으니 이러한 기회를 뿌리치는 것은 쉬운 일이 아니다. 영국의 경우에도 여왕이 해외 국빈방문을 하게 되면 그 나라 주재 영국대사는 평생 Sir라는 호칭이 따르는 훈장을 받는 것이 관례이다. 그래서 많은 공관장들이 기회 있을 때마다 여러 명분을 들어 국가 원수의 방문을 건의하게 된다. 이범석 외무장관이 대통령의 버마 방문에 따른 문제점이 없을지 1983.5.20 문의한 데 대해 이계철 대사가 다음 날 회답한 친전은 아래와 같다.

II급 비밀

번호: RAW-298 일시 05212330 지급
(*서울에서 수신 후 암호 해독시간은 5.22.10:37로 기록됨)
[1]대: WRA-132
[2]연: RAW-289

1. 대호 관련 아래 보고함

가. 주재국 치안상태
랑군 수도권의 치안 상태는 양호함. 버마 동북부 국경지대에 BCP[3] 및 소수 반란군과의 충돌은 주재국 독립 이래 계속되고 있으나 이는 수도권의 치안을 위협하는 존재는 되지 않고 있음.
또한 연호 주재국 2인자인 U Tin Oo 장군의 해임 후 군부 내 동 장군계에 대한 숙청 작업이 진행되고 있으나 군이 네윈의 절대 장악 하에 있으므로 주재국 정세를 위기로 몰아넣을 가능성은 희박한 것으로 사료됨.

나. 영접에 필요한 영빈관 및 호텔 시설

주재국은 외국 국가원수 방문 시 체재할 수 있는 영빈관을 가지고 있고 호텔 수준은 국제수준에 훨씬 미달하나 200여개의 객실을 가진 Inya Lake Hotel이 있음.

다. 랑군 공항

현행 활주로가 8,100ft(너비 200ft)로서 보잉 727까지는 착륙이 가능하나 747은 비상 착륙 이외에는 착륙 허가를 하고 있지 않다고 함(방콕에서 특별기를 이용할 수는 있을 것임).

2. 주재국 정부의 외국 국가원수 영접 방침

이에 대해 주재국이 특별히 취하고 있는 정책은 없는 바, 금년에도 유고 대통령의 State Visit[4] 및 방글라데시 대통령의 Official Visit[5]가 있었으며, 아국의 경우 82.10.12 주재국 외상이 대통령각하 예방 시 U San YU 대통령의 버마 방문 초청을 제의한 바 있음에 비추어 시기적으로만 맞으면 주재국 정부는 대통령각하의 방문을 환영할 것으로 판단됨.

II급 비밀

예고: 독후파기

---

1. 외무장관이 전날 대통령 방문 관련 문의하고자 보낸 친전 전문 번호
2. 駐버마대사가 보낸 버마 2인자 숙청관련 보고 전문 번호
3. 버마공산당 4. 국빈 방문 5. 공식 방문

대통령의 버마 방문이 문제가 없다는 5.21자 이계철 대사의 보고가 있은 지 며칠 후인 5.26 이범석 외무장관은 다시 이대사에게 친전을 보내서 전두환 대통령이 10.8(토) 랑군에 도착하여 10.11(화) 오전에 떠나는 일정으로 버마 측에 국빈State Visit 영접 가능성을 극비리에 타진하라고 하였다. 5.26 전문을 받은 이대사는 5.28(토) 우 틴툰U Tin Tun 버마 외무부 정무총국장을 긴급 면담하여 그 일정에 따른 국빈 영접 가능성을 타진하였고, 5.31 우 틴툰 정무총국장이 이대사를 초치하여 전두환 대통령의 방문을 진심으로 환영한다고 공식 통보하였다. 버마 측의 반응도 놀랄 정도로 신속했다.

5. 전직 대법원장의 수상한 버마 방문

이와 관련하여 위에서 언급하였지만, 전두환 대통령이 왜 버마를 방문지에 포함시키도록 지시했는지에 대한 힌트가 될 수 있는 일이 있었다. 이범석 장관이 대통령으로부터 버마 방문을 추진하라는 지시를 받은 5.20보다 열흘쯤 전에 "국정자문회의國政諮問會議"6로부터 외무부에 전달된 공문이 그것이다. 내용은 이영섭 전 대법원장을 단장으로 하고 홍경만(전 대한변협 회장), 고재필(변호사, 전 국회법사위원장, 보사부장관) 등 2명의 고위 법조인이 포함된 국정자문위원들이 5.25-28간 버마를 방문하니 정부 요인들을 만날 수 있도록 駐버마대사를 통하여 주선해 달라는 것이었다. 나로서는 그 당시 외무부에서 버마는 대통령 순방대상지로서 검토조차 하지 않았었기 때문에 그 방문과 대통령의 방문을 연관시켜 생각할 수는 없었다. 다만, 왜 전직 대법원장 등 고위법관들이 그 어려운 나라를 간다는 것인지 의아해하며, 대통령 방문예정지인 스리랑카와 인도를 둘러보고자 나서는 길에 인근의 버마도 가보려는 고위직 인사들의 전형적인 외유성 여행인 것으로만 짐작하였다. 이범석 장관에게 버마 방문을 추가하도록 지시하기 이전에 이렇게 법조인들의 사전 버마 방문이 결정된 것을 보면 전대통령은 이미 상당기간 전에 버마 방문을 염두에 두고 극비리에 준비를 했다고 추측할 수밖에 없을 것 같다. 이러한 극비계획에서 외무부 장관이 제외된 것은 명백하다. 아무튼 나는 이들의 방문을 버마대사에게 알리고 그 요청에 따른 면담을 주선하라는 장관 명의의 전문을 기안하여 김병연 아주국장 전결로 발송하였다. "국정자문회의"에서 국별 면담 대상인사로 누구를 특정하여 요청해오거나, 서남아과의 지시 전문에서 누구를 특정해서 면담을 성사시키라고 대사관에 지시한 것 같지는 않다. 당시 외무부 관계자들은 그 방문의 의미를 전혀 짐작할 수 없었기에 중요하게 생각하지 않았다. 김국장도 특별한 관심을 가지지 않았던 것으로 기억되며 누가 장관에게 보고한 기억도 없다. 버마대사에게 이들의 버마 방문 일정을 주선하도록 지시한 서류도 2014년에 공개된 외교문서에서 찾을 수가 없었다. 문서가 사라진 이유는 모르겠다. 중요하지 않다고 생각하여 언제쯤 누군가가 파기하였을 수도 있다. 지금은 어떤지 모르나 당시는 많은 외교문서를 중요하지 않다고 보고, 문서 작성 후 수년 내에 간단하게 파기하는 경우도 많았고, 영구보존(공개 가능 시기인 30년간 보관)으로 분류해둔 문서는 거의 없다시피 하였다. 그러나 그 해에 엄청난 사건이 있었으니, 그런 문서를 공식적으로 파기할 수는 없었을 것인데 문서가 사라진 경위에 의문이 든다. 당시 이들의 통역까지 한 것으로 알려진 송영식 버마대사관 참사관의 회고에 의하면 버마 측이 그렇게 빨리 전두환 대통령의 국빈방문을 수락한 데에는 "이영섭 전 대법원장 등 국정자문위원단이 네윈 당 의장을 비롯한 정부요로와 접촉하고 외상 주최 만찬에도 참석하면서 친선외교활동을 전개한 데 따른 것일지 모른다는 생각을 했다. 또한 그 시기로 보아 버마 측은 이들이 전대통령 방문 교섭의 일환으로 파견된 것으로 이해했을 가능성도 없지 않다."고 보았다.[7] 그러나 당시 국정자문위원들을 수행하여 버마를 방문한 대통령 정무수석실의 김두영 정무2비서관(언론·사회 담당, 1급)은 버마 방문은 대통령의 서남아순방과는 무관하게 결정되었고 버마 방문 시에 네윈 당 의장이 아니고 우 산유 대통령을 만났다고 주장한다고 한다.[8] 그들이 만난 사람이 네윈이 아니고 우 산유라고 해도 의문이 해소되는 것은 아니나 현지 대사관의 정무참사관인 송영식이 네윈 당 의장과 우 산유 대통령을 혼동해서 회고록에 쓰지는 않았을 것이다. 전대통령의 버마 방문을 결정할 위치에 있지도 않았고 사건 후에 무슨 불이익을 받은 것도 없는 송참사관이 일부러 거짓말을 할 이유도 없다. 김비서관은 전직 대법관들의 버마 등 3개국 방문이 대통령의 서남아순방과는 전혀 관계가 없다고 하나 왜 하필 대통령의 순방국으로 이미 결정된 인도와 스리랑카를 방문하기로 하였으며, 또 당시 외무부에서는 전혀 검토조차 하지 않았던 사회주의 국가인 버마를 포함한 것인지 전혀 납득이 되지 않는다. 1971년부터 대통령 비서실에서 근무해 온 김비서관은 버마사건 후에는 국정자문회의 사무처장(차관급)을 역임하였는데, 그는 문화공보부 차관으로 승진해 나간 허문도 정무1비서관과 같이 정무수석비서실에 있었던 것으로 보인다. 언론과 사회문제를 담당하는 바쁜 자리의 1급 청와대 정무2비서관이 명예직인 국정자문위원들을 수행해서 한가롭게 버마 등 서남아 순방에 나선다는 것은 상식적으로 납득되지 않는다. 그의 말대로 외유성 해외여행이었다면 국정자문위 사무처 직원이 수행하는 것이 정상일 것이다. 허문도 당시 문화공보부차관이 전두환 대통령에게 버마 방문을 건의한 것으로 후에 알려진 것에 비추어 보면, 김비서관은 허문도의 건의에 따른 전대통령의 지시로 버마를 방문하면서 고위 법조계 출신들인 국정자문위원들의 자문을 받은 것이 아닌지 강한 의심이 들 수밖에 없다. 버마의 헌법규정은 쉽게 구할 수 있는 것이니 새삼 버마에 가서 무슨 법률을 연구하고 협의한다기보다는 전대통령의 버마 방문을 비밀리에 계획하면서 당 의장 체제로 운영되는 버마의 현지 사정을 미리 둘러보고자 한 것으로 보는 것이 합리적일 것 같다.

'국정자문회의'는 국정의 중요한 사항에 관한 대통령의 자문에 응하기 위하여 대통령의 직속기관으로 설치되는 행정기관이었다. 이 기관이 처음 헌법상에 나타난 1980.10 제8차개헌(제5공화국헌법) 당시, 최규하를 강제적으로 대통령직에서 물러나도록 하는 명분을 주기 위해 전직 대통령을 의장으로 하는 '국정자문회의'를 구성하도록 헌법 조항을 만든 것인지, 아니면 당시에 이미 전두환에 이어 노태우를 대통령으로 만들기로 신군부 집단이 사실상 합의한 상황에서 7년 뒤 퇴임하는 전두환을 위한 자리로 만든 것인지는 당시 헌법개정 과정에 참여한 법조계 인사들이 알 것이다. 이영섭 국정자문위원은 1961.9 – 73.3간 대법관으로 근무하다가 1979.3월 대법원장(제7대)에 임명되었으나 2년 만인 1981.4월에 물러났다. 그는 대법원장 임기 도중 하차한 퇴임사에서 "사법부가 정부의 한 부처로 저평가되고 회한과 오욕의 나날을 보냈다."고 언급한 분이나 실제로는 유신시대부터 군사정부에 적극 협력한 인물로 기록되어 있다.[9]

전직 사법부의 수장과 두명의 고위 법조인이 버마를 방문하여 네윈 당 의장 등과 어떤 대화를 나눴으며, 귀국 후 전대통령을 만났는지는 알 수 없다. 이계철 대사는 이들의 버마 방문 중 활동에 대해 외무부에 어떤 보고를 한 바가 없다. 이는 송영식 참사관도 인정한다고 한다. 공개된 외교문서에서도 이와 관련된 서류는 발견할 수가 없었다. 이계철 대사가 별도 라인으로 이들의 활동에 대해 아무런 보고도 하지 말라는 누군가의 특별지시를 받았다고 할 수 밖에 없다. 그렇지 않고, 서울에서 온 인사가 대사관의 주선으로 국가원수급을 만났는데 이 사실과 내용을 외무부에 보고하지 않았다면 그 대사는 당장 서울로 소환되었을 것이다. 김비서관이 같이 갔으니 위원들이 대통령에게 별도로 보고할 필요도 없었을 것 같다. 다만, 이들이 네윈 당 의장을 비롯한 정부요로를 접촉하고 버마 외상 주최 만찬에 참석하였다고 송영식 참사관이 회고록에서 언급한 것을 보면 이들이 버마에서 매우 이례적인 환대를 받았음을 알 수 있다. 네윈 당 의장은 버마를 방문하는 외국 국가수반을 포함하여 외빈을 거의 만나지 않는 것으로 알려지고 있었는데 아마 그가 버마국가원로원장직도 맡고 있었기에 한국의 카운터 파트격이 되는 기관에서 온 위원들을 만나게 된 것이 아닌지 추측해 본다. 법률가인 국정자문위원들은 이미 버마의 당 의장 제도를 잘 알고 있었을 것이다. 이들은 대통령의 방문을 염두에 두고 미리 그러한 헌법제도하에서의 버마 현지 상황을 살펴보고 당 의장제도를 한국에 어떻게 적용할 수 있는지 등 현지 방문의 느낌을 전대통령에게 보고하는 것만으로도 그 역할을 충분히 했다고 할 수 있을 것이다. 14장에서 언급하였지만 10.9 버마 방문 중 엄청난 암살폭발사건으로 많은 수행원들이 무고하게 희생된 이후에도 전두환은 버마식 상왕정치체제에 대한 미련을 버리지 못하였다고 한다. 즉 그는 민정당이 최소한 2000년까지 계속 집권하면서 퇴임 후에도 당 총재를 맡고, 후임 대통령은 당 내외에 세력이 없는 인물을 발탁하여 당 부총재를 맡도록 함으로써 당 의장이 실권을 행사하는 버마식 제도를 1984년에도 연구하도록 했다고 한다. 이를 보면 그가 자신 때문에 억울하게 희생된 자들에 대한 참회의 정을 전혀 느끼지 못하고 정권욕에만 몰두한 것이 아닌가 하는 의구심이 든다. 정상적으로 사고하는 인물이었다면 희생자와 그 유족에 대한 면목에서라도 자신의 부당한 욕심은 절제하는 행동을 보여줬어야 했을 것이다. 그러나 1987년 6.29 민주항쟁으로 인한 민주헌법의 성취는 버마에서 희생된 이들을 포함, 민주화과정에서 발생한 많은 억울한 희생자들의 염원이 쌓인 결과라고 할 수 있으니 그들의 희생이 헛된 것은 아니었다고 할 것이다.

국내 정치사안이나 야당 인사들과 관련된 사항에 관하여 고위 정치권에서 현지 대사에게 비밀로 직접 지시하여 근거를 남기지 않고 일을 처리하는 경우가 있음은 나도 직접 경험한 바가 있다. 나는 폴란드와의 수교 후, 1989.11.15 바르샤바에 한국대사관을 개설하고자 부임하여 처음 몇 달간은 임시대사대리로 활동한 바 있다. 부임 이전에 외무부 동구과장으로서 폴란드를 오가며 비밀리에 수교 교섭활동을 한 관계로, 부임 후 폴란드 요로와 가까운 관계를 유지할 수 있었다. 초대 대사는 1990.2월에 부임하고 나는 참사관으로 계속 근무하였는데 그해 9월 말 외무부에서, 김대중 평화민주당대표 일행이 폴란드를 방문하니 바웬사 대통령을 비롯한 정부 요인들과의 면담 성사에 협조하라는 전문이 왔다. 야당 인사이나 초당 외교차원에서 협조하라는 것이었다. 곧 이어 김대중 대표의 소련, 폴란드 체코 방문일정을 주선하도록 평민당과 계약을 맺은 뉴욕의 컨설턴트가 대사관을 찾아왔다. 미국 민간인인 그가 폴란드 정부와 접촉할 수는 없으므로 김대표의 폴란드 체류일정을 감안하여 내가 바웬사Lech Walesa 대통령 등에 대한 면담을 주선하게 되었다. 원칙적으로는 대사가 직접 나서서 외무차관을 만나 대통령 면담을 요청해야 하나 대사는 야당 대표를 도우는 일에 대사가 직접 나서는 것은 가급적 피하는 것이 좋다고 하면서 참사관인 나에게 외무성 요로를 잘 아니 알아서 처리하라고 하였다. 나는 수교 교섭시부터 알고 지내는 아시아·중동·아프리카 국장 안제이 마이코프스키Andrjei Meikowski(후에 크바스니예프스키 대통령의 안보보좌관 역임)를 만나 사정을 설명하고 한국에서는 외교정책에 여야 간 차이가 없으므로 야당대표라 하더라도 그가 바웬사 대통령과 면담할 수 있도록 주선해 달라고 하였다. 그도 이해한다고 하면서 실현되도록 노력하겠다고 하였다. 며칠 후에 바웬사 대통령과 외무장관 등에 대한 면담 일정이 확정되어 이를 서울에도 보고하고 미국인 컨설턴트를 통하여 김대표 측에도 알려주었다. 그런데 김대표가 모스크바를 거쳐 바르샤바에 도착하기 이틀쯤 전에 대사가 부르더니 나에게 비밀 친전을 보여주며 읽어보라고 하였다. 정부 고위층에서 보내온 것으로 대사 혼자 보고 파기해야 되는 독후파기 전문이었다. 참사관이 일정을 주선하였는데 자기가 부득이 이를 무효화시켜야 될 형편이라서 알려주니 혼자만 알고 있으라고 하였다. 공식적으로는 김대중 대표의 바웬사 면담을 주선하라고 하였으나 실제로 이를 시행해서는 안 되니 면담이 취소되도록 대사가 조치하라는 지시였다. 대사는 긴급하게 마예프스키Majewski 외무차관을 만나서 한국정부가 국내정치 사정상 김대중 대표의 바웬사 대통령 등 고위층 면담을 원하지 않으니 취소될 수 있도록 대통령실에 양해를 구해 달라고 하였다. 김대중 대표의 이력 등을 내가 미리 보내서 폴란드 측에서도 그를 한국의 바웬사로 알고 있는데 이를 취소해 달라고 하니 기분이 좋은 일은 아니었을 것이다. 그러나 외교는 현실이라서 바웬사 측도 한국 현직 대통령의 희망이 그렇다니 이를 무시할 수는 없었던지

면담이 취소되었다. 나는 폴란드 측 사정으로 면담들이 모두 취소되었다고 미국인 컨설턴트에게 바로 알려주었다. 그 후 김대중 대표의 폴란드 도착 좀 전에 내가 대사실에 있는데 서울에서 전화가 와서 김대표의 방문을 취소한 대사를 나무라는 소리가 들렸다. 앞으로 정권이 바뀔 수도 있는데 너무 열심히 정권에 충성하지 말라는 것이었고 대사는 물정도 모르는 소리 말라고 서로 다투는 것이었다. 대사는 그가 대학동기인 야당의 김원기 의원이라고 하면서 나더러 어쩌라는 것이냐며 곤혹스러워하였다. 이어 바르샤바에 도착한 김대중 대표는 바웬사와의 면담 취소에 매우 실망하고 바웬사가 자기를 피한다는 것은 있을 수 없는 일이라고 하면서 믿으려고 하지 않았다. 바로 직전의 소련 방문에서도 한국대사관을 통하여 고르바초프Mikhail Sergeyevich Gorbachyov 서기장과의 면담을 확정하였는데 막상 모스크바에 도착해 보니 면담이 취소되었기에 그 배경에 대해 의아해 했다고 한다. 그런데 바르샤바에서도 똑같은 상황이 연출되니 자기로서는 도저히 이해할 수 없다고 하였다. 노태우 대통령이 야당 대표의 북방외교 동참을 환영하고 적극 지원하겠다고 하였고, 이번 동구 순방 시에도 외무부를 통하여 고르바초프, 바웬사, 하벨Václav Havel과의 면담을 주선하도록 협조하겠다고 하였는데 고르바초프 측에서 아무 설명도 없이 면담을 취소하더니 이제 폴란드도 그렇다고 하면서 바웬사가 그럴 리가 없는데 어찌 된 연유냐고 물었다. 나로서는 뭐라고 답변할 처지가 아니었다. 다만 분명히 내가 면담을 주선하였으나 나중에 취소되었다고 들었고 그 과정은 모르겠다고 하였다. 같이 수행해 온 조순승 의원은 나를 조용히 불러 어찌된 것이냐고 물었다. 참으로 답답한 사람들이라는 생각이 들었다. 그래서 나도 정확한 경위는 모르나 야당 생활 오래 하셨으니 짐작이 가지 않으시냐고 되물었다. 그는 청와대 정무수석도 일행이 서울을 떠나기 전에 분명히 노태우 대통령이 협조하라고 했으니 잘 될 것이라고 하였다면서 우리 정부의 방해공작이 있을 것 같지 않은데 이상하다고 하였다. 마침 일행의 방문 기간 중에 10.3 우리 국경일 리셉션이 열리게 되어 내가 대사에게 김대중 대표 일행도 행사에 초청해야 되지 않느냐고 하니, 그는 대사 목이 몇 개나 되는 줄 아냐고 하면서 큰일 날 소리 말라고 하였다. 서울에 보고가 들어가면 자신이 어찌되겠느냐는 것이었다. 그 처지를 이해할 수밖에 없었다. 나는 대사의 허락을 얻어 처음부터 끝까지 김대중 대표

일행을 수행해서 이곳저곳 연구소도 방문하고 비정부 인사들과의 면담이나 언론간담회에도 참석하여 필요한 협조를 제공하였다. 김대중 대표는 대사관은 당연히 야당대표 활동을 지켜보고 필요하면 서울에도 보고해야 된다고 하면서 격려하였다. 사실 그의 활동은 우리 외교에도 도움이 되는 것이었고 대통령이나 정부를 비판하는 일은 없었다. 특히 인상적인 것은 숙소인 마리오트 호텔 회의실에서 가진 언론간담회였다. 통역은 외무부 대사(駐뉴델리 총영사, 자메이카 대사 역임) 출신인 최운상 당대표 고문이 맡았는데 핵심적인 메시지가 잘 전달이 안 되는 느낌이었다. 그러자 김대중 대표는 자신이 직접 영어로 질문을 받기 시작했는데 많지 않은 어휘를 사용하여 정곡을 찌르는 답변을 하여 깊은 인상을 주었다. 하버드대학 법학박사 출신인 최고문의 복잡한 설명보다 핵심으로 바로 들어가는 짧은 영어실력이 더 설득력 있게 들리는 것을 보며 정치를 오래한 김대중 대표의 문제 파악 능력에 감탄하지 않을 수 없었다.

6. 5개국 순방일정 확정

일단 버마가 포함된 5개국 순방이 결정되면서 외무부 의전실에서는 5개국과 홍콩에서 1박 경유 후 귀국하는 10.8−25일간의 상세 순방일정을 만들어 1983.6.8 전두환 대통령 재가를 받았다. 그러나 6.9 청와대 정무비서실에서 열린 청와대 각 부서와 외무부 간의 협의에서 다시 서남아·대양주 5개국 순방후 홍콩 대신에 미국령 괌을 1박 경유하는 일정을 추진하기로 되었다. 이에 따라 6.15에 외무부 박건우 미주국장(외무차관, 주미대사 역임)이 주한 미국대사관의 Blackmore참사관을 초치하여 괌 경유에 따른 협조를 요청하게 되었다. 외무부에서는 귀국길에 괌을 경유하는 10.8−25간의 상세일정을 만들어 1983.7.20 전두환 대통령의 재가를 받았다. 그리고 이 행사의 암호명은 반기문 장관보좌관(외무장관, '국제연합' 사무총장 역임)의 아이디어로 "국화"로 결정되었다. 반보좌관은 8월에 하버드대학교로 연수를 떠나 업무에서 벗어나게 되었다. 그 후다시 서남아·대양주 5개국 순방 후 귀국길에 괌 대신 브루나이를 1박2일 방문하는 일정으로 외무부 의전실에서 "대통령각하 내외분 서남아·대양주 5개국및 브루나이 공식방문계획" 문서를 수기手記로 작성하여 1983.9.29 대통령의 재가를 받았다. 이 일정이 사실상 최종 순방일정이 되었다. 각국별 세부 방문 일정은 그 후에도 상호 협의로 일부 수정되었지만 이 계획서에서 전체적인 세부 일정 내용과 수행원 명단이 확정되었다.

제3장
버마를 추가한 배경은 무엇인가?

1. 버마 방문 목적: 공식적

"버마암살폭발사건"의 전모가 밝혀지고 범인들에 대한 재판도 사실상 끝난 후에 내가 작성하여 외무부 서남아과에 보관해 둔 "버마암살폭발사건 경위 및 처리결과" 보고서(이하 버마사건 보고서로 언급)에는 대통령의 버마 공식방문[1] 의의와 방문 결정 과정이 아래와 같이 기록되어 있다.

버마암살폭발사건 경위 및 처리결과 (1984.3 외무부)

1. 대통령의 버마 공식방문 의의

가. 서남아 순방 외교방침 결정 배경
- 정부는 제5공화국 출범이래 선진 조국을 창조하기 위한 능동적 외교 노력의 일환으로 정상외교를 적극 추진해 온 바 있음.
- 이에 따른 전두환 대통령각하의 미국, 동남아, 아프리카 및 캐나다 순방은 발전된 아국의 국력을 바탕으로 우리의 외교역량과 경제 진출 기반을 크게 강화한 계기가 되었음.
- 이러한 자신감에서 정부는 그동안 북괴 외교의 기반이 되어왔던 비동맹 국가들과의 관계 강화에 눈을 돌리게 되었는바, 비동맹운동의 창시지라는 점에서 그 첫

번째 지역으로서 서남아가 지목되었음.

- 따라서 비동맹 운동의 핵심 지도국이며 동 운동 의장국인 인도 방문이 82.2 합의됨에 따라 인근의 비동맹 지도국가로서 대통령각하가 추가로 방문하실 대상국을 물색하게 되었음.

- 83.1 인도 방문일자가 83.10.11-14간으로 결정되자 방문이 합의된 호주, 뉴질랜드 외에 추가로 방문할 서남아 국가를 검토하게 되었음.

- 83.3 스리랑카, 파키스탄, 방글라데시를 방문 검토 대상국으로 선정하고 이들 국가의 국내 정세, 아국과의 관계 등을 검토한 후에 서남아지역에서는 스리랑카만 추가로 방문함이 좋겠다는 외무부 실무 의견을 보고한 바 있음.

- 그 후 83.5월 말에 서남아지역에서 스리랑카 및 버마를 방문키로 상부에서 결정됨에 따라 외무장관 친전으로 이들 국가들의 수락 가능성을 타진케 되었음.

나. 버마 공식 방문 결정 과정

- 82.10.12 우 칫라잉U Chit Hlaing 버마 외상은 방한 중 대통령각하 예방 시 우 산유U San Yu 대통령의 대통령각하에 대한 버마 방문 초청의 뜻을 전달해 옴. 동 초청에 대하여 대통령각하는 버마와 같이 중요한 나라는 꼭 방문하고 싶다는 의사를 표명함.

- 83.5.20 외무장관 친전으로 정상외교 추진에 참고코자 하니 버마의 치안상태, 국가원수 영접에 필요한 영빈관 및 호텔 시설 유무, 랑군 공항 747 이·착륙 가능 여부 및 버마정부의 외국 국가 원수 영접 방침 등을 지급 보고토록 주버마대사에게 지시함.2

- 83.5.21 주버마대사는 랑군 수도권의 치안상태는 양호하고 외국 국가 원수 영접을 위한 영빈관이 있으며 주재국 외상이 대통령각하 예방 시 우 산유U San Yu 대통령의 초청을 제의한 바 있음에 비추어 시기만 맞으면 주재국 정부는 대통령각하의 방문을 환영할 것으로 판단된다고 보고해 옴.34

- 83.5.26 외무장관 친전으로 10.8 버마 도착, 10.11 출발하는 일정으로 버마에서 영접이 가능한지 버마 측과 협의 보고토록 지시함.5

- 83.6.8 의전실에서 서남아 및 대양주 5개국 방문 일정에 관한 대통령각하 재가를 얻음.

- 83.6.9 주버마대사는 버마 측이 아측 제의 일정을 그대로 수락키로 상부의 원칙 결재를 받았음을 통고해 왔다고 보고해 옴.

- 83.7.5 버마 우 산유U San Yu 대통령은 대통령각하를 초청하는 공식 서한을 송부해 옴.

- 83.7.28 대통령각하는 우 산유U San Yu 대통령에게 버마 방문 초청을 수락하는 회답 서한을 발송함.
- 83.8.5 정부는 대통령각하의 서남아 및 대양주 순방 사실을 공식 발표하였으며 버마 측은 외국 국가원수 방문 사실을 1주일 내지 10일 전에 발표하는 관례에 따라 9.29 공식 발표함.

위 보고서를 작성한 나의 기억과 보고서에 나타난 버마 공식방문 결정 과정을 검토해 보면 다음과 같은 사실이 명확히 밝혀진다:

1. 외무부에서는 83.1월(인도는 공식적으로는 83.2.8에 우리 측에 통보)에 인도 방문일자가 83.10.11 – 14간으로 결정되자 방문이 이미 합의된 호주, 인근의 뉴질랜드 외에 추가로 방문할 서남아 국가를 검토하게 되었음. 83.3월 스리랑카, 파키스탄, 방글라데시를 방문 검토 대상국으로 선정함. 이들 국가의 국내 정세와 아국과의 관계를 검토한 후, 서남아에서는 스리랑카만 추가로 방문함이 좋겠다는 외무부의 실무적 의견을 반영하여 대통령의 서남아·오세아니아 방문계획안에 대한 국무총리의 재가를 얻음. 83.5.20 이범석 외무장관이 이 문서를 가지고 대통령과 면담하였음. 그 자리에서 전두환 대통령은 버마를 방문국에 포함하라는 지시를 하였음. 즉 외무부에서 방문 검토대상도 아니었던 버마를 대통령이 직접 외무장관에게 지시하여 포함한 것임.

2. 대통령의 버마 방문 포함 지시에 따라 83.5.20 외무장관이 駐버마대사에게 버마의 제반 사정이 대통령이 방문하기에 문제가 없는지 문의하였으며, 버마대사는 대통령이 방문하는 데 문제가 없으니 방문을 추진함이 좋겠다고 24시간 이내에 회신함으로써 사실상 버마 방문이 결정됨. 추후 브루나이도 포함하여 83.10.8 – 25간 버마, 인도, 스리랑카, 호주, 뉴질랜드, 브루나이의 순서로 총 6개국을 방문하는 일정이 확정되었음.

전두환은 1979년 12.12 군사 쿠데타를 거쳐 실권을 잡고 1980년 5.18 광주민주항쟁 후 최규하를 대통령직에서 퇴임시켰다. 이어 통일주체국민회의라는 유신헌법의 조직을 이용하여 자신이 대통령에 취임한 후에는 국내외적으로 정

통성을 인정받기 위한 외국 방문을 적극 추진하였다. 취임 후 그가 해외를 방문한 기록은 아래와 같다:

- 1981.1.28.-2.7. 레이건 대통령 취임 후 외국 국가원수 중 최초 미국 공식 방문
- 1981.6 하순-7월 초순: 아세안 5개국 방문(인도네시아, 말레이시아, 싱가포르, 태국, 필리핀)
- 1982.8. 아프리카 4개국 방문: 케냐, 나이지리아, 가봉, 세네갈(한국 대통령 최초의 아프리카 방문)
- 1983.10.8.-9. 버마 방문
- 1984.9.6. 일본 방문: 한국 대통령 최초의 일본 공식 방문(버마 사건 후 최초의 외국 방문)
- 1986.4. 유럽 4개국 방문: 영국, 서독, 프랑스, 벨기에

정부 내 관련부처와 외무부 내 관계부서의 의견을 종합하여 1983.7.26 내가 기안해서, 7.28 이범석 외무장관의 결재를 받아 대통령비서실장에게 7.30자로 보낸 총 열쪽에 이르는 "대통령각하 서남아시아, 대양주 5개국 순방에 관한 홍보지침 및 자료"라는 공문은 아래와 같이 공식적인 순방 목적을 기술하고 있다. 주요 내용은 아래와 같다. 버마의 경우에는 방문을 먼저 결정하고 그 목적을 사후에 합리화한 것이다:

수신: 대통령 비서실장
참조: 공보수석비서관(사본: 정무제1수석비서관)
발신: 외무부장관
제목: 대통령각하 서남아시아, 대양주 5개국 순방에 관한 홍보지침 자료

1. 순방 의의

가. 아시아·태평양 지역에서의 아국의 주도적 외교 역할 부각
- 81년의 아세안 5개국 순방에 이은 서남아 및 대양주 5개국 순방으로 아시아 및 태평양 지역에서의 아국의 외교적 역할 및 비중 증대

- 아시아 및 태평양 지역 외교 주역으로서의 전두환 대통령각하의 국제적인 이미지 부각
- 아시아 지역에서의 남남협력 추진의 선도적 역할 수행

나. 태평양 연안국 간 협력 실현을 위한 선도적 노력

- 남태평양 지도국들과의 전통적 유대 협력 강화로 태평양 연안국 간 지역협력체제 기반 조성
- 위대한 태평양시대 구축을 위한 선도적 역할 수행

다. 적극 개방외교정책 추진을 통한 비동맹외교의 새로운 전기 마련

- 비동맹운동 발상지이며, 제3세계의 지도세력인 서남아제국을 방문, 동 지도자들과의 친분관계 구축으로 비동맹권내에서의 아국의 새로운 이미지 형성
- 제5공화국의 적극적 개방외교정책을 과시함으로서 비동맹제국들과의 협력관계 강화의 새로운 전기 마련

라. 서남아 및 대양주에 대한 경제협력 및 진출 증대

- 선진 개발도상국인 아국이 경제발전 경험과 기술을 아시아의 같은 개발도상국들의 경제개발과 과학기술 진흥을 위해 교류함으로서 남남협력의 모범 제시
- 자원의 장기적 안정 공급 및 아국 건설 및 수출시장 다변화를 촉진시키는 계기

마. 대북한 외교적 제압 및 우위 유지

- 외교적으로 북한이 먼저 진출한 서남아지역을 아국 원수가 먼저 방문함으로서 북한을 외교적으로 완전 제압
- 남태평양지역에 대한 북한의 외교적 침투 봉쇄

* 순방 5개국과의 국교수립 및 수뇌급 교류 현황

버마	한국		북한
	75.5 수교		75.5 수교
	교류없음	65.4 김일성 버마 기착,	77.9 네윈 대통령 방북
		79.7 몽몽카 총리 방북, 82.3 이종옥 총리 버마 방문	
인도	73.12		73.12
			81.1 이종옥 총리 방인
			83.3 박성철 부주석 방인(비동맹회의)
스리랑카	77.11		70.7(71.4 공관폐쇄)

	83.3 프리마다사 총리 방한	76.8 박성철 총리 방스(비동맹 회의)
호주	61.10	74.7 (75년 공관철수, 북한과 수뇌급 교류 전무)
	67.4 홀트 총리 방한, 67.12 박정희 대통령 방호(홀트 총리 장례식)	
	68.9 박정희 대통령 방호, 79.4 최규하 총리 방호	
	82.5 프레이저 총리 방한	
뉴질랜드	62.3	북한과 미수교
	68.9 박정희 대통령 방뉴, 68.10 홀리오크 총리 방한	
	76.4 멀둔 총리 방한, 79.5 최규하 총리 방뉴	
	81.4 멀둔 총리 방한	

2. 금번 순방관련 부각시킬 주요 사항

가. 금번 순방은 제5공화국 출범 이후 계속 신장된 국력과 지도자의 적극적인 외교 역량을 과시

나. 동남아 5개국 순방에 이은 서남아 및 대양주 5개국 순방으로 아시아 및 태평양 지역 외교 주역으로서의 전두환 대통령각하의 이미지 부각

다. 비동맹주도국들과의 유대협력관계 강화로 비동맹권내에서 아국의 새로운 이미지 부각

라. 아시아와 대양주의 상호협력체제 강화로 태평양시대 도래를 위한 시대적 사명 고양

마. 선진개발도상국가인 아국과 다른 아시아개발도상국가와의 경제개발 경험 및 기술교류를 통한 상호 보완적인 남남협력의 모범적인 역할 노력 강조

바. 아국의 평화통일 노력과 적극 개방외교정책을 과시

3. 기대효과

가. 정치적 측면

1) 아시아·태평양지역 외교의 주도적 역할 담당

- 아시아 주요 지도자들과의 친분관계 구축 및 아국의 신장된 국력과 외교역량 과 시로 금후 아시아 외교에서 주도적 역할을 담당할 수 있는 능력과 기반 조성

- 태평양 연안국 간 협력을 위한 선도적 외교역할 수행으로 금후 태평양협력체제

구성 시 중요 역할 수행 여건 조성

2) 아국의 국제적 외교역량 증대
- 우방국(미, 일, 서구 등)
  아국의 활발한 외교활동과 그 능력을 인식시켜 제반 주요 국제문제 처리에 있어서의 아국의 참여 여건 기반 조성
- 공산권 및 미수교국
  아국의 신장된 국력과 외교적 비중을 인식시켜 대아국 관계 개선을 촉진시키는 계기 마련
- 비동맹 등 제3세계권
  아국과의 실질적 협력관계 발전이 자국의 이익에 중요함을 인식시켜 친한 성향 유도

3) 소모적 남북한 외교대결 지양 위한 대북한 압력 증대
- 비동맹 주도국과의 유대 강화 및 아국의 국제적 지위 향상으로 북한의 외교적 고립화 초래
- 비동맹회의 등에서의 소모적 남북대결 지양토록 북한에 대한 국제적 압력 증대
- 대양주지역에서의 아국의 대북한 우위 고수로 북한의 침투 봉쇄

4) 아국의 남북대화 재개 및 평화통일 노력에 대한 국제적 지지 확산
- 아국의 남북대화 재개 노력과 민족화합 민주통일 방안 등 평화통일 노력에 대한 비동맹 주도국들의 지지 확보로 북한에 대한 대화 재개 압력

5) 86아시안 게임과 88올림픽 성공을 위한 외교적 포석
- 비동맹권에 대한 북한의 불참 공작 사전 봉쇄

나. 경제적 측면

1) 자원의 안정적 확보 및 공동개발 참여 촉진

국명	주요자원 보유현황	비고
버마	임목: 24백만 에이커의 산림 보유	세계 티크자원의 75% 보유
	어업자원: 2천마일의 해안선을 가진 풍부한 어장 보유	
	유전 개발, 발견중	연산 11백만 톤 이상
인도	철광석: 126억 톤 매장	매장량 세계 2위
	석탄: 879억 톤	매장량 세계 6위
	석유: 150억 톤 매장	
	임목: 아시아 제2의 원목생산국	연산 450만 톤
	어업자원: 주변에 풍부한 어장	

스리랑카	코코낫: 연산 2백만 톤 어업자원: 주변에 풍부한 어장	
호주	보오크사이트: 연산 25백만 톤 철광석: 연산 94백만 톤 석탄: 연산 96백만 톤 양모: 연산 64만 톤 기타 농산물 및 어업자원 풍부	생산량 세계 1위 생산량 세계 2위
뉴질랜드	석탄: 54억 톤 매장 천연가스: 1,266억m³ 매장 임목: 연간 3억불상당 목재 및 펄 프 수출 기타 어업자원도 풍부	

다. 국내정치적 측면

- 제5공화국에 대한 국제적 신뢰성 과시로 국내정치 경제, 사회 안정에 기여
- 계속적인 정상외교 성취를 통해 선진조국 건설 위한 국민적 자신감 고취 및 단합
  이룩

2. 버마를 추가한 배경: 내막적

1983.5.20, 전두환 대통령이 이범석 장관이 가지고 간 "서남아 및 대양주
순방계획안" 문서를 재가하지 않고 버마를 방문국에 추가하라고 지시한 것은
매우 이례적인 일이었다. 내가 기안하여 국무총리까지 결재한 그 순방 계획안
에는 버마가 포함되지 않았었다. 그러한 공문을 대통령에게 결재를 받기 위해
가지고 가기까지에는 청와대 비서실과 외무부 및 관계부처간의 협의가 수차례
있었다. 비서실에서는 대통령에게 외무부에서 그런 나라들을 방문하도록 문서
를 올릴 것이라는 것을 사전에 보고해 두었을 것이다. 그런데 대통령이 관계부
처의 검토를 거쳐 외무부장관이 올린 문서의 결재를 이례적으로 거부하고 버
마를 추가하라고 외무부장관에게 지시한 것이다. 그러한 지시의 배경이 무엇인
가에 대해서는 외무부장관과 당시 실무자였던 나 자신 등 관계자 모두 짐작만
할 수 있을 뿐이었다. 대외적으로 방문의 명분인 비동맹외교 강화라는 것은 현

실에 부합하지 않는 것이었다. 앞에서도 언급한 바와 같이 버마는 비동맹운동에서 영향력을 가진 나라도 아니고 대외관계를 매우 소극적이고 폐쇄적으로 운영하는 나라였다. 우리 대통령이 방문한다고 해서 남한보다 오랫동안 더 친밀하게 지내고 유사한 정치·경제·사회체제를 유지하고 있는 북한과의 우호관계를 축소하고 우리와 가까이 되리라는 기대는 가능치 않았다. 외무장관이나 다른 주요 장관도 방문한 적이 없는 그런 국가를 대통령이 앞서서 방문한다는 것도 매우 비상식적이었다.

다음으로 버마 방문 목적으로 언급된 경제관계 강화는 전혀 의미 없는 목표는 아니라고 할 수도 있으나 세계 최빈국중의 하나인 버마에 우리 기업이나 상품이 크게 진출할 여지는 별로 없었다. 약간의 경제 개방을 추구한다고 하나 기본적으로 사회주의 경제 체제를 유지하고 있는 버마와의 경제 관계 강화는 별로 기대할 만한 것이 없었다. 50만 불에 달하는 안과병원 신축 원조를 무상으로 제공하는 등 버마진출 확대를 준비하던 현대건설이 대통령의 버마 방문을 어떤 경로로 건의하지 않았을까 의심하는 시각도 있다.6 그러나 이는 근거도 없고 가능성이 희박한 주장이라고 생각한다. 버마는 국제기구나 선진국들의 국제원조로 인프라 건설사업을 할 뿐 자체 예산으로 이를 추진할 형편이 아니었기에 많은 프로젝트가 나오는 나라가 아니었다. 현대건설의 킨다 댐 수주도 회사 자체적 활동의 결과이지 버마와 유대관계가 깊지 않은 우리 정부의 지원에 의한 것은 아니었다. 나도 서남아과 근무 중 현대건설이 현지 공사와 관련하여 우리 정부의 어떤 지원을 요청했다는 이야기를 들은 적이 없다.

북한과 군사적으로 첨예하게 대치하고 있고 국내외적으로 많은 복잡한 사안을 다뤄야 하는 바쁜 한국 대통령의 장기간 해외 순방은 그때나 지금이나 매우 신중히 추진되어야 한다. 당시 한 두 나라를 제외하고는 특별한 의미도 없는데 여러 명의 주요 장관과 대통령 비서실장 등 수석비서관들, 합참의장, 모든 주요 기업의 회장 등 160여 명의 수행원을 점보기에 태우고 열시간 내외의 비행시간을 몇 번이나 견디면서 18일에 걸쳐서 두 대륙의 여섯 나라를 한가롭게 순방한다는 것은 이해하기 어려운 일이었다. 이미 결정된 5개국 순방만해도 제왕 같은 한국 대통령의 경우에는 엄청난 준비와 예산이 소요되며 수행원들로서도 기진맥진할 만큼 긴 여행인데 한 나라를 더 추가한다는 것은 큰 무리였다. 그럼에도 불구하고 굳이 한 나라를 더 가고 싶었다면 우리와 여러모로 관계가 깊고 우호적인 또 다른 비동맹국 방글라데시나 정식 수교가 임박했던 파키스탄과의 수교교섭(버마정부의 수사결과 발표 3일후인 1983.11.7 수교)을 앞당겨 그곳에 가는 것을 생각해 볼 수도 있었을 것이다. 그러한 나라들이 버마보다는 훨씬 방문의 명분과 실리가 있었을 것인데, 외무부나 관계부처로서는 왜 엉뚱하게 버마를 추가하느냐는 놀라움과 의문이 깊을 수밖에 없었다. 인도까지의 비행시간이 11시간이나 되어 도중의 휴식을 위해 중간 방문국을 검토하다가 우연히 버마를 가게 되었다는 주장도 있다. 그러나 2층에 침실까지 마련된 점보기로 유럽, 미국 LA, 호주와 비행시간이 비슷한 인도에 가는 것이 무리라고 할 수는 없고 중간 기착지가 꼭 필요하다면 동남아시아의 다른 지역을 물색하는 것이 어려울 것도 없었다. 또 전대통령이 버마 방문을 사전에 비밀리에 추진해 왔다면 인도 방문이 결정된 후, 서남아지역 내에서 추가로 방문할 나라를 검토할 때에 스리랑카 대신 버마를 포함하도록 하거나 스리랑카와 버마를 모두 포함하도록 지시했어야 하지 않느냐는 의문이 자연스럽게 제기될 수 있다. 그러나 버마 방문 추진세력은 대통령의 해외 순방을 담당하는 청와대와의 협의과정에서 외무부나 안기부가 친북 사회주의 군사독재국가인 버마 방문을 건의하지 않았음을 알고 있었고, 또 건의할리도 없다는 것도 알고 있었을 것이다. 그래서 이들은 인도, 스리랑카, 호주, 뉴질랜드 방문과 괌 경유가 확정된 이후 갑작스러운 대통령의 직접 지시를 통하여 관계부처들이 이의를 제기할 틈을 주지 않고 버마를 추가하도록 했을 것이라고 생각해 본다.

버마를 방문하기로 결정한 전대통령의 동기에 대한 가장 유력한 관측은 버마의 특유한 권력 구조에 대한 호기심과 이를 연구 대상으로 하고자 하는 목적에서 비롯된 것이 아닌가 하는 것이다. 2장에서 언급한 바와 같이, 전대통령이 이범석 외무장관에게 버마 방문을 추가하도록 지시하기 십여 일 전에 이미 국정자문위원들인 이영섭 전 대법원장과 2명의 법조인들이 청와대 정무2비서관과 함께 5.25－28일간 버마를 방문하기로 되어 있었다. 버마 유일의 정당인 사회주의계획당의 의장 네윈이 이들을 접견하였고, 이들이 버마를 떠난 3일 후인 5.31에 버마 측이 우리 대통령의 10월 버마 방문에 동의한 것에서 그 함의를 유추해 볼 수 있을 것 같다. 전두환은 1979년 12.12 군사 쿠데타를 통하여 정권을 잡은 후 허수아비대통령 최규하를 하야시키고 유신헌법에 따라 통일주체회의라는 선거인단을 통하여 1980.8.27 대통령에 선출되었다. 그는 1980.10 국민투표로 확정된 제8차개헌에 따른 간접선거(1981.2.25)로 제5공화국의 대통령에 당선되고, 1981.3.3 단임 7년의 대통령으로 취임하였다. 그는 헌법규정대로 단임으로 퇴임할 것임을 기회 있을 때마다 공약하였다. 그러나 전임 박정희 대통령도 헌법을 고쳐서 종신대통령이 된 점에 비추어 그의 공약이 지켜질지는 알 수 없었다. 그로서는 전임자가 종신대통령이 됨으로써 비극적 최후를 맞았다는 점과 자신이 떳떳하지 못한 방법으로 정권을 잡았고 그 과정에서 육사 동기이자 가까운 친구인 노태우 장군의 결정적 지원을 받았음에 비추어 재임을 추구한다는 것은 무리임을 깨달았을 것으로 보인다. 그러나 독재권력의 속성상 본인이 사양한다고 해서 권좌에서 쉽게 내려올 수는 없는 노릇이라 그도 많은 생각을 해 봤을 것으로 추측해 본다. 문제는 항상 권력 주변에서 아부하며 기생하는 인물들인데 이들은 광주민주항쟁 진압과정에서 많은 희생자를 내고 잡은 권력을 7년 후에 누구에게라도 넘기는 것이 불안하였을 것이다. 또 그 좋은 무소불위의 권력을 계속 가지고 싶었을 것이다. 그러나 단임에 대한 전대통령의 의지가 단호함에 비추어 대안으로서 떠올린 것이 버마식 당 의장 제도가 아니었나 하는 것이다. 그래서 전대통령으로 하여금 버마를 방문국에 뜬금없이 추가하도록 하고, 정무2비서관과 전직 대법원장 등 친군부 성향의 법률가들을 미리 버마에 보내서 상황을 살펴보도록 한 것이라고 생각할 수밖에 없다. 나나 외무부의 동료들은 그렇게 추정하고 있었는데 아웅산묘소에서 암살폭발 사건으로 많은 희생자가 발생한 후에는 더욱 누가 뒤에서 부추겨 대통령이 버마를 추가하라고 직접 지시했는지에 대해 여러 가지 추측이 나왔다. 이런 경우에 일차적으로 의심을 받는 기관이 안기부였다. 나도 방문 전후에 안기부의 아는 직원들에게 그 배경을 문의도 해봤으나 그들은 단호하게 안기부가 이를 건의한 적이 절대 없다고 강력히 부인하였다. 사건 발생 후에도 안기부에서 버마 방문을 건의한 것이 아니라는 것은 노신영 당시 안기부장과 안기부 내 여러 사람들을 통해 밝혀졌다. 버마와 북한 간의 오래되고 긴밀한 관계와 버마 내 오랜 반정부 군사활동 등 경호상의 문제점을 제일 잘 아는 안기부가 대통령을 사지로 모는 건의를 했다고는 생각할 수 없는 일이다.

내가 1984－87년간 영국에서 대사로 모신 김영주 대사는 이승만－박정희 대통령의 외교행태와 관련해서 그들이 정식 외교라인 이외의 정보 소스를 활용했다고 회고하고 있다. 저서 "외교의 경험과 단상"에서 그는 "국가의 최고 정책결정권자는 외무장관의 머리를 넘어 현지 대사와 별도의 소통라인을 유지하기도 하고 또 대사를 신임하더라도 따로 밀사를 파견하는 예도 있다. 때로는 해외에 주재하는 대사도 다른 경로로 정보가 본국으로 보고되고 있는 사실을 모르고 지나는 일도 있다."고 하면서 이는 동서고금을 막론하고 가끔 있는 일이라고 한다. 박정희 대통령의 경우, 조직이 움직이는 데서는 지휘계통이 존중되어야 하나 정보를 수집하는 데서는 반드시 지휘계통의 존중이 중요하지는 않다고 생각한 것 같다는 것이다. 이런 일에 관계하는 이는, 소위 비선으로 불리는 사조직과는 다른, 동양문화권에서 말하는 막빈幕賓으로 제왕의 자문에 응하는 관직이 없는 인사로서 사회적인 신망이 높고 교양과 경험을 겸비한 사람이어야 한다는 것이다.[7] 국가의 최종 수호자는 합법적인 모든 수단과 방법을 동원하여 항상 최선의 선택을 해야 하는 입장이므로 제도적인 틀에만 얽매이고 싶어 하지는 않는다는 것이다. 전대통령의 경우, 국가원수로서 버마 국빈방문을 직접 결정함에 있어, 외교나 정보기관의 조직을 이용한 것이 아니라 비선의 자문을 받은 것이고, 그 자문이 국익을 위한 목적에서가 아니라 개인이나 특정집단의 권력을 연장하고자 하는 의도와 관련이 있었던 것으로 밖에 볼 수 없다는 데에 문제가 있다고 할 것이다.

권력의 특성상 일단 대권을 넘기고 나면 뒤에서 수렴청정하는 것이 가능할 것이냐는 의문이 있을 수 있다. 그러나 이는 헌법을 고치지 않고도 가능한 일이고, 필요시에는 헌법을 고치는 것도 당시 한국적 정치상황에서는 가능하였다고 할 수 있을 것이다. 전두환으로서는 친구인 노태우에게 정권을 물려줄 생각을 하고는 있었으나 노태우가 퇴임한 자신을 완전히 보호해 줄 수 있을지에 대한 의문을 가졌을 수도 있다. 전두환이 가졌었을 수 있는 이러한 우려는 노태우가 대통령이 된 후에 그를 백담사로 유배한 데에서 사실로 증명되었다. 전두환으로서는 노태우의 권력을 나눠 가지겠다는 생각보다는 자신을 확실하게 보호할 수 있는 방안으로서 노태우를 필요시에 견제하거나 도와서 12.12 쿠데타 주도 세력의 권력 장악을 흔들림 없이 유지할 수 있는 제도적 장치를 가지고 싶어 했을 수도 있다. 또 버마의 당 의장 제도에 대한 연구가 그 제도를 그대로 따른다는 것보다는 하나의 사례로 참고해 볼 수 있을 것으로 생각했었을 수도 있다. 그런 연구를 위해서 굳이 현장인 버마를 가보고 네윈 당 의장을 만나 볼 필요가 있느냐, 전직 대법원장 등을 시켜서 현지 상황을 파악해 오도록 했으니 들어 보면 되는 것 아니냐고 생각할 수도 있다. 그러나 전두환으로서는 자신의 추후 안위와 관련된 중요한 문제이니 그 지역을 방문하는 길에 버마에 들려 네윈 당 의장을 만나보고 싶어 했을 개연성이 더 크다고 생각해 본다. 네윈은 군 출신으로서 독립 투쟁에 참여하고 독립 후에는 1962.3 군사 쿠데타를 통해 권력을 잡고 1962-74년간은 혁명위원회 의장, 74-81.11간은 국가평의회의장 겸 대통령, 1982.11 임기 7년의 대통령직을 마친 후에는 대통령직을 측복에게 맡기고 자신은 '사회주의계획당'의 의장으로서 계속 실권을 휘두르고 있었다. 전두환은 네윈 장군에 대해 사관생도 시절부터 개인적인 존경심을 가지고 있었다고 하므로 그를 직접 만나서 어떤 교훈을 얻고 싶어 했을 것으로 이해된다.[8] 사실 전 세계에서 대통령 임기 7년제와 국가원로원 같은 제도를 동시에 가진 나라는 당시 버마가 유일했을 것이다. 1980.10, 한국의 신군부세력이 제8차 개헌(제5공화국헌법)으로 이 두 제도를 도입한 것을 보면 전두환의 신군부세력은 79년 12.12쿠데타로 정권을 잡은 직후부터 버마의 권력제도를 모델로 연구해왔다고 봐야 될 것 같다. 그리고 네윈이 1982.11 대통령직을 내놓고 당 의장직을 맡아 계속 실권을 쥐게 되었으니 전두환과 측근들은 당연히 이러한 버마의 정세에 대한 검토를 하게 되었을 것이다. 따라서 1983년 가을의 서남아순방 기회에 정부 부처에서 건의한 인도와 스리랑카뿐만 아니라 버마를 가보고 싶어 했을 것은 이들로서는 자연스런 일이라고 할 수밖에 없을 것 같다. 그러나 이러한 권력핵심부의 정치구도를 모르는 외무부장관 등 관계자들로서는 뜻밖의 버마 방문 추가 지시를 납득하지 못하고 당황할 수밖에 없었던 것이다.

버마 방문에 대한 송영식 참사관의 회고록 부분에는 이런 구절도 있다. "이계철 대사도 외무장관조차 한번 방문한 적이 없는 나라에 갑자기 대통령이 방문한다는 사실에 대한 불안감을 나에게 여러 차례 표시하였다. 그는 버마 측이 그렇게 조속히 우리 방문 제의를 수락하리라고 예상치 못하고 오히려 대북관계 등을 감안, 난색을 표시할 가능성도 있다고 보았던 것 같다. …지금 생각해 보니 버마 관리나 민간인 중에는 구태여 뇌물로 매수하지 않아도 이념적으로나 그간의 친분관계 때문에라도 우리 대통령 방문에 관한 정보 제공을 해줄 북한 동조세력이 상당수 있었을 것으로 생각한다. 적진에 무모하게 뛰어든 것으로 볼 수 있다. …우리는 의전에 너무 신경 쓴 나머지 버마 측 반감을 사서 보안을 소홀히 한 것이다."9 이계철 대사가 실제로 그런 불안감을 가지고 있었다면 이범석 외무장관이 1983.5.20자 친전으로 "버마정세와 경호문제 등을 감안하여 우리 대통령의 버마 방문에 문제가 없을 것인지" 문의했을 때 아무런 문제가 없으니 방문해도 좋다고 24시간 이내라는 놀랍게 빠른 시간 내에 회신을 했다는 사실과는 부합되지 않는 일이다. 그는 왜 스스로를 속이는 그런 회신을 하였을까? 그때나 지금이나 나로서는 많은 의문과 아쉬움을 가지게 된다. 당시 외무부는 대통령으로부터 버마 방문을 추가하라는 지시를 받기 전에 파푸아뉴기니를 방문대상국에 포함하는 것을 검토하고자 현지의 우문기 대사에게 문제점이 없는가를 문의하였으나 우대사가 대통령이 방문할만한 나라가 아님을 솔직하게 보고함으로써 이를 제외하였다는 증언에 비추어 보면 현지 대사의 상황판단이 얼마나 중요한가를 새삼 깨닫게 된다. 다른 한편으로, 이계철 대사의 매우 신속한 긍정적 회신과 관련된 의문을 전혀 다른 각도에서 보는 것이 필요할지도 모른다는 생각이 든다. 국정자문위원들의 5.25−28간 버마 방문이 전대통령의 버마 방문을 위한 사전 작업이라는 것을 어떤 비밀 경로로 5.20(대통령의 버마 방문 시 문제점에 관한 외무장관의 대사앞 문의) 이전에 이미 전달받았을 가능성은 없었을까? 그게 아니더라도 버마주재 대사라면 누구나, 전직 대법원장을 포함한 3명의 전직 고위 법률가들과 대통령의 정무2비서관이 특별한 목적도 없이 갑작스럽게 버마를 방문하여 네윈 당 의장 등과의 면담을 희망하는 이유를 어렵지 않게 짐작할 수 있었을 것이다. 그리고 그들의 방문을 며칠 앞두고 외무부장관으로부터 비밀 친전으로 대통령의 버마 방문을 검토 중인데 경호나 숙소에 문제가 없는지 보고하라는 지시를 받고서는 더욱 버마의 권력구조에 대한 검토 목적 이외의 다른 이유로 그들이 버마를 방문한다고는 생각할 수 없었을 것이다. 그런 상황에서 대사가 어떻게 이런저런 사정을 들어 대통령의 버마 방문에 부정적 회신을 할 수 있었을 것인가? 이계철 대사로서도 이범석 외무장관과 마찬가지로 다른 선택의 여지가 없었을 것 같다. 버마의 사법제도는 민주국가에서 사용하는 사법이라는 용어를 써서는 안 되는 제도였다. 현역 일반 장교들도 판사직을 맡아 근무하는 군인 만능통치의 나라인데 우리나라의 최고위급 법률가들이 무슨 사법제도를 거기서 참조한다는 것인가? 이러한 사정에 비추어 이대사는 자신이 대통령의 방문에 부정적 보고를 할 수 없는 처지임을 인식하고 있지 않았을까 하는 의문을 가질 수밖에 없다. 이 버마의 권력구조 참조가 전대통령의 버마 방문 추가지시 배경에서 가장 핵심적 요소로 보이나 전대통령이나 김두영 비서관은 이를 부인하고 있고, 세분의 국정자문위원들과 이러한 권력구조 도입을 막후에서 추진하였다는 허문도는 이미 세상을 떠났으니 그 사실여부를 증언할 사람을 찾기는 쉽지 않을 것 같다. 앞 2장에서 언급한 문건이 있지만 당사자들은 누구의 지시가 아닌 그저 연구목적으로 만든 문건이라고 주장할 것이다. 이 문제는 이미 법적 다툼을 떠났지만 당사자들의 양심의 문제로서 우리 역사에 오래 남을 것이다.

3. 이범석 외무장관의 버마 기피증

이범석 장관은 일제강점기에 평양에서 고무신 등을 제조하는 사업가였던 부친 이재순이 1943년 사업차 버마 체류 중에 사망하였기에 특히 버마에 가는 것을 싫어하였던 것으로 알려지기도 하였으나 그 사실 여부는 밝혀진바 없다. 국무총리까지 이미 결재를 한 서남아과 기안서류인 "서남아·대양주 순방계획 서안"을 가지고 5.20 대통령 결재를 받으러 갔다가 버마를 추가하라는 지시를 받고 외무부로 내려온 이장관은 분을 참지 못해 서류를 바닥에 거의 내동댕이 칠 정도였다고 김병연 아주국장과 김성엽 장관보좌관은 당시 상황을 기억한다. 대통령의 서남아 순방을 얼마 앞두지 않은 1983.9.1 뉴욕을 출발하여 서울로 오던 대한항공여객기 KE007기가 소련 전투기에 의해 사할린 섬 인근 해역에서 피격되어 269명의 탑승객 전원이 사망하는 사건이 발생하였다. 이장관은 이와 관련하여 9월 하순에 뉴욕으로 가서 미국 국무장관을 만나고 '국제연합' 총회에서 소련의 만행을 규탄하는 외교활동을 6일간 전개하였다. 그리고 귀국 전날인 9.30 수고한 공관 간부들과 같이 맨하탄의 한식당에서 저녁식사를 하게 되었다. 이 자리에는 국제연합대표부 김경원 대사와 박수길 공사(駐국제연합 대표부 대사 역임), 김세진 뉴욕 총영사 등이 참석하였는데 이번에 박공사의 수고가 많았다고 이장관이 칭찬하자 박공사는 또 만날 텐데 웬 칭찬인가 어색하게 생각하며 "오늘 이 자리가 최후의 만찬입니까?"라고 농담으로 말하였다고 한다. 그러자 이장관은 "이 사람아, 최후의 만찬이라니, 여기에 가룟 유다라도 있다는 말인가"라고 대꾸한 후, "개xx들 때문에 버마까지 가게 됐어"라고 하며 버마 방문에 대해서 매우 부정적 생각을 표명하였다고 한다. 그런데 그게 실제로 그들과의 최후의 만찬이 되고 만 것이다.[10]

이장관은 10.2 귀국 후 풍치가 도져서 잇몸 수술을 하고 10.8(토) 실밥을 뽑게 되자 이를 이유로 대통령보다 하루 늦게 10.9(일) 서울을 떠나 버마에서 합류할 수 있게 해달라고 전대통령에게 요청하였다가 그까짓 치통으로 국가행사에 참여하지 않는다는 것은 말이 안 된다고 호통만 당하였다고 당시 외무부 직원들 간에도 알려졌었다. 그는 결국 하루 일찍 10.7(금) 실밥을 뽑고 예정대로 특별기에 탑승할 수밖에 없었다. 죽음의 신을 살짝 비켜갈 수 있는 기회가 사라져버린 것이다. 이장관은 김성엽 보좌관을 10.11−13간의 인도 방문행사 준비를 위해 10월 초 뉴델리로 미리 파견하면서, 전에 자신의 치아를 치료했던 인도 치과의사를 미리 수배하여 인도 방문 중에 치료를 받을 수 있도록 조치하라고 할 정도로 치통으로 고생하고 있었다. 이장관은 자신의 고대 후배로서 본인이 통일원장관시에 비서관으로 채용하였던 정성근씨가 10.7 인사차 외무장관실에 들렀을 때 정부종합청사 엘리베이터를 같이 타고 내려오며 "나 이번에 가기 싫은데 말이야, 어쨌든 잘 다녀올게"라고 버마 방문에 대한 꺼림칙한 느낌을 표현했다고 한다.[11] 또 버마 향발 전날 저녁에 장관 공관에서 가까운 남산 하얏트 호텔 사우나에서 만난 부산 동아대학의 임교수에게 "버마에 가기 싫어, 인도로 직행했으면 좋겠다."[12]는 말도 했다는데 마지막까지 버마에 가는 것에 대한 거부감이 매우 컸던 것이었다. 심지어 그는 10.8(토) 오후 랑군 밍가라돈 국제공항에 도착하여 공항 환영행사를 마치고 인야레이크 호텔로 가는 승용차에 동승한 기자들(문화방송 문지영, 코리아 헤럴드 김기석)에게도 "이번에는 별로 오고 싶지 않았었는데... 각하가 오시는데 외무장관으로서 안 올 수도 없고 해서..."라며 지나가는 말로 푸념을 털어 놓았다고 한다.[13] 버마와 국경을 맞대고 있는 인도에서 오랜 대사생활을 했던 그로서는 버마의 네윈 군사독재체제나 사회주의 경제체제, 비동맹권에서의 위치에 대해서도 잘 알고 있을 수밖에 없었고, 그가 경멸했던 북한체제와 비견될 수밖에 없는 그런 나라에 우리 대통령이 국빈방문을 한다는 사실을 끝까지 받아들이지 못한 것 같다.

4. 비동맹 허수아비와의 싸움

버마를 포함한 서남아순방의 중요한 대외명분의 하나로 국민들에게 제시된 비동맹국가, 비동맹외교란 무엇인가 그 실체를 잠시 살펴볼 필요가 있다. 비동맹운동Non-Aligned Movement(NAM)이란 어떤 강대국과도 공식적으로 동맹을 맺지 않으며 또 그들에게 적대적이지도 않은 중립적 공동 외교정책을 취하는 국가들의 모임을 의미한다. 이 운동은 1947년 인도가 영국의 오랜 식민통치로부터 독립한 후, 미ー소 대립의 냉전 상황에서 독립을 유지하기 위해 자유, 공산 어느 진영에도 가담하지 않겠다고 자와할리 네루Jawaharli Nehru 총리가 제창한 비동맹정책에서 연유하였다. 이 비동맹정책은 1955.4 인도네시아, 버마, 파키스탄, 세일론(현 스리랑카), 인도에 의해서 조직되고 인도네시아의 수카르노 대통령이 반둥Bandung에서 주최한 "제1차 아시아ㆍ아프리카회의Conference of Asian and African States"를 통하여 제3세계국가들의 국제적 연대활동으로 발전하게 되었다. 이 반둥회의에는 제2차세계대전 후 새로 독립한 아시아ー아프리카 29개국 대표가 참석하였는데 인도의 네루 총리, 이집트의 낫세르 대통령, 유고슬라비아의 티토 대통령, 버마의 우 누 총리, 가나의 엔크루마 대통령, 월맹의 호치민 주석, 중국의 주은라이 총리, 캄보디아의 시하누크 왕 등이 포함되었다. 아프리카ー아시아 간의 경제와 문화협력을 증진하고 어떤 국가에 의해서건 식민주의나 신식민주의를 반대한다는 것이 회의개최 목적이었다. 반둥회의는 "세계평화와 협력증진에 관한 선언Declaration on promotion of world peace and cooperation"을 채택하였는데 이에는 인도의 네루 총리와 중국의 주은라이 총리 간에 1954년 합의된 양국관계증진 5대원칙과 동ㆍ서 두 진영 사이에서 중립을 지킨다는 공동서약이 포함되어 향후 비동맹운동의 기본원칙이 되었다. 그 5대 원칙은 "각국의 영토 보전과 주권에 대한 상호 존중, 상호 불가침, 국내문제 상호 불간섭, 평등

과 호혜, 평화공존"이었다.[14]

　　비동맹운동은 1956.7.19. 유고슬라비아의 브리주니 섬에서 티토, 네루, 나세르가 만나 "브리주니 선언Declaration of Brijuni"에 서명함으로써 공식 출범하였다. 비동맹운동의 창설자로 티토, 네루, 수카르노, 나세르, 엔크루마가 그 이름을 올리게 되었고 그들의 조치는 "5인의 주도The Initiative of Five"로 알려지게 되었다. 제1차 비동맹국 정상회의는 1961.9 베오그라드에서 25개국 정상들이 참석한 가운데 개최되었고 그 후 3년마다 정상회의가 정기적으로 개최되어 개최국이 3년간 의장국으로 활동해왔다. 최근에는 2016년 베네수엘라가 정상회의를 주최하였고, 2019년에는 10.25－26간 아제르바이잔이 바쿠Baku에서 정상회의를 주최하여 의장국이 되었지만 이제는 국제정치적으로 더욱 무의미한 모임이 되었다. 비동맹회의는 출범 취지와는 달리 점차 중립성을 벗어나 반미·반서방 정책을 취하기 시작하였다. 1970년 잠비아의 루사카에서 개최된 제3차정상회의(53개국 참가)를 계기로 회의 운영의 주도권이 알제리와 잠비아 같은 반서방 국가로 넘어가게 되었다. 1973.1 알제리의 알지에에서 열린 제4차정상회의(75개국 참가)는 미국을 비난하고 친소련 색채를 강하게 드러냈다. 그리고 처음으로 독립 의제로 다룬 한반도 통일문제에서도 국제연합UN군 철수와 남북한의 '국제연합' 동시가입 반대 등 북한의 주장을 일방적으로 받아들인 결의안을 채택하였다. 1975.3 쿠바의 하바나에서 열린 "비동맹조정위원회 외상회의"는 북한의 비동맹회의 단독 가입을 권고하였다. 한국정부는 북한의 비동맹회의 단독가입과 정치선전 책동을 막고 제30차 국제연합총회에서의 "한국문제" 토의에 대비하여 아시아·아프리카와 중동의 비동맹국 중 43개국에 12개의 특별사절단을 파견하고 6.2 비동맹회의에 가입 신청을 하였다.[15] 중국 및 소련과 군사동맹을 맺은 북한과, 미국과 군사동맹을 맺은 한국의 비동맹회의 가입신청은 하나의 코미디였다. 그해 8월 페루의 리마에서 개최된 "비동맹회의 전체 외상회의"(78개국 참석)에 북한은 허담 외상을 단장으로 하는 대규모 대표단을 보내고 한국도 김동조 외무장관이 이끄는 대표단이 파견되어 격렬한 외교전을 펼치게 되었다. 이는 1975년 가을의 제31차 국제연합총회에서의 남북한 대결의 전초전 양상을 띠었다. 그러나 반미국가들이 좌지우지하게 된 비동맹회의는 한국문제를 공정하게 다룰 기구가 아니었다.

비동맹회의는 신규 회원국 가입에 관해 만장일치제를 채택하고 있었다. 그러나 의장은 사우디, 가봉, 토고, 보츠와나 등 친한적 또는 온건 중립국가들의 북한가입에 대한 문제 제기에도 불구하고 북한가입에 대한 만장일치 합의가 있었다고 하면서 북한의 가입을 선포하였다. 한국의 가입은 한국 내 미군기지와 미국과의 군사동맹을 이유로 쿠바와 월맹 등이 격렬하게 반대함으로써 좌절되었다. 한국이 비동맹회의에 가입신청을 낸 것은 순전히 북한의 가입을 저지하기 위한 궁여지책이라고 할지라도 매우 졸렬한 외교적 행위였다고 할 수밖에 없을 것 같다. 당시 비동맹회의는 세계적으로 가난한 나라들인 제3세계 반미국가들의 모임이었는데 한국이 거기에 그렇게 큰 의미를 두고 외교활동을 집중할 대상이 전혀 아니었다. 1975년 리마 쇼크 이후에도 한국외교는 비동맹회의에 계속 큰 비중을 두는 행태를 보였는데 이들 국가들이 북한편을 들지 않도록 각종 경제·기술원조와 뇌물공세를 펼치는 일이 외교활동의 주목적이 되었다. 남북한 대결에 아무런 이해나 관심도 없는 이들 소위 제3세계국가들은 남북한을 국제적 봉으로 생각하여 최대한의 경제원조와 개인적 뇌물을 받아내는 데 이용하는 일이 많았다. 국제사회에서 실질적인 영향력이 거의 없는 이 개발도상국들을 상대로 비굴한 저자세 외교를 해야 하는 한국 외교관들의 수모와 국력낭비는 심각한 수준이었다. 그러나 당시 외무부는 이를 외교업무의 최우선순위에 두고 활동하였으니 허상에 지나지 않는 허깨비를 상대로 밤새 씨름하다 혼자 지쳐 넘어지는 형국이었다. 당시에는 비동맹회의나 국제연합총회를 앞두고 북한과의 표 대결에 대비하여 비동맹국가들에게 대통령 특사나 외무장관 특사를 파견하는 것이 관례화 되어 있었다. 버마 방문의 대외적 명분도 비동맹국가와의 관계 강화와 국제무대에서의 북한 영향력 약화라는 것이었다. 외무부 조직의 차원에서는 비동맹외교라는 명분하에 예산과 인원을 늘리고 외무장관은 유력 정치인들을 세계 각지의 제3세계 국가들에 특사로 파견하는 선심을 베풂으로써 이들의 환심을 얻어 국내 입지를 강화하는 공생관계였다.

제4장
버마는 어떤 나라인가?

1. 지리 · 역사

버마가 어떤 나라이기에 외무부나 여타 정부기관에서도 대통령 방문을 검토조차 한 적이 없었는데 전두환 대통령이 이를 갑자기 방문국에 포함하라고 외무부장관에게 직접 지시한 것인가? 잠시 버마의 역사를 살펴볼 필요가 있을 것이다.

국명과 수도

당시 국호인 버마연방사회주의공화국The Socialist Republic of the Union of Burma의 버마라는 이름은 영국으로부터 독립하면서 사용한 국명이었다. 1989.6월 이를 전래 고유 이름인 미얀마로 바꾸면서 미얀마연방국Union of Myanmar이 되고 2008년에 현 국호인 미얀마연방공화국Republic of the Union of Myanmar이 되었는데, 그 경위는 다음과 같다. 1988.3월부터 시작된 버마민주화운동(랑군의 봄)에 맞춰 아웅산 수지 여사가 오랜 영국생활을 청산하고 그 해 4월 귀국하여 반정부세력을 주도하며 민주화 운동을 이끌게 되었다. 이에 따라 그 해 7.23 실권자 네윈(버마사회주의계획당 의장)이 당 의장직에서 물러나며 26년 만에 권력을 내려놓고 뒤로 물러났다. 그러나 그의 측근들은 거의 그대로 권좌에 남았는데

1988.9.18 친 네윈 군부 쿠데타로 집권한 "국가 법과 질서 회복위원회SLORC State Law and Order Restoration Council"라는 이름을 내세운 군사정부가 1989.6월 국명을 미얀마연방국Union of Myanmar으로 바꾸었다. 그 후 2008.5.10일 군사정부가 개헌을 위한 국민투표를 통하여 국명을 다시 미얀마연방공화국Republic of the Union of Myanmar으로 바꿔 현재에 이르고 있다. 다만 군사정부의 조치를 인정하지 않는 국제인권단체 등에서는 아직까지 버마라고 계속 부른다. 이 책에서 버마라고 쓰고 있는 것은 버마라고 불리던 시절인 1983년의 사건을 다루고 있기 때문이다.

1983년 당시 버마의 수도 랑군Rangoon은 영국 식민시대에, 버마어로 양곤이라고 불리던 도시를 영어로 표기하는 과정에서 지방 사투리 발음을 따른 것이었다. 그 의미는 "투쟁의 종식End of Strife"이라는데 이를 군사정부SLORC가 1989.5월 양곤Yangon으로 바꿨다. 1983년에는 랑군이었기에 여기서는 랑군으로 부른다. 버마 군사정부는 2005.11월 중부 내륙 핀마나Pyinmana로 수도를 옮기고 2006.3.27에 새로운 수도 이름을 네이피도Naypyidaw(왕의 도시City of the Kings라는 의미)로 작명하였다. 1983년 당시 인구 320만이었던 랑군은 이제 수도는 아니지만 7백만 인구로 제1의 도시로서의 위상은 여전하다. 시내 중심부까지 큰 화물선이 들어오며, 양곤Yangon강과 바고Bago강이 만나서 30km를 더 흘러 인도양으로 들어가는 요지에 있는 도시이다.

지리

버마는 서쪽으로 인도와 방글라데시, 동쪽으로 태국과 라오스, 북-북동쪽으로 중국과 국경을 접하고 있으며, 남쪽은 뱅갈만과 안다만 바다로서 1,930km의 해안선이 있다. 해안선을 포함한 총 국경의 길이는 5,876km, 국토면적은 676,578km²로 한반도의 세배에 이른다. 1981년 인구는 3,600만 명이었으나 2017년에는 5,400만 명으로 급증하였다. 언어는 버마어가 공용이나 영어와 힌디어도 통용된다. 인종은 버마족이 68%, 샨Shan족 9%, 카렌Karen족 7%, 기타 소수 민족이 14%를 이룬다. 종교는 불교(소승불교Theravada) 88%, 기독교 6%, 회교 4.3% 등이다. 82/83년도 1인당 국민소득은 $190, 2017년에는 $1,299로 추계되었다. 기후는 건기와 우기가 있고 고온다습한 열대몬순으로 연 평균

27.4도, 10월 평균 기온은 28도(최고 32.1, 최저 24도)이다.

민족국가 형성과 영국 식민지화

고대시대에 버마는 부족국가 형태로 존재하다가 북쪽 티베트 쪽에서 티베트어 및 버마어를 사용하는 여러 부족들이 점차 남하하여 서로 할거하게 되었다. 그러던 중 1057년에 아나라타Anawrahta왕(1044-77)이 중부 버마지역에 자리잡고 파간Pagan 왕국을 건설함으로써 버마족에 의한 통일국가가 처음으로 나타났다. 아나라타왕은 불교를 받아들여 버마는 지금까지 불교국가로서의 문화와 역사를 발전시켜 왔다. 1287년 쿠빌라이 칸 시대에 몽고군이 버마를 침공하여 파간 왕조는 무너지고 약 200년간 샨, 버마, 몬족 등 여러 민족들의 국가가 서로 패권 각축을 하였다. 1531년에는 타빈쉐에티Tabinshwehti가 페구Pegu에 토웅구Toungoo 왕조를 창건하여 두번째 버마 통일국가가 등장하였으나 1752년 몬Mon족에게 패망하였다. 몬족은 중앙아시아로부터 버마에 이주한 최초의 종족으로서 지금의 태국과 캄보디아 근처에 주로 살고 있다.

1758년에는 알라웅파야Alaungpaya왕이 몬족을 물리치고 슈에보Shwebo에 콘바웅Konbaung 왕조를 창건함으로써 세번째로 버마족 왕국이 탄생하였다. 콘바웅 왕조는 버마 역사상 최대로 세력을 확장하였으며 이로써 당시 인도를 지배하고 있던 영국세력과 충돌하게 되었다. 영국과 1차(1824-26), 2차(1852) 및 3차(1885)에 걸친 전쟁을 하였으나 패배하였다. 마지막 왕 티보Thibaw는 인도로 끌려가고 1886.1월 영국령 인도에 편입됨으로써 독립국가로서의 버마 왕국이 사라지게 되었다. 1852년 제2차 대영국 전쟁에서 패배한 후 버마 남반부가 영국 지배하에 들어갔으니 전체적으로는 60년 정도 영국 식민지배를 받았지만 남부는 100년 가까이 영국 지배를 받았다.

2. 독립투쟁의 영웅 아웅산 장군General Aung San

영국은 1937년에 버마를 인도에서 분리하여 영국 직할령으로 만들었다. 그 후 제2차세계대전 중 일본이 침공하여 영국을 몰아내고 1942-45년간 버마를 지배하였다. 이 시기에 등장하는 버마 독립운동 지도자가 "아웅산 수지"여사의 부친인 아웅산 장군이다. 아웅산은 1915년 버마 중부 마그웨이Magway지역 나트마욱Natmauk에서 변호사의 아들로 태어나 흐테인린Htein Lin이라는 이름이 주어졌다. 조부 보민 야웅Bo Min Yaung은 1886년 영국의 버마 합병에 대항하여 싸우다 체포되어 참수되는 등 그의 집안은 버마독립투쟁 가문으로 알려져 있었다. 그는 고향에서 초등교육을 받고 인근 이라와디Irrawaddy 강변 도시 야난가웅Yanangyaung에서 중등교육을 받았다. 그 후 당시 동남아시아 최고 학문의 전당으로 평가받던 랑군대학 법학부에 1933년 입학하여 랑군대학생연맹RUSU의 간부 및 학생동맹기관지 Oway(공작의 부름, Peacock's Call) 편집장으로, 또 버마전국학생위원장으로서 반영국 독립투쟁을 전개하였다. 이때부터 그는 큰 형(Aung Than)이 지어준 아웅산이라는 이름을 사용하기 시작했다.

아웅산은 1936년 랑군대학 학생 파업을 이끌어 유명해졌다. 이때 아웅산과 함께 학생운동을 주도한 인물 중의 하나가 독립 후 초대 총리가 되어 10년간 버마를 이끈 우 누U Nu이다. 아웅산은 1938년, 랑군대학생연맹RUSU과 전버마학생연맹ABSU 회장이 되었고 버마학생운동 단체내의 과격파인 "우리 버마인 모임Dobama Asiayone We Burmans Association"의 지도자가 되었다. 이 모임의 회원들은 스스로 "타킨Thakin, Lord"이라고 불렀는데 이는 "주인"이라는 아랍어에서 나온 말로 영국 식민시절 인도인들이 영국인들을 부르던 사힙Sahib(Sir, Mr. Master)의 버마식 표현이라고 한다. 즉 영국 식민자들이 아닌 자신들이 버마의 주인이라는 의미였다. 아웅산과 그 동료들은 이렇게 투철한 독립정신을 가진 젊은이들로서 아웅산 등 일부는 인도 공산당과 접촉을 갖고 소규모로 마르크스사상을 전파하기도 하였다.

1938.10월 랑군대학교를 졸업한 아웅산은 본격적으로 버마독립을 위한 정치활동에 뛰어들어 1940.8월까지 "우리 버마인 모임"의 총서기로 활동하면서 전국적인 시위를 이끌었다. 1939.8월에는 '버마공산당Communist Party of Burma'의 창립 회원으로서 초대 사무총장이 되었다. 바로 이어 그는 '인민혁명당People's Revolutionary Party'을 만들었는데 2차대전 후 당 이름을 '사회당Socialist Party'으로 바꾸었다. 1940.3월 그는 인도에서 개최된 '인도국민회의Indian National Congress'에 참가하였다. 영국식민정부가 '타킨Thakin'들이 대영 반란활동을 조직하려 한다는 이유로 그를 체포하려 하자 그는 해외로 피신했다.

3. 버마독립 "30인의 동지들"과 일본군 정보기관

아웅산은 1938년 결성된 '타킨Thakin당'의 주요 간부로서 1939.7 – 8월 영국 식민당국의 버마 민족주의자 대량 검거를 피해 외국으로 탈출하는데 이때 랑 군주재 일본 영사의 도움을 받게 되었다. 이는 1941.2월 스즈키 케이지(鈴木敬 司, 1897 – 1967) 대좌를 기관장으로 하여 일본군 대본영 직속의 특무기관으로 발족한 "미나미 기칸南機關"의 공작활동 결과였다. "일본 – 버마협회" 서기 겸 요 미우리신문 특파원 "미나미 마스요"라는 가명으로 1940.6월 랑군에 잠입한 스 즈키 대좌는 타킨 당원 등 버마 민족주의자들과 접촉하였다. 그는 1930년대부 터 방콕을 거점으로 하여 버마 내 독립군 및 과격분자들을 접촉하고 있었다. 스즈키 대좌는 1918년 일본육사를 졸업하고 이어 보병과로 참모대학을 나왔 다. 그의 해외활동 시작은 1929년 필리핀에서의 비밀 군사공작이었다. 그 후 군대내 공식직책은 참모본부 해상수송과장이었으나 정보학교인 '리쿠군나가노 가코陸軍長野學校'코스를 마친 그가 맡은 실제 임무는 버마 북동부의 라쇼Lashio와 중국의 윈난성을 연결하는 유일한 자동차 도로로서 전략적 가치가 큰 "버마 로드"를 조사하고 보급라인을 차단함으로써 아시아에서의 연합군의 활동을 교 란하는 것이었다. 1941년 일본군 대본영Japanese Imperial General Headquarters은 그 가 일본군 휘하에 버마군을 창설하도록 허가한다. 그는 아웅산, 네윈, 보 렛야 Bo Let Ya 등이 포함된 30인의 동지들을 끌어들였다.

스즈키의 도움으로 아웅산 일행은 1940년 중반, 중국인 선원으로 변장하여 노르웨이 선박편으로 랑군을 탈출하여 중국 아모이Amoy항에 가서 중국 국민당 정부의 도움을 받고자 하였다. 그러나 그들은 아모이에 도착하자 이미 그 지역 을 점령하고 있던 일본군의 영접을 받았고, 일본으로부터 군사훈련을 받고 버 마에 잠입하기로 동의한다. 양측은 영국을 몰아내고 버마독립을 위하여 서로 제휴하기로 하고 아웅산은 1940.11월 도쿄 하네다공항에 도착하였다. 이들은 일본이 버마를 침공했을 때 함께 대영무장투쟁을 전개하기 위한 임무를 받게 되었다. 이들은 1941년 베트남 동부 하이난 섬의 농장으로 위장한 특별훈련소 에서 약 6개월간 게릴라 전술, 병력의 지휘 및 훈련을 받는다. 그 해 10월에는 대만으로 옮겨 훈련하였다. 일본군에 의한 훈련을 마친 이 "30인의 동지들Thirty

Comrades"은 1941.12.26 방콕에서 버마독립군BIA을 창설하여 일본군과 버마에서 대영 군사작전을 같이 전개하게 된다. 아웅산은 오모다 몬지面田紋次라는 일본 이름도 얻었다. "30인의 동지"들은 피를 뽑아 은그릇에 섞어 마지막 피 한방울까지 버마독립을 위해 투쟁한다는 서약과 함께 이를 나눠 마셨다고 한다. 이런 피의 맹세에 감동한 사람들에 의해 아웅산은 "Bo Teza불의 장교", 네윈은 "Shu Maung영광의 태양"이라는 전투명Nom de guerre으로 불렸다고 한다. 스즈키 대좌는 "버마독립을 위한 30인의 동지들"과 함께 피를 나눠 마시는 의식을 행하는 등 친밀한 관계를 맺고 버마 독립을 위한 많은 약속을 했다. 이것은 그 후 1942년 일본의 버마 점령 후 '미나미 기칸'의 해체 및 스즈키의 본국 소환 빌미가 되고 버마의 즉각 독립을 주장한 아웅산 등 버마독립군과 일본군이 충돌하는 원인이 됐다. "30인의 동지들"의 활동은 버마의 신화가 되었다. 이들은 버마가 영국식민지가 된 이후에 처음으로 출범한 버마독립군Burma Independet Army(BIA)이었다.

1942.3월 일본군이 랑군을 점령하고 이어 5월까지 버마 전역을 점령한 후 버마독립군BIA은 타킨 툰오케Thakin Tun Oke를 수반으로 하는 행정조직을 만들어 일본군과 같이 버마를 통치하고자 하였다. 그러나 스즈키 대좌가 버마 민족주의자들과 너무 가깝고 버마의 진정한 독립을 지원하는 것으로 판단함에 따라 일본육군사령관 시지로 리다Shijiro Lida 중장은 '미나미 기칸'을 해체하고 그를 본국으로 전보 조치하였다. 이에 따라 버마독립군은 재조직되고 일본군 휘하에서 아웅산이 이를 이끌게 되었다. 일본은 버마독립군BIA을 해체하고 "버마국군 Burma National Army(BNA)"을 창설하여 아웅산을 대령으로 임명하여 지휘하게 하였다. '버마국군BNA'은 버마가 최종 독립할 때까지 군사 및 정치세력으로 부상하게 된다. 이 "30인의 동지들"의 지도자였던 아웅산의 사후에 버마군 통솔을 맡은 사람이 아웅산과 특공대 동지이자 26년간 버마를 절대권력으로 통치한 네윈이다.

아웅산은 일본으로 초대되어 히로히토(裕仁, 1901.4 -1989.1)천왕으로부터 욱일훈장Order of Rising Sun을 수여받기도 했다. 1943.8.1 일본은 독립된 "버마국 State of Burma"을 선언하고 바모Dr. Ba Maw를 총리로 하는 정부를 수립하였으며 아웅산은 전쟁장관에 임명되었다. 버마족이 대부분 일본군과 제휴한 반면에 카렌 등 소수 민족들은 영국편에 서서 독립 후에도 민족 간 갈등이 악화되는 원인이 되었다. 바모총리는 1943.11.5 — 6 도쿄에서 도조 히데키東條英機 일본 총리가 "대동아공영권" 국가들의 원수를 초대하여 주최한 "대동아회의"에도 참석하였다. 만주국 총리, 중국 난징 국민정부 국가주석, 인도 임시정부 국가주석, 필리핀 제2공화국 대통령, 태국 왕자도 참석한 이 '도쿄회의'에서 도조 히데키 총리는 서구의 "물질 문명"에 대항하는 아시아의 "정신적 본질"을 찬양하는 연설로 그들을 맞이했다. 그들의 회의는 주로 독자노선의 추구와 서구 제국주의에 대한 비판으로 이루어졌고, 경제개발과 협력에 대한 구체적 계획은 논의되지 않았다. 이 회의에서, 참가국들은 연합국들에 대항한 정치, 경제적 협력 관계를 선전하는 공동선언을 발표했다. 당시 일본이 점령한 "대동아공영권"에는 내몽골, 베트남, 캄보디아, 라오스도 포함되어 있었다. 한국과 대만은 이미 일본의 일부였으므로 별도의 대표자가 없었다.

그러나 머지않아 아웅산은 일본의 버마독립 허용 의지에 의문을 품게 되고 일본이 영국 등 연합군에 승리할 능력이 있는 것인가에도 의문을 가지게 되었다. 아웅산은 일본식 독립이란 주인만 바뀐 식민통치의 계속이며 더 독재적인 통치임을 깨닫게 되었다. 일본이 세운 "바모" 정부는 사실상 일본군 휘하의 꼭두각시 정부에 지나지 않았던 것이다. 아웅산은 국방장관으로, 그의 처남 탄툰Than Tun은 교통·보급 장관으로 내각에 참여하지만 일본의 버마독립 지원 의지를 믿지 못하게 되자 광범위한 독립운동 정치인들의 단체인 반독재인민자유연맹Anti-Fascist Peoples Freedom League 소속 버마독립군내에 반일그룹을 비밀리에 구성하였다. 그의 추종자들 간에는 이런 인식이 퍼졌다. "영국인들이 우리 피를 빨아갔다면 일본인들은 우리 뼈를 갈아갔다!If the British sucked our blood, the Japanese ground our bones!"

1944.3월 일본군의 인도 침공작전인 '임팔 전쟁Imphal War'에서 일본군은 5만여 군사를 잃고 대패하였다. 이런 상황에서 버마 민족주의자들은 일본과의 제휴가 독립에 불리할 것이라고 인식하게 되었다. 아웅산은 1944.8월 비밀리에 영국 등 연합군과 접촉하기 시작하였다. 아웅산은 공산당 지도자들인 타킨 탄툰Thakin Than Tun, 타킨 소에Thakin Soe와 함께 인도의 영국 당국과 접촉 후 1945.3.27 일본군에 반항하는 휘하 1만 명의 버마독립군을 연합군의 랑군 탈

환작전에 지원하며 "버마국군BNA"의 봉기를 일으켰다. 버마 독립 후 3.27은 '저항의 날Resistance Day'로 기념되다가 군사정부 수립 후에 '버마국군의 날 Tatmadaw, Armed Forces Day'로 바뀌었다. 1945.5월 랑군은 연합군에게 함락되고 일본군은 1945.8.28 랑군에서 항복하였다. 영국은 버마독립군의 도움 없이도 스스로 일본군을 패퇴시킬 수 있으며 영연방내에서 버마의 자치를 허용하되 완전한 독립에는 반대한다는 입장을 가지고 있었다. 영국군의 버마진격으로 일본군이 후퇴할 때 일본 지배하의 버마국 총리 바모도 같이 태국으로 도주하였다. 전쟁 후 영국의 군사정부가 들어서자 1944.8월 설립된 "반파시스트조직 Anti-Fascist Organisation(AFO)"은 "버마국군BNA"과 공산주의자 및 사회주의자 등을 포함하는 "반독재인민자유연맹AFPFL"으로 명칭을 바꿨다. 이로써 아웅산과 그가 이끄는 "반독재인민자유연맹Anti-Fascist People's Freedom League(AFPFL)"은 영국이 버마 수복 후에 상대해야 하는 버마 내 가장 강력한 정치세력이 되었다.

BNA는 "버마애국군Patriotic Burmese Forces(PBF)"으로 개명하였으나 일본군이 소탕되면서 영국군에 의해 무장해제되었다. 1945.9월 세일론(현 스리랑카) 캔디 Kandy에서 연합군 동남아시아 총사령관(Supreme Allied Commander, South East Asia Command, 1943-1946)인 영국의 마운트배튼 백작Mountbatten과의 "캔디Kandy 합의"에 따라, 해체된 버마애국군PBF의 일원들은 영국군 휘하 버마군에 편입되었다. 아웅산은 민간 정치 지도자가 되고자 버마군내의 직책을 거부하고 인민 의용군People's Volunteer Army 지도자가 되었다. 영국은 1945.5.17, 단기간의 영국 직접 통치를 거쳐서 영연방내에서 버마를 완전 독립시킬 것임을 재확인하고 헌법제정, 총선 등 준비를 위한 버마 민간정부를 1945.10월에 수립하였다. 그러나 아웅산과 그의 정파는 처음부터 완전한 독립을 주장하고 영국이 버마 독립 후에도 경제적 지배를 계속함으로써 버마정부는 허상이 될 우려가 있다고 믿고 영연방에도 가담하지 않을 것임을 밝혔다. 아웅산은 1946.1월 반독재인민자유연맹AFPFL의 의장이 되었다. 영국 총독 레지날드경이 내각을 조직하면서 반독재인민자유연맹AFPFL의 참여를 요청하자 그들은 내각 내 다수석과 당의 최고위원회로부터 지도를 받을 수 있어야 된다고 주장하여 참여가 좌절되자 임시정부의 반대편에 서게 되었다. 그러나 교통·통신 시설 인프라 부족과 물자 부족 등 경제난에 공산주의자들의 활동으로 임시정부는 경제재건보다는 정치

문제에 말려들었다. 이에 영국은 마운트배튼 연합군 동남아 총사령관의 건의로 1946.8 버마총독을 버마인 전반으로부터 신뢰를 받고 있던 버마총독부의 민정장관이었던 허버트 경General Sir Hubert Rance으로 교체하여 화해정책을 추구하였다.[1] 허버트 경은 AFPFL의 주장을 받아들이고 아웅산을 총리로 지명하였다. 아웅산은 1946.10월 영국의 버마식민정부British Crown Colony of Burma 제5대 총리 Deputy Chairman of the Executive Council or 5th Premier of British-Burma Crown Colony가 되어 외교·국방을 책임지게 되었다.

허버트경과 함께 1945.9.12 싱가포르에서 일본군 사령관 이타가키 세이시로板垣 征四郎로부터 항복을 받은 마운트배튼 백작(Louis Mountbatten, Ist Earl of Mountbatten of Burma, 1900-79)은 전임 총독 레지날드Sir Reginald Dorman-Smith나 아웅산을 "반역자, 반군 지도자"라고 불렀던 처칠과는 달리 아웅산이 버마인들의 광범한 지지를 받는 애국자로서 그가 독립버마의 지도자가 되어야 한다고 주장하였었다. 엘리자베스 2세 영국 여왕의 8촌이자 여왕의 남편 필립공의 삼촌인 마운트배튼 백작은 평생 해군에 복무하며 전쟁에 참전한 군인으로서 영국민들의 많은 존경을 받은 인물이다. 동남아시아에서 일본군을 패퇴시키고 특히 버마를 수복한 공로로 그는 전후에 "제1대 버마의 마운트배튼 백작1st Earl of Mountabatten of Burma"이라는 귀족 직함을 새로 받았다. 그는 식민지 인도의 마지막 총독(Viceroy of India, 1947)이자 독립 인도의 첫 총독(1st Govenor General of Independent India, 1947-8)도 지냈다. 또 1954-59년간 영국 해군총사령관, 그후 1965년까지 영국 군총사령관으로서 영국 역사상 가장 오래 군총사령관직을 역임한 기록을 가지고 있으며 찰스 황태자의 멘토가 되었다. 그는 전후, 평생 동안 일본인들을 멀리하였고 일본군의 희생자가 된 그의 부하들에 대한 의리로 그의 장례식에 일본의 외교대표는 초청하지 말라는 유언을 남긴 것으로 알려졌다. 그러나 히로히토 일본 천왕이 1971년 영국을 공식방문했을 때는 여왕의 권유 때문에 어쩔 수 없이 천왕을 만났다고 한다. 이처럼 버마독립 협상과정에서 아웅산에게 호의를 갖고 버마 독립을 지원하여 지금까지도 버마인들의 칭송을 받는 그는, 영국으로부터의 독립을 주장하는 아일랜드임시공화군Provisional Irish Republican Army(IRA)의 테러로 1979.8 암살당하였다.

한편 정권을 잡은 AFPFL이 처음 취한 조치는 당내 공산세력의 축출이었다.

아웅산은 법질서 유지, 경제 안정, 국민의 신뢰 회복을 내각의 책임으로 추진
하면서 공산당의 유일한 목표는 혁명임을 알게 되었다. 영국은 이에 따라 아웅
산 내각에 호의를 가지게 되고, 아웅산이 대표단을 이끌고 런던에 가서 협상
끝에 노동당의 애틀리Atlee 총리가 아웅산의 요구를 거의 모두 받아들여 1년 이
내에 버마의 완전 독립에 합의하는 협정에 양자가 1947.1.27 서명하게 되었다.
그러나 버마대표단에 참여하였던 전 총리이며 야심가인 우 소U Saw(일본군의 버
마 점령 전 영국 지배시의 마지막 총리 1940－42.2)와 바세인Ba Sein은 아웅산이
나라를 팔아먹었다고 비난하며 아웅산－애틀리 합의에 서명하기를 거부하였다.
그들은 우파 정치인들을 규합하여 새로운 정치단체를 결성하였다. 영국과의 협
정에 따라 버마 임시내각이 군과 예산권을 행사하며 1947.4월 총선을 치루기
로 했다. 이에 따라 구성되는 제헌의회는 헌법을 제정하여 정치체제를 결정하
고 영국은 버마인들이 선택하는 정부형태를 받아들이기로 하였다. 군권과 예산
권도 버마 임시정부가 갖는다는 합리적인 합의였으나 우 소 등은 즉시 독립 등
과격한 비현실적 요구를 하였다. 아웅산은 영국과의 버마독립협정 합의 2주 후
인 1947.2.12 남부 샨 지역인 판롱에서 개최된 '판롱 회의Panlong Conference'에서
샨, 카친, 친 족 등 소수민족들과 내정의 자치를 허용하고 이들이 버마연방의
일원으로 참여하기로 하는 합의서를 맺었다. 그 날이 버마의 국가기념일인 '연
방의 날Union Day'이 되었다. 카렌 대표들은 이 합의에서 소극적 역할을 하고 그
후 버마연방과 거리를 두게 되었다. 소수민족인 카렌, 샨, 카친, 친족들은 결국
버마의 통제하에 있기보다는 완전한 독립투쟁을 선택함으로써 정세는 혼란스
러웠다. 영국은 버마독립협정에 이들 소수민족의 권리를 보장하는 조항을 넣었
고, 이들은 판롱협정에서 내치를 보장받았으나 이를 신뢰하지 않았던 것이다.

1947.4월 실시된 제헌의회 총선에서 아웅산이 이끄는 AFPFL은 총 210석중
176석을, 카렌족은 24석, 공산당은 6석, 영국계 버마당은 4석을 얻었다. 4월
총선에서 압도적 승리를 얻은 AFPFL과 그 지도자로서 소수민족에 대한 화해
필요성을 절감하고 있던 아웅산은, 이들에게 신 헌법에 그들이 원하는 조항을
써 넣도록 허용하였으나 버마독립군BIA에 의해 잔인하게 당한 기억이 생생한
소수민족들은 이를 거부하고 카렌족만 이를 수락하였다. 이들이 요구한 소수민
족들의 완전 독립은 버마족과 소수민족이 섞여 살고 있는 지역이 과반을 넘어

현실적으로 불가능하였으나 아웅산은 인내심으로 이들의 합리적 요구를 수용하고자 하였다. 그러나 아웅산과 6명의 동료들은 우 소가 보낸 자객들에 의해 1947.7.19 각료회의 중에 암살되고 말았다. 우 소는 식민시대 총리 재임중 1941.11에 영국과 미국을 방문하여 처칠 수상과 루즈벨트 대통령에게 버마 독립을 호소하였으나 귀국길에 영국정부에 체포되었는데 이는 그가 비밀리에 일본과 접촉하여 버마 독립을 획책하였다는 혐의였다. 영국이 그를 우간다로 유배시켜서 그는 1946년까지 4년간 그곳에서 유배생활을 한 후 귀국하여 독자적 정당을 결성하였다. 그는 1946.9월 암살 위기를 모면하였는데 이를 아웅산 추종자의 소행으로 확신하였다.

한편 미나미 기칸을 이끌고 버마독립 "30인의 동지들"을 훈련시키는 등 버마독립군과 밀접한 관계를 맺었던 스즈키 대좌는 1942년 본국으로 소환된 후 본래 직책으로 돌아가 2차대전이 끝날 때까지 해상 물자수송과 보급을 맡아 근무하다가 소장으로 종전을 맞았다. "버마의 일본인 로렌스Japanese Lawrence of Burma"라고도 불리는 그를 버마인들은 "보 묘교Bo Mogyo Thunderbolt Commander 천둥 번개 사령관"라는 애칭으로 불렀다고 한다. 버마 민속에서 그 의미는 우산(영국 식민통치의 상징)을 부숴버린다는 것이다. 1981년 네윈은 버마 독립 공헌 최고훈장인 아웅산 훈장을 스즈키(1967년 사망)에게 부인을 통하여 추서하였고 미나미 기칸 관계자 등 7명도 같이 버마훈장을 수령하였다. 네윈은 국가원수 자격으로 다섯 번이나 일본을 방문하였으니 스즈키와도 생전에 재회하였을 것이다.

4. 아웅산 암살과 우 누 정부

아웅산 장군 암살

버마 독립헌법 제정을 위한 의회 선거가 1947.4월 실시되어 아웅산이 주도하는 "반파시스트 인민자유연맹"이 압승을 거두고 새 헌법의 기초 작업이 진행되었다. 영국 지배하의 자치정부의 수반으로서 아웅산 총리가 임시정부 청사에서 각료들과 회의를 하고 있는데 1947.7.19 오전 10시 37분경 전 총리 우 소가 보낸 암살단 4명이 들이닥쳤다. 이들은 군복으로 위장하고 지프차로 청사에 도착하였다. 암살자들은 그들을 군인으로 오인하여 방심한 경호원들을 사살하고 회의실에 난입하여 무차별 자동소총 사격을 가하였다. 그 결과 아웅산과 그의 장형(9남매중 맨 위)으로서 당시 상무장관이었던 우 바윈U Ba Win 등 6명의 각료를 포함하여 모두 9명의 회의 참석자들이 현장에서 사망하였다. 이들 암살자들은 곧바로 '인야' 호반에 있는 우 소의 집으로 도주했으나 곧 이어 들이닥친 경찰에 의해 모두 검거되었다. 사건이 일어나기 전부터 우 소가 아웅산을 암살할 것이라는 소문이 나돌았고 암살 후 경찰은 즉각 우 소 일당의 소행으로 보고 그의 저택을 덮쳤던 것이다. 이날 사망한 9명의 순국자²들은 랑군시내 '순국자묘소Martyrs' Mausoleum'에 묻혔다.

우 소와 그의 하수인들은 영국총독이 구성한 특별재판소에서 1947.12.30 사형을 선고받았다. 1948.1월 버마가 독립한 후에도 그 전의 선고대로 형을 집행하기로 법원이 결정함에 따라 우 소는 인세인Insein 형무소에서 교수형(1948.5)에 처해졌다. 유해는 관습에 따라 그 형무소 내에 무명으로 묻혔다. 아웅산 암살의 일면에는 그와 반대편에 섰던 우 소 등 노장세력 중심으로 장유유서長幼有序를 전통으로 하는 버마 사회에서 당시 32세에 불과한 아웅산 등 젊은이들에게 나라를 맡길 수 없다는 반감이 작용했고, 아웅산 개인에 대한 질시도 많이 작용했던 것으로 보인다. 우 소는 끝까지 자신의 무고함을 주장하였다. 사건 후에 이를 조사하려던 아웅산의 영국인 변호인과 영국인 탐정도 암살되었다. 아웅산 수지 여사는 1988년 자택연금 직전, 한 외신기자에게 자신의 부친이 암살 수 주일 전에 네윈을 믿지 말라고 그의 동료들에게 경고했다고 하면서 네윈이 아웅산의 암살에 관여했을 가능성을 암시하였다고 한다. 일본의 버마 점령 시기부터 네윈의 행동에서 그의 독재자적 성향fascist tendencies을 감지한 아웅산은 암살 전에 그를 요직에서 배제하려 했었다는 주장도 있다. 아웅산이 암살되지 않았더라면 실용주의적이고 포용적인 그의 지도력으로 버마의 역사는 많이 달라졌을 것이다. 또 네윈의 장기 독재도 없었을 것이고 따라서 우리의 인재들이 거기에서 무고하게 순국하는 일도 없었을 것이니 역사의 파문은 오랫동안 먼 나라에까지 영향을 미치는 엄중한 것이라는 생각을 금할 수 없다. 전두환 대통령을 수행하여 버마를 방문 중이던 17명의 한국인들이 1983.10.9 오전 순국한 곳이 바로 이 버마의 국가적 기념물이 된 순국자묘소Martyrs' Mausoleum 이다. 버마독립 순국자의 묘소에서 36년 후 한국외교의 순국자가 대거 발생한 것이다. 9명의 버마 순국자가 17명의 한국 순국자를 부른 이 역사의 비극은 아이러니하기도 하다. 우리 순국자들을 암살한 범인들의 유해도 우 소의 유해처럼 인세인 형무소에 뿌려진 것으로 추정된다. 아웅산이 사망한 7.19은 버마의 "순국절" 공휴일로 지정되어 매년 국가적인 추모 행사가 진행된다. 한편 아웅산과 함께 암살된 그의 장형 바윈의 아들 세인윈Sein Win은 대학교수로 랑군, 스리랑카, 나이로비 등에서 활동하다가 1990년에 버마민주화운동을 위해 해외에서 조직된 망명정부인 버마연방국민연합정부National Coalition Government of the Union of Burma의 의장으로 선출된 바 있다.

우 누 정부

아웅산 사후에는 아웅산의 유업을 이어받은 우 누가 영국 총독에 의해 후임 행정 수반으로 임명되어 1947.10.17 런던에서 영국과의 독립협상을 마무리 짓고 1948.1.4 독립 버마연합국의 초대 총리가 되었다. 우 누는 랑군대학 학생 시절부터 아웅산과 독립운동을 함께 하였다. 그는 일본군의 훈련을 받은 "30인의 동지"는 아니었으나 타킨당의 핵심 지도자로 중요한 역할을 하였다. 신생 버마는 영국식민지에서 독립한 다른 나라와는 달리 영연방에 참가하지 않기로 합의되었다. 내각책임제하의 초대 대통령에는 샨족 대표인 사오 쉐타익Sao Shwe Thaik이 선출되었다. 영국은 식민지배에 따른 재정보상과 버마군 훈련을 하기로 하고, 버마를 지원하는 데 필요한 경우에는 버마 내 항구와 공항을 사용할 권리를 갖는다는 방위조약을 체결하였다. 공산당과 일부 정치세력들은 이러한 우누-애틀리 합의에 과격하게 반대하였다. 이어진 소요로 인해 버마 전역이 혼란에 빠지고 정부군이 많은 지역의 통제를 상실하였다. 일부 정부군은 반란에 가담함에 따라 수도 랑군의 방어는 카렌, 카친, 친 등의 소수민족 부대에 의존하게 되었다.

1948.9월에는 정부 내에서 가장 유능하고 경험이 풍부한 우 틴툿U Tin Tut도 암살당함으로써 정부는 선동적 정치인들에 의해 좌지우지 되게 되었다. 최악의 실수는 카렌족 부대를 비무장화하려는 것이었는데 이로 인해 카렌족의 반란이라는 상황에 처하게 되었다. 이들 반군의 활동으로 전국적으로 도로·철도·해운이 마비되고 쌀의 수출도 전쟁 전의 절반으로 줄면서 정부의 파산도 임박하

였다. 이런 경우 군사독재가 등장하는 것이 상례이나 군대도 지리멸렬되어 그럴 상황도 되지 못하였다. 일부에서는 중국 공산군의 간섭을 우려하였으나 1949년의 중국은 버마에까지 간섭할 형편이 아니었다. 우여곡절을 겪으며 우누는 그의 정직성과 성실성으로 점차 정부 내 신뢰를 회복하고 경험을 쌓으며 국정을 관리해나갔다. 1950년부터는 한국전쟁으로 인한 경제 특수도 있어 경제 상황은 어느 정도 호전되었다.

그러나 1949.10월 중국 본토에서의 공산정부 출범으로 인해 패배한 국민당의 잔당이 '리미李彌' 장군의 인솔로 중국 남부 유난雲南지역으로부터 버마로 퇴각함으로써 국내 치안은 악화되었다. 1950년 중 그들은 민간복장을 하고 샨주정부 지역인 캥퉁Kengtung으로 몰려들었다. 버마군에 축출당한 그들은 다시 몽삿Monghsat에서 집결하여 1951.4월에는 유난을 침공하였지만 실패하였다. 버마군에 쫓긴 이들은 국경지역 산속으로 피난하였고 버마군이 이들 국민당 잔존세력과 싸우는 동안 버마 내 공산군, 카렌군과 여타 반란세력들은 세력을 확장할 수 있었다. 1952년중 리미는 방콕의 미군 정보기관을 통해 대만으로부터 상당한 지원을 받으며 몽삿 공항 부근에서 세력을 집결하였다. 그는 또 "카렌민족방위기구Karen National Defence Organization(KNDO)"와 동맹을 맺어 1953.1월에는 살윈Salween지역을 공격하였으나 실패하였다. 1953.4월 버마정부는 미국정부의 지원을 비난하고 국민당 문제를 국제연합총회로 가져갔다. 대만은 형식적으로 이들의 철수를 발표하였고 1954년 초 버마군이 국민당군 사령부도 점령하였으나 대만으로부터 추가로 국민당 군인들이 침투하여 리미군에 합류하였다. 1955.4-5월 버마군의 소탕작전이 강화되자 국민당군은 캥퉁 국경지역에서 마약 밀수, 위폐, 산악 마을에 대한 착취 등으로 세력을 유지하였다.

버마연방 헌법은 다음과 같은 세가지의 주요 특징을 포함하였다. 내각책임제하의 의회민주주의와 법에 의한 지배, 샨, 카친, 카렌족들을 위한 연방 내 별도의 국가state와 친 족을 위한 특별 지역division을 포함하는 비버마족에 대한 특별한 대우, 그리고 사회주의 복지국가 수립을 위한 규정이 그것이다. 그러나 2차대전 후 영국이 명령한 버마독립군 해산에 불복하여 공산주의자들과 아웅산이 조직했던 인민의용조직People's Volunteer Organization과 카렌족에 의한 전국적 반란은 새 국가건설을 위한 우 누와 "반독재인민자유동맹AFPFL"의 노력에 심대한 저해를 가져왔다. 그 후 사태가 진정되고 미국의 원조도 시작되면서 1951.6월에는 지역별로 처음으로 총선을 실시할 수 있게 되었다. 한국전쟁의 특수로 원자재와 식량 가격이 급등하여 버마의 외환보유고도 솟아올랐다. 그러나 1953.7월 한국전쟁이 끝나면서 쌀 가격 하락으로 경제 특수도 막을 내리고 버마 내 국민당군 탄압문제로 미국원조도 중단되었다. 부패와 낭비, 계속되는 반군활동으로 인한 광산, 원유, 목재 산업의 재건 부진 등으로 외환보유고도 흔들리기 시작했다.

아웅산은 비버마족들과의 협상에서 사실상 그들이 원하는 모든 헌법상의 권한을 수용하였다. 샨족과 카렌족에는 10년 후에는 연방에서 탈퇴할 수 있는 권한도 허용하였으나 카렌족은 연방에서 강제적으로 탈퇴하여 자주국가를 건설하려다 실패하였으며 카렌민족기구KNDO 게릴라들은 활동을 계속하였다. 샨족도 연방 탈퇴를 원하였으나 현실성이 없음을 깨달았다. 아라칸Arakan족과 몬Mon족도 연방 내에서 국가 지위를 얻고자 소요를 일으켜서 우 누 총리도 결국 이에 동의하고 아라칸 대표 3인을 내각에 참여하도록 초청하였다. 카친족은 강력한 군사력을 보유하고 있었는데 1956년 우 누가 과거 영국이 주권을 주장하지 않았던 세개의 카친 부락을 중국에 넘기고 대신 영국이 1914년에 설정한 카친 국경을 인정받으려고 하자 크게 동요하였다.

일본의 버마 철수 후 버마 정치무대를 전적으로 지배해온 "반독재인민자유동맹AFPFL"은 1956년의 총선에서 극좌 "민족통합전선National Unity Front"의 강력한 도전으로, 과반은 유지하였으나 세력이 크게 약화되었다. 이에 우 누 총리는 부총리 우 바쉐U Ba Swe에게 총리직을 넘기며 사임하고 AFPFL 총재로서 앞으로 수개월간 당에서 부패를 소탕하는 일에 몰두하겠다고 하였다. 그러나 그는 이 일에서 실패하고 1957.2월 총리직에 복귀하였다. 이에 따라 우 누 총리와 바 쉐, 키요네인Kyaw Nyein 두 부총리 사이에 불화가 생겼다. 1958.6월 두 부총리와 13명의 다른 각료들이 사임함으로써 당은 각각 청렴파Clean와 안정파Stable로 자처하는 두 파로 분열되었다. 청렴파를 이끄는 우 누 총리는 소수민족과 극좌 "민족통합전선National Unity Front" 의원들만의 지지로 불신임을 겨우 면하고 총선을 약속하였다. 그러나 9월에 들어 그는 사임을 발표하고 군 총사령관 네윈에게 정권을 넘기면서 1959.4월 말 이전에 총선을 실시하여 정국을 수습할 것을 요청하였다.

우 누는 "반파시스트 인민자유연맹AFPFL"의 지도자로서 절대 다수 집권당을 이끌며 대내적으로는 사회주의를, 대외적으로는 엄정중립주의를 표방하였다. 그러나 그의 지도력은 여러 민족으로 구성된 버마를 통합하고 근대화의 길로 나가기에는 충분하지 못하여 대내적으로 어려움을 겪었다. 집권 초기에는 공산 당의 무장 봉기와 이에 호응한 일부 군대의 반란으로 인해 국토의 2/3 정도가 반군의 수중에 들어가기도 했다. 그 후 우 누는 개인적 인기를 바탕으로 1960.2 총선에서 재집권에 성공했으나 소수민족의 자치권 요구에 강력하게 대응하지 못함으로써 버마연방의 붕괴를 우려한 군부의 불신을 샀고 불교의 국교화를 무리하게 추진하여 정국을 혼란에 빠뜨렸다. 그의 집권 말기는 여당의 내부 대립, 국내 치안의 악화, 경제 부진 등으로 정권에 대한 국민의 불만이 고조되는 시기였다.

5. 네윈의 시대

네윈 장군의 쿠데타

집권당의 분열은 개인적 암투와 동시에 우 누 정부의 우유부단하고 비효율적 행정에 기인하였다. 이에 비해 군에 의한 통치는 버마 독립 이래 보지 못한 효율성과 성실성의 모범을 보여주었다. 군은 범죄 소탕과 반군 진압에 큰 성과를 냈다. 현실적으로 1959.4월 이전에 총선을 실시하는 것이 불가능해짐에 따라 의회는 네윈의 집권을 연장하였다. 네윈은 이때 비헌법적 방법으로 정권을 잡을 수도 있었으나 헌법을 준수하고 1960.2월에 자유로운 총선을 실시하였다. 그 결과는 우 누가 이끄는 청렴파Clean AFPFL의 압도적 승리였고 우 누는 4월에 총리직에 복귀하였다. 이는 군 지도자들이 기대하거나 바란 것이 아니었고, 불교계와 군의 강압적 통치에 대한 버마인들의 반발에서 기인한 것이었으나 이로 인해 버마의 민주적 정치제도는 실패하게 되었다.

후반기 우 누 정권의 비효율성과 연약함은 다시 드러나기 시작했고 국가 통합도 다시 위기에 처해졌다. 카렌, 카친, 샨족들의 소요가 계속되는 와중에 네윈이 이끄는 군은 드디어 1962.3.2 군사 쿠데타를 일으켜 정권을 장악하였다. 1960.5.27 터키의 젊은 장교들에 의한 터키 최초의 군사 쿠데타가 1961.5.16 한국 최초의 군사 쿠데타에 영향을 미쳤다고 하니 이 한국의 군사 쿠데타가 같은 아시아권인 버마 최초의 군사 쿠데타에 영향을 미쳤을 가능성도 있을 것이다. 1979.12.12 한국의 제2차 군사 쿠데타로 집권한 전두환 대통령이 비정상적인 과정을 거쳐 1983.10 버마 방문을 결정한 것은 네윈의 장기집권체제를 벤치마킹한다는 동기에서 비롯되었을 것이라는 여러 추측에 비추어 볼 때 역사는 선순환뿐 아니라 악순환의 소용돌이에 빠지기도 한다는 것을 다시 깨우치게 된다. 박정희의 유신헌법이 필리핀 마르코스의 장기 집권에도 영향을 미쳤듯이 세계 각국의 정변은 다른 나라 지도자들에게도 독재체제 강화를 위한 영감과 계기를 제공하기도 하는 것이다. 1991년 소련의 멸망이 세계적인 민주화 열풍을 불러오고 2000년대에는 아랍의 봄까지 이끌기도 하였지만 불행하게도 국제사회에서는 그 반대 방향으로의 역풍 확산도 가능한 것이다. 민간정부에 대한 군의 불신이 깊어지고 군의 정권 재장악 가능성이 공공연하게 이야기되는 와중에 1962.3월 네윈 군 총사령관이 쿠데타를 일으켜 우 누 총리를 체포 투옥하였다. 그는 1966년 석방된 후 불교에 귀의하고 반네윈 세력의 집결을 도모하였으나 여의치 않자 1969년 외유를 가장하여 국외로 망명하였다. 우 누는 방콕을 거점으로 카렌 반란군 등과 연계하여 반네윈 활동을 전개하였다. 그러나 1972년 버마정부의 항의에 따라 태국이 그의 퇴거를 요청하자 인도로 망명지를 옮겼고 이후 그의 세력은 급격히 약화되었다. 우 누는 1980년 네윈의 반정부 인사 대사면령으로 귀국한 후에도 기회를 엿보다가 1988년 "랑군의 봄" 민주화운동 시기에는 임시정부 수립을 선언하는 등 정치활동을 전개하였다. 그는 1995년 87세로 사망하였다.

내가 네팔에 근무할 당시 우 누와 관련된 외교적 에피소드가 있다. 카투만두에서 1980.1.4 버마대사관이 주최한 버마독립기념 리셉션에 참석하였을 때의 일이다. 관례대로 버마와 네팔의 국가가 연주되고 버마대사의 기념 연설이 있은 다음에 네팔 외상K.B.Shahi의 축하 건배사가 있었다. 그런데 네팔 외상은 대통령인 네윈에게 건배를 하는 대신에 우 누에게 건배를 하였다. 나도 인근의 버마 정세를 어느 정도 상식적으로 알고 있었는데 네윈의 쿠데타로 오래 전에 쫓겨난 우 누에게 건배를 하는 것을 듣고 놀랐다. 이곳저곳에서 웃음소리와 함께 웅성대는 소리가 들렸다. 모두들 이 사태가 어떻게 수습되는지 주시하였다. 우 누가 18년 전에 권좌에서 쫓겨 나, 이웃 인도에서 반정부 투쟁을 하고 있는데 그에게 건배하다니 있을 수 없는 일로 외교적으로 큰 파장을 가져올 수도 있는 사고였다. 버마대사로서는 이를 그냥 못 들은 척 할 수 없는 노릇이라 네팔 외상에게 가서 실수를 지적하였다. 그러자 네팔 외상은 다시 연단에 올라가서 자기가 건배사에서 실수를 했다고 하면서 네윈 대통령을 위해 건배하자고 다시 한번 건배를 제의하여 겨우 사태가 수습되었다.

그런데 그 네팔 외상이 이후 우리와 관련된 또 다른 실수를 하게 되었는데 1980년 가을쯤이었다. 당시 네팔 주재 권태웅 대사가 태국대사로 옮기고 신임대사가 서울에서 부임하였다. 나는 대사관 차석으로서 신임대사를 모시고 네팔 외상을 예방하였다. 우리 대사를 맞은 네팔 외상은 북한 이야기만 하였다. 요즘 김일성의 건강은 어떠하고 경제 상황은 어떠한지 문의하였다. 느낌이 이상하였다. 아무래도 지금 북한대사가 새로 부임해서 자기를 예방하고 있는 것으로 착각한 것 같았다. 대사는 낌새를 못 챘는지 동문서답을 하고 있어 답답하였다. 대사는 우리 대통령의 신임장 사본을 그에게 제출하였다. 그러나 네팔 외상은 북한 이야기를 계속하면서 요즘 평양 날씨는 어떠냐고 물었다. 지금까지 남한 이야기나 우리 대통령 안부는 묻지 않고 김일성 안부를 묻고 평양 날씨라니, 나는 도저히 참을 수가 없어 외상에게 우리는 북한이 아닌 남한대사관에서 왔다고 말하고 말았다. 그러자 그는 아차 싶었는지 미안하다고 하면서 그럼 남한의 대통령은 안녕하신가 물어서 겨우 위기를 넘겼다. 예방을 끝내고 나오면서 생각하니 외교관이라도 남북한을 구별하기가 쉬운 일은 아닐 거라는 생각이 들었다. 우리도 남예멘과 북예멘을 잘 구별하지 못하고 있지 않은가? 결국 남북한 간에 피나게 싸워도 다른 나라 사람들 입장에서는 그 놈이 그 놈인데 왜 여기까지 와서 싸우는지 이상하고 재미있기도 한, 강 건너 불구경인 것이다. 1950－90년대까지 아시아지역뿐 아니라 더 멀리 떨어져 아무 관심도 없는 아프리카, 중동, 중남미 등 전 세계를 다니며 서로 한반도의 다른 쪽 상대방이 나쁜 놈이라고 욕하고 비난하는 것이 우리 외교의 주된 활동이었으니 참으로 한심한 시절이었다. 특히 비동맹 제3세계 국가들을 상대로 원조와 뇌물까지도 바치면서 '국제연합' 등 국제기구에서 북한을 비난하는 결의안을 채택하는 활동에 외교력을 집중하고 자원을 낭비한 시절이었다. 전두환 대통령의 버마 방문도 이러한 비동맹외교의 일환으로 포장되었던 소모적 외교활동이자, 개인적 권력욕에서 비롯된 불행한 사건이라고 평가할 수밖에 없다.

　　네윈식 당 의장 정치
　　1962.3월 쿠데타를 일으켜 군사혁명정부를 수립, 삼권을 장악한 네윈 장군은 16명의 군 고위 간부로 구성된 혁명위원회Revolutionary Council의 의장이 되었다. 1964.3.23 혁명위원회는 포고령으로 1962년 쿠데타 후 네윈이 결성한 버마사회주의계획당을 제외한 모든 정당을 해산하고 그 재산을 몰수하였다. 네윈은 1974.1월 헌법개정으로 버마사회주의계획당이 버마의 유일한 정당으로서 국가를 이끈다고 명시하며 사회주의연방공화국을 선포하고, "버마식 사회주의Burmese Way to Socialism"를 표방하였다. 극도의 국수주의와 마르크시즘에 불교를 혼합(extreme Nationalism+Marxism+Buddhism)한 이 뒤죽박죽 이념은 실체나 목표도 불분명하였고, 모든 기업을 국유화하고 정부와 사회 모든 중요 직책을 당직을 가진 군인들이 겸직하며 권력을 장악하는 최악의 군사독재사회주의에 불과하였다. 네윈 독재정치에 대한 항쟁은 1962년 쿠데타 이래 대학가를 중심으로 전개되었으나 철저하게 탄압되었다. 1962.7에는 랑군대학생들의 폭동을 진압하기 위해 학생회관을 다이너마이트로 폭파하고 1964.9까지 버마 내 모든 대학교를 폐쇄하였다. 1974.6월에는 전국 100여개 공장에서 반정부 파업이 일어나고 학생들의 시위가 계속되자 군의 발포로 100여 명이 사상 당하기도 하였다. 1974.12.5에도 국제연합 사무총장을 지낸 우 탄트의 장례식을 국장으로 치루지 않는 데 대한 반발로 야기된 학생 시위에서 군의 발포로 학생들이 사상 당하였다. 학생 시위는 1975년과 1976년에도 발생하였고 1987.9월과 1988.3월 및 6월에도 계속되었다. 이 일당독재체제는 전국적인 민주항쟁에 따라 1988.7.23 네윈이 당 의장직을 사임한 이후 8.8－12일과 9.18 군의 발포로 3천여 명의 사망자를 낸 유혈사태를 거쳐 1988.9.18 네윈이 사주하여 일으킨 군사 쿠데타 정부 '국가법질서회복위원회State Law and Order Restoration Council(SLORC)'가 버마사회주의계획당을 해산할 때까지 지속되었다. 네윈은 군사 쿠데타로 정

권을 잡아 1962-71년간은 혁명위원회 의장으로서, 1971-74간은 사회주의계획당 의장으로서 총리, 1974-81.11간은 국가평의회의장 겸 대통령, 1982.11.9 대통령직을 사임한 이후에는 사회주의계획당 의장으로서 계속 권력을 장악하였다. 그의 26년간에 걸친 군부 철권통치는 1988년 대규모 유혈군중 시위 끝에 종식되었으나 그는 그 후에도 1998년까지 막후에서 집권군부세력에 대한 상당한 영향력을 행사하였다.

네윈의 사임과 랑군 대학살

1988.7.23 사회주의계획당 임시전당대회에서 77세의 네윈은 "3월과 6월에 발생한 불행한 사태에 대해 내 자신이 전혀 책임이 없다고 할 수는 없다고 생각한다. 게다가 고령인 점도 감안하여 당 의장직 사임을 희망하는 바, 당의 허가를 간절히 바란다."는 요지의 발언을 하였다. 당시 최고 실권자들인 산유 당 부의장, 에이코 당 서기장, 세인루인 부서기장, 툰틴 부수상, 초우틴 국방장관도 함께 사의를 표명하였으나 네윈과 산유의 사직서만 수리되었다. 네윈은 사회주의계획당 총회에서 행한 이임사에서 "소요가 계속된다면 군이 개입할 수밖에 없고 군이 발포한다면 허공에 총을 쏘는 전통은 없으며 사살하기 위해 직사할 것이다 라는 것을 나는 여기에서 선언한다."라고 격앙된 어조로 경고하였다. 네윈은 사임하면서 다당제 등 정치개혁을 약속하였으나 시위자 학살을 주도한 세인루인Sein Lwin을 후임 당 의장으로 임명함으로써 군사통치를 계속할 것임을 예고하였다. 7.26 당 의장에 취임한 세인루인은 8.8-12간의 시위대 대학살에 따른 "랑군의 학살자Butcher of Rangoon"로서 책임을 지고 8.12 사임하였다. 네윈은 1981.8월 사회주의계획당 제4차전당대회 때도 노령으로 인해 권력이양의 전례를 남긴다는 명분 아래 사임을 희망하였으나 당 의장직에 대해서는 "주위의 간곡한 만류로 유임"하기로 한 바 있었다. 1988.7월 네윈의 당 의장 사임에 맞춰 귀국한 아웅산 수지는 네윈의 철권 통치에 환멸을 느낀 국민들로부터 열렬한 지지를 받으며 군사통치체제에 도전하였다.

네윈이 공식적으로 사임한 뒤에도 계속된 1988.8-9월의 시위는 버마사회주의계획당BSPP의 독재체제에 대한 전국적 봉기로서 "8888봉기Four Eights Uprising", "8888 전국인민민주항쟁8888 Nationwide Popular Pro-Democracy Protests", 또는 "인민의 힘 봉기People Power Uprising"로 불린다. 이는 반정부 저항운동이 1988.8.8 군의 발포로 절정에 달했기 때문이다. 이 투쟁은 랑군대학과 랑군기술대학 학생들이 주도하였는데 전국적으로 확대되어 수많은 불교 승려들과 민간인들이 참여하였다. 8.8 시작되어 8.12까지 계속되고 9.18 다시 발생한 시위자에 대한 군의 무자비한 발포로 3천여 명의 사망자(버마당국은 사망자 수를 350명이라고 발표)가 발생하였고 대학교는 1년간 폐쇄되었다. 한달 전 네윈의 경고는 빈 말 위협이 아니었던 것이다.

네윈의 친위 쿠데타와 군사통치제제

민중 봉기는 1962년 네윈의 집권 이후 버마식 사회주의를 내세운 버마사회주의계획당의 일당 군사독재 치하에서 소련식 사회주의계획경제로 주요 기업이 국유화된 결과 버마 경제가 세계에서 고립되고 파탄되어 세계 최빈국으로 전락한 데 대한 불만에서 비롯된 것이었다. 엄청난 사상자를 낸 비극은 1988.9.18 네윈이 사주한 소마웅Saw Maung 장군의 친위 군사 쿠데타로 막을 내렸다. 쿠데타 세력은 집권 버마사회주의계획당BSPP을 해체하고 "국가법질서회복위원회SLORC"를 수립하였다. 군부 통치체제인 SLORC는 사실상으로는 버마사회주의계획당의 정책을 답습하였다.

네윈은 정치 전면에서 물러난 후에도 10년동안 군부에 대한 상당한 영향력을 행사했으나 1998년 이후에는 점차적으로 영향력이 축소되었다. 2002.3.4에는 네윈이 아끼는 딸 산다르윈Sandar Win의 남편인 아예쬬윈Aye Zaw Win의 군사 정부 전복음모 사건이 발생하였다. 네윈과 그 딸은 가택연금되고 사위와 세명의 외손자들이 반역혐의로 체포되어 사형 선고를 받았다. 딸의 가택연금은 2008년 해제되었다. 사형선고는 집행되지 않다가 이들은 2011년과 2013년에 걸쳐 모두 석방되었다.

네윈의 최후

1910.7.10 중국계 버마인 슈마웅Shu Maung으로 태어난 네윈은 랑군대학에 들어가 의사가 되고자 하였으나 2년 만에 학교를 그만두고 아웅산과 동지가 되어 독립투쟁을 전개하며 "빛나는 태양"이라는 뜻의 "보네윈Bo Ne Win, Commander

Radiant Sun"이라는 전투명을 갖게 되었다. 그는 1948.1 버마 독립 후 군 부사령관직을 거쳐 39세인 1949.1월 군총사령관이 되었다. 평생 여섯 번이나 결혼하고 1962.3 군사 쿠데타로 정권을 잡아 1988.9까지 26년간 독재자로서 군림하고 1998년까지도 막후에서 영향력을 행사하였던 그는 랑군 시내 호숫가의 자택에 연금 중 2002.12.5 파란만장한 생을 마감하였다. 그는 넓은 세상을 보는 눈을 뜨지 못하고 평생을 반영국 식민투쟁의 악몽에서 벗어나지 못한 채 우물안 개구리로 살았다. 그는 인적자원이나 자연자원의 모든 면에서 역사적인 라이벌인 태국과 동등하게 동남아의 강국이 되었어야 할 버마를 세계의 최빈국으로 만든 버마의 저주자로서 인생을 마쳤다. 너무 오랫동안 독재권력을 행사하며 나라를 망쳤고 92세까지 너무 오래 살음으로서 그가 꿈꾸었을 국장의 예우도 받지 못했다. 조용히 서둘러 치러진 그의 장례식에는 정부의 억제로 30명만 참석하였다. 그의 유해는 자택 연금 중 일시 석방된 딸에 의해 랑군강에 뿌려져 안다만 해로 흘러갔다. 점술과 미신에 심취하였던 그의 사후 희망은 무엇일까를 생각해 본다. 그의 영혼은 자신의 행위에 뭐가 잘못이었던가를 깨닫지 못하고 영원히 주변을 의심하고 원망하면서 안다만 바다를 맴돌고 있을 것이다.

1987.11.28 밤 11시 30분 바그다드발 아부다비—방콕 경유, 서울행 대한항공 KE858편 보잉 707기가 아부다비 경유 후에 방콕으로 가던 중, 그 안다만 해 상공에서 김정일의 지시를 받은 북한 공작원 김승일과 김현희가 설치한 폭탄으로 11.29 오후 2시5분경(KST) 폭발하여 탑승객 115명 전원이 사망하였다. 바그다드에서 탑승하여 비행기 선반에 라디오와 술로 위장한 폭탄을 설치한 후 아부다비 공항에서 내린 테러범들은 이후 바레인 공항에서 위조여권 혐의로 체포되자 김승일은 자살하고 김현희는 생포되었다. 제13대 대통령선거를 하루 앞둔 12.15 한국에 압송된 김현희는 그해 6.29선언으로 제정된 새 헌법에 따른 12.16의 직선제 대통령 선거에서 전두환이 지원한 노태우 후보가 3김 후보들을 물리치고 대통령에 당선되는 데 기여한 것으로 평가되고 있다. 전두환과 네윈, 이 두 군출신 독재자와 김일성 독재왕조가 엮인 아웅산묘소에서의 한국과 버마의 피의 역사는 4년 후까지 그 악연을 이어가며 버마의 안다만 바다 위에서 다시 무고한 한국인들의 생명을 빼앗아간 것이다. 무력으로 정권을 잡고 연장해 온 이 아시아 세나라의 독재자들은 피로 그 정권을 지탱해 온 공통

점이 있다. 네윈의 악령은 이번엔 자신의 잘못이 아니었다 하더라도, 그와 친밀했던 북한의 독재자에 의해 희생된 채 아직도 고향에 안치되지 못하고 안다만 바다를 떠도는 한국인들의 원혼을 피해 다니고 있지 않을까 궁금하다. JTBC(2018.11.29)와 MBC(2020.1.23)는 안다만 해역에서 KE858기 잔해와 동체를 발견했다고 보도하였지만 아직도 본격적인 수색은 이뤄지지 않고 있다.

또 불행한 일은 우리나라 현대사에서 보듯이 세상 모든 독재자의 최후가 다 불행하게 끝나지는 않는다는 점이다. 그래서 아직도 도처에서 독재자들이 무소불위의 권력을 휘두르고 권좌에서 밀려난 후에도 큰 소리치고 호화롭게 사는 것일 것이다. 역사는 정의가 승리하는지 여부에 대해서는 아무런 관심이 없다. 정치의 세계에서 최선은 권력일 뿐이다. 권력이 최선이니 권력이 정의가 된다. 정치에서는 진실이 중요한 것이 아니라 사람들이 진실이라고 믿는 것이 중요하다고 한다. 조작된 진실은 각종 권력 기제를 통하여 끊임없이 재생산되고 우리를 세뇌시킨다. 그것이 권력의 속성이니 인류의 역사는 허무하고 모순 투성이다. 그 허무함과 모순에서 벗어나기 위해서 이성적인 인간들은 역사의 파편 속에서 변하지 않는 어떤 진리와 교훈을 찾아내고자 발버둥치는 것일 것이다. 그것이 어떤 보편적인 선을 가져다 줄 것이라는 뚜렷한 근거도 없지만 딱히 다른 방법도 없기에 그저 그런 희망을 가지고 노력할 뿐이 아니겠는가? 그런 노력을 통하여 지금 선진국들이 누리는 정도의 자유와 정의라도 가능하게 됐다는 믿음이 우리가 가진 희망의 근거라면 근거일 것이다.

6. 버마 민주화운동

아웅산 수지의 귀국

영국인과 결혼하여 영국에 거주하던 아웅산 장군의 딸 아웅산 수지는 1988년의 정국 혼란기에 귀국하여 1974−76년간 군 총사령관을 지내다가 반역혐의로 체포, 구금된 바 있는 틴우Tin Oo 장군이 이끌던 '전국민주연합National League for Democracy(NLD)'에 합류하였다. 이들의 버마민주화투쟁은 버마인들의 큰 지지를 받아 1990년에 실시된 총선에서 NLD는 총 492석 중 392석을 얻었으나 군사정부는 총선 결과를 인정하지 않았다. 수지여사는 가택 연금되었고 군사독재는 계속되었다.

1988년 정권을 장악한 소몽Saw Maung이 이끄는 군사정부는 버마사회주의계획당BSPP을 대체하는 '국가법과질서회복위원회SLORC'를 만들어 1990년의 선거 결과를 무효화하고 군사통치체제를 계속하였다. SLORC는 1997년에 '국가평화발전위원회State Peace and Development Council(SPDC)'로 이름을 바꿨다. 막강한 권력을 가지고 SLORC 위원직을 겸직하고 있던 지역 군사령관들은 모두 승진하여 새로운 보직을 가지고 수도 랑군(양곤)에 부임하고 신임 지역사령관들은 SPDC에 참여하지 않는 식으로 군 권력자들의 민간인화가 이뤄졌다.

11명의 SPDC위원들은 모두 고위 군인들로서 민간인인 각료보다 더 막강한 권한을 행사하였다. 1993.9.15 SPDC는 '동맹연대와 개발협회Union Solidarity and Development Association'를 결성하였다. 2008.5.10 국민투표로 개정된 헌법에 따라 외국인 남편이나 자녀를 둔 자는 대통령으로 선출될 수 없으며 의회 440석중 1/4은 현직 군인이 맡게 되었다. 이는 물론 아웅산 수지 여사의 대통령 선출을 막고 군부의 계속 통치를 염두에 둔 것으로 국제적 비난을 받았다. 총선을 앞두고 SPDC는 2010.3월 '동맹연대와 개발당Union Solidarity and Development Party(USDP)'을 창당하였다. 그 후 2010.11.7로 계획된 총선에도 NLD가 헌법개정, 공정선거 등을 요구하며 참여를 거부하자 SPDC는 NLD를 2010.5.6 불법정당으로 규정하고 해체를 명령하였다. 2010.11월 총선에서는 SPDC 후원의 USDP가 80%의 의석을 얻었다고 공포되었으나 국제사회나 버마 내 민주세력으로부터 부정선거로 규탄되었다. 선거 후에도 지속된 국제적 제재와 압력으로, NLD와 SPDC 간 합의에 따라 2010.11.13 아웅산 수지 여사가 석방되자 2011.12월 NLD는 추후 보궐선거에 참여하기로 하였다. 한편 군부통치기구인 SPDC는 2011.3월 그 일원이자 총리였던 테인세인Thein Sein이 대통령이 된 신정부를 출범시킨 후 2011.3.30 해체되었다. 2012.4.1보궐선거에서는 아웅산 수지가 이끄는 NLD가 궐석의석 45석 중 43석을 차지하는 압도적 승리를 얻었다. 2012.4월 보궐선거 이후 미국의 오바마 대통령도 미얀마 주재 대사를 임명하는 등 대미얀마 관계를 정상화할 계획을 밝히게 되었다.

2015 총선과 민간 대통령 등장

2015.11.8 총선은 1990년 이후 처음으로 행해진 공개경쟁 선거였다. NLD 는 양원 모두에서 압도적 다수로 승리하여 의회 선출을 통하여 54년 만에 처음으로 민간 대통령이 등장할 수 있게 되었다. 그러나 외국인 남편이나 자녀를 둔 자는 대통령이 될 수 없다는 2008.5월의 헌법 규정에 따라 NLD 지도자인 아웅산 수지는 대통령으로 선출될 수 없었다. 2016.2.1 개회한 의회는 1962년 의 군사 쿠데타 이후 처음으로 민간인인 흐틴쿄Htin Kyaw를 2016.3.15 제9대 대통령으로 선출하였다. 아웅산 수지는 NLD의장 자격으로 신설된 직책인 State Counsellor로 취임하였다. 이는 총리직과 유사한 직책이다. 민주화의 길에 들어선 버마가 아직도 군부가 만든 헌법체제에서 벗어나지 못한 채, 아웅산 수지의 집권을 위해서 헌법상 최고 권력자인 대통령을 대신하여 당 의장이 실권을 갖는 네윈식 정치제도를 되찾게 된 것은 역사의 아이러니라고 할 수밖에 없을 것 같다. 그러나 2008.5.10 헌법개정을 위한 국민투표의 목적이 "질서 충만한 민주주의discipline-flourishing democracy"로서 군부가 국정 운영에 질서유지 역할을 하겠다는 뜻이 포함돼 있듯이 군부의 정치적 역할이 끝난 것으로 보이지는 않는다. 2016.3.30 취임 후 2018.3.21 건강상 이유로 사임한 흐틴쿄(1946-) 대통령은 1975-92년간 산업부, 재무부 등에 근무한 관료출신으로 2000년에는 수지여사의 랑군 탈출을 도운 혐의로 4개월간의 옥고를 치르기도 했다. 그는 NLD의장인 수지여사를 도운 그녀의 측근이었다. 수지여사는 자신이 그를 통하여 실제적인 권력을 행사할 것임을 밝힌바 있었다. 후임 10대 대통령으로는 역시 수지여사의 측근인 윈민트Win Myint(1951-) 하원의장이 선출되어 2018.3.30 취임하였다. 법관으로 재직 중이던 그는 8888 민주항쟁 연루로 옥고를 치르다 1990년 선거 전에 석방되어 총선에 출마하여 당선되었으나 군부의 선거무효로 의회에 진출하지 못하였다. 그는 2012년 보선과 2015년 총선에 당선되어 하원 의장이 되었었다.

군 출신들의 국가 장악 체제

1962.3 네윈이 군사 쿠데타로 집권하며 완전한 군사통치국가로 변모한 버마는 2015년 군부와 민주세력 간의 타협으로 선거를 통하여 형식적으로 민간

정부가 들어섰지만 아직까지도 군인들의 정치적 영향력이 계속되고 있다. 1995년까지는 예편한 군인들뿐 아니라 현역 군인들도 정부의 각 조직에 임명되어 일반공무원으로 활동하고 있었다. 심지어 사법부의 판사직도 현역 군인들이 많이 차지하고 있었다. 세계에서 이런 군사국가체제를 그렇게 오랫동안 유지해온 나라는 없을 것이다. 북한 같은 사회주의국가에서는 원래 민간의 군에 대한 우위가 확실히 확립되어 있어서 오히려 군까지도 당에서 파견된 민간인들의 통제를 받는다. 반면 버마는 오랜 독립투쟁을 이끈 군의 영향력이 모든 국가기구를 통해 유지되는 군사 우위 사회주의국가가 된 것이다. 버마는 독립 후부터 사회주의를 표방하였지만 처음부터 군이 민간정부조직에 대한 엄격한 통제체제를 유지해왔다. 이는 버마독립과정에서 랑군대학 출신들을 중심으로 버마독립군을 조직하여 독립활동을 하고 이들이 독립 후에는 군인 신분으로 정치에 참여한 데 기인한 것으로 보인다. 독립 후에도 끊임없는 내전으로 군 조직에 의한 국가통합 유지가 필수적이었던 상황이기도 하였다.

문제는 이러한 먼 나라 남의 일이 어떻게 우리나라에 영향을 미치게 되었는가 이다. 우리도 1948년 대한민국을 건립하면서 헌법에 따라 민간에 의한 군의 지배가 확실히 법제화되었다. 그러나 6.25 전쟁을 거치며 군의 규모나 영향력이 커지고 이승만 등 민간 정치지도자들의 독재와 부패로 정부가 무너지고 박정희에 의한 군사 쿠데타가 성공하면서 한국사회의 군사화도 급속히 진행되었다. 군사적 효율성에 바탕을 둔 경제발전은 성공하였으나 정치·사회적으로는 군 출신들이 주도하는 국가체제가 수립되었다. 1979년 10.26 사태로 박정희 대통령이 암살되고 민주화가 달성될 것으로 기대되었지만 그해 전두환 주도의 12.12 쿠데타로 다시 군사정부가 수립되었다. 일단 군에 의한 정치·사회 지배체제가 확립되면 이를 무너뜨리는 것이 얼마나 어려운 것인가를 보여주는 또 하나의 역사적 사례라고 할 것이다. 1979년 12.12 제2의 군사 쿠데타로 정권을 잡은 전두환은 무기력한 최규하 대통령을 하야시키고 1980.8.27 유신헌법에 따른 형식적인 간접선거를 거쳐 대통령에 취임하였다. 그는 1981.2.25 제5공화국헌법에 따른 간접선거를 거쳐 단임 7년 임기의 대통령으로 선출되었고 3.3 취임하였다. 그는 그가 주도하던 신군부가 제정한 제5공화국 헌법에 따라 7년 후에는 정권을 내놓게 될 처지였다. 그로서는 12.12 쿠데타의 동지였던 친구 노태우에게 정권을 이양함으로써 자신들이 주도한 쿠데타의 후환을 막을 수 있을 것을 기대하였을 것이다. 그러나 독재정권의 속성을 잘 아는 그로서는 동지라고 해도 노태우를 완전하게 믿을 수 있을 것인가에 대한 일말의 의문을 가질 수밖에 없었을 것이다. 권력의 주변에는 그의 쿠데타 측근들과 권력에 기생하여 영달을 누리려는 많은 새 인물들이 몰려들었고 그들은 어떤 방식으로든 권력을 연장하고 싶어 했을 것이다. 1962.3 쿠데타로 집권한 후 여러 직책으로 실권을 행사하다가 7년 임기의 대통령직을 마치고 1982.11 군출신 인사인 충복에게 대통령직을 넘긴 후에 버마의 집권당 의장으로 선출되어 실질적인 권력을 행사하고 있는 네윈식 당 의장 정치는 그들에게 바람직한 모델로 보였을 것이다. 이러한 버마와 한국의 군사정치체제의 유사성이 "버마암살폭발사건"이라는 세계외교사에 유례가 없는 엄청난 비극의 배경이 된 것이라고 유추할 수밖에 없다.

7. 버마의 경제

다음으로 버마의 경제 상황을 살펴보자. 제2차세계대전 중 일본 점령하의 버마는 소비 물자의 부족, 물가의 폭등으로 혹심한 어려움을 겪게 되고 전략철도 건설 공사에 많은 버마인들이 강제 노역에 동원됨으로써 민심이 흉흉하였다. 전후에는 식민통치를 벗어난 독립국가로서 석유·가스를 비롯한 각종 광물, 산림 등 자원부국이고 3모작도 가능한 기후를 활용하여 동남아의 유수한 부국이 될 수 있는 여건임에도 불구하고 동남아에서도 가장 가난한 나라 중 하나로 남아있다. 버마는 독립 후 사회주의 경제체제를 채택하고 군사독재를 계속하면서 국제적으로 고립되었고 인권문제 등으로 미국 등 서방국가의 경제제재를 받아 왔다. 또 사회간접자본시설 미발달, 기술인력 양성 등한시 등 정책 실패와 군사독재국가라는 국가통치체제에 따른 국민통합 실패가 버마를 아시아 최빈국의 하나로 전락시킨 배경으로 지목되고 있다. 버마의 비극은 오랜 영국의 식민통치 중에 찾아온 일본의 침략이 더해진 결과이기도 하다. 제2차대전 중 1942－45년간 일본이 버마를 침략하여 점령하게 되자 영국은 버마의 중요한 인프라 시설과 산업시설, 석유등 광물자원 시설을 일본이 사용하지 못하도록 완전히 파괴하는 정책을 시행하였다. 일본군과 싸우던 버마 독립운동가들이 나중에는 영국과 싸워 1948.1월 버마의 독립을 쟁취하였으나 우 누 총리가 이 끄는 정부는 모든 땅을 국유화하고 산업의 국유화정책을 시행하는 사회주의 경제체제를 채택하였다. 식민통치시대의 불평등한 부의 재분배를 위해 불가피한 측면이 있었으나 잘못된 계획경제로 인하여 국가경제는 파탄되었다. 1962년 쿠데타로 정권을 잡은 네윈 장군은 버마식 사회주의의 기치 하에 농지를 제외한 모든 산업의 국유화를 강력하게 시행하여 버마경제는 더욱 어려워졌다. 버마는 1987년 '국제연합'의 세계 최빈국 명단에 오르게 되었다.

　　1886－1948년간의 영국 식민통치 시절에 버마는 동남아 제2부국으로서 세계 최대의 쌀 생산국이었으나 1980년대에는 쌀이 부족해 수입해야 하는 처지로 전락했다. 1977년 이후 대서방 경제협력을 추진해 왔지만 국내 정치탄압으로 인한 국제적 제재 때문에 큰 성과를 보지 못하다가 2012년부터 버마의 군사독재가 완화됨에 따라 이제 국제사회의 제재가 대부분 해제되어 해외투자도 활발해지고 경제도 발전 궤도에 들어섰다. 주요 해외 투자자는 중국, 싱가포르, 필리핀, 한국, 인도, 태국 등이다. 2012년에는 외국인 단독투자가 허용되고 부동산을 합법적으로 임대할 수 있는 외국인투자법이 도입되었다. 또 그해부터 아시아 개발은행의 대버마 사회간접자본 개발 지원이 시작되었다. 2013.6월 버마는 다보스 세계경제포럼World Economic Forum의 동아시아지역 모임을 개최하여 열명의 외국 국가원수와 12명의 각료 등 세계 각국에서 1,200명이 참석하는 대규모 국제회의를 처음으로 개최하는 등 세계경제에 편입하기 위한 노력을 경주하고 있다. 2016.3월에는 일본과의 합작으로 주식시장The Yangon Stock Exchange이 개설되어 점차 시장경제 요소를 도입하고 있다.

8. 외교 정책과 대남북한 관계

버마의 비동맹 외교

　　세계평화가 버마의 안보에 중요함을 인식한 우 누는 '국제연합'에 대한 지지를 대외정책의 기초로 삼았다. 또 미·소 진영의 점증하는 적대관계 속에서 버마의 안보는 인도의 네루 총리가 추구하는 중립주의에 있다고 믿고 버마 인근국들과의 우호관계 발전에 적극적이었다. 그는 1954.4 – 5월의 콜롬보 정상회의에서 인도, 파키스탄, 세일론, 인도네시아와 함께 1955.4월의 역사적인 '아프리카·아시아 반둥회의' 개최를 지원하기로 하는 데 합의하였다. 비동맹국 버마의 외상인 우 탄트U Thant는 아시아인 최초로 1961.11.30. 국제연합 사무총장에 선출되고 재선되어 1971.12.31까지 10년간 재직하였다. 그러나 버마는 계속되는 국내 소수민족과의 군사투쟁으로 국제사회에서 의미 있는 역할을 할 형편이 아니었다. 더구나 강압적인 군사통치체제에 따른 서방국들의 제재는 버마의 국제적 입지를 매우 좁혀 비동맹에서조차 목소리를 내지 못하는 잊혀진 국가로 전락하고 말았다.

버마의 대중국관계

버마는 1949.9월 대만의 국민당 정부를 승인하였으나, 1954.6월 중국 총리 주은래의 버마 방문을 계기로 양측은 공동성명을 통해 평화공존 5원칙을 확인하고 영국식민시대부터 분규가 있었던 국경문제를 해결하기로 하는 등 중국과도 관계를 개선하였다. 1,500마일의 국경을 접하고 있는 중국에서 침투해 들어오는 중국인들로 화교가 증가하는 등 양국 관계에는 잠재적 위험 요소가 많았다. 그러나 중국은 버마가 국민당 군에 대해 적절한 조치를 취하는 한 버마 내정에 대한 문제 제기를 삼갔고, 버마 공산당에 대한 관심을 보이지 않으면서 영토적 야심이 없다고 공개적으로 약속하였다. 1954.10월 우 누는 중국을 방문하여 1937년 영국과 중국 간에 합의된 국경선인 이세린 – 멕마흔Iselin-MacMahon선을 중국이 수용하고 카친족의 세 마을을 중국에 넘기기로 하여 카친족의 강력한 반발을 불러왔다. 양국은 1960년 북경에서 이러한 내용의 국경조약을 체결하였는데 이는 1948년 영국이 버마에 넘긴 국경과 같은 선이었다.

버마의 대동남아 관계

버마는 1997.7월 '동남아국가연합The Association of Southeast Asian Nations(ASEAN)'에 가입함으로써 동남아 10개국의 정치·경제·안보·문화 공동체 모임의 일원이 되었다. 그 해에 아세안 10개국과 한국, 중국, 일본과의 정기적인 협력을 촉진하는 'ASEAN Plus Three'라는 협력체가 형성됨에 따라 버마는 한국과도 다자협력관계를 정기적으로 유지하게 되었다. 또 아세안국가들 간에 1995.12월에 서명된 '동남아 비핵지대조약The Southeast Asian Nuclear-Weapon-Free Zone Treaty'이 2001.6월에 발효하여 버마도 이에 참여하고 있다.

버마의 대남북한 관계

　버마는 1962년 남북한과 영사관계를 수립하고, 1975년 남북한과 동시에 수교했으나 한국보다는 같은 사회주의국가인 북한과 정치적 경제적으로 긴밀한 관계를 유지해왔다. 북한은 특히 네윈체제에 대한 서방 측의 비판이 고조되던 1970년대 중반 이후 버마와의 인사교류 및 경제원조를 강화하였다. 1977년부터 버마가 경제적 어려움을 타개하기 위하여 서방과의 경제협력을 강화하는 등 제한적으로 대외경제교류를 확대함에 따라 한국과의 경제관계도 조금씩 진전되었다. 1981년 현대건설이 버마의 주요 건설사업인 킨다 댐 건설공사를 수주하여 시공 중이었고, 1982년에는 국제상사가 냉동설비 플랜트를 수주하는 등 경제관계가 진전됨에 따라 수교 이후 두번째로 1982.10월에 버마 외상이 방한하였다. 당시 버마 외상은 남한만 방문한 것이 아니었다. 그는 한국방문 후 바로 북한을 방문하였는데 버마가 얼마나 북한과의 관계를 중시하였는지 알 수 있다.

　남북한 간 정치·군사적 대결과 관련하여 버마의 집권 '사회주의 인민계획당'은 전당대회에서 채택(1977, 1982)한 정강정책에서 "한반도에서 외국군의 철수와 휴전협정을 평화협정으로 대체하는 것을 지지한다."고 함으로써 북한 측 입장을 지지하였다. 1975년 국제연합 총회에서 남북한 결의안이 함께 채택될 때 북측 결의안을 지지하고 우리 측 결의안에는 기권하였다. 남북한의 국제연합 가입문제에서는 중립적 입장을 취하였다. 이와 같이 대한반도 정책에 있어 버마는 사실상 북한 측의 정치적 입장을 지지해왔다. 따라서 북한으로서는 버마를 자신들과 가까운 우방국으로 치부하기에 부족함이 없었다고 할 수 있다. 이러한 버마의 친북 정치성향은 북한이 마음 놓고 버마에서 한국 대통령에 대한 암살테러 행위를 자행할 수 있는 바탕을 제공하였다고 할 수 있다.

북한과의 관계
- 1957 북한무역대표단 버마 방문, 1962 남북한과 영사관계 수립
- 1965.4 김일성 버마 기착, 1975.5 남북한과 동시 수교
- 1977.9 네윈 당 의장 북한 방문, 1978 버마 외상 북한 방문
- 1979.7 몽몽카 수상 북한 방문, 1982.10 우 칫라잉 버마 외상 남·북한 방문
- 1983.3 이종옥 북한 총리와 양형섭 최고인민회의 의장 버마 방문
- 1983.7 버마 외무차관과 의전국장 평양 방문(한국 대통령의 버마 방문에 대한 북한 측 양해를 구하러 간 것으로 추측)
  *83.3까지 40여회에 걸쳐 북한의 정치·경제·문화체육 사절단이 버마 방문

북한과의 경제관계는 미미하였다. 버마는 1982년도에 북한에 400만 불 상당의 물품(쌀, 원유, 광산물, 천연고무)을 수출하였다. 북한은 버마에 아홉개의 소규모 공장건설 등 경제협력사업을 시행하였다. 주석제련소, 유리 및 도자기 공장, 수력발전소, 광산개발, 연필공장, 비스코스 레이온공장, 통조림공장, 피혁공장, 비닐론공장 건설 등 실생활과 밀접한 사업들이었다. 북한은 또 무상원조로 1977년에 모 이앙기 4대, 1978년에 불도저 2대와 트랙터 5대, 1981년에 화재구호금 2만 불을 제공하기도 하였다. 네윈은 1910년생(혹은 1911년), 김일성은 1912년생으로 모두 반식민 무장투쟁 경력을 가지고 있으며 사회주의체제를 도입하여 자기식으로 변형하려고 노력하다 경제발전에 실패함으로써 국민생활을 도탄에 빠트린 공통점이 있다. 또 대외 폐쇄정책과 개인 장기집권이라는 공통점도 있다. 그러나 네윈은 김일성과 달리 개인 우상화나 후손에게 권력을 넘기지 않은 점이 다르다. 이러한 두 인물의 유사성으로 양인이 개인적으로 가깝다고 알려졌으나 버마암살폭발사건 후 버마 외상은 이는 사실이 아니라고 언급하기도 하였다. 네윈으로서는 자력으로 독립투쟁을 전개하여 독립을 달성하고 권력을 장악한 자신을 소련이 일방적으로 발탁, 지명하여 권력자가 된 김일성과 비교되는 것을 원하지는 않았을 것 같기도 하다.

1983년 3월에는 북한의 이종옥 총리와 양형섭 최고인민회의 의장이 함께 버마를 방문했다.[3] 1983.8월 하순에 양형섭을 단장으로 하는 사절단이 전대통

령의 버마 방문을 마지막으로 저지하기 위해서 버마를 방문했고 아웅산묘소에 헌화하였다는 주장4도 있으나 확실하지 않다. 인도네시아 출신으로 서독 Sindelfingen에 거주하는 언론인 싱 후쿠오(Axel Springer뉴스 서비스 기자)도 그의 저서 "아웅산 피의 일요일"에서 북한 최고인민회의 의장 양형섭 등 대표단이 1983.8.7 버마를 방문하여 귀빈접대를 받으면서 전대통령의 방문 시 일정과 장소를 점검하였다고 쓰고 있다.5 그러나 아무리 친북 국가라고 해도 남한 대통령의 국빈방문을 두달 앞두고 적대관계에 있는 북한 의회 의장의 방문을 접수한다는 것은 납득하기 어렵다. 이종옥 총리와 양형섭 최고인민회의 의장이 1983.3월에 하나의 사절단으로 동시에 방문한 후에, 양형섭 의장이 8월에 별도로 또 버마를 방문했다면 10.9의 암살폭발사건과 관련해서도 상당한 의미가 있는 것이니 명확히 밝혀지길 바란다. 버마라는 나라는 외국 국가원수의 방문조차 2주 전에야 발표하고 어떤 경우에는 발표조차 하지 않는 경우가 많을 정도로 폐쇄적인 사회주의 국가였다. 따라서 북한의 고위인사 방문도 비밀에 부쳐 우리 대사관에서 당시에 파악하지 못했을 가능성도 있다. 경호관련 협조도 제때에 원활하게 이뤄지지 않았다는 것이 전대통령의 방문을 준비한 모든 관계자들의 증언이다. 그런 나라를 우리 대통령이 그렇게 꼭 방문했어야 하는지 많은 의문과 아쉬움을 준다. 버마와 같은 사회주의국가가 아니더라도 해외에서 모든 나라를 상대로 남북한이 치열하게 로비하고 다투므로 많은 나라들은 남북한이 관련된 사소한 정보도 타방에게 알리려고 하지 않는 경향이 있었고 이를 타개하기 위한 남북한의 치열한 공작도 있었음이 사실이다.

나도 駐포르투갈대사관에서 처음으로 재외공관 근무를 하면서 1978년에 유사한 경험을 한 바 있다. 나는 1977.9월 말, 리스본에 3등서기관 겸 부영사로 부임하였다. 당시 해외의 많은 우리 외교공관은 3명의 외교관으로 구성되어 있었다. 駐포르투갈대사관은 김정태 대사, 대사와 동년배로 부이사관인 윤석홍 참사관(駐상파울로 총영사 역임), 그리고 3등서기관인 나로 구성된 3인공관이었다. 그 외에는 현지인들로 공관장 차량 운전원, 행정요원 겸 행정차 운전원, 대사 비서와 청소원 등이 있어 총 7명이 대사관에서 근무하였다. 당시 포르투갈은 북대서양동맹NATO 국가로서는 이례적으로 북한과 수교를 하였으나 북한의 상주 대사관은 설치되지 않아서 우리로서는 그것을 가능한 저지하려는 입장이었다. 할슈타인원칙6은 우리도 1973년 6.23선언7을 통하여 포기하였지만 북한이 수교국이나 상주 공관을 늘려가는 것을 원치는 않았던 시절이었다. 김정태 대사는 포르투갈 외무성의 정무차관보와 호세Jose, 정태라고 서로 이름을 부르며 (on first-name terms) 가까이 지냈고 가끔씩은 나도 끼어서 자주 만나 식사도 하는 관계였다. 포르투갈과 우리는 당시에 정치, 경제적으로 긴밀한 교류가 없었고 국제기구 등에서 북한을 제압하는 데 협조를 요청하거나 언론을 통해 북한을 비난하도록 하는 일, 서울에서 오는 국회의원 등 방문객 안내 등이 주업무였다. 나는 대사관 행정, 외신업무와 영사업무, 방문객 안내 등 소소한 일만 하였기에 외교관이라기보다는 행정담당 기능직 처지였고 많은 좌절감을 느끼고 있었다. 외무성과는 면세품 구입 등으로 의전실에나 가끔 연락하는 정도였고 교민도 몇 명되지 않아 영사업무라야 어쩌다가 우리 선박이 기항해서 선장이 서류에 확인을 받으러 오는 정도였다. 정무나 경제는 전적으로 참사관이 처리하였다.

나로서는 명색이 외교관으로 부임하였으니 개인적으로라도 외교관 흉내라도 내야할 것 같아서 외교단 월례 오찬에는 자주 참석하여 다른 나라 공관원들과 교류하였다. 당시 가까이 지낸 중에 우리와 수교는 없었지만 남아프리카 공화국대사관의 3등서기관인 Scofield가 있었다. 그는 총각으로 왔다가 포르투갈 의사를 만나 결혼하였다. 나는 그 결혼식에 참석하고 영국대사가 그의 결혼식용으로 빌려준 롤스로이스도 처음 타봤다. 그러던 중 1978.7월 중순경이었는데, 그가 본국 휴가를 가니 자기 집에서 한번 폼 잡고 우리끼리 블랙타이 만찬을 하자고 하였다. 나도 언젠가는 제대로 된 외교관 일을 할 때 필요할 거라고 생각해서 블랙타이 양복을 처음으로 맞춰 입고 갔더니 안면이 있는 외무성의 의전실 직원이 와 있었다. 포르투갈의 좋은 와인들과 포르토를 마시며 이야기 중에 그 직원이 지나가는 이야기로 요즘 북한외교관들이 와서 대사관 사무실을 구하러 다니고 있다고 하였다. 우리 대사관에서는 모르는 사실이라 귀에 번쩍 띄는 정보였으나 정무관련 민감한 사항을 발설한 것은 그의 말실수인 것 같아서 못 들은 채 그 건에 관해 물어보지 않고 식사를 마쳤다. 다음 날 대사에게 그 이야기를 하니 깜짝 놀라며 반신반의하였다. 차관보가 자기와 가까운 사이인데 그렇게 중요한 정보를 자기에게 알리지 않는 것은 있을 수 없는 일이라는 것이었다. 그러나 내가 들었다고 하니 이를 확인하지 않을 수는 없어 참사관에게 즉시 외무성 아주국에 들어가 알아보라고 하였다. 윤참사관도 난감하기는 마찬가지였다. 그 문제를 한국 측이 민감하게 생각하고 있다는 점은 포르투갈 측에서도 익히 알고 있는데 북한의 상주대사관을 허용하고서도 우리에게 알리지 않는다는 것은 있을 수 없다는 것이었다. 외무성 아주국장을 만나고 온 참사관은 죽을죄를 지은 듯 한숨만 쉬었다. 사실이라는 것이었다. 북한의 상주대사관 설치 요청이 있어서 받아들였다는 것이고 이를 한국 측에 사전에 알리지 않은 점에 대해서는 이런저런 핑계를 대더라는 것이다. 한국 측의 방해공작을 우려했기 때문이었던 것이다. 서울에서 외무부의 3인자인 정무차관보를 마치고 1년여 전에 부임해 온 대사로서는 이를 서울에 보고할 일이 큰 걱정이었다. 다음번 외무차관으로 가장 유력시되는 상황인데 그런 것도 모르고 있고 더구나 총무업무나 맡고 있는 3등서기관이 파악했다는 것은 대사로서도 체통이 서지 않는 일이라 사실대로 보고할 수도 없는 노릇이었다. 그래서 며칠 궁리 끝에 지금 북한인들이 와서 공관을 개설중이라는 사실 대신에 곧 그럴 계획이라는 식으로 축소 보고를 할 수밖에 없었다. 물론 그 정보도 참사관이 아주국장으로부터 파악한 것으로 하였다. 오랜 우방국이고 개인적 친분이 있다고 하더라도 국익에 따라 행동하는 외교세계의 비정함을 보여주는 사건으로 나로서는 평생 교훈으로 삼고 잊지 못하고 있다.

한국과의 관계

주요 인사교류

버마와 1975.5월 수교 이후 1983.9월까지 한국에서 버마를 방문한 고위급 인사는 비동맹외교를 위한 특사들을 제외하고는 1975.10월 양국 간 제2차 통상장관회담차 방문한 장예준 상공부장관이 유일하였다. 전두환 대통령이 이범석 외무장관에게 버마를 방문지에 추가하도록 지시하기 십여일 전에 버마를 방문하기로 이미 결정되어, 1983.5.25 – 28간 랑군을 방문한 이영섭 전 대법원장 등의 국정자문위원들이 8년 만의 유일한 고위 방문인사였다. 우리의 버마 상주대사관은 1975.10월 안진생 대사(안중근 의사의 동생 안정근의 아들)가 초대 대사로 부임하여 개설하였으나 버마는 일본주재 대사관에서 한국을 겸임하다가 1989.3월에야 서울에 상주대사관을 개설하였다. 따라서 1983.10월 전대통령의 버마 방문 시에는 버마주재 우리 대사관에서 방문관련 모든 연락과 업무를 처리해야 했으므로 현지 우리 공관원들의 어려움이 많았다. 버마에서 한국을 방문한 인사들은 어느 정도 있었다. 1974.11월 통상장관 우 산윈U San Win, 1976.10월 외무장관 우 흘라폰U Hla Phone, 1981년 7월 내무종교장관 우 세인루인U Sein Lwin, 그리고 1982.10월에 우 칫라잉 외무장관이 방한하였다.

경제관계

1982년도 우리의 대버마 수출액은 2천2백만 불(자동차 타이어 튜브, 합판건조기, 철강제품, 기계류, 섬유류), 수입액은 3백60만 불(티크목재, 향료, 곡물류)에 불과하였다. 우리 기업진출로는 1981년 현대건설이 킨다 댐 공사(7,600만 불) 시공을 수주8하여 공사 중이었고 현대상사의 철탑공사(5백만 불), 국제상사의 냉동공장(8백만 불) 건설사업이 진행 중이었다. 우리 정부는 대버마 원조사업의 일환으로 23명의 버마인들을 초청하여 농림 · 수산 · 보건 분야에서 단기 연수기회를 제공하였다. 현대건설은 50만 불 규모로 안과병원을 신축하여 주기로 하고 형식상으로는 정부 간 베이스로 추진하기로 하였었는데 버마사건으로 중단되었다가 추후 완공되었다.

제5장
버마 국빈방문 준비

1. 현지 사전준비 활동

버마는 외빈의 방문을 사전에 대외적으로 발표하는 것에 대체적으로 부정적이라 한국 대통령의 방문에 관한 버마 측 언론 발표도 방문 1주일 전에야 나왔다. 북한을 자극하지 않기 위한 배려일 수도 있었다. 우리로서는 대통령이 몰래 외국을 공식방문할 수는 없는 나라이니 어렵게 버마 측을 설득하여 8.5에 버마 등 6개국 순방계획을 미리 발표하였다. 9.4에는 현장 점검을 위한 우리 의전 선발단이 파견되었고 10.3 우리 경호 선발대가 랑군에 도착하였다. 행사 준비를 위한 대사관의 인력을 보강하기 위하여 7.11 駐인도대사관 공보관이, 9.1 駐이스라마바드 이해순 부총영사(駐핀란드대사 역임)가 랑군에 도착하였고, 이어서 의전 직원 등 외무부 본부에서 3명이 추가로 파견되었다. 8.22에는 외무부 타자원 1명도 현지 대사관에 파견되었다.

우리 대통령의 방문을 계기로 하여 현지에서의 친한 분위기 조성과 한국 문화 소개를 위한 각종 행사도 개최하였다. 국립무용단 공연, 새마을운동 세미나 주최, 불교 승려대표단 방문, 언론사 사전 취재팀 방문도 추진하였으나 버마식 사회주의를 추구하는 버마는 새마을운동 방문단은 접수를 거부하였다. 국립무용단의 공연은 9.29 성황리 개최되어 버마 TV도 공연 주요 부분을 25분간 방영하고 관영신문에도 기사를 게재하였다. 불교 승려대표단 방문도 순조롭게 되어 불교교류 활성화에 기여하였다. 언론은 단일 취재팀만 허용하여 8.24 사전 취재단이 도착했으나 정부가 안내하는 장소만 촬영할 수 있었다. 제한지역은 촬영을 금지하고 영상자료를 제공하였으며, 주요인사 인터뷰도 허용하지 않았다. 대통령의 공식방문을 기록할 국립영화제작소 직원 두명의 10.6 버마 입국에도 어려움이 많았다. 버마에는 TV촬영 내용을 위성 송출하는 기술도 없어 방콕으로 자료를 보내야 하는데 사전에 비디오 내용을 검열하겠다고 해서 많은 고생 끝에 예외를 허용받기도 했다.[1]

한편 대통령의 장기간에 걸친 해외 순방 준비가 막판을 향하던 중에 9.1 소련 공군기가 대한항공 여객기 KE007기를 사할린 상공에서 격추시켜 탑승자 269명 전원이 사망하는 전 세계를 놀라게 한 사건이 발생하였다. 정상적인 민주국가라면 그런 위기 상황이 발생하여 조사와 책임문제로 국제적 긴장이 고조되어 있는 시기에 국정 최고책임자인 대통령이 급하지도 않은 외유성격의 해외 순방에 18일간이나 나서는 일은 없었을 것이다. 그 사건 후에 대통령의 10월 해외 순방을 재검토해야 된다는 이야기는 정부 내에서 공식적으로 제기되거나 검토된 바가 없었다. 누가 감히 독재자에게 그런 건의를 할 수 있을 것인가? 불쌍한 것은 독재자들의 정치놀음에 휘말려 억울하게 희생된 자들이라고밖에 할 수 없을 것 같다.

대통령의 공식 방문행사를 준비하는 버마대사관의 고충은 이루 말할 수 없을 정도로 컸다. 사소한 일도 반드시 외무성을 거쳐서 관계 기관의 사전 허가나 동의를 받아야 하는 까다롭고 복잡한 절차 때문에 시간도 오래 걸리고 효율성이 떨어졌다. 경호도 외무성 의전실을 통해 문서로만 일이 진행되어 우리 측은 버마 측 고위 경호책임자 한번 만나지 못했다. 1983.5월에는 네윈과 제2인자인 국가정보국장 틴 우 장군 간의 권력투쟁으로 버마 정보국 숙청사태가 있었으므로 경호에 차질을 빚을 가능성을 대사관에서 더 강하게 경고했어야 했다는 송영식 참사관의 뒤늦은 자성도 있다.[2] 9.1 소련 공군기에 의해 격추된 KE007 여객기의 기장 천기영의 동생인 천병득 경호처장을 단장으로 하는 경호선발대는 10.3 랑군에 도착하여 버마 측 경호 최고 책임자를 만나 총괄 점검을 하고 싶어 했다. 그러나 5월에 권력투쟁으로 사임한 정보국장 후임이 임명되지 않은 상태라 만날 대상도 없어서 실질적인 업무 조율에 어려움을 겪었다.

2. 미국과의 사전 협의

대통령이 외국을 공식 방문하는 경우, 동맹국에 이를 사전에 알려서 필요한 협조를 받는 것이 필요하다. 우방국 간의 외교협의가 이루어지는 과정을 보여주기 위해 당시 미국과의 사전 협의 내용을 아래 밝힌다. 외무부 박건우 미주국장은 1983.6.15, 10:00-10:30 주한미국대사관 Blackmore참사관을 외무부로 불러 서남아 및 대양주 순방계획에 관해 아래와 같이 일정을 알려주고 필요한 협조를 당부하였다.

미주국장 박건우- 주한미국대사관 정무참사관 Blackmore 면담록

미주국장: 전두환 대통령이 서남아·대양주를 순방할 계획임.
현재까지 확정된 일정은 다음과 같음. 이 내용은 2급비밀임을 유념바람.

10.8-11 버마, 10.11-14 인도, 10.14-16 스리랑카,
10.16-20 호주, 10.20-24 뉴질랜드

미국 참사관: 그 방문에 특별한 목적이 있는가?
미주국장: 방문국과의 양자관계 증진을 위한 일반적 목적임.
참사관: 금번 방문의 주요 대상국은 인도와 호주인 것으로 짐작됨. 파키스탄은 귀국과의 외교관계가 없으므로 제외된 것인가?
미주국장: 본인도 그 문제에 관해 언급할 예정이었음. 아국과 파키스탄 간에 외교관계가 수립되어 있었다면 당연히 파키스탄도 금번 방문대상국에 포함되었을 것임. 이와 관련, 외무부장관께서는 7.2-4로 예정된 슐츠 국무장관의 파키스탄 방문기회에 미국 측이 한·파 수교문제를 제기하여 파키스탄을 강력히 설득해 줄 것을 희망하고 있음. 아측의 이러한 요청을 전달하기 위한 외무부장관의 슐츠장관 앞 서한을 작성중인바 이에 대한 슐츠장관의 적극적 지원은 아측에 대한 가장 호의적인 제스처로 간주될 것임.
참사관: 미국으로서는 파키스탄에 대해 수차에 걸쳐 한국과의 수교를 종용해왔음.

금번 슐츠장관 방파 시 다시 한번 이 문제를 제기하는 데에 어려움이 없을 것으로 믿음.

미주국장: 귀하의 질문으로 파키스탄 문제를 먼저 언급하였으나 또 한가지 귀측의 협조를 요망할 사항이 있음. 대통령께서는 서남아 및 대양주 순방 후 귀로에 괌을 방문하실 예정이며 그 예정 일시는 10.24(월) 11:30 아가나 도착, 다음날 11:30 서울 향발로 되어 있음. 이와 관련, 다음 사항에 대한 귀측의 협조를 요청하는 바임: Anderson 공군기지 공항 사용, 해변가에 있는 게스트 하우스 또는 독립가옥 물색(미군기지내 가옥 제외), 교통편의 제공, 동 일행에 대한 비자면제, 경호 문제

대통령의 괌 체재 시 공식 행사로는 동 지역 한국 교민들을 위한 리셉션만이 예정되고 있음.

참사관: 먼저 공항문제와 관련, 반드시 Anderson공군기지 공항 사용을 원하는가?

미주국장: Anderson공군기지 공항은 1981년 대통령 방미 후 귀로에 연료 공급차 기착한 바 있으므로 대통령 전용기 조종사가 지리를 잘 알고 있기 때문에 선호하는 것임. 타 공항 사용도 특별한 문제점이 있는 것은 아님.

참사관: 군사공항 사용 시 이민 수속 등에 필요한 편의 시설이 없다는 어려움이 있는바, 좌우간 좀 더 알아보겠음. 교통편 제공은 다수의 차량을 요할 것으로 생각되는 바, 미국이 제공할 수 있는 차량 대수 등을 알아보겠음. 문제는 대통령 일행이 쓸 수 있을만한 적당한 수준의 차량이 얼마나 동원될 수 있을 것인가 하는 것임. 임차 차량의 경우도 조사해 보겠음. 비자면제 요청과 관련, 미국이 까다롭다는 인상을 주고 싶지는 않으나 수행원들이 정식 입국절차를 거치는 것이 보다 편리할 것으로 생각됨. 대부분의 수행원들이 지난번 각하 방문 시 획득한 비자가 아직 유효할 것이며 새로운 비자발급이 필요한 경우라도 30분이면 모든 조치가 끝날 수 있을 것이기 때문임. 기타 사항들은 협조에 문제가 없을 것으로 생각함.

미주국장: 비자관련 귀하의 의견을 의전실 측과 협의해 보겠음. 마지막으로 아국의 트리니다드 토바고와의 수교 노력에 대한 미국정부의 지원을 요청하고자 함. 작년도 아국의 트리니다드에 대한 수출 실적은 1,300만 불에 이르고 있으며 아국은 양국 간 교역을 보다 증대하고자 노력하고 있음. 이에 따라 6.23-30간 거기에서 한국상품전시회를 개최하기로 결정하고 주베네수엘라 대사 및 참사관의 트리니다드 입국비자를 획득하였음. 우리는 동 대사의 금번 트리니다드 방문 시 그 나라 정부 고위관리들과도 만나 외교관계 수립 문제를 포함한 양국 간 관계

증진 방안을 협의하도록 지시하였음. 동 활동의 성과를 위한 미국 측의 측면지
원을 기대함.

참사관: 적극 협조하겠음. 현실적 방안으로는 우선 귀국 대사의 트리니다드 입국
시 미국이 그 나라 정세 현황에 대한 브리핑을 실시하고 그 후 귀국 대사의 그
나라 정부당국 접촉에 대한 후속조치 형식으로 미국이 트리니다드 측과 접촉하
는 것이 좋을 것으로 판단됨.

미주국장: 귀하의 방안이 합리적인 것으로 생각함. 주베네수엘라대사로 하여금 트
리니다드 입국 시 그곳의 미국대사관과 접촉하도록 지시하겠음.

참사관: 참고로 김정일 방중 여부에 관하여 미국이 입수한 정보를 귀측에 제공하는
바임(주중 미국대사관 발신 전문 사본을 수교함). 그 내용은 6.14 이미 동북아2
과장(중국담당)에게 알려주었음.

미주국장: 감사함.

3. 버마 방문 세부일정

출발 10일 전인 9.29 대통령 재가를 받은 버마 방문 세부일정은 10.8(토)
김포 출발시간이 10:30, 랑군 밍가라돈 공항 도착은 16:30이었다. 도착 후 영
빈관에 잠시 들른 후에 17:20 영빈관을 출발하여 17:30 아웅산묘소에 도착하
여 헌화하고, 17:40 아웅산묘소를 출발하여 17:50 영빈관에 귀환하는 일정이었
다. 도착 다음 날인 10.9(일)에는 09:00 영빈관 출발, 09:10 랑군 밍가라돈 공
항 도착, 버마 특별기편으로 10:00 파간 도착, 불교 유적지 시찰, 칠기 제작 관
람 후 15:40 파간 공항을 출발하여 16:30 랑군 밍가라돈 공항에 도착하도록
되어 있었다. 이어 18:30에는 교민리셉션(60명 초청, 인야레이크 호텔)을 개최하
고 현대건설소장에게 국민훈장 석류장, 진출기업 직원 3명에게는 대통령 표창
을 하기로 하였다. 그 후에는 대사관저에서 만찬을 계획하였다. 10.10(월)에는
10:00 버마 대통령 관저에서 정상회담이 예정되었고, 오후에는 네윈 당 의장
면담을 희망하고 있었으나 10.9(일) 사건 발생 때까지 버마 측에서는 아무런
언질이 없었다. 10.10(월) 19:00에는 버마 대통령 내외 주최 공식만찬이 대통
령 관저에서 예정되어 있었다.

이 버마 방문 세부일정은 그 후 서울 출발 이틀쯤 전에 일부가 변경되었다. 버마 특별기(Fokker28 제트기)로 치안상의 우려가 있는 지방을 방문해야 되는 경호상 문제를 이유로 우리 측에서 갑자기 10.9(일)의 파간 방문을 취소한 것이다. 이로써 10.9(일) 일정이 비게 되었다. 그래서 도착일인 10.9(토)의 아웅산묘소 참배를 10.9(일) 오전으로 미루고, 10.9(일) 오후에는 그 인근의 쉐다곤사원 방문으로 일정을 조정하였다. 10.7(금)에 수행원들에게 배포된 "버마 방문일정 세부설명서"에는 이렇게 변경된 일정이 반영되었다. 10.9(일)에는 10:30 아웅산묘소 헌화, 자유 오찬, 오후 쉐다곤사원 방문, 대사주최 교민리셉션과 대사관저에서의 만찬, 10.10(월) 10:00－11:00 정상회담, 영빈관에서 자유 오찬, 19:00－21:30 버마 대통령 관저에서의 공식만찬과 민속공연 관람 등으로 일정이 확정되었다. 10.10(월) 오후, 전대통령이 희망한 네윈 당 의장과의 면담은 그가 원칙적으로 외빈을 만나지 않는다는 입장이어서 공식 일정표에는 없었다. 사실 이에 대한 버마 측의 언질이 없었기에 그 성사 가능성도 매우 불투명한 상황이었다. 한편, 10.9(일) 오후의 쉐다곤사원 방문은 신발을 벗어야 되는 번거로움 등 경호상 이유로 이유로 버마 향발 직전에 우리 측에서 취소하였지만 이미 배포된 양측의 방문일정표에는 그대로 남아있게 되었다.

특이한 것은 도착 당일의 만찬과 그 다음날 오찬 및 또 그 다음날 오찬 등 세번의 식사 일정이 없다는 점이다. 버마 공식방문 중 조찬을 제외한 다섯 번의 오·만찬 중 대사주최 교민리셉션과 버마 측 주최 만찬 한번만 있고 나머지 세번은 아무런 공식 일정이 없는 것이다. 그냥 영빈관에서 머물며 수행원 몇 명과 식사로 시간을 때우는 일정이다. 그만큼 버마에서 할 일이나 만날 사람이 없음을 보여주는 것이다. 그에 비해 다음 방문국으로 예정된 인도에서는 10.11(화) 11:40 도착 후 저녁에는 인도 싱 대통령 주최 만찬, 그 다음날에는 간디 수상 오찬 및 대사주최 교민리셉션과 만찬, 10.13에는 아그라(타지마할) 방문, 10.14, 10:30분 출국으로 빈틈이 없다. 10.14－16간의 스리랑카 방문일정안을 봐도 10.14 오후 도착 후 그날 저녁 스리랑카 대통령 주최 만찬, 그 다음 날 오전에 지방(캔디) 방문 후 수상주최 오찬과 대사주최 교민리셉션과 만찬, 10.16, 09:00시 출국으로 소위 혼밥 일정이 없다. 이러한 일정을 봐도 버마 방문의 필요성과 그 목적에 대해 많은 의문이 들 수밖에 없다.

4. 수행원들

버마 방문 시 대통령을 수행할 공식 수행원에는 아래 21명이 포함되었다.

이범석 외무장관, 이계철 駐버마대사, 노영찬 외무부 의전장, 김병연 아주국장 등 외무부 4명, 대통령 비서실의 함병춘 비서실장, 장세동 경호실장 및 김병훈 의전수석, 김재익 경제수석, 황선필 공보수석, 민병석 주치의, 최재욱 공보비서관, 홍순영 정무1비서관(외교담당) 등 8명과 경제부처에서 서석준 부총리 겸 경제기획원 장관, 김동휘 상공부장관, 서상철 동력자원부장관, (김종호 건설부장관은 버마 방문에서만 제외), 이기욱 재무부차관, 강인희 농수산부차관, 김용한 과학기술처차관, 하동선 해외협력위 기획단장 등 장·차관급 7명, 그 외에 이기백 합참의장과 심상우 민정당 총재 비서실장이 포함되어 있다.

비공식 수행원으로는 대통령 비서실에서 홍순용, 박송택 두 의전비서관, 이재관, 김성한 두 공보비서관, 김동연 영부인 비서관, 비서실장실의 강병규, 의전비서실의 손일조, 김응복, 공보비서실의 문무홍, 총무비서실의 김기태, 부속실에서 6명, 경호실장실에서 2명, 행정지원 6명 등 24명이 포함되었다. 외무부에서는 서남아과의 최남준 과장과 최병효 서기관, 이지송 장관비서관, 의전담당관실의 최상덕 과장과 이수혁, 조환복, 안호영 사무관과 정순택, 정선미 그리고 김재범(영부인 통역) 정의용 통상정책과장 등 11명 행정부처에서는 경제기획원 소속 해외협력위 이석채 총괄과장, 상공부 김경석 아주통상과장, 동자부 장경천 해외자원과장과 합참의장 수행부관 전인범 대위 등 4명이 포함되었다. 경호실에서는 박상범 수행과장, 오철석 경호관 등 20명이 수행하였고 천병득 경호처장과 강신욱 안전대책과장은 9.9부터 버마에 선발대로 가서 점검을 하고 있었고 천처장은 귀국하였다가 다시 10.6 버마에 미리 가 있었다. 이준규 등 외무부 의전요원들 외에도 현지 정보 수집과 경호 지원을 위하여 국가안전기획부에서 이상구 국장 등 직원들도 사전에 현지에 파견되어 활동하고 있었다.

기자단에는 경향신문 윤구, 중앙일보 송진혁, 조선일보 이현구, KBS 신광식, 코리아 헤럴드 김기석, 연합통신 김기성, 동아일보 박기정, 서울신문 권기진, MBC 문진영, 코리아 타임즈 박창석, 한국일보 윤국병 등 11명과 촬영진으로 문공부 공보과의 임삼택, 김상영, 모창주, 이덕중, 대한뉴스 문학수, 황준식,

이정섭, KBS-TV 황성규, 김창훈, MBC-TV 임채헌, 이재은, 연합통신 최금환, 조성호, 이영인, 동아일보 이중현 등 26명이 포함되었다. 그러나 이들 중 동아일보의 청와대 출입기자가 박기정에서 최규철로 순방 직전에 교체됨에 따라 박기정 대신 최규철 기자가 버마에 가게 되고 부상까지 당하였다. 이 동아일보의 출입기자 교체로 목숨을 구한 사람도 있었으니 대통령 비서실의 황선필 공보수석비서관이다. 그는 버마 향발 시까지 동아일보의 출입기자 교체사실을 대통령에게 보고하지 못했기 때문에 10.9(일) 아침 숙소인 인야레이크 호텔을 출발하여 영빈관에 가서 대통령과 잠시 면담을 가진 후 다시 호텔로 돌아와서 아웅산묘소 참배행사에 참가하려고 하였었다. 그가 영빈관에서 대통령에게 동아일보 기자 교체사실과 버마 언론기사 등을 보고하고 호텔로 돌아가려 하자 대통령은 차나 한잔 마시고 떠나라고 붙잡았다. 그는 차를 마시느라 좀 늦게 호텔로 돌아와서 묘소로 갈 차를 찾으니 이미 누가 타고 가버려서 할 수 없이 택시를 불러 뒤늦게 출발하게 되었다. 그리고 도중에 사고로 도로가 통제되어 호텔로 돌아와서 목숨을 건진 것이다.

수행 경제인으로는 아래 29명이 포함되었다: 전국경제인연합회 정주영 회장, 대한상공회의소 정수창 회장, 중소기업협동조합중앙회 류기정 회장, 무역협회 신병현 회장, 수출입은행 박성상 행장, 한국중공업 성락정 사장, 삼성 이건희 부회장, 대우 김우중 회장, 선경 최종현 회장, 럭키 구자경 회장, 한양 배종열 회장, 삼환 최종환 회장, 충남방직 이종성 회장, 소예산업 이상숙 사장, 신양 이순화 사장, 전경련 조중근 차장, 골든벨상사 이만식 사장, 기아산업 김선홍 사장, 부산파이프 이운형 사장, 롯데상사 하태준 사장, 삼미사 김현철 회장, 경남기업 신기수 사장, 덕성무역 김종수 사장, 금호실업 박성용 부회장, 대림 이준용 사장, 대한조선공사 남궁호 사장, 경덕상사 권덕도 사장, 삼화기계 남정열 사장, 동일방직 서민석 사장.

특별기 승무원은 명의창 기장과 김태수 기장, 김중신 부기장과 기관사, 정비사, 조리사, 사무장, 기타 승무원 등 총 27명이었다. 대통령 내외를 포함하여 특별기에 탑승하여 랑군에 간 인원은 162명이었다. B747-SP(편명 KE521)를 대통령 전용기로 개조하였는데 대통령 전용실, 회의실, 부속실(15석＋2), 공식 수행원석(공식 수행원과 경제인 5명 등 26석), 경제인석(42석＋4), 비공식수행원석

(76석＋2)으로 구분되었다.

　서울 출발 며칠 전에 경제기획원 산하 해외협력위 이석채 총괄과장(정보통신부
장관, KT회장 역임)이 수행경제인들에게 이번 순방에 관한 설명회를 개최하니 외무
부에서도 참관하고 필요한 질문에 답해 달라는 요청이 와서 내가 참석하였다.
강당에 기라성 같은 우리 경제계의 주요 인사들이 모여 있었다. 전경련과 대한
상공회의소의 회장이나 정주영, 이건희, 김우중 등 거물급 인사는 대리로 사장
들을 보냈다. 이석채 과장과는 그 전에도 업무 협조로 아는 관계였는데 나보다
는 많이 고참이지만 아직 같은 서기관인 그가 대한민국의 대표 경제인들에게
금번 방문의 의의를 설명하고 강한 어조로 필요한 협조를 당부하는 것을 보니
역시 경제부처의 힘은 외무부와는 달리 막강함을 느꼈다. 중앙부처의 과장 노
릇도 경제부처에서라면 할 만하겠다는 부러운 마음도 들었다. 당시 외무부 직
원들 간에는 외무부 사무관은 서류복사나 하고 과장급도 펜대를 들어 기안을
하는데 일반 행정부처에서는 과장급은 펜대를 잡는 일이 없이 입으로만 지시
하면 된다고 부러워하는 일이 많았다. 외무부는 일개 과에 과장과 사무관 두세
명, 주사 한명, 타자수 한명 정도가 평균 규모였다. 일반 중앙 행정부처의 일개
과는 10－30명의 직원으로 과장은 외무부 국장만큼의 인원을 가지고 일을 하
는 매우 높은 자리임에 틀림없었다. 사무관도 주사 두명 정도와 같이 일을 하
는 계장이라 웬만한 일에는 직접 펜대를 잡지 않고 구두로 지시한다고 하였다.

5. "동건애국호 기항 시 특이동향은 없었음"

　'동건애국호'가 랑군에도 들렀다는데?

　1984.3월 내가 작성한 "버마암살폭발사건 경위 및 처리 결과"에 기재된 '동
건애국호 버마 기항' 항목에 수록된 내용은 아래와 같다.

2. 사건 발생 개요

가. 동건애국호(東建愛國號) 버마 기항

- 주스리랑카대사는 10.5 북괴 조선대흥선박 소속 동건애국호(3천톤급, 선장 김용문 등 39명 승선)가 버마에서 이집트의 알렉산드리아로 항해 중 연료 보급차 9.29 콜롬보항에 입항, 기항중이며 스리랑카 치안당국에게 동 사실을 알리고 경계 강화 및 동 선박의 조속 출항을 요청하였던바, 스리랑카정부는 동 선박을 10.6 오전 출항하도록 조치하였다고 보고해 옴.

- 10.6 주버마대사에게 동건애국호의 버마 정박 중 동향 및 북괴 측과의 접촉 상황 등 특이사항을 조사 보고하도록 지시한바, 10.7 주버마대사는 동 선박은 9.17-21간 랑군항에 입항하여 북괴가 지원하고 있는 도자기 공장 자재를 하역하였으며 9.18. 2-3명씩의 몇 그룹으로 선원들이 랑군 시내에 외출하였으나 특이동향은 없었으며, 대통령각하 방문과 관련, 버마 관계기관에 동 선원들의 동태를 면밀히 감시해 주도록 요청한 바 있다고 보고해 온바 있음.

동건애국호에 관한 자료는 자유평론사가 1983.12.26 발행한 "자멸의 시나리오, 김일성 폭력집단의 버마암살테러진상"이라는 책자에 상세하게 기술되어 있다. 이에 의하면 이 배는 원래 1976.4월 일본 고치시(시고쿠 高知市) 소재 이마이조선今井造船이 일본의 한 회사로부터 50억 엔에 발주 받아 건조했으나 발주 회사가 도산하였는데 이를 재일 조총련계 사업가 문동건(文東建, 朝鮮畵報 사장)이 오사카의 중개회사 오카다해운岡田海運을 통해 13억 엔에 매입하여 북한에 기증한 화물선이다. 5,379톤 5,300마력의 디젤 기관에 속력은 15.5노트의 화물선이다. 북한은 그의 애국심을 기념하여 "동건애국호"로 명명하고 문동건을 1977년 평양에 초청하여 "애국적 진보적 상공인"의 귀감이라고 치하하고 최고훈장인 '김일성 훈장'을 수여한 뒤 김일성 관저로 부부를 함께 불러 만찬을 베푸는 등 파격적인 대우를 하였다고 한다. 북한은 이 화물선을 소총, 기관총, 수류탄 등으로 무장하는 외에 평양의 노동당 연락부와 직접 교신할 수 있는 고성능 무전시설을 장비하여 간첩수송과 공작장비 및 전략물자, 심지어는 밀수품까지 싣고 일본, 홍콩, 마카오, 싱가포르 등 동남아와 아프리카 소말리아 등지에 취항시켜 왔다. 동 선박은 '만경봉호', '수근호'와 함께 북한의 3대 간첩선의 하나로 알려지고 있었다.

동건애국호는 10.9 아웅산묘소에서 일어난 암살폭발사건의 주범 3명을 싣고 9.17－24간 랑군항에 기항하였었다. 10.5자 駐스리랑카대사의 보고를 통해 그 배가 버마를 거쳐 스리랑카에 들어와 있다는 보고를 받고, 나는 10.6 아주국장의 결재를 받아 전문으로 동건애국호가 버마에 최근 기항하였다는데 특이사항이 없었는가 駐버마대사에게 문의한 것이다. 버마대사는 그제서야 동건애국호가 9.17－21간 랑군항에 기항하여 그 선원들이 랑군 시내에 외출하였었으나 생활필수품을 구입한 이외에 특이동향은 없었다고 10.7 보고를 해왔다. 버마대사의 보고가 10.7 저녁 늦게 혹은 버마 향발 날짜인 10.8 새벽에 외무부에 도착하였기에 그 전문을 10.8 아침 일찍 외무부 외신과에서 내가 수령하여 공항으로 갔고 김병연 아주국장이 특별기 안에서 이범석 장관에게 보고한 것이다.

대통령의 버마 방문 경호조치의 일환으로 안기부에서는 대사관내 안기부 파견관인 강종일 서기관 외에도 사전에 추가 인력을 파견하여 북한의 테러 가능성에 대비하여 각종 정보를 수집하고 있었다. 그런데 서울 외무부에서 스리랑카대사의 보고를 인용하여 동건애국호의 랑군 기항 사실을 10.6 알려줄 때까지 駐버마대사는 이에 관한 보고를 외무부에 하지 않았던 것이다.

송영식 참사관의 회고록에는 대통령의 버마 방문 전후 사정과 사건현장 기록, 사후처리내용이 상세히 언급되어 있는데 유독 이 부분에 대해서는 언급이 없다. 최근 그에게 확인하니 자신은 동건애국호 랑군 기항 사실을 외무부 본부에서 알려줄 때까지 몰랐다고 한다. 그 일은 대사관의 안기부 파견관 강종일 서기관(박원용 무관 협조)의 업무인데 그에게 물어서 본부에 회신한 것이며 그가 언제 동건애국호 관련 사항을 파악했는지는 모른다고 한다. 이범석 장관의 부인 이정숙 여사도 사건 후 자신이 파악한 바를 근거로 회고록에서 "駐버마대사관 실무진은 동건호 관련, 승무원들이 생활필수품을 구입한 이외에 별다른 행동을 취한 것 같지 않다는 전문을 보낸 것은 대통령의 버마 방문 중 경호를 담당하기 위해 현지에 파견돼 있던 타 관계부처에서 자기네 본부에 보고한 내용을 참고하여 답신을 보낸 것이라고 하며 그 보고도 출발 직전에 수령하였다."고 적고 있다.3

강서기관은 언제 어떤 경로로든 동건애국호의 랑군 기항 동향을 파악한 후에는 즉시 이를 안기부장과 또 당시 선발대로 랑군에 나와 있던 정보와 경호 선발팀에 알렸을 것이다. 그러나 송참사관이 10.6까지 동건애국호의 랑군 기항 사실을 몰랐다고 하니 그때까지 이계철 대사에게는 이를 보고하지 않았다고 봐야 할 것 같다. 당시 안기부장 노신영은 평양고보의 선배인 이범석 외무장관 과 극심한 라이벌 관계라서 서로 견제하는 정도가 매우 심하였는데 그러한 분 위기가 영향을 미쳤는지도 모르겠다. 대사관이나 총영사관에는 형식상 외무부 소속으로 전직되어 파견된 정부 각 부처의 주재관들이 있는데 이들은 흔히 인 사권을 가진 서울의 자기 소속부처에만 중요업무를 보고하고 공관장인 대사나 총영사에게는 보고하지 않음으로써 문제가 발생하는 경우가 많았다. 특히 정보 관이나 무관은 업무와 관련해서는 공관장의 지휘계통에서 벗어나 있는 것이 우리의 현실이다. 현지 공관장은 주재국 내 여러 분야의 고위인사들과 수시로 접촉하므로 공관 내 누구보다도 더 많은 정보를 가지고 있고 따라서 종합적인 판단을 할 수 있는 위치에 있다. 해외 공관 근무가 처음인 강서기관으로서는 정보기관의 공작사항이 아닌 대통령 방문과 같은 국가적 중대사에 관해서는 안기부장에게 뿐 아니라 현지 공관장에게도 긴밀히 보고해야 된다는 점에 대 한 인식이 미약했었을 수도 있다. 그러나 이점에 대해 그는 행사 준비과정에서 필요한 사항은 모두 바로바로 대사관내 다른 직원들과 서로 공유하였다고 주 장한다. 그렇다면 대사가 강서기관으로 부터 보고를 받고도 이를 대수롭지 않 게 여겨 무시했을 가능성도 생각해 볼 수는 있다. 이계철 대사는 북미1과장, 주미대사관 참사관과 주독, 주미 공사 등을 지내고, 12.12 군사 쿠데타 후 설 치된 국보위에 당시 외무부 기획관리실장 노재원(국보위 외무분과위 간사, 버마 사건 당시 외무부 차관)과 함께 파견되었다가 외무부 미주국장까지 역임한 화려 한 경력의 커리어 출신이다. 그는 1981년 가을 駐버마대사로 부임하여 2년 가 까이 근무 중이었으므로 현지 사정에도 정통하였을 것이다. 이에 비해 송참사 관, 박무관, 강서기관은 모두 1983년 4월 말에야 부임하여 아직 정착 중이었고 박무관과 강서기관은 해외근무가 처음이었다. 이러한 상황에서 이대사가 대통 령의 버마 방문을 2−3주 앞두고 북한의 대형 공작선이 랑군에 기항하고 선원 들이 하선하여 시내에서 활동하였다는 사실을 어느 시점에 강서기관으로부터 보고를 받고도, 특이동향이 없었다니 안기부나 경호실에서 알아서 처리하겠지라고 생각하며 이를 대통령 방문 업무를 총괄하는 송참사관에게 알리지 않고 외무부에도 보고조차 하지 않았다는 것은 상상하기 매우 어려운 일이다.

강종일 서기관에게서 송참사관이 파악한 내용이라는 10.7자 駐버마대사의 전문에는 "9.18에 2-3명씩 몇 그룹으로 선원들이 랑군시내에 외출하였으나 특이동향은 없었고, 버마관계기관에 동 선원들의 동태를 면밀히 감시해 주도록 요청한 바 있다."고 되어 있다. 이 보고를 보면 강서기관과 우리 정보·경호요원들은 동건애국호의 랑군 기항 중에 이미 이를 알고 선원들의 동태를 감시해 달라고 버마 측에 요청하였고 버마 측으로부터 선원들이 랑군시내에 나갔지만 특이동향은 없었다고 파악한 것으로 되어 있다. 그러나 범인들 체포 후 수사와 재판과정에서 밝혀진 바에 의하면 동건애국호에 승선하여 감시한 랑군 항만경찰관은 9.21에 두 명, 9.22에 한 명 등 총 세 명의 북한 선원들이 하선한 후 9.24 출항 시까지 배로 돌아오지 않았음을 알고 있었으나 자신의 임무는 화물검사로서 선원들의 출입국 관계는 소관 사항이 아니라 이를 보고하지 않았다고 하였다. 그 경찰관이 직무유기나 뇌물수수 등 혐의로 기소, 처벌된 것 같지도 않다. 이를 보면 강서기관이나 우리 측 정보·경호 관계자들이 북한 공작선이 기항중임을 당시에 이미 알고 있었고 버마당국에 주의까지 요청했다는 보고가 믿어지지 않을 정도이다. 또 우리 측 보고는 동건애국호가 9.17-21까지 랑군항에 정박하였다고 하였다. 우리 요원들은 그 배가 9.21.09:30까지 출항하도록 되어 있었으나 선장이 다음 목적지인 이집트의 알렉산드리아까지 가기 위해서는 배의 수선이 필요하다고 하여 일단 부두를 떠나 외항으로 나가서 수리 후에 9.24.12:30에 출항하도록 허가받았던 사실은 몰랐던 것이 확실하다. 동건애국호는 수리를 핑계 삼아 9.21-24까지 부두 바깥 외항에서 대기하면서, 9.21-22 이틀에 걸쳐 테러범들을 소형 동력선으로 랑군시내로 상륙시킨 후 9.24 랑군항을 떠났고 항만경찰관도 북한인 세 명이 귀환하지 않았음을 알았으나 출입국관계는 자기 업무가 아니라서 이를 보고하지 않았다고 하니 버마나 우리 요원들의 동건애국호에 대한 관심과 감시가 매우 부실하였음을 알 수 있다. 아무튼 우리 측에서 실제로 버마 측에 사전에 동건애국호 선원들의 동태를 감시해 달라고 요청하였으나 버마 측이 아무런 감시 조치를 취하지 않음으로써 참사를 막지 못하였다면 이는 버마 측의 더 큰 책임과 외교문제로까지 비화될 수 있는 사안이다. 하지만 우리 측 사건조사단이나 누구도 이 문제를 사건 조사 중이나 재판 후에 버마 측에 제기한 바가 없다는 사실을 어떻게 해석해야 될지 모르겠다. 그러나 강서기관, 안기부 본부의 지역 담당 과장과 부국장 등에 대한 문책문제가 왜 발생했는지를 이해하는 데는 도움이 될 것 같다. 결국 현지에서의 북한동향에 관한 정보 수집과 조치과정에서 결정적 문제가 생긴 것을 안기부 스스로 인정한 것이다. 그 결정적 문제란 범인들의 동건애국호를 통한 랑군 잠입 사실을 몰랐던 사실과, 버마 측에 동건애국호 감시 요청을 했다면 어느 선에서 어느 정도 효과적으로 했는가의 문제일 것이다.

북한의 3대 공작선중 하나인 동건애국호가 대통령 방문을 20일쯤 앞두고 랑군에 기항하여 며칠을 머무르면서 선원들이 시내로 외출까지 한 것을 파악하였다면 버마 측이 문제가 없다고 하였더라도 버마 체류일정 중 경호상 가장 취약점으로 예상되는 아웅산묘소에 대한 사전 점검과 보안조치를 더욱 철저히 했어야 했다. 이를 위한 시간적 여유는 충분하였다. 행사 수일 전부터는 행사 장소인 묘소 주변과 건물에 대한 관례적인 경계활동을 더욱 강화했어야 했다. 버마 측과의 정보협조가 거의 이뤄지지 않았다고 하고 버마가 북한의 주요 동남아 거점지역임을 감안했을 때 버마 측에게만 경호업무를 전적으로 의존할 사정은 아니었다. 우리 경호는 서방 선진국에서도 자체적으로 무기를 가지고 가서 모든 장소에서 스스로 경호에 참여코자 해서 많은 분규를 일으키곤 했는데 왜 유독 버마에서는 그렇게 많은 우리 요원들이 사전에 현지에 나가 있었는데도 그렇게 허술하게 행동하였는지 도저히 이해가 가지 않는다. 그래서 근래에까지 전두환에 의한 자작극설이 끊이지 않는 모양이다. 이 점에 대해서는 지금이라도 국정원과 경호실에서 사실관계를 명확히 밝히는 것이 희생자와 유족에 대한 도리가 아닌가 한다. 우리 일부 정치권과 극우 언론은 최근 북한으로 월북을 기도하다가 북한군에 의해 사살되었다는 국민 한명에 대한 우리 정부의 책임을 무리하게 추궁하며 국가정보능력에 큰 타격을 줄 정도로 사건에 대한 철저한 공표를 끈질기게 요구하고 있다. 그러나 이들은 버마에서 무고한 17명의 국가적 인재의 순국을 초래한 관계 기관들의 이해할 수 없는 직무유기 행위에 대해서는 지금까지 전혀 언급조차 하지 않고 있으니 이는 무슨 연유인가? 그렇지만 나의 이러한 문제 제기가 전두환에 의한 자작극설을 뒷받침하는 또 하나의 증거로 간주되지는 않기 바란다.

　버마 방문 중 사실상 유일하게 테러 가능성이 있는 아웅산묘소 행사에 대한 사전 경호조치를 버마 측의 반대로 제대로 할 수 없었다고 여러 명의 저서에서 언급되고 있는데 아래에서 밝히겠지만 이는 사실이 아니라고 생각된다. 이 점에 대해서는 장세동 경호실장의 회고록에도 아무런 언급이 없다. 허영섭은 "초강 이범석평전"에서 "청와대 경호팀이 사전 점검을 위해 금속탐지기를 사용하려 했으나 버마 측이 완강히 거부했다. 아웅산묘소가 성역이라는 이유였다."[4]고 기술하였으나 이는 앞서 출판된 여러 명의 저서에서 언급된 내용을 그대로 옮긴 것으로 보인다. 박창석 기자의 "아웅산 리포트"에 보면 이기백 합참의장은 "버마로 출발하기 직전에 청와대에서 대통령과 단둘이 만났을 때, 안기부로부터 북한 선박의 랑군 정박과 관련해서 버마 방문을 취소하자는 건의를 받았으나 이미 양국 간에 발표된 사항인데 어찌하겠는가 하면서 대통령이 걱정하였다."[5]고 한다. 이기백 합참의장이 대통령을 만난 시점은 버마출발 직전이라고 하였으니 10.6이나 10.7이었을 것 같다. 대통령도 그 무렵에서야 동건애국호의 버마와 스리랑카 기항 사실의 심각성을 깨닫게 된 것이다. 라종일의 저서에서도 버마대사관 안기부 파견관 강종일이 "특히 아웅산묘소 방문을 재고할 필요가 있다."는 보고서를 보내왔다고[6]하는데 그 보고 시점이 언제였는지, 10.5 이후였는지 등은 밝히지 않고 있다. 최악의 경우를 가정하더라도 우리는 최소한 이틀간의 골든 타임을 가지고 있었는데 관계자들의 안일한 생각으로 귀한 생명들을 희생시키고 만 것이다. 그 후 31년이 지난 2014년의 세월호 침몰로 수백 명의 어린 학생들이 희생된 사건도 관계자들의 불성실과 안일함에서 발생한 것이니 두 사건 모두 안일한 업무처리 방식에서 초래된 비극이라고 할 수 있을 것이다. 우리는 아직도 버마사건의 미몽에서 진정으로 깨어난 상태는 아닌 것 같다.

　동건애국호의 랑군 기항기간인 9.17－24중에 안기부와 경호실에서 이를 알고 있었다면 정부 내에서 관계기관 대책회의라도 해서 서남아 순방계획에 대한 최종 점검을 다시 했었어야 했다. 전대통령의 버마 도착 한달 전부터 안기부와 경호실 관계관 수 명이 현지에 파견되어 있었고, 도착 1주일 전부터는 우리 경호실과 안기부의 정보팀 등 경호관계 인원 30명이 랑군에서 정보수집과 경호업무에 임하고 있었다. 초청국인 버마 관계기관의 협조를 거의 얻을 수 없었다고 하지만 우리 관계기관의 무능과 안일함으로 인하여 전대통령도 10.6일 경에야 문제의 심각성을 깨닫게 된 것으로 보인다. 대통령이라도 관계기관에 지시하여 방문 연기나 취소를 지시하기에는 이미 너무 늦어 버린 것이다. 순방과 관련된 양국 기관들이 모든 준비를 마침으로서 이제는 행사가 풀 스윙 모드로 돌아가고 있는데 누가 이를 정지시킬 수 없게 된 것이다. 너무나 아쉬운 대목이고 테러나 국가 안보에 대비하는 점에서는 이러한 교훈을 절대 잊지 말아야 할 것이다.

강종일 서기관은 대통령 방문을 앞두고 아웅산묘소 참배 행사를 취소할 것을 안기부에 보고했다고 하는데 그가 그 정도로 우려하는 바가 컸다면 현지 대사에게도 이를 보고하였어야 했을 것이다. 그리고 대사가 제반 상황을 종합적으로 판단하여 최소한 묘소 참배라도 취소하도록 외무장관과 대통령에게 건의하였다면 대통령도 이를 무시하기 어려웠을 것이다. 그러나 안기부의 정보독점과 비밀주의가 강서기관이 그런 행동을 취할 수 없도록 했을 것이고 안기부 본부에서는 그의 건의를 간과했을 가능성이 크다. 강서기관은 해외 공관근무가 처음이고 실제 직급은 사무관이었다고 하니 어떤 권위나 재량권을 가지고 행동하기가 힘들었을 수도 있다. 안기부 소속의 정보관이나 무관들은 재외공관 발령 시 공관 내에서 동급의 다른 부처 공무원보다 우위를 점하고 더 많은 봉급을 받도록 하기 위해서 실제보다 한 직급을 올려 외무부에 통보하는 경우가 많았다. 나의 경우 서기관으로 승진하고 대사관의 차석이었지만 2등서기관 직위에 머물렀다. 외무부나 일반 행정부처 소속 공무원들은 실제 서기관 직급이어야만이 대사관의 1등서기관 직위를 받았으나 안기부 직원들은 예외적으로 사무관들도 1등서기관에 임명되었다. 이러한 일들이 지금도 계속되고 있는지는 알 수 없다.

6. 제2, 제3의 암살계획은 없었을까?

동건애국호의 스리랑카 기항 중 동향에 대하여, 10.9 사건 발생 후에 駐스리랑카대사(정민길)가 추가로 보고해 온 내용도 아래와 같이 내가 작성해 둔

"사건결과보고서"에 포함되어 있다:

---

5. 사건 직후 아국의 사태 수습 노력

아. 동건애국호 추적

1) 스리랑카 기항 중 동향

- 9월 29일 콜롬보항에 기항 중 아국 요청에 따른 스리랑카 당국의 지시로 10월 6일 오전 콜롬보를 출항하여 Panadura(콜롬보 남쪽 12마일) 근해에서 닻을 내리고 기관을 수리 후 10월 8일 이집트의 알렉산드리아로 떠남(스리랑카 국방성 차관 제보)
- 선원 39명 중 26명이 9월 30일 콜롬보에서 하선하여 콜롬보 근교, 데히왈라 동물원, 시내 국제 회의장 등을 관광함
- 10월 4일 선원들이 재하선하여 버스편으로 캔디시를 단체 관광하였음.
- 스리랑카 경찰 및 정보국은 버마사건 발생 후 캔디시에 출장하여 이들의 캔디방문 중 동향을 조사한 결과 Weiss Park 일대와 시내 일원을 관광하였으나 대통령 각하가 방문 예정이었던 식물원 및 불치사를 단체로 관광하지는 않은 것으로 밝혀졌음(이들 지역을 폭발물 탐지기로 정밀 검측한 결과 폭발물 매설 흔적은 없었음).

동건애국호와 관련하여 아직까지도 밝혀지지 않은 중요한 사항들이 또 있다. 북한이 랑군 아웅산묘소에서 암살계획이 실패했을 경우에 전대통령의 다음 방문지인 인도와 스리랑카에서 실행할 제2, 제3의 암살계획을 가지고 있었느냐에 대한 의문이다. 지금까지 이 사건에 대하여 책이나 글을 쓴 대부분의 저자들은 아무런 구체적인 증거가 나온 게 없으니 그런 추가 암살계획은 없었을 것이라고 단정하고 있다. 오직 서독에서 활동 중인 인도네시아 출신 언론인 싱후쿠오Xing-hu Kuo만이 "아웅산 피의 일요일"[7]에서 그 가능성을 제기하였다. 그는 김일성이 "버마 아니면 스리랑카가 우리 계획을 실행하기에 가장 적당하다."고 하고 김정일이 이 과업을 실행하도록 했다고 한다. 그는 또 북한 군총사령관을 지낸 강건의 아들인 강창수 인민무력부 정찰국 산하 특수부대장이 버마암살테러범 세명을 훈련시켰으며 김일성이 1983.8.25 이 부대를 직접 방문하여 공작원들의 영웅적 행위를 극구 찬양하였다고 쓰고 있다.[8]

나로서도 구체적인 증거가 없으나 상식적으로 추론해 보면 여러 개연성이 있다. 동건애국호는 9.24 랑군 외항을 출발하며 이집트의 알렉산드리아로 간다고 랑군항만청에 허위 신고하고 스리랑카 콜롬보항에 9.29 입항하였다. 그 후 선원 26명이 9.30부터 이틀간 상륙하여 콜롬보 시내와 동물원을 관광하였다. 이들은 한국대사관과 대사관저, 대통령 공관 등을 촬영하였다. 뿐만 아니라 10.4에는 대통령의 방문 예정지였던 북쪽의 캔디시까지 버스편으로 단체 관광하였다. 이 배는 10.14까지 10일간 연장 체류를 요청하였으나 우리 대사관의 요청에 따른 스리랑카 당국의 출항 명령을 받고서야 10.6 콜롬보항을 떠난 것은 매우 이상한 일이라고 아니할 수 없다. 그동안 스리랑카 항만보안경찰은 이들을 감시하였다. 배는 출항 후에도 해안에서 13마일 떨어진 Panadura에 정박하고 있다가 10.8, 12:00 스리랑카 당국에 대한 보고도 없이 콜롬보 남쪽 30km 지점으로 출발하였는데 스리랑카 해안경비대는 북한선원들의 무허가 상륙을 감시하였다. 캔디는 스리랑카 제2의 도시로 해발 500미터에 위치한 곳이며 부처님의 이빨을 안치한 불치사佛齒寺가 유명하다. 콜롬보에서 차로 3시간 반의 먼 거리인데 북한의 가난한 선원들이 차를 빌려 단체관광에 나선다는 것이 상식적인 일인가? 내가 아직 가지고 있는 외무부에서 만든 스리랑카 방문일정 세부설명서를 보면 대통령 일행은 버마와 인도 방문을 마치고 10.14(금) 13:50 스리랑카의 수도 콜롬보에 도착하여 다음 날 10.15(토) 09:00－11:35까지 캔디시의 식물원과 불치사를 방문하는 것으로 되어 있다. 10.15, 08:30 콜롬보 공군기지에서 스리랑카 대통령 전용 헬기편으로 캔디로 출발하여 09:00－10:10간 캔디 식물원Royal Botanic Garden 관람 및 기념식수를 하고 이어 차로 5분 거리인 대통령 별장에서 잠시 휴식 후에 역시 5분 거리인 불치사를 10:50－11:30 방문하고 11:35 캔디시 경찰 기지에서 헬기편으로 출발하여 12:05 콜롬보 공군기지에 도착하는 것으로 예정되어 있었다. 북한이 스리랑카에서 2차로 전대통령에 대한 암살을 노렸다면 캔디시의 식물원이나 불치사 방문 중에 거사를 도모했을 가능성이 크다. 불치사 정원에는 인공다리도 있어 그 아래에 폭탄을 설치할 수도 있었을 것이다. 사전에 적발된 내용이 없다고 해서 아무런 암살 기도가 없었다고 단정해서는 안 될 것이다. 달리 생각해보면 동건애국호의 선원들이 스리랑카에서 전대통령 방문지들을 공개적으로 사전 답사한 것은 우리 경호당국의 관심을 스리랑카로 집중시킴으로써 버마에서 실제로 계획 중인 공작을 수월하게 하고자 한 것일 수도 있다. 그러나 우리 경호당국이 북한의 예측처럼 그렇게 유능하지는 않았던 반면에, 북한 측은 상대적으로 더 용의주도하였다고 할 것이다. 싱 후쿠오는 위 저서에서 전두환 대통령은 사건 직후 영빈관에서 열린 교민들과의 식사에서 현대건설 현지 홍 지사장 등 3인에게 "사실 나는 버마에서 그런 기도가 있으리라 예측하지 않았지요. 여하간 버마는 사회주의국가이기 때문에 경찰이나 규율이 매우 엄정하게 잘 되어 있었을 것입니다. 오히려 나는 다음 방문국인 스리랑카에서 있을지 모른다고 추정했지요. 여러분들은 있을 수도 없고 불가능하게 여겨지는 모든 일들에 대해서도 항상 대비하지 않으면 안 된다는 것을 알게 되었습니다."[9]라고 하면서 스리랑카에서의 테러 가능성을 우려했었음을 밝혔다고 한다. 전형적인 유체이탈 화법이기도 하지만 버마에서의 테러 가능성을 크게 우려하지 않았던 것인데 이는 그 자신의 평가라기보다는 우리 경호당국의 입장이었을 것이다.

그럼 버마 방문 후 10.11-14간 예정되었던 인도 방문에서는 북한이 아무런 암살 계획도 가지고 있지 않았던 것인지 역시 아무런 정보가 없으니 가부를 말하기는 어렵다. 인도에서도 간디 묘소 헌화와 기념식수, 네루기념관 시찰, 인도 농업연구소 시찰, 실내 수영장과 실내 체육관 시찰, 아그라 지방의 타지마할과 아그라 포트 시찰 등 외부 일정이 많았지만 상식적으로 생각해 볼 때 후과後果가 심각할 인도와 같은 대국에서보다는 버마나 스리랑카 등 북한이 봤을 때 자기들의 오랜 거점이고 만만한 나라들에서 암살을 도모했을 가능성이 크다고 본다. 또 암살자들을 실어 나를 동건애국호는 인도에 기항한 흔적이 없다. 그러나 다른 주장도 있다. 우리 정보기관에서 사실상 집필한 것으로 보이는 "자멸의 시나리오"(자유평론사, 1983.12.26 발행)에서는 10월초 전대통령의 인도 방문을 준비하기 위해 인도에 대기 근무하고 있다가 급거 귀국한 한 외교관(정보기관원으로 추정)을 인용하여 전대통령의 인도 방문에 앞서 북한은 공관원 및 기타 요원을 30여 명으로 증강시켰으며 외교관 신분이 아닌 인물도 두 명이나 포함되었다고 한다. 인도주재 북한대사관의 평상시 인원은 19명인데 갑자기 그 인원이 급증한 사실이라던가 정체불명의 요원이 두명이나 파견된 것은 버마에서의 암살음모가 실패로 돌아갔을 때에 대비한 제2단계의 음모였지

않나 추측된다는 것이다.[10] 그러나 인도는 비동맹의 지도국이며 엄격한 중립국으로서 북한이 테러를 자행하기에 만만한 나라는 아니다. 설령, 북한요원의 인도 추가 파견이 사실이라고 해도 버마에서의 사건 이후를 대비한 것일지도 모른다.

사건 발생 이틀 뒤인 1983.10.12 체포되어 종신형을 선고받고 복역 중이던 강민철이 오랜 수감생활 끝에 1998년부터 수년간 지속된 우리 공관원과의 면담 시에 언급한 바에 의하면 범인들은 우리 대통령의 버마 방문이 결정되기 이전, 인도 방문만이 확정되었을 시기인 1982.3월경부터 전두환을 해외에서 암살하기 위한 훈련을 받기 시작하였다고 하였다. 이 말이 사실이라면 북한은 전 대통령이 인도를 포함한 서남아지역을 방문할 것을 염두에 두고 여건이 적절한 어느 나라에서 암살 테러를 할 수 있도록 준비했던 것이라고 추정된다. 인도와 또 추가로 방문할 가능성이 가장 큰 스리랑카 중 어디에서 암살계획을 준비하고 있다가 1983.5월에 갑자기 버마 방문이 추가되면서 첫번째 방문지이자 북한으로서는 암살계획을 실행하기에 여러 면에서 가장 유리한 버마를 암살장소로 선택한 것이 아닌가 추측해 볼 수 있다. 또 버마에서의 실행이 여의치 않을 경우에 대비한 추가적 암살장소로 스리랑카를 선택하여 준비했을 것으로 추정할 수도 있다. 나는 북한이 이 좋은 기회를 이용하기로 하였다면 당연히 버마 외에 스리랑카를 또 다른 암살장소로 준비하고 요원을 파견하였을 것이라고 생각한다. 스리랑카에서의 동건애국호의 수상한 행적이 이러한 추정을 뒷받침한다. 또한 사회주의 체제로 군부의 민간인 통제가 확고한 버마에서보다는 위에서 언급한 바와 같이 민간인들도 자유로운 활동에 어려움이 없는 스리랑카에서 음모를 꾀하기가 더 수월한 점도 있을 것이다.

스리랑카는 북한과는 1970.7월, 남한과는 1977.11월에 수교하는 등 초기에는 북한과 더 긴밀한 관계를 유지하여 왔으나 북한대사관이 스리랑카의 반정부 테러조직인 극좌 인민해방당을 지원하여 무기와 돈을 후원한 혐의를 잡고 1971.4월 콜롬보주재 북한대사관을 폐쇄하는 조치를 취하였다. 북한 측이 현지 공관의 지원을 받을 수 없는 상태에서 암살계획을 실행하는 데 조력을 줄 어떤 협조자가 있었을 가능성도 있다. 스리랑카 업무는 뉴델리에 있는 북한대사관이 맡고 있었으므로 대사관의 협조를 받을 상황은 아니었기에 북한 공작당국으로서는 스리랑카 내 반정부 테러조직과의 연계나 독자적인 테러를 계획했어야 했다. 그런 북한에 대한 의심으로 스리랑카 당국은 동건애국호가 콜롬보항에 기항하였을 때 감시를 강화하고 10.4까지의 기항 허가를 10.14로 연장 요청한 것을 수상히 여기고 불허하였다. 또 우리 대사관의 요청에 따라 스리랑카 항만당국이 10.6 지체 없이 출항하라는 명령을 내리자 콜롬보 항 바깥 13마일에서 대기하다가 버마에서의 암살테러 시행 하루 전인 10.8에 스리랑카 수도 콜롬보 남쪽 해안 30km 영해 밖으로 출항시켜 대기한 것을 보면 버마에서의 테러 성공 여부를 보고 스리랑카에서 테러를 다시 자행하려고 계획했을 가능성을 배제할 수는 없을 것 같다. 버마 인근의 지도를 보면 공작선인 동건애국호가 랑군에 범인들을 내려놓고 난 후에 왜 인근의 방글라데시나 태국, 싱가포르 등의 항구에 기항하지 않고 먼 스리랑카의 콜롬보항에 기항하며 전대통령의 방문지를 선원들이 답사하도록 했는지 의심이 들 수밖에 없다. 스리랑카에서 또 다른 음모를 꾸미려하지 않았다면 이해하기 어려운 일이다. 그 외에 위에서 언급된 바와 같이 인도에서 제2의 암살계획이 있었을 가능성도 배제할 수는 없을 것이다. 그러나 스리랑카 당국이 현지 우리 대사관과의 협조하에 북한에 의한 테러 가능성을 봉쇄함으로써 북한은 스리랑카에서 추가적인 테러계획을 가지고 있었다 하더라도 이를 실행하는 것은 어려웠을 것으로 판단된다. 이처럼 우리 정보·경호 당국이 방문국과 긴밀한 협조를 하는 경우에는 북한의 동향을 면밀히 감시하며 필요한 조치를 취할 수 있는 것이다. 이에 비추어, 버마에서의 우리 관계자들의 이해할 수 없는 무관심과 실수가 랑군에서의 비극적 죽음을 초래하는 데 큰 책임이 있다고 해야 할 것이다.

7. 버마 내 북한 협조자가 있었을까?

외무부나 안기부에서 근무한 사람들은 알고 있는 사실이지만 제3세계국가 중 당시 북한과 수교관계를 맺고 있는 나라의 관계자들을 통해 북한 요인의 방문 등 북한 동향정보를 얻어내는 일이 우리 외교의 주요 업무 중 하나였다. 거꾸로 생각해 보면 북한도 마찬가지로 그들을 통해 우리 주요인사 방문계획 등에 관한 정보를 얻고 있었을 것이다. 가난하고 남북한과 등거리 외교를 취하며 양측에서 최대한 이익을 취하고 있는 나라들이라 약간의 뇌물만 주면 문서를 모두 복사해서 주기도 했으니 우리 대통령의 순방 상세일정이 계속 북한에게 넘어갔을 가능성이 있다고 봐야 될 것이다. 전대통령의 버마 공식방문 불과 두어달 전인 1983.7월 중순에 버마 외무차관과 의전국장이 북한을 방문한 것도 매우 이례적인 일이었다. 한국 대통령의 버마 방문을 수락하기로 한 버마정부의 결정에 대해, 오랜 우방국인 북한 측의 양해를 얻기 위한 것임이 틀림없기 때문이다. 그때는 이미 버마 방문에 따른 상세한 일정이 거의 확정된 상태였다. 버마정부가 외무차관과 외국 귀빈 방문 시 의전책임자인 외무성 의전국장을 평양까지 보내서 한국 대통령의 방문에 대한 양해를 얻으려고 한 마당에 세부 방문일정을 북한에게 알리지 않을 수는 없었을 것으로 생각한다. 그렇지 않다 하더라도 북한대사관은 버마 외무성내의 친북인사들을 통해 손쉽게 방문일정을 알 수 있었을 것이고 이에 따른 암살계획을 세밀하게 작성할 수 있었을 것이다.11 또 버마 순국자묘소는 우리의 국립현충원 같은 곳으로 외국 귀빈의 공식방문 시 당연히 포함되는 곳이니, 특별하게 정보를 얻을 필요도 없이 공개된 버마 방문일자를 감안하여 암살계획을 세울 수 있었을 것이다.

이 사건에 대한 일본 지지통신의 11.8자 보도에는 아웅산묘소를 경비하는 경비원을 북한공작원들이 1만 키야트(2년분 봉급)에 매수하여 폭탄 설치를 도왔다는 언급이 있다.12 이러한 주장은 버마당국이나 범인들의 진술에 의한 것이 아닌 현지에서의 소문에 의한 것이다. 범인들이 10.7(금) 새벽 2시에 묘소를 방문하여 진모가 망을 보고 강민철과 신기철이 지붕위에 올라가서 폭탄을 설치하였고, 그 전에 묘소 앞 숙소에서 위스키 병을 옆에 두고 취해서 잠을 자던 경비원에게 1만 키야트를 주면서 한국의 경호원들인데 비밀리에 사전 점검을 하는 것이니 양해해 달라고 하면서 사다리까지 빌렸다는 것이다. 그러나 이 점에 대해서는 이상하게도 범인 재판에서 전혀 언급된 점이 없다. 재판에서는 진모와 자신은 아래에서 돕고 신기철이 새벽 2시에 지붕에 올라가 폭탄을 설치하였다는 강민철의 자백만 있을 뿐이다. 버마당국으로서는 경비원이 뇌물을 받았다면 책임문제가 더 커지므로 이를 공식적으로 언급하지 않은 것일 수도 있다. 아니면 그 경비원은 술에 취해 숙소에서 자고 있었으므로 밖에서 무슨 일이 일어나는지를 전혀 몰랐을 가능성도 있다. 상식적으로 보기에는 비밀공작에는 최소한의 필수 요원만 동원하고 특히 제3자는 직접 관여시키지 않는 것이 원칙인데 잠자는 관리인을 새벽 2시에 깨워서 돈을 주며 협조를 구했다는 것은 믿어지지 않는다. 그것은 북한 측이 공작의 성패를 아무런 관계나 믿음도 없고 신원도 알 수 없는 그 버마 경비원에게 일임한다는 것인데 너무나 순진한 비현실적 발상으로 보인다. 그보다는 새벽 시간의 야음을 틈타서 잘 훈련된 북한 공작원들이 은밀하게 지붕에 올라가서 폭탄을 설치하였다고 봐야 될 것 같다. 묘지 경비원을 1만 키야트에 매수하고자 준비하였으나 경비원이 자고 있어 그럴 필요도 없이 폭탄을 무사히 설치할 수 있었다는 싱 후쿠오의 설명이 맞을 것 같다.13 물론 그렇다고 하더라도 그 묘소 경비원은 경비 소홀로 응분의 책임을 졌을 것이다.14

제6장

아웅산묘소에서의 참사

1. 세부 방문일정이 누설되었나?

　대통령 순방행사 직전에 인쇄되어 수행원들이 휴대하고 간 외무부의 "버마 방문일정 세부설명서"에 기록된 버마 공식방문 일정은 아래와 같았다.

- 10.8(토) 10:30 김포국제공항 출발(B 747SP)
　　　　　 16:30 랑군 밍가라돈 공항 도착, 환영행사
- 10.9(일) 10:30-40 (순국열사묘소 내) 아웅산묘소 헌화
　　　　　 (10:30-11:10 영부인, 영빈관에서 한글학교 학부모 초청 다과회)
　　　　　 15:40-16:20 쉐다곤사원 방문
　　　　　 18:30-19:10 주버마대사 주최 교민리셉션(인야레이크 호텔)
　　　　　 19:20-20:50 주버마대사 관저 만찬
- 10.10(월) 10:00-11:00 정상회담(버마 대통령 관저)
　　　　　 (영부인은 우 산유 대통령 부인 예방)
　　　　　 (15:00-15:30 영부인, 흐난지공 양로원 방문)
　　　　　 19:00-21:30 우 산유 대통령 주최 공식만찬(대통령 관저)
- 10.11(화) 08:30 우 산유 대통령 내외의 작별 예방(영빈관)
　　　　　 09:20 공항 환송행사
　　　　　 09:30 밍가라돈 공항 출발, 뉴델리 향발

이 일정을 보면 10.8(토) 서울을 떠나기 이틀쯤 전에 10.9(일)의 파간 방문 계획이 취소되었고 이에 따라서 원래 도착 당일인 10.8(토) 16:30−40에 계획되었던 아웅산묘소 헌화 일정이 다음 날인 10.9(일) 10:30−40으로 바뀐 것을 알 수 있다. 10.9(일) 오후의 쉐다곤사원 방문 일정은 10.8(토) 서울 출발 직전에 취소되어 미처 일정 세부설명서에 반영되지 못했다. 10.8(토) 16:30 랑군에 도착하여 숙소에서 버마 측으로부터 받은 "전두환 대통령 버마 국빈방문 일정 계획서(Programme for the State Visit of His Excellency Mr. Chun Doo Hwan, President of the Republic of Korea to the Socialist Republic of the Union of Burma, October 8−11, 1983)"책자에도 파간은 빠지고 쉐다곤사원 방문이 10.9(일) 15:30으로 되어 있다. 서울 출발 직전에 수행원들에게 배포된 우리 측 "버마 방문일정 세부설명서"에는 10.9(일) 오후 일정으로 15:10 호텔투숙 수행원들 호텔 출발, 15:25 우 칫라잉 버마 외상 영빈관 도착, 15:30 모터케이트 영빈관 향발, 15:40 모터케이드 쉐다곤사원 도착, 16:20 모터케이드 쉐다곤사원 출발, 16:30 모터케이드 영빈관 도착으로 되어 있다. 쉐다곤사원 방문 시간이 우리 측 일정표에서는 버마 측 일정표보다 10분 늦은 15:40으로 되어 있음이 눈에 띈다.

우리 외무부 의전실에서 만들어 버마 방문 9일 전인 9.29 대통령 재가를 받은 문서에서도 10.8(토) 16:30으로 계획되었던 아웅산묘소 참배 일정이 그 후 10.9(일) 10:30으로 바뀐 것을 북한 측이 알고 그 시간에 맞춰서 테러행위를 자행했는지는 명확하지 않다. 북한 측이 버마정부 내 협조자로부터 행사 일정을 제보 받았을 수도 있다. 그게 아니더라도 북한대사관에서는 외빈들이 버마 도착 당일이나 그 다음 날 순국열사 묘소에 참배하는 것이 의전 관례임을 상식적으로 알고 있었을 것이다. 그러나 북한 측은 그러한 의전관례만 믿은 것이 아니라 보다 더 철저한 준비를 하였다. 범인들은 전대통령의 버마 도착일인 10.8(토) 하루 전인 10.7(금) 새벽 2시경 미리 순국열사묘소 지붕에 폭탄을 설치하였다. 그리고 그 후부터 이틀 밤을 묘소 인근에서 노숙하며 묘소를 감시하였다. 어느 날 어느 시간에 헌화행사가 이뤄지더라도 폭파계획을 실행할 수 있도록 항상 대비하고 있었음이 재판과정에서도 확인되었다.

우리 경호당국은 동건애국호의 랑군 기항 사실 등 경호에 대한 우려를 뒤

늦게 감지하고 서울 출발 이틀 전인 10.6에는, 10.9로 예정되었던 버마 중부지방의 파간 방문을 취소하면서 랑군 도착 당일인 10.8.16:30으로 예정되었던 아웅산묘소 헌화시간을 10.9.10:30으로 바꾼 것으로 보인다. 또 10.9.15:40으로 예정되었던 아웅산묘소 인근의 쉐다곤사원 방문을 서울 출발 전날인 10.7 늦게 취소한 것도 경호상의 고려였을 것이다. 그러나 정작 1970.6의 국립묘지 현충문 폭파를 통한 박정희 대통령 암살미수 사건에서 아무런 교훈을 얻지 못한 채 아웅산묘소 지붕 폭파 가능성을 간과한 우리 경호당국의 판단에 대해서 강한 의구심을 떨칠 수가 없다.

버마 측 사건조사에서 방문 세부일정이 외부에 누설되었는지 여부에 대한 버마 측의 설명은 없었다. 또 관련자 조사나 처벌 등이 있었는지도 우리 측에 아무런 설명이 없었다. 우리는 사건의 모든 책임을 북한에만 집중하고 버마정부가 이를 조속히 확인할 것을 끊임없이 강하게 압박하고 있었다. 한국 내 반정부세력에 의한 테러 가능성까지도 열어놓고 수사를 진행하고 있는 버마는 이에 강하게 반발하면서도 수사는 자신들의 책임임을 누차 강조하며 한국 측이 이에 간섭하지 못하도록 하였다. 이러한 상황에서 우리가 버마 측 책임자까지도 수사하라고 압박하거나 문제를 제기하는 경우에는 북한에 대한 조사를 소홀히 할 우려가 있었다. 이런 사유로 버마 측 책임자 수사문제를 초기에 전혀 거론하지 못한 것은 어쩔 수 없는 측면이 있다. 그러나 사건이 북한소행으로 판명되고 범인들이 재판에 회부된 시점에서는 버마 측 내부에 북한과의 협조자가 있었는지 여부를 알려주도록 버마당국에 요청했어야 했는데 우리로서는 범인 재판과 국제제재에만 몰두하느라 이에 대한 버마 측 책임을 전혀 거론하지 못한 아쉬움이 크다.

2. 생사를 가른 오기의 4분

버마에 도착한 10.8(토) 밤에 양측은 버마 측이 영문으로 작성하여 우리 측에 배포한 방문일정 소책자에 수록된 일정을 확인해 보았다. 그런데 거기에는 10.9(일) 10:30의 순국열사묘소The Martyrs' Mausoleum 헌화 행사에 전대통령을 수행할 우 칫라잉 버마 외무장관이 10:10 영빈관에 도착하며 10:15 전대통령을 모시고 영빈관을 출발하여 10:30 순국열사묘소에 도착, 아웅산묘소에 헌화하는 것으로 인쇄되어 있었다. 그러나 서울 출발 전에 버마 측과 이미 합의하여 작성하여 가지고 간 우리 측 일정 세부설명서에는 버마 외상이 10:15 영빈관 도착, 전대통령과 국빈1호차에 동승하여 10:20 영빈관 출발, 10:30 아웅산묘소에 헌화하는 것으로 되어 있었다. 즉 당초 양측이 합의했다고 우리가 생각한 일정보다 5분 일찍 버마 외상이 영빈관에 도착하여 5분 일찍 영빈관을 출발하는 것으로 인쇄되어 있었다.

사실 헌화 시간인 10:30에는 변함이 없었고 버마 외상이 5분 일찍 오더라도 영빈관에서 10분을 기다렸다가 당초 우리가 합의됐다고 생각한 일정대로 10:20에 출발하면 되는 것이었다. 그러나 우리 측 의전은 대통령에게도 이미 보고된 일정을 이제 와서 바꿔서 몇 분이라도 차질이 생기면 안 되니 버마 외상이 10:10이 아니라 당초 합의대로 10:15에 영빈관으로 와야 된다고 강하게 주장하였다. 버마 측은 자기들의 실수로 5분의 차이가 난 것을 인정하고 당초 합의된 일정에 따라 버마 외상이 영빈관에 5분 늦게 오기로 하였다. 이 5분의 차이가 다음 날 전두환 대통령의 생사를 가른 시간이 되었다는 주장의 근거가 되었다. 버마 외상이 자신들의 계획서대로 5분 일찍인 10:10에 왔더라면 그는 영빈관에서 10분을 기다린 다음, 전대통령을 수행하여 국빈1호차를 타고 10:20에 영빈관을 출발했을 것이다. 그러나 버마 외상이 10:10에 오던 10:15에 오던 그가 그 도착시간만 지켰더라면 어느 경우에도 전대통령은 10:20 영빈관을 출발하여 아웅산묘소에 예정대로 10:30에 도착했을 것이다.

버마 외상이 양측 간에 합의된 10:15이 아니고 4분 늦은 10:19에 영빈관에 지각 도착한 데 대해 전두환 대통령은 화를 내고 오기를 부리며 출발을 4분 지연시켰다. 이에 따라 영빈관 출발이 10:20이 아니라 10:24로 4분 늦어진 점이 범인들이 원격 스위치를 누른 시간에 영향을 준 것이다. 버마 외상이 10:15에 도착했더라면 전두환 대통령의 모터케이드는 10:20에 영빈관을 출발하여 10:28경에 범인들이 대기하고 있던 도로 앞을 지나서 10:30에 순국열사묘소 입구로 들어갔을 것이다. 그 경우 범인들은 10:23경에 자기들 앞을 지나간 이계철 대사 일행의 모터케이드를 대통령의 모터케이드로 착각했더라도 그 5분 후인 10:28에 원격폭파스위치를 누르려는 순간 또 다른 모터케이드가 오는 것을 보고 착오를 깨달았을 가능성이 크다. 따라서 이 4분의 차이가 전대통령의 생사를 가른 것이다.

우리 세부일정서에는 "10:10 공식수행원, 영빈관 및 호텔 출발(차량배치는 영빈관 출발은 대사차와 8-9호차, 호텔출발은 4-7호차와 10-15차), 사전 묘소 도착 정렬"이라고 되어 있다. 영빈관에서 출발하는 대사차에 태극기가 달려 있었고, 8호차에는 함병춘 대통령비서실장, 9호차에는 민정당총재비서실장 심상우와 대통령 주치의 민병석이 탑승하도록 되어 있었다. 범인들은 이 세대의 차량과 이를 선도하는 모터사이클과 후미의 호위차로 구성된 모터케이드가 10시 23분경 자신들이 인파속에 숨어 있는 거리 앞을 지나 순국열사묘소로 들어가는 것을 보았다. 이를 전두환 대통령이 탄 모터케이드라고 확신한 범인들은 이들이 차량에서 내려 분향소 앞에 도열하는 시간 5분을 감안하여 10시28분에 원격스위치를 누른 것이다.

여기서 또 문제를 복잡하게 한 것은 원래 이대사 일행의 모터케이드는 10시20분에 순국열사묘소에 도착했어야 하는데 5분정도 늦게 도착함으로써 범인들이 이를 대통령의 모터케이드로 착각할 개연성을 더 크게 했을 것이라는 점이다. 즉 버마 외상의 4분 지각으로 인한 전대통령의 오기로 영빈관 출발이 4분 지연된 데에 더하여, 이계철 대사 일행의 모터케이드가 영빈관을 5분 늦게 출발함으로써 혹시 범인들이 헌화시간이 10시30분임을 미리 알고 있거나 상식적으로 10시 또는 10시30분일 것으로 짐작했었다면 그 시간에 인접하여 묘소 입구로 들어가는 태극기를 단 이대사 차를 포함한 두번째 모터케이드를 대통령 일행으로 착각할 가능성을 더 크게 만들었을 것이다. 그러니 전두환 대통령이 암살을 피한 것은 (세가지의) 천운이 겹친 것이라는 주장까지 나오게 된 것이다.

범인들의 입장에서 결정적 실수는 10시10분 인야레이크 호텔을 출발하여 10시20분 순국열사묘소에 도착한 1차 모터케이드(서석준 부총리가 탄 4호차, 이범석 외무장관이 탄 5호차, 여타 장관들이 탄 10-15차 등)를 보고 난 5분 후쯤에, 태극기를 단 이계철 대사차와 함병춘 비서실장과 심상우 민정당총재비서실장이 탄 8호, 9호 차량 및 모터사이클과 경호차 등으로 구성된 2차 모터케이드가 순국열사묘소로 들어가는 것을 보고 이를 전두환 대통령이 탄 모터케이드로 확신한 데서 기인한 것이다. 따라서 이들이 이 날의 모터케이드가 두그룹이 아니고 세그룹으로 구성된 점을 파악하지 못한 점은 확실하다고 할 수 있을 것이다. 버마 측이 작성한 영문 세부일정서에는 공식수행원별 차량 배차계획은 들어 있으나 수행원들이 두개의 모터케이드로 나뉘어서 각기 다른 출발지점을 떠나서 행사 시작 10분 전에 행사장에 도착하여 도열한다는 내용은 기재되어 있지 않다. 따라서 범인들이 버마 측 세부일정서를 입수하였다고 하더라도 우리의 세부일정서를 입수하여 분석하였거나 또 우리의 의전관행을 명확히 파악하고 있지 않은 이상, 그런 착오는 불가피한 것이었다고까지 할 수 있다. 따라서 버마 외상의 영빈관 도착 4분 지연이 전두환 대통령의 생사를 가른 일이었다고 주장하는 것은 타당하기도 하고 절반만 맞는다는 판단이 모두 가능하다고 생각된다.

10.8(토) 오후 4시30분에 랑군 공항에 도착하여 환영행사가 끝난 후 우리는 5시경 숙소인 인야레이크 호텔에 도착하여 버마 측이 준비한 영문으로 된 방문 프로그램 책자를 받았다. 저녁식사도 여타 수행원들과 함께 호텔에서 하였다. 외무부 의전과장 출신의 駐이슬라마바드 총영사관(당시 파키스탄은 우리와 미수교 상태로서 대사관계는 없고 총영사관만 교환)의 이해순 부총영사는 대통령의 버마 방문 의전을 돕기 위해 랑군에 파견되어 있었다. 그는 송영식 참사관 등과 같이 10.8 저녁 영빈관에서 버마 측 의전과장과 최종으로 일정을 점검하면서, 10.9 대통령을 아웅산묘소로 모시고 갈 우 칫라잉 버마 외상의 영빈관 도착 시간이 버마 측 세부일정계획서에 10시10분, 출발시간이 10시15분으로 인쇄되어 있음을 알았다. 그래서 이는 이미 합의된 시간보다 5분씩 빠르니 원래와 같이 10시15분 도착, 10시20분 출발로 하자고 하였다. 또 버마 외상이 영빈관에 도착하면 5분간 응접실에서 대기해야 하는데 그 날 오전 10시부터 40분간 그 장소에서 영부인의 한글학교 학부모 및 공관직원 부인과의 다과회가 예정되어 있어 대기할 장소가 없음도 지적하였다. 이에 따라 버마 외상의 도착시간을 10시15분으로, 대통령일행의 영빈관 출발시간을 10시20분으로 재확인하고 영부인 행사는 대통령의 영빈관 출발 이후인 10시30분에 시작하기로 합의되었다. 영빈관에서 아웅산묘소까지는 두갈래 길이 있어 빨리 갈 수도 몇 분 늦게 갈 수도 있으나 모두 10분 이내에 도착 가능한 거리였다. 이 협의 과

정에서 버마 측이 전대통령의 영빈관 출발시간인 10시20분을 버마 외상의 영빈관 도착시간으로 오해한 결과 그가 10시19분에 영빈관에 도착한 것이다.

1984.3월에 내가 작성해둔 "버마암살폭발사건 경위 및 처리결과"[1] 보고서에는 그렇게 기록되어 있다. 그러나 송영식 참사관은 그날 밤 협의 중 버마 외무성 의전과장이 고단하여 대통령의 영빈관 출발시간을 10시30분으로 연기하자는 것으로 잘못 알아들은 결과, 그가 10시19분에 영빈관에 도착한 것이라고 하고 있다.[2] 늦은 밤의 협의라서 여러 오해가 발생할 소지도 있을 수 있는 일이나, 헌화시간은 양측 일정표에도 모두 10시30분으로 변함이 없었고 단지 버마 외상의 영빈관 도착 및 대통령의 영빈관 출발시간이 5분씩 차이가 났을 뿐이므로 내가 작성해둔 보고서가 더 정확할 것 같다. 또 한편으로는 혹시 버마 측이 아웅산묘소 헌화행사에서 무슨 사고가 있을 것이라는 정보를 입수하고 일부러 버마 외상이 4분 지각함으로써 범인들에게 혼선을 주고자 했을 가능성도 생각해 볼 수는 있으나 타당성은 없어 보인다. 송영식 참사관은 10시30분의 아웅산묘소 헌화행사를 지원하기 위해 이범석 외무장관을 수행하여 같은 차로 미리 현장에 도착하였는데 버마 측에서 우리 대표단을 영접할 버마 고위급 인사가 아무도 보이지 않았다고 한다. 그래서 현장에 있던 버마 외무성 의전직원에게 우리 대통령을 영접할 버마 문화공보부장관 아웅 쪼 민트U Aung Kyaw Myint를 찾아 달라고 하고 계단 밑에서 대통령 일행을 기다리는데 그가 나타났다고 한다. 그런데 그는 송참사관의 요청에도 불구하고 단상 위의 우리 대표단 쪽으로 가서 인사도 하지 않고 묘소 입구 대통령의 차량 도착지점에서 오락가락하고 있어서 의아하게 생각했다고 한다. 이 때문에 사건 이후에 그가 혹시 사전에 폭파음모를 인지하고 단상을 회피하지 않았나 하는 의심을 불러 일으켰고, 송참사관은 추후 버마 측의 사건조사위원회에도 출두하여 이러한 의심을 전달하였으나 버마 측은 아무런 조치도 취하지 않았다.[3]

3. 일요일 아침 최후의 조찬

10.9 일요일은 아침 일찍 약간 비가 내린 후 개였으나 후덥지근한 열대 날씨였다. 인야레이크 호텔에 묵은 수행원들은 모두 1층에 있는 큰 식당의 여러

테이블에 앉아서 식사를 하였다. 나도 아는 분들과 인사를 나누고 김동휘 상공부장관에게도 인사를 하였다. 나는 1974.1월부터 1년간의 여권과 근무를 마치고 1975.2월 중앙청 5층에 있는 통상2과에서 유럽국가들과의 통상업무를 맡고 있었다. 당시 통상2과는 미국 및 유럽과의 통상을 담당하면서 동시에 매달 박정희 대통령이 주관하는 수출진흥확대회의에 외무부가 보고하는 자료를 작성하는 업무를 맡은 중요한 부서였다. 선준영 과장도 자타가 공인하는 외무부의 엘리트였고 김동휘 제2차관보가 경제통상업무를 총괄하고 있었다. 1975년에는 유럽공동시장EEC 9개국과 우리나라 간의 섬유류 수출협상이 국가경제적으로 중요한 관심사항이었다. 당시 우리 수출액의 1/3이 섬유류였고 유럽으로의 수출이 태반이었다. 모, 면, 합성섬유로 만든 스웨터, 셔츠 등 여러 종류의 의류와 양말, 각종 직물 등 품목별로 EEC 국가별 쿼터를 결정하는 5년간의 다자섬유류협정Multi Fibre Agreement(MFA)을 타결하기 위해 EEC와 매우 복잡한 통상협상을 진행 중이었다. 1975.7월 선준영 과장(외무차관, 駐국제연합대표부대사 역임)이 駐제네바 대표부 참사관으로 떠나고 후임에 이기주 과장(외무차관, 駐독일 대사 역임)이 부임하였다.

EEC와의 MFA교섭은 대상 품목의 다양함과 EEC 9개국 회원국별로 품목별·금액별·연도별 수출 쿼터를 정해야 하기 때문에 매우 어려운 협상이었다. 우리 쪽과 EEC쪽에서 번갈아 가며 회의를 주최하였는데 1979.10월 제4차협상에 우리 측 수석대표인 김동휘 차관보를 수행하여 외무부에서는 신참 사무관인 내가 가게 되었다. 노신영 차관이 과장만 매번 출장가지 말고 사무관도 출장을 보내서 일을 배우도록 지시한 결과, 출발 하루 전에 이기주 과장 대신 나로 교체된 것이었다. 상공부에서는 수출 1과장 유호민과 담당 임사무관, 섬유류 조합에서도 전문가들이 자문단으로 같이 EEC본부가 있는 브랏셀로 갔다. 우리는 서울을 출발하여 앵커리지에 한시간 기착한 후 파리의 사를르 드골공항에 도착하였다. 서울을 출발한지 18시간만이라 거의 녹초가 되었는데 EEC본부가 있는 벨기에의 브랏셀로 가는 비행기를 바꿔 탈 때까지 시간이 많이 남아서 대사관으로 가서 윤석헌 대사를 뵈었다.

그 후 점심을 하고 파리 시내의 오를리 공항에서 브랏셀행 비행기를 타고 1시간 만에 내리니 저녁 무렵이었다. 저녁식사를 마치고 호텔에서 쉬려 하는데

EEC 측이 지금부터 즉시 회담을 하자고 연락이 왔다고 대사관의 박종상 참사관(駐루마니아 대사 역임)이 알려왔다. 서울을 떠난 지 24시간 넘게 자지도 못했는데 이 밤에 회담이라니 EEC 측의 계략 같았다. 우리 대표단의 체력을 소모시켜 회담에서 유리한 결과를 가져오겠다는 속셈으로 보였다. 김동휘 수석대표는 이를 아는지 모르는지 바로 회담장으로 가자고 하였다. 그는 작은 키에 지칠 줄 모르는 에너지로 도전을 두려워하지 않는 성격 때문에 독일병정으로 불렸는데 서울에서 도착한지 몇시간 안되고 밤 9시 무렵인데도 EEC 측 도전을 받아들였다. EEC 측은 9개 회원국 대표가 모두 대기하고 있었고 이들 회원국 언어로 동시통역할 통역사들도 준비되어 있었다. 주최 측인 EEC는 마실 물만 내놓았고 커피도 제공하지 않았다. 양쪽이 그간 해 온 주장을 또 끝없이 되풀이 하는 엄청 지루한 회담이었다. 수석대표 혼자 발언하니 서울을 떠나기 전부터 독감으로 시달려온 나는 옆에서 꾸벅꾸벅 졸기 시작해서 수석대표로부터 몇번 주의를 받았다. 우리의 약한 모습을 보이면 불리하니 졸리면 나가 있으라고 하였다. 다행히 대사관 박종상 참사관이 기록을 하고 있어 나는 회의장을 나갔다 들어왔다를 반복하였다. 회의는 자정을 넘겨 성과 없이 끝났다. 다음날도 아침 9시부터 회의가 시작되어 저녁식사 후 다시 재개되었다. 평생 처음 참석하는 해외에서의 국제교섭인데 너무나 지루하고 힘든 회의였다. 식사는 아침은 호텔에서 양식으로 하고 점심, 저녁식사는 항상 중국식당에서 했다. 처음에는 중국 음식이 좋았으나 2주간을 계속 중국 음식만 먹으니 그것도 못할 일이었다. EEC 측은 물만 주니 우리는 졸음을 쫓기 위해 커피를 밖에서 사다 마셔야 했다. 평생 외무부에 근무하며 수많은 교섭에 참여해 봤지만 그때의 EEC 측처럼 상대방을 힘들게 하는 경우는 없었다. 멀리서 왔는데 커피 한잔, 밥 한 끼 대접이 없었다. 오직 수출 쿼터에서 양보하라는 압박뿐이었다. 회담이 막바지로 가는 와중에 데릴사위격으로 결혼한 김차관보의 장인이 돌아가셨다는 소식이 전해져왔다. 그러나 수석대표가 중요한 회담을 그만두고 귀국할 수도 없는 형편이었다. 그는 호텔방 테이블에 과일과 술을 올려 제사상을 차리고 나를 불러 절을 하자고 하였다. 빈소殯所치고는 세상에서 가장 빈한한 그야말로 빈소貧所였다. 하루도 쉬지 않고 저녁 늦게까지 진행된 2주간의 협상도 결국 팽팽히 맞선 양측 입장을 조율할 수 없어 오전 중 회담 결렬이 선언되었다. 우리는 다음날 아침 귀국하기로 하고 항공편도 예약하였다. 김동휘 수석대표는 나에게 그간 브랏셀 시내도 못 봤으니 구경이나 하고 오라고 하였다. 마침 대사관에는 외무부 시험동기인 진기호 3등서기관이 있어 나를 데리러 호텔로 왔다. 진서기관은 한국에서는 외설이라고 금지되었지만 좋은 영화이니 "Emmanuel"이나 보러 가자고 하였다. 그와 영화를 보고 오후 5시경 호텔에 돌아오니 수석대표와 다른 대표들이 모두 방에 없었다. 다들 어디 갔나 수소문해보니 얼마 전에 갑자기 EEC 측에서 양보를 하며 합의안에 서명하자고 하여 회의장으로 떠났다고 하였다. 우리 측 최종안대로 협정이 타결된 것이었다. 나는 뒤늦게라도 서명식에 가려고 나서는데 수석대표 등이 서명식을 마치고 호텔로 돌아오고 있었다. 그러면서 서명식에서 EEC수석대표가 Mr. Choi를 찾기에 제네바 공사로서 회의 지원을 나온 최호중 공사를 찾는 줄 알고 여기 있지 않느냐고 하니 그 말고 young Choi를 찾는다고 하였다. 몇 달 전 그가 서울에서 개최된 교섭에 왔을 때 그를 안내해서 북악스카이웨이 "Bear House"에서 점심도 같이 하고 남산도 안내하는 등 구면이라서 나를 찾은 것이었다. Oxford대학 출신의 영국인인 그는 내가 다음 해에 Merton College에 수학하러 가는 것을 알고 친근감을 표시하였었는데 오랜 협상 끝에 합의를 이뤄 가서명하고 샴페인을 마시는 자리에 내가 없어 이상하게 생각한 것이었다. 최호중 공사는 후에 장관 취임 후에도 가끔 그 에피소드를 이야기하곤 하였다. 그 후 김동휘 차관보는 외무부 차관을 거쳐 상공부장관이 되어 이번에 대통령을 수행하여 버마에 온 것이었다. 그런 인연으로 아침식사장에서 그와 반갑게 만났지만 그것이 마지막이 되었다.

그날 인야레이크 호텔 아침식사 후에 운동 삼아 호텔 정원인 호숫가를 잠시 거닐다가 역시 산책 중이던 롯데상사 하태준 사장을 만났다. 그는 이제 방에 돌아 갈 것이라고 하면서 이따가 자기 방에 들르라고 하였다. 직감으로 나에게 고생한다고 금일봉을 주려는 것임을 느꼈다. 나는 국가정보기관의 해외담당 부서에서 군 복무를 하였는데 당시 국장이 하태준이었다. 그 분이 차장직을 마치고 은퇴 후 롯데상사의 사장이 되어 대통령 수행경제인단으로 온 것이다. 그는 국장시절 늦게 퇴근할 때는 자주 각 과 사무실에 들러 야근 중인 직원들에게 격려금을 주곤 했었다. 내가 1976.6월 옥스퍼드대학교에 연수를 가니 그가 주영대사관 공사로 있어서 그의 집에 초대받아 저녁식사도 했었는데 오랜만에 다시 랑군에서 만나게 된 것이었다. 나는 산보 후 방에 갔다가 그에게 들르려고 생각하였다.

4. 공동성명문을 수정하러 11시에 오라

나는 산책을 마친 후, 외무부에서 보내온 각종 전문 보고들과 호텔 내 버마 신문, International Herald Tribune지 등을 가지고 이범석 장관 방으로 가서 간략하게 우리의 외교동향과 세계정세를 브리핑하였다. 나는 아직 과장 보직을 받지 못한 서기관으로서 대통령의 서남아 3개국 방문을 실무적으로 담당하는 입장이었고, 최남준 서남아과장은 국장급인 부이사관으로서 이례적으로 과장직을 맡고 있었는데 그는 순방 전에 이미 뉴욕총영사관의 부총영사로 발령이 난 상태라서 대통령 순방 중 정무관련 업무는 실질적으로 내가 맡고 있었다. 작은 스위트룸에 딸린 방에는 이지송 비서관이 있었다. 이장관은 약간 피곤해 보이는 모습이었고 수고했다는 말 외에 특별한 지시사항 같은 것은 없었다. 내 방으로 돌아오다가 대학 동기인 옆방의 의전과 이수혁을 만났다. 9시50분경 아웅산묘소에 행사를 준비하러 떠난다고 하였다. 나도 오전에 특별한 일이 없으므로 그 행사를 참관하고 싶은 생각이 들었다. 내가 탈 차편이 있는지 묻자 좌석이 남으니 같이 가자고 하였다. 그래서 나갈 준비를 하고 있는데 버마 측에서 호텔로 연락이 왔다. 서울을 떠나기 전에 양국 외무부 간에 이미 합의된 공동성명문안을 좀 고쳐야 하니 오늘 오전 11시에 외무성으로 오라는 것이었다. 내일 정상회담 후에 발표할 문서인데 이제 와서 고친다는 것은 상식에도 어긋나는 일이었지만 초청국의 요청이니 할 수 없이 11시 외무성에서 우리 측 책임자와 버마 측 외무성 정무총국장 우 틴툰이 만나기로 하였다. 시간이 부족하여 하태준 사장의 방에는 나중에 들르기로 하고 공동성명문을 챙겼다.

버마 외무성의 요청을 김병연 아주국장에게 보고하니 이제 와서 공동성명문안을 다시 손본다는 것은 이상한 일이지만 초청자 쪽에서 오라는 거니 같이 가자고 하였다. 김국장과 호텔 내 복도에서 그 이야기를 하고 있는 중에 마침 홍순영 청와대 외교담당 정무비서관(외교통상부장관, 駐중국대사 역임)이 지나갔다. 이에 김국장이 그를 붙잡아 같이 외무성에 가자고 하였다. 외무부 출신으로 김국장과 가까운 사이인 홍비서관은 묘소 같은 데는 가고 싶지 않았는데 마침 잘 됐다고 오히려 좋아하였다. 그래서 나도 아웅산묘소 행사에 가는 것을 포기하고 10시50분에 외무성으로 떠나기 위해 차를 수배하고 호텔 방에서 기다리고 있었다. 대통령이 서울을 떠나기 오래 전(최소 1주일 이상 전)에 합의된 공동성명문을 이미 국빈방문이 시작된 시점에서 수정하자는 요청은 매우 비상식적이고 황당하기도 한 것이었다. 그러나 이 비상식적인 이상한 요청이 공식 수행원으로서 아웅산묘소에 미리 가서 대기하다가 폭사했을 두 사람(김병연 아주국장, 홍순영 정무비서관)의 생명과 도열대 아래에서 헌화행사를 참관하다가 부상을 입을 수도 있는 나를 구한 것이니 우리는 때로는 비상식적이고 황당한 상황도 겸허하게 받아들이는 자세가 필요한 것이 아닐까 하는 교훈을 얻는다.

네윈 당 의장은 사고 발생 후 영빈관으로 전두환 대통령을 찾아와서 다음과 같이 언급하였다.

"...각하께서도 아시리라 믿습니다만 우리는 최근에 국가정보국 간부를 숙청하였습니다. 경호에 차질이 생겼습니다. 책임 있는 자가 구석구석 검색을 다하지 못한 책임이 있습니다. 나는 이자들에게 여러 번 주의를 주었습니다. 철저한 검색과 검사를 하라고 했습니다. 아웅산묘소에 가지 말라고 제가 우 산유 대통령에게 이례적으로 충고를 해주었습니다. ...책임자를 잡아내겠습니다. 문제는 어떤 파벌의 소행이냐 이것이 복잡합니다. 사고의 원인은 내부에 있을 수도 있고 외부에 기인하는 것일 수도 있습니다... 어쨌든 제가 각하께 사죄합니다..."

네윈 당 의장이 우 산유 대통령에게 (전두환 대통령이) 아웅산묘소에 가지 않도록 하라고 이례적으로 충고하였다는 것이니 버마 고위층에서도 아웅산묘소에서 어떤 불상사가 있을지 모른다는 우려를 심각하게 하고 있었다는 이야기다. 그러한 우려는 버마정부 내 일부 인사에게도 전파되어 있었을 것이다. 나는 사고 발생 직후, 버마 외무성 정무총국이 몇 달 동안 우리 측과 공동성명 등 방문의 성과를 내고자 함께 노력해 온 카운터 파트의 안위를 고려하여 그러한 상식 밖의 요청으로 우리들을 아웅산묘소에 가지 못하도록 한 것이 아닌가 하는 엉뚱한 상상을 떨칠 수가 없었다. 사고 발생 후에는 그 수습에 몰두하느라 버마 측이 무슨 내용을 수정하려 했던 것인지 문의해 볼 여력도 없어서 아직까지도 내 머리 속에 그저 미스터리로만 남아 있다.

5. 열대 사람들은 원래가 게을러서요

10.9(일) 아침에 버마 외상은 예정된 10시15분보다 4분 늦은 10시19분에 영빈관에 도착하였다. 경호실에 근무한 바 있어 대통령 의전에 밝은 전대통령은 연신 시계를 보면서 버마 외상이 왜 안 오느냐고 물었고 노영찬 외무부 의전장(駐프랑스대사 역임)은 열대 사람들은 원래 게을러 시간관념이 뚜렷하지 않아 그렇다고 얼버무렸다고 한다. 함병춘 비서실장, 심상우 민정당총재 비서실장, 민병석 주치의는 원래 대통령 일행과 함께 10시20분에 출발이 예정되어 있었다는 주장도 있으나 앞에서 설명한대로 우리 측 세부일정서상 그들은 10시10분에 영빈관을 출발하도록 되어 있었다.[4] 또 그날 아침 대사관저에서 직접 아웅산묘소로 갈 예정이었던 이계철 대사가 대통령으로부터 버마 측 관계자들에게 줄 선물을 받으러 오라는 전갈을 받고 영빈관으로 불려왔다가 대통령보다 먼저 행사장으로 떠났다는 주장[5]도 있으나 이 역시 앞에서 설명한 것처럼 우리 세부일정서상 이대사는 영빈관으로 와서 10시10분에 함병춘 비서실장 등과 함께 모터케이드를 이뤄 미리 떠나게 되어 있었던 것이다.[6]

아무튼 함병춘 실장 등 3명을 태운 차량 두 대와 태극기를 단 공용차인 벤츠280SE에 탑승한 이계철 대사는 예정보다 5분 늦은 10시15분에 모터사이클의 선도와 후미 경호차의 엄호를 받으며 영빈관을 출발하였다. 영빈관에서 아웅산묘소까지는 직선으로 2.8km 떨어진 거리이나 행사 차량들은 도로상태가 좋은 우회도로를 택하였다고 하니 4.5km 정도 되는 거리였다. 아웅산묘소 1km 전방에서 모터케이드를 관찰하던 암살범들이 태극기를 단 이대사 일행의 모터케이드에 대통령이 탑승한 것으로 오인하여 이들의 묘소 도착시간을 10시25분으로 추정하고 헌화 위치로 걸어가는 시간을 감안하여 10시28분 원격조정 스위치를 눌러서 폭탄을 터뜨린 것이다. 버마 외상이 예정보다 4분 늦게 10시19분에 영빈관에 도착함으로써 대통령이 화를 내서, 예정보다 4분 늦은 10시

24분에 영빈관을 출발하게 되었고 이로써 암살을 모면하게 된 것이라는 설명이 가능한 것이다.

북한 측은 범인들로 하여금 10.7(금) 새벽 2시에 순국열사묘소 건물 지붕에 폭발물을 설치하게 한 이후, 일정이 어떻게 될지 모를 만일에 대비하여 10.9(일) 아침까지 인근 숲 속에서 노숙하며 상황을 지켜보도록 하였다. 이들은 10.8(토) 밤도 인근 쉐다곤사원 옆 주유소 부근 숲 속에서 노숙한 것이니 폭탄 설치 후 범행일까지 이틀 밤을 인근 풀밭에서 노숙하며 어느 때라도 스위치를 눌러 폭발할 수 있도록 대기한 것이다. 범인들은 10.8(토) 오후 늦게 헌화행사가 있을 경우에도 대비하여 인근에서 상황을 주시하였을 것이다. 10.9(일)에는 아침 일찍부터 묘소로 가는 도로 근처에서 행사를 구경나온 인파속에 섞여 대통령일행의 모터케이드가 지나가기를 기다렸다. 그리고 그날 아침 태극기를 게양한 차를 포함한 모터케이드가 지나가는 것을 확인하고 미리 답사해 둔 바에 따른 헌화 행사장 도착시간에 맞춰서 원격폭파 스위치를 누르는 임무를 정확하게 수행하였다. 그들로서는 주도면밀하게 이틀간이나 현장을 관찰한 끝에 확신을 가지고 폭파스위치를 누른 것인데 오히려 우리 측이 일정을 안 지켜서 대통령 자신의 참사는 면한 것이니 아이러니라고 할 수밖에 없을 것이다. 전두환 대통령이 이렇게 기적적으로 생존한 것에 대해 어느 외국 언론은 아직도 왕조사상이 강한 한국인들 사이에서는 나라님인 대통령은 역시 하늘이 내는 것이라는 믿음을 다시 확인했다는 여론이 태반이었고, 극소수만이 전두환의 자작극에 의해 수행원들이 참살되었다는 북한 측 주장에 동조하고 있다고 보도하기도 하였다.

6. 진혼나팔 소리와 폭음

이계철 대사 일행이 행사장에 10시25분 도착하고, 조금 후에 천병득 경호처장이 헌화행사 때 진혼곡을 불기로 된 나팔수bugler에게 손짓으로 한번 연습해 보라고 하자 그가 첫 한두절만 조금 불어 나팔소리를 냈다. 그로부터 잠시 후(현장에 있던 수행원들의 증언이 엇갈리나 1분 정도 후로 추정됨)에 폭탄이 터졌다고 한다. 그래서 당시 현장에 있었던 송영식 참사관 등은 범인들이 그 나팔

소리를 듣고 행사가 시작되는 것으로 알고 원격 폭파 스위치를 눌렀다고 추정하나, 행사장에서 1km나 떨어진 먼 곳에서 군중 속에 섞여 있던 이들이 보이지도 않는 곳에서 짧게 연습한 나팔 소리를 들었을 것 같지는 않다. 그보다는 수행원들을 태운 것으로 보이는 일단의 모터케이드 행렬이 묘소로 들어가고, 다시 5분 후에 태극기를 달고 앞뒤로 호위를 받으며 행사장으로 향하는 이계철 대사 일행의 모터케이드를 대통령이 탄 모터케이드로 오인한 것이 확실하다. 모터케이드가 1km를 더 가서 도착할 시간과 헌화단 위로 올라가는 시간을 맞춰서 폭파를 위한 원격 스위치를 눌렀다고 보는 것이 정확할 것이다. 버마측 사건조사서에도 그렇게 범인들이 진술한 것으로 되어 있으며 이들이 나팔 소리를 듣고 스위치를 눌렀다는 진술은 없다.

한편 10시24분 장세동 경호실장, 김병훈 의전수석 및 노영찬 외무부 의전장과 함께 영빈관을 출발한 대통령일행의 세번째 모터케이드는 폭발시간인 10시28분에 목적지까지의 4.5km 중 3km를 달려갔고, 1.5km가 남은 시점이었다. 현장의 우리 측 경호원으로부터 폭발사건 즉시 무전보고를 받은 1호차 차량 탑승 박상범 경호실 수행과장이 "폭발이다, 정지"라고 소리쳐서 차량들을 돌려 영빈관으로 향하도록 함으로써 일행은 모두 무사하게 다시 숙소로 돌아갔다.7 박상범 수행과장(경호실장 역임)은 1979.10.26 김재규의 박정희 대통령 살해 당시에 궁정동 안가의 현장에 있던 수행경호원으로서 확인 사살까지 당했으나 목숨을 부지하여 운 좋은 경호원으로 알려졌었다. 그 후 전대통령의 경호 수행과장이 되어 버마까지 왔으나 다시 운 좋게 생존하였으니 천운의 경호관이라고 할 수밖에 없을 것 같다. 버마사건 후 전두환 대통령이 1984.9월 일본을 공식 방문하고, 첫 유럽 순방에 나선 1986.4월 영국에서 다시 그를 만나 버마 이야기를 나눌 수 있었다. 내가 駐폴란드 한국대사관 창설 준비를 위해 1989.10월 초부터 한달 반 정도 부다페스트에 체류할 때는 노태우 대통령의 동구권 최초 방문인 헝가리 방문을 준비하러 온 그를 또 볼 수 있었다. 대통령 경호를 빙자하여 온갖 위세를 부리며 행사 준비자들을 괴롭히던 당시의 많은 경호원들과는 달리, 그는 합리적이고 온화한 성품으로 주위에 좋은 인상을 주었던 신사로 기억된다.

폭발 당시 현장 상황

인야레이크 호텔에 투숙 중이던 공식 수행원들은 10시10분 호텔을 출발하여 10시20분에 순국자묘소에 도착, 단 위에 도열하여 대통령의 도착을 기다리고 있었다. 랑군시내 쉐다곤사원의 북쪽 문 근처에 있는 이 버마 순국자묘소 Martyrs' Mausoleum는 버마독립의 영웅으로서 국부로 추앙받고 있는 아웅산 장군과 그와 함께 독립운동을 한 동지들로서 버마임시정부 각료직을 맡아 아웅산 총리 주재 각의 도중 1947.7.19 정적에 의해서 같이 암살당한 6명의 각료와 1명의 차관, 그리고 한명의 장관 경호원 등 총 9명의 순국자 중 이슬람 신자인 압둘 라작Abdul Razak 교육·국가계획장관과 그의 경호원 코 흐퉤Ko Htwe를 제외한 7명의 유해가 묻힌 곳이다. 묘소건물은 약 200평가량의 기다란 직사각형 기와집 모양으로 지붕과 기둥만 있고 사방이 터진 형태였다. 안에는 아웅산 장군 유해를 모신 석관이 있고 그 좌우에 나란히 배치된 4개씩의 작은 석관 위에는 황금빛 액자 속에 그들의 사진이 걸려 있었다. 이 좌우 석관 8개중 6개는 순국자의 유해를 모셨고 2개는 유해가 다른 곳에 모셔진 2명을 기념하는 빈 석관이다. 목재타일 천정은 5미터 정도의 높이고 바닥은 대리석으로 되어 있었다. 묘소 주위에는 목책이 설치되어 있었고 붉은 카펫이 깔려 있었다. 이 건물은 암살범들에 의해 이날 완전히 폭파되어 1985년에 콘크리트 건물로 재건되었다.

순국자묘소 단 아래에서는 박송택(외무부 파견 청와대 의전비서실 근무), 최재욱(청와대 공보비서실), 강병규(청와대 비서실장실), 이해순(駐이슬라마바드 부총영사, 의전업무 지원차 버마 파견), 송영식(駐버마대사관 참사관), 최상덕(외무부 의전과장), 이수혁(외무부 의전과 사무관), 전인범 대위(합참의장 수행관) 등 비공식 수행원들과 경호원들이 헌화행사를 준비, 점검하고 있었고 수행기자들도 취재를 위해 주변에 서 있었다. 공식수행원(21명) 중 황선필 공보수석은 그날 아침 호텔을 떠나 영빈관에 가서 대통령에게 수행기자단에 대해 보고를 하던 중 시간이 지체되었고 다시 호텔로 돌아와서 행사장으로 가는 바람에 폭발 시점에 아직도 행사장에 도착하지 못하고 있었다. 김병연 외무부 아주국장과 홍순영 대통령비서실 정무비서관은 공동성명문안 최종 협의차 당일 11시 버마 외무성에서 정무총국장 우 틴툰과 면담 예정이라 호텔에서 외무성으로 갈 준비를 하고 있어서 헌화 행사에 참석치 않았다. 나머지 비공식 수행원들은 영빈관과 호텔에서 영부인 주최 한글학교 학부모 초청 다과회 등 기타 공식행사와 공동성명 및 다음 날에 있을 정상회담 준비 작업 등을 하고 있었고 수행 경제인들 중에는 골프장으로 간 이들도 있었다.

10시25분경 태극기를 게양한 벤츠차량에 탑승한 이계철 대사, 함병춘 비서실장, 심상우 비서실장과 민병석 주치의를 태운 귀빈 차 등 세대의 차량들을 앞뒤로 호위한 두번째 모터케이드가 순국자묘소에 도착하였다. 차에서 내린 이들은 이미 도열하고 있던 공식 수행원과 단 위에서 합류하였다. 모두 도열한 직후 대통령의 도착을 기다리는 중, 천병득 경호처장의 손짓에 따라 헌화행사 중 묵념할 때 진혼곡을 불 나팔수가 연습차 한두 소절의 나팔 소리를 냈다. 그 수십초 내지 일분 후인 10시28분에 폭음과 함께 2열 횡대로 도열한 공식수행원 전면의 순국열사묘소 목조건물 지붕 위에서 크레모아식 폭탄 한 발이 폭발하며 건물이 주저앉았다. 이 폭발과 건물 붕괴로 인한 사상자는 아래와 같았다. 이들은 버마 측과 우리 측 경호원들에 의해 즉시 랑군 시내 육군제2병원으로 옮겨졌다. 한편 헌화 행사를 녹화하고자 현장에서 대기중이던 문화방송국 TV의 임채헌 기자는 부상을 입은 상황에서도 투철한 기자 정신으로 폭발사건 직전의 묘소, 폭발장면 및 폭발 후 현장, 육군병원에서의 부상자 치료 장면 등을 비디오로 8분간 촬영하여 생생한 현장 상황에 대한 귀중한 자료를 제공하였다.

사상자

폭발 당시 현장에서 우리 측 15명과 버마인 3명이 즉사하고 우리 측 16명과 버마인 33명이 부상을 당하였다. 우리 부상자 중 정태진 경호관은 10.9 당일 랑군 육군제2병원에서 치료 중 사망하였고, 이기욱 재무차관은 10.13 필리핀 미국 클라크 공군기지에서 사망하였다. 경상을 입은 MBC의 문진영 기자와 경향신문의 윤구 기자 등 2명의 부상자는 육군제2병원에서 간단한 치료 후 그 날 오후 16:30 대통령과 함께 특별기로 랑군을 떠나 귀국하였다. 버마인 부상자 1명도 병원에서 치료 중 10.11 사망하여 버마 측에서도 4명이 사망하였다.

사망자 명단

한국 측(17명)

서석준 부총리 겸 경제기획원장관, 이범석 외무부장관, 김동휘 상공부장관, 서상철 동력자원부장관, 이계철 駐버마대사, 함병춘 대통령비서실장, 심상우 민정당총재 비서실장, 이기욱 재무부차관, 강인희 농수산부차관, 김용한 과학기술부차관, 김재익 대통령경제수석비서관, 하동선 해외협력위원회 기획단장, 민병석 대통령주치의, 이재관 대통령비서실 공보비서관, 한경희 경호관, 정태진 경호관, 이중현 동아일보 기자

*공식 수행원 21명중 13명 사망, 2명 부상(이기백, 최재욱)

버마 측(4명): 영화공사 및 뉴스·정기간행물 공사 관계자들

U Tin Kyaing, Motion Picture Corporation, News Editor

U Ohn Kyaw, News & Periodicals Corporation, News Editor

U Aung Naing, Motion Picture Corporation, Cameraman

U Soe Myint, Motion Picture Corporation, Deputy Assistant Director

부상자 명단

한국 측 입원자(12명)

이기백 합참의장, 최재욱 대통령비서실 공보비서관, 최상덕 외무부 의전과장, 김영석 경호관, 임삼택 문공부 공보과, 김상영 문공부 공보과, 최금영 연합통신, 김기석 코리아 헤럴드, 최규철 동아일보, 김기성 연합통신, 윤국병 한국일보, 송진혁 중앙일보

버마 측(32명)

U Aung Kyaw Myint 문화공보장관, U Than Maung 문화공보차관, 기타 30명

7. 폭탄이 터져 죽었어... 다 죽었어...

10시50분경 호텔 방에서 외무성으로 떠날 차비를 하고 있을 때 내 방으로

의전과의 이수혁(전 더불어민주당 의원, 현 駐미국대사)이 뛰어 들어왔다. 아웅산 묘소 헌화행사에서 의전 일을 도우러 갔던 그가 사력을 다해 3km 정도를 달려온 것이다. 손에는 피가 묻어 있고 입에서는 거품이 나고 있었다. 그는 아무 말도 못하고 내 침대에 그냥 쓰러졌다. 나는 순간적으로 아웅산묘소에서 엄청난 사건이 발생하였음을 직감하고 "대통령은?"하고 물었다. 그는 "괜찮아"라고 했다. 일단 안심이 되고 다행이란 생각이 들었다. "장관은?"하고 이어서 물으니 "죽었어"라고 했다. "대사는?"하고 또 물으니 "폭탄이 터져 죽었어. 다 죽었어"라고 말하며 기절하고 말았다. 참배단 아래 서 있다가 사고를 목격한 그는 폭발의 파편과 먼지를 뒤집어쓰고 사방에서 튀어 오르는 핏방울을 맞았으나 다행히 별 부상은 없었다. 그는 순국자묘소에서의 무서운 살육과 또 있을지 모르는 다른 일행에 대한 위험을 알리고자 온 힘을 다하여 전 속력으로 20여분을 달려 온 후 기절한 것이다. 그때의 엄청난 트라우마로 인해 그는 당시 상황을 회상하고 싶어 하지 않는다. 비보에 접한 나는 이제 어떻게 사태를 처리해야 할지 잠시 난감했다. 우선 보고 계통을 따라 최남준 과장과 김병연 아주국장을 찾아 사태를 설명하고, 이제 김국장께서 외무장관을 대리해서 사령탑을 맡아 일을 처리해야 한다고 하였다. 그러자 김국장은 자기는 사망자와 부상자가 있는 병원에 우선 가볼 테니 나에게 여기서 일단 사령탑 노릇을 하고 있으라고 하였다. 누구 소행인지 모르니 당장 신변이 불안하였다. 버마놈들이 우리를 초대해놓고 다 죽이려는가 하는 생각도 들고 버마정부 측에서 그럴 리는 없고 정부 내 반란이 일어난 것인가? 샨족 등 반군의 짓인가? 종잡을 수 없는 온갖 생각들이 순식간에 몰려왔다. 그러나 북한이 이 먼 곳에서 삼엄한 경호망을 뚫고 그런 짓을 할 수 있었을까 하는 점에서는 의문이 갔다. 또 우선 대통령의 안위가 걱정되고 그를 보호할 조치를 취하는 것이 급선무라는 생각이 들었다. 12.12 반란과 광주학살의 책임자라고 해도 대한민국의 대통령으로 여기에 온 것이니 무조건 대한민국 국가원수를 보호하는 것이 제일 중요한 일이라고 생각되었다.

나는 이 상황에서 대통령과 남은 우리 일행이 무사히 버마를 어떻게 벗어나고 당장 보호를 받을 수 있는 방법이 무엇일까 고민하였다. 버마에서 우리에게 도움을 줄 수 있는 나라로 맨 먼저 미국이 떠올랐다. 그래서 전화통을 들고 교환수에게 미국대사관에 연결해 달라고 하였다. 미국대사관에서 누가 전화를 받았다. 나는 한국 대통령을 수행해 온 사람인데 현재 인야레이크 호텔에 머물고 있다고 하고 대사와 통화하고자 하니 바꿔달라고 하였다. 그는 자기는 대사관을 지키는 해병대원인데 오늘 대사관은 휴무라 아무도 없으며 대사는 공석으로서 대사대리체제라고 하였다. 나는 한국 대통령 일행에게 테러가 가해져서 사상자가 많이 발생했음을 대사대리에게 빨리 알리라고 하니 그는 그리 하겠다고 하였다. 나중에 알게 되었지만 Salmon 미국 대사대리는 당시 버마 중부 도시 만다라이Mandalay에 가 있어 그날 오후에야 사건을 알게 되었다고 한다.

전화를 끊고 이런저런 상황을 파악한 후, 호텔 내 분위기를 살피러 문을 나서니 여러 사람이 호텔로 들이닥치고 있었다. 사건현장에서 돌아 온 수행원들이 한동안 우왕좌왕 하는 중에 전에 국가정보기관에서 같이 근무하였던 Y 서기관이 눈에 띄었다. 그는 경호업무를 위해 사전에 파견되어 있었다. 그에게 대통령이 이번 테러사건이 북한소행이라는 성명을 발표한다는데 무슨 증거도 없이 너무 성급한 게 아니냐고 물었다. 그도 북한의 해외공작 능력에 비추어 그들의 소행보다는 버마반군의 소행일 가능성이 크다고 하면서 대통령의 성급한 발표에 대한 반향을 우려하였다. 나는 아웅산묘소 지붕에서 폭탄이 터졌다는데 우리 측 경호가 이를 왜 사전에 점검하지 않았느냐고 물으니 그는 어떻게 지붕 위까지 올라가 조사하겠느냐고 하였다. 그가 즉시 답변하는 것으로 보아 상황을 알고 있었던 것 같았다. 사실 그 상황에서 우선 누구나 가지게 되는 첫번째 의문이 그것이었다. 그래서 나는 우리 경호가 어떤 이유에서건 간에 지붕을 직접 점검하지는 않았다는 것을 알게 되었다. 사실 그런 시설물에 대한 점검은 초청자 측에서 하는 것이 원칙이고 우리가 남의 나라에 가서 그 나라의 시설을 점검한다는 것은 무리이니 정상적인 상황이라면 이를 버마 측에서 알아서 하도록 하고 우리는 그 결과만 파악하면 되는 것이다. 그러나 1983.5월 틴 우 국가정보국장이 숙청된 후유증의 여파인지는 명확치 않지만 우리와의 경호를 위한 보안·정보 협력이 거의 이뤄지지 않는 상황이었다. 더구나 북한의 공작선으로 알려진 동건애국호가 전대통령의 방문을 목전에 둔 9.17 – 24간 랑군항에 기항하여 선원들이 하선까지 한 일이 있었음을 고려할 때, 우리 요원이 버마 측과 함께 행사장의 지붕 등 시설을 직접 점검하고 주변 감시를 철저하게 했어야 함은 두말할 여지가 없을 것이다.

1983.5.18자 駐버마대사 보고에 의하면, 네윈의 후계자로 거론되던 버마 국가정보국장 틴 우 장군이 1983.5월 부정부패로 사임했는데 실제로는 그의 세력 강화에 대한 네윈의 우려로 제거됐다는 것이다. 이로 인해 틴 우 부하인 정보국 간부들이 대거 제거됨으로써 정보망이 붕괴되어 경호에 차질이 생겼을 것이라는 주장도 있다. 실제로 네윈은 사건 당일 전두환 대통령을 방문한 자리에서 최근의 국가정보국 간부 숙청으로 경호에 차질이 생겼다고 하고 자신이 철저한 검색과 검사를 지시하고 아웅산묘소 참배도 하지 말라고 우 산유 대통령에게 이례적으로 충고까지 해주었다고 하였다. 이는 그의 책임회피성 발언일 수도 있으므로 액면 그대로 믿을 게 아닐지도 모른다. 아무튼 행사를 준비하는 동안 내내 양국 간 경호협조가 원활하지 못했고 외무성 의전실을 통해서만 경호업무가 진행되었다고 한다. 우리 측은 버마 측 고위 정보책임자를 한번도 만나지 못했다고 한다. 송참사관도 "정보국 숙청사태로 경호에 차질을 빚을 수 있는 가능성을 대사관이 더 강력하게 경고했어야 옳았던 것 같다."[8]고 후회하고 있다. 그러나 그런 현지 사정은 우리 측 정보기관과 경호실에서도 잘 알고 있었다. 현지 대사관의 추가적인 경고 미흡이 경호 담당자들의 직접 책임인 행사장 사전 감시와 점검을 소홀히 한 데 대한 면책 사유가 될 수는 없을 것이다.

버마정보국과의 경호협조가 원활하지 못한 것이 정보국장의 해임에서 연유한 것인지도 더 확인해 볼 필요가 있을 것 같다. 오랜 영국식민통치를 받은 버마는 영국식 제도를 많이 답습하였을 것이다. 영국에서는 외빈방문 시 경호문제는 원칙적으로 외무성 의전실과 협조하에 런던경찰청 외교사절국에서 총괄하며 영국 경찰청 특수부Special Branch에서 정보협조를 하게 되어 있다. 국가정보국인 MI 5(방첩)나 MI 6(해외 정보)는 워낙 비밀스런 조직이라서 전혀 전면에 나서지 않으므로 우리 기준으로 봐서는 안 된다. 내가 1984.3월 말 駐영국대사관 1등서기관으로 부임하고 2년여가 지난 1986.4월에 전두환 대통령이 한국 대통령으로서는 사상 처음으로 영국을 공식 방문하게 되었다. 버마사건 이후 전대통령은 1984.9월에 일본을 공식 방문한 바 있으나 그 후 경호문제로 해외 순방을 자제하였다. 그러다가 처음으로 다시 해외 방문에 나서게 되어서인지 경호가 최우선이었다. 우리 대사관에는 정보요원들도 있었으나 그때까지도 이들은 영국정보기관(MI 5, MI 6)과 직접적인 협조관계를 맺고 있지 못하고 있었다. 우리나라에 중앙정보부가 생긴 것이 1960년대 초이고 그 직후부터 그 요원들이 영국에 파견되어 있었는데 20여 년이 지난 시점까지 영국정보기관과 협조관계가 없다는 것은 이해하기 힘든 상황이었다. 영국 측은 한국정보기관을 국내 반정부인사들을 탄압하는 기관 정도로 이해하고 있어 카운터 파트로 인정하지 않는 모양이었다. 우리 정보기관의 장점이라면 북한에 대한 정보수집일 터인데 영국 입장에서는 미국 정보당국과 역사적으로 긴밀한 공조체제에 있기 때문에 미국을 통해 필요한 모든 정보를 얻을 수 있으니 영국이 보기에 인권탄압으로 악명 높은 사이비 정보기관과 굳이 협조관계를 맺고 싶지 않은 것이 아닌가 하는 생각도 들었다. 서울에서는 수시로 영국 내 북한이나 친북인사 동향 등을 파악해 보고하라고 지시가 내려오는데 대사관에 파견된 우리 정보요원(IO)들은 방법이 없어 외무성 한국담당관을 만나 자료를 요청하는 일이 잦았다. 내가 런던에 부임하여 보니 대사관 정보관이 외무성 한국담당관을 만나고 있었다. 그는 나의 카운터 파트인데 우리 대사관에서 두명이 각자 그를 만나게 되면 우리가 불리하고 안기부에서 외무부 일을 하는 모양새가 되기도 하였다. 나는 이 문제점을 강영훈 대사에게 보고하고 시정해 달라고 하였다. 강대사는 그렇지 않아도 전부터 그런 이야기가 있어 자기가 주의를 주었는데 시정이 안 된 모양이라고 하면서 즉시 그를 불렀다. 그리고 앞으로 한번이라도 외무성 한국담당관을 만나면 바로 서울로 소환시킬 것이니 필요한 사항이 있으면 최서 기관에게 부탁하여 파악하라고 엄하게 지시하였다. 그래서 이 문제는 일단락되었고 나는 안기부의 필요사항을 파악해 주느라 좀 피곤한 처지가 되었다. 그후 강대사가 1984.11월 이임하고 신임 김영주 대사가 부임하였다. 문제는 대통령 방문행사를 준비하면서부터였다. 영국은 일 년에 외국 국가원수 두어 명만 국빈으로 초청하며 3년 전에 여왕이 하원에서 그 나라 이름을 발표하는 것이 관례였다. 우리는 3년쯤이나 미리 외국방문을 결정하는 경우가 없어서 사상 처음의 영국방문이라고 해도 1년 전에 결정되었기에 국빈방문이 아닌 공식방문이 될 수밖에 없었다. 처음부터 이런 사정을 서울에 보고하였지만 국빈방문으로 격상하라는 지시는 1년 내 계속 내려와서 외무부와 대사관 모두 큰 고초를 겪어야 했다. 대사관의 무능으로 국빈방문을 이뤄내지 못했다는 전대통령의 우리 대사관에 대한 질책은 방문 기간 중에도 계속되었다. 두 방문의 차이는 초청 주체가 여왕이냐 수상이냐로서, 이에 따라 숙소가 왕궁이냐 호텔이냐와 여왕주최 만찬이냐 수상주최 만찬이냐 등의 의전상 문제였다. 끝내 국빈방문이 안 된다면 여왕이 머무는 버킹엄 궁내에 숙소를 확보하라는 황당한 지시도 계속되었다. 방문이 결정된 직후부터 1년 내내 우리 경호실과 안기부 측에서 영국 측에 요구하는 경호사항이 불필요하게 너무 많아 영국 외무성 관계자들도 많은 짜증을 낼 정도였다. 예를 들면 영국은 전통적으로 외국 국가원수라 하더라도 그 경호원들의 무기 반입과 소지를 엄하게 금하였다. 우리 경호실은 영국의 전통을 도저히 받아들일 수 없으니 기관단총을 포함하여 근접경호원들이 소지할 무기명을 영국 측에 제시하고 승인을 받으라고 우리 대사관을 압박하였다. 그렇다고 영국이 오랜 전통을 바꿔가며 우리에게 양보할 것인가? 청와대 경호실 관계자들도 수차례 영국에 와서 나와 같이 직접 외무성 의전팀과 만나 "버마암살폭발사건" 등을 설명하며 우리 측 경호원들의 무기 소지를 요구하였으나 허사였다.

그 무렵에 프랑스 미테랑 대통령이 양국 역사상 처음으로 영국을 국빈방문하였다. 프랑스로서는 최초의 국빈방문이라 양측에서 많은 준비를 하였다. 천년이 넘는 영불관계인데 프랑스 국가원수의 영국 국빈방문이 처음이라니 나도 믿기지 않을 정도였는데 양국관계의 역사에 비춰보면 수긍이 가기도 했다. 천수백 년 역사의 한일관계에서 아직도 일본 천왕의 한국 방문이 없는 것을 보면 이를 이해할 수 있을 것이다. 문제는 프랑스 측이 경호원들의 무기 소지를 일체 금한다는 영국 측 방침을 이해하지 못하고 이를 매우 불쾌하게 생각하면서 발생하였다. 영국은 끝까지 일체의 무기 반입을 금지하여 프랑스 경호원들은 맨 몸으로 대통령을 경호하는 처지가 되었다. 물론 영국 내 경호는 전통적으로 전적으로 영국 책임이라고 하지만 프랑스 경호로서는 자존심이 무척 상하게 되었다. 영국의 의전절차에 따라 미테랑 대통령이 버킹엄 궁에 가까운 빅토리아역에 기차로 내리면서 국빈방문이 시작되었다. 그날 밤은 프랑스 자체행사로서 대사관저에서 프랑스 교민 등을 초청한 리셉션이 있었는데 영국 경호들이 행사장을 사전 점검하는 중에 대사관저 정원 땅 속에서 폭탄이 탐지되었다. 프랑스 측은 쾌재를 불렀다. 영국 너희들이 경호를 완전 책임진다고 하더니 대사관저에 테러분자가 폭탄을 숨기는 것도 몰랐지 않으냐? 우리가 너희를 어떻게 믿겠느냐? 지금이라도 우리에게 무기를 허용하라는 것이었다. 영국 측은 무척 당황하였다. 보이지 않는 완벽한 경호를 자랑해 온 런던경찰청의 명예에 관한 문제였다. 프랑스 경호에게 무기반입은 계속 거부한 채 일단 프랑스 측에 사과하고 행사를 무사히 마친 런던경찰청은 이 사건에 대한 치밀한 수사를 전개하였다. 그 결과가 세상을 놀라게 하였다. 영국 측이 밝혀낸 바에 의하면 대사관저 내 폭탄은 프랑스 경호가 스스로 숨겨놓은 것이었다는 것이다. 영국의 경호를 골탕 먹이고자 한 일이었다. 이번에는 프랑스 측이 완전 수세에 몰려 크게 사과하고 물러날 수밖에 없었다.

우리는 한국의 남북대결과 최근의 버마암살폭발사건 등 북한의 테러위협에 처한 특별한 상황을 설명하면서 영국 측에 최소한의 무기소지를 요청하였다. 그 교섭은 실무적으로 내가 해야 될 일이어서 마음고생이 매우 심하였다. 결국 영국 측은 원칙적으로 일체의 무기반입이 금지이나, 레이건 미국 대통령의 경우 미국 내에서의 암살기도사건도 있었기에 근접경호원들에게 권총 2정을 허용한 바 있다고 하고 한국 측에도 그 기준을 특별히 적용하여 권총 2정의 반입과 휴대를 허용한다고 하였다. 우리로서는 영국방문을 취소하던지 이를 수락하던지의 선택밖에 없었으므로 이를 수락할 수밖에 없었다. 나는 우리 경호실로부터 무기소지 문제 하나 해결하지 못하는 무능한 외교관이라는 비판에 끝없이 시달려야 했다. 버마에서는 무기소지를 못해서 그런 참변을 당한 우리 경호실이었던가를 생각하면 적반하장이 너무 심하다고 할 수밖에 없었다. 아무튼 우리는 권총 두자루라도 가져오기 위해서 영국 측 요청에 따라 대사관 공문으로 우리 경호원들이 소지할 권총의 제원과 일련번호 등을 통보하였다. 그리고 나는 영국 측을 설득하였다. 한국정보기관도 북한에 대한 상당한 정보수집과 공작능력을 가지고 있으니 영국의 방첩기관인 MI 5와 우리 대사관 정보요원이 협력할 수 있도록 외무성에서 문제 제기를 해줄 것을 여러 번 부탁하였다. 그러던 중 1986.4월 전대통령의 영국 방문을 한 달여 앞두고 외무성에서 연락이 왔다. 영국정보기관에서 한국 측 요청을 수락하였으니 우리 측 대사관 정보책임자가 어디로 누구를 찾아가라는 것이었다. 그리고 영국경찰청 특수부Special Branch 책임자도 소개해 주기로 하였다. 당시 우리 대사관의 정보책임자는 내가 1970

년대 초 국가정보기관에서 근무할 때 같은 과에 있던 분이었는데 이를 매우 기쁘게 생각하였다. 나로서도 큰 짐을 덜었고 이후 외무성 접촉선을 두고 외무부와 안기부 측이 대사관내에서 다투는 일도 많이 줄어들게 되었다.

그런데 실제로 전두환 대통령이 런던 히드로공항의 귀빈전용 터미널로 점보기를 타고 내릴 때 큰 소요가 발생하였다. 영국 측이 예외적으로 허용한 권총 두자루 이외에는 일체 다른 무기를 가져오지 않기로 양측이 합의하였음에도 불구하고 우리 경호원들이 몰래 기관단총 등 다량의 무기를 가방에 숨겨서 반입하려다 걸린 것이다. 나도 당시 공항 현장에 나가 있었는데 영국경찰 경호팀에서 엄청 화를 내며 기관단총을 뽑아들고 한국 측 경호원들이 무기를 항공기내로 다시 반입하지 않으면 무기 소지자들에게 그가 누구든 총격을 가하겠다고 하였다. 우리로서는 신용도 잃고 체통만 구기고 말았다. 부끄러워서 지금도 밝힐 수 없는 유사한 일들이 대통령 방문 중 계속 일어나고 이리저리 큰 망신을 당하면서 대한민국 대통령의 사상 최초 영국 공식방문이 끝났다. 물론 이런 모든 망신에 대한 전대통령과 경호·의전 측의 분풀이는 대사와 대사관 측으로 쏟아졌다. 그 후 나는 외무부 근무 중 대통령 외국방문 행사를 직접 맡은 일이 없었음을 지금도 참으로 감사하게 생각하고 있다. 1950년 외무부에 들어와 1958−60년 외무부 정무국장, 1965−67년 외무차관(정일권이 총리겸 외무장관)을 지낸 후 독일, 캐나다, 오스트리아 주재 대사를 거쳐 1984.11월 강영훈 대사 후임으로 런던에 부임한 김영주 대사는 외무부의 역사라고도 불리는 전설적인 직업외교관의 한 분으로서 자부심이 대단한 분이었다. 그러한 그도 1년 가까운 세월동안 전두환 대통령의 영국방문 준비와 정상회담을 치르면서 우리 측의 무뢰한 같은 무리한 의전과 경호 요구로 인해 커다란 수모와 고통을 당하였다. 행사가 끝난 후에는 외무부에 들어온 것을 이번에 처음으로 후회하게 되었다고 나에게 술회할 정도였다. 정상회담 후 기대되었던 외무장관직에 대한 미련을 버린 것은 물론이었다.

8. 순국자묘소 사전점검은 정말 못했는가?

아웅산묘소에서의 폭발사건 발생 직후 자연스럽게 대통령 방문 장소에 대한 사전 검색 등 경호가 왜 그렇게 허술하였는지 의문이 제기되었다. 그런데 우리 경호실이 전대통령에게 어떻게 보고했는지는 모르나 사건 직후부터 순국 자묘소 건물 지붕에 대한 사전 점검을 버마 측이 못하게 해서 폭탄을 발견하지 못한 것으로 수행원들과 우리 언론에 알려졌다. 순국자묘소가 성역이라서 버마 측이 그 건물에 대한 경호 검색을 하지 못하게 했다는 것이다. 우리 언론에 처음부터 그렇게 보도되었고 이를 반박하는 누구의 증언도 아직 없다. 버마 측에서도 이 문제에 관한 공개적인 설명이 없었으니 수행원들이나 국민들도 그렇게 믿을 수밖에 없었고 현재까지도 그렇게들 믿고 있다. 사건 범인 중 유일한 생존자로 2008.5.18 사망할 때까지 랑군에서 수감생활을 한 강민철에 관한 "아웅산 테러리스트 강민철"(2013년)에서 저자 라종일은 이 부분에 대해 자기가 파악한 바를 다음과 같이 기술하고 있다. "…한편 현장에서는 남한의 경호요원들과 버마의 안전요원들 사이에 약간의 마찰이 있었다. 남한 경호요원들은 버마 요원들에게 금속탐지기로 묘소 안 검색을 요청했지만 버마의 안전요원들이 이를 거절했다. 버마는 묘소의 외부 경비는 남한이 맡고 내부는 자기들의 책임이므로 남한 측의 내부 검색은 필요하지 않다는 입장을 고수했다. 후일 당시 보안문제에 관여했던 버마의 인사들에게 어째서 현장검색을 못하게 했는지 물었는데 확실한 답을 듣지 못했다. 묘소가 성역이라는 이유로 반대했다는 이야기도 있고 지붕에 못 같은 금속성 건축자재가 많이 들어 있어서 검색을 했더라도 의미가 없었을 것이라는 설명도 있다. 당시 보안요원으로 근무했던 버마 관리인에게 왜 버마의 보안기관이 북한의 테러범들이 숨긴 폭탄을 찾아내지 못했는지 물었는데, 지붕까지 검사할 생각은 하지 못했다는 답을 했다. 잘 납득이 가지 않는 설명이고 적어도 보안문제를 소홀히 했다는 지적을 피할 수는 없었다."9

　사건 발생 후 며칠이 지나도록 버마 측은 이 문제에 관해 버마 측 책임을 거론한 우리 언론보도를 모르고 있었다. 그런데 우 칫라잉 버마 외상은 10.13 서울에서 열린 "순국외교사절 합동국민장"에 조문사절단으로 방한(10.12-14)중 한국신문(영자신문)을 보고 비로소 이를 알게 되었다. 그는 사건 발생 직후 우리 측 특사로 버마에 파견되었다가 전날 귀국한 이원경 체육부장관과 10.14 신라호텔에서 조찬(김병연 아주국장과 필자 동석)을 하는 중에 "금일 한국신문은 버마 측이 한국 경호원들의 아웅산묘소 사전 조사를 금하였다고 보도하였으나 이는 사실이 아니다."라고 언급하였다. 이 기록은 그 자리에 배석하여 같이 조찬을 한 내가 작성해둔 문서10에 기록되어있다. 버마 외상은 또 서울에서 영결식 참석시 10.13에 만났던 일본 아베 신타로(安倍晋太郎, 1924−91) 외상을 귀국 길에 도쿄에서 다시 만나 10.14 만찬을 하는 중에 "방한 중 한국 언론은 본인을 비난하는 태도를 보이고 버마 측이 성역이라는 이유로 묘소의 사전 점검을 거부했다는 허위 보도를 하였다. 금번 사건으로 한국은 중요한 인재를 잃었으나 버마는 국가의 위신을 잃었다. 상대방이 성의를 가지고 임하면 버마 측도 성의를 가지고 임할 것이다."11라고 이를 다시 언급하였다. 아베 외상은 범인들의 신변 보호와 사건의 조속한 진상 규명을 버마 측에 당부해 달라는 우리 측 요청에 따라 버마 외상과 만찬을 가진 것이었다. 버마 외상에 의하면 버마 측이 우리 측의 묘소 건물 사전 점검을 막지 않았으며, 양측이 현장을 함께 점검하였으나 폭발물들을 발견하지 못하였다는 것이다.

우리 경호실에서 버마 외상의 이러한 발언을 알았다는 사실은 박창석의 저서 "아웅산 리포트"(1993년)에 인용된 천병득 경호처장의 회고12에서도 드러난다. 박기자와의 인터뷰에서 천처장은 "수사 초기에 버마당국은 지나치리만큼 남한 사람들에게 혐의를 두고 있었습니다. 나 자신은 물론 송영식 참사관, 대사관에 파견나온 무관까지 출국금지령을 받았고 버마 수사당국에 의해 조사를 받았습니다. 그들은 특히 나팔수의 진혼곡을 신호로 폭발이 이루어졌고, 따라서 나팔수의 진혼곡과 폭발사건이 틀림없이 관계가 있다고 믿고 있었던 것 같았습니다. 특히나 참을 수 없었던 것은 한국 측 경호원에 대한 의심이었습니다. 그들은 송영식 참사관과 무관에게 '경호처장(천병득)으로부터 부여받은 임무가 무어냐?'는 등 노골적으로 한국 경호원들을 의심했습니다. 사건 직후 나팔수를 포함해서 현장에 있던 몇 명의 버마인들이 수사당국에 의해 조사를 받았는데, 한국 경호원들이 관련됐다는 이야기가 그 조사과정에서 나왔다는 겁니다. 버마수사관들의 주장에 의하면, 한국 경호원이 사건 3일 전에 '경호상 사전 검사를 해야 한다'면서 아웅산묘소 지붕에 올라갔다고 한 나팔수가 증언했다는 것입니다... 그 때문에 나는 범인 체포 후에도 일주일간이나 출국이 정지되었습니다. ...그러다가 한국으로부터 박세직씨가 이끄는 조사팀이 왔습니다... 우 산유 대통령이[13] 조문사절로 한국에 와서 신라호텔에 머물렀는데, 그때 일본 아베 외상이 조문단 대표로 와서 바로 옆방에 묵고 있었습니다. ...일본의 아베 외상은 우 산유 대통령에게 '귀국에 방문한 한국 대통령의 경호를 왜 그렇게 허술하게 했느냐?'고 물으니 우 산유 대통령은 '무슨 소리냐? 한국 경호팀이 폭발사건 3일 전에 묘소 내부를 다 체크했다'고 말하면서 한국 경호팀에 대한 의심을 버리지 못하고 있었다는 겁니다... 더욱 기막힌 것은 한국조사팀조차 사건 3일 전에 우리가 묘지 체크한 부분에 대해 깊은 의구심을 갖고 있었습니다..."

여기에서 언급된 버마 외상과 일본 아베 외상 간의 10.13 신라호텔 대화는 내가 1984.3월 사건경과를 작성해둔 보고서에 그 내용이 들어 있으나 경호문제에 관한 언급은 없다. 천처장은 위에서 내가 밝힌 10.14 조찬 시 신라호텔에서 이원경 체육부장관, 그리고 그날 저녁 도쿄에서의 아베 외상과의 만찬 시 버마 외상이 언급한 내용을 누군가에게서 들었으나 정확하게 기억하지 못한 것이 아닌가 생각된다. 사건 발생 3일 전(10.6 목요일)에 한국경호팀을 사칭한 범인들이 묘소관리인을 매수하여 폭탄을 설치했다는 11.8자 일본지지통신時事通信의 보도에 대한 사실여부를 파악하도록 나는 駐버마대사관에 전문을 보냈지만 현지공관에서도 사실여부를 파악하지 못하였다. 사건 3일 전인 10.6(목)에는 버마·한국 양측의 공동 점검이 있었고, 범인들은 사건 2일 전인 10.7(금) 새벽 2시에 폭탄을 설치하였음이 밝혀졌으니 오보임에 틀림없을 것이다. 사건 직후 조사에서 버마 측은 편견 없이 모든 가능성을 열어놓고 조사에 임하였으므로, 현장을 점검하였던 한국경호팀에 대해서도 의심을 가지고 조사를 한다는 것은 당연한 일일 것이다. 그런데 누군가가 관리인을 매수하여 묘소 지붕에 폭탄을 설치하였다면 그 사실은 사건 당일인 10.9(일) 구성된 버마 측 조사위원회에서 바로 밝혀냈을 것이다. 물론 그 폭발물 설치자들이 북한의 공작원으로 공식 확인된 것은 11.3이지만 사건 직후에는 그들의 정체가 누구인지 버마 측으로서도 혼란스러웠을 것이다. 그러나 10.10 – 11에 걸쳐 북한인으로 추정되는 범인 두명이 생포되면서 폭탄을 설치한 범인이 북한공작원들일 가능성이 커지고 있는 상황이었다. 버마 외상은 10.12 오전 랑군을 떠나서 오후에 조문사절로 서울에 도착했으므로 이런 상황을 알고 있었다. 누군가가 버마경호팀의 안내 없이 행사 이틀 전날인 10.7(금) 새벽 2시에 단독으로 묘소지붕을 점검한다고 하면서 폭탄을 설치한 것으로 버마당국이 파악하였다고 하더라도 이를 근거로 버마당국이 한국경호팀의 묘소 사전점검을 금지한 바 없었다고 말할 수는 없는 일이다.

버마로서는 1979.10.26 박정희 대통령이 최측근에 의해서 암살된 사건도 있고, 한국 내 반전두환 세력에 의한 암살 가능성도 있으므로 한국 측 경호팀 내 반전두환 세력에 의한 폭발물 설치 가능성을 배제할 수는 없었을 것이다. 그러한 의심은 버마에 파견된 우리 조사단도 가졌던 것으로 위 천병득 당시 경호처장의 언급에도 나타난다. 그런데 위에서 천병득 전 경호처장이 "...더욱 기막힌 것은 한국조사팀 조차 사건 3일 전에 우리가 묘지 체크한 부분에 대해 깊은 의구심을 갖고 있었습니다."라고 언급함으로써 실제로 우리 경호팀이 사건 3일 전(10.6, 목요일)에 묘지를 체크했음을 인정하고 있는 점이 드러난다. 결국 버마 측이 우리 경호팀의 묘지 점검을 금지했다고 하는 것은 사실이 아님이 선발경호대로 파견되었던 현장 책임자 천병득 경호처장 본인의 발언으로도 드러나고 있는데 왜 지금까지도 이 사건에 대해 집필한 모든 필자들이 이를 무시하고 버마 측의 금지로 묘소를 점검하지 못했다고 판에 박힌 소리를 하고 있는지 이해할 수 없다. 범인들은 사건 이틀 전인 10.7(금) 새벽 2시에 묘지에 폭탄을 설치했으니 이는 우리 경호팀이 3일 전인 10.6(목)에 묘소를 체크한 이후이다.

문제는 우리와 버마 측 경호팀이 사건 당일인 10.9(일) 아침 일찍 현장을 다시 점검했는데 56시간 전에 범인들이 설치한 폭탄을 발견하지 못한 데 있다. 나의 추론으로는 이미 3일 전에 한국과 버마 양측에서 묘소 건물을 모두 점검했으니까 두번째 점검에서는 버마 측만 지붕에 올라가서 간단히 살펴봤고, 우리 측은 지붕 아래에서 금속탐지기로 대충 점검하였기에 지붕 속의 폭탄을 발견하지 못한 것이 아닌가 하는 것이다. 아니면 사건 당일 아침의 점검에서는 양측 모두 묘소 지붕에 올라가지는 않고 밑에서 탐지기로 형식적으로 점검하다 보니 지붕 아래 서까래에 장치된 폭탄들을 발견하지 못했던 것일 수도 있다. 내가 작성한 사건 경과 보고서에는 묘소 사전점검에 대한 버마 측의 추가적인 언급이 있다. 일본 외무성은 버마사건 관련, 일본정부의 대버마 교섭능력을 강화하고자 10.19−22일간 외무성 아주국 아리마 참사관(부국장)을 버마에 파견하였는데 그는 10.27 서울에 와서 이원경 외무장관에게 그 방문결과를 설명하였다. 그에 의하면 "10.21 버마 외무성 측은 사건 관련, 한국에 전적인 책임을 느끼고 이를 회피할 생각은 없으나 아웅산묘소는 일부 한국 측 이야기와는 달리 사건 당일 아침 먼저 버마 측이 점검한 데 이어 한국 측도 금속 및 플라스틱 탐지기를 동원하여 모든 가능한 사전 체크를 하였음을 강조하였다."[14]고 한다. 장세동 경호실장이나 천병득 경호처장은 책임 있는 공직자로서 지금이라도 이점에 대한 명확한 해명을 하고 유가족들에게 사죄해야 마땅할 것이다.

싱 후쿠오Xing-hu Kuo는 그의 저서에서 "범인들은 묘소 경비원을 일만 키야트(2년분 봉급)로 매수하려고 계획하고, 남한 경호원인데 사전에 현장을 은밀하게 수색하러 온 것처럼 행동하려고 하였으나 경비원이 자고 있어서 무사히 폭탄설치를 2시에 종료하였다."[15]고 하면서 실제로는 준비한 돈을 사용할 필요가 없었다고 기술하였다. 후에 범인들의 재판에서 이 묘소 관리인이 뇌물을 받고 범인들을 도와주었다는 부분에 대한 검찰 측 기소도 없었고, 범인들도 이에 관해 아무런 증언도 한 바 없었음에 비추어 경비원이 잠든 틈에 범인들이 폭탄을 무사히 설치할 수 있었다고 해야 할 것이다. 아무튼 사건 초기에 버마 측이 우리 경호팀을 강하게 의심했던 것은 사실이고 버마 측이 묘소 점검 책임에 대한 조사결과를 우리 측에 알려준 바가 없다. 이상하지만 우리 측 사건조사단도 이에 대한 조사결과를 버마 측에 요청하였다는 기록이 없다. 경호책임 문제는 전두환 시절 경호실의 막강한 위상 때문에 한국정부 내에서도 성역이라 외무부에서 거론할 수 있는 상황이 아니었다. 이와 관련하여 외무부도 駐버마대사관에 그러한 내용을 파악하라는 어떤 지시도 보낸 바가 없다. 또 사건 직후 서울에서 파견된 우리 측 조사단이 버마 측에 우리 경호가 묘소를 사전 점검하는 것을 허용하지 않았다고 문제를 제기했다는 기록도 없다. 결론적으로 버마 측이 우리 경호팀의 묘소 점검을 막은 것이 아니라고 해야 될 것이다.

송영식 참사관은 그의 저서에서 "우리 정부는 버마쪽 관련자 색출이나 처벌 문제는 일체 거론하지 않았으며, 버마 측도 묘지관리자 등 몇몇 말단 공무원을 수뢰혐의로 처벌했다는 이야기는 들었으나 공식적으로 통보한 내용은 하나도 없었다. 짐작하기로 고위급 수준의 협조나 방조 가능성이 있다고 보지만 이제 이 문제는 흐르는 세월과 함께 영구히 묻힐 것만 같다."[16]고 안타까움을 표시하고 있다. 또 "우리 경호담당이 금속탐지기로 아웅산묘소 지붕을 왜 철저히 검색하지 않았느냐는 비난도 있었다. 검색을 하려 했으나 묘지가 성역임을 이유로 버마 측이 강력히 반대했다는 이야기도 있었고, 묘소 지붕에 못 같은 금속성 건축자재가 많이 사용되어 현실적으로 검색이 무의미했다는 이야기도 있었다. 이 문제에 관해서는 현재까지 명쾌하게 밝혀진 바가 없어 실제 상황이 궁금하다."[17]라고 기록하고 있다. 그는 버마 외상이 서울과 도쿄에서 버마 측이 우리 경호가 묘소를 사전 점검하는 것을 막은 적이 없다고 밝힌 사실을 몰랐을 것이다. 또 그는 버마 외무성 측이 10.21 일본 외무성 아리마 참사관과의 면담 시, 행사 당일인 10.9(일) 아침에 양측이 각각 묘소를 별도로 점검하였는데 일부 한국 측 인사들이 사실을 달리 이야기 하고 있다고 강조했던 사실을 몰랐던 것 같다. 내가 이를 駐버마대사관에 전문으로 알려줬어야 되는데 그런 기억이 없고 또 기록이 눈에 안 띄는 것으로 보아, 우리 측 조사단이 10.11 현지에 도착하여 버마 측과 공동으로 현장조사 활동 중이었고 또 민감한 경호책임 문제라서 알려주지 않은 것 같다. 당시 우리의 모든 관심은 북한 소행임을 입증하는 데 있었고, 버마 측이나 우리 측 경호책임 문제를 거론하거나 이 문제가 부각되는 것은 북한책임 문제에 대한 초점을 흐릴 우려에서 삼가고 있었다는 점도 고려돼야 할 것이다.

송참사관은 또 "나중에 수사 과정에서 안 일이지만 북한은 서울 동작동 국립묘지 건물 천장에도 폭탄을 설치한 일이 있었다고 했다. 아웅산묘소는 성역임에는 틀림없지만 이러한 선례까지 있는 마당이라면 우리는 어떤 방법으로든 묘소 천장을 검색했어야 하지 않았나 하는 아쉬운 마음이 남는다. 아무리 버마 측이 거부해도, 그래서 설령 묘소 참배행사를 그만두는 한이 있어도 천장 검색을 강행했어야 옳았다."[18]고 한탄하고 있지만 양측에서 공동으로 검색한 사실을 모르는 관계로 그런 푸념을 하게 된 셈이다. 싱 후쿠오는 "묘지 천장에서 폭발물을 발견해내지 못했던 것은 숙명적인 오류와 소홀의 결과였다. 버마의 비밀경찰이 도처에서 폭발물이나 다른 무기를 찾아 헤매었지만 아무도 묘지 들보 위에 그러한 것이 있으리라고 추측하지 못했다. 또 한편으로 한국의 안전요원들은 묘지의 지붕 위로 기어오르고 싶지 않았다. 믿음이 깊은 국민의 경건심을 해치는 것이 아닐까 하는 우려심에서였다. 왜냐하면 일본이나 한국에서는 그렇게 기어 올라가는 것은 종교적인 감정을 상하게 하는 것이었기 때문이었다. 그 반면에 버마에서는 묘지를 종교적 성지로 여기는 것은 아니었다. 이 만행이 바로 이곳에서 이루어진 것에 대해 버마인들에게 특별한 분노심을 당연히 일으켰을지라도 이 순국열사묘지는 종교적인 것이라기보다는 오히려 정치적인 기념물인 것이다. …더욱이 한국의 안전요원들은 초청국인 버마의 랑군에서 단지 제한된 감독권만을 가질 수밖에 없었다. 따라서 그들은 버마의 동료 요원들이 '모든 것은 정상적이다.'라고 하는 말을 믿었다."[19]라고 하고 있다. 그의 저서는 그가 직접 버마를 방문하여 버마 언론인 등과 접촉, 파악한 내용들이라고 하지만 실제 많은 부분이 우리 정보기관이 제공한 자료에 근거한 흔적이 보이므로 이 부분에 대한 근거가 어느 쪽에서 나왔는지는 모르겠다. 그러나 위에서 언급한 여러 사람들의 증언을 종합해 보면 버마경호와 우리 경호는 행사 3일 전과 행사 당일 아침 두번에 걸쳐 아웅산묘소 건물에 대한 점검에 나섰고, 최소한 행사 당일 점검 시에는 지붕 위에 버마 측 경호만 올라갔던지 아니면 양측 모두 그때는 아래에서만 점검했던 것으로 추측된다. 아무튼 행사 3일 전은 북한 테러범들이 폭탄을 설치하기 전 날이었다. 10.9(일) 행사 당일에는 최소한 우리 측은 지붕에 올라가지 않고 그 아래에서 금속 및 플라스틱 탐지기를 동원하여 점검한 것이 아닌가 하는 의구심을 가질 수밖에 없는 것이다. 우리 측 경호가 지붕에 올라가지 않은 이유는 버마 측이 반대해서가 아니고 10.6(목)에 이미 점검하였는데 다시 지붕 위에까지 올라가기가 번거롭기도 하고, 한국 측 관습에 따라서 스스로 성역이라고 생각하여 그 부분 검색은 버마 측에 맡기고 검색 결과 이상이 없다는 그들의 말을 그냥 믿은 것 같다. 아무래도 우리 측 경호에도 큰 책임이 있었다고 할 수밖에 없는 상황이다.

2018년에 발행된 하영섭의 "초강 이범석 평전"에도 "청와대 경호팀이 사전 점검을 위해 금속탐지기를 사용하려했으나 버마 측이 완강히 거부했다. 아웅산묘소가 성역이라는 이유였다."[20]라고 기록하고 있으나 이는 우리 경호책임자들이 당시에 책임 회피용으로 언론에 흘린 것이 우리 언론에 보도되고, 이 보도를 사실로 믿는 여러 저자들에 의해 인용된 결과로 보인다. 역사를 기술함에 있어서 사실의 근거를 따질 수 있어야 되는 이유이다. 우리의 경우에도 국립묘지를 성지라고 할 수는 없고 국가적 기념 장소라고 해야 할 것이다. 아웅산 등 피살된 애국자들의 묘소가 있는 사건 현장인 랑군의 순국자묘역도 성지라기보다는 정치적 기념물이라고 하는 싱 후쿠오의 지적이 맞을 것이다. "버마 측은 그 지붕에 올라갔지만 점검을 제대로 하지 못한 것이고, 한국 측은 스스로 안 올라간 것이지 누가 막아서 또는 성역이라서 못 올라간 것은 아니다."라는 싱 후쿠오의 기록도 한국 측 경호가 그 장소를 점검하는 것을 버마 측이 막은 적이 없었다는 버마 외상의 항의성 언급과 일치한다. 아무튼 이 문제는 이번 기회에 사실이 바로잡혀야 할 것이다. 이제 와서 누구에게 책임을 물을 수도 없지만 앞으로의 경호업무에 교훈으로 삼기 위해서이다.

우리 경호 측이 자체 경호수칙에 따라 행사장인 묘소 주변을 언제부터 감시했는지도 알려진 바는 없으나 행사 시작 이삼일 전부터는 24시간 감시를 하는 것이 원칙일 것이다. 그러한 감시가 시작된 시점은 늦어도 10.8(토) 대통령의 버마 도착 전이었을 것이다. 범인들이 10.7(금) 새벽 2시에 폭탄을 설치하였다고 하니 우리 측이 현장을 감시하기 시작한 것은 그 이후였거나, 아니면 그 이전이라 하더라도 형식적으로 감시하였기에 범인들이 한 밤중에 지붕에 올라가 폭탄을 설치한 것을 놓쳤을 것으로 추정된다. 범인들은 이미 2주 동안 그 집에 머무르고 있던 북한 참사관 전창휘의 차로 10.6(목) 밤늦게 집을 나와서 아웅산묘소 주위를 맴돌며 정찰한 후 차에서 내렸다. 그리고 10.7(금) 새벽 2시에 폭탄을 설치한 이후로 사건 발생 시까지 북한대사관 참사관 집에 돌아가지 않고 묘소 인근 쉐다곤사원 근처의 숲 속에서 노숙하며 은신하였음이 조사 결과 밝혀졌다. 범인들이 폭탄 설치 후 근처에서 이틀 밤을 노숙하며 대기한 것은 행사일정 변경 가능성에 대비한 것이라고 하니 상당히 치밀하게 행동한 것이다. 이에 비해 버마나 우리 측 경호는 믿을 수 없을 정도로 허술했던 것이다.

한편 라종일(안기부 1차장, 대통령 국가안보보좌관, 駐영국·일본대사 역임)은 저서에서 버마 측이 우리 경호의 현장 사전 검색을 거부했음을 당시 駐버마대사관에 파견 근무 중이던 강종일 1등서기관이 언급했다고 다음과 같이 기술하고 있다. "사건 후 버마 정보부 간부들은 문책을 받아 일반부대로 전출되고 간부진들은 새로 편성이 되었다고 한다. 그러나 이것도 버마 보안요원들의 사적인 인터뷰를 통해 들은 이야기일 뿐 버마정부의 공식적인 발표는 없었다. 안기부 파견관 강종일은 버마와의 사전회의에서 이미 이 문제를 제기했었다고 한다. 그는 북한공작원들이 이전에 (동작동)국립묘지에서와 같은 테러를 감행할 가능성이 있으므로 우리가 내부를 다시 검색해 볼 필요가 있다고 역설했지만 버마 측은 이런 주장을 받아주지 않았다. 강종일은 며칠 전 현지 정보원으로부터 무엇인가 북한의 수상한 움직임이 있다는 정보를 입수하기도 했다고 한다. 그러나 당일 강종일은 현장에 없었다. 그는 인야레이크 호텔에 파견되어 저녁 행사 준비를 하고 있었다."[21] 버마 측에 의해 우리 경호팀이 현장검색을 거부 당했다는 이러한 주장은, 앞에서도 언급된 버마 외상이나 천병득 경호처장 등의 주장과는 정반대이므로 강종일 서기관도 이제 명확하게 전후 사정을 밝히면 좋을 것 같다. 특히 그가 버마대사관 직원 중 유일하게 사건에 대한 책임을 지고 공직을 떠났다는 점에서 그의 주장은 앞뒤가 맞지 않는다. 현지 근무 중인 안기부 파견관이 그렇게 사전에 버마 측에 그 장소의 경호상 위험성을 제기했는데도 우리 경호팀이 이를 무시한 이유와, 사건 후 오히려 그에게 책임을 물은 이유가 무엇인지 궁금하다.

9. 원격 폭파와 범인들의 도주

범인들은 사건 당일인 10.9(일) 아침, 사전 정찰해 두었던 묘소에서 약 400m 떨어진 곳으로, 묘소의 전면과 묘소로 들어가는 도로가 한눈에 잘 보이는 곳에 위치한 자동차 정비공장 "쉬에린욘 모터서비스Shwe Lin Yone Motor Service"(바한 구區, 서西 셔곤다잉 동洞, U-Wisare St. 212)로 들어가서 원격조종장치를 조작하고자 하였다. 그러나 마침 이들 중 한명을 본 종업원 마웅 윈테인Maung Win Thein이 8시55분경 중국인으로 보이는 30세 가량의 낯선 남자 한명이 들어왔다고 주인 우 민트쉐U Myint Swe에게 보고하였다. 키가 160센티미터 정도로 작고 뚱뚱한 편이라고 하였다. 그는 조장인 진모였다. 주인은 인근 도씬흘라Daw Ssin Hla 집 입구에서 론지 치마에 어깨에는 버마식 가방을 두르고 한 손에 우산을 든 그 외국인이 25키야트를 내밀며 음식을 사려고 손짓발짓으로 뭐라고 하며 또 다른 종업원 코아웅키Ko Aung Kyi와 대화하려는 모습을 보고 무슨 볼 일이 있느냐고 묻자 "치나 치나"만 되풀이 할 뿐 말이 통하지 않아서 중국인이거나 벙어리로 생각하였다. 주인은 그의 저고리 앞주머니에 꽂혀 있는 만년필을 뽑으면서 글로 써보라는 시늉을 하자 그는 기겁하며 만년필을 빼앗아 황급히 공장 밖으로 달아났다. 이 만년필은 살상용 부비트랩booby trap이었음이 추후 조사 과정에서 밝혀졌다. 주인은 그를 쫓아낸 후 인근에서 건장한 외국인 두 명이 그를 기다리고 있는 것을 보았다. 한 명(강민철)은 노란색 상의에 갈색 체크무늬 론지를 두르고 있었고 다른 한 명(신기철)은 백색 상의에 흑백색 바지를 입고 있었다. 이들은 이후 묘소에서 1km 떨어진 '저항의 광장 Widerstands Park' 방향으로 걸어서 10시20분 위자야 거리의 영화관 'Wizaya Cinema' 앞에 도착하여 자리를 잡고, 한국 대통령 행렬을 구경하려 나온 시민들 사이에 끼어서 2차선 도로로 지나가는 차량 행렬을 기다렸다. 잠시 후 10시23분경, 버마경찰의 선도로 검은 리무진 차량 행렬과 태극기를 단 벤츠 차량이 지나가는 것을 보았으며 연도의 시민들도 한국 대통령이라고 생각하고 태극기를 흔들었다. 범인들은 차량 행렬의 묘소 도착 시간과 단 위로 올라가는 시간을 계산하여 10시28분에 원격조종 스위치를 눌러서 폭탄을 폭파시킨 것이다.

리모컨을 누르고 폭탄이 터지는 소리와 연기를 확인한 범인 진모는 혼자서 걸어서 랑군강 반대편으로 가는 배를 찾아 나섰다. 강을 건너 시리암Syriam에 있는 북한이 지어주고 북한인 기술자들이 근무하고 있는 주석공장 근처에서 매복하였다가 10.12에 돌아오기로 한 동건애국호를 기다리기로 한 것이다. 진모는 랑군 교외 파준다웅 만灣 인근의 키 큰 풀잎으로 둘러싸인 빈터에 은신하였다. 한편 다른 두 범인들(신기철, 강민철)은 미제 1949년형 스튜더베이커 Studebaker(웨곤 차) 택시를 잡아타고, 10.12에 동건애국호를 탈 수 있도록 30분 거리의 랑군강을 건너려고 도주하였다. 세 명의 범인 모두 일단 현장 탈출에는 성공한 것이었다.

10. 이지송 비서관의 눈물과 20만 불의 행방

나는 사건 발생 소식을 접하고 이지송 비서관에게 이범석 장관의 사망을 직접 알려주는 게 도리일 것 같아 장관 숙소로 들어갔다. 이비서관은 장관이 먹는 여러 종류의 약을 창가에 늘어놓고 있었다. 장관 부인이 이 약은 치통약이니 몇 시에 먹고 저 약은 무슨 용도이니 몇 시에 먹으라는 등 약마다 붙여

둔 메모가 있었다. 장관이 행사장으로 떠나고 점심 때까지 모처럼 망중한 속에 홀로 있는 이비서관에게 참변 소식을 전하는 것은 쉬운 일이 아니었다. 그는 내가 황급한 표정으로 갑자기 찾아와서 머뭇거리는 것을 보고 이상하게 생각하며 무슨 일인지 물었다. 나는 용기를 내서 말했다. 아웅산묘소 행사 중에 폭발사건이 터졌다고. 해군 대령 출신으로 안기부에서 과장으로 근무했다고 알려진 이비서관은 이범석 외무장관 취임 후 바로 외무장관 수행비서관(별정직 4급)으로 채용되었다. 그를 장관실에서 가끔 보았는데 오십세는 넘어 보이는 나이탓인지 침착하고 순박해 보이는 인물이었다. 그런 그에게 장관의 사망 사실을 어떻게 말해야 되는 것일까 망설여졌다. 그는 다시 다그쳐 물었다. "장관님은?" 나는 아무 말도 할 수 없었다. 순간적으로 그의 눈에서는 믿을 수 없을 정도로 많은 눈물이 주르르 흘러내리기 시작했다. 그는 평양에서 이범석 장관과 같은 동네에서 살다가 전쟁을 겪으며 남한으로 내려와서 군인이 된 것으로 알려졌었는데 군 출신답게 상황을 직감하였던 것이다. 그는 지금 장관이 어디 안치되었냐고 물었다. 나는 그와 같이 호텔 로비로 내려가서 차를 수배하여 그를 육군병원으로 보냈다. 사건 후 서울로 돌아 온 그는 한국을 영원히 떠나고 싶으니 LA총영사관에 영사로 보내달라고 외무부에 요청하여 머지않아 LA로 떠났다. 원래 별정직으로 장관 비서관에 임명된 것이니 장관 사망 후 공직에서 자동 퇴임해야 되나 사정을 감안하여 다시 특별채용된 것이다. 그는 LA에서 임기가 끝난 후에는 현지에서 사표를 내고 정착하였다. 내가 2006. 3월 LA총영사로 부임하였으니 현지 동포신문이나 방송을 통해 이를 알고 있었을 터인데 아무 연락이 없었다. 나도 굳이 그를 찾아서 아픈 상처를 일깨우고 싶지 않았다. 사건 후 서울에서 잠시 그와 만난 것이 마지막이었다. 이제 구순을 바라볼 나이인 그가 악몽을 잊고 미국 어딘가에서 편안한 노후를 보내고 있기를 바랄 뿐이다.

그와 관련된 다른 이야기로 2019.6월에야 처음 들은 것이지만, 버마로 출발할 때 이범석 장관은 외무부 예산에서 특별활동비 20만 불을 인출하여 이를 이지송 비서관이 들고 갔다고 한다. 사건 후 외무부에서는 그 돈의 행방을 그에게 물었더니, 그는 버마에 도착한 후 이를 이계철 대사에게 맡겼다고 진술하였다고 한다. 물론 이대사는 사건 현장에서 사망하였으므로 그 돈의 소재는 끝내 밝혀지지 않았다. 그 돈은 장관이 필요시 사용할 수 있도록 항상 가지고 있어야 되는데 이를 이계철 대사에게 맡겼다는 것은 이해가 가지 않는다. 최근 송영식 참사관에게도 문의하니 당시 20만 불이 사라졌다는 얘기는 들었으나 그 경위에 대해서는 아는 바가 없다고 한다. 뒤에 언급하였지만 나는 사건 직후 특별기편 서울로 귀국하는 외무부 의전팀으로부터 받은 현금 30만 불을 계속 들고 다니다가 틈을 내어 대사관에 가서 총무직원으로 하여금 대사관 금고를 열도록 하여 그곳에 보관해 두었다. 이후 서울로 귀국할 때 이를 찾아서 들고 왔다. 나는 당시는 물론이고 작년 여름까지도 장관이 따로 20만 불을 가지고 출국했었다는 사실도, 또 사건 후 돈의 행방을 노재원 차관(외무부 장관 대리)까지 나서서 조사했다는 사실도 몰랐다. 내가 2000－2002년 서울에서 외교부 감사관으로 근무할 때인데, 1983년 사건 당시 외무부 감사관실에서 근무했던 직원으로부터 버마에 가지고 갔던 20만 불이 사라진 일이 있었다는 이야기를 처음 들었다. 그러나 당시 나는 그 돈이 내가 사건 직후 현지에서 외무부 의전팀으로부터 받은 30만 불의 일부를 의미하는 것으로 오해하였다. 그래서 그 돈은 내가 한 푼도 쓰지 않은 채 버마대사관 금고에 넣어 두었었고, 방콕을 경유하여 1박할 때에는 駐태국대사관 금고에 맡겼다가 다시 찾아서, 귀국 후 의전실과 협의하여 외환계에 반납하였는데 무슨 이야기냐고 나무랐던 기억이 있다. 그러나 그 직원은 끝내 당시 20만 불이 없어졌다고 고집했다. 서로 다른 돈을 두고 이야기하였던 것임을 2019.6월 말에야 당시 그 사정을 잘 아는 장관실 근무자를 통해서 듣게 되었다. 이 책을 쓰며 사실관계를 명확하게 하기 위해서 2020.7월 하순, 당시의 감사관실 직원에게 다시 확인하니 자기는 의전실에서 30만 불을 가지고 갔던 사실은 모르며, 장관이 특별활동비로 가지고 간 돈 20만 불이 행방불명되어 안세훈 감사관(駐쿠웨이트대사 역임)의 지시로 장관실 관계자들과 駐버마대사관에 문의하였으나 찾지 못하였다고 하였다. 당시 분위기상 이 문제를 더 이상 조사할 수도 없어 감사관에게 이를 보고한 후 조사 중단하였고, 외교기밀비와 관련된 사건이라 외부기관에 수사의뢰를 할 수도 없었다고 하였다. 김영삼정부가 들어서기 전까지는 외무부 외교활동비의 상당 부분은 정보활동비 명목으로 안기부(중앙정보부) 예산에 편성된 것을 안기부로부터 받아서 사용하였다. 이는 안기부가 외무부의 활동을 철저하게 감시할 수 있도록 하기 위한 목적에서 비롯되었다. 안기부는 정보활동비가 정당하게 집행되는지를 확인해야 된다는 명분하에 외무부와 모든 재외공관의 활동에 대한 감사권을 가지고 있었다. 그러니 그런 예산에 대한 감사원이나 외부 수사기관의 조사는 법적으로도 가능하지 않은 일이었다. "죽은 자는 말이 없다Dead Men Tell No Tales. Die Toten schweigen"는 서양언어의 관용구는 여러 의미를 가지고 있지만 이를 그 외에 뭐라고 표현할 수 있을까? 당시 20만 불은 큰돈이었다. 내가 1984.3월 말 런던의 우리 대사관에 부임한지 두달 여 만에 내부적으로 밝혀져 문제가 된 대사관 총무담당 행정직원 이창원 3등서기관의 횡령액도 20-40만 불로 알려졌었다. 20만 불이라는 돈은 외무부 역사상 유례 없는 고액의 공금 횡령 사건에 두번이나 등장하는 이상한 액수이다.

국가 예산을 공무원들이 횡령하는 것은 동서고금을 통해 다반사로 있는 일이기는 하나, 외무부 역사에서는 당시까지 큰 금액의 횡령사건이 없었음이 직원들의 자부심이기도 하였다. 1984년 이창원의 횡령사건은 본부에서 온 감사관들이 쉬쉬하며 조사하였기에 정확한 액수는 모르고 소문으로 20-40만 불로 알려졌었다. 외무부에 오래 근무한 커리어들도 사상 처음 듣는 놀라운 일이었으나, 그가 원래 외무부 출신이 아니고 국내 행정부처에서 전입해온 직원이라 애국심이 부족한 탓이라고 치부하는 분위기였다. 그 전 해인 1983.10월 버마사건의 와중에서도 공금 20만 불이 사라졌다는 사실은 더욱 극비로 취급되어 나도 몰랐다. 두 사건 모두 정통 외무부 출신이 관련된 것은 아닐지라도 외무부 전체의 수치라고 할 수밖에 없을 것이다. 이 사건들은 아직까지도 외부로는 알려지지 않았으니, 과거에 또 다른 유사한 사건이 없었다고 장담할 수도 없을 것 같다. 1960년대 초에 태국에서 우리 정부가 수입하는 다량의 쌀을 인수하고자 방콕에 온 농림부 양정과장이, 그 쌀을 실은 한국행 화물선을 타국으로 가지고 가서 쌀을 팔아넘기고 그 돈을 횡령한 사건이 있었다. 1990년대 말 내가 태국에서 근무할 때 오래된 현지 한인들에게서 들으니 방콕소재 국제기구에서 근무했고 태국과 미국을 오가면서 유력 교민으로 행세하며 대사관 행사에도 가끔 나오는 인물이 그라고 해서 놀란 적도 있다. 지면상 여기서 자세한 이야기를 하지는 못하나, 이창원도 미국으로 도주해서 사업을 하고 있었지만 여러 사정으로 우리 정부가 미국에 그를 공식적으로 소환 요청하지는 않은 것으로 안다. 국가원수인 대통령들까지 거의 예외 없이 엄청난 규모로 이런저런 자금을 횡령해왔으나 참회하는 자는 드물고, 처벌을 받더라도 국민여론과 화합을 명분으로 곧 사면되는 것이 그간 우리의 관례였는데, 그 아래 공직자들의 소소한 비리를 부각하는 것은 형평에 맞지 않는 가소로운 일이라고 비난받을지도 모르겠다. 근대국가의 경험이 일천한 탓인지 우리 사회에서는 공금은 국민의 세금이라는 인식이 아직도 미약해서 많은 공직자들이 이를 자기 주머니 돈 쓰듯 사용하는 것을 우리는 너무나 많이 목격해왔다. 이를 더 효과적으로 통제할 수 있는 시스템이 필요하다고 본다. 2000년대 초에 내가 노르웨이에서 근무하며 보니 스칸디나비아 국가들은 20세기 초부터 전 국민 재산공개제도를 시행하고 있었다. 우리 정부에서도 참고하도록 조사, 보고하였지만, 그들 나라에서는 매년 모든 국민이 국세청에 전년도의 수입액, 납세액과 재산현황을 신고하고 누구나 국세청 홈페이지에 접속하여 다른 사람의 신고내역을 검색할 수 있었다. 나도 시험 삼아 내가 만나는 외무성 관계관들의 신고현황을 살펴보았다. 이처럼 시장자본주의를 넘어 사회민주주의 단계로 진입한 이 세계 최고 선진국들을 우리가 당장 모방할 형편은 아니다. 그러나 공동체주의communitarianism 사상의 발로인 "우리는 이웃의 행운을 시기한다."라는 '얀테의 법칙The Law of Jante=Janteloven'22이 지배하는 공정사회를 이룬 이들의 사례는 우리에게 하나의 방향타를 제시하고 있다고 생각된다. "사촌이 논을 사면 배가 아프다."는 우리 속담은 인간의 시기심을 경계하는 의미이니 이웃의 갑작스러운 행운이 탈세나 불법의 결과가 아닌지 의심해봐야 한다는 얀테의 법칙과는 다르다. "맑은 물에는 물고기가 살지 못한다."는 속담이 현명한 지혜처럼 받아들여져 온 우리의 수상한 윤리의식도 이제 버릴 때가 되지 않았을까.

그들은 왜
순국해야 했는가

아암살폭발사건의 외교적 성찰

제2부

사건의 조사 · 외교전

THE
INNOCENT
MARTYRS

제7장
긴박했던 순간의 영빈관

1. 영빈관으로 돌아온 대통령

10.9(일) 사건 당일 아침, 영빈관 1층 응접실에서는 10시30분부터 영부인 주최 한글학교(대사관 및 상사 직원 부인들이 운영) 학부모 및 공관직원 부인 등 약 10명이 참석하는 다과회가 열리고 있었다. 박상범 경호실 수행과장은 대통령을 수행하여 영빈관에서 4.5km 떨어진 순국자묘소까지 가는 도중, 3km 지점에서 10시29분에 사건소식을 무전으로 전달받고 차를 돌려 대통령을 모시고 10시32분 영빈관으로 되돌아왔다. 그리고 대통령 숙소가 아닌 노영찬 의전실장의 숙소로 대통령을 안내했다. 또 다른 암살범들이 대통령 숙소에서 기다리며 2차 공격을 준비하고 있을지 모른다는 우려에서였다. 한국 측 경호는 영빈관 내 버마 측 경호원들을 모두 내보냈다. 누구도 믿을 수 없게 되었기 때문이다. 그리고 영빈관 경호를 우리 측이 모두 장악한 뒤에 대통령 내외를 2층 숙소로 안내했다. 당시 경호원 증언에 따르면 우리 측 경호요원들은 영빈관 옆 예비건물에 버마 외상을 볼모로 잡고 우 산유 대통령을 데려오라고 멱살을 잡았다고 한다. 버마 외상은 우 산유 대통령에게 전화를 해서 영빈관으로 오도록 했고 우 산유 대통령은 영빈관에서 전화로 네원을 오라고 불렀다고 한다.[1]

전대통령은 장세동 경호실장, 김병훈 의전수석과 황선필 공보수석을 보고 공식수행원 중 그들 셋만 산 것으로 알았다. 그는 10시35분 장세동 경호실장에게 "버마 방문을 중단하고 서울로 돌아간다."고 지시하였다. 곧 이어 김상협 국무총리에게 전화해서 국민들의 동요가 없도록 침착하게 대처하라고 지시하고, 장실장에게 귀국 준비에 만전을 기하고 경제인들과 살아남은 수행원들을 전용기 기내로 대피시키라고 지시했다. 황선필 대변인에게는 사건 진상 발표를, 김병훈 의전수석에게는 다음 순방국들에게 전화해서 방문 취소를 알릴 것을 지시했다. 사고가 난지 15분 정도 후에 서울에 급보가 날아가서 내각에서 몇 가지 조치를 취하였다. 즉각 우리 군과 미군에 비상경계령이 내려졌고 내각도 비상근무에 들어갔다.

2. 최고의 의전을 갖춰 장례식을 준비하라

사건 직후, 나를 비롯해 수행원들은 호텔에 있다가는 암살세력에 의해 죽을 수도 있다는 불안감에 떨었다. 나로서는 그런 생각의 와중에서도 해야 할 조치가 너무 많았다. 그 중에서도 제일 중요한 것이 대통령의 안전 귀환인데 설마 버마정부가 우리를 초청해 놓고 모두 죽이려는 것은 아닐 것이라는 상식적인 생각이 들었다. 그러나 반군도 있고 버마정부 내 권력 투쟁도 있으니 우리가 희생양이 된 것인가 하는 불안감에서 벗어나기는 어려웠다. 호텔에서 이런저런 조치를 취하고 상황을 파악하고 있는 중에 대통령이 있는 영빈관으로 빨리 오라는 전화가 왔다. 10여 분 만에 대통령이 묵고 있는 영빈관에 들어가니 조그만 정원의 입구부터 건물 내부까지 우리 경호원들이 모두 기관단총을 빼 들고 버마인이든 누구든 얼씬도 못하게 하고 있었다. 누가 우리 편이고 누가 적군인지 분간할 수 있는 형편이 아니니 우선 몸으로 대통령을 감싸고 있을 수밖에 없는 형편이었다.

나는 안으로 들어가서 김병훈 의전수석을 만났다. 그는 홍순영 비서관과 함께 대통령이 앉아 있는 방을 수시로 들락거리며 각종 지시사항을 받아 적어서 나왔다. 김수석은 원래 국회 외무위원회 전문위원이었는데 영어가 능숙하고 특히 영어로 하는 성대모사가 뛰어나 여러 사람을 웃기길 좋아하는 원만한 성품의 소유자였다. 나는 1977−79년 리스본에서 근무할 때 당시 국회 외무위원장이던 박준규 의원, 한운사의 소설 "대야망"의 주인공 반다일潘多一의 실제 모델로 유명한 외무부 출신의 엄영달 의원 등 국회외무위 의원단과 함께 리스본에 온 김전문위원을 만나 며칠 같이 다닌 적이 있었다. 대통령과 함께 영빈관에 체류 중이었던 그는 매우 긴장된 모습으로 우선 나에게 서울로 보낼 대통령 지시 전문電文을 구술하였다. 나는 즉석에서 이를 받아 적어 전화로 대사관 김기현 외신관에게 불러주고 발송하도록 하였다. 보안규정상으로는 일반전화 사용은 금기였지만 보안보다는 시간이 우선인 상황이었다. B5 절반 크기 두꺼운 용지에 내가 받아 적은 그 지시문들을 나는 37년이 지난 지금까지 보관해 오고 있다. 아래가 대통령이 국무총리에게 보낸 첫번째 지시 내용이다.

III급 비밀

RAW-1973 10091420 긴급
수신: 국무총리
사본: 외무장관대리, 안기부장
제목:2
대통령각하의 버마 공식방문 기간 중 발생한 불상사로 인하여 부득이 순방 예정이던 인도, 스리랑카, 호주, 뉴질랜드 및 브루나이 방문 계획을 일단 연기하고 다음 기회에 방문할 계획임을 해당국에 통고바람.

대통령각하 지시에 의거 의전 수석 (*훈 10/9이라고 서명)

(83.12.31 일반문서로 재분류)
III급 비밀

이어서 김병훈 의전수석이 대통령으로부터 지시사항을 계속 받아와서 나에게 불러주었다. 나는 다시 대사관 외신관에게 전화하여 이를 긴급 전문으로 서울로 타전하도록 하였다.

III급 비밀

RAW-1074 10091435
수신: 국무총리
사본: 총무처장관, 안기부장, 외무부장관 대리
제목:
연: RAW-1073
연호 관련 금번 사건으로 서거하신 분들의 장례는 국가 최고 예우를 갖춘 장례식으로 준비할 것.

대통령각하 지시에 의거
의전 수석(*훈 10/9 라고 서명)

83.12.31 일반문서로 재분류

III급 비밀

III급 비밀 긴급

RAW-1076 10091520
수신: 국무총리 (사본: 외무장관대리, 주싱가포르대사)

1. 버마에서의 사건으로 서거하신 분들의 유해를 버마정부가 제공하는 특별기편으로 싱가포르에 운구할 예정이니, 주싱가포르대사로 하여금 동 유해를 인수하도록 준비시키는 한편, KAL특별기편으로 서울로 운구, 호송할 수 있도록 특별기를 긴급 싱가포르에 파견 조치바람. 아울러 동 운구 호송에 있어서는 최대의 예우를 갖추도록 모든 필요한 사전 준비도 동시에 갖추도록 조치바람.
2. 또한 서거하신 분들의 훈장 추서도 준비하기 바람.
3. 버마정부 제공 특별기 싱가포르 도착시간은 곧 통보하겠음.

(83.12.31 일반문서로 분류)

(*'대통령각하 지시에 의거 의전수석'이라고 내가 쓰고 김수석이 아래 왼쪽에 金이라고 서명)

III급 비밀

김병훈 의전수석을 통해 전달되는 대통령의 지시내용을 대사관 외신관으로 하여금 긴급 전문으로 외무부에 보내도록 한 후 잠시 정원에 나와 보니 안기부의 이상구 국장이 완전히 넋이 나간 모습으로 담배를 피우고 있었다. 내가 다가가도 반응이 없어 "국장님 저를 모르십니까?"하고 물었다. 내가 군인 신분으로 국가정보기관에 근무할 때 과장으로 모셨던 분이었다. 이윽고 정신을 차린 그는 "이 사람아, 왜 모르겠나. 그런데 내가 지금 정신이 없네."하며 멍한 표정이었다. 대통령 방문에 따른 제반 정보업무를 실무적으로 총 책임져야 할 위치에서 행사 며칠 전에 현지에 와서 상황을 지휘하고 있었는데 일이 이렇게 되었으니 꿈인지 생시인지 누구라도 제정신이 아니었을 것이었다.

3. 우 산유 대통령과 네윈 당 의장의 영빈관 방문

우 산유 대통령 영빈관 방문(11:50-12:40)

아웅산묘소에서의 폭발사건 직후 우 산유 대통령은 우 칫라잉 외상의 연락을 받고 영빈관으로 와서 전대통령을 만나 폭발사건에 대한 사과와 애도의 뜻을 표명하였다. 그리고 육군제2병원을 방문(13:40–14:10)하여 부상자를 위로하였다. 여기에는 우 아예코 국가평의회 서기, 우 세인루인 국가평의회 의원 및 우 마웅마웅카 수상을 대동하였다. 다음은 양국 대통령 간 대화 내용이다.[3]

우 산유: 지금 각의를 마치고 왔습니다. 송구스럽습니다. 무엇이든 분부만 내려주십시오.

전두환: 귀국에서 본인 내외를 환영하기 위한 준비를 많이 하셨음을 알고 있습니다. 그런데 이 엄청난 사건으로 귀국으로서도 큰 근심거리가 되었으니 매우 유감스럽습니다.

우: 우리도 깊은 슬픔에 잠겨 있습니다. 정부로서 필요한 모든 필요한 조치를 함에 만전을 기하겠습니다. 우리가 마땅히 해야 할 일은 책임지고 다할 것입니다. 이런 일이 전에 없었으며 예상조차 하지 못했습니다.

전: 매우 불행한 일입니다. 그러나 양국의 기존 우호협력관계는 더욱 앞으로 발전하여야 하겠습니다. 이번 사건으로 나의 버마 이후 순방계획은 취소하겠습니

다. 현재 보고 받은 바로는 13명 내지 14명이 사망하고 6명 이상의 중상자가 있는데 병원에서 치료에 최선을 다하여 한 사람의 생명이라도 더 구해야 합니다. 사망하신 분의 유해는 귀국에서 싱가포르까지 귀국 특별항공기로 운구해주면 싱가포르에서 우리 대사가 인수하여 대한항공기로 본국까지 호송할 것입니다. 이 행위는 북한당국의 악랄하고도 집요한 파괴공작과 적대 행위 그리고 우리 두 나라 관계를 저해하려는 폭력사태이나 우리 두 나라는 더욱 뜻을 굳혀 기존 우의협력 관계를 더욱 튼튼히 하여야 하겠습니다. 이런 뜻이 귀국과의 성명에서 분명하게 밝혀지고 다짐되어야 할 것입니다.

우: 그 말씀 참으로 감사합니다. 대통령각하.

전: 외무장관이 돌아가셨으므로 나의 의전수석비서관이 내가 여기 있는 동안 임시로 외무장관의 임무를 대행할 것입니다. 나는 조속히 고국으로 돌아가야 합니다. 나의 첫째 의무는 우리나라 국민에게 보고하는 것입니다. 이 사건은 국내적으로도 큰 문제가 될 것이 분명합니다. 나는 귀국의 지도자들과 공동 관심사에 관하여 충분히 의견 교환을 하고자 하였는데 매우 유감스럽습니다. 귀국 주재 우리 대사도 사망하였으므로 외무부 의전실장을 사후 수습을 위해 남겨놓고 가겠으니 긴밀한 협조를 당부합니다. 귀국에서 취하는 일련의 사후 조치는 우리나라 국민도 납득이 가는 충분한 것이 되어야 하며, 특히 사건의 철저한 조사로 경위와 해명 등 결과를 수시로 신속하게 대사관에 협조바랍니다. 범인 색출에 만전을 기하고 주모자가 만일 떠났더라도 하수인을 잡을 수 있을 것이니 배후를 가려내는 것은 귀국 정부의 힘으로 가능하다고 믿습니다. 나는 사상자를 파악하면 바로 오늘 떠날 것입니다.

우: 각하, 저희들이 최선을 다하겠습니다.

전: 나의 각료 중 부총리 겸 경제기획원장관과 외무부장관, 상공부장관, 동력자원부 장관, 그리고 나의 당 총재비서실장, 경제수석비서관, 주치의, 또 귀국 주재 특명전권대사도 모두 목숨을 잃었습니다. 부상하여 병석에 누워 신음하고 있는 나의 수행원들 중에는 합참의장 이기백 대장도 있습니다. 우리도 사상자 현황을 파악하고 있으니 귀국 정부에서 최선을 다하여 부상자에 대한 가료에 유감이 없도록 해주시기 바랍니다. 각하께서도 어려운 일을 당하여 고심하시게 되어 동정을 느낍니다. 사후 처리 등 바쁘실 터이니 본인과 계획된 정상회담은

오늘의 이 회담으로 대신하는 것이 좋겠습니다.

우: 저희들로서는 최선을 다할 것을 약속합니다. 제가 직접 병원을 방문하여 현장에서 확인하고 지시하여 최선의 의료와 간호를 하도록 당부하겠습니다.

전: 사고 현장에 시신이 유기되었거나 부상자가 그대로 방치되어 있는 사람이 없는지 속히 챙겨보시기 바랍니다.

우: 그렇게 하겠습니다. 결과를 알려드리겠습니다. (긴급보고를 받고 나서) 각하, 네윈 의장 각하께서 대통령각하를 뵙고 말씀 드리고자 이곳으로 오시겠다고 합니다. 각하께서 오후 4시부터 5시 사이에 만나 주시겠습니까?

전: 출발시간 관계로 오후 3시−4시가 좋겠습니다.

우: 네. 오후 3시에 오시겠다고 합니다.

전: 좋습니다.

우: 이번 일은 저희들의 책임입니다. 각하를 안전하게 모시는 책임이 우리에게 있습니다. 그래서 각하께서 출발하실 때에는 제가 이 나라의 대통령으로서 각하를 공항까지 동승하여 모셔야 합니다. 의식은 생략하더라도 제가 모시겠습니다.

전: 좋습니다. 다만 나는 공항으로 가기 전에 병원에 들러야 합니다.

우: 알겠습니다.

전: 이런 폭력이 지구상에 아직도 존재한다는 것은 인류를 위해서 불행한 일입니다. 평화를 사랑하는 모든 나라와 국민들이 힘을 합하여 폭력을 추방하여야 합니다. 이것은 전쟁도 아니며 비겁한 파괴행위입니다. 부처님의 가르침을 받은 우리 두 나라 국민들은 모름지기 테러와 간접침략, 게릴라와 기존질서를 파괴하는 음모를 모두 철저히 봉쇄하고 추방하여야 합니다. 그렇지 못하면 사소한 사건이 제3차 세계대전으로 확산될 위험성이 심각합니다.

우: 전적으로 동감입니다. 각하 말씀이 옳습니다.

전: 오늘날의 지구는 하나의 작은 마을과도 같은 공동체입니다. 과학과 통신과 교통의 발전, 그리고 현대의 가공할 무기체계가 세계를 일일 생활권으로 만들고 공동운명체로 만들어버렸습니다. 지구 어느 곳의 조그마한 전쟁사태도 전 세계에 즉각 악영향을 미치게 됩니다. 나는 이 말씀을 서울에서 지난 10월2일에 열린 국제의회연맹총회에서 강조하였습니다. 세계의 의원들이 공감을 표시하고 나의 말을 귀국 후 기회 있을 때마다 인용하겠다고 하더군요. 가장 악랄한 것

은 강대국을 등에 업고 이데올로기나 강대국의 팽창주의에 추종하는 자들이 심각한 암운을 던지고 있다는 점입니다.

우: 동감입니다.

전: 강대국은 강대국대로, 약소국도 그 나름대로 군비확장에 열을 올리고 있습니다. 경제문제도 나라끼리 단합이나 협조가 안 되고 나라마다 고립하겠다는 식의 보호무역주의 정책이 판을 치고 있습니다. 이는 2차대전 발발 직전 1930년대를 방불케 합니다. 내가 개도국 지도자들을 만나러 다니고 서울에서도 내가 많은 중립국, 개도국 지도자들과 만나고 있는 것은 남남협력을 통하여 종속이 아닌 수평적 협력, 서로 기술을 이전하고 경험을 교환하며 자원협력을 하는 등 상호보완적인 협력이 개도국 상호간에 이루어진다면 내실 있고 성과 있는 그리고 정치적 부담 없는 경제협력이 가능하기 때문입니다. 개도국끼리 서로 주권과 독립을 존중하고 새 식민주의를 피하여 협력해 나감으로써 서로 국력신장과 경제발전에 소요되는 시간을 단축하자, 한국과 버마는 반드시 그러한 경제협력 분야를 얻을 수 있다, 나는 그렇게 확신하였습니다. 그런데 불행히도 이번 사건이 발생하였습니다.

한국이 버마를 침공한다든가 귀국이 우리나라를 경제적으로나 정치적으로 예속시킨다는 일은 있을 수가 없습니다. 그러므로 우리끼리 협력하면 서로 유익하며 해는 없는 것입니다.

버마 경제기획원장관 겸 부수상: 각하, 허락하신다면 제가 말씀 드리겠습니다. 저는 내일 바로 그 의제를 가지고 귀국의 경제기획원장관 겸 부총리 각하를 모시고 회담을 하려던 참이었습니다. 지금 세계 불황을 타개하는 방법은 우리 두 나라가 협력하는 것입니다. 우리도 보호무역주의를 배격합니다. 우리 대통령께서는 세계 정세관과 경제문제에 관한 의견이 각하와 일치합니다. 이것을 말씀 드리고 싶었습니다.

전: 북한은 대한민국에 대한 전복 기도 음모를 수없이 해왔으며 갖은 테러행위를 자행하여 왔습니다. 최근에는 IPU총회 개최를 집요하게 반대하면서 오늘 사건과 같은 수법으로 건물을 파괴하기 위하여 간첩을 일본을 경유 남파했습니다. 오후에 네윈 장군이 오신다니 내가 만나 뵙겠습니다. 내가 오찬을 교민들과 하게 되어 있습니다. 오후에 만나십시다.

다음 날에 있을 양국 간 정상회담이 앞당겨진 것 같은 모습이 된 것이었다. 전대통령은 이런 비상한 사태 속에서도 그날 저녁 6시30분 인야레이크 호텔에서 예정되었던 교민리셉션에서 서훈을 하기로 한 이들을 영빈관으로 불러서 서훈을 거행(12:50–14:10)하고 오찬을 함께 하였다. 서훈 내용은 아래와 같다:

현대건설소장 설영화 국민훈장 석류장, 현대건설지점장 홍순범 대통령표창, 국제상사소장 김권환 대통령표창, 현대건설 반장 이명도 대통령표창

전대통령은 "내가 그들에게 나타나 모습을 실제로 보여 주어야 교민들도 안심할 게 아닌가"라고 하였다고 하니 혹시나 자신이 사망했을지도 모른다는 루머가 퍼질 것을 우려해 이를 사전에 차단하고자 한 의도였던 것으로 추측된다.

네윈 당 의장 영빈관 방문(14:10–40)

네윈 당 의장도 영빈관으로 전대통령을 방문하여 사건에 대한 사과와 위로의 뜻을 표명하고 범인 체포 및 처벌에 최선을 다할 것을 다짐하였다. 우리 측은 방문 전부터 네윈 당 의장과의 면담을 일정에 포함할 것을 요청하였지만, 버마 측은 네윈이 외국 정상을 만나지 않는다는 원칙을 언급하며 일정을 제시하지 않은 관계로 공식 일정상에 네윈 당 의장과의 면담 계획은 없었다. 그러나 당 의장직을 가지고 실권을 장악하고 있는 그를 만나는 것이 전대통령에게는 버마 방문의 중요한 의미가 있었기에 비공식적으로라도 그와 만날 것을 기대하고 있었다. 하지만 이렇게 만나게 될 것을 어떻게 예상할 수 있었을 것인가. 다음은 그 대화 내용이다.[4]

전두환 대통령: 나는 평소부터 각하를 존경하고 좋아했습니다. 각하를 버마의 위대한 정치가이며 아시아지역의 영도자로 인정하였습니다. 각하를 즐겁고 유쾌한 분위기가 아닌 이처럼 침통한 상황하에서 만나 뵙게 된 것을 유감스럽게 생각합니다.

네윈 의장: 대통령각하, 제가 오늘 각하를 찾아뵙는 것은 각하에게 심심한 애도를 표하기 위함이 그 첫째입니다. 무엇으로 각하의 나라가 입은 피해를 보상할 수 있겠습니까? 무슨 말씀을 드려야 옳단 말입니까? 둘째, 이번 사건의 책임이 우

리에게 있음을 솔직히 시인합니다. 셋째, 각하께서도 아시리라 믿습니다만 우리는 최근에 국가정보국 간부를 숙청하였습니다. 경호에 차질이 생겼습니다. 책임 있는 자가 구석구석 검색을 다하지 못한 책임이 있습니다. 나는 이자들에게 여러 번 주의를 주었습니다. 철저한 검색과 검사를 하라고 했습니다. 아웅산묘소에 가지 말라고 제가 우 산유 대통령에게 이례적으로 충고를 해 주었습니다. 각하, 이미 돌아가신 분을 소생시킬 방법은 없습니다. 그러나 책임자를 잡아내겠습니다. 문제는 어떤 파벌의 소행이냐 이것이 복잡합니다. 사고의 원인은 내부에 있을 수도 있고 외부에 기인하는 것일 수도 있습니다. 어쨌든 대통령각하, 제가 각하께 사죄합니다.

전: 나는 귀국 정부의 초청을 받고 귀국을 공식 방문하는 첫번째 한국의 국가원수가 된 것을 영광스럽게 생각하고 와보니 과연 귀국의 준비 상황은 각별한 것이었습니다. 불의의 불상사가 발생하여 매우 불행한 일로 생각하며 나도 무엇으로 다 내 마음을 표현할지 모를 일입니다. 나는 우리나라의 지도자들을 잃었습니다. 내가 우리나라의 대통령으로서 내 고국으로 돌아가 무엇이라고 국민들 앞에 설명하여야 할지... 나는 개인적인 슬픔뿐만 아니라 한 나라의 책임자로서 비통합니다. 그러나 이 사고를 전화위복의 계기로 삼아 두 나라가 더욱 기존 우호관계를 심화 발전시키도록 노력해야 한다는 소신에는 변화가 없습니다. 그것이 고인들의 넋을 위로하는 유일한 길이 아니겠습니까? 그 분들은 우리나라와의 관계를 발전시켜 두 나라 국민의 이익에 이바지하려다가 돌아가신 분들입니다. 각하께서는 외부 요인과 내부 요인이 다 있을 수 있다고 하셨는데 나는 귀국 정부가 이 사건의 경위와 전말을 철저히 조사 규명할 능력이 있다고 신뢰합니다. 참고로 말씀 드리는데 우리나라의 남북한 대치상황은 남들이 이해하기 어려울 만큼 심각합니다. 북한은 대한민국 서울에서 개최하기로 결정한 IPU에 대하여 갖은 방해공작을 하던 끝에 IPU총회 개최 10일 전에 대구 미국 문화원을 폭파 기도하였습니다. 그 수법과 패턴이 오늘의 사건과 매우 흡사하다는 점에 유의하십시오. 우리는 그때의 사건도 북한 간첩의 소행이라는 심증으로 수사를 진행하고 있으며 범인이 곧 잡힐 것입니다. 주모자는 이미 일본으로 건너갔을 가능성이 있으나 하수인을 곧 잡으면 진상이 밝혀질 것입니다. 내가 우 산유 대통령께 당부하였습니다만 귀국 육군병원에서 가료중인 부상자들의 생명을 한

사람이라도 더 구하도록 최선을 다해주십시오. 싱가포르까지 귀국 특별기가 공수해 주시면 우리 대사가 인수하여 대한항공기로 고국까지 호송할 것입니다.

네: 그것은 본인의 책임이자 의무입니다.

전: 나는 오늘 인도, 스리랑카, 호주, 뉴질랜드, 브루나이에 대하여 약속된 공식방문 일정을 일단 모두 취소하고 본국으로 돌아갑니다.

네: 무어라 유감의 뜻을 표시해야 할지 모르겠습니다. 각하, 그러나 대통령각하 내외분께서 무사하신 것이 참으로 무엇보다 다행한 일입니다. 우리는 범행한 자를 잡아내고야 말 것입니다. 이것은 쉬운 일이 아닙니다. 복잡한 파벌이 있기 때문입니다.

전: 조사의 진전 사항을 수시로 속히 대사관과 협조해 주시기 바랍니다. 이번 사건의 전말에 대해서 우리 국민이 첫째로 납득을 하여야 하며, 이미 세계적인 관심사가 되었으니 세계가 납득을 하여야 할 것입니다. 그리고 무엇보다도 한국의 유가족이 납득이 가는 조치가 마땅히 있어야 하겠습니다.

네: 네. 물론입니다.

전: 나는 사관생도 시절부터 각하의 전기를 읽고 각하와 마음으로 친숙하게 느끼고 존경하였습니다. 내가 사관학교를 졸업한 것이 1955년이었습니다. 이렇게 만나게 되어 유감스럽습니다. 그러나 다시 만날 기회가 있기를 바랍니다. 그러니 부디 각하께서 건강에 유의하시어 오래 사시기 바랍니다.

네: 그럼 이만 가겠습니다. 안녕히 가십시오. 대통령각하.

네윈 당 의장이 떠나자 그를 수행하여 영빈관에 와 있던 우 산유 대통령은 오후 3시 전대통령과 함께 영빈관을 출발하여 육군제2병원을 다시 방문하고 공항까지 동행하여 영송하였다. 전대통령의 육군병원 방문은 어떤 위험이 또 다시 발생할지도 모르는 긴박한 상황에서 양측 경호팀 모두 반대하였으나 전대통령은 "그들은 나의 분신이다. 그들은 나라를 위해, 그리고 나를 위해 사고를 당하여 생사의 기로를 헤매고 있다. 내가 그들의 용태를 직접 보지 않고서 어떻게 발길이 떨어지겠는가?"하면서 병원에 들른 것이다 라고 장세동 전 경호실장은 기술하고 있다. 우 산유 대통령은 공항에서 사건에 대한 버마정부의 조의의 뜻을 표하는 메시지를 전대통령에게 수교하였다. 우 산유 대통령은 또한 암살폭발 테러사건을 규탄하고 범인을 체포, 응징하겠다는 버마정부의 결의를 표명하는 성명문을 발표하였다. 육군병원에서 사망자에 대한 분향과 부상자 위문을 한 후, 전대통령은 랑군 밍가라돈 공항으로 가는 차 안에서 우 산유 대통령에게 "서울에서 외무차관보 등을 파견하니 협조 바란다, 유해 송환 시 부상자도 호송할 것이다, 양국관계 발전이 고인들의 유지를 받드는 것이다."라고 당부하였다. 우 산유 대통령은 사건조사위원회가 구성되어 활동 중임과 철저한 사건 조사와 함께 부상자 치료에 만전을 기할 것을 약속하였다. 공항으로 가는 차 안에서 두 대통령이 나눈 대화 내용은 아래와 같다.5

전두환 대통령: 사건 수습에 바빠지시겠습니다.

우 산유 대통령: 각하, 15명이 사망하고 15명은 경상인 것으로 파악되었습니다.
　　장례 준비를 위하여 관을 준비하겠으며 기타 각하의 말씀에 따라 우리가 할 일을 다하겠습니다. 그리고 사건조사위원회가 구성되어 지금 활동을 시작하였음을 보고 드립니다. 우리는 철저히 이번 사건을 조사하겠습니다. 그리고 한국 대사관과 신속하게 그리고 긴밀하게 협조하겠습니다.

전: 서울에서 외무차관보 1명과 대사 2명(駐태국, 말레이시아)을 파견할 것이니 이 분들과 협조하시고 모든 편의를 제공해 주시기 바랍니다.

우: 알겠습니다.

전: 네윈 의장에게 말씀 드렸습니다. 이번 사건은 IPU를 방해하기 위하여 북한이 간첩을 시켜 저지른 사건과 아주 수법이 유사합니다. 참고로 하십시오(육군병원 빈소 분향과 유해 안치실을 둘러보고 부상자를 위로한 후 공항으로 향발함).

우: 부상자가 16명인데 그 중 2명은 곧 퇴원했습니다.

전: 중상자 중 가장 심한 상처를 입은 분은 육군대장이며 합참의장입니다. 꼭 회복되도록 최선을 다해주세요.

우: 알겠습니다. 최선을 다하도록 제가 독려하겠습니다. 염려 마십시오. 버마 측에서는 사진사 1명 사망, 장관 1명과 차관 1명이 부상하고 군악대원 17명이 부상하였습니다. 귀국 국민 중에서는 15명이 사망하고 15명이 부상인데 그 중 세 분은 아주 경과가 좋다고 합니다.

전: 병원 당국과 귀국 정부와 우리 한국대사관이 서로 협의해서 사망하신 분들 유

해가 고국으로 송환될 때에 부상자들도 가급적이면 모두 후송이 되도록 해주시기 바랍니다. 가족들이 고국에서 간호하고 싶어 하실 것입니다.

우: 잘 알겠습니다. 그리고 각하께서 분부하신 대로 오늘 사고 현장을 샅샅이 뒤져 유기된 시신이나 부상자가 없는지 확인한 결과 양측 한 분도 없습니다.

전: 이 불행한 사고를 긍정적으로 발전으로 유도하는 계기로 삼아야 합니다. 그러기 위해서는 귀국에서 고위 진사사절단을 파견하실 경우 우리는 이를 받을 용의가 있음을 말씀 드립니다.

우: 말씀의 취지는 잘 알아들었습니다.

전: 나는 충분한 시간을 가지고 각하와 양국 공동 관심사에 관하여 의견 교환을 하려고 마음을 먹었었으나 방문을 중단하고 떠나지 않을 수 없게 된 것을 유감으로 생각합니다. 그러나 고인의 유지를 받드는 길은 양국관계를 더욱 긴밀하게 하는 것이라는 점을 잊지 마시기 바랍니다.

우: 각하, 각하의 말씀에 전적으로 동감입니다.

전대통령이 공항에 도착한 것은 오후 4시10분이었다. 영빈관에서 육군병원을 거쳐서 공항까지 동승한 우 산유 대통령과 우 칫라잉 외상 등 버마 고위 인사들이 공항에서 전대통령 일행을 환송하였다.

4. 특별기는 떠나고, 나에게 건네진 30만 불

랑군의 밍가라돈 국제공항에 도착한지 만 24시간만인 오후 4시30분에 특별기는 랑군을 떠났다. 어제 대통령과 같이 랑군에 온 사람 중, 15명은 이미 죽고 랑군의 육군병원에서 생사를 헤매고 있는 사람과 부상으로 누워있는 사람, 노영찬 의전장과 부상자를 도울 의전요원 소수와 김병연 아주국장 그리고 나만이 이 공포의 도시에 남겨진 것이다. 우선 범행을 저지른 자들에 대해 전혀 알 수 없으니 남은 우리들의 생명이 온전할 것인가 일말의 두려움도 있었으나 남은 자들이 할 일이 너무 많다보니 두려움도 잠시였다. 사망자 및 부상자 처리, 버마정부와 진상규명 교섭 등의 업무를 위해 수행원 중 정무업무를 맡은 김병연 아주국장과 최병효 서기관, 둘은 당분간 현지에 남아서 사후 처리를 하라는 지시였다. 역시 현지에 남은 노영찬 의전장과 駐이슬라마바드 부총영사로서 의전 준비를 위해 사전에 파견되어 있던 이해순, 그리고 영부인 통역으로 차출되어 온 북미과의 김재범 사무관(駐우루과이대사 역임) 등은 사망자 장례의전과 부상자 운송 등의 업무로 분주하였다. 오후 4시30분, 만 24시간 전에 도착한 랑군공항에서 대통령 일행을 떠나보내는 심정은 처연하였다. 모두 풀이 죽어서 조용하였다. 다들 죄인이 된 느낌이었다. 김병연 국장은 공항에서 천병득 경호처장을 보자 너희들 때문에 다 죽었다고 호통을 치고 둘이 티격태격하며 으르렁거리기도 하였다. 대통령 특별기가 떠나니 모든 것이 적막하였다. 그런데 특별기가 떠나기 전에 공항에서 외무부 의전팀의 누군가가 나에게 현금 30만달러라고 하면서 가죽 가방 하나를 건네주었다. 현지에 사망자의 유해와 부상자가 있으니 여러 가지 활동에 필요할 때 쓰라는 것이었다. 어떤 경위로 또 누구의 지시로 그 큰 현금이 나에게 전달되었는지 따질 형편이 아니었다. 그 자금은 외무부 의전실 예산에 편성된 대통령 해외 순방경비였을 것이다. 첫 방문지에서 사고로 순방이 중단되어 한푼 써보지 못하게 되었는데 비상시에 사용하라는 것이었다. 100달러짜리 100장 묶음이 30개인데 가방도 제법 크고 상당히 무거웠다. 나는 이 현금가방을 분실하지 않도록 손에 들고 조심하면서 우선 공항에 산처럼 쌓아둔 수행원들의 짐가방들이 차질 없이 차에 실려 대사관에 운반되는지 지켜봤다. 수행원들의 짐가방 속에 폭탄이 들어있을 위험성도 있으므로 짐가방은 모두 현지에 남겨 두고 휴대가방만 들고 탑승하였던 것이다. 특별기가 떠난 후, 나는 무거운 현금가방을 든 채로 사망자가 있는 육군제1병원으로 갔다. 아침에 식사를 같이 했던 공식 수행원들이 양복차림으로 어떤 이는 구두를 신은 채로 시멘트 바닥에 비닐 같은 것으로 덮여 뉘어 있었다. 목불인견이라서 나는 신원을 확인하지는 않았다. 발 밑 시멘트 바닥에 이름이 적혀 있기도 하였다. 인생에 대한 깊은 허무감이 엄습하였다. 인간의 목숨이란 것이 이리도 한 순간인데 왜 그리도 아우성을 치며 사는 것인지 회의도 들고 힘이 빠졌다. 그러나 감상에 젖을 시간은 없었다. 사망자는 이제 방법이 없고 부상자의 상태가 궁금해서 돈 가방을 든 채로 육군제2병원으로 달려갔다. 거기도 콘크리트로 된 몇 층 건물이었는데 겉모양이나 시설이 허술하고 음습하였다. 계단으로 올라가니 방마다 아비규환이었다. 우선 최상덕 의전과장(駐오스트리아,

덴마크대사 역임)이 눈에 들어왔다. 발이 부러진 듯 붕대로 감아 위로 매달아 놓고 있었고 얼굴도 검게 불에 그을린 모습이었다. 그러나 정신은 명료해서 안심이 되었다. 다른 방으로 가보니 1980년 카투만두에 근무할 때 만났던 동아일보의 최규철 기자가 역시 검게 불에 그을린 모습으로 누워있었다. 그는 당시 인도에서 몇 달 연수중이었는데 네팔을 둘러보고자 와서 만나게 되었었다. 원래 동아일보에서는 박기정 기자가 오게 되어 있었는데 최규철 기자로 바뀐 것이었다. 이기백 합참의장이나 이기욱 재무차관 같은 중환자도 의사들의 치료를 받고 있었는데 병원 시설이 매우 기초적 수준이어서 한심스럽고 걱정이 많이 되었다.

한편 나는 현금 30만 불이 든 무거운 돈 가방을 든 채로 이리저리 다니며 바삐 일을 보는 경황 중에 돈을 쓸 시간도, 사용할 일도, 대사관에 맡기러 갈 시간도 없어서 저녁 늦게 호텔에 들어와 이를 방에 두었다. 다음 날 버마정부 앞으로 보낼 우리 정부의 특사 파견과 사건 조사 촉구 공문을 작성하는 문서 작업을 하러 대사관에 들른 기회에 가방채로 대사관 금고에 보관시켰다. 금고가 1m 가까이 높아서 문제없이 들어갔다. 그 후 특사가 와서 활동하였지만 그 돈을 쓸 일이 없어서 특사와 함께 10.12 랑군을 떠날 때 대사관에 가서 돈 가방을 찾아 들고 방콕에 내렸다. 방콕에서는 바로 대사관에 들러 금고에 넣었다가 다음날 이를 찾아 귀국하였다. 김포공항에서도 특별 출구로 나왔기에 돈을 신고할 필요도 없이 외무부 사무실로 들고 왔다. 그리고 바로 의전실과 협의 후 외환계장에게 돈을 건네고 금고에 보관하도록 하였다. 그리고 오랫동안 이를 잊고 있었던 것이다.

5. 우 산유 대통령의 언론성명: 애도와 응징의지뿐

버마사회주의연방공화국 대통령 우 산유 발표 언론 성명

1. 전두환 대통령이 랑군의 순교자 묘소에 헌화하기 직전에 폭발이 발생하여 서석준 부총리 겸 경제기획원장관, 이범석 외무부장관, 김동휘 상공부장관, 서상철 동력자원부장관과 이계철 주버마 한국대사를 포함한 인사들이 사망하였다.

2. 우 산유 대통령은 버마사회주의연방공화국을 대신하여 그리고 본인의 깊은 애도를 전두환 대통령과 또 그를 통하여 대한민국 정부와 국민들, 그리고 현재 국빈으로서 버마사회주의연방공화국을 방문하고 있는 친선 대표단에 대하여 행해진 비겁한 테러행위로 목숨을 잃은 공직자들의 유가족에게 표명하는 바이다.

3. 우 산유 대통령은 버마사회주의연방공화국과 대한민국 간에 존재하는 조화롭고 친밀한 관계를 훼손하고 중단하려고 기도한 테러분자들의 계획적이고 악랄한 행위를 강하게 규탄한다.

4. 우 산유 대통령은 전두환 대통령에게 이런 비열하고 비겁한 테러행위에 책임이 있는 모든 자들이 처벌받지 않고 지나가는 일은 없을 것임을 약속하였다.

5. 우 산유 대통령은 이러한 비겁한 테러행위가 양국 간에 현존하는 친선협력관계를 더욱 증진하려는 상호간의 열망을 어떤 식으로든지 방해할 수 없을 것임을 재확인하였다.

1983.10.9 랑군

또한 우 산유 대통령은 전대통령의 랑군 출발 직전에 심심한 조의와 애도, 사건 발생에 대한 유감을 표시하는 아래 메시지를 우리 대사관을 통하여 전달해 왔다.

본인은 각하의 버마 국빈 방문 중 10월9일 각하를 수행 중이던 고위 인사들의 사망과 부상을 초래한 최대의 비극적 불상사가 순교자묘소에서 발생한 데 대하여 커다란 충격을 받고 비탄을 금할 수가 없습니다.

버마정부와 국민을 대신하여 본인은 이 비극적 사건을 당한 각하와 사망자들의 유가족에게 심심한 조의와 애도의 뜻을 전합니다. 이러한 극히 유감스러운 사건이 특히 각하의 국빈 방문 중 발생하여 우리의 슬픔을 더하게 하였으나 그럼에도 불구하고 각하의 공식 방문이 양국관계 증진에 기여했다고 생각합니다. 이번 비극적 사건에 대한 본인의 조의를 다시 한번 표명합니다.

버마사회주의연방공화국 대통령 산유
랑군, 1983.10.9

우 산유 대통령이 전대통령에게 보내 온 메시지나 언론 발표문은 사망자에 대한 조의와 사건발생에 대한 유감, 책임자 조사와 처벌의지를 표명하는 것일 뿐 버마정부의 책임을 표명하거나 우리 정부에 사과하는 내용은 포함되어 있지 않음이 특이하다. 버마정부가 당시 사건이 남한쪽에 의해서 저질러졌을 가능성도 배제하지 않고 있었기 때문이 아닐까 추측해 본다. 버마 외무성은 10.10 (월) 우리 대사관앞 공한으로 위와 같은 내용으로 우 산유 대통령의 전두환 대통령 앞 메시지와 우 마웅마웅카 총리의 김상협 총리앞 메시지, 그리고 우 칫라잉 외상의 노재원 외무장관대리 앞 메시지를 발송하였음을 알려왔다. 우 칫라잉 외상 및 랑군지구 군사령관도 부상자 위문차 10.10(월) 육군제2병원을 방문 (08:30-09:05)하였다. 또 수상실 결정에 따라 한국 고위인사 사망에 조의를 표하기 위해 10.10-12간 관공서 및 공장·건물 등에 반기를 게양하였다.

6. 버마정부 사건조사위원회 구성

사건발생 직후 버마정부는 사건조사단(단장: 민트 린 남부지역 사령관)을 구성하여 진상조사에 착수하였다. 그 후 10.10(월) 각료위원회 결의를 통해 사건조사단을 사건조사위원회로 격상하고 10.11(화) 위원회를 구성하여 사건 조사에 착수하였다. 위원장에 내무종교상 Min Gaung 소장, 위원은 육군참모총장 Saw Maung 소장, 외무성 기획실장 U Kyaw Khaing, 국방정보국장 Aung Koe 대령, 경찰국장 Thien Aung 준장 등 4명이었다. 위원회 산하에 아래와 같이 5개 분과 위원회도 구성하였다:

외무성 조사위원회 위원장: U Kyaw Khaing 기획실장
국방정보국 조사위원회 위원장: Aung Koe 대령
경찰국 조사위원회 위원장: Thien Aung 준장
CIO 조사위원회 위원장: Tin Mint 대령
민간인 조사위원회 위원장: 민간인과 마을 당원으로 구성

5개 분과위원회가 조사위원회에 보고하고, 위원회는 각의-국가평의회-당집행위원회에 보고하여 정책을 결정하는 계통이었다. 위원회의 임무에 관해 각

료위원회는 "한국 대통령의 영도하에 친선사절단이 이곳을 방문하였을 때 순국열사묘소에서 일어난 폭발사건과 관련해서 가능한 빠른 시일 내에 내각회의에 보고서를 제출하도록 하고, 조사의 범위 내에서 특별한 사실을 발견하는 대로 즉시 각의에 중간보고서를 제출한다. 또한 누구를 막론하고 폭발사건과 관련해서 호출하고 심문할 수 있으며, 필요한 경우에는 폭발사건과 관련한 모든 정보를 입수할 수 있도록 다른 부서로부터 협력을 요청할 수 있다."고 규정하였다. 버마정부의 단호한 조사와 응징 의지의 표현이었다.

7. 한국인 출국 금지 및 조사

사건 발생 직후 전두환 대통령은 북한 측 소행이 틀림없다고 버마 측에 수사 방향을 제시하였다. 그러나 버마 측은 버마 내 반정부 세력과 버마 소수민족 반란군 집단뿐 아니라 북한, 그리고 남한 내 반정부 인사들까지 포함한 광범위한 세력에 용의점을 두고 객관적인 사실을 밝히고자 노력하였다. 10.10–12일 버마에 파견된 이원경 특사(체육부장관)가 우 산유 대통령과 우 칫라잉 외상에게 양국 간 합동수사반을 조직하여 수사에 임할 것을 요청하였으나 버마 측은 수사는 주권상의 문제이므로 이에 응할 수 없다는 입장을 고수하였다. 따라서 중요한 문제는 양국 외교 경로를 통해 협의하고 수사에 관한 기술적인 문제는 양국 관계기관 간에 협력한다는 선에서 합의가 이루어졌다.

처음에 버마 측은 한국 내 반정부 세력에 의한 테러 가능성에도 유의하여 버마 내 한국인들 뿐 아니라 대통령 경호와 관련된 일부 한국정부인사들까지 출국을 금지하였다. 한국업체 근로자들의 버마 출국 및 지방 이동을 금지시키고, 행사 수일 전 버마에 도착하여 경호관련 업무를 한 천병득 경호처장과 안기부 이상구 국장도 사건 후 일주일간 출국을 금지시켰다. 버마정부는 10.12 현대건설 직원 및 근로자들 중 완전 귀국 예정자 8명과 본국 휴가 예정자 5명에 대해 출국 수속을 금지하였다. 10.13에는 얼음공장을 건설하던 국제상사의 근로자들 중 랑군에서 지방 현장으로의 이동 예정자 3명, 지방 현장으로부터 랑군으로의 이동 예정자 2명에 대해 이동을 금지시켰다. 버마 수사당국은 현대건설 킨다댐 공사현장 근무 버마인 행정관 우 쿄온U Kyaw Ohn과 기능공 우 키원U Kyaw Win을 10.14 오후에 불러 범인으로 추정되는 사살자 1명과 부상자 2명을 각각 대면시켜서 현대건설 소속인지 문의하고 현대건설 현장에 대한 일반 사항을 물었다. 이들은 수사당국에 사살자 및 체포자에 대한 면식이 전혀 없다고 답변하였으며, 수사당국으로부터 심문 사실에 대해 제3자에게 함구하라는 지시를 받았다고 하였다. 두 명의 체포자중 한 명은 버마어를 잘하였고 한 명은 전혀 말을 하지 않았다고 하였다.

현대종합상사(지사장 김성린 과장)의 현지인 직원 우 묘민트U Myo Myint는 10.12 수사당국의 심문을 받았는데, 수행경제인 중 정주영 전경련 회장 등 10.9(일) 아침의 골프 참석자 명단과 동 고용원이 집에 잘 들어오지 않는 이유를 물었다고 하였다. 상기 사실로 미루어 보아 버마 수사당국은 한국인 및 한국업체 현지 고용원들이 금번 폭발사건에 연루되었을지도 모른다는 가능성도 염두에 두고 수사를 진행시키고 있는 것으로 보였다. 한편 현대건설 현지 고용원이 병원에서 체포자의 신원을 확인할 때 시리암 소재 북한 주석제련소 근무 현지인들도 수사 당국의 요청에 따라 불려와서 체포자들과 면식이 있는지 확인하고 있었다고 하였다.

또한 10.14 버마 외무성은 사건 발생 당시 현장에 있었던 송영식 참사관과 박원용 무관이 10.15, 11시에 개최되는 사건조사위원회에 출석하여 질문에 답변해 줄 것을 요청하였다. 한국정부에서는 외교관의 면책특권을 주장하여 이를 회피하기보다는, 사건진상 규명을 위하여 적극적으로 조사에 협력해야 된다는 취지에서 이들이 출석하여 버마 측 질문에 답변하도록 하였다. 우리 측은 버마 측 조치에 따라 현지에 계속 체류 중인 천병득 경호처장과 우리 측 조사위원도 함께 버마의 사건조사위원회에 참석하여 질의에 답변할 수 있도록 할 것을 요청하였으나 버마 측은 수사와 직접 관련이 없는 이들의 참석은 원하지 않는다고 거절하였다.

제8장

사건 직후 한국정부의 조치

1. 긴급 국무회의

한편 비보를 접한 김상협 국무총리는 10.9(일) 오후 3시 국무회의를 소집하여 대통령의 지시에 따른 의료진 파견을 결정하는 등 정부의 후속대책 마련에 착수하였다. 오후 4시55분에는 정부대변인 이진희 문화공보부장관을 통해 순국자와 부상자 명단을 발표하였다. 오후 9시에 다시 열린 국무회의는 참사에 대한 정부성명 발표, 순국자 유해봉송 및 부상자 치료를 위한 대책을 논의하였다. 또 노신영 안기부장의 제의에 따라 이원경 체육부장관을 정부특사로 버마에 파견하여 버마정부와 사건의 조속한 해결방안을 교섭하기로 하는 동시에, 우리 측 진상조사단 파견도 결정하였다. 이진희 문공부장관은 "우리는 이 사건을 통해 천인공노할 북괴의 국제테러집단의 본성을 다시 한번 똑똑히 알았다." 라고 성명서를 발표함으로써 아무런 증거를 제시하지 않은 채, 버마암살폭발사건이 북한공산집단에 의해 자행된 것이라는 한국정부의 입장을 공식으로 밝혔다. 그리고 진상조사단장에 박세직 국가안전기획부 제2차장을 임명했다고 발표하였다.

김상협 국무총리가 사건 발생 소식을 접하고 10.9(일) 오후 4시 전두환 대통령에게 보낸 초긴급 전문은 아래와 같다.

발신전보

번호:WRA-722 일시: 10091600 전보종별: 초긴급

수신: 대통령각하

발신: 국무총리

제목:

국무총리 이하 전 국무위원은 급보에 접하고, 경악을 금치 못하고 있습니다.

1. 10.9(일) 15:00에 이 사태의 대책을 위하여 임시 국무회의를 소집하고,
2. 전 공무원의 비상근무를 명하여 정상 근무하도록 하고, 추호의 동요도 없도록 하였으며,
3. 안기부, 국방부, 내무부장관에게 전군, 경찰과 주요 시설에 경계 태세를 더욱 강화하도록 하고,
4. 특히 IPU 회의에 참석하고 있는 각국 대표들의 안전을 위해서 호텔, 회의장 등의 경계를 일층 강화하도록 하고,
5. 문공부장관으로 하여금 사건의 경위를 16:00에 발표하도록 하였습니다.
6. 국무총리 이하 전 국무위원 일동은 대통령각하께서 빠른 시일 안에 귀국하실 것을 건의 드립니다.
7. 한편, 본 사건의 진상조사를 포함한 현지의 사후 조치를 위하여 외무부 이상옥 차관보, 신기철 주말레이시아대사 및 권태웅 주태국대사를 현지에 보내겠습니다. 안기부 제3국장은 현지에 잔류하여 합류하도록 하겠습니다.

사건 발생과 관련하여 10.9(일) 외무부에서 종합한 "버마사건 관련 조치사항 및 대책" 보고서 내용은 아래와 같았다:

사건 개요

10.9(일) 서울시간 12:55 폭발사건 발생

    - 공식, 비공식 수행원 15명 순직, 16명 중·경상 (명단 별첨)

    19:00 대통령각하 현지 출발 (10.10.03:15 서울 도착 예정)

I. 조치 사항

10.9(일)

15:00 임시 국무회의 소집
- 전 공무원 비상근무 명령, 전 군 및 경찰과 주요 시설에 경계태세 강화
- IPU(국제의원연맹)대표 안전강화(서울에서 동 총회 개최 중)
16:00 정부대변인 문공부장관의 사건 경위 발표
　　　임시 국무회의에 따른 조치내용을 대통령각하께 전문 보고
16:40 문공부장관 발표 내용 요지와 함께 전 재외공관에 사실 통보 및 비상근무 태
　　　세 지시
16:45 주말레이시아 심기철 대사 및 주방글라데시 문기열 대사의 버마출장 지시
16:45 여타 순방 5개국 공관에 방문 연기 사실 통보하도록 조치
　　　(주한 공관이 있는 경우 주한공관에도 통보 조치)
17:00 대통령각하 탑승기 제3국 영공통과 관련 협조 조치
17:40 주 미국, 일본, 영국, 서독, 프랑스 공관에 주재국 정부가 사건 진상 조사에
　　　협조해 줄 것을 요청하도록 지시
　　　(상기 국가의 주한 공관에도 동일 내용 협조 요청)
18:30 북한대치 공관에 북한동향 파악 보고하도록 지시
19:00 버마특별기로 유해 운구시 사용하는 관의 상태 파악 지시
19:00 주 싱가포르대사에게 유해 운구 위한 대한항공특별기 파견 사실 통보 및 유
　　　해 운구에 주재국 정부 협조를 요청하도록 지시
　　　주 태국대사에게 부상자 치료 및 협조 위해 현지 체류 지시
　　　전 재외공관에 조기 게양 지시(국내 병행)
　　　대통령각하 현지 출발 (10.10.03:15 서울 도착 예정)

II. 대책

1. 진상 조사
가. 진상조사단 파견: 이원경 체육부장관, 박세직 안기부 차장 및 기타 인원
나. 버마정부에 대하여 철저한 사건 진상 조사 추궁
다. 버마와 긴밀한 관계를 가진 국가들의 진상 조사 협조 요청

2. 유해 운구 및 후속 조치
가. 운구 인수반 대한항공 여객기편 싱가포르 파견(총무처 주관)
나. 후속 조치를 총무처와 계속 협의

III. 각국 반응

1. 일본 수상 및 외상 성명 발표: 조의 표시 및 난국 극복 희망

2. 주한 미국대사: 조의 표시

3. 호주 총독 명의 조전, 수상대리 성명으로 조의 표시

4. 스리랑카 외무차관, 대통령 비서실장: 방문 연기에 섭섭함과 조의 표명

2. 전두환 대통령 귀국성명

한편 전두환 대통령은 귀국하는 비행기 안에서 작성한 아래와 같은 성명을 10.10(월) 새벽 3시 5분 김포공항에 도착하여 읽었다:

"국민 여러분, 본인은 본인의 버마 방문 중에 발생한 미증유의 비극적 참사로 인하여 순방계획을 중단하고 오늘 새벽 귀국해서 비통한 심정으로 국민 여러분에게 보고 드리는 바입니다. 본인은 먼저 나라와 국민을 위해 헌신 봉사하다 이역 땅에서 비명에 유명을 달리한 서석준 부총리를 비롯한 정부 각료와 대표단 및 수행원 일행 열여섯 분 고인들에게 삼가 머리 숙여 명복을 빌고, 그 분들의 유가족에게 본인의 통곡어린 조의의 말씀을 드립니다. 그리고 이 믿을 수 없는 사건으로 크나큰 충격을 받은 국민 여러분에게 무어라 말할 수 없는 통분을 함께 나누면서 진심으로 위로와 유감의 말씀을 보내는 바입니다.

국민 여러분, 이번 사건은 전 인류 양심이 용서할 수 없는 야만적 범죄이며 저주받아 마땅한 극악한 죄악이 아닐 수 없습니다. 본인은 천인공노할 이 살인만행에 대하여 국민 여러분과 더불어 끓어오르는 분노와 통탄을 억제할 수 없습니다. 이번 사건은 치밀하게 계획되어 조직적으로, 바로 국가원수인 본인의 생명을 노린 전대미문의 악랄한 음모의 소산이었습니다. 이와 같이 대한민국의 국가원수인 본인의 위해를 획책하여 잔학무도한 죄악을 저지른 이번 범죄의 원흉으로 전 지구상에서 가장 비인간적인 북한공산집단을 지목하는 것은 비단 우리 국민만은 아닐 것입니다. 그들이 이미 연전에 본인의 해외 순방길을 틈타 캐나다에서 본인의 목숨을 노리다 발각된 사실을 상기하지 않더라도, 그들이 우리의 적으로서 우리의 평화와 안전을 파괴하려고 집요한 도발을 감행해 왔으며, 무이성과 비인간으로서 폭력과

유혈을 일삼는 살인범이라는 천하공지의 속성만으로도 이번 범죄가 저들의 소행임을 의심할 사람은 아무도 없을 것입니다. 본인은 이러한 잔인무도한 살인 폭력집단의 궁극적인 종말은 자멸 이외에 아무 것도 없다는 것을 엄숙하게 경고하면서, 국민여러분과 더불어 불의와 폭력을 응징하고 반인류의 죄악을 징벌하는 데 모든 대응책을 강구해 나갈 것임을 굳게 다짐하고자 합니다. 또한 본인을 대신하여 희생된 고인들의 유해를 모시는 일과 부상자 치료 등 이번 사건에 따른 사후 수습에 최선을 다 할 것임을 아울러 보고 드립니다.

국민 여러분, 아무리 사악한 무리가 우리의 안전을 위협하더라도 우리의 숭고한 평화와 전진을 향한 의지는 결코 꺾을 수 없을 것입니다. 우리에게 몰려오는 도전이 모질면 모질수록 우리의 정의와 대의는 그보다 더욱 강력한 힘을 꿋꿋하게 발휘하고야 말 것입니다. 본인은 무수한 도전과 시련의 고비를 무서운 합심단결로 이겨내 온 국민 여러분의 위대한 저력이 어떠한 위협도 끝내 물리치고 우리의 생존과 안녕을 굳건히 지켜낼 것임을 확신하는 바입니다. 우리는 비장한 각오와 결의로 오늘의 이 도전을 훌륭히 이겨 나가야 하겠으며, 본인은 신명을 바쳐 여러분과 함께 불의를 응징하고 평화와 번영을 구현하는 데 앞장서 나갈 것입니다.

우리 모두 총단합하여 나라를 수호하고 나라의 힘을 키워 통일된 나라를 완성하는 것이야말로 우리의 수호신으로 영원히 살아 있는 고인들의 숭고한 희생에 보답하는 길이라고 믿어 의심치 않습니다. 다시 한번 고인들의 명복을 빌며 유가족에게 깊은 애도의 뜻을 표하는 바입니다."

전대통령의 귀국성명문도 버마정부의 성명문처럼 고인들에 대한 조의와 사건발생에 대한 유감, 범죄인들에 대한 응징의지만 있을 뿐 사건에 대한 책임감이나 고인들에 대한 사죄 표명은 없었다. 그 많은 국가 인재들이 무고하게 피살당했는데도 그저 애도할 뿐 사건에 대해 책임감을 느끼거나 피해자들과 가족에게 사죄하는 자는 어디에도 없었다. 버마정부나 전대통령이나 사건에 대한 책임을 지고 싶지 않았던 것이다. 결국 죽은 자만 억울하게 된 것이다. 전대통령은 영접 나온 김상협 국무총리, 총무처장관, 외무부 차관으로부터 정부에서 취한 여러 사항을 보고받았다. 그는 새벽 4시30분 공항을 출발하여 5시에 청와대에 도착한 즉시 비상국무회의를 소집하여 각료들에게 사후 대책에 관한 조치를 아래와 같이 지시하였다:

1. 고인들의 희생을 국가 발전의 전기로 삼을 것.

2. 외교도 전쟁과 방불한 상황하에서 이루어지는 것임. 우리의 현실은 남북한이 대치하고 있음. 이번의 희생은 우리들에게 이와 같은 냉혹한 현실을 다시 한번 인식시켜 주고 있음. 북한의 집요하고 사악한 흉계가 계속되고 있으므로 이에 대한 우리의 대화 노력도 계속되어야 할 것임. 나도 같이 희생당했어야 할 사람이라는 각오로 임해해 될 것이며, 그렇게 하여야만 국가가 발전하고 통일을 달성할 수 있다는 인식을 가져야 할 것임. 우리가 앉아서 일신상의 안전을 도모할 수만은 없는 실정임.

3. 앞으로 우리는 방문외교와 초청외교를 더욱 활발하게 추진해 나가야 할 것이며, 이번 사건이 수습되면 이번에 연기한 방문도 계획대로 추진해 나갈 것임. 여러분도 나를 수행했더라면 희생되었을지도 모르니 다시 태어난 각오로 임해주기 바람. 절대 불가능은 없다고 보며, 역사에 고귀한 페이지를 남길 수 있도록 해주어야 할 것임.

4. IPU총회를 염려하였는데 각국 대표단의 동요가 없다니 다행스러우며 IPU대표단의 신변안전에 만전을 기하는 등 각자가 최선을 다하기 바람.

5. 버마를 떠나기 전 순국자와 부상자를 돌아보았는데 시설이 나쁘므로 하루 속히 송환하기 바람. 의료단을 빨리 현지에 보낸 것은 잘한 일임.

6. 정부는 앞으로 버마정부 및 우방국의 협조를 얻어 북한에 대한 보복책을 강구해 나가야 할 것임. 이번 사건은 대구 미문화원 사건과 수법이 매우 흡사하므로 버마정부로 하여금 이번 범행이 북한의 소행이라고 단정하도록 하는 데 최선을 다하기 바람. 일본, 서독, 호주 등이 버마와 가까운 나라이니 이들 국가의 협조도 얻어야 할 것임. 버마는 북한에 대해서 외교적 단절조치를 취하는 등 필요한 조치를 취해야 할 것이며, 이것이 적어도 일시적이나마 버마가 우리나라에 대해 취할 수 있는 예의로 봄.

7. 이번 사건과 본련, 본인도 특별담화문을 발표할 생각임. 금번 북한의 악

랄한 행동을 전 세계에 알리고 나에 대해 기도한 세번째 위협(과거 두 차
례는 필리핀 방문 시의 암살 음모와 캐나다 방문 시의 청부살인 음모)으로
각 부처와 기관은 긴밀한 협조로 사건 재발에 대비해 주기 바람.

8. 진상규명을 철저히 하는 것이 급선무이며 외교적으로 강력한 교섭을 벌
여야 함. 버마와의 긴밀한 협조를 통해 이번 사건이 북한의 소행임을 버
마가 밝혀내고 이를 대외적으로 발표하도록 하는 것이 중요함.

9. 진상규명을 버마에 일임할 수 있으나 한국과 합동으로 하는 방법이 있
음. 합동으로 하는 방법에도 양국 수사기관간의 합동조사와 협조, 양국
간의 외교경로를 통한 정보교환의 두 가지가 있는데, 우리로서는 합동으
로 하는 것이 더 좋을 것임. 이를 버마 측에 제의해 보기 바람.

3. 버마정부 앞 외교공한

나는 10.10(월) 외무부로부터 지시를 받고 우리 대사관으로 가서, 사건 조
사·책임자 처벌 및 우리 정부의 특사 파견을 알리는 내용으로 공한(영문) 두
개를 작성하여 10.11(화) 버마 외무성에 발송하였다. 그 내용은 아래와 같다.
당시 대사관의 송영식 대사대리는 사망자와 부상자 처리, 서울에서 오는 특사
와 특별기 영접 등으로 너무나 황망한 상태여서 대사관에서 사무를 볼 형편이
아니었기에 내가 대사관에 가서 비서를 시켜 문서를 타자시키고 관인을 찍어
보내도록 한 것이다.

사건 조사와 책임자 처벌 촉구 공문
대한민국 대사관은 버마연방사회주의공화국 외무성에 경의를 표하며, 1983.10.9 발생한 매우 비극적이고 참혹한 사건에 대한 깊은 유감과 분노를 표명하고자 합니다. 그 사건으로 대통령 일행 16명이 목숨을 잃고 13명이 부상하였습니다. 대한민국 대사관은 사건 후에 고국에 도착하여 대한민국 대통령이 발표한 성명서 사본을 여기 첨부하는 바입니다. 이 성명문은 한국민의 감정을 대변하며 버마연방 사회주의공화국 정부에 의해 어떤 조치가 취해져야 할 것인가를 대한민국이 요구하

는지가 열거되어 있습니다.

이와 관련하여 버마정부가 최종 결론에 도달할 때까지 사건 조사 경과와 파악 내용을 정기적으로 대한민국 대사관에 알려줄 것을 버마 외무성에 요청하는 바입니다. 대한민국 대사관은 또한 버마 밖의 어떤 요인이 사건에 개입되어 있다는 어떤 증거나 암시가 조사결과 밝혀질 경우에는 그 내용이 즉시 공표되어야 하며, 그러한 비겁한 행위를 직접 기획했거나 조장한 어떤 집단이나 체제도 공개적으로 규탄되어야 하며 가장 강력한 처벌이 가해져야 될 것임을 요청하는 바입니다.

대한민국대사관은 이 기회에 버마연방사회주의공화국의 외무성에 최고의 경의를 재확인하는 바입니다.

첨부: 대한민국 대통령 성명문

랑군, 1983.10.10

특사파견 통보 공문

대한민국대사관은 버마연방사회주의공화국 외무성에 경의를 표하며 전두환 대통령의 버마 국빈 방문 중 1983.10.9 랑군의 순국자묘소에서 발생한 비극적 사건과 관련하여, 대한민국 정부가 정부 특사로서 체육부장관 이원경 각하를 버마연방사회주의공화국에 파견하기로 결정하였음을 알려드리는 바입니다.

특사는 그 비극에 대한 한국정부와 국민의 느낌과 감정을 버마의 지도자들에게 전달하고, 사건의 배후에 누가 있는가에 대해 분명한 빛을 비춰줄 사건의 철저한 조사를 수행함에 있어 두 나라 간에 어떤 협력적 노력이 필요한 지를 파악하기 위한 임무를 부여 받았습니다.

특사는 또한 그러한 사건이 발생할 수 있는 배경과 상황에 대해 버마의 최고위당국에 설명하고, 우리 두 나라간의 정중하고 우호적인 관계를 더욱 증진하기 위한 두 나라 정부와 국민들의 성실하고 진지한 노력을 방해하는 그러한 사건의 재발을 방지하고, 혐의자에 대해 어떤 조치가 취해질지에 대해 협의하도록 지시를 받았습니다.

대한민국대사관은 이 기회를 이용하여 버마 외무성에 대한 최고의 경의를 재확인하는 바입니다.

랑군, 1983.10.10

4. 빈소 설치, 부상자 수송 및 유해 운구

駐버마대사관 빈소설치

駐버마대사관은 대사의 사망과 사건에 대한 죄책감으로 침울한 분위기였지만 처리해야 될 일이 산적하였다. 우선 사망자에 대한 분향소를 대사관에 설치하여 외교단과 버마 인사들의 조문을 받아야 했다. 임시대사대리가 된 송영식 참사관은 사건 이후 충격과 서울에서 쏟아지는 각종 지시사항 이행 등으로 제정신이 아니었다. 그는 사건 발생 후 며칠 밤을 어디서 어떻게 잤는지도 모르고 집에도 며칠간 들어가지 못했음을 나중에야 알게 되었다고 할 정도였다. 나는 일단 대사관에 자리를 잡고 긴급히 필요한 업무를 처리하였다. 대사관에 빈소를 만들고 사건 내용을 버마 주재 외교단에도 알려야 했다. 우리 대통령의 공식 방문 중 순국자묘소에서 암살폭발사건이 발생하여 경제부총리·외무장관 등 각료 4명과 駐버마대사 등 16명이 사망하였음을 알리는 우리 대사관 명의의 외교회람공한(Diplomatic Circular Note)을 작성하여 버마주재 각국 대사관에 배포하도록 하였다. 관례에 따라 공한의 네 테두리를 굵은 검은 선으로 칠한 것이 아직도 머리에 생생하다. 대사관의 오갑렬 2등서기관(駐체코대사 역임) 등이 빈소 준비를 하고 문상객들의 조문을 받느라 수고하였다.

부상자 수송 및 유해 운구

사건 직후 랑군시내 육군제2병원으로 옮겨진 부상자들은 버마 의료진의 응급 치료를 받았다. 이들을 버마정부 제공 특별기편으로 사건 당일인 10.9 중 방콕으로 이송 치료할 것도 검토하였다. 그러나 대한항공 특별기를 현지에 보내서 이들을 서울로 후송하기로 최종 결정되었다. 부상자 치료 및 운송을 위해 국립의료원 의료진 17명이 대한항공 특별기편으로 10.10(월) 05:30 랑군에 도착하여 육군제2병원에 입원 중인 환자들의 상태를 확인하고 수송에 따른 준비를 하였다. 폐에 입은 중상으로 호흡기를 부착하여 일반 항공기로는 한국에 수송할 수 없는 이기욱 재무차관과, 몸 여러 곳에 파편이 박혔으나 의식이 있어 위중하지는 않지만 군인임을 감안하여 이기백 합참의장 등 둘은 필리핀 클라크 미국 공군기지에서 날아 온 병원기로 클라크 기지내 병원에 수송하여 치료하기로 하였다. 나머지 부상자 11명은 서울에서 온 의료진과 함께 10.10(월) 오후 1시15분 대한항공 특별기편으로 서울로 향발하였다. 이기욱 차관과 이기백 합참의장은 10.10(월) 오후 5시30분 랑군에 도착한 미군 병원기에 탑승하여 (국립의료원 마취과장 안창근, 동 간호원 권영해, 합참의장 부관 전인범 대위 동승) 그날 저녁 8시20분 랑군을 출발, 10.11(화) 새벽 3시 클라크 기지에 도착하여 입원 가료를 받았다. 이기욱 차관은 클라크 기지 병원에서 가료 중 10.12(수) 사망하여 다음 날 미군 특별기편으로 서울에 운구되어 10.17 국립묘지에 안장되었다. 이기백 합참의장은 수술을 성공적으로 마친 후 10.31. 12:00시 미공군 특별기편으로 서울에 귀환하였다.

폭발현장으로부터 랑군시내 육군제2병원으로 이송된 유해들은 신원확인을 거친 후 병원 영안실에 안치되었다가 10.10(월) 방부 처리 및 입관 작업을 위해 랑군시 육군제1병원으로 옮겨졌다. 육군제1병원에서 방부 처리된 유해는 대한항공 유해 운송 특별기편으로 10.10(월) 오후 3시20분 랑군에 도착한 서울 중앙장의사 소속 장의사 4명에 의해 오후 8시 입관 절차를 마쳤다. 관은 버마 측에서도 준비하였으나 한국 운송팀이 홍콩에서 구입해 온 것을 사용하였다. 특별기에는 이원경 특사(체육부장관)와 외무부 주동운 정보문화국장, 총무처 문영구 소청심사위원장과 외무부 직원 2명, 총무처직원 3명, 장의사 4명이 타고 왔다. 장의사들은 밤새워 염을 하고 시신을 수습해서 다음 날인 10.11(화) 아침 9시 서울로 출발하여 오후 5시30분 유해와 함께 김포공항에 도착했다.

10.11(화) 새벽(05:37－6:00)에 육군제1병원에서 우리 공관직원, 교민 등 1백여 명과 버마 외무차관 우 흐라쉐, 국방차관 아웅킨 소장, 육군참모총장 와우아웅 소장 등 버마인사 1백여 명 참석하에 순국자 16명에 대한 합동 분향식이 거행되었다. 이어 유해는 랑군 공항으로 운구되어 오전 8시 공항에서 상기 인사들과 외교단 참석하에 버마정부가 주관하는 군대 의식의 영결식을 가진 다음, 9시 대한항공 특별기편으로 랑군을 출발, 오후 5시30분 김포공항에 도착, 서울대학교 의과대학병원 영안실에 안치되었다.

나는 사건 직후부터 몰려드는 각종 사후 수습 업무로 10.9(일) 아침 기상 이후 10.10(월) 자정까지 한숨도 잠을 자지 못하고 식사조차 할 시간도 없이 물로 버텨오다가 10.11(화) 새벽 처음으로 방에서 눈을 붙였다. 두어 시간 후에 다시 일어나서 분향식이나 공항에서의 영결식에 참석할 기력이 없었다. 김병연 아주국장이 자기 혼자 공항 영결식 행사에 갈 테니 나더러 그냥 방에서 눈을 좀 붙이라고 하였다. 김국장과 나는 10.9과 10.10 밤엔 호텔 등에서 업무를 처리하며 불안한 시간을 보냈는데, 아무래도 신변보호상 대통령이 떠나서 텅 빈 영빈관으로 옮기는 게 좋겠다는 버마정부의 요청에 따라 10.11에는 영빈관으로 숙소를 옮겼다.

5. 랑군 육군병원에서의 조우

부상자를 치료하고 서울로 운송하기 위한 대한항공의 DC-10 특별기가 10.10(월) 새벽 1시에 김포를 출발하여 랑군에 05시30분에 도착하였다. 국립의료원에서 장경식 원장을 포함한 17명의 의료진이 긴급 차출되어 온 것이었다. 나는 이들을 맞으러 새벽에 육군제2병원에 갔는데 병원 경내에 들어서니 의료진이 버스에서 막 내리고 있었다. 내 손에는 현금 30만 불이 들어 있는 무거운 가죽 가방이 들려 있었다. 그 전날 랑군을 떠나는 의전팀으로부터 건네받은 돈을 시간이 없어 대사관 금고에 넣지 못하고 계속 들고 다닌 것이었다. 그런데 웬일인가? 공항으로부터 막 병원에 도착한 사람 중에 고교 동기인 국립의료원 외과의사 양정현 박사가 하얀 가운을 입고 걸어오고 있었다. 서울의대 출신으로 의사 11년차인 그는 일요일 저녁에 갑자기 차출되어 새벽 비행기를 타고 온 것이었다. 근래 그에게 당시 상황을 자세히 듣게 되었다. 랑군에서와 같은 국가적 재난사고의 경우에는 원래 서울대학교 의과대학병원에서 의료팀이 차출되게 되어 있었는데, 일요일 오후 늦게 갑자기 의료팀의 버마 파견이 결정되어 서울대학병원장을 찾았으나 운동하러 나가 있어 연락이 되지 않았다고 한다. 그래서 불똥이 국립의료원에 떨어졌다는 것이다. 자신을 포함한 국립의료원 의료팀이 긴급하게 구성되어 병원으로 호출되었고 간단한 기구만 챙겨서 김포공항에 가서 여권을 받아 랑군에 오게 되었다는 것이다.

우연이란 한 번으로 끝나지 않는 것인가? 양박사가 서둘러 부상자 치료차 병실로 올라가고 나도 뒤따르려는데 이번에는 버마 외무성의 우 루모U Lu Maw 과장이 차에서 내리는 것이 아닌가? 훤칠한 키에 준수한 용모의 그는 내가

1979.10월부터 2년간 네팔에서 근무할 때 가까이 지낸 사이였다. 당시 버마대사관 차석으로 1등서기관이었던 그와 가끔씩 골프를 같이 쳤는데, 어느 날 그가 초대하기에 골프장에 가보니 우리 둘과 방글라데시 참사관, 그리고 소련대사관의 1등서기관 모로죠프Mozozov 등 넷이서 라운딩을 하도록 주선해 놓았다. 소련과 서로 수교가 없는 상황에서 같이 몇시간 동안 골프를 친다는 것은 어색한 일이었으나, 모로죠프 서기관은 개의치 않는 것 같았고 나도 굳이 피할 필요는 없었으므로 서로 인사하고 골프를 마쳤다. 당시 카투만두에는 남·북한의 두 대사관을 포함하여 총 16개의 대사관만 있었으므로 외교단의 대사와 차석 등 주요 인사와는 모두 안면이 있는 처지였다. 대사관 차석까지는 수상 주최 행사에도 항상 초청되므로 수시로 만나게 되었다. 그런데 모르죠프는 대사관 차석이 아니어서 안면이 없는 처지였고, 소련과는 수교가 없으므로 소련대사관 직원을 개인적으로 만나는 일도 없었다. 내가 살던 집에서 가까운 곳에 매우 큰 규모의 소련대사관이 있었고 내 바로 옆집은 소련 상무관 집이었다. 소련대사관에는 엄청난 규모의 안테나들이 세워져 있었는데 이 시설은 해발 1,200m인 카투만두에서 인도나 파키스탄 등의 통신을 감청하기 위한 소련의 주요 통신 센터로 이용되고 있다는 것이었다. 미국대사관도 꽤 큰 규모였는데 1979년 소련의 아프가니스탄 침공으로 카불의 미국대사관이 폐쇄된 이후 네팔 주재 미국대사관이 아프가니스탄 공작의 거점 중 하나가 되었기 때문이라고 하였다.

그런데 루모 서기관은 골프 후에 자기 집에 만찬을 준비했으니 모두 가자고 해서 또 그 집에서 모로죠프와 오랫동안 여러 가지 이야기를 나누게 되었다. 당시로서는 공산국가의 외교관이 골프를 치는 것은 본 적이 없었고, 소련대사관 내에서도 그만이 골프를 쳤기에 그가 소련의 정보기관KGB 출신임에 틀림없다고 생각했다. 일반적인 소련 외교관이라면 수교가 없는 남한 외교관과의 조우는 피했을 터인데 그는 매우 자유롭게 행동하였다. 냉전 시기에 우리 외교관이 소련 외교관과 공식적 행사가 아닌 계기에 개인적으로 골프를 친 것은 흔하지 않은 일이었을 것이다. 그 얼마 후에는 옆집의 소련상무관이 리셉션에 오라고 초청장까지 보내왔다. 큰 규모의 행사는 아니었으나 거기서 미국대사관 제임스 새너James Senner 1등서기관을 처음 만나 인사하게 되었다. 그는 북한대사관의 동향에 관해 특별한 관심을 가지고 나에게 정보도 주고 이것저것 물어보기도 하였다. 또 내가 모로죠프 서기관과 가깝게 대하는 모습을 보고는 그가 KGB 거점장이니 혹시라도 어떤 함정에 빠지지 않도록 조심해야 된다고 일러주었다. 그는 내가 한국 정보기관에서 파견된 외교관으로 짐작하고, 자신이 CIA 네팔 거점장이고 아프가니스탄에서 근무하다가 소련의 침공으로 인해 네팔로 오게 되었다고 하면서 긴밀한 협력을 당부하였다.

당시 미국 정보당국은 북한대사관들이 세계 각지에서 밀수로 자금을 조달하고 있다는 의심을 가지고 있어서 그 증거를 수집하려고 노력하고 있었다. 새너 서기관은 그런 미국 측 관심을 알리면서 내가 현지 북한대사관의 그런 동향을 입수하면 꼭 자기에게도 알려줄 것을 당부하곤 하였다. 그는 북한대사관 내 활동을 이상하리만치 상세히 알고 있었다. 네팔은 힌두교가 국교인 세계유일의 국가로서 소를 못 잡아먹게 되어 있는데 북한대사관 직원들이 몰래 대사관내에서 소를 도살하여 먹는다든가, 대사관 직원이 지붕을 고치려 올라갔다가 떨어져 다쳤다는 등 내부 소식을 전해 주었다. 그의 집에도 가끔 초대받아 갔는데 기밀 이야기를 할 때는 집 정원으로 나가서 라디오를 틀어 놓고 하였다. 소련이 감청을 하기 때문이라고 하면서 나도 조심하라고 하였다. 그는 얼마 후 나에 대해 서울을 통해 확인했는데 정보기관원이 아닌 정규 외교관임을 알았다고 하면서, 북한 등 공산권 인사들과 접촉할 수 있는 허락을 받았느냐고 물어보았다. 나는 대사관 정무, 경제, 문화 등을 총괄하는 차석으로서 그런 일도 할 수 있다고 응답하였다. 사실 당시 외무부 규정에는 북한 등 공산권 인사 등과 접촉할 경우에는 사전에 허가를 받고 사후 보고를 하도록 되어 있었지만 일부러 만나는 것이 아닌 일상적 외교적 접촉은 허가가 필요치 않은 것으로 이해되고 있었다. 그런데 새너 서기관이 큰 공을 세울 정보를 내가 하나 제공함으로써, 그는 본부로부터 상도 받고 크게 칭찬을 받게 되었다. 또 나는 네팔을 떠날 때까지 그를 통하여 미국대사관내 면세점에서 물품 구입 등 여러 편의를 제공받게 되었다. 그 경과는 이러하다.

나는 네팔 부임 후 1년 반 동안은 아직 사무관 계급이어서 2등서기관이었으나 3인 공관인 대사관의 차석Deputy Chief of Mission이었다. 네팔 외무성 접촉은 아주국장 리말B.P.Rimal을 카운터 파트로 삼아서 자주 만나 친하게 되었다. 인도에서 대학을 나온 베테랑 외교관인 그는 영어가 원어민 수준이고 인품도 훌륭한 사람으로 우리 집에서 걸어 몇분 거리에 살았다. 한번은 나에게 오늘 밤에 별일 없으면 자기 집에 와서 술이나 한잔 하자고 하였다. 걸어서 찾아 가니 우리 단 둘이었다. 당시 네팔은 전기도 부족해서 카투만두에는 하루에 전기가 12시간 정도만 들어왔는데 촛불을 켠 어둑어둑한 방에서 같이 술을 마시며 이런 저런 이야기를 나눴다. 그런데 그가 이건 비밀이니 혼자만 알고 있으라고 하며 북한대사관의 밀수행위가 적발되었다고 하였다. 북한대사관이 홍콩에서 대형 냉장고 두대를 항공화물로 수입하였는데 하역하다가 나무 박스wooden crater가 깨져서 내용물이 드러났다는 것이다. 원래 외교화물이라 내용물을 검사하지 않고 신고된 대로 인정하고 통관하게 되어 있는데 나무 박스가 깨져서 냉장고뿐 아니라 그 안에서 시계 2만개와 당시로서는 고가품이었던 비디오 카세트 레코더VCR도 이십대나 발견되었다는 것이다. 시계는 육로로 인도로 몰래 가져가면 고가에 팔리기 때문에 인기 밀수품이었다. 이제 막 상류층에서 유행하기 시작한 VCR도 밀수하면 이익이 많이 남는 품목이었다. 북한대사관에 제재조치를 취할 것인가 문의하니 그게 쉽지 않다는 것이었다. 세관에서 적발되었지만 조치는 외무성에서 해야 되는데, 같은 비동맹국가인 북한과의 우호관계도 있고 외무차관 라나Rana가 북한도 방문한 바 있는 친북인사라서 어떤 조치도 취하지 않으려 한다는 것이었다.

그와 헤어져서 돌아 온 나도 고민하지 않을 수 없었다. 이를 서울에 보고하면 분명히 언론에 알려지고 결국은 아주국장이 곤경에 처할 우려가 있기 때문이었다. 한편으로는 그가 그런 사실을 나에게 알려준 것은 어떻게든 한국 측이 이를 이용해 북한에 대한 제재를 유도해 보라는 것일 수도 있었다. 나는 권태웅 대사에게 서울에 사실대로 보고하자고 하였다. 그러나 권대사는 내가 우려한 대로 그러면 언론에 알려지고 아주국장이 곤경에 처하고 우리 대사관도 일하기 어려워지니 서울에 보고하지 말라고 하였다. 나로서는 그러한 대사의 태도를 선뜻 수긍하기가 어려웠지만 공관장의 판단을 따르지 않을 수 없었다. 그렇지만 북한의 나쁜 행위를 그냥 지나치기에는 너무나 확실한 증거였기에 대사에게는 보고하지 않고 이를 미국대사관의 새너 서기관에게 알려줬다. 그는 내가 얻은 정보의 소스를 알고자 하였으나 나는 이를 알려줄 수는 없으니 당신들의 정보망을 가동하고 공항 내 세관원 등과 접촉하여 사실 관계를 확인하라고 하였다. 그는 며칠 후에 나와 만나서 세관을 통해 사실임을 확인했다고 하면서, 이를 미국 CIA본부에 보고한 후 당시 카투만두에 있던 유일한 외신인 UPI통신에게 제공하여 세계적으로 타전하도록 하겠다고 하였다. 1주일쯤 후에 북한대사관의 밀수행위가 있었다고 카투만두발 UPI통신기사가 전 세계로 타전되었고 한국의 신문에도 보도되어 서울에서 경위를 파악하라는 지시가 내려왔다. 나는 이제사 서울에 아주국장의 정보 제공 사실을 보고할 수는 없는 일이라 거꾸로, 미국대사관을 통하여 구체적인 사실을 파악하였다고 하면서 상세 내용을 보고하였다. 북한은 1977.3.28에도 네팔에서 마약 밀매혐의로 모든 대사관원이 추방된 바 있었다. 그러나 해외 북한대사관의 전자제품 밀수사실이 공식적으로 확인된 경우는 이번이 처음이었다. 그 후에는 스웨덴 주재 북한대사관의 위스키 밀수 사실이 발각되는 등 북한은 여러 곳에서 외교적으로 타격을 입게 되었다. 네팔 정부도 외신을 인용하여 국내 신문들이 북한대사관의 밀수행위를 보도하자, 결국 북한의 상무담당 2등서기관을 추방하고 대사에게도 경고문을 보내는 것으로 마무리하였다. 외무부에서 만든 1983.10월 전두환 대통령의 서남아·대양주 순방 관련 북한동향자료를 보니 네팔은 1980.6.6 전자제품 밀매혐의로 북한대사관의 상무관을 추방한 바 있다고 적혀 있다. 우리 측 문서상으로는 미국이 정보를 입수하여 그러한 조치를 이끌어 낸 것으로 되어 있으니 역사적 문서라고 하더라도 꼭 그대로 믿을 것만은 아님을 알 수 있다. 역사적 사실로 기록되어 있다고 하더라도 검증이 필요하며, 이에 따라 역사가 끊임없이 새롭게 쓰여지고 다시 해석되어야 하는 이유일 것이다.

아무튼 루모는 이제 랑군 외무성에 돌아와 동남아과장을 맡고 있다고 하였다. 오랜만에 이렇게 만나게 될 줄은 몰라 서로 반가우면서도 길게 이야기할 틈이 없었다. 그래서 내가 내일 외무성으로 찾아 가겠다고 하니 그는 버마정부의 방침상 외국 외교관을 만나려면 상부에 보고하여 승인을 받아야 되므로 이 복잡한 상황에서 서로 만나기는 어려울 것이라고 하여 그냥 헤어질 수밖에 없었다. 그 후에도 버마외교관을 만나면 그의 동향을 묻곤 했는데 마지막으로 그가 駐이스라엘대사로 근무하고 있다는 소식을 들었다. 그도 이제 은퇴 후의 편안한 삶을 살고 있기를 바랄 뿐이다.

제9장
우방의 협력과 랑군의 외교전

1. 미국의 긴급지원과 한국 군사행동 억제

10.9(일) 아침 사건 발생 직후, 나도 현지 미국대사관에 이를 알렸지만 추후 여러 사람이 미국 측에 동시다발적으로 각종 도움을 요청한 사실이 드러났다. 우선 駐버마대사관 박원용 무관이 미국 무관 헬비Helvy 대령에게 부상자 치료관련 협조를 요청하였고, 대통령 일행보다 3일 전 현지에 도착해서 정보업무를 총괄하던 안기부의 이상구 국장도 정보 라인을 통해 미국 측에 부상자 치료와 대통령 경호 등 협조를 요청했다고 한다. 서울에서도 외무부 미주국에서 주한미국대사관에 사건을 알리고 부상자 치료 등 협조를 요청하였다. 1975년에야 수교한 버마라는 멀고 낯선 곳에서, 또 북한이 여러모로 우위를 점하고 있는 사회주의 비동맹국가에서, 알 수 없는 세력에 의한 대통령 암살기도로 많은 공식수행원들이 살해되는 엄청난 상황이 발생하자 우리 측 관련 기관은 모두 공황상태에 빠질 수밖에 없었다. 대통령은 사건 직후 아무 증거도 없는 상황에서 오직 자신의 직감으로 북한 소행이라고 발표해버렸지만 실무적인 입장에서는 증거가 필요하였다. 그러나 우선 급한 것은 대통령이 안전하게 버마를 떠나 귀국하는 일과 부상자를 제대로 치료하는 일이었는데 우리에게는 이 일을 할 수 있는 수단과 방법이 없었던 것이다.

대통령 일행이 탄 특별기는 10.9(일) 오후 4시30분 랑군을 떠나 서울로 향하였다. 미국은 클라크 미 공군기지에서 F-15 전투기 4대와 "공중조기경보통제기 AWACS" 1대를 투입하여 필리핀 루손 섬 상공에서부터 대통령 특별기를 호위하여 가다가 제주도 남방에서 한국 공군의 엄호기에 인계하였다. 미국은 또 북한에 대한 경고로 당시 한국해역에 머물던 항공모함 칼빈슨호(9만3000t급)가 이끄는 전단戰團을 우리나라 인근 해역에 3일 동안 더 대기시키고 비무장지대에 대한 감시를 강화하였다. 미 해군 7함대 소속인 칼빈슨호는 1983.3월 취역한 니미츠급 세번째 원자력 항공모함이다. 미국은 필리핀 클라크 기지 소속 C-9 환자수송 전용기와 DC-9기(40명 수용) 수송기도 제공할 용의를 표명하였다. 결국 의료설비를 갖춘 C-9수송기가 10.10(월) 저녁 이기욱 재무차관과 이기백 합참의장을 싣고 클라크 기지로 갔다.

레이건Ronald Reagan 대통령은 10.9(일) 저녁 10시 20분 백악관 안보담당보좌관을 통하여 한국 대통령에게 심심한 조의를 표한다고 주미대사에게 전달해왔다. 슐츠George Shultz 국무장관도 조의를 표명하고 사건 진상규명을 위한 한국 정부의 요청에 적극 협력할 것을 다짐하였다. 또한 백악관 안보담당보좌관은 사건의 진상 규명을 위해 모든 협조를 제공할 것을 약속하였다. 국무부도 경악과 비탄을 금할 수 없으며 한국과 버마정부 및 국민에게 조의를 표명한다고 하였다. 미국은 또 이 사건으로 흥분한 한국 군부가 북한에 대한 무력보복을 함으로써 한반도에 군사적 충돌이 발생할 것을 우려하여 우리 측에게 최대한 군사적 보복을 자제하도록 설득하기도 했다. 전두환 대통령은 훗날 "격분한 군 지휘관들이 육·해·공군 할 것 없이 북한을 때리려고 해서 전방을 돌아다니며 말렸다."고 당시 상황을 회고한 바 있다. 국방부장관 윤승민은 공군으로 하여금 북한에 대한 보복 폭격을 할 것을 건의하였고 전방 군 사령관들도 보복공격을 지지하였으나 전대통령은 이를 자제시켰다. 주한 미국대사 리차드 워커 Richard Walker는 전대통령을 만나서 보복을 하지 않도록 강력하게 만류하였으며 이에 전대통령은 "나는 정부와 군을 확실히 통제하고 있음을 미국 대통령에게 확신시켜 주겠다. 미국정부와 충분한 협의 없이 어떤 행동도 하지 않고 어리석은 일을 할 의사가 없음을 확인하였다."[1] 이로써 북한의 만행에 대한 한국 측의 어떤 보복조치도 없었다. 다음 달 11월에 한국을 방문한 레이건 대통령은

"우리와 전 세계는 랑군에서의 도발과 사할린 KAL 007격추에 대해 귀하가 자제한 것을 치하한다."[2]고 전대통령에게 언급하였다. 일본을 거쳐 방한한 레이건 대통령은 나카소네 총리와 랑군사건에 대해 논의했고, 일본이 북한을 처벌하기 위해 할 수 있는 모든 것을 다하고 있다는 말을 듣고 만족했다고 한다. 슐츠 국무장관도 사건 후에 북한을 제재하고 고립시키기 위한 전 세계적인 활동을 미국이 전개하고 있음을 한국정부에 알렸다."

2. 일본의 적극적 협조

랑군 일본대사관과의 1차 접촉

대통령일행이 떠난 후, 나는 육군병원 두 곳에 들러 사망자와 부상자 현황을 파악하고 호텔로 들어와 서울에 상황을 보고하는 등 이틀간 식사조차 할 시간도 없이 동분서주하였다. 그런데 10.10(월) 오후, 랑군의 일본대사관에서 연락이 왔다. 일본외무성의 지시로 한국의 아주국장에게 사건관련 상황을 브리핑하고자 한다고 하였다. 그러나 낮에는 서울에서 오는 특사 영접 등으로 바빠서 그날 저녁 자정에 김병연 아주국장 방으로 오라고 하였더니 히라이 임시대사대리(참사관)와 사쿠바 참사관이 찾아왔다. 김국장과 나는 이들을 만나 사건에 대한 그들의 평가를 청취하였다. 히라이 임시대사대리는 본국 외무성으로부터 금번 사건 조사현황과 대처방안을 버마정부에 알아보고 파악된 정보를 김국장에게 알려주라는 지시를 받았다고 하면서 현재 일본대사관의 판단은 아래와 같다고 하였다:

1. 소수민족인 카렌족 및 샨족 게릴라들은 극우파로서 이들의 소행일 가능성은 희박함.
2. 버마 공산주의자들도 지금까지 외국인을 상대로 테러행위를 한 적이 없음에 비추어 그들의 소행일 가능성도 희박함.
3. 최근 네윈 당 의장과의 권력투쟁 과정에서 제거된 틴 우 일파의 소행일 가능성도 없다고 봄.
4. 따라서 버마 내부요소에 의한 테러 가능성이 희박함에 비추어 북한의 소

행일 가능성이 큰 것으로 믿음.

5. 금번 사건은 네윈 당 의장이 철저히 조사하도록 직접 지시를 하였으므로 철저한 조사가 진행될 것으로 믿으나 버마정부의 조사 능력에 비추어 다소 시간이 걸릴 것으로 우려됨.

6. 조사 결과가 판명될 경우에는 버마정부가 비동맹중립정책에 비추어 이를 대외적으로 어떻게 공표할 것인가에 특히 주목해야 할 것인바, 버마의 감추려고 하지 않는 성격에 비추어 조사 결과를 정확히 발표할 것이라고 일단 믿고 있음.

전두환 대통령이 이미 북한의 소행이라고 버마 측에 말하고 떠났지만, 한국으로서는 그 사실 여부에 대한 아무런 정보가 없었고 객관적 판단을 할 능력이 없는 상황이었다. 그런데 버마정세를 가장 정확하게 파악하고 있을 것으로 믿어지는 현지 일본대사관의 판단이니 믿음이 갔다. 일본 측과의 만남 두어시간 전인 10.10(월) 저녁 9시30분경에 "코리안"으로 보이는 혐의자 1명이 체포되었으나 아직 우리나 일본 모두 이 사실을 모르고 있을 시점이었기에 이에 관한 의견 교환은 없었다. 사쿠바 참사관은 일본 외무성내 버마전문가로서 버마어도 구사하며 버마에서 십 년간 근무하였다고 하였다. 버마에 대한 전문가가 전무한 우리로서는 부럽기도 하고 신뢰할 수밖에 없었다. 무엇보다도 일단은 일본대사관도 북한의 소행이라고 판단한다는 점에서 크게 안도하였다. 이들에게 사의를 표한 다음에 그 내용을 정리하여 서울로 보내는 전문을 작성한 후, 대사관의 외신관을 새벽에 호텔로 불러서 긴급으로 서울에 발송하도록 하였다. 서울에도 10.11(화) 이른 아침에 전문이 도착해서 청와대, 외무부, 안기부에 바로 보고되었을 것이다.

일본 총리와 전대통령 간 통화

10.10(월) 외무부에서 작성한 "버마사건 각국 반응 및 북괴 반응"이라는 보고서를 보면 그날 아침 11시에 일본의 나카소네 야스히로中曾根康弘 총리가 전두환 대통령에게 전화를 하여 위로와 사태 수습에 협조 의사를 표명하였다. 또 나카소네 총리와 아베 신타로安倍 晋太郎 외상도 성명문을 발표하여 "슬픔을 금할

수 없으며 조속한 진상 규명과 사태수습을 기원한다."고 하였다. 나카소네 총리는 또한 전두환 대통령에게 위문 전문도 발송하여 왔다. 아베 외상도 국무총리, 부총리대리, 외무장관대리, 상공장관대리, 동자부장관대리에게 위문 전보를 발송하여 왔다. 또 외무성 사무차관은 나카소네 총리 또는 아베 외상이 장례식에 참석 예정임을 駐일본 우리 대사관에 알려왔다. 일본정부는 아베 외상을 조문사절로 서울에 파견하기로 10.11 결정하였다. 서울에서는 노재원 외무장관대리가 10.11 오후 3시 30분에 마에다 도시카즈前田 利– 주한 일본대사를 면담, 일본 측의 상황 평가를 듣고 협조를 요청하기도 하였다.

랑군 일본대사관과의 2차 접촉

10.10(월) 오후 3시20분 이원경 특사가 랑군에 도착하여 버마 측과 사건 조사와 사태 수습방안에 대한 협의에 들어갔다. 그 날 저녁 9시30분에는 범인으로 의심되는 "코리안Korean"으로 보이는 혐의자 한 명(진모)이 체포되고, 10.11(화) 아침 9시에 다시 "코리안"으로 보이는 혐의자 2명이 발견되어 한 명이 사살(신기철)되고 한 명(강민철)이 도주하는 등 정세가 급박하게 돌아가고 있었다. 그런데 일본대사관에서 다시 김병연 아주국장을 만날 것을 요청해 와서 10.12(수) 오전 10시 인야레이크 호텔에서 나도 동석하여 이들과 2차 면담을 가졌다. 히라이 임시대사대리는 이번에는 마루야마 서기관을 대동하고 왔다. 일본 측은 입수한 정보를 아래와 같이 설명하였다:

1. 10.10(월) 밤 랑군 운하에서 자폭을 기도한 한 명의 코리안의 부상 정도는 왼쪽 손 모지부터 손가락 네 개와 오른손 팔목 이하가 날아갔고, 오른쪽 눈 및 얼굴과 가슴에 부상을 입어 다소 중상이나 생명에는 지장이 없음. 동인을 랑군병원에 입원시켰으나 살해를 당하는 등의 가능성에 대비하여 즉시 육군병원으로 이송시켜 치료중임.

2. 10.11(화) 07:30경 랑군 남쪽 30km 지점에서 이상한 외국인 두 명을 버마경찰이 연행하고자 하였으나 이중 한 명은 자폭하였고, 나머지 한 명은 수류탄을 투척, 경찰 세 명을 부상시킨 후 도주하였으나 포위망 속에 있어 결국 체포될 것으로 봄.

3. 상기 부상자 및 사망자가 소지했던 물품은 동일한 종류로 판명되었음.

4. 장기간 버마에서 근무한 경험에 비추어 버마정부는 이번 사건에 대해서 사실 관계가 최종 확정될 때까지 발표를 하지 않는 것이 관례인데, 이번 사건에 대한 10.11(화) 20:00의 버마 측 발표는 극히 이례적으로 생각됨. 이는 버마 측이 금번 사건에 대해 상당한 확신을 가지고 있기 때문으로 판단됨.

3. 기타 우방국: 독일, 영국, 호주

10.9(일) 사건 발생 소식을 접한 외무부는 그날 오후 7시에 우리의 일본, 미국, 영국, 프랑스, 독일 주재대사들에게 사건의 진상 규명을 위한 협조를 주재국에 요청하도록 지시하였다. 그에 앞서 오후 4시50분에는 전 재외공관에 "버마암살폭발사건"을 알리고 보안에 유의하도록 지시하는 전문을 외무장관대리가 발송한 바 있었다.

독일

독일이 버마에 대한 주요 원조국의 하나임을 감안하여 우리는 사건의 조속한 해결을 위한 독일 측 협조를 요청하였다. 10.10(월) 안현원 駐독일공사는 외무성 동아시아과장 벤테Bente와 면담하고 사건 진상 파악 및 배후 조사에 협조해 줄 것을 요청한 바, 동 과장은 버마주재 독일대사대리가 "버마의 일반적인 여론은 북한이 개입되었을 가능성이 많으며 버마 공산세력을 이용한 것으로 보인다."고 보고해 왔다고 하였다. 외무부 구주국장은 10.12 에거Eger 대사를 초치하여 조문사절로 방한한 버마 외상에게 접근하여 자연스럽게 조속한 사건 진상규명을 촉구할 것을 요청한바 동 대사는 적극 협조를 약속하였다. 이원경 신임 외무부장관도 10.15 독일대사를 초치하여 버마정부가 사건 진상을 조속 공표하도록 독일정부가 영향력을 행사해 줄 것을 요청하였다. 독일대사는 한국 측 요청을 즉각 보고하겠다고 하고 10.13 조위사절들을 위한 국무총리 주최 오찬에서 버마 외상에게 조속한 사건 진상 및 배후관계 규명에 대한 독일정부의 지대한 관심을 전달하였다고 하였다. 독일 외무성은 10.15 주한대사 보고

접수 즉시, 駐버마대사대리에게 버마정부와 즉각 접촉하여 버마사건에 대한 국제적 규탄 여론 및 배후 사실규명 요구가 비등하고 있는 점, 독일정부가 전통적으로 국제테러행위에 준엄한 입장을 취해 온 점을 상기시키고 버마정부가 조속히 명백한 진상을 규명하여 발표하도록 요청할 것을 지시하였음을 주한대사를 통하여 10.17 외무부에 알려왔다. 노재원 외무차관도 10.26 독일대사를 초치하여 10.25 한국 측의 범인 관찰내용을 설명하고, 한국이 버마정부에 대하여 수사결과를 조속히 발표하도록 강경히 요구하기가 어려움을 밝히면서 독일 측이 버마정부에 이를 촉구해 줄 것을 요청하였다. 동 대사는 사민당 집권 이후 버마와의 관계가 상당히 강화되어 왔다고 하고 본국정부에 보고하여 필요한 조치를 취하도록 건의할 것을 약속하였다.

영국

우 칫라잉 버마 외상이 영국 마운트배튼 백작의 동상 제막식 참석차 11.2-6일 런던을 방문하는 기회에 영국 측이 동 외상에게 사건의 조속한 진상 규명, 공표와 북한 관련 사실이 밝혀질 경우 단호한 조치를 취할 것을 요청하도록 주영대사를 통하여 영국 측에 희망하였다. 영국은 금번 사건이 극히 미묘한 문제이나 버마 외상에게 사건에 대한 깊은 관심과 우려를 표명하고 조사의 조기 완결 촉구와 국제테러 행위는 단호히 응징되어야 한다는 의견을 버마 측에 전달할 것을 약속하고 11.2 영국 외상이 이를 버마 외상에게 언급하였다.

호주

10.10 외무부는 주한 호주대사에게 호주가 우리의 버마사건 진상규명 노력에 적극 협조해 줄 것을 요청하였다. 11.4 버마정부의 수사결과 발표 시까지 호주 측은 동건애국호의 소재 파악에 노력중이고 어떤 방법으로 사건 해결에 도움이 될지 검토 중이라고 하였다. 11.7 전두환 대통령은 호크Hawke 호주 수상에게 호주 측 협조에 사의를 표하는 친전을 타전하였다.

4. 중국의 태도

미국-중국 접촉

10.12 헤이그Alexander Haig 미국 전 국무장관은 미국을 방문 중이던 우쉐첸吳學謙 중국 외상과의 만찬에서, 우리 주미대사의 요청에 따라 "버마사건이 북한의 행위로 믿어지는데 진상이 밝혀지면 그런 만행이 재발되지 않도록 대책이 강구되어야 하며, 버마정부가 동 사건 진상조사를 공정히 할 수 있도록 중국정부가 협조해 줄 것"을 요청하였다. 이에 대하여 중국 외상은 북한의 행위로 단정하기 위해서는 진실이 있어야 된다고 하면서 테러방지 대책 제의에는 반대할 이유가 없다고 하였다. 슐츠 국무장관도 방미 중이던 우쉐첸吳學謙 외상과 회담 시에 버마사건에 대한 미국의 우려와 중국의 입장을 타진한 바, 중국은 이 문제에 관해 미국과 협의를 희망한다는 입장을 표명하였다.

사건 하루 전날인 10.8 중국은 미국에 북한이 처음으로 남북미 3자회담에 참여할 것이라는 메시지를 전달하였었다. 이는 과거부터의 오래된 북한의 대남정책에 관한 큰 변화로서, 북한은 한반도 평화를 위해 남한을 정식 참가자로 수락한다는 것이었는데 이는 범인이 잡히지 않을 것이라는 전제하에 책임을 회피하기 위한 양동작전이라고 밖에 볼 수 없을 것이다. 워싱턴 포스트지의 돈 오버도퍼Don Oberdorfer 기자에 의하면 중국은 1971년 미·중관계 개선 후 미국에 대한 북한의 메신저 역할을 해왔다. 키신저는 주은라이 등과 닉슨-포드 정부 기간에 최소 열한번 한국문제를 논의하였다고 한다. 1970년대 중반 키신저는 결국 성공하지는 못했지만, 비밀리에 중국 측에 북한이 최소한 단기간 남한 내 미군 주둔을 수락하고 미국은 한반도 안보정세가 안정되면 미군을 감축하고 궁극적으로 철수한다는 약속하에 미군 주둔을 수락할 것인지를 타진하였다고 한다. 랑군 사건 무렵에 김일성은 그전까지 의례 주장해 온 대화 개시 전, 전두환체제 교체 주장을 철회하였다. 9월 말 카스퍼 와인버거Casper Weinberger 미국 국방장관과의 대화에서 중국의 지도자 덩샤오핑鄧小平은 한반도 긴장완화와 평화 통일을 위하여 미·중 공동노력을 제안하였다. 덩은 북한이 남한을 공격할 의사나 능력이 없고 만일 남한이 북한을 공격하면 중국은 좌시하지 않을 것이라고 하였다고 한다. 곧 이어 발생한 랑군사건 후, 덩은 북한에 대해 격분

했는데 이는 그가 북한의 화해적 외교 이니셔티브를 미국에 전달한 직후였기 때문이었다. 그 후 덩은 몇주간 북한인과의 면담을 일체 거부하였고 중국 언론은 랑군사건 연루를 부인하는 동맹국 북한의 주장을 수용하지 않고 북한의 부인과 랑군에서의 공식 보도를 정확하게 동등히 취급하였다.3

일본-중국 접촉

일본은 10월 중순에 동경과 북경에서 중국에게 사건 진상규명의 중요성과 한반도 긴장격화 방지 협조를 요청하였다. 중국 측은 자주적 입장에서 수사를 하고 있는 버마의 수사결과에 주목하고 있다고 하고, 버마가 어떻게 발표하고 어떤 조치를 취하든 버마 국내문제로서 내정 간섭을 할 의향이 없음을 밝혔다. 또한 동 사건으로 인한 남북한 간의 긴장 고조를 우려하고 한반도 안정에 손상이 없기를 바란다는 입장을 밝혔다. 이 사건과 관련하여 10.20 버마에 파견된 일본 외무성 아리마 아주국 참사관(부국장)이 버마주재 중국대사관 차석 첸모를 방문, 버마 측이 어떤 조언을 요청했는지 문의한 바, 아무런 요청도 없었다고 하고 버마정부는 대단히 독자적이고 중립적이라고 언급하였다. 10.21 일·중 우호협력 참여이사 "야마모토 히사오"가 駐일본 우리대사관에 알려온 바에 의하면 그 날 일본주재 중국대사관 1등서기관(唐家璇 1998－2003 중국외교부장)과 면담한 바, 동인은 "랑군사건은 북한의 소행이 틀림없는 것 같다. 송지광 대사도 북한 소행이 틀림없을 것이라고 말하고 있다."고 발언했다고 하였다. 10.31 송영식참사관이 버마외무성 아태과장 면담 시 중국주재 우 아웅원U Aung Win 버마대사의 일시 귀국 배경을 파악한 바, 수사결과 발표에 대한 중국 측의 반응을 살피고 대처 방안을 협의하려는 게 아닌가라고 추측하였다.

5. 북한 및 소련 등 공산권 반응

북한의 반응

북한은 사건 직후부터 남한에 의한 자작극이라고 하면서 자신들은 이번 사건과 아무런 관련이 없다고 아래와 같이 적극 주장하고 나섰다:

10.10(월) 북한은 사건이 발생한지 19시간이 지난 다음날 아침 7시 대남 확성
기 방송을 통하여 최초로 사건 발생을 보도하고 남한의 군 비상태세
를 비방하였다. 07시20분 조선중앙방송도 전대통령이 예정보다 몇
분 늦게 도착했기 때문에 죽음을 면했다고 사실을 보도하고 남한의
비상근무 태세를 비방하였다. 22시05분 통혁당 방송은 랑군 폭발사
건은 버마 반정부세력이 자행했다고 버마의 한 반정부 소식통이 전
했다고 하고 이 소식통은 동 사건은 랑군정부에 대한 힘 있는 시위
였다고 보도하였다. "국제연합" 주재 북한대표는 "북한을 동 사건과
연결시키려는 것은 미친 짓"이라고 논평하였다.

10.12(수) 조선중앙통신을 통한 북한 성명 내용: 버마정부는 아직 범인에 대한
발표가 없는데 남한은 사건 즉시부터 근거 없이 북한의 소행이라고
억지를 부리고 있다. 이는 이 사건을 남북대결 고취, 긴장 격화에 악
용하려는 모략 책동이다. 8.15 육영수 저격사건, 김대중 납치사건도
모두 북한에 뒤집어씌우려 했었으며 캐나다에서의 전두환 암살음모
사건도 날조극임이 온 세상에 드러났었다. 북한에게는 테러행위란
있어본 적도 없고 있을 수도 없는바, 남한은 동 사건을 계기로 반공
소동을 벌이고 있다. 남한에서의 군 전투태세 돌입으로 한반도, 아시
아 및 세계 평화가 위협받고 있다.

10.13(목) 해외 전 공관 및 조총련에 위 중앙통신 성명을 적극 활용하라고 지시

10.17(월) 조선중앙통신을 통해 남한은 미군과 함께 휴전선에서 총격 도발, 영
해 및 영공 침범, 쌍룡83 전쟁 연습 등 도발행위를 계속하고 있다고
비방하였다. 평양방송은 남한 정권 내부 싸움의 결과라고 보도한 유
고, 헝가리, 체코 등 공산국 언론들의 왜곡된 기사를 인용하였다.

10.18(화) 오전에 평양방송은 사건에 대해 상세한 보도를 하기 시작하였다. 동
해설은 또 전두환은 폭탄 폭발이 있을 것을 미리 알았기 때문에 희
생자가 되지 않으려고 자신의 도착시간을 늦춘 것이라고 하였다. 노
동신문은 사설을 통해 북한 소행이라는 남한 측 상황 증거를 반박하
면서, 남한 측은 북한 소행이라고 억지 주장을 하는데 이는 남북대
결과 긴장을 고조시키려는 데 목적이 있다고 하였다. 남한은 버마정

부에 책임이 있다고 하고 북한과의 단교를 요청하고 있는 바, 이는 북한에 대한 도전일 뿐 아니라 버마정부와 국민에 대한 모욕이다 라고 하였다.

10.31(월) 제422차 군사정전위원회 본회의에서 북한 측은 "아무런 증거도 제시하지 못하면서 북한 책임이라고 주장함은 이 사건을 전쟁도발의 계기로 삼고 있음을 보여주는 것"이라고 주장하였다.

소련 등 공산권 반응

소련, 불가리아, 헝가리 등은 사건 발생 후 남한이 북한에 대해 야비한 비방을 하고 있다고 비난하는 반응을 보였다(10.24 소련 이스베스챠지 등). 당시 소련에서는 고르바초프 집권 이전이라 소련 지도부는 미·소 대결이라는 냉전적 입장에서 동맹국인 북한을 무조건 지지하는 태도를 견지하고 있던 터였다.

6. 이원경 정부특사의 버마 방문 활동

사건 발생 몇 시간 후인 10.9(일) 오후 열린 긴급국무회의는 전에 외무부차관을 지낸 이원경 체육부장관을 정부특사로 버마에 파견하여 버마정부와 사건의 조속한 해결방안을 교섭하도록 결정하였다. 이러한 결정의 배경에는 노신영 안기부장이 있었다. "노신영 회고록"에 의하면 그는 또 이원경 체육부장관을 공석이 된 외무부장관으로 임명할 것도 전대통령에게 건의하였다고 한다. 이특사는 10.10(월) 09:50 유해운송 대한항공 특별기편으로 김포를 출발하였다. 그날 오후 3시20분 랑군에 도착한 그는 우 루쉐 외무차관의 영접을 받고 동 차관 안내로 육군제1병원을 방문하여 영안실에 분향하였다. 특사가 타고 온 특별기는 사망자의 유해를 싣고 10.11(화) 오전 8시40분 랑군을 출발하여 그날 오후 5시30분 김포로 귀환하였다.

우 칫라잉 버마 외상은 10.10(월) 오후 4시30분 육군제2병원으로 이특사를 찾아와서 버마정부의 유감의 뜻을 전하고, 사태가 진정된 후 10.15−16일경 한국정부에 사과의 뜻을 전하기 위해 방한할 의사를 표명하였다. 이에 대해 이특사는 이번 순국자의 장례식이 10.13(목)로 예정되고 있음을 알리니 외상은 자신이 장례식에 직접 참석하도록 일정을 맞추겠다고 하였다.

버마 외상 면담

이특사는 10.11(화) 10:30 – 11:00에 심기철 駐말레이시아대사와 김병연 아주국장을 대동하고 버마 외상을 방문하여 아래와 같은 면담을 가졌다. 나는 대사관에 가서 버마 외무성에 사건 진상의 조속한 규명과 책임자 처벌을 요청하는 공한을 작성하여 이특사에게 전달하였고 면담 후 그 결과를 정리하여 서울에 보고하였다.

이특사 발언 요지: 전대통령의 버마 공식방문 시 추진하고자 했던 양국 간우호 증진 문제를 설명. 10.13(목)로 앞 당겨진 장례식에 버마 외상이 참석할 것을 요청. 10.11(화) 버마에 도착한 한국의 조사단과 버마의 조사위원회 간의 합동 수사팀 구성을 제의. 한국정부 및 국민은 금번 사건이 평화애호 국민인 버마인에 의한 것으로 보지 않는 바, 과거의 예를 보아 북한의 개입이 틀림없음. 버마 측이 북한 개입 사실을 조속 발표하고 대북한 외교단절을 포함한 적절한 조치를 취하기를 요망함

우 칫라잉 외상 발언 요지: 전대통령각하의 방문은 중단되었으나 앞으로 동방문의 뜻을 더욱 증진할 기회가 있을 것임. 장례식은 시간이 매우 촉박하나 최선을 다해 참석하도록 노력하겠음. 한국 측 희생자에게 심심한 조의를 표하며 현재 내무종교상을 위원장으로 하는 사건 조사기구가 구성되었고 10여 명을 체포, 수사 중인바, 버마의 정책상 한·버마 국제합동수사단 구성은 불가함. 중요 문제는 양국 간 외교경로로, 기술적 문제는 양국 조사팀 간 긴밀한 협조로 수사에 어려움이 없을 것으로 봄. 북한의 이번 사건 관련은 아주 가능한 일이나 버마로서는 구체적 증거가 입증되지 않는 한, 특정 국가를 지칭할 수는 없는 입장임. 만일 어떤 국가라도 개입 사실이 판명되면 적절하고 단호한 조치를 취할 것임.

우 산유 대통령 면담

이특사는 10.11(화) 오후 2시부터 30분간 심기철 대사, 김병연 국장을 대동하고 우 산유 대통령을 예방하였다. 버마 측에서는 우 아예코 국가평의회 서

기, 우 세인루인 국가평의회 의원, 우 마웅마웅카 수상과 아웅밍보Aung Mying Baw 대통령실 국장이 배석하였다.

이특사 발언 요지: 사건의 철저한 규명을 요청하고 한국 조사단의 경험을 활용해 줄 것을 희망함. 양국이 금번의 불행한 사건을 극복하고 관계를 더욱 증진할 것을 희망함.

우 산유 대통령 발언 요지: 버마정부로서는 사건 수사에 최대의 노력을 다할 것인바, 한국 측 조사단에게도 수사결과 통보 등 충분한 협조를 다하겠음. 전두환 대통령의 요청에 따라 희생자 및 부상자의 상처에 계속 관심을 갖고 보고를 받아 왔음. 버마정부는 외상, 국방차관 등으로 구성된 조문사절단을 한국에 급파하여 버마정부 및 국민을 대표하여 정중한 조문의 사명을 수행하도록 결정하였음. 전두환 대통령과는 같은 군 출신으로서 대단히 솔직한 의견을 교환한 바 있는바 다시 한번 심심한 조의를 전해주기 바람.

駐버마 미국 대사대리 면담

10.12(수) 10시30분 챨스 새몬Charles B.Salmon 미국 대사대리는 이특사를 방문, 버마 고위인사와의 면담 내용을 문의하고, 슐츠 국무장관이 주미 버마대사에게 수사상 필요한 협조 제공 용의를 표명한 바 있다고 하였다. 또 버마 체류 한국조사단에게도 기술적 문제 등 필요시 적극 협조하겠다는 뜻을 표명하였다.

교민 면담

이특사는 10.12(수) 12시 인야레이크 호텔에 교민 대표들을 초청하여 오찬을 베풀고, 행사 준비 및 사건 수습 시 보여준 노고를 치하하였다. 또 안전 대책 및 킨다댐 현장 보호에 철저를 기할 것을 당부하였다.

7. 駐버마 한국대사관 보강

우리 정부는 대사 사망으로 인한 공관 지휘 체제의 공백을 메우기 위하여 심기철 駐말레이시아대사를 10.10(월) 버마에 긴급 파견하여 공관 업무를 지휘하도록 하는 한편, 10.10 오후 랑군에 도착하는 이원경 정부특사의 현지 활동을 보좌하기 위하여 김병연 아주국장과 아주국 서기관인 나를 10.12(수)까지 현지에 잔류하도록 하였다. 이원경 특사를 수행하여 랑군에 도착한 외무부 박태희 서기관(전 駐버마대사관 근무, LA총영사 역임)은 11.12까지 현지에 잔류하면서 공관 업무를 지원하였다. 같이 특사를 수행해 온 외무부 의전과의 이준규 사무관(駐일본대사 역임)은 현지에 파견된 심기철 외무장관 특별대표를 돕다가 10.25 귀국하였다. 근래 이준규 대사 이야기를 들으니 당시 결혼 날짜를 잡아 놓은 상태에서 갑자기 버마에 파견되었다가 결혼 전 날에 겨우 귀국하여 식에 참석할 수 있었다고 하였다. 사건 직후 현지에 파견된 김종해 駐태국대사관 3등서기관(駐세르비아대사 역임)은 10.17 임지로 귀환하였다. 이 외에 외무부 외신과에서도 2명의 외신관을 추가로 버마에 파견하여 폭주하는 통신업무에 대처하도록 하였다.

외무부는 또 동북아 1과의 임성준 서기관(駐캐나다대사, 국제교류재단 이사장 역임)을 1983.10.30부터 1984.1.28간 駐버마 1등서기관으로 발령하여 공관 활동을 지원하도록 하였다. 임서기관은 이후 3년간 계속해서 버마에서 근무하였다. 10.13 이원경 특사와 함께 서울로 귀국한 후 이 사건을 계속 담당하고 있는 나에게 버마 1등서기관으로 가서 일을 하는 것이 어떻겠냐는 외무부 상부의 제안이 있었다. 그러나 나로서는 이 끔찍한 사건의 악몽에서 벗어나고 싶었고, 전임 근무지가 네팔이었는데 또 다시 개도국에 가고 싶지 않아서 사양하였다. 같은 아주국에 근무하던 동북아1과 임성준 서기관에게 의사를 타진하니 본인은 개도국 근무 차례이니 그리 가겠다고 해서 일이 쉽게 해결되었다.

제10장
범인 체포와 한국 측 조사단 활동

1. 용의자 체포와 버마 측 설명

    BBC방송은 사건 용의자 체포 사실을 처음으로 10.11(화) 새벽에 보도하였다. 이어 랑군발 로이터 및 UPI 등 외신은 범인으로 추정되는 세 명의 코리안들 중 한 명이 사살되고 한 명은 체포되었으며 도주 중인 나머지 한 명은 계속 추적 중에 있다고 10.11(화) 저녁 9시10분 버마TV 뉴스 보도를 인용하여 보도하였다. 버마정부는 우리 대사관이나 현지에 도착해 있던 우리 조사단에도 이 사실을 사전에 알리지 않았다. 용의자 관련 10.11(화) 저녁 버마TV 보도 내용은 아래와 같았다:

10.10(월) 저녁 9시경 랑군 교외 타쿠핀Thakutpin지역의 강에서 한 수상한 사람이 수영을 하면서 강을 건너가고 있어 이곳 주민들이 육지에서 누구냐고 물은즉, 그는 수류탄의 핀을 뽑아 던졌으나 실패하고 오히려 자기의 손이 떨어져 나간 사건이 발생하였다. 동인은 현재 병원에서 치료를 받고 있으며 외모로 보아 코리안Korean으로 간주되고 있다. 10.11(화) 아침 9시경, 랑군 교외 한 나룻배 터에서 두 사람의 수상한 사람을 발견, 체포하여 연행 도중 한 사람이 수류탄을 던져서 경찰 세 명이 부상하였다. 경찰이 이중 한 명을 사살하였으며 현재 다른 한 명의 행방을 추적하고 있다.

10.12(수) 새벽 0시10분 조문사절로 서울로 출발하는 버마 외상을 공항에서 환송하는 자리에서 외무성 우 틴툰 정무총국장 및 우 쿄카잉 기획관리실장은 송영식 대사대리에게 BBC방송이 10.11(화) 새벽에 매우 정확하지 않은 보도를 하였으며, 이에 따라 버마정부는 긴급회의를 소집하여 정확한 진상을 발표하기로 함에 따라 그날 저녁에 TV 뉴스 보도가 나간 것이라고 하였다. 또 버마 외무성 측은 시간적 여유가 없어서 발표 이전에 한국 측에 이를 적절히 통보하지 못한 데 대해 한국정부에 사과의 뜻을 전달하도록 관계기관으로부터 지시를 받았다고 하였다. 이는 그때까지도 버마 측은 체포되거나 사살된 용의자가 남한인인지 북한인인지를 확인하지 못하고 있었고 남북한 양쪽 모두를 의심하고 있었던데 이유가 있지 않았나 생각된다. 이때 버마 측이 설명한 용의자 체포 내용은 아래와 같았다:

용의자 1명 체포

10.10(월) 저녁 9시경 랑군 교외 남부 파준다웅강Pazundaung creek(Pugu강 지류)을 헤엄쳐 내려가고 있는 한 수상한 사람을 주민들이 발견하여 누구냐고 물은즉, 그는 수류탄의 핀을 뽑아 주민들에게 던지려고 하였으나 수류탄이 그의 손에서 폭발하였다. 그는 즉시 체포되어 현재 한 병원에 입원 가료중이다. 그는 수류탄 폭발로 양손이 절단되고 눈이 멀었으며 현재 말을 거의 할 수 없는 상태이다. 그는 버마어를 하지 못하는 듯하며 가끔 영어로 물을 찾고 있다. 버마 측은 그의 국적을 단정할 수는 없으나 외모 및 골격으로 보아 코리안Korean으로 추정하고 있다. 버마 측은 현재 그를 회생시켜 조사를 진행시키기 위해 최대한 노력하고 있으나 의사들은 아직 관계기관에게 그의 심문을 허용하지 않고 있다.

두 번째 용의자 체포 및 용의자 한 명 사살

10.11(화) 오전 9시경 랑군 교외 서남부 한 부락에서 주민들이 코리안으로 보이는 수상한 외국인 두 명을 발견, 신고하여 경찰이 추적하자 이들 중 한 명이 경찰에게 수류탄을 투척하여 세 명의 경찰이 부상하였다. 경찰의 응사로 한 명은 사살하고 나머지 한 명은 도주하여 계속 추적중이다. 버마 측은 이들 모

두가 코리안인 것으로 추정하고 있으며 같은 수법을 사용한 것에 비추어 서로 관련이 있거나 일당일 것으로 추정하고 있다.

버마 측은 부상자의 현재 상태로 보아 한국 측에 의한 직접 면회는 어려울 것이나 10.12(수) 오전에 부상자의 사진과 피살자의 시체 및 그들의 소지품을 보여주겠다고 하였다. 나중에 상세하게 파악된 범인들의 체포·사망 경위는 다음과 같았다: 조장 진모는 사건 직후 도보로 랑군강쪽으로 도망쳐서 파준다웅강 Pazundaung creek 인근 키 큰 풀밭에서 은신하였다가 다음 날인 10.10(월) 어둠을 이용하여 강을 따라 헤엄쳐 내려가고 있었는데, 저녁 8시45분경 사건현장 4km 부근의 파준다웅강 냐웅단 Nyaungdan 다리로 가던 우 보게 U Bo Gye와 틴루윈 Tint Lwin 두 사람이 어떤 남자가 강에서 헤엄치고 있는 것을 목격하고 수상하게 여겨 올라오라고 소리쳤다. 그는 그대로 200m를 수영하며 나웅단 석조 다리쪽으로 나아갔다. 그러다가 여러 사람들이 달려오자 수류탄을 터뜨려 부상을 입고 100여 미터를 떠내려가다가 강물 속 기둥에 걸려 붙잡혔다.

한편 다른 길로 도망친 신기철과 강민철이 사건 이틀 후에 목격된 경위는 다음과 같다: 10.11(화) 05시30분 랑군강 하구 강 언덕에 위치한 타쿠핀 Thakutpin 마을(마을에서 강 건너편 Syriam은 버마 최대의 항구가 있는 곳으로 Thanlyin이라고도 하며, 북한기술자들이 일하는 주석제련공장이 있음)에서 어부 마웅 린흘라 Maung Lin Hla와 마웅 묘윈 Maung Myo Win은 고기잡이 그물을 던지려다 두명의 남자가 강가에서 사공(마웅 소헤인 Maung Soe Hyein)과 손짓으로 대화하는 것을 보았다. 2분 후에 그 사공이 와서 수상한 이들이 타쿠핀 마을로 데려달라고 했다고 하기에 경찰에 신고하고자 같이 배에 탔다. 마웅 소헤인이 핑계를 대고 배에서 먼저 내려 타쿠핀 마을 경찰에 신고하였고 후에 배에서 내린 범인들은 마을내 우 틴우 U Tin Oo의 상점에서 버마 담배 두야 Duya 세갑과 중국제 과자 여섯봉지를 구입하였다. 그 순간 경찰 네명과 지역 노동위원회 서기 우 소에니센트 U Soe Nycent와 우 소에니엔 U Soe Nyein이 와서 이들을 경찰서로 데려가서 07:35경 짐 검사를 하던 중 달러가 나오자 신기철이 수류탄을 터뜨려 경찰 세명이 부상하였다. 신기철은 경찰에 의해 사살되었고 강민철은 도주하였다. 다음날인 10.12(수) 07:30 퀜 와잉Kwain Waing 마을(사건현장에서 8km 부근) 강둑 갈대숲에 숨어 있던 강민철을 주민들이 신고하였다. 달려온 경찰과 주민들이 수색, 포위하여 체포하려 하자 그는 09:25경 수류탄을 터트려 경찰 세 명이 사망하고 강민철은 부상당한 채 체포되었다.

2. 한국 측 조사단 파견과 버마와의 수사 공조

참사 당일 10.9(일) 오후 개최된 국무회의는 우리 측 사건조사단을 버마에 파견하기로 하였다. 이에 따라 박세직 안기부 제2차장을 단장으로 하는 조사단(안기부 6명, 보안사 2명, 치안본부 5명) 13명은 10.10(월) 11시50분 서울을 떠나 방콕을 경유하여 10.11(화) 06시50분 랑군에 도착하였다. 우리 조사단은 버마 측의 반대로 공동수사를 하지는 못했지만 10.11(화) 오전과 오후 두 차례에 걸친 공동 현장검증과 현장에서 수거된 범행관련 물품 확인, 10.12(화) 사살된 범인사체 확인 및 수거된 각종 장비 검증, 10.25(화) 범인 강민철 면담을 통하여 북한 소행임을 확신하였다. 또 이를 증빙하는 북한의 공작장비와 자료들을 수시로 버마 측에 제공하였다. 이들은 활동을 종료하고 11.8(화) 귀국하였다.

제1차 공동 현장조사

우리 측 조사단은 랑군에 도착한 10.11(화), 10:00-11:30간 사건 현장에서 버마 국방성 정보국장 아웅코에 대령, 내무성 경찰국장 우 테인아웅 소장 등과 공동으로 현장 조사를 실시하여 아래와 같이 증거를 수집하였다.

현장에서 수거된 증거물

폭발이 안 된 폭탄(5kg) 1개, 폭발이 안 된 소이탄 1개, 원격조종 전파수신기용 TR회로 조작기 1개와 동 수신기 장치용 말발굽자석 5개, 일제 히타치 1.5v 건전지 6개, 볼 베어링 폭발물 파편 다량

폭발물 등 분석 결과

- 원격 전파조종 폭발물로서 사용 폭약은 TNT보다 고성능인 RDX를 배합한 콤포지션 B, 콤포지션 C4로 추정되었으며, 폭약 속에는 콩알 크기의

볼 베어링이 다수 혼합 충만되었음.
- 폭파시 파편과 아울러 볼 베어링이 사방으로 확산되어 인마를 다수 살상할 수 있도록 정교하게 제작된 고성능 신형 폭탄이었음.
- 습득된 건전지는 일본제 히다치 1.5v 6개로서 1983년1월 제작된 것이며, 원격조종 폭파장치를 작동시키기 위한 전원임.
- 순국자묘소 폭파 현장에서 습득된 원격 전파조종 폭파장치는 1.5v 건전지 6개(9v)로 작동이 가능하며 일제 히타치 건전지를 사용 시에는 효능 기간이 3개월까지 가능함. 1개 수신기에 3개의 폭탄 연결이 가능(통상 2개)하도록 되어 있었음.
  폭탄과 수신기가 설치된 지점으로부터 약 1 – 2km정도 떨어진 가시 지점에서 송신기의 스위치를 작동시켜 폭발할 수 있도록 제조된 유효 살상거리 80m의 크레모아식 신형 원격 전파조종 방식의 인명살상용 고성능 폭탄임이 확인됨.
- 말굽형 자석(5개)의 용도는 폭발물과 수신기를 폭발물 인접 시설물에 용이하게 고정시키기 위하여 사용된 것으로 분석되었음.
- 소이탄은 그 내용물이 Comp. B 또는 Comp. C4의 고성능 폭약으로 제조되어 있고 전기 뇌관과 기름으로 구성되어 폭약 폭파와 동시에 화재를 유발, 피해를 확대시키고 증거를 인멸하기 위한 목적으로 사용된 것으로 분석되었음.
- 사건 현장의 건물 천장과 지붕 사이의 공간이 상당한 넓이로 떨어져 있고, 건물의 크기가 길이 45m, 폭 10m, 높이 5m로서 그 중심부에서 폭발한 현장 상황 등에 비추어 크레모아식 원격전파 조종 폭탄 2개와 소이탄 1개를 참배객 방향에 목표를 두고 건물 중심 부분에 설치하였음. 그 중 폭탄 1개만 폭발되고 폭탄 1개와 소이탄 등 2개는 불발한 것으로 분석되었음.

사살된 범인 확인

우리 측 조사단은 10.12(수) 오후 1시30분 육군제1병원에서 우 테인아웅 경찰국장 및 군 정보국장 아웅코에 대령과 함께 그날 오전에 사살된 시체를 확인하였다. 동 시체는 우측 옆구리 관통으로 사살되었으며 일제 팬티에 론지를 착용하였다. 코리안이라고 확신할 수 있는 특별한 증거는 없으나 용모는 한국인과 유사하였다. 우리 조사단은 이어 오후 2시에는 시내 경찰서에서 사살자 및 부상자가 소지했던 물품을 확인한 바, 송신기, 총알, 단도 등 북한 간첩들이 사용하는 것과 동일한 유형으로 판명되었다. 우리 조사단은 이를 버마 측에 설명하고 사건이 북한의 직접적인 소행임을 강조하였다. 버마 측은 내심으로는 시인하는 빛이 역력하였으나 북한 소행 여부는 수사가 더 진척되면 확실해질 것이라고 하였다. 버마 측은 10.11(화)에 도주한 자는 10.12(수) 09시25분 체포되었으며 왼팔 일부 절단 등 중상이므로 현재 치료를 하면서 철저히 신병을 보호 중이라고 하였다. 버마 측은 현재 2명의 생포자가 중상이므로 한국 측이 당장 접촉할 수 있도록 주선할 수는 없으나 상태가 호전되면 한국 측이 심문할 수 있도록 하겠다고 하였다.

제1, 2차 현장조사 분석결과

우리 측 조사단은 10.11(화) 오전과 오후 두 차례에 걸쳐 버마 측과 공동으로 현장검증을 실시하였다. 1차 현장검증을 통해 미폭발 폭탄과 미폭발 소이탄 각 1개 등 유류품 6종 17점을 수거하여 확인한 결과 북한의 소행임을 확신하고 버마 측이 현장 보존 조치를 취하도록 하였다. 오후에 다시 현장 정밀검증을 통해 폭발물장치 형태 및 폭발 상황에 대한 판단과 1차 검증시 수거한 유류품을 분석하였다. 박세직 조사단장은 10.13(목) 10시 버마 조사단장인 내무장관 민 가웅 소장을 방문, 사건 현장에서 수집한 각종 증거물의 분석 결과, 폭발물 설치 및 폭파경위, 북한의 대남테러 사례 등에 나타난 폭파장비 및 수법을 설명하고 생포된 범인이 북한 공작원들임을 확인할 수 있는 근거를 제시하였다. 또 사건 현장에서 수거된 폭탄과 파편, 폭파 기법, 사살된 범인과 생포된 범인들이 소지한 물품들을 한국에서 휴대해간 북한 간첩장비 편람상의 과거 북한 간첩장비 사진과 대조하여 확인시키고 용도 등을 설명함으로써 그 물품들이 북한 공작원들의 통상적인 휴대품임을 버마 측에 확인시켜 주었다:

• 폭발물 및 소이탄은 북한이 제작한 원격 전파조종 크레모아식 인마살상

용 고성능 방향폭탄으로 1개의 수신기에 3개의 폭탄을 연결하여 폭탄 및 수신기 설치 지점으로부터 1－2km 가시 지점에서 원격 조종, 폭발시킨 것으로 판단됨.

- 폭발물은 한국산 및 미군용과는 판이한 북한공작용 특수폭약을 사용하였고, 건전지 등이 북한 공작 장비와 동일하며 아이언 볼이 적출된 점으로 보아 1970. 6.22 서울 동작동 국립묘지 현충문 폭파장비 및 수법과 동일한 것으로 판단됨.1

- 미폭발 고성능 폭탄과 미폭발 소이탄 각 1개가 발견됨.

- 살상용 고성능 플라스틱 폭탄(크기 23x15.5x11cm) 내부에는 장전된 폭약과 아이언 볼이라 불리는 직경 5미리 크기의 산탄 약 700개가 확인됨

- 장갑형 소이탄은 화재 및 증거 인멸용으로 소량의 TNT와 폭발물이 내장됨

- 말굽형 자석 5개, 소형 축전기, 일제 히다치사 제품 6개의 중형 건전지 (북한의 남파 간첩들로부터 노획된 것과 동일한 종류의 건전지) 등에 대해 설명

범인들 소지품 검증 결과

10.12(수) 버마 내무성 경찰국 조사실에서 진행된 범인 소지품 검증을 통해 우리 측 조사단은 범인들이 소지하고 있던 A－1송신기, 권총, 건전지, 비상식량 등 휴대 노획품 총 38종 100점을 검증한 결과 A－1송신기, A－1송신기 키, 크리스탈 4개 등은 북한 남파간첩 장비와 똑같고, 버마 측이 별도 제시한 노획품인 벨기에제 소음권총은 북한 남파간첩 소지 장비와 동일하며, 오징어 및 미숫가루 등은 북한 남파간첩만이 휴대하는 특수한 비상식량인 점으로 보아 북한공작원이 명백하다는 결론을 내렸다. 우리 측 조사단은 10.20(목) 버마 경찰국 조사실에서 범인 유류품 추가 확인 과정에서 범인들이 소지하고 있던 수류탄과 권총의 일련번호를 확인함으로써 이들이 북한에서 파견한 공작원임을 객관적으로 입증할 증거를 확보하였다.

- 휴대 권총 및 동 소음기: 휴대 권총은 벨기에제 브로닝(6.35mm 구경, 유효 사거리 25m, 탄창용량 6발, 길이 11.3cm, 중량 370g) 일련번호 No.459771S

로서 1980.11.3 전남 횡간도 침투 북한간첩이 휴대했던 것과 같은 권총 (No.459773S)으로 일련번호만 2번호 앞선 것이었다. 이 권총은 북한이 1975.1.8 서독 거주 스웨덴 상인을 통하여 벨기에서 수입한 100정 중의 하나임을 인터폴을 통하여 버마 측에 확인시켜 주었다. 이에 따라 나중에 버마정부는 이 권총을 북한 소행의 결정적 직접 증거로 채택하였다. 또 이 권총에 부착한 소음기가 북한제 4종의 소음기중 하나임을 버마 측에 입증시켜주고 북한 간첩들이 과거 소지했던 것과 동일 종류(길이 9.5cm, 직경 2.6cm, 중량 100g)임을 확인시켜 주었다.

- 수류탄 안전 손잡이: 범인들이 소유했던 수류탄 안전핀 일련번호가 14－69－101이었다. 이는 1980－83년간 북한의 남파간첩으로부터 노획한 수류탄 안전손잡이가 모두 북한 남포시 대안동 소재 병기공장 생산품 표시인 101로서 1980.11.3 체포된 전남 횡간도 침투간첩 소지 수류탄과 동일한 것이었다. 14는 LOT 번호, 69는 제조년도, 101은 생산공장을 지칭한다. 1980년에만 해도 김포, 금화, 서울, 전남 횡간도, 남해, 서산 등 7곳에 침투한 간첩으로부터 북한제 수류탄을 노획하였으며 그 중 5개가 마지막 번호가 101이었다. 북한제 수류탄은 모두 이 같이 세 개의 숫자 조합으로 되어 있는 특징이 있다. 북한제 산탄형 4각 수류탄은 이들 범인들이 소지한 수류탄과 동일한 것으로서 내부에는 TNT와 아이언 볼이 충전되어 있었다.

- 휴대 무전 A－1송신기(최신 소형 모델) 한 개와 모르스 부호 해식, 일본 히타치사 제품 배터리 8개, 무선 통신용(일제) "머큐리" 배터리 1개, 소형 피스톨용 탄알 9개, 소이탄용 가는 못 1개, 산탄 10개 등 범인들이 소지한 A－1송신기와 타건식 키, 크리스탈 등은 모두 북한이 남파한 간첩 장비와 동일한 종류였다(같은 종류의 북한 크리스탈을 76.9 거문도, 79.7 삼천포, 80.6 서산 및 83.6.19 파주 침투 북한 침투간첩으로부터 노획).

- 사건 현장에서 습득된 히다치 건전지도 83.6.19 파주 임진강 임월교 및 83.8.5 경북 월성으로 침투한 북한 간첩이 대남 공작용으로 사용해온 것과 같은 종류 및 규격이었다. 북한은 77.9－78.3월간 일본 히다치사로부터 기술 및 설비를 도입하여 평남 성천군 성천읍에 히다치 건전지 제조

공장을 설립하여 78.6부터 동 건전지를 자체 생산하여 왔다.

- 휴대 비상식량, 머큐로크롬 등 비상 약품, 미숫가루, 오징어, 쇠고기 분말, 초콜릿 등 북한 간첩이 통상 휴대하는 것과 동일하였고 일제 머큐로크롬, 반창고, 지혈정 등 비상약품도 83.6월 파주 및 83.10월 월성 침투 북한 남파간첩으로부터 노획한 것과 동일하였다.

범인들이 소지했던 36종 100점의 증거품들은 북한 간첩들이 일반적으로 소지하고 있던 장비들과 동일하였다. 그들이 지니고 있던 장비들은 버마 내에서는 구입이 불가능한 것들이었다. 그 장비들은 지금까지 한국으로 침투 시 북한 공작원들이 통상 지니고 있었던 것들과 완전히 동일하였다. 그들은 필요한 무기 외에도 전파 수신기와 송신기를 비롯하여 그들의 귀환을 가능하게 할 기타 통신 장비들과 선편에 의한 귀환 시까지 생존에 충분한 식량과 약재까지 지니고 있었다. 용의자들이 자폭을 기도했던 장소에서 발견된 산탄과 히타치 배터리들이 사건현장인 순국열사 묘소에서 수거된 것과 같은 종류라는 점은 더욱 강력한 증거였다.

북한 공작 전술상의 특징

우리 조사단은 체포된 코리안들을 북한 공작원으로 보는 근거를 아래와 같이 버마 측에 설명하고 자료를 제시하여 참고하도록 하였다:

수중 침투식 도강 수법: 용의자들이 사건 후 도주 중 처음 모습을 드러낸 곳은 10.10(월) 21:45 사건 현장에서 직선으로 4.5km 떨어진 지점으로서 랑군항으로 연결되는 강에서 헤엄쳐 도주 중(진모)이었거나 어선을 빌려 강을 통해 해안으로 가는 중이었다(신기철, 강민철). 강을 통해 해안으로 가는 이 도주로는 순국열사묘소 폭파 후 비밀 탈출이 가능한 루트이다. 범인들이 체포 당시 부유물 등을 이용하여 수중 침투식으로 도강한 방식은 북한공작원의 전형적 수법이다. 1983.6.19 경기도 문산 임월교로 침투한 북한 간첩(3명 사살)들은 휴전선에 연한 임진강 하류 관산포에서 조류를 이용하여 잠수복, 산소통 등 수중 침투장비를 갖추고 파주, 문산천 소재 임월교 밑까지 약 10km를 완전 잠수 침투하여 강변으로 상륙하였으나 아국 초병이 발견하여 전원 사살한 바 있다. 1975.4월에는 간첩 모선으로 해안선에서 약 40km 공해상까지 침투 후 고무보트를 이용하여 경남 양산 앞 500m 해상에 침투하여 노끈으로 손목을 상호 연결하고 호흡용 플라스틱 빨대를 이용하여 해안으로 수중 침투하였다. 안내 간첩 2명은 즉시 모선으로 복귀하고 침투 간첩 2명은 10일 후에 주민 신고로 생포된바 있다. 1979.7월 경남 통영 해안으로 침투한 6명, 1980.11월 전남 횡간도로 침투한 3명, 1980.12월 경남 남해 미조리 해안으로 침투한 3명, 1983.8월 경북 월성 해안으로 침투한 5명도 비슷한 수법으로 수중 침투하였다. 1980.3월에는 3명이 휴전선에 연한 한강 하구인 관산포에서 임진강 조류를 이용하여 서울방향 약 12km 지점인 경기도 고양군 송포까지 수중 침투, 1981.6월 경기도 연천 필승교로 침투한 3명은 야음을 틈타 만조기의 유속이 빠른 임진강 물속으로 몸을 잠수한 채 머리만 내놓고 휴전선 남방 6km지점인 필승교 밑까지 수중 침투하였고, 1982.5월에는 동해안 휴전선 인근 강원도 고성군 거진 해안선을 따라 2명이 호흡기용 빨대를 이용, 온 몸을 수중에 은신한 채 해안으로 수영, 침투하다 1명은 사살, 1명은 도주한바 있었다.

피포 시 자폭·자살 수법: 용의자들은 체포되는 최후의 순간까지 저항했으며 수류탄으로 자폭을 시도했다. 이러한 행동은 1968.1.21 청와대 습격 기도 이래 잘 훈련된 북한 간첩들에게서 공통적이고 전형적으로 나타나는 현상이다. 그들은 일반적으로 오랜 기간 동안 완전히 격리된 상태에서 교육을 받기 때문에 자기들의 임무 완수를 위해서 목숨을 바칠 것을 쉽사리 확신하게 된다. 그들은 돌아올 수 없는 경우나 임무 수행이 불가능할 경우에는 문서나 선전 삐라 등 모든 흔적을 말살한 뒤에 자살을 감행하도록 교육받는다. 그러나 진모나 강민철은 자폭하려고 했다기보다는 살아남기 위해 적들에 대항하여 수류탄을 빼들었으나 원래 이들도 모르게 자폭용으로 제작된 수류탄이기에, 안전핀을 뽑은 수초 후에 터지는 것이 아니라 그 즉시 바로 터졌다는 주장이 설득력이 있다. 적에게 둘러싸여 수류탄을 사용해야 되는 상황이 오면 공작원들이 반드시 죽도록 북한 측이 기획한 결과라는 것이다. 김신조의 경우처럼 잘 훈련된 공작원이라도 최후의 순간에 생명에 대한 미련을 버리지 못하는 경우가 있기에 이에 대비한 것이라는 것이다. 추후 감옥생활 중 강민철도 자신은 자폭이 아니라 살려고 싸우려고 했는데 수류탄이 너무 빨리 터진 것이라는 생각을 토로하기도 하며 수류탄이 조기에 터진 점에 대한 강한 의구심을 가지고 있었다고 한다. 그러나 그도 공식적으로는 자폭을 했다고 주장했는데, 그래야 북한에 남아있는 가족이 혁명전사의 유족으로 대우를 받기 때문일 것이라고 추정된다. 1983.8.13 동해 울릉도 근해 간첩선 격침 시 발견된 북한 간첩안내원 소지 수첩에는 아래와 같이 1976.11.5 원산 연락소에서 김정일이 자폭을 지시한 내용이 적혀 있었다: "위험에 처하여 할 수 없게 된 때는 자결하라, 전투원 교양에서 기본은 자폭요양을 잘 하는 것이다, 자폭해야 공산주의자이고 체포되면 공산주의자가 아니다. 주체의 인생관으로 무장하여 정치적 생명을 위해서는 육체적 생명을 초개와 같이 바칠 줄 알아야 한다."

북한 간첩들의 자폭, 자살 사례는 1968.1.21 청와대를 폭파하고 대통령을 암살하기 위하여 침투한 북한 무장공비 31명(김신조 생포) 중 사살당하고 남은 잔당 3명이 끝까지 저항하다가 수류탄으로 모두 자폭한 것을 비롯하여, 1971.9월 서울역 도동 파출소에 연행된 간첩 1명이 권총, 무전기 등의 소지품이 발각되자 몸에 은익하고 있던 만년필형 독침으로 자살, 1979.7월 생선 행상으로 위장, 활동하다가 주민 신고로 체포되기 직전 비상시 자살용으로 휴대하고 있던 극약을 먹고 자살한 여간첩, 1980.6월 충남 서산 앞 해안으로 침투하다가 발각된 간첩 10명이 접근하는 우리 함정에 필사적으로 저항하다가 생포되기 직전 수류탄으로 자폭하고 선장만 부상당한 채 생포된 사건, 1980.11.3 전남 횡간도로 침투한 3명은 교전 끝에 2명은 사살되었으나 한 명은 계속 도주하며 필사적으로 저항하다가 생포 직전에 자폭, 1983.8월 경북 월성 해안으로 스쿠터를 이용하여 침투하던 5명이 우리 해군 초소에 발각되어 해상으로 도주하다가 퇴로가 막히자 모두 자폭한 사건 등 수많은 사례가 있다.

우리 측 설명 요지

순국자묘소에서 획득한 물품들에 대한 항목별 분석, 폭파 장치 수법 및 폭파 경위, 사살 및 검거된 용의자의 노획 장비 검증 결과를 설명함. 사용된 장비 및 수법은 한국 내 침투 북한 공작원의 것과 동일함을 강조하고 최근 북한 관련 동향을 설명함. 따라서 금번 사건이 북한에 의해 직접 자행된 것임을 강조함.

버마 측 설명 요지

검거 및 피살된 용의자로부터 획득한 장비, 특히 10.12(수) 생포된 범인이 소지했던 소음 권총을 제시함(우리 측은 1982년 발행한 "북한간첩장비" 속의 사진과 동일함을 확인). 피살 용의자의 사진을 제시하고 남북한인의 구별 가능성을 문의함. 생포된 부상자의 녹음테이프를 제시하였으나 아파서 신음하는 소리와 간혹 물, 주스 등의 소리만 들렸음.

우리 측 설명에 대한 버마 측 반응

획득장비의 북한간첩 장비와의 동일성, 폭파장치 등 수법의 동일성을 수긍하나 신원확인을 위한 심문절차가 남아 있음을 강조함. 한국 측이 제의한 검거된 자 및 피살된 자의 현장검증에 대해서는 추후 결정, 통보하겠음. 사건 해결에 결정적으로 중요한 용의자의 생포를 다행으로 생각하며 이들의 신변안전에 만전을 기하고 있음. 수사결과 발표 시기에 대해서는 10.14(금) 각의에서 토의 후 결과를 알려주겠음. 북한 관련으로 판명될 경우의 예정 조치사항에 대해서는 외교단절까지 고려될 수 있음.

3. 한국정부의 사건 수습 교섭지침

수사결과 발표문제

우리 측 사건조사단은 현장검증결과 등 물증을 분석한 조사결과를 문서로 작성하여 버마 측에 전달하기로 하였다. 우리 조사단은 수사결과를 공동으로 발표하도록 버마 측에 요청하고 버마측이 거절하면 버마대표 입회하에 한국 측 단독발표에 동의할 것을 요청할 예정이라고 외무부에 보고해 왔다. 이에 대해 외무부는 10.14(금)자로 내가 기안하여 재가를 받은 駐버마대사대리앞 훈령을 통하여 대외적인 신빙성을 고려하여 버마정부가 단독으로 발표하는 것이 가장 좋고, 버마 측이 이를 꺼리거나 공동발표로 북한 관련 사실이 보다 명확히 반영될 수 있는 경우에는 공동발표도 무방하다고 지시하였다. 또 버마 측이 보다 정확한 사건 규명 등을 이유로 시간이 더 필요하다고 고집하면 발표를 재촉하여 강압적이라는 저항감을 갖지 않도록 배려하라고 하였다.

사건 수습 교섭지침

사건 발생 이후 우리 정부는 버마의 주권과 자존심을 존중하면서 버마가 사건 전모를 신속 정확하게 밝히고 대북한 응징조치를 취하도록 유도한다는 방침하에 대버마정부 교섭에 임하였다. 10.13(목) 귀국한 나는 우선 우리 측 현지 조사단에 대한 명확한 정부의 활동지침이 필요하다는 상부의 지시를 받아서 수시로 현지 상황을 보고받으며 이에 대처하도록 지침을 시달하다가 이를 종합한 아래 교섭지침을 작성하여 재가를 받았다. 사건 직후인 10.11(화) 긴급히 버마로 파견되어 버마 측과 사건 수사관련 협조를 하던 중 10.24(월) 업무 협의차 일시 귀국한 박세직 우리 측 조사단장에게도 이 교섭지침을 시달하였다.

버마암살폭발사건 수습 교섭지침

기본 목표

버마정부가 사건 배후 조사를 조속히 완료하고 북한 소행임을 대외에 공표하도록 함. 북한 소행 발표와 동시에 버마정부의 강력한 대북한 외교응징조치가 취해지도록 함. 금번 사건을 한·버마관계를 가일층 증진시키는 계기로 삼도록 노력함. 북한을 국제적으로 고립화하고 각국의 대북한 외교응징 조치를 유도함.

교섭지침

- 버마의 주권, 국가 위신, 중립정책 및 민족적 자존심을 존중하고 모든 조치가 버마정부의 독립적인 판단과 결정에 의해 이루어지는 것이라는 인상을 주도록 함.
- 버마정부가 사건 진상공표가 가져올 정치적 파급효과를 우려한 나머지 수사에 정치적 판단 요소를 개입시키는 일이 없도록 요망함.
- 버마정부의 객관적 사실에 입각한 독자적 수사권을 존중하면서 한국은 버마정부

의 기술적 협조 요청에 응하는 식으로 수사에 참여하도록 함.
- 버마정부에 한국이 부당한 압력을 가하고 있다는 인상을 피하기 위해 국내 언론 등의 대버마 비난 태도를 완화하되 우리 국회, 국민여론 및 유가족의 울분 등을 한국정부가 무마하는 데 고심하고 있음을 알리는 식으로 조속한 진상 규명 및 대북 강경조치를 촉구함.
- 사건 수사결과는 버마 측이 단독 발표하도록 하되 사전에 발표 내용을 한국 측에 통보하도록 함.
- 체포된 범인이 북한인으로 밝혀지는 경우에는 그들이 북한에서 직접 파견되었건 또는 제3국을 경유하여 버마에 잠입하였던 간에 민간인의 해외여행 및 자유의사에 의한 행동이 전혀 불가능한 북한체제의 전체주의적 특성에 비추어 북한당국 지령에 의한 것일 수밖에 없다는 사실을 버마당국에 주지시킴.
- 또한 범인이 북한인으로 일단 밝혀진 후에는 배후세력 규명 등을 이유로 시일을 지연시킴이 없이 북한 소행임을 분명히 밝히고 즉시 대북 강경 외교응징 조치를 취하는 것이 버마의 독립적이고 적극적인 대외정책을 대내외적으로 천명하는 것이 되며 이로써 버마의 중립정책이 더욱 존중받게 될 것임을 버마 측에 주지시키도록 함.
- 일본, 미국 등 우방국과 긴밀히 협조하면서 버마 측의 수사 진행상황 및 조치 방침등을 계속 파악하여 대처 방안을 건의함.

4. 아주국장의 버마 외무성 정무총국장 면담

김병연 아주국장은 나를 대동하고 10.12(수) 오후 2시 버마 외무성 정무총국장 우 틴툰을 방문하여 사건 수사 및 대북한 응징 조치 등에 관해 아래 요지로 발언하였다:

"한국 측은 전두환 대통령의 성명 및 버마정부 앞 공한을 통해 한국 측 입장과 버마 측이 취해야 될 조치를 천명한 바 있음. 한국 국민여론 진정 및 국제사회에서의 버마의 명성을 위해서 신속한 조사 결과 공표가 요망됨. 이에 따라 버마정부가 대북한 외교관계 단절을 포함, 그 이상의 강력한 조치를 취하기 바람."

이에 대해 우 틴툰 정무총국장은 아래 요지로 답변하였다:

"10.11(화)부터 추적 중이던 도주자 한 명도 그날 밤에 생포되었음. 사건 진상을 밝히기 위해 동인을 반드시 생포하라는 지시에 따라 체포과정에서 세 명의 경찰이 사망하였으며 동 도주자도 중상을 입었으나 생포되어 매우 다행임. 버마 정부는 사건 진상 규명과 범죄자 처벌에 최선을 다 할 것인바, 다만 버마의 비동맹 입장에 비추어 발표에 신중을 기하고 있음. 버마 지도자들은 사건 진상이 밝혀지는 대로 외교적 조치를 취하기로 했는바, 구체적 외교조치 내용은 아직 말할 단계가 아님. 생포된 두 명과 소지품 등 이미 많은 단서와 물적 증거가 있어 조사 결과는 낙관적임. 이는 한·버마양국 관계를 위해서도 매우 다행한 일임. 한국조사단과는 계속 기술적 협조를 해 나가겠음."

5. 귀국길 방콕에서의 하룻밤

나는 사건 발생 후 긴급한 뒷수습을 위해 사흘 밤을 랑군에서 더 보내고 10.12(수) 오후 3시30분 이원경 특사, 김병연 아주국장과 함께 타이항공편으로 랑군을 떠나 방콕에서 하룻밤을 지내고 10.13(목) 서울로 귀임하였다. 방콕에서는 권태웅 대사가 유명한 두짓타니Dusit Thani 호텔에서 특사 일행을 위한 만찬을 베풀었는데 평생 처음 잔인하게도 애저哀猪를 통째로 바짝 구운 음식을 맛있게 먹은 기억이 생생하다. 권대사는 내가 네팔대사관 근무 시 1979.10－1980.9간 첫 1년여를 대사로 모셨었다. 그는 1980년 가을 駐태국대사로 영전하여 갔는데 다시 만나게 된 것이다.

그로부터 십수년이 지난 후 내가 1996.8－1999.2간 駐태국대사관 공사(국제연합 아시아·태평양지역 경제사회이사회 한국 상임대표 겸직)로 근무할 때 김내성 駐태국대사를 모시고 그 호텔에 점심을 하러 간 적이 있었다. 호텔 내에 양복점이 있어서 김대사와 둘러봤는데 양복점 주인이 우리더러 코리안이냐고 물었다. 그렇다고 하니 너희 대사도 여기서 양복 두벌을 맞췄다면서 한 벌씩 맞추라고 하였다. 직감적으로 북한의 이삼열 대사 이야기임을 알고 우리는 대사가 아니라서 형편이 안된다고 사양하고 나왔다. 한 벌에 당시로서도 거금인 삼백불이라니 실제 형편이 안되기도 하였는데 북한대사는 여유가 있었던 모양이었다. 이삼열 대사는 북한외무성 산하 군축연구소 대표를 역임하기도 한 이름있는 외교관이었는데 리셉션 등에서 가끔씩 만나 인사도 나누고 서로 우호적으로 지냈다. 한번은 태국 외무성이 주선한 1박2일의 여행을 하면서 버스에 그와 나란히 앉아서 남북한 생활이나 정책 등 여러 문제에 관한 의견을 허심탄회하게 나누기도 하였다. 둘 다 빨리 통일이 되어 좋은 나라를 만들었으면 하는 마음이었다.

6. 심기철 외무장관 특별대표의 활동

대사 사망으로 인한 공관 지휘체계 공백을 메우기 위해 외무부의 급파 지시로, 심기철 駐말레이시아대사가 사건 다음 날인 10.10(월) 오후 4시15분 랑군에 강대현 2등서기관(駐포르투갈대사 역임)을 대동하고 도착하였다. 강서기관은 특별한 역할이 없어 다음 날 임지로 귀임하였다. 심기철 대사는 10.11(화) 오전 이원경 특사를 수행하여 김병연 아주국장과 함께 버마 외상을 면담하였다. 정부는 심대사를 10.16(일)자로 외무부장관 특별대표로 임명하여 공관 내부 통솔뿐만 아니라 대버마정부 관계에 있어 외무장관을 대표하도록 하는 조치를 취하였다. 심기철 대사를 특별대표로 임명하니 버마 측에서 협조해 줄 것을 요청한다는 외무장관 친전이 10.17(월) 버마 외무성에 전달되어 그는 공식 활동을 시작하였다.

이와 같이 외무부는 사건 직후, 인근 말레이시아에서 근무 중인 심기철 대사를 랑군에 파견하였는데 공식적으로는 위와 같이 駐버마대사관 통솔과 대버마정부 교섭을 현장에서 지휘하도록 하는 것이었다. 외무부가 그렇게 빠르게 그를 버마에 보낸 배경에 대해, 외무부로서는 안기부가 박세직 차장을 현지에 조사단장으로 파견하기로 함에 따라 자칫 버마정부와 마찰을 빚을 것을 우려하여 육군의 선배인 그를 보내 견제하기 위한 것이라는 현지 풍문이었다. 심기철 대사는 육군 소장으로서 1979.12.12 쿠데타 후에 갑자기 외무부 기획관리실장으로 임명되어 외무부 직원들이 놀란 바가 있었다. 1961년 5.16 쿠데타 후에도 군에서 수십 명의 장교들이 외무부 간부직에 임명되어 여러 가지 마찰이 있었는데, 12.12 쿠데타 이후 공무원 숙청 시 외무부에서 쫓겨난 30여 명의 자리를 또 군 장교들이 차지하고 들어 온 것이었다. 12.12 쿠데타에서 공을 세운 보안사 출신 등 대령급 이상은 바로 주요국 대사로 임명되어 이후 그들은 공관장직을 10여 년에 걸쳐 3－4개씩이나 역임하였다. 심대사는 외무부 인사와 예산을 관장하는 부서의 장으로 왔으나 아무런 외교적 경험의 배경이 없음을 인정하고 자신을 낮춤으로써 외무부에서는 불행 중 다행이라고 여겼었다. 나도 서울에서 그의 결재를 받으러 가면 그는 "내가 뭘 아냐"하면서 그대로 서명하곤 하였다. 그는 기획관리실장직을 마치고 말레이시아에 대사로 나갔다. 박세직 조사단장 일행도 별 무리 없이 버마 측과 협조해 사건을 수습하는 데 기여하였으니 다행이라고 할 것이다.

외무부에서는 다급한 현지 사정을 감안하여 駐방글라데시 문기열 대사도 랑군에 파견하기로 하여 그는 10.11(화) 오후 3시10분 도착하였으나, 이미 이원경 특사와 심기철 대사가 도착해 있었으므로 특별한 역할이 없어 곧 임지로 귀임하였다. 문대사는 총무처 출신으로서 외무부 대사로 임명되었었다. 그가 서남아과 소관 지역의 대사라서 사건 전에도 서울에서 만나기도 하였는데 합리적이고 우수한 모범 공직자로 외무부에 좋은 인상을 준 분이었다. 전대통령이 랑군을 떠나기 전에 서울에서는 駐태국대사와 말레이시아대사를 현지에 파견하겠다고 보고하였으나, 태국은 동남아 거점공관으로서 현지에서 지원할 여러 업무가 있으므로 대신 駐방글라데시대사가 파견되었지만 특별한 역할이 없어 돌아간 것이다. 외무부 지시에 따라 심기철 외무장관 특별대표는 우 칫라잉 버마 외상을 2차에 걸쳐 아래와 같이 면담하고 조속한 수사를 요청하였다:

심대표- 제1차 버마 외상 면담(10.19, 10:30-11:40), 박세직단장 동석

우리 측 발언 요지: 범인들의 치료를 위해 의료진 및 의약품 제공 용의가 있음. 생포된 범인들의 조속 면담과 한－버마 합동 수사를 요청함. 북한의 소행임을 조속히 확인하고 발표해 주기 바람. 북한에 대한 강력한 응징은 버마의 중립정책이나 대중국 관계에 영향을 미치지는 않을 것임

버마 외상 발언 요지: 사건을 철저히 밝혀 관련자와 그 국가에는 누구든 단호한 조치를 취할 것임. 북한과도 외교관계가 있으므로 범인들의 확실한 신원 확인과 결정적인 증거가 필요함. 버마도 금번 사건으로 주권 및 영토권이 침해

되었음. 버마에서의 금번 사건이 한반도의 긴장을 고조시키지 않기를 바람. 버마 측은 확증이 나오기 전까지는 부드러운 태도를 취할 것이나 일단 증거가 확실해지면 단호한 조치를 취할 것임. 범인들의 상태는 양호하므로 1주일 정도면 만날 수 있을 것임. 한국 국회의 결의문은 양국 간 관계 개선을 위한 본인의 임무 수행을 어렵게 하는 내용이었음. 한국과의 공동수사, 공동심문, 공동발표는 비동맹 중립 정책상 응할 수 없음. 한국 측 조사단은 안전을 위해서라도 필수요원만으로 규모를 축소시킴이 좋을 것임. 범인 면담은 일주일 후 가능하도록 하겠음.

심대표- 제2차 버마 외상 면담(10.28, 13:00): 버마 외상 요청에 의함

버마 외상 발언 내용: 범인 재판 시 증거 제출 등에 필요하니 한국이 북한 공작원들로부터 노획한 장비를 최단시일 내에 제공해 줄 것을 요청함. 대외적으로 공정한 수사가 진행되고 있음을 과시하기 위해서도 한국조사단원 숫자를 최소한으로 줄임이 좋겠음.[2] 범인들은 서울에서 왔다는 등 일관성 없는 진술을 하고 있어 이러한 사실 발표 시 문제가 더욱 복잡해질 것이므로 대외 발표에 신중을 기하고 있음.

버마 외상은 위와 같이 10.19 심기철 대표와의 면담에서 한국 국회의 결의문이 양국 간 관계 개선을 위한 자신의 노력을 어렵게 한 것이었다고 불만을 표시하였다. 국회는 10.14 "버마 공식방문 외교사절 암살폭발사건에 대한 규탄 결의안"에 "버마정부는 국제관행과 국제법 정신에 비추어 이번 참사를 방지하지 못한 전적인 책임을 당연히 져야 할 것이며, 철저하고도 적극적인 수사활동을 전개하여 범인을 즉각 색출, 엄벌에 처하고 사건의 진상을 한국정부에 통고하는 동시에 북괴 외교단절을 포함한 강력하고도 가능한 모든 조치를 신속히 취해줄 것을 강력히 요구한다."는 구절을 포함하였었다. 남북한 간에 중립적입장을 견지한다면서도 같은 비동맹회원국인 북한과 특별한 유대관계를 유지하고 있던 버마로서는 아직 북한과의 연관성이 확실하게 밝혀지지 않았는데 한국정부와 국회가 이를 기정사실화하고 압박을 가하는 데 대해 우려하고 큰 불만을 가지고 있었던 것이다.

제11장
버마정부 조문사절단 및 일본과 미국의 협조

1. 버마정부 조문사절단 구성

　정부는 10.10(월) 오후 "버마암살폭발사건 대책위원회"(위원장 김상협 국무총리)를 열어 순국외교사절에 대한 합동국민장을 5일장으로 하여 10.13(목) 오전 10시 여의도 광장에서 영결식을 갖기로 결정하였다. 순국외교사절의 유해를 실은 특별기는 10.11(화) 08시40분 랑군을 출발하여 그날 오후 5시15분 김포공항에 도착하였다. 유해는 서울대 병원에 마련된 영현 안치소로 모셔졌다.

　10.13(목)의 장례식에 참석하기 위해 5명의 버마정부 조문사절단이 10.12 (수) 오후 3시40분 김포공항에 도착하였고 장례식 참석 후 대통령, 국무총리, 이원경 장관을 예방하고 10.14(금) 10시에 이한하였다. 조문 사절단 명단은 아래와 같았다:

외무장관 U Chit Hlaing, 국방장관 Aung Khin 소장, 대통령실 국장 Col. Aung Mying Baw, 외무성 과장 U Mai Hlaing, 외무성 부과장 U Aung Myint

2. 버마정부 조문사절단 활동

외교 활동은 주재 공관과 그 나라의 외무부 간에 일상적으로 전개되지만 여러 다른 계기에도 이루어지게 된다. 그 대표적인 것이 주요 인사의 방문외교이다. 위로는 국가원수급부터 입법, 사법부의 수장들이나 주요 요인들, 정부 각료급이나 기타 주요 인사들의 방문이다. 경제인이나 문화계 인사 등도 민간차원에서 외교활동에 직간접적으로 참여한다. 그 중에서도 특이한 것이 정부조문사절단의 활동이다. 외국 주요 인사의 사망에 따른 조문을 목적으로 파견되는 조문사절단은 조문대상국뿐만 아니라 조문에 참석하려고 온 다른 나라의 주요 인사들과 자연스럽게 조우하게 되거나 사전에 일정을 잡아서 만나기도 하며 외교활동을 전개하게 된다. 사건 발생 후 86개국 수뇌가 조전을 보내왔으며, 10.13(목)의 합동장례식에는 55개국 조문사절(본국에서 파견된 특사, 주한 대사 －일본 상주 포함)이 참석하였다. 버마에서 희생된 우리 순국사절들의 장례식에 온 버마 외상은 2박3일의 짧은 서울 체류 중에 우리 정부 요인들과 만나 아래와 같은 의견을 교환하였다.

노재원 외무장관대리 면담 10.12(수) 17:30-55

노 장관대리 발언 요지: 현장에서 발견된 증거품, 폭발 수법, 용의자의 자폭 기도 등으로 보아 북한 소행이 틀림없음. 버마와 한국은 같은 희생자인바 양국 관계를 해치려는 세력에 대한 단호한 조치를 취하기 바람. 북한의 소행으로 밝혀지면 외교단절 등 조치를 취해주기 바람. 금번 사건이 양국 관계를 더욱 증진하는 계기가 되도록 노력해야 될 것임. 우리는 수사 관련, 버마주권이 침해되지 않도록 신중을 기하고 있으며 다만 버마정부 수사에 협력하고자 함.

버마 외상 발언 요지: 버마는 모든 나라와 우호 관계를 유지하려는 외교정책을 가지고 있으나 금번 사건에 외국정부가 개입된 것이 확실하다면 이러한 정책에도 한계가 있는 것이며, 배후 세력이 밝혀지면 당연히 외교적 조치를 취할 것임. 생포자의 회생과 사건 현장 및 증거 보존 등 구체적이고 확실한 증거 확보를 위해 최선을 다하고 있음. 한국 조사단은 버마의 수사활동에 많은 도움이 되고 있으며, 대외적으로 공동수사라는 명칭 사용은 피하고 실질적으로 긴밀한 협조를 해나가는 것이 좋겠음. 아직 버마인 관련 협의는 없음.

김상협 총리 예방 시 버마 외상 발언 요지 10.12(수) 18:00

버마정부와 국민을 대표하여 금번 참사에 유감과 진사의 뜻을 표하고 이번 사건으로 양국관계가 더욱 발전되는 계기가 되기를 바람. 버마정부는 범인을 기필코 색출, 처벌할 것을 다짐함. 부상 상태로 체포된 코리안들도 조속히 신원을 확인하도록 최선을 다하고 있는바, 증거가 밝혀지면 범인은 물론 관계 정부도 응징을 면하지 못할 것임. 네윈 당 의장, 산유 대통령 등이 이미 약속했듯이 수사에 최선을 다 할 것인바 우리를 믿어주기 바람.

순국자 장례식 참석 10.13(목) 10:00 여의도

"국화"(대통령 순방 암호명)행사는 가을철의 하얀 국화가 유해를 가득 덮은 영결식을 끝으로 여의도에서 종료되었다. "국화"행사는 문자 그대로 국화행사로 그 불행한 여정을 조기에 마감하고, 무고한 순국자들의 운구행렬은 세계 각국에서 온 조문사절들이 지켜보는 가운데 유족들의 애도 속에 국립서울현충원 국가유공자1묘역 내 순국외교사절묘역으로 향하였다.

전두환 대통령 예방 10.13(목) 16:30

전대통령 발언 요지: 버마정부가 귀하를 진사 사절로 파견한 데 감사함. 금번 사건으로 양국관계가 더욱 돈독해지는 것이 고인들의 희생을 헛되지 않게 하는 것임. 본인의 경험으로 보아 북한 소행이 확실한 바, 조사 후 사건 진상을 공식 발표하고 단호한 외교적 조치를 취해 주기 바람. 한국은 북한에 대한 보복도 가능하나 대화로 문제를 해결하고자 하는 방침에 따라 파괴 행위에 국력을 쓰지 않을 방침임. 한국조사단과도 긴밀히 협조하고 생포된 용의자 심문 기회도 주기 바람. 양국 간 경제협력 등 각 분야에서 더욱 협조하게 되기 바람. 우 산유 대통령께서도 한국을 방문해 주시기 바라며 네윈 당 의장께도 본인의 방한 초청 의사를 전달바람.

버마 외상 발언 요지: 금번 사고로 대한민국 지도층 다수가 희생된 데 대해 심심한 조의를 표하는 바임. 네윈 의장도 깊은 책임을 느끼고 있으며 각하께

용서를 구하고 있음.

이원경 체육부장관 면담 10.14(금) 07:30-08:10

랑군에서의 특사활동을 마친 이원경 장관과 함께 10.13(목) 저녁에 귀국한 김병연 외무부 아주국장과 나도 신라호텔에서의 조찬을 겸한 이 면담에 참석하였다.

이장관 발언 요지: 용의자 두 명이 생포되어 다행임. 이들의 신변 보호에 철저를 기해 주기 바람. 한국 국민여론을 감안하여 조사 결과는 무엇이든 조속 공표하고 현지 한국조사단을 수사에 활용해주기 바람. 駐버마대사관 내부 업무 통솔을 위해 駐말레이시아 심기철 대사를 파견하고 있음.

버마 외상 발언 요지: 금일 한국신문은 버마 측이 한국 경호원들의 아웅산 묘소 사전 조사를 금하였다고 보도하였는바 이는 사실이 아님. 수사 결과는 인내심을 가지고 기다려 주기 바람. 시간은 한국편임. 우리는 필요한 모든 조치를 다 할 것임. 사실 및 동기가 확인될 때까지 어떤 특정 국가를 지적하기는 어려움. 어제 전두환 대통령께서 군사력이 아닌 외교적 방법으로 금번 문제를 해결할 뜻을 밝히셨는데 이는 한반도 및 동북아 평화를 위해 좋은 일임. 한국의 신임대사가 조속히 버마에 부임하도록 함이 좋겠음.

한편 버마 외상은 10.14(금) 이한시 노재원 외무장관대리에게 김상협 국무총리가 10.13(목) 영결식에서 행한 조사의 영역문 중 "But you, for whom the people had such great expectations, passed away suddenly in **a remote and unknown country**"부분에 대해 당혹감을 느꼈다고 언급하였다. 이 부분은 "이처럼 국민의 기대를 모아오신 님들께서 **이역만리 타국 땅**에서 일순에 세상을 떠나셨으니..."의 영문 번역이었다. 영결식에 참석한 외빈들에게 배포된 번역문에서 이역만리 타국 땅이 "머나먼 알려지지 않은 나라a remote and unknown country"로 표기되어 버마 측에서 서운한 감정을 느낄 만 하였다. 그렇게 멀고 안 알려진 나라라면 왜 한국 대통령이 방문을 했다는 것인가? 이에 대해 우리 측은 "고국에서 멀리 떨어진 나라in a foreign country far away from home"가 잘 못 번역된 것이라고 송영식 駐버마대사대리를 통해 10.18(화) 버마 외무성 우

소에민트U Soe Myint 아태과장에게 해명하고 이런 설명을 외상에게 전달하도록 해야 했다.

3. 일본의 추가적 협조

일본은 1940년대 초 버마의 대영국 식민항쟁 시절부터 고 아웅산 장군, 네 윈 등 독립활동가들과 긴밀한 유대를 가진 바 있으며, 버마독립 후에도 버마 지도층과의 특별한 관계로 인하여 중국을 제외한 다른 어느 나라보다도 버마 에 영향력을 미칠 수 있는 처지에 있었다. 일본은 버마의 최대 원조 제공국이 고 일본대사관은 버마 고위층과 요로에 많은 정보 소스를 가지고 있었다. 이러 한 일본의 정보 제공은 사건의 처리 방향을 결정해 나가는 우리에게 큰 도움 이 되었다. 일본은 한·일 우호친선 분위기에 비추어 최대한 한국 측 입장을 반영한다는 방침하에 대버마정부 접촉에 적극적으로 나섰다. 사건과 관련한 한· 일 양국 간 추가적인 협력 내용은 아래와 같았다.

아베 신타로安倍晋太郎 외상의 버마 외상 접촉

1차 면담: 10.13(목) 서울 신라호텔

아베 외상 발언 요지: 일본은 금번 사건이 한반도 및 아시아의 평화를 위태 롭게 할 우려가 있으므로 사건 진상의 조속한 규명에 큰 관심을 가지고 있음. 한국은 북한과 군사적 충돌을 피하기 위하여 냉정한 태도를 취하고 있으나 북 한의 소행으로 밝혀질 경우에는 단호한 외교적 대응책을 취해야 될 것으로 믿 고 있음.

버마 외상 발언 요지: 금번 사건에도 불구하고 버마는 한국과의 관계를 더 욱 발전시키길 희망하고 있음. 사건 배후 및 동기와 진상 규명을 위해 모든 노 력을 기울일 것임. 금번 사건으로 한반도 긴장이 악화되지 않기 바람. 북한 소 행이 밝혀지면 어떤 외교 조치를 취할 것인지 검토하겠음.

2차 면담: 10.14(금) 도쿄 (만찬)[1]

아베 외상 발언 요지: 조속한 진상 규명에 대한 일본 정부의 강한 관심을 표명함. 생포된 두 명의 코리안의 생명 안전 확보가 꼭 필요하므로 일본 의료진 파견 등 지원 용의를 표명함.

버마 외상 발언 요지: 버마는 두 명의 코리안들을 생포하기 위해 희생자를 냈는바, 이들의 안전에 관해서는 자살하는 일이 없도록 철저히 감시중이며 최대한 치료를 제공하고 있으므로 염려할 바가 없음. 철저한 수사를 진행 중인바 제3국의 관여가 밝혀지면 엄중한 태도를 취할 것임. 방한 중 한국 언론은 본인을 비난하는 태도를 보이고 버마 측이 성역이라는 이유로 묘지의 사전 점검을 거부했다는 허위 보도를 하였음. 금번 사건으로 한국은 중요한 인재를 잃었으나 버마는 국가의 위신을 잃었음. 상대방이 성의를 가지고 임하면 버마 측도 성의를 가지고 임할 것임.

이원경 장관(10.15 외무장관에 임명)의 마에다 주한 일본대사 면담

1차 면담: 10.15(토)

10.14(금) 아베 외상의 버마 외상 만찬 회동과 관련하여 전두환 대통령의 만족과 가일층의 지원을 당부하는 뜻을 전달한바, 동 대사는 나카소네 수상이 가능한 최대한의 협조를 다짐하였다고 함. 동 대사는 또한 버마인의 예민한 자존심을 고려하여 대버마 접촉에 있어서는 매우 조심스런 대처가 필요하다고 하고, 조사 결과의 조기 공표가 긴요하나 버마정부를 자극하는 일방적인 발표 등의 행동은 바람직스럽지 못하며 버마정부가 독자적으로 발표하도록 하는 인내 있는 노력이 필요하다고 함.

2차 면담: 10.20(목)

일본의 제반 협조에 사의를 표하고 계속 협력을 요청하는 아베 외상앞 이원경장관의 서한을 수교함. 또한 대통령 지시에 따라, 버마가 북한 소행임을 밝히고 대북 국교단절 등 조치를 취하는 경우, 북한의 대버마 경제협력사업을 한국이 인수하여 북한이 제공하고 있는 정도 또는 그 이상의 협력을 제공할 용의가 있음을 일본 측이 버마 고위층에 전달해 주도록 요청함.

이기주 주일공사 면담 시 외무성 아주국장 하시모토 발언 요지(10.18)

버마는 금번 사건 책임이 북한에 있는 줄 알고 있으나 북한 책임을 발표하면 북한과의 단교 내지 북한대사 퇴거 등 강경조치가 불가피하게 되어 버마의 외교 노선을 수정해야 되는 문제가 제기됨. 또 버마공무원이 어떤 형태로든 금번 사건에 관여되었음이 밝혀질 것인바, 그 경우 발생할 국가책임에 어떻게 대응할 것인가 하는 점 등 때문에 고민하고 있는 것으로 보임. 금번 사건 관련 북한이 중국에 대해 모든 가능한 협조를 요청하고 있을 것이 확실한바, 중국이 버마정부에 대해 북한에 불리하지 않은 방향으로 처리하도록 압력을 가하고 있다는 의심이 있음. 금번 사건이 한국 측이 원하는 방향으로 처리되지 못할 경우 한국 단독으로 버마에 외교적 조치를 취할 수 없는 위치에 있음에 비추어 일본에 협력을 요청할 것으로 예상함. 본인으로서는 대버마 관계에 다소 손상이 가더라도 한국을 위해 협력할 것이나 구체적인 방법은 쉽게 생각나지 않음. 버마는 이해 당사자도 아닌 일본정부가 금번 사건에 적극 관여하는 태도를 보이고 있는 데 대해 불만을 표명하고 있음. 대한관계가 대버마관계보다 중요하다는 점에서 뿐만 아니라 현재의 전반적인 한·일 우호협력 분위기를 고려하여 가능한 최대의 협조를 제공하겠음.

일본 외무성 아리마 아주국 참사관(부국장)을 버마에 파견

아리마 참사관은 10.27(목) 방한하여 이원경 외무장관에게 아래와 같이 버마 방문 결과를 설명하였다:[2]

"일본 외무성은 버마사건 관련 일본정부의 대버마정부 교섭능력을 강화하고자 10.19-22일간 자신을 버마에 파견함. 자신은 10.21(금) 버마 외무성 당국자와 만나 신속한 사실 규명과 최종 조사결과 발표 전에 일본 측에 사전 통보를 요청하면서, 이는 한반도의 평화와 안정이 일본의 안전에도 깊이 관계되어 있고 일본에는 70만의 한국인이 거주하고 있는 점 등으로 한반도 문제에 중대한 관심을 가지고 있기 때문이라고 하였음. 버마 측은 금번 사건이 한반도의 안정에 관련되어 있음을 인식하고 있고, 조사결과는 한국과 일본에 사전 통보하겠으며 범인들은 건강 상태가 아직 심문할 형편이 되지

않음을 설명함. 버마 측은 금번 사건 관련 한국에 전적인 책임을 느끼고 이를 회피할 생각은 없으나, 아웅산묘소는 일부 한국 측 이야기와는 달리 사건 당일 아침에 먼저 버마 측이 점검한 데 이어 한국 측도 금속 및 플라스틱 탐지기를 동원하여 모든 가능한 사전 점검을 하였음을 강조함."

북한의 대버마 원조사업 인수 관련 협력

일본은 한국의 요청에 따라 북한의 대버마 원조사업을 한국이 인수할 의사가 있음을 버마 측에 전달하는 방법에 고심하다가, 1984년도 대버마 엔 차관 제공 약속을 예정보다 앞당겨 10.31(월) 버마 측에 통고하면서 駐버마대사대리를 통해 버마 기획재무성에 한국 측 의사를 전달하였다. 일본은 84년도 대버마 엔 차관을 타국에 대한 원조보다 가장 높은 신장률인 6.8%를 증가하여 430억 엔으로 통고하였다. 일본 측은 또한 대한국 협력 자세의 일환으로 10월 말 개최된 아주지역공관장 회의에 참석 예정이던 駐버마대사대리를 현지에 남게 하여 버마사건 처리에 대응하게 하였다.

일본의 대중국 접촉

일본은 사건의 진상 규명이 무엇보다 중요하며, 버마사건으로 한반도 긴장이 격화되는 것은 일·중 양국에 이롭지 못하므로 중국도 한반도 긴장이 격화되지 않도록 협조해야 할 것이라는 의사를 동경과 북경에서 중국에 전달하였다. 이에 대해 중국은 자주적 입장에서 수사를 하고 있는 버마의 수사 결과를 주목하고 있으며, 버마가 어떻게 발표하고 어떤 조치를 취하든 버마 국내문제로서 내정간섭할 의향이 없고 동 사건으로 인한 한반도 긴장 고조를 우려하는 바, 한반도 안정에 손상이 없기를 바란다는 희망을 피력하였다.

나로서도 36년간의 외교관 생활 중에 어느 나라에서나 항상 일본 측으로부터 업무와 관련된 여러 가지 도움을 받으면서 한·일 관계에 대해 특별한 느낌을 가지게 되었다. 일본은 1543년 포르투갈인들의 최초 일본 상륙 후부터 서양의 문물을 받아들이기 시작하여 경제 기술 분야뿐 아니라 정치, 사회, 문화, 외교 분야에서 중단 없이 꾸준히 발전해 올 수 있었다. 중국의 명나라나 청나라만이 세계의 전부인 것으로 알고 서양의 르네상스, 산업혁명, 시민혁명을 통한 민주화라는 세계사의 중요한 시기에 세계와 담을 쌓고 완전한 쇄국으로 550년을 보냄으로써, 결국에는 한민족 역사상 처음으로 주권을 완전하게 빼앗기게 된 조선왕국과는 큰 격차가 나게 된 것이 안타까운 사실이었다. 지리적·문화적·인종적으로 깊이 얽혀있는 한·일관계이니 미래지향적 관점에서 과거사 문제를 조속히 정리하고 각 분야에서 서로 긴밀하게 협력해 나가야 될 것이다. 한반도 주변 정세를 둘러싸고 양국 간 협력을 위한 정치인들의 지도력이 절실한 시점에서 새삼 버마사건과 관련된 일본정부의 적극적인 협력을 다시 기억하게 된다.

4. 미국의 추가적 협조

10.11(화) 노재원 외무장관대리는 워커 주한 미국대사를 초치하여 버마가 사건의 진상 규명에 최대의 성의를 다하는 동시에 대북한 단교조치를 취하도록 미국이 영향력을 행사해 줄 것을 당부하였다. 10.12(수) 헤이그 전 국무장관은 류병현 주미 한국대사의 요청에 따라 방미중인 우쉐첸吳學謙 중국 외상과의 만찬 시, 버마정부가 사건 진상조사를 공정히 할 수 있도록 중국정부의 협조를 요청하고 북한의 행위로 믿어진다고 하였다. 우외상은 북한의 행위로 단정하기 위해서는 사실fact이 필요하다고 하면서 재발 방지를 위한 조치가 강구되어야 할 것이라는 의견에 대해서는 이를 반대할 이유가 없다고 하였다. 슐츠George Shultz 국무장관, 글라이스틴William Gleysteen 전 주한대사도 우쉐첸吳學謙에게 중국이 동 사건 조사에 개입치 않을 것을 요청하였으며, 우리 주미대사가 동 사실을 미국주재 버마대사에게도 알린바 동 대사는 이를 본국 정부에 보고하겠다고 하고 버마정부도 한국의 그러한 조치를 환영할 것이라는 반응을 보였다.

10.13(목) 류병현 주미대사는 브라운 미 국무성 동아태차담당 부차관보와 면담하고 협조를 요청하여 아래와 같은 답변을 들었다:

"버마는 비동맹국 중에서도 비동맹국으로서 외부 간섭을 극히 싫어하므로 버마에 압력을 주는듯한 인상을 주어서는 안 될 것임. 이것이 한·미의 행동을 제한하고 있음. 버마가 신속한 수사를 하고 그 결과를 알려 오기 전에는 어떤 조치를 취하기는 대단히 어려울 것임. 버마는 세계 모든 나라와 일정한 거리를 두고 있는바, 미·영·불은 영향력이 없으며 소련과는 관계가 좋지 않음. 중국에 대해서는 버마 내 반란세력 문제로 신중한 태도이며 일본과는 교역, 원조관계로 인해 다른 나라보다는 가까운 관계임. 북한이 금번 사건을 자행한 의도는 한반도의 긴장을 고조시켜 레이건 대통령의 방한을 저지하고 한국의 국제적 지위를 손상하며 한국의 미수교국과의 수교 움직임을 방해하기 위한 것일 것임. 수사 결과 북한의 소행으로 확인될 때는 국제연합 및 테러 관련 국제기구를 통한 대책, 한국의 미수교국들과의 수교 지원, 각국의 대북한 외교관계 수립 억제 등 조치를 취할 수 있을 것임."

10.14(금) 미 국무부는 전 재외공관에 외교적 차원에서 한국을 지원하는 방안을 검토하여 건의할 것과 한국 공관과 긴밀히 접촉하고 그 요청에 따라 주재국 정부에 이를 대변하도록 훈령을 내렸다. 10.17(월) 류병현 주미대사는 울포비츠Paul Wolfowitz 국무부 동아태차관보를 면담한바 그는 아래 요지로 발언하였다:

"버마 당국은 한국 측이 북한 소행임을 입증하는 여러 수사결과 제시와 분석에 감명을 받은 듯함. 버마의 수사결과 발표 전에도 미국은 우방국들이 한국을 지원하고 폭력 행위를 규탄하도록 노력하고 있음. 국제기구 활용 문제는 '국제연합'이 소련의 대한항공기 격추시 보여준 바와 같이 편파적인 기구이므로 그 효과를 신중히 분석하여 대처함이 필요함."

10.18(화) 주미대사관 허승 참사관은 국무부 한국과장 램버트슨David Lambertson을 면담한 바 그는 아래 요지로 발언하였다:

"국무부는 지난 주 관계부처 간 협의 후 각 공관에 한국 입장을 지지하고 사건 책임자 규탄 등 적절한 대응 방안을 건의하도록 훈령하였음. 특히 파키스탄과 이집트에는 한국과 외교관계를 수립할 적절한 시기가 도래하였음을 주재국 정부에 설득하도록 특별히 훈령하였음. 버마는 외부 간섭에 특히 민감하므로 버마 당국의 수사 속도가 느리더라도 타국이 독촉하는 것 보다는 독자적으로 수사를 진행하여 결론을 얻도록 지켜보는 것이 오히려 이로울 것으로 생각함. 버마의 수사 결과 북한 소행으로 밝혀지면 '국제연합' 등에서 이 문제를 제기, 북한을 규탄하는 방안을 검토하겠음."

10.19(수) 워커 주한 미국대사는 전두환 대통령을 예방하고 버마가 중립노선에 입각하여 외부간섭을 적극 배제하고 있으므로 한·미 양국의 영향력 행사는 조심스럽게 함이 좋겠다는 의견을 피력하기도 했다. 11.5(토) 전두환 대통령은 레이건 대통령에게 사건의 만족스런 해결에 기여한 미국 측 협조에 감사하는 친전을 발송하였다.

제12장
버마정부의 수사결과와 대북한 제재

1. 버마정부의 중간수사결과 발표(10.17)

버마 외무성 정무총국장 우 틴툰은 10.17(월) 오후 6시30분 송영식 대사대리에게 그날 저녁 8시에 발표할 것이라고 하면서 아래 내용의 중간수사결과를 알려왔다:

"전두환 한국 대통령의 버마 공식방문 중 10.9(월) 10시25분 순국자묘소에서 폭탄이 터져 한국인 17명이 사망하고 14명이 부상하였으며, 버마인 네 명이 사망하고 32명이 부상하였다. 버마정부는 즉시 사후 예비조치를 취하고 조사위원회를 구성하였다. 조사위원회의 현장 검증 결과 9x6₄/1x4인치 크기의 미폭발 폭탄 1개와 길이 8인치, 직경 4인치의 액체 TNT화염탄, 망가진 건전지, 인쇄된 회로 조각, 콘덴서 조각, 금속 베어링, 소형 말발굽형 자석 등이 발견되었다. 10.11(화) 타쿠핀 마을에서 사살된 자 및 10.12(수) 퀜 와잉Kwain Waing 마을 인근에서 생포된 자 등 두 코리안에게서 압수된 식량, 의약품, 건전지, 부비트랩 만년필, 금속 베어링, 수류탄 손잡이 및 안전핀 등과 10.10(월) 저녁 파준다웅강에서 생포된 코리안에게서 압수된 물품들은 전문가들의 조사결과 동일 물품으로 판명되었다. 코리안들로부터 압수된 무선 수신기 및 송신기와 순국자묘소에서 발견된 수신기용 콘덴서와 인쇄된 회로판을 조사한 결과 폭발이 원격조종에 의한 것임이 밝혀졌다. 또한 폭발 현장에서 발견된 물품과 체포된 자들에게서 발견된 물품은 같은 것으로 밝혀졌다. 이상의 증거에 비추어 생포된 두 명의 코리안과 사살된 한 명의 코리안은 일당으로서 10.9(일) 순국자묘소에서 폭발을 자행한 자들로 확고히 믿어지고 있다. 사실들을 더욱 정확히 하고 구체적으로 상세한 내용을 밝히기 위해 조사가 계속 진행 중이다."

2. 범인 면담: 강민철, 진모

버마 측의 범인 면담 주선

버마정부는 한국대사관 및 조사단 대표 등 4명과 랑군주재 외교단 대표 3명에게 10.25(화) 범인들을 면담할 것을 요청해 왔다. 이에 따라 심기철 외무장관 특별대표, 송영식 대사대리, 안기부 성용욱 1국장 및 한철흠 대공수사과장 등 4명과 버마의 내무종교상(조사위원장), 경찰총국장, 육군참모총장, 국방성 정보국장, 외무차관 그리고 외교단장(필리핀대사 Marcruz), 인도네시아대사, 스리랑카대사가 10:30 외무성 별관에 모였다. 10:45 – 11:15간 버마 외상으로부터 면담 주선 취지 설명을 청취하고 버마 측 조사위원장인 내무종교상의 안내로 모두 공항 근처 육군제1병원으로 가서 약45분간 범인 두 명을 관찰하였다. 이어 우리 측과 버마대표들만이 10분간 범인에 대한 간단한 질문을 한 후 버마 측 조사위원들과 육군회관에서 12:50 – 14:10간 그 결과에 대한 토의를 가졌다.

버마 외상의 취지 설명 요지

"금일의 범인 면담은 심문이라고 할 수 없으나 범인을 직접 보고 간단한 질문을 할 수 있다. 한국 측도 아직 범인을 면담치 못하였는바 금일 외교단 대표들까지 초청한 것은 범인들이 잘 보호받고 있으며 범인 상면이 정당한 방법으로 이루어졌음을 알리기 위한 것이다. 국제언론들의 과열 보도를 매우 심각하게 생각하는 바, 아직 진실이 밝혀지지 않았으므로 버마정부로서는 의심만 가지고는 금번 사건이 누구의 소행이라고 지적할 수는 없는 입장이다. 사건이 오전 10시30분경 발생했으나 버마 측 발표가 오후 4시로 늦은 것도 귀중한 생명을 구하고 있었기 때문이며 몇 시간 동안의 신문 발표 지연은 대세에 지장이 없다고 생각한다. 24시간 후에 범인 한 명이 잡혔는데 이것은 결코 작은 공적이 아닌데 보도기관들은 이를 대수롭지 않게 취급했다.

버마가 한국과의 합동수사에 응하지 않은 것은 외부세력 개입을 막기 위한 것이다. 그러나 양측은 수사 면에서 긴밀한 협력을 유지하고 있다. 한국 측은 사건 현장을 검증하였고 현재 양국 조사단 간에는 긴밀한 협조관계가 유지되고 있다. 한국 측이 노획된 증거물에 대한 정보를 제공해준 데 대해 고맙게 생각한다. 버마로서는 독자적으로 수사하기를 원하며 한국과의 합동수사에 동의하지 않은 것은 외상 본인의 결정에 의한 것으로 합동수사는 외부 세력의 개입을 의미하는 것이기 때문이다. 이번 사건이 누구의 소행이건 이는 버마의 호의를 악용하고 버마의 주권을 침해한 것이다. 한국 측의 초조해하는 입장을 잘 알고 있으나 버마측은 최선을 다하고 있으므로 버마측의 입장도 이해해 주기 바란다.

버마는 최선을 다하고 있으며 버마의 위엄을 지키는 것이 의무라고 생각한다. 지금까지 버마정부의 발표 내용은 과장이 없는 진실만을 발표한 것임을 확실히 해두고자 하며 이러한 사실은 지금까지의 수사결과가 증명해 주고 있다. 범인 심문은 별 성공을 거두지 못하고 있는바 이는 이들의 건강 때문이다. 범인들이 아시아인 같이 보이나 확실한 신원이 확인되거나 결정적 증거물이 있을 시는 신문에 발표하도록 하겠다. 오늘 본인의 발언 내용은 신문에 발표하기 말기 바라며 범인을 보고 이들에 대한 정보가 있으면 알려 주기 바란다."

범인의 자백만이 확실한 신원 확인과 결정적 증거의 자료가 될 것이냐는 아측 질문에 대하여 버마 외상은 자백만이 유일한 증거는 아니며 물적 증거가 있다고 답변하였다. 버마 측은 그 날 오후에는 금일 범인들과의 면담 사항에 관하여 한국 측이 언론기관에 발표하여도 무방하다고 통보하고 그날 밤 8시 버마방송 뉴스 시간에 면담 사실을 보도하였다.

범인 관찰 내용

군의관이 범인의 부상 상태를 설명하면서 합병증이 없는 한 생명은 안전하다고 하였다.

범인 1 (강민철)

오른편 팔꿈치 이하가 절단되었고 복부 수술로 창자를 밖으로 내놓았으나 건강상태는 양호해 보였다.

범인 2 (진모)

오른편 손목이 절단되고 왼손은 손가락 네개가 절단되었다. 오른쪽 눈은 실명상태이고 왼쪽 눈은 겨우 빛을 감지할 수 있는 상태였다. 외부 관찰에 무반응, 무응답으로 일체의 조사 협조를 거부하는 자세였다.

범인 면담 요지

범인 2(진모)는 우리 측 질문에 무응답으로 일관하였으나 범인 1(강민철)과는 한국어로 십분간 아래와 같이 대화를 가졌다:

"28세, 강철민으로 서울에서 왔다. 성북국민학교를 다니고 중, 고는 안 나왔으며 영등포에서 살았다. 모친이 서울에 있으며 이북에 간 일이 없다. 죽음을 두려워하지 않는다."

버마 측 조사위원들과 토의 요지

우리 측에서 주로 북한의 대남공작 전략, 전술(대동 월북, 납치, 출신 위장 등)과 범행 증거품 분석에 대해 설명하고, 버마측은 우리 측 설명에 충분한 이해와 진실성을 신빙하는 태도를 보였다.

범인 면담에 대한 우리 측 평가

수사가 버마 당국의 독자적, 배타적, 객관적으로 행해지고 있음을 대외적으로 알리고 그간 한국 언론 보도 등 신문보도가 사실과는 괴리가 있음을 강조하면서 범인이 서울에서 왔다고 진술하는 등 사건 수사에 어려움이 있음을 한국 측에 보여줌으로써 한국 측이 일방적으로 북한 소행으로 단정, 공표하는 것을 자제하도록 하기 위한 것으로 보였다. 한편 우리 측은 10.25(화)의 1차 범인 면담에 사의를 표하고, 10.28(금) 범인 면담을 다시 할 수 있도록 허용해 줄 것을 버마 측에 요청했지만 거부당했다. 10.26(수) 버마 외무성 정무총국장은 송영식 대사대리와 면담 시 10.25(화)의 범인 면담과 관련하여 아래 요지로 발언하였다:

> "이제 왜 버마 측이 수사결과를 조속히 발표하지 못하고 있는지 알았을 것으로 믿는다. 버마는 많은 희생자를 본 한국의 이미지에 또 다른 손상을 입히지 않고 사건을 해결하기 위해 최선을 다하고 있으니 인내심을 가지고 기다려 주기 바란다."

외교단 브리핑

외교단장(필리핀대사) 및 인도네시아와 스리랑카대사는 자신의 말을 외교단에 전해 주기 바란다는 버마 외상의 요청에 따라 10.26(수) 오후 3-4시에 랑군 주재 외교단을 초치하여 그 전날의 범인 관찰 결과를 브리핑하였다. 여기에는 소련, 중국, 월맹, 북한 등 외교단에서 36개국 대표가 참석하였다. 소련대사는 외교단장이 주재국 국내문제에 간섭해서는 안 되며 이들 대사들의 행위는 자기와는 전적으로 무관한 관계 대사들의 개인적인 일로 간주한다고 말하고 모든 문제는 순수한 버마 국내문제라고 언급하였다. 북한대사는 직원 한 명과 함께 참석하였으나 아무런 질문도 하지 않고 브리핑 내용도 기록하지 않았다.

3. 북한에 의한 국가테러 근거

사건을 자행한 세력이 누구인가에 대한 검토는 객관적 입장에서 쉽게 결론을 내릴 수 있었는데 그 근거는 아래와 같았다:

버마 반정부단체 소행 가능성

폭파사건에 사용된 폭탄 및 폭파장치 등은 매우 정교하고 고도의 전문 기술자만이 제작 가능한 것이었다. 폭파 후 소이탄에 의한 증거인멸 기도 등 제반 수법도 다년간 테러 살상용 폭발물을 연구 개발하여 온 전문 북한공작원과 같은 폭파 기술자만이 시도 가능한 것으로서 버마 반정부 단체에는 이러한 정교한 폭탄을 제조하거나 폭파할 기술이 없었다. 또한 사건 당시 아웅산묘소에는 버마의 전통적 의식에 따라 버마를 방문한 우리 대통령 일행의 참배가 확실한 상황이었고 버마 고관들은 이 행사에 함께 참석하지 않는 것이 관례였다. 따라서 버마 군부 내 반네윈 세력이 한국 대통령을 목표로 폭탄 테러를 했다고 볼 수는 없었다. 아웅산묘소는 모든 버마인들이 참배하는 민족통합의 상징적 장소이므로 동 묘소를 폭파 장소로 선택한다는 것은 반정부 단체라 하더라도 버마국민의 감정 및 정치적 투쟁의 부정적 효과로 보아 불가한 것이었다. 아웅산 장군은 버마족뿐 아니라 모든 국민의 통합국가를 만들어야 된다는 정치적 소신으로 다른 소수민족의 권리를 인정해야 된다는 주장을 펴다가 버마족 우선을 주장하는 세력에 의해 암살되었다. 반정부 소수민족 게릴라들이 한국의 대통령을 살해할 이유도 없고 더구나 아웅산의 묘소를 폭파한다는 것은 상상하기 어려운 일이었다. 이와 같은 제반 상황으로 미루어 보아도 이 사건에 버마인이나 다른 국제 테러분자가 관여되었다 하더라도 이들은 하수인 일 뿐임이 확실하였다.

한국 내 반전두환 세력 가능성

1979년 12.12 군사 쿠데타를 자행하고 1980년 5.18 광주민주항쟁을 무자비하게 진압하여 많은 시민들을 학살한 전두환에 대한 분노가 당시 한국민주화 염원세력에 팽배하여 있었음은 사실이다. 그러나 이러한 반전두환 세력이 국내에서도 테러행위를 기획하거나 실행한 사실이 전무했음에 비추어 버마에서까지 이러한 암살행위를 일으킬 의지나 능력이 있다고 볼 아무런 근거가 없었다. 버마 측도 한국 내 반전두환 세력에 의한 테러 가능성을 염두에 두고 우리 경호팀을 의심하기도 하였다. 우리 경호팀이 아웅산묘소를 부실 점검한 이유는 납득하기 어렵고 아직도 공식적으로 밝혀지지 않고 있으나 이러한 경호팀의 부실 점검이 반전두환 정서에서 비롯됐다는 어떤 주장이나 근거도 제시된 바 없다. 현장 부실 점검 이유에 대해서는 우리 경호 관계자들이 앞으로 밝혀야 할 사항이다.

북한의 국가테러 행태

아웅산묘소에서의 암살폭발사건은 한국 국가원수를 암살하기 위해 북한이라는 국가차원에서 기획, 실행한 고도의 정치적 국가테러 행위였다. 이와 같은 정치적 테러가 반정부 세력이나 국제 테러단체들이 자행한 것이라면 테러목적을 달성한 뒤에는 자신들의 존재를 부각하고 국제적 관심을 끌기 위해 공공연히 자신들의 행위임을 밝히는 것이 일반적이다. 특히 테러단체들은 요인 암살, 폭파 등의 테러행위를 정당한 투쟁방식으로 주장, 자신들의 활동을 널리 알리는 것이 일반적 경향임에도 불구하고 아웅산묘소 폭발사건에 관한 한 어떠한 반정부 세력이나 테러단체도 자신들의 소행임을 밝힌 바 없었다. 따라서 이 사건은 국제적 규탄 여론과 외교적 문제를 우려하여 국가테러 행위를 공개할 수 없는 북한 정권이 비밀리에 저지른 것으로 북한의 소행임에 의문의 여지가 없는 것이었다. 과거 우리 국가원수 암살을 수차 기도했던 전례가 그 정황 증거였다. 북한은 국내외의 민간 테러리스트를 고용하는 간접적 테러가 아닌 북한군 특수공작부대 소속의 군인을 공작원으로 사용하여 국가차원의 테러행위를 자행하기 때문에 부인할 수 없는 물적 증거가 나와도 이를 절대 인정하지 않는 특징이 있다. 이는 가까이는 천안함 폭침사건에서도 드러난 바 있다. 이 사건 이전까지의 북한의 한국 내 암살과 폭파 공작 사례는 1965년 이래만 해도 10여건에 달했었다.[1]

우리 측 조사단의 결론

우리 조사단은 이상과 같이 버마당국과의 현장 검증 및 사살되거나 생포된 범인들의 휴대장비에서 나타난 피할 수 없는 물적 증거 등과 범인들의 도주 상황, 사건 발생 전후의 북한공작 용의선박의 수상한 동태 등 제반 정황증거, 그리고 북한이 과거 수차례에 걸쳐 우리 국가원수 암살공작을 계속 시도해 왔던 사실과 북한이 아니고는 버마의 국빈으로 방문한 한국의 국가 원수를 암살할 테러집단이 있을 수 없다는 제반 상황을 종합하여 검토하였다. 그 결과 이번 사건은 북한 최고층의 지령과 비호 하에 훈련된 북한 비밀공작원이 계획적으로 버마에 침투하여 범행을 자행한 후에 수중탈출을 통하여 북한 공작선과 접선, 복귀하려고 한 조직적 테러행위에 의문의 여지가 없다는 결론에 도달하였다.

4. 이상옥 외무차관보 버마 파견활동

버마정부의 사건 처리 방향에 관한 판단 및 조속한 해결을 촉구하기 위하여 외무부는 이상옥 차관보를 10.28－11.9간 버마에 파견하였다.

버마 외무차관 우 흘라쉐U Hla Shwe 면담(11.2. 10:00-10:30)
(외상은 10.30－11.9간 영국 방문)

이차관보는 버마 외상앞 이원경 외무장관의 10.28(금)자 친서를 전달하고 아래 요지로 발언하였다: 버마정부의 사건 수사와 수사 결과에 따른 단호한 응징조치 약속에 한국정부는 전적으로 신뢰와 인내심을 가지고 기다리고 있음. 한국 언론도 보도에 신중을 기하고 있으며 버마 파견 한국조사단원도 최소한으로 줄이고 있음. 10.25(화) 범인 한 명이 한국 대표들과 면담 시 밝힌 신분은 조사결과 허위로 판명되었음.

버마 외무차관 발언 요지: 버마 측이 수사를 신중히 하고 있음은 조금이라도 오해 받는 일이 없기 위함인바, 시일이 걸리더라도 인내심을 가지고 기다려주기 바람. 한국 측 조사단 인원의 감축 요청은 조사단 및 대사관원의 신변 보호를 위한 것임. 버마는 범인들의 정체를 밝혀낼 수 있을 것으로 봄.

이차관보-버마주재 외교단 면담
(영국, 호주, 말레이시아 대사, 미국 및 일본 대사대리, 10.31－11.2 면담 결과 종합):
• 버마 측 수사 결과 발표 시기: 11.15 이전 설이 유력
• 사건 처리 관련 버마 측 입장: 버마는 사건의 철저한 규명 후 이에 따른 외교적 조치를 취할 것임. 버마의 조치 내용은 예측하기 어려우며 실권자인 네윈 당 의장만이 최종 결정권을 가지고 있음. 버마정부는 조사결과에 따른 외교 조치 후에 '국제연합' 등 국제무대에서 이 문제가 제기되어 국제적 관심의 대상이 되는 것을 원치 않을 것임. 네윈 당 의장은 금번 사건에 격노하고 있으며 추가 진전사항을 매일 보고받을 정도로 관심을 가

지고 있음.

- 버마의 대중국 관계: 중국과의 우호관계 유지가 대외정책의 기본이지만, 이에 대한 고려가 금번 사건 처리에 영향을 주지는 않을 것으로 봄.
- 중국의 태도: 駐버마 일본대사관의 중국대사관 접촉 반응에 의하면 중국 측은 처음에는 금번 사건을 버마 내 소수민족 반란단체나 한국 내 반정부 분자 소행일 가능성이 있다고 하였으나 그 후에는 버마 측 조사결과를 보아야 한다고 하여 다소 중립적인 방향으로의 변화를 보였다고 함.
- 버마의 대북한 관계: 버마는 과거 북한과 긴밀한 관계(김일성과 네윈의 상호 교환 방문 등)에 있었으나 최근의 한·버마 관계 발전에 비추어 금번 사건 처리에 영향을 줄 것으로는 보이지 않음. 버마는 1977년 이후 점차적으로 개방정책과 대서방 경제협력을 추진 중에 있고 북한 측의 경제협력 제의를 달갑게 여기고 있지 않아 진척이 없는 실정으로서 북한의 대버마 경협관계도 버마 측의 사건 처리에 장애 요인이 되지 않을 것으로 봄.
- 한국 측 태도: 한국이 인내심을 가지고 버마 측 조사 결과를 기다리면서 신중히 대처하고 있음을 현명하고 적절한 대응으로 평가함. 버마는 국가위신과 민족적 긍지를 매우 중시하며 외부 압력이나 간섭에는 민감한 반응을 보임.
- 버마 측의 수사 진전 상황: 범인들의 건강상태도 본격적인 심문을 받을 정도로 좋아졌으며 최근 범인 심문에 어느 정도 진전이 있는 것으로 보임. 버마 수사전문가들은 범인들의 정체를 밝히는 데 자신이 있다는 태도를 보이고 있음. 버마 측은 북한 소행이라는 심증은 갖고 있으나 수사 결과가 만족할 만 하다고 판단하고 대외 발표에 자신이 있을 때 최종 발표를 할 것으로 봄.

5. 강민철의 자백과 최종 수사결과 발표(11.4)

강민철의 자백

10.12(수) 퀜 와잉Kwain Waing 마을에서 체포되어 조사를 받아오던 강민철은 자신의 치료를 담당하던 군의관을 통해 사건 전모를 자백하겠다는 의사를 전

달하였다. 이에 따라 버마 측 사건조사위원회는 11.3(목) 강민철의 자백을 받았다. 그가 자백한 내용은 아래와 같다: 나는 북한군 육군 상위이며 군번은 9970, 나이는 28세, 아버지는 강석준, 어머니는 김옥순으로 소속은 개성 소재 정찰중대이다. 우리 세 사람은 전두환 대통령의 버마 아웅산묘소 방문 시 동 묘소를 폭파하여 전대통령을 암살하라는 지령을 강창수 소장으로부터 받았다. 조장은 진모 소령, 조원은 나와 신기철 상위이다. 우리 세 명은 선박편으로 1983.9.9 (황해도) 옹진항을 출발하여 9.22(목) 랑군항에 도착하였다. 랑군항 도착시 북한 공관원 두 명이 자신의 집으로 안내하여 그곳에서 2주일간 은신하였으며 그곳에 이미 폭파장비가 준비되어 있었다. 1983.10.7(금) 새벽 2시에 진모와 강민철이 망을 보는 가운데 신기철이 아웅산묘소 지붕에 올라가 원격조종폭탄 두 개를 묘소 천장에 설치하였다. 우리 세 명은 1983.10.9(일) 오전 묘소 부근 영화관 앞에서 기다리다가 전두환 대통령의 모터케이드 행렬이 지나가는 것을 확인하고 조장 진모가 폭발 스위치를 눌렀다. 폭발 후 진모 혼자 도주하였고 나와 신기철은 소형 배를 빌려서 랑군강을 건너 달아났다가 버마 경찰에 체포되었다. 우리들은 1983.10.12(수) 북한 선박으로 귀환하도록 되어 있었다.

버마정부의 최종 수사결과 발표

버마정부는 11.4(금) 수사결과를 아래와 같이 짧게 발표하였다:

10월9일의 암살 폭발사건이 북한정부의 지시에 따라 행동한 북한인들의 소행임을 결정적으로 밝혀냈다. 이에 따라 다음과 같은 조치를 취하기로 결정하였다.

1. 랑군주재 북한대사관의 폐쇄를 명령함.
2. 북한과 외교관계를 단절함.
3. 북한정부에 대한 승인을 취소함.

또한 외무차관 대리가 11.4(금) 오후 1시 북한대사를 불러 위와 같은 버마정부의 조치를 통고하였다.

버마정부의 최종 수사결과 신문 발표 내용

사건 직후 10.10(월) 버마정부는 조사위원회를 구성하여 수사에 착수하였는바, 체포된 코리안들의 자백과 압수 물품 및 기타 증거를 통하여 이번 사건이 북한정부의 지시에 따라 행동한 파괴분자들의 소행임을 완전히 입증하였다. 생포된 두 명과 사살된 한 명은 북한군 소령 및 대위들로 밝혀졌다. 생포된 두 명은 법에 따라 재판을 받을 것이다. 버마는 북한과 외교관계를 단절하고 북한정부에 대한 승인을 취소하기로 결정하였다. 북한대사관원들은 11.4(금) 13:00부터 48시간 이내에 버마를 떠나도록 명령되었다.

수사결과 발표 후 버마 측 입장

11.4(금) 송영식 駐버마대사대리가 우리 외무장관 성명서를 수교하고자 외무성 정무총국장과 면담하였으며 동 국장은 아래 요지로 발언하였다:

"버마정부와 국민은 이번 조치를 기쁘게 생각하는바, 한국 측이 기대한 이상의 조치일 것이라고 생각한다. 버마정부는 이번 수사를 한국 측과 공동으로 하지 않고 독자적으로 한 것이라는 점을 분명히 하기 위해 온갖 노력을 다하였고 실제로 수사에 외부 작용은 없었다. 한국조사단이 제공한 문서와 물적 증거들은 수사에 많은 도움이 되었다. 버마로서는 이제 할 일을 다했기 때문에 한국도 랑군 체재 인원 중 대사관 정규직원을 제외하고는 조속 귀국함이 양국 정부에 유익할 것이다."

또 11.7(월) 송영식 대사대리와 면담 시 외무성 정무총국장은 아래와 같이 언급하였다:

"버마정부는 금번 사건을 국제화하거나 떠들고 싶지 않다. 범인들에 대한 재판 과정에서 나타날 사실 보도가 북한의 부인에 대한 가장 효과적인 대처방안이 될 것이다."

한편 버마주재 영국대사는 11.5(토) 버마 외상을 면담한 결과를 아래와 같이 우리에게 알려왔다:

"수사상 한국어 통역문제, 범인 자백문제의 두 가지 난점이 있었으나 버마인(한국에서 기술 연수) 중 통역요원 한 명을 구했고, 범인들에게는 증거가 명백함에 비추어 사형이 불가피하나 신분을 밝히면 어떤 고려를 할 수 있다고 한바 이들 이 자백을 했다. 범인 소지품 감정, 식별 등에 한국 측의 협조가 컸다."

버마 측 조치에 대한 우리 측 사의 표명

심기철 특별대표와 이상옥 차관보는 11.7(월) 우 흘라쉐 외무차관을 방문하여 버마정부가 이번 사건에 신속한 조치를 취한 데 대해 사의를 표명하고 네윈 당 의장 및 우 산유 대통령앞 전두환 대통령의 11.4(금)자 감사 메시지와 버마 외상앞 이원경 외무장관의 감사 메시지를 전달하였다. 버마 외무차관은 버마정부도 금번 사건을 신속히 종결할 수 있었음을 기쁘게 생각한다고 언급하였다. 심기철 대표는 10.25(화) 범인 면담에 참석하고 공관 지휘 활동을 계속한 후 11.4(금) 사건 수사결과가 발표됨에 따라 임무를 마치고 11.8(화)자로 임지에 귀환하였다(駐말레이시아대사관 업무 정리차 11.2−6간 말레이시아에 일시 귀임).

6. 북한공관 철수와 동건애국호 추적

북한 공관원 철수

북한의 특별기(TU−154)가 11.6(일) 07:50 랑군에 도착하여 공관원 및 가족 (총34명)을 태우고 09:35에 출발하였다. 그들의 출국 시에는 소련대사관이 마이 크로버스 두대를 제공하였으며 중국이 북한의 이익대표국으로 지정되었다. 그들의 출국장면을 촬영하려던 우리 공관원 및 조사단원들은 버마 측의 제지를 받았으며 촬영에 협조하던 공관의 고용원(운전사) 한 명과 버마인 비디오 테이프 취급상이 연행되었다(12.5 석방). 버마 외무성 정무총국장은 11.7(월) 송영식 대사대리에게 한국인들이 행동을 자제해 줄 것을 자신이 요청했음에도 이러한 일이 발생한 데 대해 유감을 표시하고 재발 방지를 요청하였다.

북한 재산 처리

북한 공관원들은 네 채의 집을 임대하고 있었는데 11.6(일) 출국 전에 가재도구 등을 대사관 건물로 이전하였고, 중국대사관은 그 물건들을 11.6−8간에 걸쳐 북한대사관에서 자국 대사관으로 옮겨갔다.

대사관 건물

중국대사관은 이를 위임 받아 11.10(목) 버마 외무성에 인계하였고, 외무성은 그 날짜로 그 건물을 우 킨키웨이 경찰국장에게 인계하였다. 랑군시(Tank Road 30번지)에 위치해 있는 대사관 건물에는 참사관 윤광섭과 부인도 거주하였었다.

직원 주택

북한은 직원들을 위한 네 채의 주택을 임대하고 있었으며, 공관이 철수하면서 중국대사관에 후속 처리를 일임하였다.[2]

전창휘 참사관 거주 주택 (범인들이 안가로 사용한 주택)

랑군시(Ahlone구, 2nd Thiri St, 154번지) 소재 2층집으로 1982.11.1 버마인 우 테인흘라U Thein Hla로부터 임대하여 1983.1.6 북한대사관원 세 가족이 입주하였다. 추방명령에 따라 1983.11.5(토) 전창휘가 집 주인에게 열쇠를 인계하였는데, 11.7(월) 중국대사관원이 외무성 직원 및 경찰과 같이 주인을 찾아와서 동 주택을 재임대하여 주인에게 손실을 끼치지 않도록 하겠다고 하면서 열쇠를 가져가 경찰서에 보관해 두었다.

북한 공관원 명단

버마주재 북한대사관은 대사 외에 참사관 3명, 무관 및 무관보 각 1명, 2등서기관 2명, 3등서기관 3명, 상무관 1명 등 외교관 총 12명과 북한인들인 요리사, 운전원, 정원사 등 많은 인원이 상주하는 규모가 큰 공관이었다. 우리 대사관이 대사 외에 참사관 1명, 무관 1명, 1등서기관 1명, 2등서기관 1명, 외신관 1명 등 총6명의 외교관(이에 추가하여 대한무역진흥공사 주재원 2명도 대사관 경제담당관으로 등록)으로 구성된 것과 비교해서 두배나 큰 규모였다. 참고로 북한대사관원들의 명단과 부임일자는 부록과 같다.[3] 우리 대사관에 비해 숫자가 두배 이상 많을 뿐 아니라 버마 상주기간도 우리 공관원들에 비해 대부분이 더 오래됐음을 알 수 있다. 우리는 대사만 1981년에 부임했을 뿐 대통령 국빈 방문행사를 준비해야 했던 세사람의 공관원 중 참사관은 1983.3.28, 신설된 직책인 무관 및 1등서기관(안기부)은 1983.4월 말에 부임하여 모두가 현지상황에 익숙하지 못한 상태에서 막중한 임무에 임한 것이었다. 북한은 버마를 동남아시아의 주요 거점지역으로 삼아서 많은 직원들을 현지에 오랫동안 상주시켜 왔기에 어렵지 않게 암살계획을 실행할 수 있었던 것이다. 북한은 외교관 외에도 비서직원, 운전원, 요리사, 경비원, 청소원 등 모든 인력을 북한에서 데려와서 사용했으며 버마인들은 고용하지 않았다. 이들 행정원이나 기술직원 중에도 대사 운전사 김종식(37세, 버마에 5년간 근무)처럼 북한의 공작기관원이 있었다.

내가 1989.11.15 폴란드 바르샤바에 한국대사관을 처음 개설하러 가서 보니 북한대사는 항상 벤츠 승용차의 뒷좌석이 아닌 운전원 옆에 타고 다녔다. 이상해서 알아보니 북한 대사의 운전원은 통상 공작기관원으로서 대사를 감시하는 역할을 하는 간부직인 경우도 있다고 하였다. 당시 소련과 중국 등 대부분의 공산국가들은 세계 각국의 자국 공관에서 근무하는 모든 직원을 본국에서 데려온 인원으로 충당하고 있었는데 이는 보안 목적과 동시에 자국 인력의 보수가 현지인을 사용하는 것보다 낮기 때문이었다. 우리의 경우에는 현지어를 사용하는 외교관이 부족하고 본국인들의 인건비가 비싸서 대사 비서와 운전원을 포함하여 대부분의 지원 인력을 현지에서 충당하는 경우가 일반적이었다.

동건애국호 추적

랑군을 거쳐 스리랑카의 콜롬비아에 기항했던 동건애국호는 10.8(토) 이집트의 알렉산드리아로 출항한다고 스리랑카를 떠났으나 사건 직후에는 이란에 가 있었다. 이후 예멘의 아덴항을 거쳐 11.1(화) 인도의 칼카타 항에 입항하여 철도 레일 1,600톤을 하역하고 11.4(금)(승선 인원 39명) 싱가포르를 향해 출항하였다. 우리 정부는 동건애국호가 칼카타에서 싱가포르로 출항했다는 정보를 입수하고 싱가포르, 인도, 방글라데시, 스리랑카, 태국, 인도네시아, 말레이시아, 파키스탄(카라치) 등의 우리 공관에 버마사건 관련 혐의가 짙은 동 선박의 입항 허가 거부 또는 선원 상륙 금지 등을 교섭하도록 지시하였다. 11.9(수) 우리 측의 요청을 받은 싱가포르 정부는 11.10(목) 싱가포르에 입항 예정이던 이 선박의 입항 금지 조치를 취하였다. 이에 따라 이 선박은 싱가포르 영해에 접근하지 못하고 월남 등을 거쳐 북한으로 귀환한 것으로 알려졌다.

7. 북한, 중국 및 공산권 반응

북한의 반응

- 11.5(토) 북한 외교부 성명: 버마정부가 근거 없이 사전 통고도 없이 일방적 조치를 취한 것은 놀랍고 유감스럽다. 동 조치는 혐의자에 대한 법적 절차도 없이 공정한 조사결과가 나오기도 전에 취해진 성급한 것이다. 동 조치는 미국·일본·한국의 국제적 음모에 의한 것으로 한·미·일은 이로 인한 모든 결과에 책임을 져야 될 것이다.

- 11.7(월) 국제연합 주재 북한대표부 한시해 대사 기자회견: 이번 버마정부 조치는 미국·일본·한국의 압력에 의한 부당하고 일방적인 조치이다. 버마는 자국에서 발생한 사건에 대한 체면치레와 책임 전가를 위해 허위 발표를 한 것이다. 버마사건은 전두환이 대내적 어려움을 피하기 위해 조작해 낸 것이다.

- 12.12(월) 북한 외교부 비망록 발표: 버마의 재판은 미리 작성된 각본에 따른 일방적이고 불공정한 것이다. 버마는 미국, 일본, 한국과 한 짝이 되어 맞장구를 침으로서 그 후환을 면치 못할 것이다.

중국의 반응

중국 언론들은 11.5(토) 버마정부의 조치에 대한 충격과 유감을 표명하는 북한 외교부 성명과 버마정부의 11.4(금) 발표 내용을 논평 없이 동시에 보도하였다. 11.4(금) 버마정부의 사건 진상발표 후 버마주재 일본의 히라이 대사 대리가 중국대사관원과 접촉한 바, 그는 "버마정부의 대북한 강경 조치를 국제사회가 받아들이지 않으면 안 될 것"이라는 반응을 보였다. 일본을 방문한 중공의 후야오방胡耀邦 당 서기는 11.24(수) 나카소네 총리와의 회담에서 한반도 문제를 논의하는 가운데 중국은 어떤 국가의 테러 활동도 반대한다고 강조하고 한반도의 평화와 안정을 위해 일본과 적극 협력 노력해 가기로 하였다. 10.31(월) 송영식 참사관이 버마 외무성 아태과장 면담 시 중국주재 버마대사 우 아웅윈U Aung Win의 일시 귀국 배경을 문의한 바, 수사결과 발표에 대한 중국 측의 반응을 살피고 대처 방안을 협의하려는 게 아닌가라고 추측하였다. 12.6(월)의 국제테러방지에 관한 국제연합 총회 제6위원회 토의 시에 중국은 버마사건 논의를 반대하고 중국은 모든 형태의 국제 테러행위에 반대한다는 입장을 표명하였다.

소련 등 동구권 반응

11.5(토) 소련의 타스통신은 버마사건은 남한의 허위 날조이며 버마의 단교 결정은 심히 유감스러운 일이라는 북한의 성명을 게재하였다. 버마주재 소련 등 동구권 공관원들은 11.4(금)의 버마정부 조치가 충분한 증거에 의하지 않은 것이라고 하면서 북한 주장에 동조하였다. 12.6－7일의 국제테러방지에 관한 국제연합 총회 제6위원회 토의에서는 소련, 유고, 동독 등은 버마사건에 대해 일체의 언급을 회피하였으나 불가리아는 중국과 같이 제6위원회에서 동 사건을 논의함은 적합하지 않다고 발언하였다.

제13장
범인 심문 및 재판

1. 재판 절차

범인들의 재판을 위한 버마 법정의 1심은 다음과 같은 7단계의 절차를 거쳐 판결에 도달하였다.

  1단계: 재판부 구성
  2단계: 검찰 측 증인 및 변호인 반대 심문
  3단계: 기소 여부에 대한 검찰 및 변호인 측 주장 청취
  4단계: 재판장의 범인 기소여부 결정, 기소 결정 후 범인에게 유죄 여부 질
       문, 유죄 수락 시 판결
  5단계: 범인이 무죄를 주장할 경우에는 검찰 측의 증인 재판문 및 범인 측
       증거 제시
  6단계: 유죄 여부에 대한 양측 주장 최종 청취
  7단계: 판결

재판은 아웅산을 암살한 범인들이 사형선고로 1947년에 처형된 랑군의 인세인Insein 형무소에 마련된 특별법정에서 열렸다.

상고 제도 및 형 집행

버마의 재판은 통상 읍·면, 동 사법위원회Ward and Village Court, 군·구·시 사법위원회Township Court, 주·지구 사법위원회Divisional and State Court, 인민사법위원회Council of People's Justice의 4단계를 거치나 버마사건 재판은 특별재판으로서 랑군지구 사법위원회와 인민사법위원회(최고심)의 2단계만 거치게 되었다.

최고심 상고는 1심 선고일로부터 1주일 이내에 해야 되며, 최고심은 법률심으로서 상고 적부심사, 검찰 및 변호인 측 최종 주장 청취, 판결의 3단계를 거치게 되어 있었다. 형이 최종 확정되면 원심 재판부(랑군지구 특별재판부) 재판장은 형의 집행을 교도소장에게 요청하게 된다. 형 확정 후 범인들은 대통령에게 최종 탄원을 할 수 있으며 대통령은 형 집행정지 또는 사면을 할 수 있다.

방청

제1심 공판 시에 한해 희망 공관별 두 명씩과 중국의 신화사 통신, 소련의 타스통신과 이스베스챠지 특파원, 미국의 소리 방송VOA, AP, Reuter 등의 버마인 기자가 방청이 허용되었다. 우리 연합통신 기자(전종민) 한 명도 11.25부터 방청이 허용되었다.

2. 제1심 재판

제1차공판 (11.22)

랑군지구 제8호 특별법정에서 열렸다. 재판장 및 변호인단은 아래와 같이 구성되었다:

- 재판장: 마웅마웅 아예Maung Maung Aye 중령(랑군지구 사법위원회 위원이며 현역 군인으로서 법률가의 경력은 없으나 재판관을 당에서 지명하는 관례에 따라 임명)
- 재판관: 랑군지구 사법위원회 위원 U Myat Toe와 U Tin Nyunt 등 2명
- 검사: 경찰 특수부 U Tin Hlaing 국장
- 검찰 측 법률고문: U Tin Hon 등 4명

- 국선 변호인: 진모－U Tin Maung Gyi
  강민철－U Sein Win

검찰 측의 사건 번호별 내용 설명
- case 10/83 진모, 강민철
  범법내용: 83.10.9. 10:25 순국자묘소에서 폭발로 21명 살해, 46명 부상
  적용법률: 형법 302조 및 34조(살인죄)
- case 11/83 진모: 83.10.10 파준다웅강에서 수류탄 투척으로 버마 민간
  인 3명 부상, 형법 307조(살인 미수죄)
- case 12/83 강민철: 83.10.11 타쿠핀 마을에서 수류탄 투척으로 버마 경
  찰 3명 부상, 형법 307조, 114조(살인 미수죄)
- case 13/83 강민철: 83.10.12 타쿠핀 마을에서 수류탄 투척으로 버마 군
  인 3명 사망, 군인 1명 부상, 형법 302조, 307조(살인죄, 살인미수죄)
- case 14/83 강민철: 25구경 소음권총 소지, 무기법 19조F항(불법무기소지죄)
- case 15/83 진모: 살상용 위장 만년필 소지, 무기법 19조F항(불법무기소지죄)

통역은 버마정부 진주업청(자연자원 및 환경보호성 산하 Burma Pearl Enterprise)
소속의 우 예민트U Ye Myint가 맡았다. 그는 한국에서 기술 연수를 한 바 있으며
한국어로 범인들에게 피소 내용을 설명하였다.

제2차공판 (11.23): 검찰 측 증언 청취
사건조사위원인 우 테인아웅 경찰국장 등 세 명의 수사관과 랑군지구 제7
재판부 재판장 마웅라잉 중령으로부터 강민철의 자백에 토대한 다음과 같은
증언을 청취하였다: 범인들은 북한 개성 소재 정찰국 소속 특공대원 진모 소령
(조장), 강민철 대위(28세) 및 신기철 대위(사살) 등 세 명으로 구성되었고, 육
군소장 강창수의 명령으로 전두환 대통령을 버마 방문 시에 암살하라는 지령
을 받았음. 개성에서 훈련을 받고 9.9 옹진항에서 북한 선박에 승선하여
9.22－23경 랑군항에 입항하였음. 북한인들의 안내로 북한대사관 전창휘 참사
관 집으로 가서 은신 중 폭탄을 받고 10.6(목)에는 칸다위키Kandawkyi 식물원에

서 노숙하고 10.7(금) 새벽 2시에 순국자묘소 지붕에 원격조종폭발물을 장치한 후 묘소 옆 풀밭에서 노숙함. 10.8(토)에는 쉐다곤 파고다 옆의 주유소 부근에서 노숙함. 범인 세 명은 10.9(일) 묘소 근처 영화관 앞에서 대기중 모터케이드를 확인하고 진모가 폭발 스위치를 누름. 폭발 후 진모는 혼자 도주했으며 강과 신은 랑군강으로 가서 소형배를 빌려 도망하려다 경찰에 발견되어 신은 사살되고 강은 도주함. 범인들은 10.12(수) 밤 북한 선박에 의해 북한으로 귀환 예정이었음. 강민철은 11.3(목) 군의관 마이 테인한May Thein Han 중령에게 자백 의사를 표명하여 마웅라잉 재판장 앞에서 자백하였음. 랑군지구 제7재판부는 11.10(목) 은신 주택을 현장 검증하였으며 조사위원회에서 모든 현장 검증을 마쳤음.

재판은 변호인의 범인 대질 심문 및 검찰 측 법률 고문들의 범인 재심문 후에 폐정함.

제3차공판 (11.24): 검찰 측 증인 환문 및 증언 청취

• U Tin Maung Tun(항만공사 부장) 증언: 홍남에서 온 북한 대흥선박회사 소속 동건애국호는 9.15. 17:00 랑군 외항에 도착, 9.16 입항 허가를 신청하였으며 9.17 허가되어 16:00에 입항하였음. 동 선박은 900톤의 건축 자재를 하역할 목적으로 입항하였으며 9.21 하역을 완료하였음. 동 선박은 9.21. 09:30 출항하도록 결정되었으나 선장이 다음 목적지 알렉산드리아까지 가기 위해서는 배의 수선이 필요하다고 하여 동 시간에 외항으로 나가 배를 수리 후에 9.24. 12:30에 출항하였음.

• U Tin Myint(항만경찰관) 증언: 동건애국호의 외항 정박 중 화물관계 보안을 담당했는바, 9.21. 13:00경 북한 선원 네 명이 수로 안내용 배를 타고 나갔다가 선원 두 명만 채소 등을 싣고 모터보트로 돌아왔음. 9.22에는 세 명의 북한 선원이 두 개의 가죽 가방 등을 들고 모터보트를 타고 나갔다가 두 명이 수로 안내인 배로 돌아왔음. 9.21 – 22 배를 떠난 북한 선원 세 명은 9.24 배가 떠날 때까지 돌아오지 않았음. 자신의 임무는 화물검사였으므로 선원 출입관계는 보고하지 않았음.

- U Pe Thein Tin(외무성 전 의전과장) 및 U Thin Hle(전창휘 참사관 집 주인): 북한 공관 및 전창휘 집 임대 경위와 집 주택 구조를 설명함. 북한 공관원 출국 후 중국대사관이 동 건물을 인수하여 다시 외무성에 인계한 경위를 설명함.
- U Sein Tun중령(폭발물 전문가): 폭발물 성능에 대해 설명함.

이후 압수 물품 증거 제시와 변호인의 증인 반대 심문이 있었음.

제4차공판 (11.25): 경찰 측 증인들의 증언 청취

- "Shwe Lin Yone" 자동차 정비공장 주인 우 민트쉐: 종업원 우 아웅키가 10.9(일) 08:25경 중국인 같은 30세 가량의 수상한 자가 있다고 하여 같이 보러가니 출입문 밖에 다른 두 명이 더 있었고 그들 세 명은 09:30경 서쪽으로 사라졌음. 범인 두 명과의 대질을 통해 자신의 정비공장에 들어왔던 수상한 자는 진모이고 출입문 밖에 서 있던 자는 강민철이었다고 확인함.
- Tin O 중령(국방성 부국장): 조사단의 일원으로서 현장 검증시 수거한 폭발물, 증거품과 체포된 범인 소지 물품의 동일성을 설명함.
- U Ko Gyi(파준다웅 부락 주민): 10.9(일) 밤 파준다웅강에서 수류탄을 터뜨리고 체포된 자가 진모임을 확인하고 동 소지품도 확인함.

변호인 측의 반대 심문 후 폐정함.

재판부의 현장 검증

11.25, 07:45 − 09:05 간 강민철 안내로 전창휘의 집과 범인들의 노숙장소를 검증하고 폭발 당시 상황을 청취함.

제5차공판 (11.28): 검찰 측 증인들의 범인 체포 경위 증언

- U Htun Tha Aung(랑군 항만 경찰서장): 10.10(월) 20:45경 부하 경찰관으로부터 냐웅단 부두에서 수상한 자를 발견하여 붙들려 하자 강 속으로

뛰어들어 도주하였다는 보고를 받고 체포하도록 명령하였음. 10.10(월) 21:45경 범인과 약 30야드 정도로 다가갔을 때 폭발소리를 들었고 범인은 강물 가운데 박힌 말뚝에 매달려 있었음. 강물 밖으로 범인을 끌어냈을 때 그는 많은 부상을 입고 있었으므로 랑군종합병원 응급실로 옮겼으며, 자신은 사고 현장으로 돌아가 많은 양의 쇠 베어링, 쇠 파편 등을 수거하였음. 또한 다른 경관이 수거한 물건 뭉치를 전달받았는데 그 속에는 검정색 만년필 뚜껑, 초콜릿, 성냥, 약품, 볼펜, 지폐 18장 등 21개 품목이 들어 있었음. 검찰의 범인 대질에서 그날 체포된 수상한 자는 범인 진모임을 확인하고 재판부에 제출된 증거물 26개 품목도 확인하였음.

- 우 소 민 타쿠핀 마을 인민위원회 서기: 10.11(화) 11:45경 두 명의 수상한 외국인이 마을에 나타났다는 신고를 받고 달려가 보니 중국인들처럼 보인 그들 중 한 명은 키가 크고 건장했으며 눈썹이 시커먼 편이었음. 초소로 데려가 키가 큰 사람의 몸 수색을 하려고 했으나 거절당했고 가방을 강제로 빼앗으려 하자 그 속에서 권총과 수류탄으로 보이는 물건을 꺼내 서너 차례 총을 쐈음. 두 명의 경찰관이 부상을 입고 쓰러졌고 상의를 벗고 있던 수상한 자는 현장에서 사살당한 채로 발견되었으며 한 명은 도주하였음. 그 날 밤까지 도주한 범인을 수색하였으나 찾을 수 없었음. 10.12(수) 새벽 군·경·민 합동으로 수색을 다시 시작하여 오전 9시경에 폭음이 들려 그곳으로 달려갔더니 숲 입구에서 세 명의 군인이 부상당하여 쓰러져 있었음. 한 명의 외국인도 부상당하여 근처에 쓰러져 있었음.

  − 검찰이 그 당시 부상당한 자가 누구냐고 묻자 그는 강민철을 지적, 확인하였음.

- U Maung Tin Hla(Tha Kutpin 마을 어민): 신기철 사살 경위와 강민철 체포 경위를 설명함. 강민철 체포 시 군 장교가 범인을 생포해야 한다고 지원자를 모집하였는바 군인 세 명이 자원하여 무기 없이 강을 체포하려 하자 강이 수류탄을 터뜨렸다고 하고 대질 심문 시 강민철을 확인하고 신기철도 사진을 통해 확인함.

- 기타 증인들도 범인들에게서 압수된 소지품 등을 검찰 및 변호인 반대

심문 시 확인함(제5차공판까지 총 21명이 증언함)

제6차공판 (11.30): 검찰 측 증인들의 체포 및 범인 자백 경위 등 증언

- Maung Maung Aung중령(보병 90연대): 10.12(수) 강민철 체포 경위 및 권총 등의 압수를 확인하고, 대질 심문 시 강민철을 확인함.
- Kyi Thwin중령(육군제2병원 외과 군의관): 10.9(일) 10:30경 한국 측 사망 자 12명, 부상자 19명, 버마 측 사망자 3명, 부상자 33명(민간 12, 군 21) 이 병원에 도착하였음. 도착 직후에 한국인 부상자 3명이 사망함. 10.9 (일) 16:00경 한국인 1명이 또 사망하였으며 2명의 한국인 경상자는 퇴원 하였음. 10.11(화) 새벽 랑군종합병원에서 진모를 수술하였음. 그는 눈, 코, 얼굴, 왼편 가슴, 복부, 방광, 양쪽 허벅지에 심한 상처를 입었으며 왼쪽 팔과 오른손 손가락 넷이 절단되어 있었음. 진모는 청력, 뇌기능은 정상으로 간단한 영어도 함.
- Mya Thein Han 중령(육군제1병원 외과 군의관): 10.11(화) 타쿠핀 마을에 서 사살된 외국인 시체를 조사한 결과 가슴 세군데 상처로 사망하였음을 확인함. 10.12(수) 10:00경 버마 군인 부상자 한 명과 체포된 강민철이 병원에 도착하였는데 강은 오른쪽 어깨, 왼쪽 팔과 손뼈 및 정맥 파열, 복부·고환·양쪽 허벅지 등에 상처를 입고 있었음. 동인의 생명을 구하 기 위해 노력하였으며 왼쪽 팔꿈치 이하를 절단하고 복부 내장도 개복 수술하였음. 강은 치료에 감사하고 글을 쓸 수 있게 되면 모든 것을 털어 놓겠다고 영어로 말하였음. 11.3(목) 자백할 준비가 됐다고 해서 조사위 원회에 보고한 결과 이 날 랑군지구인민법원에서 동 자백을 공식 접수하 였음. 파준다웅 냐웅단Pazundaung Nyaungdan 부두에서 체포된 진모도 치료하 였는데 두 눈이 실명 상태이며 오른손은 손목 윗부분 이하를 절단 수술 하였고 왼손 손가락들도 절단되었음.
이 증인은 증언을 끝낸 후 검찰 측 대질심문에서 강민철을 지적하면서 10.12(수)에 병원에서 자백할 의사를 보인 자라고 말하고, 다른 범인인 진모는 냐웅단 부두에서 체포되어 병원에 이송된 자라고 확인하였음.

제7차공판 (12.1)

검찰 측 증인들인 버마 과학수사연구소 관계자, 버마 육군 폭발전문가 등의 증거품 관련 증언이 있었음

- U Tun Hlaing(Insein 과학수사연구소 직원): 진모와 강민철 소지 약품이 동일함을 증언함.
- Aung Than 소령(폭발물 연대 검사관): 상부 지시에 의하여 육군학교 폭약물 전문가 마웅 마웅라 대위와 국방성 운수산업과 소속 웅 마웅 대위와 함께 냐웅단 부두와 타쿠핀 마을에서 수거된 수류탄 파편을 조사한 결과, 동일 공장 제품으로 확인됨. 강민철과 진모의 몸에서 제거한 파편도 모두 같았고, 이 수류탄들은 버마 내의 반정부 게릴라들이나 버마군이 사용하는 것과는 전혀 다른 것으로 판명되었음. 동 수류탄은 버마 내에서는 전에 발견된 적이 없는 것으로 수류탄 속에 많은 파편이 들어 있었으며 1975년도판 "Jane보병무기연감" 638페이지에 소개된 북한제 수류탄과 동일한 것임. 또한 냐웅단 부두와 타쿠핀 마을에서 발견된 수류탄 폭발장치도 같은 것이었음. 수류탄 일련번호도 141-69-101로 같았음. 이 번호 중 141은 동시 생산 번호이고 69는 제조년도, 101은 제조공장 고유번호인데 이 같은 증거에 비추어 두 명의 범인은 동일 집단 소속임이 분명하였음.
- Maung Maung Aye소령(통신장교): 아웅산묘소에서 수거한 무선 송신장치를 설명하고 동 묘소에서 수거된 건전지는 냐웅단 부두에서 수거된 것과 동일한 것이라고 증언함.
- Maung Gun Fun(현대건설 킨다댐 근로자): 두 명의 한국인을 통역한 바, 왼팔이 절단된 사람은 이름이 강민철이라고 영어로 말하고 주소를 종이에 썼음. 양손이 잘린 한 명은 진모라고만 하고 주소는 말하지 않았음.
- 재판장은 검찰 측 증인 환문 종료를 선언하고 차기 공판에서는 범인 기소 여부에 관한 양측 주장을 청취할 것임을 발표함.

제8차 공판 (12.5): 기소 여부에 대한 검찰 및 변호인 주장 청취

case 10/83

- 우 틴 온 검사의 논고: 버마 내에서 범죄를 행한 자는 국적에 관계없이 버마형법 및 국제법에 의해 버마가 처벌할 권리가 있음. 국제법도 제3국에서 범죄를 저지른 자에 대하여도 처벌할 수 있는 주권적인 권리를 인정하고 있음. 범인들은 정상적인 정신 상태에 있음. 강민철의 임의 자백과 현장 검증으로 모든 사실이 확인되었음. 두 범인 모두 살인 및 살인미수에 의한 상해죄로 기소되어야 함. 강민철의 자백에 의하면 조장 진모와 조원 강민철, 신기철은 전두환 대통령의 버마 방문 기간 중 대통령 일행을 살해할 목적으로 1983.9.22 선박편으로 잠입하여 북한대사관 참사관의 주택에 은신하고 있었고, 폭발물도 그 곳에 준비되어 있었으며 아웅산묘소 폭파 3일 전 아웅산묘소를 답사하였음. 83.10.7(금) 오전 2시에 3인은 아웅산묘소 지붕에 폭발물을 설치하고 10.9(일) 아침 위자야 극장 근처에서 전두환 대통령 일행의 모터케이드가 지나가는 것을 본 후 조장 진모가 원격조종 폭파 스위치를 눌러 한국인 17명, 버마인 4명 등 21명이 사망하고 46명이 부상하였음. 진모와 강민철, 신기철(사망)은 아웅산묘소 폭발을 위해 동일한 의도하에 행동함으로써 21명을 살해하였는바, 이들에게는 형법 제302조 (1), (B) 및 동 제34조가 적용되며, 모든 증거에 비추어 이들의 범죄는 살인죄에 해당됨. 46명을 부상하게 한 데 대해서는 형법 제307조와 제34조가 적용되며, 모든 증거에 비추어 살인미수에 의한 상해죄에 해당함. 따라서 진모와 강민철은 각각 형법 제302조 (1), (B)와 제34조 및 제307조에 의거해 기소되어야 함.
- 진모 변호인: 형법 302조에 의한 처벌은 살해 의사가 있어야 하며 34조의 경우에는 범인들의 공동의사가 있어야 되는바, 이를 뒷받침할 구체적인 증거 없이 상황 증거만 제시되었음. 강민철은 진모가 조종장치를 눌렀다고 하나 증인이 없는바 재판부는 진모에 대한 기소 여부를 신중히 고려하기 바람.
- 강민철 변호인: 강의 자백은 자의로 이루어졌으며 자신의 책임을 인정하

였음. 동 자백으로 버마정부는 사건 전모를 파악할 수 있었고 전 세계에 그 배후와 책임 소재를 밝히게 되었음. 형법 33조에 의거 제보자로서 사면 받을 권리가 있으나 강은 여러 상황에 비추어 그런 권리를 요구하지는 않았음. 범행의 직접 목격 증인은 없으나 강력하고 충분한 상황 증거가 있으므로 강은 법정에 기소 여부 결정을 맡기고 있음.

case 11/83

- 검찰: 진모가 체포 시 많은 사람을 부상시켰으므로 형법 307조에 따라 살인 미수죄로 기소되어야 함.
- 진모 변호인: 수류탄은 진모 손에서 터졌을 뿐인바 의도적으로 투척했다는 아무런 구체적 증거는 없음.

case 12/83

- 검찰: 신기철이 수류탄을 터뜨려 경찰을 부상시켰을 때 강민철도 그를 도와 폭탄을 터뜨렸는바 두 사람은 같은 목적으로 행동했으므로 살인 미수죄로 기소되어야 됨.
- 강민철의 변호인: 신기철의 수류탄 투척 시 강이 그를 도왔다는 증거가 없으므로 기소는 불가함.

case 13/83

- 검찰: 강민철이 체포될 때 투항을 거부하고 의도적으로 수류탄을 투척하여 군인 세 명을 살해하고 한 명을 부상시켰으므로 살인 및 살인 미수죄로 기소되어야 함.
- 변호인: 강은 자살하려고 했을 뿐 군인들을 살상할 의도가 없었음. 군인들이 달려들어 체포하려다 수류탄이 폭발했을 뿐이므로 기소는 불가함.

case 14/83

- 검찰: 강민철은 소음 권총을 불법 소지하였으므로 불법 무기 소지죄로 기소되어야 됨.
- 변호인: 증거물 압수 서류에 강이 서명치 않았으므로 기소는 불가함.
- 검찰: 피고인은 부상이 심해 서명치 못했는바 서명 여부는 중요하지 않음.

case 15/83

- 검찰: 진모가 소지했던 만년필은 위장 폭탄이므로 불법 무기소지죄로 기소되어야 됨.
- 진모 변호인: 만년필은 가방 속에서 나왔는바 진모 신체에서 직접 나온 게 아니므로 기소는 불가함.
- 검찰: 가방은 진모 소지품이 분명하므로 기소되어야 됨.

제9차공판 (12.6): 재판부의 범인 심문 및 기소 선언- 유죄 인정 여부 심문

재판부는 범인들을 살인죄, 살인미수죄, 불법무기소지죄로 기소하고 범인들에게 유죄 인정 여부에 대해 질문하였는바, 강민철은 범죄사실을 인정하였으나 진모는 묵비권을 행사하였음.

case 10-15/83 모두에 대해 유죄를 인정하고 기소를 선언함.

- 강민철은 재판관의 유죄 인정 여부 질문에 세가지 case 모두에 고개를 끄덕여 유죄를 인정함.
- 진모는 재판관의 유죄 인정 여부 및 모든 질문에 묵비로 일관함.

재판부는 두 범인에 대한 심문 종료와 기소를 선언하고 검찰 및 변호인 모두 희망하는 경우 어떤 주장이던 문서로 제출할 수 있다고 한 바, 두 변호인 모두 문서로 최종 주장을 할 것을 희망하여 12.9 선고 공판 전에 제출하도록 허가됨.

제10차공판 (1.9): 선고 공판

- 진모: case 10/83 사형, case 11/83 종신형, case 15/83 3년 징역
  단 case 11과 15의 형은 동시에 복역하도록 선고함.
- 강민철: case 10/83 사형, case 12/83 종신형, case 13/83 종신형, case 14/83 3년 징역
  단 case 12, 13, 14의 형은 동시에 복역하도록 선고함.

재판부는 금일부터 7일의 상고 기간이 끝난 후에는 모든 재판문서와 증거

품을 관계기관에 송부하기로 결정함.

3. 상고심 재판

진모와 강민철은 12.15 인민사법회의(최고법원)에 상고함.

제1차공판 (84.1.11): 변호인 및 검찰 주장을 청취함
- 강민철의 변호인: 범인의 자백, 건강상태, 군인으로서 명령에 따랐을 뿐이라는 점 등을 들어 형량 경감을 요청함.
- 진모의 변호인: 상사의 명령에 따랐을 뿐 범행 동기가 없었고 목격자가 없으므로 범죄 구성 여부가 불확실하므로 형량 경감을 요청함.
- 검찰: 강의 자백은 합법적으로 이루어졌으며 동 범행에 사형 이외의 형량은 생각할 수 없음. 진모는 폭탄을 수령, 이를 장치하였으며 현장 수거 증거품과 동인 소지품이 동일한 점 등 증거가 확실함.
- 방청: 동 공판에는 버마 법조인과 AP통신의 버마인 기자만이 방청이 허용됨.

제2차공판 (84.2.9)
상고가 기각되어 원심대로 사형이 확정됨.

우 흘라폰U Hla Phone 재판장은 판결문에서 랑군지구 특별재판부의 재판절차에 하자가 없고 외국정부요인을 살해한 가증스런 행위는 마땅히 단죄되어야 하므로 감형 등의 관용을 베풀 여지가 없다고 함.

4. 재심 청구, 청원 및 최후

범인 두 명의 국선 변호인들은 1984.2.24 인민검찰위원회에 재심을 청구하였으나 4.26 기각되었다. 재심 청구까지 기각된 후 마지막 법적 절차로 1984.

5.2 대통령이 의장인 버마국가평의회에 구명을 청원하였다. 1985.3월 범인 진모에 대한 탄원은 기각되고 강민철의 형 집행은 보류되었다. 강민철과는 달리 시종일관 묵비권을 행사한 진모는 감형 없이 1985.4.6 교수형에 처해졌다. 강민철은 25년간의 긴 수감 생활 끝에 교도소에서 지병인 간질환으로 2008.5.18 사망하였다.

그들은 왜
순국해야 했는가

가암살폭발사건의 외교적 성찰

제3부

책임 · 동맹 · 순국

THE
INNOCENT
MARTYRS

제14장
문책, 응징, 탐욕

1. 버마 측 책임

군 정보국장 문책

1983.10.28 우 칫라잉 버마 외상(해군 참모총장 출신)을 자택에서 단독으로 면담한 AP통신의 우 세인원 기자가 우리 대사관의 오갑렬 2등서기관에게 알려준 바에 의하면, 동 외상은 군 정보국장(Head, Directorate of Military Intelligence, DMI) 아웅코에 대령(1983.5−10)과 동 차장 예 쉐 중령이 금번 사건에 대한 책임을 지고 사임하였다고 하였다. 아웅코에 국장은 네윈 당 의장과 동향 출신으로 1983.5월에 2인자였던 국가정보국장 틴우 장군 숙청사건 이후 신임을 받아 군 정보국장에 발탁된 인물로 보병 출신으로 정보 전문가는 아니었다. 그는 또 이번 사건 관련, 장관급 이상의 변동은 예상되지 않으며 네윈도 결코 김일성을 개인적으로 좋아하지 않는다고 언급하였다고 하였다. 1959년 설립되어 1983.10. 9. 사건 당시까지 지속되었던 군 정보국DMI에서 1972−78년간 국장을 지낸 틴우 준장(83.5 숙청된 틴 우와 동명이인)은 미국 중앙정보국에 의해 사이판 섬에서 훈련을 받고 1970−80년대에 걸쳐 아시아에서 가장 공포스럽고 효과적인 정보기관을 운영하였다고 한다. 그 기관은 "5호 작통제"를 통하여 주민상호간의 감시를 체계화하는 등 네윈 군사독재체제를 유지하는 근간 역할을 하였다.

그러다가 전두환 대통령의 버마 방문 결정 직전인 1983.5월 초에 당시 제2인자인 틴우 장군(동명이인)이 숙청되면서 군 정보국장이었던 칸뉸트Kan Nyunt 대령도 물러나고, 아웅코에 대령이 후임으로 취임하였으나 북한 측의 테러 음모를 탐지하지 못하였던 것이다. 한편 랑군암살폭발사건 이후 새로 출범한 국방정보국Directorate of Defence Service Intelligence(DDSI) 산하로 편입된 군 정보국Office of Chief of Military Intelligence(OCMI) 국장 후임에는 킨뉸트Khin Nyunt 중장이 임명(1983.10-2004.10)되었다. 국방정보국DDSI는 다시 2004년에 폐지되었고, 그 산하에 있던 군 정보국OCMI은 군보안국Office of Chief of Military Security Affairs(OCMSA)으로 재편되어 중장급이 국장을 맡아 현재에 이르고 있다.

추후 우리 대사관에서 확인한 바, 사건 당시의 아웅코에 군 정보국장은 중부지역사령부 예하 작전사령관으로 전임 발령되었고 예 쉐 차장은 예편되었다. 국부 아웅산 장군 암살 사건시에도 경찰국장급에서도 문책된 바 없었는데, 이런 대형 사건 관련 고위 인사에 대한 문책은 버마정부 수립 후 최초의 일이라고 하였다.

버마 측 관련자 색출 및 책임자 문책

우리는 사건과 관련된 버마인들의 책임에 대하여 일체 거론하지 않았다. 버마 측도 묘소 관리자 등 몇몇 말단 공무원을 수뢰혐의로 처벌했다는 소문은 있었으나 공식적으로 우리에게 통보한 내용은 전혀 없었다. 고위 수준에서 협조나 방조 가능성이 있었다고 추측되나 파악된 바가 없었다. 사건 후 내무종교성 차관 민나웅과 통상성 차관 킨마웅이 해임되었다고 하나 어떤 연유인지는 알 수 없었다.

피해자에 대한 책임

국제법상 국가책임은 여러 가지 형태로 묻거나, 질 수 있다. 버마가 비록 가해국은 아니라고 하더라도 "외교관계에 관한 비엔나협약"상의 외교사절에 관한 보호를 소홀히 한 사실에 대한 책임이 있다. 그러나 버마는 장례식에 조문사절단을 파견하여 사과한 이상의 조치를 한 것은 없다. 유족에 대한 배상은 논의조차 하지 않았다. 우리가 이를 요구한 바도 없으나 입장을 바꿔 한국에서 버마에게 그런 일이 있었다면 어찌 되었을까? 전 국민적인 애도와 더불어 정부에서도 유족에게 사과와 배상을 하였을 것이다. 북한에 대해서는 정부승인 취소라는 강력한 조치를 취한 것은 평가할 만하나 같은 비동맹 사회주의국가라는 이념적 유사성 때문인지 비동맹회의에서도 이 문제를 거론한 바 없었다. 국제연합과 같은 국제기구에서도 이 문제가 거론되는 자체를 극히 회피하였음은 일반적 국제관계에서는 이해할 수 없는 일이었다. 버마는 사건 이후 버마순국자묘역(속칭 아웅산묘역)을 일반인들이 방문하지 못하도록 폐쇄하고 순국자의 날(7.19)에만 공개하였다. 폭발로 부서진 건물을 철거하고 새로이 순국기념물을 건립한 후에도 아웅산 수지 여사를 견제할 목적으로 계속 폐쇄되었다. 그 후 그 묘역은 버마 민주화가 진전되면서 2013.6.1부터 일반인에게 재공개되었다. 우리 정부는 사건 후 그 묘역에 대한민국 순국사절 추모비 건립을 허용해 줄 것을 요청하였었으나 버마정부는 이를 거부하였고, 그 후 오랜 시일이 지나 버마가 어느 정도 민주화를 이룩하면서 허락되었다. 추모비는 한국 내 민관 합동 "아웅산 순국사절 추모비 건립위원회"가 2012.5부터 건립 작업을 추진해온 끝에 테러 현장에서 100m 지점에 높이 1.5m, 길이 9m로 세워졌고, 2014.6.6 현충일에 윤병세 외무부장관이 참석하여 개막하였다. 2019.9.14에는 문재인 대통령이 이 "아웅산묘역 대한민국 순국사절 추모비Aung San Mausoleum Korean Martyrs Memorial"에 한국 대통령으로서는 처음으로 헌화하였다. 17명 순국자들의 이름과 직책이 새겨진 옆으로 긴 오석으로 만들어진 비석 아래로는 긴 제단석이 연결되면서 약간의 틈을 두고 '아웅산묘역 대한민국 순국사절 추모비'라는 표지석이 서 있다. 그 표지석 뒤에는 아래와 같은 설명문이 새겨져 있다:

영혼을 담은 대지The Land Encircling the Souls
이 추모비는 1983년 10월9일 아웅산묘역에서 순직한 대한민국 순국선열들의 영령과 추모객이 하나로 만나게 되는 숭고하고 경건한 장소다. 추모비는 검은 주조색의 하늘과 땅을 연결하는 공간으로 주변의 파고다와 아웅산 기념탑과 조화를 이룬다. 추모비 문구가 적혀있는 벽 사이의 틈은 정확히 사건현장을 가리키고, 우리는 그곳을 통해 고인들을 기리며, 그 의미를 가슴 속에 간직한다. 추모공간과 입구사이의 경계공간에는 원형구슬들이 빛을 담고 현실을 반영한다. 추모비는 한국과 미얀마의 우정과 화합을 상징하며, 평화와 상생의 길을 열어가는 이정표가 될 것이다.

설명문은 "그들은 왜 순국해야 했는가"에 대해서는 침묵하고 있다. 그러면서 "추모비는 한국과 미얀마의 우정과 화합을 상징하며, 평화와 상생의 길을 열어가는 이정표가 될 것이다."라는 수수께끼와 같은 문구로 끝난다. 거기에서 순국한 영령들이 한국과 미얀마의 우정과 화합의 상징은 아닐 것이다. 추모비가 그러하다는 뜻 같은데 왜 그러한지는 알 수가 없다. 고대 그리스 신전에 새겨진 신탁과도 같은 이 불가사의한 문구는 미얀마를 사이에 둔 남한과 북한의 정치적 삼각관계를 상징하는 것 같다. 언젠가 이 신탁의 의미가 풀림으로써 한반도에 진정한 평화가 오기를 기대할 뿐이다.

버마-북한 관계 정상화

버마는 2000년에는 ARF(아시아지역안보포럼)에 북한이 가입하는 것을 반대하지 않는다는 입장을 전달하는 등 북한과의 관계정상화에 긍정적 입장을 표명하였다. 2007.4.26 버마를 방문한 북한 외무성 부상 김영일과 버마 외무차관 우 쪼뚜U Kyaw Thu 간에 외교관계 복원을 위한 협정에 서명함으로써 북한과의 국교를 재개하였다. 그해 9월 우 쪼뚜 외무차관이 북한을 방문하여 양국 간 제1차 정책협의회를 가졌으며 10월에는 냔 윈Nyan Win 외상이 방북하고 김석철 북한대사가 부임하였다. 버마는 국교가 없는 동안에도 북한으로부터 무기를 계속 수입하여 오는 등 군사협력관계를 유지하여 온 것으로 알려졌었다. 2008년에는 버마 방위산업국장, 국방성 차관, 군 총사령관이 방북하여 양국 간 군사협력 양해각서를 체결하는 등 북한으로부터 군사물자 도입을 합의하였다. 이는 버마도 이제 북한을 테러국으로 간주하고 있지 않다는 것을 보여줌으로써, 미국의 테러지원국 제재에서 벗어나기 위한 북한의 노력에 버마가 호응한 결과라고 평가되었다. 한편으로는 국제연합의 대북제재에 따른다는 입장에서 2018.3월 양곤 소재 유일한 북한 식당(평양고려식당)을 폐쇄 조치하였다.

2. 한국 측 책임

사건발생 후 5일만인 10.13 밤에 귀국하면서 나는 국내에서 엄청난 조사를 받을 각오를 하고 있었다. 그런데 귀국해서 보니 사건 경위를 조사하려는 정부 내 움직임은 없었다. 단지 보안사 요원이 서남아과에 와서 왜 버마에 가게 되었는지와 버마의 치안상태에 대해 파악하고 있었는지 묻기에 방문 경위를 설명하고 현지 대사의 보고 내용도 설명하였더니 외무부(본부)에 어떤 책임을 물을 수는 없는 상황임을 이해하는 듯 했다. 제대로 된 나라라면 사건과 관련 없는 중립적인 인사들로 조사위원회를 구성하여 조사보고서를 작성하고 책임 소재를 가렸을 것이다. 그러나 대통령 자신이 무슨 연유였던지 간에 외무부장관에게 버마를 방문지로 추가하도록 직접 지시한 것이 분명한 마당에 외무부에 어떤 책임을 묻기는 어려웠을 것이다. 이계철 駐버마대사는 버마의 치안상태 등이 양호하며 대통령의 방문이 바람직스럽다는 식으로 보고하여 외무부가 대통령의 지시를 따를 수밖에 없도록 한 책임이 있으나 현장에서 사망하였다. 이범석 외무장관도 원래 버마를 방문지에서 제외하였다가 대통령의 추가 지시를 駐버마대사의 의견을 들어 이행하였으므로 생존하였다 하더라도 그에게 어떤 책임을 묻기는 어려웠을 것이다. 그 아래 아주국장 등에 대한 책임은 논의의 대상조차 될 수 없었으나 외무부로서는 논란을 피하기 위하여 사건 직후 김병연 아주국장을 駐우루과이대사로 발령하였다. 이미 駐뉴욕총영사관의 부총영사로 발령받은 상태였던 최남준 서남아과 과장도 사건 직후 서둘러 뉴욕으로 부임하였고, 후임에 장훈 부이사관이 와서 사건 수습에 임하였다. 서남아과 서기관인 나로서는 책임질 사안도 없었고 사후 수습을 담당해야 할 처지여서 서남아과에서 계속 근무 후 駐영국대사관 1등서기관으로 발령받아 1984.3월 말 부임하였다. 駐버마대사관의 차석인 송영식 참사관은 대사에 이은 책임을 질 우려도 있었으나 본국으로 보직 없이 귀임 발령을 받았고, 6개월 후에는 駐국제연합 대표부 참사관으로 전보되었으니 영전한 셈이었다. 버마 군 당국과의 관계를 맡았던 故박원용 무관(육군 대령, 83.5 버마 부임)은 귀국 후 장군으로 진급한 것으로 알려졌다.

안기부에서는 버마 치안상태와 대통령 방문지 사전 안전점검 등과 관련하여 어느 정도의 자체조사가 있었을 것인데, 사건 몇 달 전인 1983.4월 말에야 駐버마대사관에 부임하였던 강종일 1등서기관이 책임을 지고 면직되었다고 한다. 이상구 3국장은 보직 해임되고 사임하였으나 바로 안기부 산하기관장을 거쳐 국회 사무처 근무 후 駐말레이시아대사로 임명되었으니 영전한 것이었다. 이상구 국장 아래의 아·태담당 부국장과 담당 과장도 책임을 지고 물러났다고 하나 다른 보직을 받은 것으로 추정된다. 1982.6월 취임한 노신영 국가안전기획부장은 버마사건 후에도 계속 1985.2월까지 그 자리에 있다가 1985.5월 국무총리에 임명되어 1987.5월까지 재직하였으니 그도 아무런 책임을 지지 않았을뿐 아니라 영전한 것이다. 그는 회고록에서 버마에서 귀국한 전대통령이 불러 10.10(월) 새벽 대통령 집무실로 가서 사건을 미연에 방지하지 못한데 대하여 깊이 사과드리고 사의를 표명하였다고 하였다. 그러나 대통령은 지금은 그럴 때가 아니라고 하면서 외무장관 후임에는 누가 좋겠는가를 묻기에 외교업무에 경험이 많은 이원경 체육부장관을 추천하였다고 한다.[1] "노신영은 더 나아가 엄청난 인명손실을 입은 마당에 행사를 준비한 사람들까지 추가 문책하는 일은 자해행위나 다름없다는 이유로 책임자 처벌을 하지 않고 모두 덮기로 결정했다고 한다."라고 송영식 참사관은 회고한다.[2]

전대통령으로서는 관계부처 간의 어떤 공식적인 검토도 전혀 없이 자신이 외무장관에게 직접 지시하여 이뤄진 버마 방문이었기에, 사건에 대한 책임을 외무부는 물론 안기부에도 묻기 어려웠을 것이다. 책임 문제가 나오면 일차적으로 자신의 책임이 제일 크고, 방문 동기에 대한 조사도 이뤄질 수밖에 없을 것이기에 그로서는 이 사건을 모두 덮어두는 것이 최상의 선택이라고 생각하였을 것이다. 김상협 국무총리는 1983.10.14 사표를 제출하여 수리되었고 후임에 진의종 총리가 임명되었다. 아무런 실권도 없었고 대통령이 왜 버마를 가게 되었는지도 몰랐던 김상협 총리가 이 사건에 대한 최고위 책임을 지고 사표를 낸 것은 희극이라고 할 수밖에 없다. 한국 내에서 이 사건의 책임에 관해 조사한다면, 우선 정부 내 어느 부처나 대통령 비서실내 담당 부서의 검토도 없이 버마 방문 결정을 단독으로 결정한 전두환 전대통령으로부터 시작해야 할 것이다. 그가 왜 갑작스럽게 버마 방문을 결정하였는지에 관해서는 이 책의 앞부분에서 나의 생각과 내가 알고 있는 사실을 기술한 바 있다. 버마 방문 동기에 대한 검토 결과 나의 결론은, 현실적인 외교적 고려보다는 전두환 자신이 대통령 임기 만료 후에도 권력을 계속 유지하기 위한 방안을 강구하는 중에 나온 착상일 가능성이 매우 크다는 것이다.

나는 그 사건 이후 그 방문 결정 동기나 배경에 대해 오랫동안 의구심만 가졌을 뿐 어떤 결정적 증언이나 증거를 알지 못했었는데 우연한 계기에 궁금증을 해소할 수 있게 되었다. 내가 駐노르웨이 대사를 마치고 한국에서 근무 중인 2005년 여름 어느 주말 밤에 우연히 MBC TV를 켜니 드라마 "제5공화국"이 방영 중이었다. "제5공화국"은 1979.10.26 사건부터 12.12 쿠데타, 1980.5.17. 쿠데타, 그리고 5월 광주 민주항쟁, 1987.6월 항쟁과 6.29 선언 그리고 제6공화국 성립까지를 다룬 드라마였다. 사실에 바탕을 두었지만, 그 효과를 높이기 위하여 픽션이 가미된 드라마로서 2005.4.23-9.11간 토·일요일에 총 41회 방영되었다. MBC 웹사이트에서 확인해 보니 2005.8.13(토) 밤, 제32회에 서남아 순방국에 버마를 추가하는 결정 과정이 포함되어 있었다. 나는 평소에 TV, 특히 드라마는 전혀 시청하지 않는데 우연히 보게 된 것이었다. 드라마 속에서 허문도3 문화공보부 차관이 전두환 대통령에게 버마를 방문하여 네윈식 집권 방식을 배워야 한다고 건의하는 장면이 나온다. 버마에서는 네윈이 대통령직을 7년 만에 측근에게 물려주고 집권 사회주의계획당의 당 의장을 맡으면서 실권을 그대로 휘두르고 있는데, 앞으로 각하도 이를 거울삼아 계속 실권을 장악하고 있어야 된다는 것이었다. 허씨는 이를 위해 가을 서남아·대양주 순방 기회에 버마를 방문하도록 추가해야 한다고 건의하자 전대통령이 좋은 생각이라며 수락하는 장면이었다. 허문도는 이번 순방 중 버마를 방문하여 네윈을 만나보면 앞으로 여러모로 도움이 될 것이라고 전두환을 부추겼다. 조선일보 기자 출신으로 1979년 12.12 쿠데타 이후 실세로 등장한 허화평, 허삼수(허문도의 부산고 동기)와 더불어 Three허로 불리며 언론계에 무소불위의 권력을 행사하던 허문도의 부추김이 전두환이 버마를 방문지에 추가하도록 지시하는 데 결정적이었다는 것이다. 실화 드라마로 픽션이 가미되었지만 실명으로 허문도를 당사자로 거론한 것을 보니 근거가 확실할 것으로 생각되었다. 그렇지 않았더라면 커다란 명예훼손 사건으로 비화될 수 있는 장면이었는데 허씨 측에서 MBC를 고소하였다는 소식도 없었으니 사실로 받아들일 수밖에 없을 것이다. 이 드라마의 각본을 쓴 유정수 작가에게 물으니 "제5공화국"을 집필하면서 사실관계는 여러 자료와 증언을 통해 확인한 내용이며, 버마 방문 건의와 관련하여 허문도 측의 항의는 없었다고 하였다. 이범석 외무장관도 누구의 부추김으로 인하여 전대통령이 갑자기 버마를 방문지에 추가하라고 자신에게 지시한 사실을 어떤 경로로 알게 되었는지 순방 며칠 전 뉴욕에서 국제연합 총회 참석시 공관원들과 가진 만찬 자리에서 실명을 거론하지는 못하고 "그 개XX때문에 버마까지 가게 되었다."며 큰 불만을 토로하였었다. 나도 서울 출발 전에 이장관이 뉴욕에서 그런 불만을 토로하였다는 이야기를 외무부 복도통신4으로 들었지만 그 개XX이 누구인지 확실히는 모르고 있었다.

전 기자협회장 김주언의 저서 "한국의 언론통제"에 의하면, 허문도는 일본 군국주의에 심취했던 사람으로 전두환에게 언론을 장악해야 권력을 장악할 수 있다고 보고하여 폭압적 언론상황을 만든 장본인으로서 한국의 언론을 수십 년간이나 후퇴시킨 인물이다. 언론학자 강준만은 허문도는 언론계의 장세동이며 괴벨스(히틀러 치하 나치의 선전장관)라고 하였다. 나치와 전두환 신군부의 언론통제가 갖는 군국주의적 유사성을 언급한 것이다. 나치는 권력장악 후 3개 통신사를 독일통신사 DNB로 통폐합하여 나치의 감독을 받도록 하고 1945년까지 나치의 언론 트러스트는 독일출판사의 80% 이상을 합병하였다. 전두환의 신군부도 이를 모델로 하여 1980.11월 전국 64개 언론사를 신문사 14, 방송사 3, 통신사 1개로 통폐합하고 언론인 1천명을 강제 해직하였다. "진실화해를 위한 과거사 정리위원회"는 신군부가 정권 장악 목적으로 언론통폐합을 계획했음을 2000년 보고서를 통해 밝힌 바도 있다. 자연인이 아닌 권력자, 특히 독재자는 항상 수많은 생명을 죽이고 살리는 위험한 칼을 손에 쥐고 있으니 그들의 행동은 엄격히 분석, 비판되어야 한다. 세월이 지나더라도 이들이 명예훼손죄라는 법의 보호 뒤에 숨도록 해서는 안 될 것이다.

MBC 드라마 "제5공화국"의 기획자(신호균)의 당시 드라마 기획의도를 읽으며, 2005년 드라마 제작시의 한국사회의 상황이 그간 얼마나 개선되었는지 답답한 마음이 든다. 그는 이렇게 말하고 있다:

"...박정희를 뒤이어 부당한 권력과 동조해 타인의 불행에 눈감은 이들이 행복을 독점하는 시기가 지금껏 이어지고 있다. 아직도 박정희·전두환·노태우 시대를 거쳐 성장한 독재 잔존세력의 힘은 여전히 막강하다. 그것은... 이승만 정권이 들어섰을 때 친일파 청산이 안 됨으로써 이 나라의 도덕이 땅바닥에 떨어져 아직까지도 친일파 후손들이 우리 사회의 주류로 행세하고 있는 것과 대동소이하다. 하지만 이제야말로 전두환시대를 마감해야 할 때다. 왜냐하면 이 땅에 소수의 행복이 아니라 다수가 행복해지는 사회가 만들어져야 하기 때문이다. 그것은 개인과 집단의 이익만 생각하는 일부 사람들이 아무리 흔들어도 흔들리지 않는 희망이 있는 나라를 꿈꾸어야 하기 때문이다. 과거는 미래의 거울이다. 마찬가지로 과거란 그저 덮어버린다고 하여, 그리고 그저 잊어버린다고 하여 자동적으로 청산될 수 있는 그런 것이 아니다. ...과거가 만들어 놓은 매듭을 올바로 풀지 않고서는 아무리 우리가 앞을 향하여 나아가려고 해도 더욱 더 그 매듭을 꼬이게만 할 뿐 허사가 되고 만다. 혹자는 이렇게 말할 수도 있을 것이다. 묵은 상처를 다시 헤집어내서 국민화합에 무슨 도움이 되겠느냐고, 앞날을 위해 해야 할 일이 산적해 있는데, 언제까지나 과거의 일에 연연해 있으려고 하느냐는 질책성 문제 제기가 나올 수도 있다. ...어떻게 과거 정권의 부당성과 부정축재비리가 시간이 지나면 저절로 딱지가 가라앉고 또 아물어간다는 것인가? 문제는 이 나라에 한 국가의 상징인 대통령이 '국민이 역사의 주인임을 알아야 한다'는 것이다. 나는 다시 한번 다짐하고 싶다. 죄는 미워하되 사람은 미워하지 말자... 나는 그렇게 드라마를 쓰고 싶다. 또한 우리의 현대사를 우리의 젊은이들이 다시 한번 생각할 수 있는 좋은 기회를 가지는 것이라는 편한 마음가짐으로 '제5공화국'을 시작하고 싶었고 또 그렇게 이 드라마의 끝까지 갔으면 하는 바람을 가져본다."

2019－2020년의 시점에서 나도 똑같은 의도에서 이 책을 쓰고 있는 것이다. 역사는 우리의 희망처럼 앞으로 계속 진보만 하는 것이 아니라 뒤로 후퇴하기도 하고 때로는 돌아가기도 하면서 나아가는 것이라는 미국의 저명한 정치학자인 죠세프 나이Joseph Nye. Jr의 주장을 다시 생각하며 위안을 삼게 된다. 그러나 앞으로 나아가려는 무수한 개개인의 노력이 있어야만 결국은 돌아서라

도 나아갈 수 있는 것이니 절망하지 말고 꾸준히 각자의 입장에서 보다 나은 사회를 위해 힘을 보태야 할 것이다. 물론 전두환이 대통령으로서 내심으로는 권력욕에서 버마 방문 결정을 내렸다고 하더라도 현실적으로 그에게 법적 책임을 묻기는 어려울 것이다. 그가 진심을 밝힐 리 없고 국가이익을 위해 위험을 무릅쓰고 친북 비동맹국가를 방문하는 용기 있는 행동을 한 것이라고 강변할 것이기 때문이다. 그렇다고 정치적, 도덕적, 역사적 책임도 면제되는 것은 아닐 것이니 가능한데까지 이 사건에 대한 문제점을 찾아서 역사의 교훈으로는 삼는 것이 억울하게 죽은 자에 대한 산자의 최소한의 도리일 것이다. 전두환은 회고록에서 아래와 같이 자기는 버마와의 경제협력 강화를 위해 방문을 지시했다고 주장하고 있다:

> "외무부 계획에 없던 버마가 추가된데 대해 훗날 억측이 제기되었다는 보고를 받았다. 버마 집권당인 사회주의인민개혁당 의장 네윈 장군의 권력유지 노하우를 배우기 위해 버마 방문이 추가됐다는 것이 억측의 내용이라고 했다. 외무부의 당초 계획에 버마는 포함되지 않았는데 내가 추가하라고 지시한 것은 사실이다. 그러나 그 이유가 네윈 운운... 이라는 추측은 그야말로 엉뚱한 상상력으로 지어낸 이야기일 뿐이다."

그는 버마가 자원이 풍부했기 때문에 경제적 차원에서 방문을 결정했다고 주장한다. 나치 선전장관 요셉 괴벨스Joseph Goebbles는 "거짓말을 한번 말하면 거짓말일 뿐이나 거짓말을 천번 말하면 진실이 된다."고 그의 여론조작 기법을 밝혔다고 한다. 히틀러도 "나의 투쟁"에서 "간단한 요점을 수없이 되풀이하지 않는다면 가장 뛰어난 선동가의 기법도 성공할 수 없다."고 했다는데 전두환도 허문도의 영향인지 그러한 선전기법에 통달한 듯하다. "내 남편은 대한민국 민주주의의 아버지"라고 주장하는 이순자 여사의 평가는 단임약속 실천으로 대한민국 민주주의에 가장 크게 기여했다는 남편의 끝없이 되풀이되는 주장에 넘어간 결과일 것이다. 어찌 그의 부인만 세뇌되었겠는가? 5.18 광주민주항쟁이 북한 특공대와 그에 동조한 빨갱이들이 일으킨 폭동이라는 극우인사들의 주장도 신군부의 수없이 되풀이된 거짓 선전과 이를 충실히 대중에게 끝없이 전달해 온 민주언론을 자처하는 극우언론에 의해 진실로서 세탁된 결과일 것이다. 가장 비극적인 것은 거짓을 만들어 끝없이 남에게 되풀이하다 보면 그 자신도 스스로 세뇌되어 자신이 만든 거짓을 진실이라고 믿게 되는 것일 것이다. 그렇게 해서 왜곡된 확신에 사로잡혀 유아독존의 독재권력을 휘두른 것을 히틀러나 스탈린, 모택동, 김일성, 김정일, 박정희의 예에서도 볼 수 있었지 않은가?

나는 전대통령으로부터 자신의 대통령 재임 시의 중요 문제에 관해 개인적으로 많은 이야기를 들은 일이 있다. 내가 LA총영사 시절, 사적인 미국 방문은 처음이라는 전두환씨가 2007년 1.11부터 가족과 함께 두어달 미국에서 지낸다고 LA에 왔다. 외무부에서는 그의 개인적인 미국방문을 알려오면서 영접 등 예우는 공관장이 알아서 하라고 하였다. 나는 그의 신변안전에 문제가 생기지 않도록 미국 국무부에 협조를 요청하였다. 국무부의 배려로 공항에서 특별통로로 빠져나옴으로써 대기하던 수많은 기자들과 시위대를 따돌릴 수 있었으나 이들의 비판은 내가 감수해야 했다. 전직 대통령으로서의 예우는 박탈당했다고 하지만, 그가 관내에 장기 체류하는데 모른 체 할 수 없어 식사를 대접하려고 하니 골프나 치자고 하였다. 그와 같이 골프를 치고 점심을 같이 하는 등 거의 하루 낮을 같이 보내며 그의 소회를 들었다. 그는 자신의 재임 중 가장 큰 정치적 업적으로서 약속한대로 대통령직을 임기 후 내놓은 것, 당시 자신의 후계자로 지목된 노태우의 반대를 무릅쓰고 실행한 대통령 직선 단임제 헌법 개정을 꼽았다. 큰 경제적 업적은 일본의 안보무임승차론을 제기하여 미국의 동조 하에 동북아 안보분담금조로 일본으로부터 40억 달러의 경제협력 공적차관(공공차관 13억 불＋일본수출입은행차관 27억 불＝40억 불)을 가져와 국가 기반시설 조성에 투자함으로써 큰 성과를 본 것이라고 하였다. 작금의 대일외교 상황에 비교해보면 그의 대일외교는 업적으로 내세울만한 것이라는 생각이 든다. 한국의 정치발전을 위해 자신의 단임 약속을 지킨 것을 이야기하며 1987년 6.29 직선제 개헌 선언도 노태우를 시켜 자기가 한 것이라고 하였다. 노태우는 직선제하에서는 자신의 대통령 당선이 불확실하다고 하면서 제5공화국 헌법에 따른 간선제를 선호하고 직선제 개헌에 부정적이었으나 자신이 강하게 설득하고 이를 노태우의 생각으로 내세움으로서 그의 대선 성공에도 기여하였다고 하였다. 그러나 배은망덕한 노태우는 자신을 백담사로 유배까지 보냈기에 지금까지

만나지 않는다고 하였다. 워낙 자신의 말만 하는 그이기에 몇시간 동안 듣기만 하다가 나도 한마디 하였다. 1983.10월의 버마 방문 이야기를 꺼낸 것이다. 내가 외무부 담당 실무자로서 대통령을 수행하기도 하고 사후 처리도 하였다고 말을 꺼내자 그는 입을 굳게 다물었다. 그의 인생에서 아마 가장 기억하고 싶지 않은 사실이었을 것 같았다. 그는 이 문제에 대해서는 끝까지 아무 말도 하지 않았다. 그의 가장 큰 업적이라는 대통령 단임제의 의미도 훼손될 수 있는 그의 속내가 드러날 수 있는 일인데다가 자신 때문에 무고한 인재들이 많이 희생된 데 따른 비판을 두려워하기 때문이리라.

광주민주항쟁을 무장폭력 사건으로 유도하여 이를 진압하며 많은 희생자를 낸 전두환으로서는 7년 단임 이후의 후환을 가장 두려워했을 것이다. 그는 대통령 퇴임 후 자신이 좌지우지할 수 있는 사람을 대통령으로 내세우고 자신은 당 의장(혹은 "국정자문회의" 의장)으로서 실권을 행사하는 버마의 네윈식 정치를 이상적인 모델로 생각했던 것 같다. 앞에서 지적한 바와 같이 외무부에서 버마 방문을 검토대상국에서도 제외하였던 시기에 그는 "국정자문회의"위원들인 전직 대법원장 등 고위법조인들과 청와대 정무2비서관을 버마에 보내서 버마의 상황을 파악하고 네윈 당 의장을 면담하도록 한 바 있었다.

버마사건 이후에도 그가 버마식 당 의장 제도에 계속 미련을 가지고 이를 추진하고자 했다는 것은 미국 UCLA대학 동아시아도서관에서 5.18기념재단이 입수하여 2017.12－2020.6까지 국내 여러 언론에서 보도한 "88년 평화적 정권교체를 위한 준비연구" 문건에도 나타나 있다. 1986년 미국인권단체로 제보된 이 문건은 1987.3.1 재미동포신문인 독립신문(발행인 김경재)이 처음으로 보도하였다고 한다. 전두환의 지시를 받은 정구호 경향신문사 사장의 지시로 경향신문 정경연구소 장연호 기획위원 등이 1984년에 작성했다는 이 문건은 전두환 대통령이 퇴임 후 민정당 총재를 맡고 후임 대통령은 당내외에 세력기반이 없는 인물을 발탁하여 부총재를 맡도록 하며 민정당은 최소한 2000년까지 집권한다는 시나리오이다. 정구호는 전두환과 같은 대구에서 중, 고를 다닌 인연으로 그와 매우 친밀하게 지냈는데 전두환 집권 후에 서울신문 편집부국장에서 경향신문 편집국장－사장－청와대 대변인－KBS사장으로 급속 승진하였다고 하니 전두환이 이런 비밀 프로젝트를 그에게 직접 맡길 수도 있었을 것 같다. 정구호는 이 문제로 1988년 국회 5공청문회에도 출두하였다고 하는데 어떤 식으로든 이를 부인하였을 것이고 당시에는 이 문건 전체가 공개되지는 않았던 듯하다.

　대통령직을 사유화한 전두환 개인에 대한 책임 문제와는 별도로 대통령의 공식방문에 따른 경호를 소홀히 하여 수많은 국가적 인재를 희생하도록 한 자들에 대한 직접적인 법적 책임은 살펴 볼 수 있는 문제였다. 그러나 당시 전두환으로서는 책임자 추궁을 하게 되면 결국 자신의 책임문제가 부각될 것을 우려하였을 것이다. 또한 후계자를 선정해야 되는 입장에서 노태우에 대한 대안으로서 노신영, 장세동 등을 고려하고 있던 터에 이들이 일차적인 책임 추궁의 대상이 될 것이므로 이를 덮도록 한 것이 아닌가 추정된다. 장세동은 1985.5월까지 계속 경호실장을 맡다가 그해 국가안전기획부장으로 영전하여 1987년까지 그 직에 있었다. 사건과 관련하여 우리 측의 직접적인 책임이 있는 경호실에 대한 조치도 직원 몇 명이 사임하는 선에서 끝난 것으로 알려졌다. 버마 외상이 여러 번 밝힌 것처럼 이미 북한 공작원들이 폭탄을 설치한 뒤에 행사 당일 아침 일찍 우리 경호요원들이 버마 측과 함께 아웅산묘소 건물을 점검하였다. 그런데도 그 커다란 폭탄들을 발견하지 못했다는 것은 용서될 수 있는 일이 아니다. 우리 경호실 측은 버마 측이 아예 그 건물을 수색하지 못하게 해서 지붕을 탐침探針하지 못했다는 식으로 얼버무리며 양측이 모두 각각 그 건물을 수색했다는 버마 외상의 지적에 대해서는 어떤 반응도 내놓지 못했다.

　외국 국가원수의 해외 순방 중 경호 책임은 일차적으로 접수국에 있으니 우리 경호의 책임은 이차적이다. 그러나 버마와 같은 친북 사회주의국가를 방문하는 경우에는 우리 정보당국과 경호실의 책임이 일반적인 경우와는 다르다 할 것이다. 특히 우리 경호실은 선진 서방국가를 방문하는 경우에도 유난히 많은 수의 경호원들을 오래 전부터 수차례 파견하며 직접 경호업무를 수행하려고 하여 마찰을 겪어 왔는데 유독 버마에서 왜 그렇게 허술하게 행동했는지 참으로 이해하기 어려운 부분이다. 우리 정보기관이나 경호실 내에 어떤 반전두환 세력이 있어서 버마관련 정보나 경호 업무를 소홀히 한 결과 그런 참사가 일어났다고는 상상할 수 없다. 다만, 그 기관들이 본연의 업무를 넘어서는 국내 권력기관으로 운영되면서 소속원들도 권력지향적이 되고 이로 인한 안일함으로 인해 전반적인 업무능력이 저하된 탓이라고 밖에 볼 수 없을 것 같다.

1968.1.21 북한의 특수부대인 124군부대에 의한 청와대 습격 작전이나, 1974.8.15 국립극장에서 개최된 8.15 경축식에서의 박정희 대통령 암살 기도 사건은 남한 내 권력기관원을 사칭한 북한의 침투가 얼마나 용이한지를 보여준 전형적인 사건이었다. 1.21 사태 시에는 수십 명의 북한 무장군인들이 남한의 특수기관원으로 사칭하고 휴전선 인근에서부터 수차례의 검문을 무사히 통과하여 청와대 지척에까지 침투할 수 있었다. 8.15 경축식에서의 육영수 여사 피격사건도 재일교포 문세광이 대통령이 참석하는 실내 행사에 얼마나 손쉽게 들어갈 수 있었는가를 보여주었다. 당시 문세광은 롯데호텔에 머물며 고급승용차를 타고 국립극장 건물 입구에서 내리면서 일본대사의 초청으로 왔다고 하며 경호원의 안내까지 받아서 외교단 좌석이 있던 극장 2층으로 갔다. 그는 곧 1층 로비에서 대사와 만나기로 했다고 말해서 다시 경호원의 안내로 1층에 내려와서 경호실 경호계장에게 인계되었다고 한다. 경호계장은 그를 1층 의자에 앉아 있도록 했다5고 하니 우리 군이나 경호원들이 얼마나 권력이나 권위에 취약한 것인지를 보여주는 것이고 이는 버마에서의 비극으로까지 이어진 것이다. 1970.6.22, 6.25전쟁 20주년 기념행사시에 박정희 대통령 암살목적의 북한 공작원들에 의한 현충문 폭파사건은 다행히 범인들이 폭탄을 설치하던 중 실수로 폭탄이 폭발하는 바람에 범인 한명만 현장에서 폭사하고 공범으로 추정되는 또 한명이 수일 후에 사살되며 큰 피해를 피할 수 있었다. 그러나 우리 경호실은 이러한 사건에서 얻은 교훈이 없었던 것 같다.

정치민주화가 되면서 독재정권 시절에 자행되었던 사건과, 수사가 왜곡되거나 미진하였던 사건에 대해서는 과거사 진상조사위원회 같은 것들이 여러 번 만들어졌지만 웬일인지 "버마암살폭발사건"은 그 조사대상에 포함조차 되지 않았다. 앞으로 얼마나 더 민주화가 진행되어야만 "그 머나먼 알려지지 않은 나라"에서 억울하게 죽어간 생명들의 한을 풀어줄 수 있을지 모르겠다. 이미 지나간 37년이라는 세월이 인생에서 짧지 않은 시간인데 그냥 묻히고 지나가니 안타까울 뿐이다. 역사의 발전은 저절로 오지 않는다는데 각자가 나름대로 힘을 보태서 진상을 규명하고 앞으로 나아가야 되지 않겠는가? 고 이범석 장관의 부인 이정숙 여사도 "왜, 누구에 의해서 버마 방문이 추가된 것인지, 이 문제는 언젠가는 꼭 정확히 밝혀져야 하는 문제"라고 강하게 주장하고 있다.6 버마에서 순국한 영령들은 국립서울현충원 국가유공자 1묘역 내 순국외교사절묘역에 묻혔다. 1984.10월 사건 1주기를 맞아 임진각에 "버마아웅산묘소 순국외교사절 위령탑"이 건립되었다. 높이 17m, 탑신은 17개 부분, 계단도 17개로 사망한 17명의 원혼을 위로하기 위한 것이라고 한다. 사건발생 후 한국 대통령으로서는 처음으로 이명박 대통령이 2012.5월 버마를 방문하여 아웅산묘소에 헌화하였다. 버마 측에서는 1987.6월 우 산유 대통령이 방한한 후, 25년 만에 테인 세인 대통령이 2012.10월 방한하였다.

3. 북한 측 책임

북한은 인도, 스리랑카, 버마 등 자신들의 텃밭인 비동맹국가들에 대한 남한의 잠식과 1983.9월 IPU총회, 1986년 아시안 게임, 1988년 하계올림픽 유치 등 계속되는 남한의 외교적 성공에 큰 위협을 느꼈을 것이다. 그러나 이는 해외에서 한국 대통령에 대한 무모한 암살시도를 계획할 만한 주된 동기는 아니라고 본다. 그보다는 1980년 5.18 광주학살을 자행하고 대통령직을 사실상 탈취한 전두환에 대한 남한 내 적개심이 커진 상황에서 그를 암살함으로써 남한 내 혼란을 야기시킬 의도가 직접적인 계기였다고 할 것이다. 다만 그러한 혼란을 북한이 희망하는 민중봉기로 확대시켜 적화통일을 달성한다는, 남한 내 정치상황에 대해 극히 무지한 상태에서만 나올 수 있는 무모한 생각이 이 사건을 계획했다는 김정일의 머릿속에 있었는지는 알 수 없다. 그러나 김정일로서는 최소한 북한에 적대적인 군부세력인 전두환을 제거함으로써 보다 유화적인 대북정책을 추구할 가능성이 있는 민주세력이 남한의 정권을 장악하는 것이 유리하다는 판단을 했을 수 있다고 본다. 당시 3김을 투옥하고 쿠데타로 정권을 잡은 전두환이 제거된다면 3김 중의 한명이 정권을 잡게 될 것이고 그중 누가 대통령이 되더라도 대북 유화책을 쓸 가능성이 큰 것은 사실이었다. 북한으로서는 전두환을 암살할 유인이 매우 컸다고 할 수 있는 것이다.

북한이 테러행위를 자행한 것은 최소한 김일성과 김정일의 지시나 묵인 없이는 불가능했을 것이므로 테러를 기획했다는 대외공작기관인 35호실이나 직접적으로 테러를 시행한 인민무력부 정찰국의 특수부대인 강창수(6.25전쟁 초기, 1950년에 사망한 북한군 총사령관 강건의 아들)부대 등 관계자들에 대한 처벌은 없었을 것이다. 다만 테러행위가 실패하여 국제적 규탄을 받은 데 대한 내부적 조치는 있었던 것 같다. 사건 후 총리와 외교부장이 교체되고 대남사업담당비서 김중린이 강등되었다고 한다. 1983.12.3 부산 다대포 해안에 선박으로 침투하려다 선박이 격침되며 생포된 두명의 북한 무장간첩은 신문과정에서, 11월 중순쯤 원산 앞바다 황토섬에 있는 간첩 해상안내연락소에서 지도원으로부터 버마 아웅산묘소 폭발 시에 공작원 두명이 잡혔다는 말을 들었다고 하였다고 한다. 이 지도원은 또 아웅산묘소는 뒷산에 수림이 많고 전망이 좋아 저격장소로는 최적인데도, 침착하지 않게 얼굴도 확인하지 않고 나팔소리만 듣고 폭파한 것이 실패의 원인이라고 밝히면서 검거된 뒤 서울서 왔다고 진술했다가 혁명성 없이 이북에서 왔다고 번복, 배신했다고 비난했다는 것이다. 다대포의 두 생포간첩들은 이 때문에 폭파 후 복귀하는 계획이 허술했고 위장전술방법도 서툴렀으며 혁명성 없이 자폭하지 못한 것을 엄중히 비판하는 교육을 받았다고 한다.7 북한 측 계획은 아웅산묘소에서의 암살 실행 후, 현장에서 4km 정도 떨어진 파준다웅강(폭 100m 정도)에서 쾌속정이 공작원들을 기다리고 있다가 4km쯤 물길을 달려 랑군강과 만나는 하구의 타쿠핀마을까지 데려간다는 것이었다. 그곳에서 (랑군)강 건너에는 시리암 주석공장(폭1km쯤 되는 바고강Bago river이 랑군강과 만나 바다로 흘러가는 곳에 위치한 버마 최대 항구가 있는 Thanlyin지역에 있으며, 북한기술자들이 근무)이 있다. 타쿠핀 마을 강가에서 은신하고 있으면 안내원이 접선하여 10.12(수)에 랑군항 하구에서 대기하고 있을 동건애국호로 귀환시킨다는 것이었다. 그러나 그들을 기다리는 쾌속정은 없었다. 사건 직후의 엄중한 경계상황하에서 이는 실행 가능하지도 않았고, 또 북한 측이 이를 실제로 실행하고자 치밀하게 계획하였었는지도 의문이다. 10.8 스리랑카를 떠나 이집트의 알렉산드리아로 간다던 동건애국호는 사건 직후에는 이란에 있다가 예멘의 아덴Aden으로 가고 있었으니 랑군으로 돌아와 이들을 귀환시킬 수는 없었다. 버마 측이 일단 의심을 갖게 될 북한의 선박 입항을 허가할 가능성도 없었다. 동건애국호는 10.6 랑군항에 재입항하고자 허가를 요청했었지만 버마당국은 이를 불허하고 10.15 이후에나 입항 가능하다는 통지를 했었다. 공작원들에게 이러한 사실은 통보되지 않았다. 이들은 쾌속선을 탈 수 있는 약속된 장소로 가고자 했으나 기다리는 배는 없었고 각자도생 중에 10.10(월) 밤과 10.12(수) 새벽 사이에 사살되거나 체포되었다. 자신들은 몰랐겠지만 그들은 북한 독재체제의 소모품에 불과했으므로 거사 후에 사살되던지 자폭하도록 계획되어 있었던 것이다.

1997년 중국을 거쳐 한국으로 망명해 온 황장엽은[8] 아웅산 사건을 직접 조직한 인민무력부 작전국장 임선태에게 들었다고 하면서 "임선태는 김일성대 역사학부 졸업생으로서 대남사업을 많이 해서 공화국 영웅칭호도 받은 사람인데 이범석 외무장관을 죽인 것을 가장 큰 성과라고 보더군요. 이는 이범석이 대북전략을 잘 세운 사람이었기 때문입니다."라고 했다.[9] 북한의 공작책임자는 이범석이라도 죽였으니 절반의 성공이었다고 평가한 것이다. 따라서 북한의 공작책임자가 어떤 상을 받았을지언정 책임을 지지는 않았던 것으로 보인다.

범인 강민철

강민철은 1983.10.25 우리 측 조사단과 면담 시에 "어떻게든 우선 살아야 하지 않겠는가"라고 하자 자신은 "죽음을 두려워하지 않는다."고 하면서 죽지 못하고 생포된 것을 원통해 하였다. 강민철이 심경을 바꿔 자백을 한 것은 11.3 이었다. 자백의 동기는 여러 가지로 해석이 가능하다. 자백을 하지 않고 버텼으나 조국에서는 자기들과 아무런 관련이 없다고 하면서 구원해 줄 아무런 기미도 없었던 점에서 오는 배신감과 절망감, 아직 결혼도 하지 않은 젊은 청춘으로서 삶에 대한 강한 집착과 의지였다는 평가도 있다. 또 그가 처음에 남한에서 왔다고 하자 그럼 남한으로 보내 재판을 받도록 해주겠다고 하자 두려워하며 북한에서 온 것을 자백했다는 평가도 있다. 그리고 자신이 던진 수류탄은 자살하려고 한 것이 아니라 버마 경찰을 향해 던지려고 한 것으로 안전핀을 뽑고 5초 후에 터지는 것으로 알고 있었으나, 안전핀을 뽑자마자 터져서 자신의 손이 날아간 것으로 미루어 보아 증거 인멸을 위해 공작원을 자폭시키기 위해 지급된 수류탄이 아닌가 하는 의심이 생긴 점이 자백의 동기라는 평가도 있다. 재판 과정에서 변호인 측은 진모나 강민철이 수류탄을 터뜨린 것은 자살을 하려고 한 것이라고 주장한 데 반해 검찰은 이 주장을 반박했다. "수류 탄의 폭발은 우연한 사고가 아니고 의도적인 것이었다. 강민철로부터 압수된 무기는 치명적인 것이고 체포하려는 군인들에게 사용하기 위한 것이었다."고. 그는 감옥 생활 중 한 번도 자살하지 못한 것을 후회한다는 말을 한 적이 없 었다고 한다.[10] 10.11 생포된 후 10.25 우리 측 조사관들과 처음 대면한 강민 철은 자신이 28세의 강철민이라고 했다가 강민철이라 하고 서울에서 성북 국 민학교를 다녔고, 1983.10.7 서울에서 랑군에 왔으며 어머니가 서울에 있다고 주장하였으나 우리 측의 신속한 확인 결과 모두 허위임이 다음날 밝혀졌다.

생포된 또 다른 한 명이며 이번 사건 공작조의 조장인 진모는 처음부터 끝 까지 이름조차 진술하기를 거부하고 재판에서까지도 묵비권을 행사하고 사형 된 바 있다. 이들 3명의 범인들은 개별적으로 훈련을 받다가 사건 직전에 만났 고 서로 이름도 모르는 처지였다고 했다. 이들은 모두 본명이 아닌 공작원 이 름(nom de guerre, 전투명)을 사용했기에 우리는 그들의 정확한 본명을 모른다. 강민철은 수감생활 15년이 지난 후인 1998년 감옥으로 그를 처음 방문한 버마 주재 한국 외교관에게 자신의 생년월일도 공식적으로는 1955.4.18이나 실제로 는 1957.7.29라고 하였다. 강민철은 가명이고 강원도 통천에서 태어난 강영 철이라고 했다. 고향에는 모친 김옥선과 미혼의 여동생이 있다고 하였다. 부친 강석준은 이미 타계한 상태였다고 하였다. 진모의 실명은 김진수라고 하였다. 그들은 공작원으로 선발된 이후에는 실명을 쓰지 못하고 공작원 이름을 쓰며 다른 사람으로 행세하면서 살아야 했던 비극의 인물들이었다. 범행 후 도주하 다 사살된 신기철의 본명은 김치오[11]로 알려졌다. 이러한 위장 수법은 공작 준 비 과정에서 엄격히 교육 훈련된 결과로서 범행의 배후를 철저히 은닉하기 위 하여 체포된 북한 간첩들이 구사하는 수법과 일치하는 상투적 수법이다. 북한 은 노획된 물적 증거에도 불구하고 간첩 침투 사실을 과거에도 한 번도 시인 한 전례가 없었다. 범인들이 체포된 후 남한에서 왔다는 등 위장 진술을 하고 묵비권을 고수한 수법은 배후를 숨기기 위한 북한 공작원들의 전형적인 행태 로서 오히려 그것이 북한의 소행이라는 반증이 되었다.

1998년 김대중정부 출범 후 국가안전기획부 제1차장을 맡은 라종일이 버마

정보부장 킨윤 장군을 만나 노력한 끝에 한국대사관 직원이 처음으로 그를 비공식적으로나마 면회하러 갈 때까지 강민철은 15년 동안 한국인을 한 명도 만나지 못하고 지냈다. 버마당국은 처음에는 강민철을 민간인들이 수감되는 인세인 감옥으로 보내지 않고 군대 특별감옥에서 일 년을 복역하도록 했다. 그의 신변을 우려한 보안조치였을 것이다. 그곳에서 강민철은 버마군의 탈영병 출신으로 감옥에서 사역병으로 일하고 있는 죄수들에게서 버마어를 배웠다고 한다. 그래서 15년 후 버마주재 한국 외교관이 처음 그를 면회했을 때에는 이미 버마어를 자유롭게 사용하였고 영어도 어느 정도 할 수 있었다고 한다.12 그는 감옥에서 북한정부가 자기를 해치지 않을까 두려워했다. 버마가 2007.4월초 북한과 다시 수교를 했다고 할 때 그런 두려움이 컸고 주변에 대한 경계심도 더욱 날카로워졌다고 한다. 음식에 대한 두려움이 커서 가려 먹었다고 한다. 그는 결혼을 해 보는 것이 소원이라고 했다. 2000년 들어 남북화해가 진행되면서 남한 정부는 그의 존재를 거북하게 느끼기 시작했으며, 강민철과 한국대사관원의 면담을 허용했던 버마 정보부장이며 2인자였던 킨윤 장군이 2004년 숙청되면서 강민철에 대한 우리 대사관 측의 방문도 중지되었다. 남북 교류 협력이 활발해지면서 우리 대사관도 강민철과의 접촉을 피하라는 지시를 받았다고 한다. 강민철은 인세인 감옥에서 정치범과 외국인들 특별수들이 수감되었던 별채나 아파트형태의 감방에서 지내며 실외활동도 하는 등 비교적 자유로운 생활을 했다고 한다. 함께 수감생활을 한 아웅산 수지 여사 주도의 버마국민민주연맹 부대표이며 대변인이었던 윈틴 씨와 가까이 지내게 되어 버마 민주화 이야기를 많이 들었다고 한다. 한국 외교관이 전해준 KAL기 폭파범 김현희의 자서전도 읽고 그녀와 같이 특수훈련조직에도 있어 아는 인물이라고 했다고 한다.13 그는 1983.3월에 선발되어 전두환 암살 훈련을 받았다고 했다는데, 당시는 버마 방문은 검토대상도 아니었을 때였다. 이후 버마 방문 사실이 알려지고 버마 외무성 차관과 의전장이 이를 북한 측에 설명하기 위해 1983.7월 평양을 방문했음에 비추어 북한은 버마를 테러 실행 지역으로 검토했을 것이다. "동건애국호의 행방" 등 앞에서 언급한 여러 정황에 비추어 북한은 최소한 버마와 스리랑카 두 나라에서 테러를 자행할 계획을 세운 것이 아닐까 의심된다.

현재 석방된 윈틴씨에 의하면 강민철이 생전에 한국행을 희망했으나 거부되었다고 한다. 그는 2007.4 버마와 북한의 수교가 재개되었을 때 자기의 존재가 북한이나 버마에 부담스러울 테니 한국에 갈 수 있을 것이라는 희망을 가지게 되었고, 남한에서 다시 처벌을 받더라도 남한에 가고 싶다고 했다고 한다. 171cm의 미남형인 강민철은 2008.5.18. 16시30분 병원으로 가는 구급차 안에서 간암으로 병사할 때까지 25년간의 수감 생활을 하였다. 부유한 사업가 출신이었으나 티크목재 밀수출 혐의로, 실제로는 반정부적 버마 내 기독교 포교활동 때문에 각각 18년과 15년이라는 비정상적인 장기 징역형을 받은 우 요셋U Yaw Sett씨와 그 처남 우 아웅테인U Aung Thein씨는 같은 감옥에서 수감 중인 강민철에게 많은 도움을 주었으며 덕분에 강민철은 버마어도 배우고 그들의 선교로 기독교로 귀의했다고 한다. 그의 꿈은 목사나 교사가 되어 예수의 복음을 널리 전파하는 것이었다고 한다.14

이들 버마인들과 근년에 접촉한 라종일은, 강민철이 감옥에서 질병에 시달린 사실이 없고 어느 날 배가 아파 병원에 갔다 왔고 며칠 후 갑자기 심한 통증으로 병원으로 실려 간 것이 마지막이라는 우요셋의 증언을 근거로 강민철이 병사한 것은 사실이 아닐 수도 있다는 주장을 하고 있다. 독살설의 근거이다. 그러나 아웅테인은 이를 부인하고 그가 수년전부터 건강이상이 있었고 호흡곤란으로 고통을 겪었다고 한다. 감옥에서 구급차를 타고 병원에 가는 도중에 숨진 그는 장례절차도 없이 화장되어 어딘가에 재로 뿌려졌다.15 버마 측에서는 공식적으로 그의 사망 원인을 간암으로 밝히고 있으나 아직 이에 관한 의문을 객관적으로 해소할 방도는 없다. 공식적으로 그는 2008.1월 소화불량과 복통으로 처음 랑군병원에서 진료를 받고 4월에 병세가 악화되어 간암진단을 받고 5월에 사망한 것이다. 북한과 다시 외교관계를 맺은 버마정부에서는 북한의 테러행위의 상징적 존재인 강민철의 버마 내 생존에 대해 부담을 느낄 수 있었을 것이다. 버마 측 주장대로 그는 단순히 병으로 사망했을 수도 있다. 그의 사망에 대한 객관적 진실은 추후 버마가 민주국가로 변화한 후에야 밝혀질 수 있을지도 모른다. 사건과 관련된 버마, 북한과 남한의 역사는 아직도 많은 진실을 감추고 있으며 언젠가 누군가에 의해 밝혀지기를 기다리고 있는 것이다. 그런 의미에서 버마암살폭발사건은 종결된 사건이 아니라 아직도 진행 중인 사건이라고 해야 될 것이다.

결론적으로 보면 남북한의 독재자들은 각자 자신의 독재권력 강화를 위하여 수단 방법을 가리지 않았다는 공통점이 있다. 전두환은 정권유지를 위해 남한 내 반공의식을 고취하고 이를 이용하여 민주세력을 탄압하였다. 김일성 – 김정일은 세습왕조체제 유지를 위해 남한 내 반독재세력을 친북화하려고 노력하는 일방, 민심을 잃은 전두환에 대한 암살을 통하여 남한사회의 극심한 혼란과 분열을 획책하고 최소한 북한에 비적대적인 정권의 등장을 도모하려고 하였다. 그 와중의 희생자가 버마에서 순국한 17명의 외교사절이었다. 아웅산묘소에서 테러를 감행한 북한의 공작원들은 현역 북한군 장교들로서 독재자의 지시에 따라 행동한 범죄자인 동시에 그 희생양이기도 하다. 그들은 자신들의 행위가 민족통일을 위한 애국적인 것이라고 믿도록 독재왕조 체제하에서 어려서부터 세뇌된 불쌍한 인간들이었다.

4. 북한 응징을 위한 국제외교전

11.4 버마정부의 사건전모 발표로 북한의 직접개입 사실이 명백히 밝혀짐에 따라 북한의 만행에 대한 국제사회의 규탄 여론이 고조되었다. 북한의 동맹국인 중국과 소련 등 공산권은 북한을 옹호하고 국제연합 등 국제기구에서 북한에 대한 제재조치를 무력화시켰다. 우리 정부는 대북한 제재조치를 위해 재외공관 등을 통해 다방면의 외교적 노력을 전개하는 동시에 세계 각지에 대통령 특사를 파견하여 대북한 외교응징 조치를 교섭하였다.

외무부 내 버마사건 실무대책반

김병연 아주국장과 내가 이원경 특사와 함께 10.13 귀국하고, 10.15 이원경 특사가 외무장관으로 임명된 후 외무부 내에서는 이상옥 정무차관보를 반장으로 하는 사건처리 대책반을 만들어 필요한 인력을 차출하였다. 반원들은 '국제연합' 등 국제기구를 상대로 하는 북한 제재업무 자료를 만들거나 언론대책 자료준비 등을 하게 되었다. 사건에 대한 기본대책 수립, 버마정부를 상대로 하는 북한 응징과 범인심문·재판 관련 업무, 북한 제재를 위해 각국에 특사를 파견하는 업무는 담당관인 내가 할 수밖에 없었다. 당시 외교부 내에 구성된 버마사건 실무대책반은 아래와 같았다.

실무대책반장: 제1차관보 이상옥
대책반원: 아주국장, 미주국장, 국제기구조약국장, 정보문화국장, 박련 연구관
간사: 장훈 서남아과장(간사보좌: 박희주 서기관)
제1분임조: 동북아1과 임성준 서기관(남상욱, 김안기 사무관)
　　　　　주요 성명문서 작성, 기타 주요문서 작성, 주요 우방국 협조 요청
제2분임조: 서남아과 최병효 서기관(김재신, 박석환, 문태영 사무관)
　　　　　기본 대책 수립, 대버마 주요 교섭 훈령, 특사 파견
제3분임조: 서남아과 송민순 사무관(김광근, 조준혁 사무관)
　　　　　주요 자료 작성, 사건일지 정리, 각국 반응 종합 분석, 서무

대북 국제적 응징조치에 대한 버마의 태도

버마정부는 이 사건을 국제화하지 않고 버마－북한 간 양자 차원에서 조용히 처리하려는 태도를 견지하였다. 버마 외무성 정무총국장은 11.7(월) 송영식 대사대리와 면담 시 아래와 같이 언급하였다:

"버마정부는 금번 사건을 국제화하거나 떠들고 싶지 않다. 범인들에 대한 재판 과정에서 나타날 사실 보도가 북한의 부인에 대한 가장 효과적인 대처방안이 될 것이다."

이러한 버마의 태도는 일반적인 국제외교관례에 비추어서 매우 이례적이라고 할 만한 것이었다. 피해국인 한국에 대한 배려는 없었고, 이 문제를 어떻게 하든 조용하게 처리함으로써 자국의 책임을 피하고 북한의 추후 보복을 피하고자 하는 의도라고 밖에 볼 수 없었다. 이는 또한 북한과 다방면에 걸쳐 오랫동안 지속되어 온 긴밀한 관계를 반영하는 동시에, 한국과의 관계는 아직 생소한데다 정치체제가 유사한 북한에 대한 애증이 교차한 데 따른 것이었다고 판단된다. 버마는 이 문제를 국제연합에서 토론하는 것 자체도 반대하였다. 우리를 비롯한 서방권은 이를 국제연합 안전보장이사회에 제기하였으나 소련 및 중국과 공산권의 반대로 안건으로 상정조차 하지 못하였다. 이에 따라 12.6－7

의 제38차 국제연합 총회 제6위원회 "국제테러의 방지" 협의 시 버마사건을 거론하도록 교섭하여 71개 발언국 중 45개국이 버마사건을 규탄하였으며 이중 22개국이 북한을 지칭하여 규탄하였다. 그러나 사건이 총회에는 회부되지도 못하고 위원회 토의로 종결되고 말았다. 따라서 우리 정부가 할 수 있는 실질적인 조치는 각국을 상대로 한 개별적인 대북 응징조치 교섭뿐이었다.

국제연합 총회의 제6위원회에서 여러 나라가 버마사건을 규탄함에 따라 버마대표도 12.7, 69번째로 발언권을 얻어 아래 요지로 발언하였다:

"버마사건 수사 경위 및 결과와 대북한 외교조치를 설명하고 희생자들의 불행에 대한 충격과 슬픔 그리고 분노를 재차 표명함. 버마정부는 사건 발생 이후 현재까지 버마법, 정의 및 책임감에 의거하여 신중하고 적절한 외교적, 법적 조치를 취해왔음. 향후 이 사건을 국제연합 및 기타 국제무대에서 더 이상 토의하는 것은 현존하는 국제긴장을 완화하는 데 도움이 되지 못할 것이라는 점에 비추어, 앞으로 버마정부는 이 사건과 관련한 여하한 토의에도 참가하는 것을 자제할 것임."

한편 미국은 이틀간에 걸친 국제연합 총회 제6위원회에서의 랑군사건 토의 결과에 대한 분석을 아래와 같이 12.16 우리에게 전달하여 왔다:

"제6위에서 친북국가들은 추호도 북한 두둔을 시도하지 않았으며 소련 등 동구권도 의도적으로 랑군사건에 대한 언급을 피하였음. 다만, 중국이 국제연합에서의 랑군사건 토의가 동북아의 긴장 완화에 도움이 되지 못할 것이라는 입장을 표명하였으나 랑군사건을 제기한 국가를 비난하지는 않았음. 중국은 친북국가들도 외면하는 가운데 궁지에 빠진 북한이 지원을 구할 수 있는 유일한 국가가 중국이라는 것을 북한에게 보여주고자 한 것 같음. 한국은 규탄 발언 교섭을 효과적으로 전개함으로써 국제연합 내에서 북한을 제압하고 지위를 향상시켰음. 한국은 대표단의 활동에 대하여 자신과 만족을 느낄 수 있을 것임."

북한 응징을 위한 특사단 파견

국제사회의 북한응징을 최대한 이끌어내기 위한 외교활동의 일환으로 정부

는 아래와 같이 대통령 특사를 아시아, 중동, 아프리카와 중남미 20개국에 파견하였다:

- 이태섭(정무 1장관): 83.12.4−9 스리랑카, 인도
- 이영호(체육부장관): 83.12.4−14 코스타리카, 자메이카, 바베이도스
- 김영주(외무부장관 특사, 외무부 본부대사): 84.1.8−18 안티가 바부다, 도미니카, 바베이도스, 세인트 빈센트, 그레나다
- 최동규(동력자원부장관): 83.12.13−23 나이지리아, 세네갈, 기네비소
- 김성진(문화공보부장관): 83.12.11−21 아이보리코스트, 가봉, 자이르
- 강경식(대통령비서실장): 83.12.9−29 케냐, 사우디, 수단, 북예멘

당시에는 비동맹회의나 국제연합 총회를 앞두고 북한과의 표 대결에 대비하여 비동맹국가들에게 대통령이나 외무장관 특사를 파견하는 것이 연례적 행사였다. 버마사건도 국제무대에서의 남북대결의 일환으로 접근하였던 것이다. 버마사건후의 대북 응징도 많은 나라들이 동참하였다고 하나 그 숫자가 중요한 것이 아니다. 국제적으로 북한에 대한 타격의 정도가 중요하지만 첨예한 동서냉전 상황에서 우리의 국력을 총동원하더라도 의미 있는 응징은 이뤄질 수 없었다.

대북한 응징조치 교섭결과

각국의 북한규탄 성명 발표

11.4 버마정부의 사건 전모 발표 이후에 우리의 외교력과 경제력을 총동원하여 교섭한 결과, 아래와 같은 나라들이 11−12월에 걸쳐 각종 대북한 규탄 성명을 발표하였다:

11월: 미국, 일본, 영국, 뉴질랜드, 칠레, 자유중국, 네덜란드, 터키, 라이베리아, 에콰도르, 과테말라, 캐나다, 파라과이, 엘살바도르, 싱가포르, 벨기에, 브라질, 호주, 투발루, 도미니카(공), EEC외상정책협의회, 온두라스
12월: 스웨덴, 프랑스, 구주의회, 스리랑카, 사우디

국별 대북한 응징조치

부록과 같이 60개국이 북한과의 교류 축소나 중단 등 각종 응징조치를 취하였다. 아시아의 서사모아, 중남미의 코스타리카, 아프리카의 코모로 세나라가 북한과 외교관계를 단절하였고, 1972년 이래 외교관계를 유지해온 북한을 의식하여 우리와는 영사관계만 유지해 오던 파키스탄이 사건결과 발표 3일 후인 11.7 이를 외교관계로 격상시킨 것이 의미 있는 성과로 기록되었다. 물론 이는 미국의 지원에 힘 입은 바가 컸다.

대북한 추가적 응징: 런던 IMO 북한 진출 저지

1984.3월 무렵에는 대북한 국제응징조치도 마무리됨에 따라 나는 3월 말에 駐영국대사관 1등서기관으로 부임하였다. 나는 영국으로 떠나기 전에 외무부 내 여러 과를 돌며 영국대사관에서 해야 할 중요 사항에 관해 협의하였다. 내가 영국에 1등서기관으로 부임해서 어떤 일을 하게 되는지는 확실치 않았다. 정무담당 1등서기관 자리가 비어서 발령이 난 것이니 정무담당을 맡게 되리라는 기대는 있었지만 부임 후에 무슨 일을 할지가 명확하지 않았으므로 나는 외무부 내 여러 과를 돌며 현황을 설명 들었다. 우리나라 외무부는 외교선진국과는 달리 대사관에 발령을 낼 때 그곳에 부임해서 어떤 일을 해야 되는지에 관해서는 아무런 결정을 하지 않는다. 그 대사관의 어떤 직원이 다른 공관으로 옮기거나 외무부 본부로 귀환하여 결원이 생기면 비슷한 직급의 직원을 다른 공관에서나 외무부 본부에서 그곳으로 발령내어 충원시키는 것이다. 신임 공관원이 맡을 실제 임무는 현지에 부임 후 대사가 결정한다. 선진국에서는 어느 공관의 어떤 직급의 직원이 결원되면 그 직원이 하던 일을 할 수 있는 같은 직급의 직원을 선발해서 그 임무를 계속하도록 임명한다. 이 경우의 장점은 공석이 된 자리의 임무가 명확하므로 선발과정에서 인사권자의 자의적인 권한 행사가 제약된다는 점이다. 공관에 막연하게 1등서기관이 공석이 생기는 것이 아니라 경제담당 1등서기관 또는 정무담당 1등서기관, 영사 등 자리가 생기고, 그에 맞는 직급과 경력을 가진 직원을 선발해서 그 자리로 발령을 내어 보낸다. 계급만 비슷하면 인사권자의 재량으로 아무나 보내는 우리 제도와는 다르

다. 한마디로 한국은 아마추어식 인사를 한다면 외교선진국들은 전문적인 인사를 한다고 할 수 있다.

내가 부임 전 외무부 서구과에서 종합적인 한-영관계 현황 설명을 들은 다음 국제기구과에 들르니 가장 중요한 현안으로서 북한의 국제해사기구IMO 가입문제가 있다고 하였다. 북한은 런던에 본부가 있는 국제연합의 전문기구인 국제해사기구에 가입하려고 노력중인데 우리가 이를 막는 것이 이제는 어렵게 되었다고 하였다. 북한으로서는 IMO에 가입하면 런던에 IMO 상주대표부를 설치할 수 있으므로 런던에 외교적 교두보를 마련하는 중요한 의미가 있었다. 당시 한국은 소련 등 공산권 어느 나라와도 국교관계가 없었고 어떠한 종류의 우리 외교공관도 공산권에 진출하지 못하고 있는 처지였다. 그 이야기를 들으며 나는 국제무역을 위한 화물선으로 위장한 공작선을 랑군항에 보내 테러행위를 자행한 북한이 "선박의 안전, 항해의 능률 향상과 해상 오염방지 등 환경보호를 위한 국제 규범을 제정, 관리"하는 국제연합 전문기구에 가입하는 것은 옳지 않으므로 이를 저지할 명분이 충분하다고 생각하였다. 국제기구과에서는 북한의 가입저지가 쉽지 않으니 무리를 할 필요는 없다고 하였으나 나는 런던에 부임하면 북한의 IMO가입 저지를 추진해보겠다고 하였다. 나로서는 개인적으로 무고하게 희생된 영령을 생각할 때 그래야 할 의무가 있고 가능한 일이라는 생각이었다.

런던에 부임하니 강영훈 대사가 나에게 영사를 맡길 것인지 정무를 맡길 것인지 며칠 관찰한 후에 정무담당 1등서기관을 맡으라고 하였다. 내가 아주국에서 국장으로 1년간 모시며 대통령의 서남아·대양주 순방 계획을 추진했던 최동진 국장이 1983.3 런던에 공사로 부임하여 IMO 한국상임대표도 맡고 있었다. 나는 상임 부대표로서 상임대표를 보좌하거나 서울에서 오는 전문가들과 함께 IMO 총회와 이사회, 기타 해상법 관련 각종 회의에 참석하였다. 2년마다 열리는 총회 외에 수시로 열리는 이사회에서 사실상 주요 의제를 토의, 결정하였는데 중국이나 소련 등에 의해 북한 가입문제가 제기될 때마다 1983.10 랑군에서 상선을 가장한 동건애국호로 테러범들을 침투시킨 북한은 회원국이 될 자격이 없음을 주장하여 북한 가입을 계속 무산시켰다. 그러던 중 1986년 들어 남북한관계가 개선되어 더 이상 북한의 가입을 반대하지 말라는 외무부의 지시에 따라 우리가 반대를 철회하자 북한은 그 해 4월 회원국이 되었다. 북한의 목적은 IMO에 가입하여 국제해상 규범의 제정과 관리에 참여하는 것이라기보다는 런던에 IMO 상주대표부라는 외교공관을 만드는 것이 목표였다. 영국은 IMO와 협정을 맺어 1982년부터는 회원국들이 IMO에 별도의 상주대표부를 설치할 수 있게 한 바 있었다. 상주대표부 설치를 위해서는 영국 정부와 북한 간에 별도의 합의(Headquarters Agreement)가 필요하였다. 우리 대사관에서는 북한이 런던에 대표부를 세우는 것을 최대한 지연시킴이 좋겠다고 외무부에 건의하여 그렇게 하라는 지시를 받아 영국 정부와 협의를 시작하였다. 영국도 테러나 밀수문제로 국제적 문제를 일으키는 북한의 외교공관이 런던에 들어오는 것을 달갑지 않게 생각하고 있던 터라 각종 핑계를 대며 북한과의 협의를 지연시켜, 내가 1987.3월 말 런던을 떠나 서울로 귀국할 때까지 북한과의 의미 있는 협의는 없었다. 북한이 랑군에서 상선을 이용한 테러행위를 저지르지 않았더라면 북한의 IMO가입이나 런던에 상주대표부를 세우는 것이 몇 년은 더 빨랐을 것이다. 아웅산묘소 테러사건과 관련하여 내가 관여한 우리의 대북 제재는 이로써 일단락된 셈이고 나도 비로소 그 테러사건의 악몽에서 해방되게 되었다.

북한이 런던에 IMO대표부를 세운 것은 냉전이 거의 종식되고 남북한관계가 더 진전된 1991.5월로 북한은 두명의 상주대표를 파견하였다. 그 후 2000.10월 서울에서 열린 아시아-유럽 정상회의Asia-Europe Meeting(ASEM)에 참석한 영국의 토니 블레어Tony Blair 총리는 한국의 대북포용정책을 감안하여 북한과 수교할 것임을 천명하고 그해 12.12 외교관계를 수립하였다. 영국은 2001.7월 평양에 상주대사관을, 북한은 2003.4월 런던에 상주대사관을 설치하여 현재에 이르고 있다. 2016년 여름에 대한민국으로 망명한 태영호(현 국민의 힘 국회의원)는 2003.4월 공관 창설 시부터 2008년까지 주영북한대사관에 근무하였고, 그 후 공사로 다시 런던에서 근무 중 망명한 것이다.

5. 탐욕의 산물: 일해재단

"괴롭고 참담하고 또 미안했던" 사람들의 모금

아웅산묘소에서의 참사로 발생한 많은 사망자와 부상자를 랑군에 남기고 그 날 오후 귀국하는 대통령 특별기의 분위기는 여러 사람이 증언하였듯 참으로 비통하였다고 한다. 전두환은 대통령으로서 자신이 방문국에 추가할 것을 지시한 버마에서 이런 참사를 맞아 수많은 국가적 인재들을 희생시킨 것에 대한 깊은 죄책감을 느껴야 했을 것이다. 그러나 12.12 군사 쿠데타를 주모하고, 5.18 민주항쟁에 참여한 시민들을 적군으로 간주하여 특전사까지 투입해서 무자비하게 진압한 그가 자신으로 인하여 무고하게 희생된 자들에 대해 개인적으로 책임감을 통감하였다는 어떤 기록이나 증언은 찾을 수 없다. 그는 자신에 대한 반성보다는 아무런 증거는 없지만 테러의 수법과 느낌으로 보아서 북한 소행이라고 단정함으로써 자신의 잘못이 아니라는 점을 부각시키기에 바빴지 않았나 하는 생각을 떨쳐 버리기 힘들다.

장세동의 기록에 의하면 "기내에는 침통함과 분노만이 가득한 채 누구 하나 먼저 말을 건네는 사람도 없었고, 밤은 깊어가고 있었지만 한 사람도 자는 사람 없이 고요함만이 흐르고 있었다. …대통령은 참변을 당하지 않은 수행 경제인들을 위로하기 위해, 경제인들은 국가원수의 아픈 마음을 위로하기 위해 몇 사람이 모여서 차를 나누는 시간이었다. 누가 먼저 어떤 식으로 이야기했든지 간에 북한의 만행에 울분을 토로하고 이러한 비극이 재발되어서는 안 된다는 비장한 분위기 속에서 순국자의 유가족을 도와야 된다는 공감대가 자연스럽게 형성되었다. 경제인 모두는 그와 같은 참변을 당하고 자신들만이 살아 돌아온다는 것이 괴롭고 참담하고 또 미안했던 것이다. 누가 그 입장에 섰던지 간에 그때 제일 먼저 생각한 것은 유족에 대한 위로와 지속적인 후속조치였고, 결국 경제인들은 이 일에 흔쾌히 앞장서게 되었다."16 장씨는, 귀국 후 경제인들이 순국자의 조위금 내지는 부상자의 치료비 명목으로 23억 원을 모금하여 대통령비서실(장세동 경호실장)에 전달하였고 전두환의 호를 딴 "일해재단"이라는 공익재단이 설립되었다고 기록하였다. 결국 전두환은 위로의 대상이었고, "괴롭고 참담하고 또 미안했던" 사람은 수행 경제인들이었다. 또 그들은 짓지도 않은 죄를 돈으로 속죄하게 되는 이상한 시나리오가 만들어진 것이다. 희생자들은 순국자로 포장되어 버린 채 그들이 왜 순국해야 했는가에 대한 진지한 성찰은 없었던 것이다.

> "1983.10월 말경 장세동으로부터 공익재단 설립 건의를 받은 전두환은 손제석 교육문화 수석비서관에게 장학재단 설립계획 입안을 지시하였다. 그 내용은 아웅산묘소에서 참변을 당한 순국외교사절의 유지를 기리고, 유자녀를 돌보며, 유가족을 지속적·발전적으로 도울 수 있는 방안을 검토하되 여타 국가유공자 유자녀와의 형평까지 고려하라는 것이었다..."[17]

일해재단 설립계획

1983.11.7에 확정된 "일해재단" 설립계획은 아래와 같았다:

- 설립 목적: 순국외교사절 및 국가유공자의 유자녀 장학사업, 86(서울 아시안 게임), 88(서울 올림픽) 대비 우수 체육선수와 체육지도자 육성 지원, 과학·예술·체육분야 영재 육성과 연구활동 및 지원
- 주요 사업: 국가유공자 유자녀 장학금 지급, 우수 체육선수 양성 및 유공 체육인 후원, 과학기술진흥사업 지원, 영재교육 지원, 연구활동 지원
- 법인성격: 설립자 대통령, 법인형태 – 순수 민간법인(재단법인)
- 설립추진: 설립자가 기본재산 5천만 원 출연하고 경제인들 기부금으로 기금 조성
- 임원구성: 최순달(이사장), 김우중, 구자경, 최종현, 김석원, 이준용, 김상홍, 정주영, 이건희, 양정모, 김승연, 이희건, 정수창(이상 이사 13인). 이종원, 이웅희 등 감사 2인
- 후원회: 임원에 포함되지 않은 기부금 출연인사 100명 정도로 후원회를 구성하여 기금확충 등 법인운영 후원

11.25에는 이사 및 감사 내정자 15명이 서울시 종로구 삼청동 145 – 18에 위치한 재단 사무실에 모여 창립총회를 개최함으로써 "일해재단"이 공식 출범하였다. 그리고 1983.12.1 서울시 중부교육구청에서 법인설립 허가를 받아 설립등기를 마쳤다. 재단의 설립목적과 주요사업을 보면 순국외교사절 자녀 장학사

업 외에 국가유공자 자녀 장학사업과 우수 체육선수 및 지도자 양성 지원, 과학
기술진흥사업, 영재교육 지원, 연구활동 지원 등 광범위한 분야의 국가적 사업
까지 망라하고 있어서 그 설립의도가 과연 무엇인지 의아해질 수밖에 없다.

성금배분 및 사업계획 구상

경제인들의 기탁금과 국민성금을 포함한 총23억 317만 6천원은 1983.12.14
개최된 "일해재단" 이사회 결의에 따라 연말까지 손제석 교문수석이 직접 유가
족 및 부상자에게 모두 분배하였다.

- 순국자 유가족 지원(17가구): 가구당 1.2억 원x17가구＝20.04억 원
- 중상자 지원: 0.25억 원x6명＝1.5억 원
- 기타 부상자 지원(13명): 1.1276억 원

재단이사들은 참사의 근본 원인인 분단을 극복하여 조국통일을 앞당기는
것이 희생자들의 숭고한 희망이자 유사사건의 재발을 방지하는 근본대책이라
는 인식하에 재단이 통일을 위해 활동할 수 있는 사업을 구상하였다고 한다.
"특히 재단의 설립자인 전두환 대통령이 1983.11.23 최순달 '일해재단' 이사장
내정자를 접견한 자리에서 1.일해재단이 외교·안보분야를 집중적으로 연구하
는 국제적 수준의 연구소로 발전해 나가고, 2.단임 실천 후 민간외교의 일환으
로 각국의 전직 국가원수들과 만나 나라에 보탬이 될 사항을 논의할 수 있는
교류의 장이 되도록 해 달라는 간곡한 당부를 함에 따라 그 뜻을 구체화시키
기 위한 사업계획을 마련해 나가는 한편, 재단운영에 필요한 기금, 부지, 시설
물 등에 대한 본격적인 검토를 시작하였다."[18] 재단의 성격이 전두환 퇴임 후 그
의 통일활동과 국제적 외교활동 지원으로 성격이 명확하게 규정된 것이다.

일해재단 설립 기금 조성

손제석 교육문화수석은 최초 재단설립 추진계획(1983.11.1)시에는 기금규모
를 2백억 원(조위금 22.5억 원＋향후 4년간의 기부금)으로 산정하였으나, 임원에
포함되지 않은 기부금 출연인사들로 후원회(100명 내외)를 구성하여 기금확충
등 재단운영을 후원하도록 한다는 개략적인 계획을 마련하여 대통령의 재가를

받아 이를 1983.11.18 최순달 이사장 내정자에게 인계하였다고 한다. 최순달 이사장은 취임 후 구체적인 사업과 기금조성 계획을 작성하여 전대통령에게 보고하였는데 1984.3.5 제1차 보고 시에는 기금규모를 6백억 원(매년 2백억 원씩 3년간 모금)으로 하였다. 최 이사장은 기금 모금을 위하여 정수창 상공회의소 회장을 만나고 이후 6－7명의 기업인들을 만나 사업계획을 설명하였다. 정수창 상공회의소 회장과 정주영 전국경제인연합회 회장 이외에 김우중 대우그룹회장, 이건희 삼성그룹 회장이 장세동 경호실장의 독려하에 기금모금에 나선 최순달 이사장과 후임 김기환 이사장을 통하여 일해재단에 출연한 금액은 1984－87년에 총 598.5억 원이었다. 10억 원 이상 출연한 기업 명단은 아래와 같다.

이름	기업	금액(단위: 억 원)
정주영	현대그룹	51.5
박태준	포항제철	45
이건희	삼성그룹	45
김우중	대우그룹	40
구자경	럭키금성	30
이희건	신한은행	25
조중훈	한진그룹	22
신격호	롯데그룹	20
김승현	한국화약	15
김석원	쌍용그룹	15
장상태	동국제강	14.5
이준용	대림산업	13
최원석	동아그룹	13
최종현	선경그룹	10
장치혁	고려합섬	10
박성용	금호그룹	10
설립자(전두환)	(대림, 신동아, 풍산 각10억, 고려합섬 5억, 기증분)	35

600억 원이란 돈은 지금 시점에서도 적은 돈이 아니나 37년 전인 1983년의 한국의 부동산 가격을 생각하면 현재 가치로는 그 수십 배 이상이 아닐까

한다. 흥미 있는 것은 당시 재계 7위였던 국제그룹 양정모 회장의 출연금이 포함되어 있지 않다는 것이다. 당시 언론보도 등을 통하여 널리 알려진 바로는, 양정모 회장은 기업의 사회공헌은 세금납부와 고용증대에 있다는 신념으로 전두환 개인이 운영하는 것으로 파악되는 "일해재단"에 대한 기부를 수 억 원 이하로 최소화하려다 문제가 되었다는 것이다. 전두환 대통령에게 불려가 직접 독려를 받고도 미적거리다가 소위 괘씸죄에 걸려 급기야는 국제그룹에 대한 금융권의 여신 회수와 대출금지로 결국 그룹이 하루아침에 해체되고 말았다는 것이다. 이는 양정모 자신과 여러 사람의 증언에 의해 밝혀진 것이다. 당시 모금이 순국자 유가족에 대한 지원이라는 순수한 동기에서 비롯되었다고 하더라도 모금 과정과 용처에서 전두환의 사욕이 개입된 불행한 결과임을 보여주는 것이다. 우리나라 권력자들이 기업으로부터 정치자금이나 기타 공익을 빙자한 반강제적 모금을 하여 많은 부분을 사리사욕에 이용하는 것은 비단 전두환만의 특징적인 행태는 아니었다. 그는 박정희의 전례를 따랐을 뿐이라고 할지도 모른다. 전두환은 대통령직에서 물러난 후, 법원으로부터 2,205억 원에 이르는 불법자금 추징 조치를 당하고도 이런저런 핑계로 아직도 1천억에 가까운 금액을 납부하지 않고 있다. 반면에 노태우는 불법자금 추징금 2,628억 원을 완납하였다. 노태우에 대해서는 배신자라고 비난하고, 전두환은 대한민국의 위대한 애국자이며 영웅이라고 추앙하는 정치인들과 그 추종자들이 아직도 많은 것을 보면 그들의 대한민국은 헌법이 아니라 조직폭력집단식 의리에 바탕을 둔, 나라 아닌 패거리 집단을 의미하는 것이 아닌지 씁쓸하다.

박정희, 전두환, 노태우로 이어진 이러한 기업에 대한 사실상의 갈취 내지는 정경유착은 30여 년 후 박근혜 대통령과 최순실이 공모하여 전국경제인연합회를 통해 기업들로부터 모금하여 설립한 스포츠·문화재단 등으로까지 지속하게 된다. 급기야는 2017.3.10 헌정사상 초유의 대통령 탄핵으로까지 비화된 그 사건은 악의 뿌리는 오랫동안 사라진 듯 잠잠하다가도 순식간에 다시 엄청난 마수를 드러낼 수 있음을 보여준다. 국민 개개인이 언론이나 정치인들의 논리에 함몰되지 말고, 항상 깨어있는 의식으로 권력자들을 감시하며 자신들의 권리를 지켜나가는 것이 중요함을 일깨워 주는 아픈 교훈으로 삼아야 할 것이다.

일해재단은 성남시 시흥동의 현대건설 소유 부지 15만평을 정주영 현대그룹회장으로부터 기증받고 인근 도로공사 부지 등을 매입한 총 20만평에 각종 시설을 건립하였다. 건설은 국제적 수준의 연구소로 손색이 없고 또한 각국의 전직 국가원수급 및 주요 인사의 초청 교류에 불편이 없는 시설물 건축이 목표였다. 영빈관, 연구 건물, 총재집무실, 식당 등의 건물과 조경시설이 들어섰다. 1984.10월 수립된 주요 사업계획에는 환태평양회의, 남·남협력회의, 구주권 협력회의 등 세계 지역별 협의체로 운영되는 "서울평화회의"를 통해 각국의 전직 국가원수와 주요 인사들이 정기 또는 수시로 회동하여 공동관심사를 논의하고, 문제 해결을 위한 철학과 구상을 상호 교환하며 국제협력을 도모하며, 그 첫 모임을 1988.10월 서울에서 개최한다고 되어 있었다. 연구동 건물은 공간사(대표 김수근)가, 별관(유숙시설)은 보안을 감안하여 청와대 공사를 했던 현대건설이 설계하여 1985.2.25 기공식을 하고 12.20 재단건물 전체 12개 동에 대한 준공검사를 필하였다. 부지면적은 61, 570평, 건축면적은 4천평으로 공사비는 132억 원이 들었다고 한다.

장세동에 의하면 "'서울평화회의'는 재단설립자인 전두환 대통령이 단임을 실천하고 헌정사 초유의 평화적 정권교체를 한 후, 민간인 신분의 전직 대통령으로서 재임 시의 경륜과 경험을 바탕으로 나라를 위한 민간외교의 일익을 담당하고 싶다는 바램을 구체화시킨 것이었다. ...'서울평화회의'는 1985년도까지 기초 조사, 1986-87년에 걸쳐 예비접촉과 회의준비를 병행하여 1차회의(환태평양지역회의)를 1988.10월에 개최하고 그 후에는 지역별 회의를 3년마다 서울에서 주기적으로 개최할 계획이었다."[19] 1984.3.11 제2대 재단이사장으로 이정오가 취임하여 구체적인 연구소 운영계획을 수립하였으며 1986.1.18 학계, 언론계, 실업계, 지역 국회의원, 중앙관공서장 등이 참석한 가운데 일해재단 부설 "일해연구소" 개소식이 열렸다. 제3대 이사장으로 김기환이 1986.2.18 부임 후 1987.8.14 "재단법인 일해재단 부설 일해연구소"라는 명칭을 "재단법인 일해연구소"로 일원화하고 국내외 인사들을 초청한 각종 국제학술회의와 세미나 개최, 학술연구 및 출판, 장학 사업 등 활발한 활동을 하였다.

1988.2.25 제6공화국이 노태우 대통령의 취임으로 출범하면서 1988.6.27 "국회 5공비리특위"가 구성되었다. 1988.11월-89.12월간 여소야대 국회에 의한 "5공비리 청문회"에서 일해재단의 증권시장 조작혐의와 기업 강제모금 등

에 관련된 청문회가 개최되고 검찰수사로 이어졌다. 1988.11.2 일해재단 관련 비리 조사를 위한 1차 청문회가 열려 일해재단이 전두환 대통령의 퇴임 후 사용을 위해 호화시설을 한 점, 청와대 경호실이 각종 기금모금과 관리에 깊이 개입한 점과 589억 원의 기금을 거둬들인 과정 등을 밝혀냈다. 그러나 검찰은 1989.1.31 기금조성에 강요는 없었고 기금이 유용된 사실이 없었으며 증권투자도 문제가 없다고 결론지었고 장세동을 직권남용혐의로 기소하였다. 흥미 있는 것은 일해재단 창립의 주도자로 알려진 정주영 회장이 1988.11.9 국회청문회에서 한 말이다: "저는 솔직히 이야기해서 1차는 날아갈 듯이 냈고, 2차는 이치에 맞으니까 협력하는 것이 좋겠다고 해서 자발적으로 냈다고 보고, 그 다음에는 내라고 하니까 그저 내는 것이 편안하게 산다는 생각으로 냈습니다... 나는 1, 2차는 자진해서 냈다. 분명히 그렇게 생각을 하고 그 다음부터는 할 수 없이 시류에 따랐다 이렇게 대답하고 싶습니다." 초기의 모금은 자발적 성금 형식이었으나 그 후 엄청난 규모로 불어난 기금은 강압적 분위기에서 냈다는 고백이었다.

일해재단에서 세종연구소로

1988.2월 노태우에게 대통령직을 물려준 전두환은 동생 전경환의 문제로 1988.4.13 도의적 책임을 지고 "국가원로자문회의" 의장직, 민정당 명예총재직 등 일체의 공직을 사퇴하고 소박한 한 사람의 시민으로 돌아가겠다고 밝혔다. 또 자신의 아호를 딴 일해재단에 대한 일부의 오해에 대하여 그 명칭을 바꾸고 국제적 수준의 연구소로 계속 발전되어가기를 희망한다고 하였다. 국회청문회와 노태우 정부의 압박이 있었을 것으로 추정되는 대목이다. 그리고 1988.11.23에는 "국민에게 드리는 말씀"을 통하여 자신의 행위를 정당화 한 후에 자의반 타의반의 백담사 유배를 떠났다. 1989.12.31 전두환은 동행명령장으로 국회청문회에 증인으로 출석하여 일해재단 모금에 강제성이 없었고 국제그룹 해체도 부실기업 정리의 일환이라고 주장하였다. 그는 1990.12.30 연희동 자택으로 귀환함으로써 2년여의 백담사 생활을 마감하였다.

노태우 대통령 취임 후 일해연구소는 1988.5.4 재단이사회를 열어 "세종연구소"로 명칭을 변경하였다. 청와대 민정수석비서실은 세종연구소의 향후 운영과 관련하여 "1.재정 자립된 민간연구소로 발전, 2.재단 운영에 기금 출연자는 배제, 3.현 운영진은 전원 퇴진, 4.저명인사로 자문위원회를 구성하여 향후 운영 및 개편 방향 논의"라는 원칙을 제시하였고, 노태우 대통령은 관계부처와의 협의 후에 외무부가 구체적인 방안을 마련하여 위 원칙대로 추진하라고 지시하였다. 그 결과 1989.6.28 세종연구소 이사회는 "1.순수 민간연구소로 존속, 2.부지를 포함한 기본자산 유지, 3.설립 취지에 충실한 연구소 운영"이라는 정부 측 정상화 3개항 약속을 받아들였다. 그리고 정주영 이사장, 김기환 연구소장 등 11명의 이사 전원이 퇴진(서석준 부총리 미망인 유수경 이사만 유임)하고 이용희 전 통일원장관 등 15명의 신임이사를 선출하였다. 이로써 세종연구소는 일해재단 출범 5년 만에 새 모습으로 태어나서 국제관계와 공산권 문제들을 주로 연구하는 국내 최대의 민간연구소로 거듭나게 되었다.[20]

세종연구소 재산의 국가 귀속

그러나 1990.1.22 민정·민주·공화 3당 합당 후 국회5공특위 활동보고서에 기재된 "1989.12.15 여야 영수회담에서 일해재단의 재산을 국가에 귀속시켜 공익사업에 사용하는 방안을 검토한다."는 내용을 근거로, 이상옥 외무부장관은 1991.7.15 국회 보고를 통해 "정부는 세종연구소의 총 부지 20만 4천 5백 평 중 19만 1천 6백 평과 지상시설을 국가에 귀속시키고 현재의 세종연구소는 부지 12,900평 및 5백억 원의 재단기금과 함께 순수 민간연구소로 존속시키기로 연구소 측과 합의했다."고 발표하였다. 연구소 부지의 국고귀속은 1991.6.21. 세종연구소 이사회에서 기부채납 형식으로 국고귀속을 의결한 데 따른 것이었다고 하였다. 이는 1989.6.28 정부 측이 부지를 포함한 기본자산을 변경하지 않고 순수 민간연구소로 존속시킨다고 한 약속을 뒤집은 것이라는 비난을 받았다. 외무부는 국고귀속은 5공청산 차원에서 여야가 합의하였다고 하였다. 세종연구소 부지의 활용방안에 대해서는 새로운 국책연구소 설립, 영빈관 건설, 대학 설립 등의 안이 제시되었으나 결국 외무부 산하기관인 해외개발공사(현 한국국제협력단)가 건물을 신축, 입주하여 현재에 이르고 있다. 세종연구소는 외무부 등록 공익재단의 민간연구소로 명맥을 유지하고 있으나 자산 잠식으로 당초 계획했던 규모의 의미 있는 활동은 하지 못하고 있다. 한편 장세동은 재단 내에 제2영빈관을 신축하여 전두환 대통령의 퇴임 후 사저로 사용하고자 그 건축과 관련하여 직권을 남용하였다는 혐의로 1989.1.27 구속, 기소되어 1989.7.18 1심에서 징역 10월의 형을 받았으나, 1993.12.15, 2심에서 무죄, 1994.4.12 대법원에서 무죄가 확정되었다.

"재단법인 세종연구소"는 1996.9.19 재단명칭을 "재단법인 세종재단"으로 변경하고 산하에 "세종연구소"를 두었다. 1993.7월 정원식 전 국무총리가 이사장에 취임하였고 이어서 1997.7월 강영훈 전 국무총리가 이사장이 되었다. 연구소장에는 1999.3월 김달중 연세대 교수가 취임하였다. 2000.11월에는 이사장에 오기평, 연구소장에 백종천이 취임하였다. 이어 이사장에 임동원, 공로명, 권철현, 박준우, 연구소장에 박기덕, 송대성, 진창수를 거쳐 2018.2.12 이사장에 백종천, 2018.6.1 연구소장에 백학순이 취임하여 현재에 이르고 있다.

세종연구소와 나의 악연

나는 본의 아니게 2000.7월부터 2년간 외교부의 초대 개방직 감사관으로 임명되어 근무하게 되었다. 당시 정부 부처의 일부 보직을 민간인도 임명될 수 있는 개방직으로 전환하는 과정에서 개인적으로는 원하지 않았던 그 자리에 지원하게 된 것이었다. 업무는 외교부 본부와 재외공관, 산하기관에 대한 감사였다. 외교부는 조직이 많고 전 세계에 산재해 있다 보니 복무 기강이 흐트러지고 감시가 소홀해지기 쉬워 직원들의 각종 비리와 사고가 잇따라 여론의 지탄을 받는 일도 많았다. 취임 후 나는 사후 처벌보다는 예방이 최선의 감사라는 기조하에 선진국들의 사례를 검토하여 "외무공무원 복무지침"을 만들어 업무수첩에 수록, 일상적으로 접하며 규정에서 일탈하지 않도록 명심하는 등 여러 방안으로 외무공무원들이 명예를 지키고 임무를 충실히 수행하도록 조력하고자 하였다.

그런데 2000년 초부터 세종연구소 내분이 언론에 부각되기 시작하였다. 신임 연구원 채용 과정에 연구소장의 비리가 있다는 제보가 여러 기관에 접수되고 많은 수의 연구원들이 파업을 시행하여 연구소 기능이 마비되는 사태가 여러 달 계속되었다. 세종연구소는 외교부 등록 민간공익재단으로서 외교부장관이 이사장과 이사의 취임 승인을 하고 그 활동에 대해 보고받는 관계라 외교부에서 어떤 조치를 취해야 된다는 논의가 청와대에서 나왔다. 당시 이정빈 장관은 아무래도 외교부에서 감사를 실시해서 처리방안을 도출해야 된다고 하였다. 나는 재단설립 이래 한 번도 외교부가 감사한 적이 없는 민간공익재단인지라 신중을 기해야 되고 제한된 외교부 감사인력으로 어려움이 있을 것 같아 감사원에서 감사를 하면 좋겠다고 장관에게 보고하였다. 그러나 감사원은 세종재단은 감사원의 감사 대상이 아니니 외교부에서 감사를 해야 된다는 입장이었다. 할 수 없이 외교부 차원에서 감사를 하기로 재가를 받고 내가 단장이 되고 감사담당관 등 감사관실 직원들과 세종연구소 활동을 감독할 책임이 있는 문화협력국에서 임성남 문화협력과장(駐영대사, 외교부 1차관 역임, 현 駐아세안대사)과 총무과에서 경리담당 직원들을 차출하여 감사팀을 꾸렸다.

세종연구소 연구원들에 의해 예산 횡령 등 혐의로 검찰에 고발된 연구소장과 그가 불법으로 채용하였다는 연구원에 대한 채용부정사건 감사가 핵심이었다. 예산횡령문제는 비교적 간단하였다. 연구소장이 해외로부터 항공임 등 예산을 지원받고 출장하면서도 연구소로부터 다시 출장비를 수령한 것이 제일 큰 문제였는데 감사 중에 본인이 문제점을 인정하고 예산을 자진 반납하였다. 기타 연구소 운영과 관련된 소소한 문제점들이 있었으나 소장의 행정경험 부족에서 초래된 점이 많아서 최대한 자체 시정하기로 하였다. 연구원 채용문제는 일종의 맞춤형 채용공고가 문제였다. 실제로 필요한 분야의 연구원을 뽑기보다는 자신이 채용하고자 하는 지원자에 맞춰서 채용조건을 공고하였고, 채용과정에서 제일 자격 있는 후보자가 탈락하는 등 여러 가지 문제점이 제기되었다. 채용과정에 부당한 점이 없지는 않았으나 이를 불법으로 보기에는 무리가 없지 않았고, 연구원 자신에게 어떤 문제가 있다고 볼 수도 없었다. 최종 결론으로 연구원의 채용을 무효화하기는 어렵고 연구소장에게는 이사회에서 경고조치를 함이 좋겠다는 의견으로 보고서를 작성하여 위에 보고하고 재단이사회에도 감사 결과보고서를 제출하였다. 그런데 감사과정을 통하여 드러난 제일 큰 문제는 재단이 기금운용 수익금으로 운영되는데 이자율의 하락으로 기금이 잠식되고 있다는 것이었다. 300여억 원으로 시작된 기금이 고이율 시대에는 충분한 수익을 냈으나 외환위기가 가라앉고 저이율 시대로 접어들면서 기금잠식이 우려되는 상황이었다. 이 문제도 제기하고 이사회에서 방안을 수립할 것을 권고하였다.

 감사를 시작하기에 앞서 나는 "버마암살폭발사건"을 마무리 한 후에 부임한 영국대사관에서 1984.4－11월까지 대사로 모셨던 강영훈 세종재단 이사장에게 상황을 보고하러 방문하였다. 항상 인자하신 강영훈 이사장은 세종연구소 창설 이래 처음으로 감사를 받게 된 데 대해 매우 불편한 기색이었다. 나는 영국에서 귀임 후 1987.7부터의 국무총리실 근무를 마치고 1988.10 외무부 동구과장을 맡아 북방외교 일선에서 근무 중이었는데, 1988.12월 초 국무총리가 된 강영훈 총리 주재 북방외교 관계장관 회의에 가끔 최호중 외무장관을 모시고 가서 그를 뵈었다. 그 후 1989.10 폴란드에 우리 대사관을 개설하러 나갔고 오랜만에 이런 일로 다시 뵙게 된 것이다. 그는 5.16 군사 쿠데타 당시 육사교장으로서 생도들의 쿠데타 지지 시위를 금지한 것 때문에 전역 당한 후, 미국에서 정치학을 공부하고 수도 워싱턴에서 오랫동안 "한국문제연구소"를 운영하였었다. 그때 알게 된 분을 세종연구소장으로 임명한 것인데 일이 이렇게 되니 자기 책임이 크다고 하였다. 내가 이사장님이 책임질 사안은 아니니 염려 마시라고 해도 감사가 끝나면 자기가 사표를 내겠다고 하셨다. 점심을 같이 하며 영국에서의 생활도 회고하였다. 세종연구소에 대한 2주일간의 감사를 끝내고 감사보고서를 작성하여 세종재단의 이사회에도 보냈다. 이사회는 강영훈 이사장과 연구소장의 사표를 수리함으로써 사태는 일단락되었다. 반기문 외교부차관은 현홍주 이사(법제처장, 전 주미대사, 김앤장 고문)가 누가 보고서를 작성했느냐고 물어 최병효 감사관이라고 했는데 보고서가 모든 문제점들을 빠짐없이 짚어냈다고 칭찬하더라고 전해줬다. 법률가가 그리 평가해주니 나로서도 기쁜 마음이었다. 이후로 나는 "버마암살폭발사건"과 관련된 문제나 인물들과 별 다른 인연은 갖지 않게 되었다.

 강영훈 전 총리는 훌륭한 인품과 능력을 가진 분으로 잠시 그의 삶과 외교 문제와 관련된 그의 생각을 언급함이 좋을 것 같다. 버마사건 종료 후, 내가 1984.3월 말 영국에 부임한지 두 달만인 5월에 대사관 총무담당 이창원의 공금 횡령 사실이 밝혀져 강영훈 대사는 그해 11월 駐교황청대사로 전임된 바 있었다. 그 후 그는 노태우 정부 시절인 1988.5에 집권 민주정의당 비례대표의원과 당 대표가 되었고 그해 12.5 국무총리에 임명되어 2년간 재임하였다. 그의 당 대표 시절에 자택으로 인사를 가니 영국 대사 시절의 이야기를 하며 그때 자기가 결국 교황청 대사직을 수락했으니 오늘날 이런 자리에 있지 않느냐고 하였다. 당시 2인공관이던 교황청대사직을 수락하지 말고 책임을 지고 사임하는 것이 명예스럽지 않느냐는 그의 생각에 적극 동조한 바 있던 나는 좀 놀랐지만 잘하셨다고 할 수밖에 없었다. 세상일은 새옹지마塞翁之馬이고 살다 보면 여러 일이 있는데, 자기 하고 싶은 대로 하며 살 수는 없고 너무 원칙에만 집착하다 보면 나중에 큰일을 할 수 없다는 나에 대한 충고로 들렸기 때문이었다. 그는 5.16 군사 쿠데타 당시 육사교장이었는데, 서울대학교 문리대 학군단에 근무하던 전두환 대위가 육사생도들을 동원하여 쿠데타 지지 퍼레이드를 하는 것을 저지하고자 한 일로 투옥되고 예편되었다. 그 후 미국에 가서 정치학 연구를 하고 워싱턴에서 "한국문제연구소"를 오래 운영한 바 있다. 그는 5.16에 적극 반대하여 투옥되었던 처남인 6군단장 김웅수 소장과 함께 당시 군부 내에서 보기 드문 민주적인 인사로 알려졌었다. 박정희 대통령 말기에 정치적 사면을 받아 귀국하여 외교안보연구원장직을 거쳐 전두환 정권에서 1981년부터 주영대사직을 맡았었다.

강대사의 인권과 민주주의에 대한 소신을 보여주는 일화를 우리 외교업무 수행자들에게 도움이 될 수 있기에 여기 소개한다. 나는 영국대사관에서 정무담당 1등서기관(1986.9 – 87.4간은 정무참사관)을 맡았는데 한국 내 정치범과 인권탄압에 대한 국제사면위원회Amnesty International 회원들의 항의 서한이 대사관에 많이 들어오고 있었다. AI 본부가 런던에 있어서인지 영국 내 회원들이 대사관 앞에서 시위도 하고 우리집으로도 항의 편지가 배달되었다. 항의 서한도 민원이라서 회신을 하였는데, 한국은 민주국가로서 정치범은 없고 인권탄압도 없다는 법무부의 허위 답변을 기계적으로 보내는 것이었다. 나로서도 양심에 어긋나는 일이었고, 영국 언론에 한국 인권상황에 대한 비판적 기사가 보도되면 서울에서 질책이 많았다. 특히 언론계 출신의 양윤길 공보관은 마음고생이 매우 심하였다. 한국은 민주화가 잘된 법치국가로 정치범이나 인권탄압은 없다고 서울의 지시대로 영국 언론에 얘기해 봐야 실없는 사람이라는 말만 듣고 상대도 안 해 주니 그는 이곳저곳에 대한 욕을 입에 담고 살았다. AI 본부는 또 매년 주요국별로 인권상황 보고서를 발간하였는데 한국에 대한 보고서가 매우 비판적이어서 서울로부터 대사관은 뭐 하고 있느냐는 비판을 들어야 했다. 나도 이런 상황이 너무 힘들어서 대사에게 AI 보고서와 항의 서한들에 대한 보다 현실적인 대처방안이 있었으면 좋겠다고 하였다. 그러자 강대사는 이렇게 대응해 보라고 하였다:

"한국이 1948년 독립하여 처음으로 민주주의를 서양에서 도입하여 헌법을 만들어 노력하고 있지만 그게 쉽게 정착이 되지 않고 있음이 사실이다. 특히 북쪽에 최악의 공산독재국가가 존재하며 남한에 대해 수시로 무력 도발을 하는 상황에서 영국과 같이 공산당을 허용하고 수준 높은 민주주의를 실행하지 못하고 있음이 유감스럽다. 영국에 민주주의가 정착되기까지 얼마나 걸렸는가? 400년 이상 걸렸다고 하는데 우리는 40년도 안 되었으니 좀 참고 기다려주기 바란다. 그리고 민주주의 못지않게 중요한 것이 굶어 죽는 사람이 없어야 되는 것이다. 그래서 한국은 경제 발전과 국가 안보에 최우선 순위를 두고 정치를 하다 보니 인권 수준이 만족스럽지 못하지만 한국 정부와 국민들도 노력하고 있다. 비판하더라도 이런 상황을 감안해 주기 바란다."

AI 측도 어느 정도 이해할 수 있는 좋은 대처방안 같았다. 강대사는 AI 본부와 직접 접촉해서 그렇게 설명해 보는 것이 좋을 테니 그들을 만나보라고 했다. 나는 AI본부에 연락하여 오찬을 겸한 면담을 제의하였다. 그렇게 하여 사상 처음으로 우리 정부와 AI 본부 간의 접촉이 이루어졌다. 대사관 인근 Knightbridge에 있는 강대사가 좋아하던 중국식당 Zen에서의 오찬 면담에는 하버드 법대 출신의 미국인 변호사인 사무 부국장 Wesley Gryk과 아시아지역 과장인 벨지움 여성 Francoise Vandale이 나왔고 우리 측에서는 권순대 정무 참사관과 내가 나갔다. 우리는 강대사의 말씀대로 한국 상황을 설명하고 한국이 아직 선진국 수준의 민주주의를 실천하지 못하고 있는 사정을 이해해 주기 바란다고 하였다. AI 측은 사무국 관계관들이 방한하여 사정을 살펴보도록 허용해 달라고 하였다. 우리는 강대사에게 오찬 면담 내용을 보고하고 이들의 방한을 법무부에 건의하면 어떨지 문의하였다. 강대사는 이에 동의하였다. 사실 그런 공문을 감히 법무부장관에게 보낼 용기를 가진 대사는 당시 많지 않았을 것이다. 대사관으로서는 AI관계자들의 방한 허용 건의가 당연히 거부되거나 눈치 없는 놈들이라고 묵살될 것으로 예상하였지만 법무부 당국자들도 우리처럼 좀 골탕을 먹어보라는 심사였다. 한동안 법무부에서 아무런 회신이 없었다. 당연한 일이었다. 그들로서도 어쩌란 말인가 하고 깔아뭉갠 것이다. 나는 다시 독촉 공문을 만들어 대사에게 가지고 갔다. 어찌 보면 대사가 정부를 궁지에 몰아넣는 일이었지만 강대사는 개의치 않고 "고얀놈들, 회신이라도 해야지"하며 서명하였다. 그런데 얼마 지나지 않아 믿을 수 없는 일이 벌어졌다. 법무부에서 회신이 왔는데 AI 담당관들의 방한을 허용하겠다는 것이었다. 이번에는 오히려 내가 당황스러웠다. 방한해서 여러 사람들을 만나면 인권탄압 사실 등이 밝혀질 것인데 무슨 자신감이 있어 허용한다는 것인지, 그 뒷수습은 또 내 몫일 텐데 하는 생각도 들었지만 아무튼 AI 측이 한국을 방문하여 우리 측 설명을 들으면 한국 상황에 대한 이해가 높아질 테니 꼭 손해는 아닐 것이라는 생각도 들었다. AI 측은 우리가 오찬을 내면 꼭 자신들이 다시 우리를 초대하였는데 그들도 방한 허용에 놀랍고 고마워했다. 그렇게 하여 Gryk와 Vandale 등 AI조사단원 두 명이 1984.10 한국을 처음 방문하여 법무부 관계관들과 인권운동가들을 면담하였다. 런던에 돌아온 그들을 만나 방한 활동과 인상에 대해 물으니 한국 내 안보상황에 대한 인식을 어느 정도 새로이 한 것 같았다.

그 후 1984.11월 초 강영훈 대사가 떠난 후 김영주 대사가 새로 부임하였고 나는 AI 측과의 접촉을 계속하였다. 그러던 중 AI사무총장 Thomas Hammarberg (스웨덴인)은 1985.9.5 김영주 대사에게 서한을 보내 1985.7월의 대구교도소 수감자들(미전향 장기수)에 대한 구타사건, 한국정부의 사법제도 악용, 노동자 탄압 등의 문제에 관한 조사를 위하여 AI 측이 10월에 한국에 조사단을 보내고자 하니 허용하여 주기 바란다고 하였다. "서울대 민주화 추진위" 배후 조종 혐의로 "민주화운동청년연합" 김근태 의장이 1985.8.24 경찰에 연행되어 남영동 대공분실에서 9.4－26간 고문 기술자 이근안 경감에게 전기고문과 물고문을 당하기 직전이었다. 그러던 중 김근태의 부인 인재근 여사의 폭로로 고문 사실이 9월 말에 세상에 처음 알려졌다. 이에 따라 AI는 김근태 고문사건을 주요 캠페인 이슈로 삼아 전 세계적인 한국정부 규탄 활동을 전개하였다. 당시 우리 대사관은 1985.4월경에 전두환 대통령의 1986.4 영국 최초 공식방문이 영국 측과 합의된 상태라서 이를 준비하느라 분주하였다. 전대통령의 영국방문 시 AI 측이 대대적인 반전두환 시위를 전개할 형편이어서 우리는 AI 측이 희망하는 방한을 수락하여 민청련사건으로 수감된 김근태의 변호인 등과의 면담을 허용하고 한국의 안보 상황 등에 대한 이해를 깊이 하도록 하는 것이 AI의 전 세계적인 반한활동 완화에 도움이 될 것이라고 법무부에 건의하였다. 우여곡절 끝에 법무부는 AI관계자들의 방한을 허용하여 이번에도 Gryk와 Vandale이 1985.11.26 – 12.6간 방한하여 김근태의 부인 인재근, 문익환 목사, 강신호·한승헌 변호사 등 6명과 김대중·김영삼 등 야당 정치인들을 만났다. 영국에 돌아온 이들은 인재근(현 더불어민주당 의원)으로부터 구치소에서 고문을 받은 후 검찰로 송치되던 김근태와 잠깐 조우하는 사이 그가 고문당한 발뒤꿈치를 보여주었다는 말을 들었다고 나에게 털어놓았다. 나는 중요한 것은 한국정부가 인권상황 개선을 위해 노력하는 것이니 제반 사정을 신중하게 고려하라고 당부하였다. 덕분인지 전대통령 영국 방문 중 소규모의 시위는 있었으나 불상사는 없었고 1986.6.11 발간된 AI의 "한국인권침해에 관한 특별보고서"에서도 비판이 약간 누그러졌다. 외교에서 어려운 상황이라고 상대방과의 대화를 회피하기보다는 이쪽의 사정을 솔직하게 설명하고 이해를 구하는 것도 필요하다는 교훈을 주는 일이었다.

제15장
사건 전후의 남북한 관계와 동맹의 의미

1. 1983년 무렵의 대내외 정세

　버마에서의 불행한 사건은 남북분단을 이용하여 자신들의 권력을 계속 유지하고 공고히 하려는 남북한 독재자들의 그릇된 권력욕에서 비롯된 것이었다. 독재체제는 그 유지를 위해서 끊임없이 체제 내부와 외부의 긴장과 무고한 희생을 필요로 한다. 어떤 국가 사회가 이와 같은 무도한 권력에 저항하고, 근대국가의 이념인 국민주권에 기초한 민주체제를 확립하기 위해서는 오랜 투쟁의 역사와 비전, 그리고 이를 굳건히 실천해 나가는 주도세력이 필요하다. 그 세력은 인간의 천부적 권리를 의식하고 이를 실현하려는 시민사회집단과 이들에게 정의와 공공선이라는 가치를 깨우쳐준 선구적 지식인 사회임은 수 백 년에 걸쳐 진행되어 온 서구 민주주의 역사가 증명한다. 1979.10.26 박정희의 철권통치가 권력 내부의 저항으로 무너졌을 때 우리는 그간의 급속한 경제성장에 비추어 우리나라에도 이제 민주주의라는 헌법적 가치를 실현할 역량이 축적되었으므로 그 시기가 도래하였다고 믿었다. 그러나 이는 매우 순진한 바람이었으며, 우리 사회는 이를 실천할 역량이 아직 충분하지 못하였음이 두 달도 안 되는 시간 내에 일어난 12.12 쿠데타의 성공으로 드러나고 말았다. 이에 대항하여 그 다음 해 5월에 일어난 광주민주항쟁은 쿠데타 세력에 의해 폭력적으로 유도되어 오히려 그들의 집권을 합법화하는 구실로 이용되었다. 세계 최대의 민주국가이자 우리의 군사동맹국인 미국이 한국의 민주체제 수립을 지원할 것이라는 환상은 1961년 5.16 쿠데타 당시와 같이 허무하게 무너졌다. 미국이 한국－한반도에서 가지는 관심은 통일이나 민주체제의 수립보다는 소련·중국과의 패권 경쟁에서 우위를 유지하기 위해서, 또 이들을 견제하기 위한 미국의 필수 동맹국화한 일본을 방위하는 전초기지로서의 제한된 역할을 수행한다는 한계를 가진다는 점이 더 명확해졌다.

한편 북한에서는 김일성 후계자 옹립계획에 따라 70년대 중반부터 그의 아들 김정일이 권력의 일선에 등장하였다. 김정일은 1980.10 개최된 제6차 당대회를 통해 당 중앙위원회 정위원(서열 4위), 당 정치국과 상무위원회 위원, 당 비서국 비서, 당 군사위원회 위원으로 선출되면서 김일성의 후계자로 공식 등장하였다. 제6차 당대회 이후 당의 지도체제가 김정일 중심으로 개편되었으며, 김정일은 주요 대외문제를 제외한 대부분의 대내정책을 수행하는 실질적인 당 책임자이자 후계자의 역할을 수행하였다. 세계사의 흐름을 거슬러서 절대군주체제인 "김씨 왕조"를 출범시킨 북한은, 한국에서 미군이 철수하도록 하고 그후 한국을 병합한다는 헛된 망상을 버리지 못한 김일성－김정일에 의해서 조선왕조 시대보다도 못한 정치발전 수준을 보여주었다. 이러한 남북한의 독재체제가 대내외적 긴장 요인으로 상호 대립하면서, 한반도는 그 대립을 이용하여 자국의 패권을 유지, 확대하려는 강대국들의 놀이판이 되고 말았다. 이러한 동아시아의 전후 계속된 냉전상황과 이로 인한 무의미한 남북한의 대결이 "머나먼 알려지지 않은 나라"에서 한국의 많은 국가적 인재들이 억울하게 순국해야 했던 비극을 초래한 것이다.

전두환으로서는 1983년은 1982년에 터진 금융비리, 친인척 비리와 반정부 시위가 잠잠해지고 반공여론이 상승하면서 정권이 공고화되는 시기였기에 어느 정도 여유를 가지고 장기 해외방문을 계획할 수 있었다. 그는 김대중에 대한 사형을 무기징역으로 감형한 대가로 미국의 레이건 행정부가 출범한지 불과 1주일만인 1981.1.28 외국 국가원수로서는 처음으로 미국을 공식방문할 수 있었다. 이로써 그는 미국으로부터 12.12 군사 쿠데타정권에 대한 인정과 광주학살 책임에 대한 면책을 받은 셈이 되었다. 1981.6월 하순－7월 초에는 아세안 5개국 순방(인도네시아, 말레이시아, 싱가포르, 태국, 필리핀), 1982.8에는 우리 국가원수로는 처음으로 아프리카(케냐, 나이지리아, 가봉, 세네갈)를 방문하였다. 1983년에 들어 한국은 전례 없는 여러 가지 국제적인 사건들을 맞았다. 2월에는 북한의 이웅평 공군대위가 MIG 19기를 몰고 서해 북방한계선을 넘어 귀순해 왔다. 5월에는 중공 민항기가 납치되어 춘천 공군기지에 불시착하여 사상 처음으로 한·중 간에 공식 접촉이 있었다. 8월에는 중공 MIG21기가 귀순하여 오고, 서남아·대양주 순방을 한 달 앞둔 9.1에는 뉴욕 발 대한항공 KE007 여객기가 사할린 상공에서 소련 공군기에 의해 격추되는 사건이 있었다. 특히 세계 항공사상 전례가 없는 민간 정기여객기의 격추로 수많은 사람이 사망한 사태가 발생한 시기에 대통령이 급하지 않은 이유로 장기간 외국을 순방하는 것은 자제했어야 할 일이었다. 공산통치하의 소련은 아직 고르바초프 집권 이전으로 미국 등 서방과 세계도처에서 이념대결과 패권을 다투고 있었고, 중국은 덩샤오핑의 지도하에 국가 주도의 시장경제체제 도입을 추진하고 있었지만 북한과는 확고한 군사동맹체제를 유지하는 등 1983년 무렵 동북아에서는 제2차 세계대전 후 1947년에 공식적으로 등장한 동·서냉전체제가 변함없이 맹위를 떨치고 있었다.

2. 전두환 대통령의 대북 화해정책

1980.5월의 광주민주항쟁을 무력 진압한 전두환은 여세를 몰아 허울뿐인 최규하를 8.16 대통령직에서 사임시켰다. 그리고 8.27 유신헌법에 따른 "통일주체국민회의" 의원들에 의해 대통령에 선출되었다. 이어 10.27 대통령 간선제와 7년 단임이라는 제5공화국 헌법을 공포하여 1981.3.3 7년 임기의 대통령으로 다시 선출되었다. 그는 집권 후 1981.1.12 남북한 당국 최고책임자 상호방문, 1982.1.22 "민족화합 민주통일방안"을 제의하고 1983.1.18에는 남북정상회담의 4개 당면 과제까지 구체적으로 제시하였다. 이에 대해 북한 측은 의미 있는 반응을 보이지 않았다. 이 기간 동안 북한은 남한 내 반전두환 분위기를 이용한 혼란 조성과 전두환 암살계획 수립에 몰두한 것이다. 특이한 것은 이러한 남한의 제의를 무시하던 북한이 버마암살폭발사건 전날에 중국을 통하여 남북

한과 미국 간의 3자회담 개최를 제의하였으니 전형적인 위장평화 공세였다.

버마사건 이후의 남북한 관계는 이해하기 힘든 대목이 많다. 사건 후 남한은 3자회담 대신에 남북한 당국자 간 직접대화로 대응하였고 이에 따라 1984.4.9 남북체육회담, 1984.11.15 남북경제회담, 1985년에는 남북이산가족 고향방문단과 예술공연단 교환방문에 북한이 호응하면서 남북한 관계가 전례 없이 개선되었다. 북한의 변화는 버마암살폭발사건으로 국제적 고립감을 느낀 데에 기인한 것으로 보이지만 전두환 정권이 자신에 대해 세계외교사에도 없는 전대미문의 국제적 테러를 일으킨 북한에 대해 일 년도 안 되어 유화책을 쓴 것은 어떻게 설명되어야 하는지 모르겠다. 사건 직후 우리 군부는 북한에 대한 보복 공격을 주장하였으나, 워커 주한 미국대사가 직접 전두환 대통령을 만나서 이에 대한 반대 의견을 피력하였고[1] 전두환으로서도 이 문제가 계속 부각되는 것을 싫어했으므로 군부의 행동을 저지하였다. 미국의 레이건Ronald Reagan 대통령은 1983년 11.12 – 14간 방한하여 한국의 안보에 대한 지원을 확인하였다. 이후 남북한은 군비강화에 진력하였는데 한국은 지대지 현무미사일을 개발하였다.

버마암살폭발사건이 있은 지 불과 6개월 후 남한의 제의로 1984.4.9 남북체육회담이 열렸고 1984.11.15에는 남북경제회담이 열렸다. 1984.8.31 – 9.4간 중부지방의 집중호우로 많은 인명피해와 재산 손실을 가져온 수해가 발생하자 북한은 9월8일 방송을 통하여 수재지역 이재민들에게 쌀 5만 섬, 포목 50만 미터, 시멘트 10만 톤과 의약품 등을 남한에 보내겠다고 제의하였다. 남북한 간에는 그 전에 재해가 발생했을 때도 서로 돕겠다는 제의를 한 바 있었으나 어느 쪽도 그런 제의를 받아들인 적은 없었다. 통일원은 북한의 원조 제의를 받아들이지 않는 것으로 전대통령의 재가를 받았으나 노신영 안기부장은 남북대화 촉진과 화해분위기 조성 이유로 북한의 원조를 받아들이도록 건의하였다고 한다.[2] 전대통령이 안기부 입장을 받아들임으로써 한국은 9.14 북한으로부터 수해원조를 받기로 하여 전후 처음으로 물자교류가 이뤄졌다. 남북한 간에는 사건 이전보다 이후에 오히려 각종 교섭과 방문·교류가 활발하게 이뤄진 것이다. 이러한 분위기 하에서 1985.9월에는 남북이산가족 고향방문과 예술공연단 교환방문이 이뤄졌다. 북한으로서는 버마암살폭발사건으로 국제사회에서 고립된 상황을 피하고자 남북한과 미국의 3자회담 개최도 다시 제의하였다. 이에 대해 당시 우리 정부는 남북한 당국자간의 직접 대화로 대응하였고 미국 또한 당사자 간의 대화를 지지하였다. 3자회담 구상은 1978년 김일성과 가까운 두 명의 독립적 공산주의자인 유고의 티토Josip Broz Tito 대통령과 루마니아의 쵸세스쿠Nicolae Ceauşescu 대통령에 의해 별도로 미국의 카터James E.Carter 대통령과의 대화에서 처음 논의되었다고 한다. 이 문제는 1979년 카터 대통령의 방한 시에 크게 부각되었다. 당시 박정희 대통령은 정부 내 모두가 반대했음에도 불구하고 이에 동의하였으나, 1981년 레이건 정부 때 헤이그Alexander M.Haig 국무장관은 3자회담을 거부하고 이를 반대하도록 국무부에 지시하였다고 한다. 그러나 미 국무부 일각에서는 이를 무시하고 북경에서 북한과의 접촉을 이어갔다고 한다. 버마사건 직전인 1983.9월 북한이 북경에서 중국을 통하여 한반도 평화를 위하여 남한을 미국과 함께 정식 회담의 참가자로 수락한다고 미국에게 3자회담 개최를 제의한 것은 양국 간에 전부터 있어왔던 이 문제를 보다 공식화한 것이었으나 버마암살폭파사건으로 북한의 제의는 신용을 잃게 되었다.3 김일성은 1984.5월 동독의 호네커Eric Honecker 수상과의 대화에서 "3자회담 제의는 주한미군 강화 저지에 있다."고 고백하였다. 그는 또 "이런 제의를 계속해야 미국이 통일을 원하지 않고 한국에 남으려 하는 의도를 세계에 보여줄 수 있고 남한 인민들의 투쟁을 독려할 수 있다."4고 솔직하게 언급하였다고 한다.

사건 이후 남북한 대화가 오히려 촉진된 배경으로서는 당시 한국정부가 88 올림픽에서 북한의 테러행위를 방지하기 위한 일환으로 이를 적극 추진한 면이 있었던 것 같다. 1985.5월부터 1991.11월까지 안기부장 특보 박철언과 북한 외무성 부상−유엔대사 한시해는 평양, 서울, 판문점, 제주도, 싱가포르 등에서 52회나 면담하여 정상회담 등 남북한 간 문제를 논의하였다고 한다. 1985.9.4−6에는 안기부장 특보 박철언의 주선으로 북한의 허담 대남담당비서와 한시해 등 5인 사절단이 비밀리에 방남하여 전두환 대통령을 면담하였다. 그들은 김일성의 서한을 소지하였는데 랑군사건은 북한과 관계가 없으며 북한이 사과해야 한다면 회담 종료를 의미한다고 경고하였다. 이어 다음 달에는 장세동 안기부장과 박철언 특보 등 5인이 전두환 대통령의 친서를 휴대하고 방북하여 김일성을 면담하고 정상회담 조속 개최를 제의하였다. 그러나 마지막 날에 김일성 측은 불가침조약안을 제시하며 한미군사훈련 Team Spirit 86을 취소할 것을 요구하였다.5 이러한 특사접촉이 성과가 없자 김일성은 1986.1월 팀스피리트 훈련을 핑계로 모든 남북대화의 중단을 발표하였다. 전두환이 특사를 통해 김일성과 간접 대화를 한 사실은 한참 뒤에야 밝혀졌다. 한편 한국정부는 1984.10.9의 버마순국외교사절 제1주기 추도식에서는 대통령 명의의 담화문을 모든 재외공관에 타전해 추모행사를 하고, 국내에서 아웅산묘소 테러규탄 궐기대회를 개최했으나, 1985.10.9 제2기 추도식은 대폭 축소되었다. 2017.4 공개된 외교문서에 의하면 전두환 정부는 1985.9 "진행 중인 남북대화에 미칠 영향과 사건이 더 이상 거론되지 않기를 바라는 버마 측 희망을 감안, 조용히 추진한다."는 방침을 세웠다. 이에 따라 2주기 추도식 당일 정부 대변인 명의의 성명을 발표하고, 駐미얀마대사관을 제외한 여타 재외공관은 추모행사를 갖지 않기로 했다. 또 11개 정부 부처는 1985.9.24 국가안전기획부 제2국장실에 모여 1986년 3주기 추도식 행사부터는 민간단체에 의한 추모행사도 아닌, 유가족 주관의 추모행사를 유도하기로 의견을 모았다. 이러한 정부 방침은 북한이 1986년 들어 '팀스피리트' 한미 합동군사훈련을 구실로 대화를 중단했음에도 그대로 유지됐다. 3주기가 다가오자 정부는 "북괴가 남북대화 재개에 호응하지 않고, 88 서울올림픽을 방해하고자 책동하고 있음을 대외적으로 부각하고, 대내적으로 국민의 안보 의식을 고취함이 바람직하다."라는 기조를 세웠으나, 전년도 11개 부처의 회의 결과에 따라 3주기는 정부 지원의 추모행사나 駐미얀마대사관 추모행사도 갖지 않기로 했다. 결국, 3주기 추도식은 전년도처럼 정부 대변인 명의의 성명서만 발표됐으며 정부 주최의 행사는 없었다. 다만, 駐미얀마대사관은 대사관 직원과 현지 교민만 참석한 가운데 조용한 추모행사를 가졌다.6

김일성은 1986년 말 시정연설에서 남북 간 정치·군사회담을 제의하고 1987.1.9. 이를 공식 제의하였다. 이러한 북한 측의 대남 대화 입장은 1985.5월 소련에서 고르바초프Mikhail Gorbachev 공산당 서기장이 집권하면서 개혁과 개방정책을 표방한 것이 영향을 미쳤으리라고 짐작해 볼 수 있다. 그러나 남북 간 대화가 진전이 없자 북한은 "88 서울하계올림픽" 방해와 남한 사회 혼란 조성을 위한 대남테러 활동을 계속하였다. 1987.11.28 바그다드를 출발, UAE 아부다비를 거쳐 방콕으로 향하던 대한항공 KE858편 보잉 707기가 11.29 오후 2시5분 (KST)경 버마 안다만해 상공에서 폭발하여 탑승객 115명 전원이 사망하였다. 북한에서 파견한 김승일·김현희 테러조가 범인으로서 서울올림픽 방해가 목적 이었다. 이틀 후 바레인에서 체포 위기에 몰린 김승일은 자살하였고 김현희는 체포되어 한국으로 압송되었다. 이 사건으로 미국은 북한을 1988.1월 테러지원 국으로 지정하였다가 20여년 후인 2008.11월에 해제하였다. 그러나 북한이 2017.2월 말레이시아에서 김정남을 화학무기로 암살한 사건과 2017.6월에 미국 시민 오토 웜비어Otto Warmbier를 숨지게 한 사건이 발생하자 미국은 2017.11월 북한을 이란, 수단, 시리아와 같이 다시 테러지원국으로 지정하여 현재에 이르 고 있다.

3. 동맹의 의미

대한민국 국가 원수의 생명을 노린 버마암살폭발사건은 국가적 안보 위기 였다. 이러한 위기 상황에서 남북한의 동맹국들이 어떻게 행동하였는지를 분석 해 보는 것은 한반도에 대한 이들의 기본 정책을 이해하는데 도움이 된다. 또 향후 한반도의 통일과 안보 문제에서도 어떤 시사점을 얻을 수 있다고 본다. 버마사건 이후 37년이란 세월이 지났지만 한반도를 둘러싼 지정학적 조건은 별로 변화되지 않고 있다. 1991.12월 소련의 해체로 미·소 냉전이 공식적으로 종료되고, 한국도 소련-러시아, 중국과 외교관계를 수립하여 경제 등 비정치 관계는 상호 긴밀해졌으나 정치, 군사적 상황은 근본적으로 변화하지 않고 있 다. 북한은 아직도 미국이나 일본과는 아무런 공식관계를 맺고 있지 않다. 북 한과 러시아 간의 1961년 조·소(러)우호협력조약(군사동맹)은 1996년에 폐기 되었다. 그러나 일방이 침략을 받았을 경우 각자의 헌법절차에 따라 행동하며 1년 전 통고로 폐기할 수 있는 1953년의 한·미상호방위조약과 다르게, 피침시 군사적 자동개입(그 조항은 사실상 폐기되었다는 일부 중국인사의 주장도 있음)과 상호합의에 의해서만 수정·폐기될 수 있는 영구군사동맹인 1961년의 "조·중 우호협력 및 상호원조조약"7은 여전히 유효하다. 북한의 수소폭탄을 포함한 핵무기 제조 성공과 대륙간 탄도탄 개발, 탄도미사일 발사가 가능한 잠수함 건조로 남북한 간의 재래식 무기에 기반하여 오랫동안 유지되었던 군사 균형은 북한에 일방적으로 유리한 비대칭적 군사대결 형태로 변모하였다. 이로 인해 한반도를 둘러싼 냉전상황은 오히려 악화된 측면이 있다. 동북아 신냉전시대라고 할 수 있는 현 시점에서 한국은 미국과의 군사동맹 체제하에, 북한은 중국과의 군사동맹 체제하에서 상호 군사적 대립을 지속하고 있다. 북한이 2005.2월 "핵 보유국"임을 선언하고, 2016.5월 헌법에 이어 노동당 규약에도 핵 보유국임을 명시하면서 "핵 불포기 선언"을 하고 핵무기 및 운반체계의 고도화와 그 생산을 계속함으로써 명실상부한 핵 보유 국가가 된 것은 이러한 상황의 해소를 더욱 복잡하게 하고 있다.

미국과 일본

동맹은 보험과 같은 것이라서 평시에는 그 의미가 현실적으로 느껴지지 않는다. 그러나 안보위기 상황이 되면 그 존재 가치가 드러난다. 한반도의 지정학적 가치에 대한 미국 관계자들의 역사적 무지와 무관심, 김일성의 남한 내 공산세력에 대한 오판, 스탈린의 세계전략과 이에 따른 중국의 김일성 남침계획 지원으로 1950년 비극적 6.25 전쟁이 발발하였다. 북한이 남침하더라도 미국이 관여하지 않을 것이라는 예측에 어긋나게 미국은 전격적으로 참전을 결정하였고, 전후 한미방위동맹으로까지 이어졌다. 미국의 참전은 미·소 간 냉전이 본격화되면서 막 출범한 북대서양군사동맹(1949.4) 유럽회원국들에게 소련의 팽창정책을 미국이 세계 어디서나 저지시킬 것임을 보여주고, 국제연합기구의 국제집단안보 조항 사문화에 대한 우려 등이 작용했던 것으로 분석되고 있다. 1953.7월의 휴전 이후에도 계속된 북한의 대남 무력도발로 인한 한반도에서의 위기 상황은 1983.10.9 버마암살폭발사건에서 최고조에 달했다. 1968.1.21 북한의 특공대에 의한 박정희 대통령 암살시도가 있었으나 우리의 단독 작전으로 즉시 무산되어 국제적 위기 상황까지 발전하지는 않았다. 미·북 간에는 1968.1.23 미국 정보함 푸에블로호 납북사건과, 1969.4.15 일본에서 발진하여 정기적으로 첩보수집 업무를 수행하던 미 해군 조기경보기 EC－121이 공해상에서 북한 미그 21 전투기에 의해 피격되어 청진에서 90km 떨어진

동해상에 추락, 승무원 31명 전원이 사망하고 2명의 시신만이 발견되는 사건이 있었다. 또 1976.8.18 판문점에서 북한의 도끼만행사건 등이 있었지만 미·북 간 문제로 한국이 직접 관여할 여지는 없었다. 이 사건들에서 모두 미국은 북한에 대한 어떠한 보복조치도 취하지 못했다. 당시 미국은 월남전에서 고전 중이었고 국내에서도 반전운동이 활발하여 북한에 대한 군사 보복조치를 취할 여력이 없었다.

버마암살폭발사건 직후부터 버마정부의 신속한 사건조사 촉구, 중국의 개입 배제와 북한에 대한 국제적 제재를 위한 숨 가쁜 외교전에서 우리는 실질적으로 도움을 받을 우방국이 필요하였다. 군사적으로는 미국이 우리 국가원수에 대한 보호와 부상자 치료, 북한의 추가적 도발 억제, 남북한 간 군사충돌 억제 등 물리적 힘을 발휘하여 사태를 진정시키는 데 기여하였다. 아웅산묘소에서 사건이 발생하여 누가 적인지 모르는 긴급한 상황에서 우리를 지켜줄 세력은 누구인가? 떠오르는 것은 미국뿐이었다. 그래서 나는 즉시 미국대사관에 전화로 사태를 알리고 가능한 보호조치를 요청하였다. 그러한 생각은 나뿐만이 아니었다. 대사관의 무관은 또 자기의 판단으로 미국대사관 무관에게 도움을 요청하였다. 안기부 측도 마찬가지였다. 사태를 보고받은 서울의 외무부도 마찬가지로 미국대사관에 협조를 요청하였다. 누구의 지시를 받아가며 국가원수의 안전을 확보할 시간적 여유가 없는 상황이었다. 각자의 위치에서 본능적으로 최선의 방법을 찾아 행동을 할 수밖에 없었고 모두 미국을 구세주처럼 바라보게 된 것이다. 이러한 상황은 강제징용 피해보상 문제와 관련된 일본의 대한국 보복조치를 최후에는 미국이 어떻게든 해결해 줄 것을 기대하고 있는 현실을 보면 별로 변화된 것이 없어 보인다.

미국 다음으로 자진해서 우리에게 실질적인 도움을 준 나라는 일본이었다. 당시 나카소네 총리 시절로 한·일관계가 좋은 때이기도 했고, 일본이 버마에 대한 최상의 정보와 최고의 인맥을 보유한 나라라는 여건이 있었기에 가능한 일이었다. 일본과 우리의 관계는 양측에서 모두 불필요하게 국내정치적으로 이용되고 있어 안정적이지 못하다는 문제점이 있지만, 현실적으로는 양국이 국제무대에서 협력함으로써 모두에게 득이 되는 관계임을 잊어서는 안 된다. 세계의 안보와 경제질서를 만들고 유지해 나가는 미국은, 자유민주체제를 지향하는 대한민국이 예상 밖의 급속한 경제성장을 이루고 동북아에서 소련(러시아)과 중국의 공산주의 팽창을 막는 최전선에서 일본에 대한 보호막을 형성하고 있는 점을 평가하고, 한국이 이러한 기능을 지속할 수 있도록 가능한 여러 지원을 하는 입장임은 그때나 지금이나 근본적인 변화는 없다고 본다. 일본으로서도 같은 정치·경제적 목표를 추구하는 한국이 공산세력의 확장을 막는 안보 역할을 충실히 수행하고 있으므로 가능한 지원을 제공하는 입장이었다. 소련의 붕괴와 중국의 시장경제 추진에도 불구하고 이들 국가와 미국과의 대립관계는 앞으로도 상당기간 해소될 가능성이 희박함에 비추어 한국에 대한 미국과 일본의 기본 입장은 크게 달라지지 않았다. 그러나 2019.7월 일본이 한국에 대해 취한 무역보복조치는 공산 독재체제를 유지하면서 경제대국으로 부상한 중국과, 세계질서 주도국의 지위를 스스로 약화시키면서 미시적인 관점에서 미국 이익을 추구하는 트럼프 대통령의 등장, 일본 내 우익세력의 저변 확장에 따른 평화헌법 개정 가시화 등 저간의 변화된 복잡한 국제정치적 변화를 내포하고 있는 것으로 보인다. 우리 정부나 사회가 이러한 변화에 대한 정치외교적 상황에 무관심하고, 냉전시대의 사고에서 벗어나지 못한 채 일방적인 미국의존 외교가 모든 문제를 해결해 줄 것이라는 무사안일적 타성에 젖어 있는 것이 아닌지 우려된다.

북핵 문제는 이제 우리의 힘으로 어떤 해결의 실마리를 풀 수 있는 단계는 아니다. 북한은 수소폭탄과 곧 백 개에 달할 핵무기, 미국 동부까지 미칠 수 있는 대륙간 탄도탄을 개발한 세계 제6위의 핵무기 국가인 것이 현실이다. 이는 누가 인정하고 아니고의 문제가 아닌 현실이다. 국제정치란 소설이나 이상이 아닌, 국민 삶에 대한 실질적 파급 효과를 고려해야 하는 현실임을 인식하고, 필요시에는 독자적인 대응이 가능한 외교정책을 전개할 수 있는 태세를 갖추려는 노력이 절실한 시점이다.

중국과 러시아

버마사건이 발생하자 중국 외교라인에서는 북한의 테러행위를 비판하는 입장이었으나 공산당 지도부는 북한을 감싸고 보호하는 태도를 강하게 견지하였다. 소련도 미국에 대한 저항세력으로서의 북한체제 유지가 자국의 국익에 도움이 된다고 보고 국제연합 등에서 북한의 보호막이 되어 주었다. 우리로서는 중국과 소련(러시아)이 냉전 이후에도, 북한이 핵무기를 개발하고 어떤 국제테 러나 도발을 자행하더라도 변함없이 북한편에 서왔고 앞으로 오랜 세월에 걸 쳐 그들 자체가 상당한 수준으로 민주화가 이뤄질 때까지는 그러할 것이라는 것을 감안하고 이들과 상대해야 할 것이다.

미국의 대한반도 기본 정책

대 동북아 정책 기조

미국은 중국과 1971년 관계 수립 이후 경쟁과 협력관계를 유지하고 있으 나, 중국의 굴기에 따른 패권국가화에 일본과 우려를 공유하고 중국을 다방면 에서 견제하려는 입장이다. 중국이 도광양회韜光養晦를 거쳐 세계 제2의 경제대 국이 되면서 일대일로一帶一路정책과 "아시아 인프라 투자은행AIIB" 등을 통한 대 국굴기大国崛起를 본격화함에 따라, 그간 중국을 러시아에 대한 견제세력이며 경 제진출 시장으로만 간주해온 미국의 중국에 대한 평가는 새로운 단계를 맞이 하고 있다. 중국의 경제발전이 민주화로 진행될 것이라는 전망은 잘못이었다는 분석이 미국 내에서 강화되고, 미국제일주의를 추구하는 트럼프 대통령이 중국 억제정책을 본격화함에 따라 그 파장이 한국의 경제와 외교에 큰 변수로 등장 하였다. 이러한 미국의 대중국 강경정책은 민주당의 바이든이 대통령이 되더라 도 근본적인 변화는 없을 것으로 판단된다.

미국은 제2차세계대전시 일본에 의한 침략을 받은 경험에도 불구하고, 냉전 시대와 냉전 후 시대를 망라하여 소련(러시아)과 중국의 세력을 억제함에 있어 아시아에서 일본을 필수불가결한 최고의 동맹국으로 간주하면서 일본의 재무 장과 핵 능력 고도화를 지원해왔다. 한편 한반도 분단상황이 미국의 이익에 기 본적으로 부합한다는 인식하에, 한반도 분단의 안정적 현상유지status quo를 원 하는 중국과 이해관계를 공유하고, 한반도에서 중국과의 마찰을 회피하려는 정 책을 추구해왔으며, 이는 현재도 변함없는 미국의 정책기조로 인식된다. 한편 대중·대러 견제정책에서의 한국의 유용성은 인정하고 있으나, 미국에 대한 북 한의 핵 위험이 현실화됨에 따라서 북한과의 핵전쟁을 무릅쓰고라도 한국을 보호할 것이라고 확신하기는 어려운 상황에 돌입하고 있다고 봐야 할 것이다.

북핵에 대한 입장

중국의 동의 없이는 북핵 문제의 해결이 불가함을 점차적으로 인식하고 중국과의 공조를 통한 평화적 해결을 모색하고자 노력해 왔으며, 이를 보완하기 위해 필요시 한국과 일본 등 관계국의 경제력을 동원하고자 하였다. 또한 최근까지도 북핵 문제를 동아시아에서의 미국의 이익에 활용하는 정책(중국에 대한 압력수단, 일본의 군사대국화 촉진으로 중국·러시아 견제, 한국에의 외교·군사적 영향력 유지 및 무기 판매 증대)수단으로 이용하고 형식적인 대북 제재를 해왔다. 북한의 핵무기는 이미 2006.10 제1차 핵실험 직후부터 한국에 대한 실질적 위협으로 등장했으나, 미·일에 대한 직접적 위협은 아니라고 판단하고, 중국과의 관계 악화에 이를 정도의 대중·대북 압박을 가하지 않았음에 유의할 필요가 있다. 2016년 이후 예상보다 빠른 북한의 수소폭탄 개발 등 핵무기 고도화 및 탄도미사일 발사 잠수함SLBM, 대륙간 탄도미사일ICBM 개발의 현실화로 일본과 괌 및 일본 내 미군기지에 대한 실질적 위협이 증대됨에 따라 국제연합 등 국제사회와 중국을 통한 대북 경제·외교적 압박을 강화하여 북한의 위협을 제거하고자 노력중이다. 그러나 북핵 문제로 중국과 직접적인 대결을 원하지 않는 입장에 변화는 없으며, 대북 군사적 조치도 현실적으로 불가능함을 인식하고 있는 것으로 보인다. 결국 북한과의 양자 간 대화를 통해 장거리 미사일의 일부 제거와 핵무기 현상동결, 대북평화협정 체결과, 한·일 및 국제경제기구 등을 동원한 대북경제 지원으로 문제를 일시적으로 봉합한 후, 점진적이고 장기적으로 북핵을 관리하고 북한이 핵을 포기하도록 유도해 나갈 것으로 전망된다. 미국으로서는 북한이 핵무기로 미국이나 일본을 직접 위협하지 않는 한 북핵을 무력으로 제거할 실익은 없다고 본다. 또 핵무기 비확산 체제NPT를 계속 유지하되 북한에 대해서는 예외적으로 핵무기의 단계적 폐기를 목표로 할 수밖에 없을 것이다. 한국에 대한 북핵의 위협에 대해서는 핵우산을 한국에 제공한다는 방침이나 그것이 미국에 대한 북핵의 위협이 있을 경우에까지도 유효하다고는 보지 않는 것이 국제정치를 현실적으로 보는 시각일 것이다. 일본은 1980년대부터 미국으로부터 플루토늄의 대량 재처리와 보관을 허용 받았다. 이로써 필요시에는 즉시 핵무기를 대량으로 제조할 수 있는 상태에 있다. 따라서 북핵 위협이 가시화될 경우에는 스스로 핵무기를 만들어 대처할 수 있으므로 미국의 핵우산 제공 여부는 별로 논란의 대상이 되지 않는다. 오히려 아무런 자체적인 대책이 없고 북핵의 지속적인 위협하에 있는 한국에서 핵무장을 위한 아무런 준비나 논의도 없는 것은 미국의 핵우산에 대한 절대적 믿음에 근거하고 있다. 이는 미국에 대한 맹목적적 믿음에 기초한 무책임한 안보의식이 정치권이나 사회 각층에 팽배되어 있음을 보여주는 것이 아닌지 우려된다. 냉전 시대에 영국이나 프랑스가 미국의 핵우산을 믿을 수 없어 자체 핵무장을 한 것을 우리는 어떻게 봐야 하는가? 우리가 영국이나 프랑스보다도 미국에게 더 중요한 동맹이라도 된다는 것인가?

한편 미국은 북한이 자체적 요인으로 내부 붕괴할 경우에 대비하여, 한반도 분단체제의 현상유지와 북핵의 해체를 전제로 북한을 계속 중국 영향권에 두고 중국이 안정적으로 북한을 관리하는 방안을 중국과 전략대화를 통해 협의할 가능성이 있다. 한국에 대해서는 핵우산 제공 약속 등으로 한국의 핵무장론을 저지하고 미국으로부터의 재래식 무기 구입 증대와 대중 봉쇄정책 동참 요구(THAAD배치 증가, MD체제 편입, INF 배치 등)를 계속할 것으로 전망된다. "미국의 군산복합체는 한반도에서 평화도 전쟁도 아닌 '최적 긴장Goldilocks tension' 상태를 바란다. 반면 제조, 금융 서비스 그룹은 긴장이 완화되는 가운데 투자와 교역확대를 통해 이익을 추구하고자 한다. 미국 내 이익집단 간의 균형이 어디에 설정되느냐에 따라 한·미 안보협력을 포함한 대한 정책이 영향을 받는다."[8]는 송민순 전 외교부장관의 분석은 외교부 내에서 북핵 문제를 가장 오랫동안 다룬 미국통 관료로서는 매우 직설적이고 솔직한 평가이다. 이는 동맹이라 하더라도 자신의 국익을 우선한다는 외교의 현실을 지적한 것인 만큼 대미 관계에서 우리가 항상 유념해야 할 기본 인식이다. 안보 위기 상황에서 우리 정치권과 국민들의 냉정한 판단이 중요한 이유이다.

일본의 대한반도 정책

미국의 대중국 봉쇄정책의 선봉에 서 있는 입장에서 북핵 문제에 관해서도 미국의 입장을 따르며 이를 일본의 군사력 증강에 호재로 활용해 왔다. 필요할 때는 즉시 핵무기를 다량으로 제조, 배치할 준비가 되어 있는 잠재적 핵 국가로서, 또 미국의 보다 확실한 핵우산 하에 있는 국가로서 북핵에 대한 현실적 위기감은 한국의 경우보다는 현저히 낮다고 볼 수 있다. 북핵 상황을 대미·대중·대한 관계에서 외교·군사·경제적으로 유리하게 이용하며, 북한의 붕괴가 한반도의 통일로 이어지지 않도록 북한 급변사태에 관해 미국 및 중국과 사전 협의 또는 교감할 가능성이 크다. 또 일본의 지속적인 우경화 현상이 보여주듯이 일본은 아시아에서 전통적으로 미국이 수행해왔던 안보 역할을 일정 부분 분담하면서 전쟁을 할 수 있는 정상국가로 나가기 위한 헌법개정을 꾸준히 준비하고 있다. 이에 걸림돌이 되는 한국에 대한 일본의 정책이 과거처럼 항상 우호적일 것이라고 기대하기는 점차 어려워지고 있다. 한국으로서는 미국의 아시아 정책을 사실상 좌지우지하는 일본과의 우호적인 관계 유지가 선택이 아닌 필수임을 인식하는 기초 위에 현명하고 실리적인 대일정책을 추진해야 한다. 일본의 국수주의적 정책에 말려들지 않도록 유의하는 동시에, 우리 내부로도 반일 민족주의 감정을 조장하고 이를 국내 정치적으로 이용하는 정치적 패권 다툼에 대해서는 경계해야 할 것이다.

중국의 대한반도 정책

공산당 통치체제의 유지와 경제발전을 통한 위대한 중국 건설을 최고 목표로 추구하는 국가로서 주변국, 특히 미국과 직접 대치하고 있는 한반도에서의 현상유지(북한에 친중 공산정권 유지)를 이러한 국가목표 추구에 절대적 선결 요건으로 간주한다. 한반도 통일은 남한에 의한 흡수통일일 수밖에 없는 현실에서, 현 분단상황 유지와 적절한 군사적 긴장상태는 미군을 한반도에 묶어 두고 미군의 동남아 등지로의 진출을 억제하는 효과가 있어 북한공산체제 유지를 변함없이 적극 지원하고 있다. 북한의 핵무기 보유가 바람직하지는 않다고 보나 북한공산체제 유지가 더 중요한 가치이며, 북한의 핵 보유가 그러한 체제의 유지에 도움이 되는 한 이를 적극적으로 제지하는 것은 중국의 기본적 국익에 도움이 안 되는 것으로 판단하고 있음은 그간 북한에 대한 형식적인 제재에서 명확히 드러났다. 중국 내 일부 개혁세력은 북핵을 장기적으로는 중국의 국익에 반하는 것으로 볼 수도 있으나 이들이 중국의 의사결정 과정에 영향력을 미치는 세력은 아니다. 일본은 현실적으로 핵무기를 만들 모든 여건을 이미 갖춘 국가이고, 한국의 핵무장은 미국이 저지할 것이므로 북핵이 동북아에서 더 이상의 핵확산을 유발할 것으로 보지는 않는 듯하다.

미국과 국제연합 등 국제사회에서의 북핵 반대 여론에 표면상으로는 부응하는 입장을 취하면서 내부적으로는 북핵문제보다는 북한의 공산체제 유지가 더 중요하다는 입장에 변함이 없어 보인다. 북한 핵과 미사일은 알려진 범위 내에서 해체하도록 한 후 북한을 비핵국가로 인정하고, 도발적 행동은 자제하도록 요청하면서 핵 기술 확산 금지, 미국과의 평화협정 체결 등 대화를 통한 핵 문제의 장기적 해결을 요구하고 있다. 한국에 대해서는 북핵을 이용하여 한국 내 대미불만을 고조화시켜 한·미동맹의 이완을 유도하고, 한국이 대미·대중 균형외교정책을 취하도록 압박을 강화하면서 미국의 고고도 미사일 방어체제THAAD의 한반도 배치 상황을 최대한 이러한 목적에 활용하고 있다. 북한이 자체적으로 붕괴되더라도 친중 공산정권이 유지되도록 대비하고, 북핵 해체 또는 안정적 관리를 전제로 상황에 따라 북한의 체제 붕괴 후 대책을 미국과 사전 협의할 가능성이 있다. 미국이 원하더라도 김정은을 다른 친중 정권으로 교체하는 체제변환regime change은 자칫하면 북한 공산체제의 전복과 남한에 의한 흡수통일로 발전할 위험성이 있으므로 수용하지 않을 것이다.

러시아의 대한반도 정책

유럽과 독립국가연합CIS, 중동, 중앙아시아 등에서의 세력 강화에 대외정책의 중점을 두고 있으므로, 아시아에서는 외교력을 행사할 여력이 없음에 비추어 중국과의 협력을 통한 미국 세력의 억제와 한반도 현상유지(분단 지속)를 통한 자국 이익 확보라는 수동적 입장이다. 북핵에는 핵 비확산 차원에서 반대하나, 북핵이 미·중관계에서 갈등을 심화하고 관계 긴밀화를 억제하는 기능을 하며, 한국에 대한 러시아의 영향력을 어느 정도 유지할 수 있도록 하는 지렛대가 되고 있음에 비추어 이를 적극 저지할 필요성은 없다고 보고 있다. 또 북핵 사태를 통하여 미국과 일본의 외교적 입지를 제약하면서 이를 자국 외교에 활용하도록 노력하고 있다. 일본은 현실적으로 필요할 경우에는 즉시 핵무장이 가능한 국가이고, 한국의 핵무장은 미국이 저지할 것이므로 북핵이 동북아에서 더 이상의 핵확산을 유발할 것으로 보고 있지는 않는 듯하다.

유럽연합의 대한반도 정책

한반도 평화 유지와 비핵화가 세계평화와 경제발전에 유리하다는 기본 입장에서 북핵에 반대한다. 그러나 북핵 문제에 주도적 역할을 할 능력은 없음에 비추어 미국의 정책을 지지하고 국제공조에 참여함으로써 아시아에서의 이익 확보 정책을 추구한다. 북한의 인권문제를 부각함으로써 북한 문제에 대한 어느 정도의 영향력을 유지하고자 하고 있다.

"국제연합"의 입장

안보리 상임이사국 중에서도 미국과 중국이 북핵 문제에 대한 이해관계와 해결 능력을 가지고 있음을 인정하고 미·중의 지도적 역할에 따르고 있다. 북한 인권문제, 난민문제 등에서는 일반 회원국들도 관심을 가지고 논의에 참여하고 있다.

동맹관계의 종합적 판단

한반도를 둘러싼 동맹관계의 의미를 현재의 한반도 핵 위기 상황에 비추어 다음과 같이 생각해 볼 수 있을 것이다: 북핵 문제는 이론적으로는 핵비확산조약NPT상으로 공인된 5대 핵무기 보유국들이 비확산 책임을 지고 해결해야 되는 문제이다. 그러나 중국은 현 공산체제가 유지되는 한, 즉 중국의 정치체제가 민주화될 때까지는, 북핵이 미·일에 대한 외교·군사적 견제에 유리하므로 북한 공산체제의 붕괴를 초래할 위험이 없는 정도로만 북한에 대한 제재에 동참할 것이다. 따라서 북한은 최소한 중국의 공산체제가 변화할 때까지는 핵을 포기할 필요가 없을 것이다. 현실적으로 북핵으로 인해서 한국이 안보상 가장 큰 위협을 느끼는 국가이나 한국은 이를 해결할 외교적·군사적 능력이 없다고 평가된다. 덩샤오핑의 개혁개방 정책이 성공함에 따라 중국이 시장경제체제에 편입되었으므로 경제발전에 맞춰 다당제 등 서구식 자유민주주의가 중국에서도 실현될 것이라는 기대를 미국 등 대부분의 자본주의국가들이 가지고 있었다. 그러나 시진핑 등장 이후 이는 상당 기간 실현 가능성이 없는 기대라는 것이 분명해지고 있다. 하버드 대학의 그라함 알리슨Graham Allison 교수는 시진핑의 중국이 가장 두려워하는 것은 고르바초프의 망령이라고 한다.9 시진핑은 소련 붕괴에서 깊은 교훈을 얻어야 한다고 하면서 고르바초프가 세 가지의 치명적 실수를 저지른 것으로 분석했다고 한다. 즉 경제를 개혁하기 전에 사회에 대한 통제를 완화한 점, 공산당이 부패해서 결국 빈 껍데기가 된 점, 군 사령관들이 공산당과 그 지도자가 아닌 국민들에게 충성을 하도록 소련 군부를 국가화함으로써 당을 무장 해제하고 반대파들이 공산체제를 전복하려고 나섰을 때 이를 막을 수 없었다는 점의 세가지 실수가 소련 멸망의 요인이라는 것이다. 따라서 시진핑의 "중국몽中國夢"을 이룰 첫째 지상과제는 "공산국가 중국이라는 나라의 전위대와 수호자로서의 강력한 공산당"의 위치를 다시 회복해야 한다는 것이다. 이를 위해 당의 부패를 청산하여 인민의 지지를 얻고, 공자 말씀처럼 덕치를 하되 처벌로 질서를 지켜야 한다고 한다. 이는 덩샤오핑이 당을 정부에서 분리하고 중국의 국가 관료체제를 강화하려고 했던 것과는 달리, 중국 통치체제에서 당의 중심성을 강화하는 것이다. 시진핑 집권 직후 인민일보가 "중국에서 일을 잘 처리하고 중국몽을 달성하는 핵심은 당에 있다."한 것은 이러한 시진핑 체제의 통치 방향을 분명히 한 것이라고 한다.

미·중이 세계적 패권을 두고 상호 갈등하면서도 북한 핵과 미사일을 알려진 현실적 수준에서 폐기하도록 한 후 북한을 사실상의 비핵국가로 인정하고, 미·북 양자회담과 6자회담을 통해 주변국들이 북한에 대해 경제적 대가를 지불하도록 할 수도 있을 것이다. 또 일본으로 미국의 방어선을 후퇴시키며 한반도에서의 미국의 관여를 축소하는 데 합의할 가능성도 있다. 미국이 한국을 배제하고 중국과의 협의하에 또는 중국의 후원하에 미·북간 대화를 통해 북핵문제를 봉합할 가능성도 있다. 한국으로서는 북핵의 해체가 아닌 현상 동결 상황을 만들기 위해서도 미·중의 압력으로, 1994년의 제네바 합의 경우와 같이 큰 경제적 부담을 해야 되는 처지가 될 우려가 있다. 이러한 상황에서 핵무기 보유가 한국으로서는 최상의 선택이나 현실적으로는 미국의 반대로 불가능하므로 한국의 안보 딜레마 상황과 불안은 상당기간 계속될 것이다. 한국으로서는 북핵 위협에 대해 미국의 핵우산에 의존할 수밖에 없으나 최악의 경우 미국이 북한의 핵 위협에 굴복하여 한국의 안보를 포기할 가능성에 대비해야 될 것이다. 자국의 안보를 동맹국이라고 해도 외국이 완전히 지켜줄 수는 없음에 유의해야 한다. 국제연합도 그 역사상 집단안보 기능을 발휘한 경우는 극히 예외적 상황하에서 뿐이었으며 그 역학 구조상 한국의 안보를 지켜줄 수는 없음이 명확하다. 또 미국이 한국을 일본이나 서구의 주요 역사적인 우방국과 같은 수준의 필수적 동맹국으로 간주하지는 않고 있음에 유의해야 한다. 한국은 미 · 중 간 세계전략적 협의의 대상이 될 수도 있는 것이다.10 1937년 한국에도 체류하며 동북아 역사를 연구한 바 있고, 일본 전문가로서 주일 미국대사(1961 – 66)를 지낸 하버드대학 라이샤워Edwin O.Reischauer 교수는 "현실정치의 관점에서 동북아 공산세력에 대항하는 미국의 방위선은 한반도의 중간에 있을 것이 아니라 대한해협에 있으면 족하고, 한국의 전략적 가치는 일본을 위한 완충지대 역할이며 그것도 심리적인 것에 불과하다."11라고 주장한 바 있다. 트럼프 대통령이 주한미군이 마치 한국만을 위한 것처럼 호도하면서 그 주둔 비용을 모두 한국이 부담하여야 한다고 주장하거나, 한국은 이제 경제적으로 부유하니 스스로 알아서 방위를 해야 한다고 가끔씩 내뱉는 것도 미국민의 일반적인 정서를 대변하는 것이라고 생각된다.

결론적으로 북핵 문제를 해결할 능력을 가진 유일한 국가는 중국이나, 공산중국은 공산북한을 필수불가결한 동맹국으로 여기므로 북한이 핵을 완전히 포기할 이유는 없는 것으로 보인다. 미국은 한반도에서 중국과 군사적으로 대결하면서까지 그 군사동맹국인 북한을 공격하지는 않을 것이다. 북한 내 친중 공산정권 유지를 전제로 중국과의 전략적 대화를 통해 장거리 미사일과 파악된 핵무기들의 폐기를 조건으로 북한을 비핵국가로 인정한 후, 미 · 북대화를 통한 평화협정 체결을 추진하고 주한 미군을 상징적 규모로 대폭 감축하거나 철수함으로써 북핵 문제를 해결해 나가고자 할 가능성이 있다. 한반도 긴장이 완화되면 주한미군을 철수할 수 있다는 것은 매우 상식적인 생각이다. 이렇게 한반도를 미 · 중간 거래의 접합점으로 사용할 수 있다는 빅딜은 국제정치에서 현실주의자로 통하는 키신저Henry A. Kissinger 전 국무장관도 선호하는 미국의 대중전략의 하나로 알려져 있다. 그는 중국과 그러한 의견을 교환한 적이 있음을 밝히기도 하였다. 그러한 상황은 장기적으로 한반도의 자주적 통일에 긍정적으로 작용할 수도 있으나, 세계에서 상당한 경제대국으로 성장한 5천만 인구의 대한민국이 그 안보를 스스로 지킬 능력이나 의사가 없다면 불행한 결과를 맞을 수도 있다는 것이 문제이다. 보다 자주적인 입장에서 안보문제를 검토하고 안보를 수호할 정책을 추구해야 할 것이다. 1971년 키신저가 교섭한 미·중 관계 정상화에서 대만이 국제연합 회원국의 지위를 상실하고 1국 2체제 개념하에 중국의 일부로 편입되었다. 1973.1월 베트남에서의 전쟁 종결과 평화 회복에 관한 파리협정 체결로 키신저 국무장관은 레둑토Le Duc Tho, 黎德壽 북베트남 총리와 함께 노벨평화상까지 받았지만, 1975.4.30 북베트남의 총공세로 남베트남의 수도 사이공이 점령당할 때 미국은 약속을 어기고 미군을 모두 철수함으로써 남베트남이라는 나라가 사라졌다. 국제정치에서 영원한 동맹이나 영원한 약속은 있을 수 없다는 사실은 중소 규모의 국가에게는 악몽이지만 현실로 인식하고 대비하여야 할 원칙이기도 하다.

이러한 상황에서 우리로서는 북한이 대내외적 긴장의 고조 필요성에 따라서 전면전은 아니라도 제2의 버마사건이나 다른 종류의 대남 테러행위를 감행할 의도와 능력을 가지고 있음에 항상 유의해야 한다. 1983.10월은 단순히 37년 전의 에피소드가 아니며, 다른 장소에서 다른 시기에 다른 형태로 재현될 수 있다는 것이 우리가 얻을 수 있는 역사적 교훈이다. 버마에서의 비극이 이제는 우리의 기억에서 사라져야 할 불행한 사건으로만 치부되어서는 안 된다. 북한의 핵보유가 기정사실화되고 있고, 핵 기득권 국가인 중국과 러시아, 핵무기 즉각 개발 능력을 보유한 사실상의 핵국가인 일본에 둘러싸인 우리 안보 현실에서 우리가 가야 할 길은 명확해 보인다. 우리는 제2차세계대전 이후 미국이 건설한 세계질서(자유무역, 민주제도 발전, 국제개발 지원 등 Bretton Woods system) 속에서 지정학적 구속에서 벗어나 경제성장과 민주화를 달성할 수 있었다. 우리는 일제로부터의 해방과 함께 찾아 온 이러한 절호의 세계질서를 잘 이용함으로써 우리 역사상 최고의 번영을 누려왔다. 그러나 이제 미국 스스로 이러한 세계질서를 유지할 동기와 의지가 쇠퇴해 가고 있음에 유의해야 한다.12 세계질서가 변화되어 한반도가 다시금 지정학이 지배하는 시대로 되돌아갈 위험성이 증대하고 있음에 비추어, 우리 국가 지도자들도 파당적 이해관계나 낭만적 민족주의에 기초한 대북정책이나 외교가 아닌, 대한민국이 살아남기 위한 냉철한 현실 인식하에 대책을 강구해 나가야 할 것이다.

4. 우리 외교의 향방

국가이익의 추구가 근대 국가의 존재 이유지만 그 실현은 그 나라의 정치체제와 정치적 지도력, 관료집단의 유능성, 기업, 그리고 시민사회를 포함하는 총체적인 국민적 역량에 달려있다. 국가이익의 최우선순위를 차지하는 국가안보를 확보하는 외교활동도 이와 같은 국민적 역량의 총집합을 요구한다. 그래서 외교에는 여야가 없고 좌우가 없는 것이다. 현재와 같이 대량살상무기weapons of mass destruction가 전 세계적으로 확산되어 있는 상황에서는 세계 어느 국가도 단독으로는 그 안보를 확보할 수 없다. 이를 보완하기 위해서 각국은 지정학적 개념을 이용한 세력균형balance of power 정책과 더불어, 동맹alliance 관계를 발전시켜왔다. 전방위적으로 핵보유국(핵 잠재력을 보유한 일본 포함)으로 둘러싸인 세계 유일의 국가인 한국은 핵무기는커녕 전두환－노태우 군사정권 시 미국으로부터 정통성을 인정받기 위해서 평화적 핵물질도 생산하지 못하게 스스로 족쇄를 채워버린 비핵국가가 되었다. 그리고 국가안보는 미국에 전적으로 의존하면서 한·미동맹이 영구불변의 안전보장이라도 되는 것처럼 국민을 세뇌시켜 왔다. 더 가관인 것은 우리보다 경제력이 수십분의 일도 안되는 북한의 군사력이 우리보다 훨씬 강하다고 공포분위기를 조성하고 미국 무기만 도입하면 만사형통인 것처럼 선전하며 집권 기득권 세력의 이권을 챙겨왔다. 필요한 방위태세는 소홀히 하고 안보 취약성을 오히려 정권 연장과 탐욕의 수단으로 이용하는 부패된 정치적 리더십이 오랫동안 국가를 주도해온 것이다.

북한의 6.25 남침 시 미국이 한국의 민주주의를 지키려 파병했다는 정치적 수사rhetoric를 진실로 믿고 스스로 세뇌하며 미국을 구세주로 여기는 유사 종교적 신념이 아직도 사회 여러 부분에서 신봉되고 있다. 미국은 미국민의 구세주이며, 유럽과 일본의 구세주일지는 몰라도 한국의 구세주는 아니라는 것이 19세기말 이래의 역사가 변함없이 증거하고 있지만, 독재자들에 의하여 세뇌된 우리의 뇌는 이를 믿으려 하지 않는다. 제2차세계대전 후 미·소의 한반도 분할에서 남한이 미군정 지배에 들어가고 결과적으로 민주주의와 시장경제체제를 채택하게 된 것은 불행 중 다행이지만, 그것은 미국의 국가이익 추구가 주 목적이었지 한국민의 민주적 삶과 복지를 도모하기 위한 것은 아니었다. 한국

전쟁 이후 한미방위동맹체제하에서 한국이 경제발전을 이루고 민주제도를 크게 발전시켜 왔지만 이는 미국이 한국을 위해 베푼 시혜에 의한 것이라기보다는 냉전체제하에서 한국의 발전이 미국의 이익에 부합하였고, 민주주의와 경제발전을 이루려는 한국민의 남다른 노력과 투쟁에 의한 성과인 것이다.

우리가 미국과의 동맹을 신성시함에 따른 문제점을 인식하고 대책을 강구해야 할 시점은 늦었지만 지금이라도 심각한 성찰이 필요하다. 소련의 멸망으로 이념대결은 사실상 종식되었으나 중국의 세계 최강국으로의 부상이라는 엄청난 지정학적 현실에 직면해온지 상당한 시일이 지났는데 이에 우리가 적절하게 대응하고 있는지도 살펴봐야 한다. 한반도와 국경을 맞대고 있고 역사적으로 사대의 대상이었던 중국의 부활은 북핵문제가 아니더라도 우리에게 엄청난 안보적 도전이 되고 있다. 미국은 자국의 이익상 필요시에는 언제든지 한국에서 철군할 수 있으니 한미동맹을 상수constant로 상정해서는 안 된다. 한반도와 지리적으로 접한 러시아와 중국, 그리고 일본은 우리에게서 떠나갈 수 없는 상수常數이다. 미·소냉전의 종식과 중국의 세계 최강으로의 부상은, 이제 이념의 시대는 지나고 지정학의 시대가 다시 복귀했음을 의미한다는 것은 여러 학자들도 지적하고 있다. 냉전의 패배에서 아직 회복하지 못하고 유럽중심국가로의 복귀에 국가적 역량을 집결하고 있는 러시아는 한반도에 예전만한 관심과 영향력을 미치지 못하고 있으므로 우리로서는 비교적 관계 설정이 편안하다고 할 수 있다. 중국과 더불어 우리에게 역사적으로 가장 큰 영향력을 끼쳐 온 일본에 대한 지난 15년간의 우리 정부의 무정책과 무관심은 현대 우리 외교사에서 가장 큰 실책중의 하나가 아닌가 생각된다. 일본은 역사적으로 우리가 항상 무시하였고 그래서 항상 크게 당해왔지만 이런 우리의 그릇된 인식이 근래에 더욱 고착화되고 있는 것은 우리 국익에 커다란 피해를 주고 있다.[13] 일본은 대부분의 한국사람에게 인식되어 있는 것보다는 훨씬 강력한 국가이고 영향력이 큰 국가이다. 미국을 침공한 적이 있는 유일한 국가인 일본을 미국이 지금도 아시아에서 거의 유일한 필수불가결한 동맹국으로 간주하고, 아시아 정책에서 일본의 조언을 가장 중요시하고 있음을 간과함으로써 우리가 입은 피해가 어떠했는가를 면밀히 분석해서 교훈으로 삼아야 한다. 앞에서 언급한 바와 같이 버마암살폭발사건에서도 우리에게 실질적 도움을 준 것은 미국 못지않게 일본이었음을 기억해야 한다. 이는 일본이 미국보다 강해서가 아니라 미국보다 훨씬 아시아를 잘 알고 이해관계가 크기 때문이다. 미국은 아시아에서 그 역할을 축소하거나 철수할 수도 있지만 중국이나 일본은 아시아에 영원히 남아 있을 수밖에 없는 세계적 강국이다. 이것이 우리의 대외정책 수립에서 중국과 일본이 미국 못지않은 중요한 상수임을 인식해야 하는 이유이다. 통일을 달성하여 정치적으로 안정되고 경제가 일본과 비등하게 되거나 핵무기 능력을 보유할 수 있는 시점까지는 우리는 동북아 안보경쟁에서 을의 위치를 벗어나기 어려운 게 현실이다.

우리는 과거 지리적으로 고립된 처지에서 세계 최강국이었던 중국으로부터의 독립을 유지하기 위해서 중국이 요구하는 조공과 사대외교정책을 채택하지 않을 수 없었다. 남의 나라에 안보를 의존하지 않는 완전한 자주외교가 최상이겠지만 지정학적 여건과 나라의 규모, 세계화 시대라는 요인들이 이를 허용하지 않는다. 맹자가 소국과 대국 간의 관계에 대해 설파한 惟智者爲能以小事大(유지자위능이소사대＝오직 지혜로운 자만이 소국으로서 대국을 섬길 수 있다)[14]와 惟仁者爲能以大事小(유인자위능이대사소＝오직 자비로운 자만이 대국으로서 소국을 섬길 수 있다)라는 의미를 새겨서 강대국에 둘러싸여 어려운 안보환경을 타개해 나가는 지혜로운 외교가 어느 때보다도 절실하게 필요한 시점이다. 외교에서 자기 주장이나 자기 견해가 없이 강한 나라에 무조건 추종해서 왕권을 지키려 했던 조선말기의 사대의식에서 벗어나, 명분과 실리를 조화시켜 주권과 국익을 지키는 지혜를 발휘해야 한다는 의미에서의 사대외교를 꾀해야 한다는 것이다.

남한 국민들은 김일성이 추구한 남한의 공산혁명이라는 환상 속에서 벌어진 6.25 전쟁의 참상과, 그 후 계속된 북한의 무력 도발과 테러로 인해 북한의 "김씨 왕조"에 대한 어떠한 환상도 가지고 있지 않다. 다만 남한의 월등한 경제발전 상황하에서 2000.6.15 김대중·김정일 정상회담 이후 남북평화공존과 공영발전에 관한 기대가 가능해지고 구체적으로는 금강산 관광과 개성공단 개설, 이산가족 상봉 등의 긴장완화와 경제협력 조치가 있었다. 그러나 북한의 '김씨 왕조체제' 지속을 위한 계속적인 핵무기 개발과 미국의 경제제재로 인해 남북한 간의 독자적인 경제협력은 한계에 부딪치고 말았다. 2017.5월 문재인 정부 출범 후 경제발전을 1차적 목표로 내걸은 김정은과 2018.4.27과 5.26의 두 차례 판문점 정상회담, 9.18 – 20간의 평양 정상회담 등 3차에 걸친 남북정상회담은 김정은에 대한 남한 사람들의 인식을 새롭게 하는 계기가 된 게 사실이다. 문대통령의 적극적인 중개 역할로 개최된 2018.6.12 싱가포르 미북정상회담은 구체적인 합의가 없었음에도 향후 북핵 문제 해결에 대한 기대를 크게 하였다. 그러나 2019.2.27 – 28 하노이 제2차 미북정상회담 결렬은 북핵문제 해결 가능성에 대한 근본적인 의문을 다시 제기하였다. 이에 따라 남한 사람들의 북핵 해결에 대한 기대도 많이 낮아지고 있다. 2019.6.30 판문점에서의 트럼프·김정은 간의 깜짝 정상회동은 북미 간 협상이 지속될 것이라는 불씨를 살려놓고는 있으나 그 성과에 대해서는 부정적 인식이 강한 것이 사실이다.

궁극적으로 북핵 문제는 미국이나 남한의 문제가 아닌 북한 자신의 문제이다. 북한 스스로 이를 해결할 의지가 없는 한, 평화적인 방법으로 이를 해결할 수는 없다는 의미이다. 물론 이에는 북한정권을 지탱해 주는 중국이 제일 큰 변수일 수밖에 없다. 즉 북핵 문제는 미국이 해결할 수 있는 문제가 아니라 북한 자신과 중국만이 해결할 수 있는 문제라는 것이다. 미국은 1980년대 북핵 문제가 대두하기 시작할 때부터 이 점을 명확히 인식하지 못하고 현재까지 북한에게 끌려왔거나, 혹은 이를 한국을 포함한 대동북아정책에 이용해 왔지 않았나 생각된다. 국제사회와의 경제적 교류가 거의 전무한 북한의 생명줄을 쥐고 있는 것은 1991년 소련 멸망 이후에는 중국이 유일하다. 북핵 문제는 중국의 문제라고 할 수 있는 것이다. 중국의 실질적인 참여 없이는 국제적 압력의 대상이 될 수 없는 북한에 대한 제재는 공허한 것이라는 것이 지난 십여 년간의 경험에서 확실히 밝혀졌음에도 불구하고 미국은 이를 현실적으로 인정하지 않거나 명확하게 인식하지 못하고 있는 것 같다. 북한을 상대로 비핵화 협상을 할 것이 아니라 중국을 상대로 북한의 비핵화 협상을 전개해야 하는 것이 아닐까.

여기서 또 한가지 우리로서 생각해봐야 할 점이 있다. 낭만적 생각이라고 할 수 있을지 모르나 국제정치에서 상상력이 갖는 힘은 지대하기에 상상을 해보고자 한다. 북한의 핵 시설과 핵무기, 미사일의 소재를 기술적으로 완벽하게 파악하여 이를 완전히 제거할 수 있을지의 문제와 더불어, 미·북 간에 북한의 비핵화를 현실적으로 가능한 선에서 합의 실천하고 비핵화를 선언하는 것이 한국에게 어떤 불이익을 초래할 것인가의 문제이다. 쉽게 말해 미국이 북한의 모든 핵무기, 장거리 미사일과 핵 물질의 은닉처를 파악하는 것이 현실적으로 쉽지 않음을 고려할 때, 미국이 파악한 범위 내에서 북한의 완전한 비핵화를 미·북 간에 합의하며 문제를 종결할 때의 문제점이다. 북한의 비핵화를 국제사회가 최대한 확인한 후에 북한의 비핵화 완성을 선언하고 북한이 이를 바탕으로 경제발전의 길에 들어서게 할 가능성이 있는데, 이에 대한 우리의 정책은 어떠해야 하는가? 북한이 비핵화를 선언한 마당에, 숨겨두었던 핵무기가 있음을 나중에 선언하며 국제사회와 다시 한번 대치함으로써 얻을 이익이 무엇일까? 이미 경제발전의 길에 접어든 북한의 경제개발이 가속화되는데도 불구하고 북한체제에 변화가 있을 수 없을 것이라는 논리는 어디에 근거를 두는가? 이런 논리는 한국의 경제발전이 민주체제의 발전을 촉진하게 한 경험이나 중국의 경제발전이 중국인민들의 민주주의에 대한 인식을 증진하고 있는 현실을 외면하는 것은 아닐까.

이 정도의 비핵화 합의마저 북한과 하기 싫다면 미국으로서의 유일한 방도는 북한과의 교섭을 중단하고 중국과 교섭하는 것이다. 중국으로 하여금 미국과 북한 중 하나를 택일하도록 강요하는 것이다. 중국의 선택은 무엇일까? 미국이 가진 카드들－한국과 대만의 핵무장화 등－에 비해 중국이 가진 카드는 상당히 빈약한 것일 것이다. 북한 '김씨 왕조 체제'의 존속이 그렇게 중국의 사활에 필요한 존재일까? 미국으로서는 전혀 손해 볼 일이 없는 방도이다. 만일 자유로운 토론이 가능하다면 중국 내 여론도 북한보다는 미국편일 것이다. 중국의 경제발전이 북한 덕택인가? 미국 덕택인가? 너무나 간단한 답이다. 문제는 아직도 아시아를 모르고 유럽중심 사고에서 벗어나지 못하는 백인중심주의 국가 미국의 지도력이 아닌가 한다. 팍스 아메리카나pax americana 시대에서 북핵 문제는 미국 지도력의 문제이기도 하다. 제1차세계대전을 계기로 시작된 미국 주도하의 평화체제가 중국의 도전으로 새로운 국면을 맞고 있다. 이 두 강대국 간 다툼의 최전선에 놓인 우리의 갈 길은 어디인가? 19세기 말－ 20세기 초, 우리의 보호국이었던 청나라의 쇠퇴라는 격변의 시기에 우리는 갈 길을 잃고 헤매다가 일본의 먹잇감이 되고 말았다. 개인적으로 순절한 애국자도 있었지만, 조선이라는 나라가 사라졌으니 국가 전체가 순국한 것이었다. 이제 다시 동북아의 현상現狀, status quo이 무너지고 세력이 재편될 수 있는 시기를 맞아 이 땅의 개인이나 국가가 순국해서 사라지는 일이 있어서는 안 될 것이다. 버마에서 억울하게 사라져간 순국영령들이 우리를 지켜보고 있지 않은가?

제16장
국가테러의 국제정치적 의미

1. 국가테러란 무엇인가?

버마암살폭파사건이 발생한 직후 외무부 내에서는 사건을 공식적으로 어떻게 불러야 할지에 대한 논의가 있었다. 여러 의견이 있었으나 "버마암살폭파사건"으로 부르고 영어로는 "Rangoon Bombing Incident"로 하기로 하였다. 우리는 버마 국빈방문 중 벌어진 일이라는 점에서 버마라는 나라 이름을 붙인 것이다. 그러나 영어로는 사건 장소를 좀 더 특정하는 것이 이해를 돕는 것이라서, 서양 언론들이 사용하는 바에 따라 버마라는 나라 이름 대신에 랑군이라는 도시 이름을 붙인 것이다. 이후 대내외 공식문서에서 그 명칭을 사용하였고, 필요에 따라 북한에 의한 테러공격이라는 용어도 사용하였고 암살범은 테러리스트로 부르게 되었다. 그 사건은 북한 정권의 최상부에 의해서 내려진 명령에 따라 북한군 특수부대장 강창수 소장이 북한군 소령을 조장으로 하고 대위 2명을 조원으로 한 암살단을 선발, 훈련하고 현지에 파견하여 작전을 시행한 북한이라는 국가차원의 암살테러공작이었다. 그런데 테러라는 용어를 이러한 국가차원의 공격에 사용하는 것이 적합하냐의 문제가 제기될 수 있다.

테러라는 단어는 14세기부터 영어에서도 사용되기 시작하였으나 테러리스트terrorist라는 단어는 프랑스어 terroriste에서 비롯되었다고 한다. 프랑스어에서

terroriste라는 말이 처음 사용된 것은 1794년 프랑스 혁명기의 사회주의 선동 정치가 프랑스와-뇌엘 바뵈프François-Noël Babeuf(1760-97)[1]에 의해서였다. 이는 당시 절대왕권을 휘두르던 황제 루이 16세를 시민혁명으로 몰아내어 처형한 후, 혁명 반대세력 수 만 명을 무자비하게 단두대로 사형시킨 로베스피에르 Maximilien Robespierre 주도의 자코뱅Jacobin체제를 독재라고 비난하기 위한 것이었 다. 영국의 보수주의 창시자로 불리는 에드먼드 버크Edmund Burke도 1795년에 당시 "Directory, le Directoire"라고 불린 프랑스 의회내의 집권부를 지칭하는 데 테러리스트들이라는 말을 사용하였다. 그는 "자코뱅들은 테러리스트라고 불 리는 수천 마리의 지옥의 개들을 프랑스인들에게 풀어 놓았다."[2]고 비난하였 다. "자코뱅 클럽"이나 자코뱅이란 단어는 원래 1789년 시민혁명을 이끌며 왕 정에 반대하는 공화정을 지지하는 의원들의 모임인 "헌법 친구회The Society of the Friends of the Constitution(Société des amis de la Constitution)"로 시작하여 1792 년에 "자코뱅회, 자유와 평등의 친구들Society of the Jacobins, Friends of Freedom and Equality(Société des Jacobins, amis de la liberté et de l'égalité)"로 개명한 모임의 이름에서 나왔다. "자코뱅 클럽"이란 이름은 그들이 1789.10월부터 의회 옆 "자코뱅 수도회the monastery of the Jacobins in the Rue Saint-Honoré"내 식당을 빌려 모 임을 가졌기에 그리 불리게 되었다. 원래는 도미니칸 수도사들을 자코뱅이라고 불렀었는데 이는 도미니칸 수도회의 파리 시내 최초의 건물이 생-자크 거리Rue Saint-Jacques에 자리하고 있었던 데 기인하였다.

1789년 시민혁명 성공 후 집권세력으로 등장한 자코뱅당의 혁명지도부는 다양한 파벌로 구성되었다. 1793년 여름, 내전이 확대되고 반혁명이 일어날 비 상상황에 대한 우려가 컸는데 자코뱅 클럽내 과격파인 마운틴파The Mountains 지 도자 로베스피에르는 테러를 통한 공포정치로 이를 극복하려 하였다. 자코뱅 클럽내에서 1792-93년간 우세하였던 지롱댕파The Girondins는 1792.9.21 왕정을 폐지하고 유럽 최초의 공화국을 수립한 후, 1793.1.21 루이 16세를 단두대에서 처형하였다. 그러나 로베스피에르 주도의 마운틴파The Mountain가 1793.5월 집권 세력으로 등장하며 21명의 저명한 지롱댕파 지도자들을 길로틴으로 처형하였 다. 이때부터 로베스피에르가 의회에서 밀려나며 그와 그의 동료 마운틴파 21 명이 처형된 1794.7월까지의 상황을 테러통치Reign of Terror[3]로 부른다. 그 시기에 프랑스에서는 공식적으로만 16,594명(파리에서는 2,639명)이 단두대에서 목숨을 잃었다. 그 중 많은 이들이 정치적 범죄 혐의로 처형되었다. 비교적 온건파였던 베르트랑 바레르Bertrand Barère조차, 1793.9.5 의회Convention에서 "테러를 일상화하자Let's make terror the order of the day!"고 주장할 정도였다. 당초에 그들의 테러 목적은 여러 세력들이 정부기능을 스스로 행사하며 죄수 일천여 명을 처형한 "1792.9월 학살"과 같은 길거리 폭력을 방지하고자 한 것이었다. 그 이후 이 프랑스 혁명시기의 테러통치Reign of Terror 상황 중에서 자코뱅 클럽의 행동을 표현하기 위하여 테러리즘terrorism이라는 용어가 처음 사용된 것이다.

로베스피에르는 1794.2월의 한 연설에서 테러에 의한 공포정치의 필요성을 다음과 같이 설명하였다: "평화 시기에 대중적인 정부의 기반이 덕치라면, 혁명 시기의 대중적인 정부의 기반은 덕치virtue와 공포terror의 두 가지이다. 덕치가 없는 공포는 사악하나 공포 없는 덕치는 무력하다. 공포란 신속하고 엄격하고 경직된 정의正義에 다름 아니다. 따라서 그것은 덕치의 발산이다. 공포는 그 자체가 원칙이라기보다는 조국의 가장 긴급한 필요에 적용되는 민주주의의 일반원칙의 결과이다."4 이렇게 악명 높았던 자코뱅 클럽은 테러리즘이라는 정치적 유산을 남긴 채 1794.11월 사라지게 되었다.

그 후 테러리즘은 19세기 무정부운동 이래 정부에 의한 폭력보다는 일반적으로 비정부 행위자에 의한 폭력을 가리키게 되었다. 테러리즘과 테러리스트라는 용어들은 1970년대에 들어 이스라엘과 팔레스타인 분쟁, 북아일랜드 분규, 스페인의 바스크 분쟁, 독일과 일본의 적군파 같은 단체의 활동 등으로 새롭게 널리 쓰이게 되었다. 1983년의 베이루트 미군부대 폭발 공격사건과 2001년의 9/11 사건, 2002년의 발리 폭발사건 등 테러사건은 이제 지구촌에서 일상화되고 있다. 테러리즘에 대한 정의定義는 수없이 다양하나 2002년 미국 정치철학자 마이클 월처Michael Walzer는 "테러리즘이란 인민 전체에 대한 공포를 확산시킴으로써 그 정치 지도자들을 강제하기 위하여 무작위로 무고한 사람들을 일부러 죽이는 것"이라고 정의하였다. 그러나 테러리즘에 대한 수많은 정의가 있다는 것은 명확한 정의가 없다는 것과도 같다. 전문가들 사이에서도 테러리즘의 정의가 잘못된 것인지 또는 사실상으로 테러리즘 그 자체가 잘못된 것인지 의견이 일치하지 않는다. 테러리즘이 그 목적에 따라 또는 방법에 따라 정의되어야 하는지, 그 둘 다에 의해서야 되는지, 둘 다가 아닌 다른 방법으로 정의되어야 하는지에 대해서도 의견 일치가 없다. 그들은 국가가 테러리즘을 저지를 수 있는지 여부에 대해서도 의견이 일치하지 않을뿐더러 테러리즘을 정의하는 데 테러가 중요한지 여부에 대해서도 의견이 다르다. 또 어떤 이들은 비전투원에 대한 국가테러리즘과 전투원에 대한 테러리즘을 구분한다.

2004.11월 국제연합 사무총장은 보고서에서 테러리즘을 다음과 같이 기술하였다: "테러리즘이란 대중을 협박하거나 정부나 국제기구로 하여금 어떤 행위를 하거나 하지 않도록 강제할 목적으로 민간인이나 비전투원에게 죽음 또는 심각한 육체적 위해를 가할 목적으로 하는 행동이다." 그러나 국제사회는 아직 보편적으로 수용되고 법적으로 구속력 있는 테러리즘에 관한 포괄적인 정의를 개발하지 못하고 있다. 이는 테러리즘이란 용어가 정치적이나 감정적으로 격앙된 것이기 때문이다. 우리는 안중근 의사를 애국자로 부르나 일본은 암살자-테러리스트로 부르고 있다. 국제연합에서도 1970-80년대에 걸쳐서 이에 관한 정의를 내리고자 했으나 민족해방과 민족자치와 관련된 분쟁에서 사용되는 폭력에 관한 회원국들 간의 견해 차이로 실패하였다. 국제연합은 국제테러리즘에 관한 포괄적 협약Comprehensive Convention on International Terrorism으로 테러리즘을 불법화하고자 하였으나 실패하고, 다양한 종류의 테러활동을 정의하고 범죄화하는 분야별 협약sectoral conventions들을 채택하는 데 그쳤다. 1994년 이래 국제연합 총회는 테러리즘을 다음과 같은 정치적 묘사로 규탄하는 결의안을 채택해 오고 있다:

"정치적·철학적·사상적·인종적·민족적·종교적 또는 어떤 다른 종류의 구실로 이를 정당화하기 위해 언급하더라도, 어떤 상황에서도 정치적 목적으로 대중, 집단 또는 특정 인물에 대한 공포 상태를 유발하기 위한 목적의 범죄적 행동"5

한편 미국 형법은 테러리즘을 "통상 대중에게 영향을 미칠 목적으로 국가 단위 이하의 그룹이나 비밀 공작원들이 비전투원을 목표로 하여 자행하는 사전에 기획되고 정치적 목적을 가진 폭력 행위"라고 정의하고 있다. 또 국제테

러리즘이란 다음 세가지 특징을 가진 활동을 의미한다고 한다:

"연방법이나 주법을 위반하는 인간 생명에 위해로운 폭력적 행동을 수반하며 i)민간인들을 겁박하거나 강제하는 것 ii)겁박이나 강제로 정부의 정책에 영향을 미치려는 것 iii)대량 파괴, 암살 또는 납치에 의해 정부의 행동에 영향을 미치려는 것이며, 그것이 시행되는 방법상으로 보거나, 또는 겁박 또는 강제하려는 인물들 또는 그 행위자가 활동하거나 도피하려는 지역이 주로 미국 영토주권 밖에서 행해지거나 또는 국경을 초월하는 것으로 보이는 행위."6

역사적으로 세계적 테러리즘은 네 개의 주요한 흐름이 있었다. 무정부주의 테러, 반식민투쟁을 위한 테러, 신좌파 테러, 종교적 테러가 그것이다. 이중 앞의 세가지 흐름은 40여 년 만에 끝났고 마지막 테러행위는 30년째 지속되고 있다. 1858.1.14 이탈리아 독립 투쟁가인 민족주의자 펠리체 오르시니Felice Orsini는 파리시내에서 프랑스 황제 나폴레옹 3세를 암살하기 위해 세개의 폭탄을 던졌으나 구경꾼 8명이 사망하고 142명이 부상하였다. 이 사건은 초기 테러단체들의 발현에 영감을 주는 중요한 사건이었다. 반식민투쟁을 위한 테러공격은 1858년 아일랜드 민족주의 단체인 "아일랜드 공화파 형제회Irish Republican Brotherhood"가 영국 지배에 반대하는 독립투쟁을 한 것이 시작으로, 그들은 과거식의 정치 암살대신 영국 도시 심장부에 공포를 조장하기 위하여 현대식 시한폭탄을 사용하였다. 1878년 러시아에서 창립된 혁명적 무정부단체인 "나로드나야 볼야Narodnaya Volya"(인민의 뜻 People's Will)는 폭압적 지도자들을 목표로 다이너마이트를 사용하여 선택적인 폭력을 행사하였는데 이 표적 살해targeted killing 방식은 그 후 소규모의 비국가 단체가 사용하는 주요 방식이 되었다. 1914.6.28 보스니아-헤르체고비나 독립운동가 가브릴로 프린칩Gavrilo Princip에 의한 사라예보에서의 오스트리아 황태자 부부Archduke Franz Ferdinand of Austria and Ferdinand's wife, Sophie 암살사건, 일제강점기인 1924.1.5 의열단원 김지섭의 니쥬바시二重橋 너머 도쿄 일본 황궁 폭탄(3발 모두 불발) 투척사건, 1932.1.8 도쿄 일본 황궁의 사쿠라다몬桜田門 앞에서 히로히토 천왕의 마차 행렬을 향해 폭탄을 던진 이봉창 의거, 1932.4.29 상하이 홍커우虹口공원에서 일본 천왕의 생일연(天長節)과 상하이 점령 전승기념 행사장에서 폭탄을 투척하여 중국 주둔 일본군(천진군) 총사령관 시라카와 요시노리白川 義則 대장을 살해한 윤봉길 의사 등이 모두 폭탄이나 권총을 사용하여 특정한 요인의 암살을 기도한 사례이다.

정치적 목적을 달성하기 위한 테러의 주체와 대상, 방법은 다양하지만 버마 암살폭발사건의 경우는 소수 집단이나 민간인에 의한 정치적 목적의 테러와는 달리 북한이라는 국가에 의해 계획적으로 자행된 국가테러라는 점에서 특이하다. 국가테러state terrorism는 외국인을 대상으로 하든 자국민을 대상으로 하든 어떤 국가에 의한 테러행위를 의미한다. 비전투원에 대한 국가테러와 전투원에 대한 국가테러를 구분하기도 한다. 테러라는 용어는 역사적으로는 프랑스 시민혁명 당시부터 정부가 자국민에 대해 취한 공포적인 행동을 지칭하기 위해 사용된 것이었다. 그러나 이제 테러는 어떤 정부를 대상으로 집단이나 개인이 사용하는 전략의 일환으로서 비전투원을 목표로 하는 행위로 흔히 이해되고 있다. 현재 대부분의 정부나 국제기구, 민간기구, 학자들은 테러라는 용어는 폭력적인 비정부 행위자non-state actors의 행동에만 적용된다고 믿는다. 역사학자 헨리 코마거Henry Commager는 "테러의 정의에 국가테러를 포함시킨다고 하더라도 국가의 이런 행위는 테러보다는 전쟁이나 국가 방위라는 프리즘을 통해 보게 된다."고 한다. 어떤 국가가 다른 국가의 반란세력을 지원할 때 이를 국가지원테러리즘state-sponsored terrorism이라고 비난하더라도 자신의 정부를 테러국가라고 비난하는 개인들은 과격파로 이해된다. 왜냐하면 합법적인 정부의 행위는 일반적으로 비합법적인 것으로 이해되지 않기 때문이다. 그래서 대부분의 국가들이나 학자들은 테러를 비국가행위자의 행위에 대해서만 사용하고 있다. 브리타니카 백과사전은 테러를 "민중들에게 일반적인 공포분위기를 조성하기 위하여 체계적으로 사용하는 폭력으로서 어떤 특정한 정치적 목적을 달성하기 위한 것이다. 테러는 모든 법적 관할지역에서 법적으로 정의되지는 않는다. 국가 또는 국가지원테러는 정부나 정부 내 특정 부처에 의해서 자국의 국민이나 자국 내 특정 세력, 또는 외국 정부나 외국의 그룹에 대해 행해진다."[7]고 폭넓게 정의한다. 마이클 스톨Michael Stohl 같은 학자는 "테러 전술의 사용은 국제관계에서는 흔한 것으로 국제체제 내에서 반란군보다는 국가가 테러를 더 많이 사용해왔으며 현재도 그러하다."고 한다. 그는 또 "국가의 폭력행위가 모두 테러는 아니고, 테러에서는 위협되거나 사용된 폭력이 희생자에게 단순한 육체적 피해를 가하는 것 보다 더 폭 넓은 목적을 가지고 있음을 이해하는 것이 중요하다고 한다." 말하자면 직접적인 피해자보다는 폭력 행위나 폭력의 위협에 대해 듣고 있는 청중이 더 중요하다는 것이다. 노음 촘스키Noam Chomsky는 국가테러를 국가(정부)나 그 대리인이나 동맹국에 의해 행해지는 것이라고 정의한다. 어떤 학자들은 국가테러를 테러행위가 공개적/비밀리에 행해졌는가, 국가가 직접 테러행위를 했거나/지원했는가, 또는 국가가 이를 묵인했는가 등의 세개의 범주로 나눈다.

인류사적으로 보면 고대 그리스 시대 아리스토텔레스는 독재자가 백성들에게 사용하는 테러에 대해 비판하였고, 근세사에서는 프랑스 혁명기인 1795년에 집권 자코뱅 정부와 다른 정파들이 정치적 반대파를 죽이거나 협박하기 위해 사용한 테러통치Reign of Terror 수법이 악명 높았다. 그래서 옥스퍼드 영어사전은 테러에 대한 하나의 설명으로서 "테러란 1789－1794년간 프랑스 집권당에 의해 실시된 '위협에 의거한 정부government by intimidation'"를 제시한다. 프랑스 아카데미의 1798년 증보판 사전도 테러를 "테러 체제systeme, regime de la terreur"라고 정의하였다고 한다. 이렇게 테러의 근대적 의미는 새로 성립된 혁명국가가 인민의 적에 대하여 휘둘렀던 통치도구로서 국가에 의한 테러였던 것이다. 이후 테러의 의미는 많은 변화를 거쳤다. 이제는 테러라는 용어는 비국가 또는 하위 국가체non-state or sub-national entities에 의해 국가에 대해 행해지는 행위를 기술하기 위해 일반적으로 사용되고 있다. 이는 비국가 행위자에 의한 테러가 언론의 주목을 더 받기 때문이지 국가테러 행위가 줄어들었기 때문은 아닐 것이다. 또 국가테러 행위는 역사적으로 합법적인 것으로 인식되기도 했기 때문인지도 모른다.

현대 국가테러의 예로서는 1930년대 소련에 의해, 또 1930년대와 1940년대 나치독일에 의해 사용된 경찰국가 조치들이 포함된다. 소련과 나치체제는 사회에 대한 완전한 정치적 통제를 부과하고자 하였다. 그러한 과격한 목표는, 비슷하게 과격한 방법에 의해서만 추구될 수 있었다. 즉 원자화되고 무방비적인 인민atomized and defenseless population들을 대상으로 극히 강력한 정치경찰에 의해 지휘되는 테러로 그 성공은 주로 희생자 선택의 비예측성이라는 자의적 성격에 의한 것이었다. 이 두 나라에서 정권은 우선 모든 반대파를 탄압하였다. 이후 별 반대파가 남아있지 않을 때는 정치경찰은 "잠재적이고 객관적인 반대파potential and objective opponents"를 탄압하였다. 소련은 종국에는 무작위로 선택된 희생자를 대상으로 하였다.8

국제연합은 테러에 관한 12개의 국제협약은 국제법적 개념이 아닌 "국가테러"에 대해서는 언급하지 않고 있으므로 국가가 그 권력을 오용할 때는 국제테러반대 법규보다는 전쟁범죄, 국제인권법, 국제인도법 등에 따라 판단되어야 한다는 입장이다. 코피 아난은 국제연합 사무총장 시절에 "소위 국가테러에 대한 논의는 지양할 때이다. 국가에 의한 무력의 사용은 이미 국제법에 의해 규제되고 있다. 테러에 관한 정의definition 문제에 대한 국가들 간의 차이와 관계 없이, 분명하고 모두 동의할 수 있는 것은 이유를 불문하고 무고한 시민이나 비전투원에 대한 고의적 공격은 받아들일 수 없으며 테러의 정의에 합당하는 것이다."9라고 한 바 있다. 이는 국가테러 행위나 국가지원 테러행위에 대한 면죄부를 주자는 주장이 아니라 오히려 그 반대를 주장하는 것이다. 버마사건 발생 후에 이 사건은 국제평화와 안전을 위협하는 문제를 다루는 국제연합 안전보장이사회에서도 거론되었으나 중국과 소련의 반대로 상정조차 되지 못했다. 그래서 1983.12.6-7일간 강대국의 거부권이 없는 국제연합 총회의 제6위원회에 연례적으로 상정되는 의제인 "국제테러의 방지 문제" 토의 시에 우리 정부의 요청에 따라 이 사건을 언급하며 북한을 규탄하는 각국 대표들이 발언이 많았지만 총회에도 안건으로 상정조차 되지 못하고 말았다. 브루스 호프만 Dr. Bruce Hoffman 같은 학자는 "국가와 비국가의 폭력을 구분하지 않는 것은 이 두 가지 폭력 형태에 근본적인 질적 차이가 있다는 점을 무시하는 것이다. 전쟁 중에도 특정형태의 무기사용을 금지하고 특정 카테고리에 대한 공격을 금지하는 법과 규범이 있다. 예를 들면 전쟁에 관한 제네바와 헤이그협약 규정은 민간인을 인질로 잡는 행위나 민간인이나 전쟁포로에 대한 복수를 불법화하고 중립국가를 인정하고 있다. 국가가 이러한 규정을 위반할 때는 그런 행위에는 전쟁범죄라는 용어가 사용된다."고 한다. 유발 하라리Yuval Noah Harari는 "테러는 공포가 목적이며 테러가 가할 수 있는 피해는 매우 제한적이지만 이로 인한 공포와 혼란이 과격한 대응을 유발함으로써 더 큰 피해를 줄 수 있음에 유의해야 한다.”고 한다.10 그는 테러집단이 대량살상무기를 사용할 가능성에 유의해야 하지만 과잉대응은 피해야 한다고 주장한다.

북한은 나치체제나 소련과 같이, 테러의 고전적 의미에서 자국민에 대한 테러를 자행하는 특별한 국가라는 점에서 국가테러 행위를 어떻게 정의하든 간에 세계 최악의 테러국가로 규정될 수밖에 없다. 그러나 문제는 북한과 같은 국가테러 행위자가 수소폭탄, 장거리 미사일과 그 운반수단 등을 모두 실전 배치하고 화학무기나 생물학 무기를 대량 보유하고 있는 현실을 어떻게 평가하고 국제사회가 어떻게 대응해야 하는가에 대한 합의가 사실상 존재하지 않는다는 점이다. 북한은 테러를 국내 정치의 수단으로 사용하고 있고 대외적으로는 남한이나 미국, 일본 등 외국에 대한 테러를 모두 국가 정책으로서 사용해왔다. 테러행위는 무차별적인 민간인 학살이나 건물 등 시설 파괴, 군사시설 등에 대한 공격, 항공기·선박이나 요인 납치 등과 정치적 암살행위로 나누어 생각해 볼 수 있다. 북한에 의한 테러는 이런 모든 요소를 다 포함하고 있는 전방위적인 전쟁행위에 가깝다는 점에서 과거 이란이나 리비아 등에 의한 강대국에 대항하는 항의 성격의 제한적 테러행위와도 구별된다. 2000년 9.11 테러 이후 이란, 리비아, 북한, 시리아 등 직·간접적으로 국제테러행위에 관여해온 독재국가들은 미국에 의하여 테러를 지원하는 국가로 지정되어 미국의 제재를 받은 바 있다. 국가는 아니지만 새로운 국가의 수립이나 새로운 국제질서를 원하는 과격 종교집단인 알 카에다Al-Qaeda, 하마스HAMAS, ISIS 등도 미국에 의해 테러단체로 지정되었다. 자신들의 민족국가수립을 원하는 중동의 쿠르드족Kurd도 오랫동안 이에 반대하는 터키나 이라크에 대한 테러행위를 해온 바 있다. 테러행위를 국가 정책으로 채택하고 있는 국가들의 특징은 정치적으로 종교근본주의나 독재자에 의해 통치되는 체제를 가지고 있다는 것이다. 이들은 국내적인 정통성이 빈약하므로 법에 의한 통치보다는 무자비한 학살이나 숙청 등으로 반대세력을 억압하고, 국제적 테러활동을 통해 외부세력의 간섭을 약화시키거나 반대파의 해외활동을 억제하여 독재체제의 안정을 꾀하고자 한다.

미국은 수출관리법, 무기수출규제법, 대외원조법 등의 규정에 따라 국무부가 국제테러행위를 계속해서 지원하는 국가를 1979.12월 이래 테러지원국State Sponsors of Terrorism으로 지정하여 엄격한 일방적 제재를 가하고 있다. 1979.12.29 테러지원국으로 리비아, 이라크, 남예멘이 처음 지정되었고, 1982.3.1에는 쿠바, 1984.1에는 이란, 1988년에는 북한, 1993년에는 수단이 지정되었다. 그 후 1990년에는 남수단이, 1982년과 2004년에는 이라크가, 2006년 리비아, 2015년에는 쿠바가 각각 명단에서 제외되었다. 북한은 2008년에 명단에서 제외되었으나 2017년에 다시 명단에 포함되었다. 현재 미국 국무부의 테러지원국가 명단에는 북한, 이란, 시리아, 수단 등 4개국이 올라와 있다. 북한은 테러그룹들에 대한 무기 판매, 일본 적군파에 대한 피난처 제공, 1983.10월의 버마암살폭발사건, 1987.11.29 바그다드 발 서울행 KE858기를 버마 안다만해 상공에서 폭파시킨 사건 등에 대한 책임으로 1988년 테러지원국 명단에 포함되었었다. 그러나 테러에 대한 2007.4월의 국별 보고서에서 미국 국무부는 북한이 1987년 KE858기 폭파 이후 테러행위를 한 바가 없다고 하였다. 그리고 북한이 2007.2.13의 미·북합의에 의해 원조를 대가로 2008.4.13 영변 핵시설을 해체하기로 합의하고 모든 핵사찰 요건을 충족하였다고 하면서 2008.10.1 그 명단에서 제외하였다. 2010년 한국 해군 "천안함" 폭침사건 이후 한국정부는 북한을 다시 테러지원국 명단에 포함시킬 것을 요청하였으나 오바마 행정부는 그것은 북한군에 의한 행위이므로 테러행위가 아니라고 하면서 이를 거절하였다. 2017.2월 말레이시아의 쿠알라룸푸르 공항에서 화학무기협약(북한은 미가입)에서 금지된 화학물질인 VX신경가스를 사용한 김정남 암살사건에 이어 2017.4월 시리아가 반군에 대해 화학무기를 사용한 데 대한 보복으로 미국이 시리아 Shayrat 공군기지에 미사일 공격을 한 데 대해 북한이 맹비난하자 의회에서 북한을 다시 테러지원국 명단에 포함시키라는 법안이 발의되었다. 그해 8월에는 일본 홋카이도 상공을 넘어 북한이 미사일을 발사하고, 9월에는 북한에 체포되었다가 사망한 오토 웜비어Otto Warmbier의 부모가 북한을 테러지원국에 포함되어야 한다고 주장하는 등 미국 내 압력이 거세지자 트럼프 대통령은 2017.11.20 북한을 다시 테러지원국에 포함시켰다.

이와 관련 흥미 있는 재판이 미국에서 진행 중이다. "미국의 소리 방송VOA"은 2019.8.10 다음과 같이 보도하였다: "1968년 공해상에서 작전 중 북한에 나포됐다 풀려난 미 해군 정보수집함 '푸에블로호USS Pueblo' 승조원들은 납북 당시 입은 피해에 대한 책임이 북한 측에 있다며 2018.2월 미국 법원에 소송을 제기했다. 소송에 참여한 원고는 승조원 49명과 가족 91명, 그리고 사망한 승조원의 유족 32명 등 172명이다. 승조원들은 소장에서 1968.1.23 북한에 납북돼 약 344일을 억류 상태로 머물면서 고문과 구타 등의 피해를 입었고, 이후 미국으로 돌아온 후에도 외상후 스트레스 장애 등으로 고통을 받았다고 주장했다. 승소 판결이 내려질 경우 승조원과 가족들에게는 미국정부의 '테러지원국 피해기금USVSST Fund'을 신청할 수 있는 자격이 주어진다. '푸에블로호' 승조원의 변호인이 14일 법원에 제출한 20쪽 분량의 문서에는 재판부가 제기한 의문들에 대한 적극적인 소명이 담겨 있다. 북한은 테러지원국을 소송할 수 있도록 한 미국의 '외국주권 면제법FSIA' 적용 대상이며, 이로 인해 궐석판결이 내려져야 한다는 게 핵심 내용이다. 앞서 재판부는 지난달 23일 승조원과 가족들의 변호인에게 이번 소송과 '외국주권 면제법'의 연관성 여부 등에 대해 문제를 제기한 바 있다. 특히 '푸에블로호' 나포 사건이 발생한 시점이 북한이 '테러지원국'으로 지정되기 한참 이전인 1968년이라는 점을 지적하며, 이번 소송에 대한 법적 근거를 변호인이 설명할 것을 요청했다. 미국은 다른 나라 정부를 상대로 한 소송을 인정하지 않고 있지만, 미국이 테러지원국으로 지정한 나라에 대해서는 '외국주권 면제법'에 의거해 예외로 하고 있다. 변호인은 '푸에블로호' 사건이 미국정부가 북한을 테러지원국으로 지정하는 요인 중 하나였다는 점을 강조했다. 그러면서, 2017.11월 트럼프 대통령이 한국 국회연설에서 '푸에블로호' 사건을 북한의 테러사건 중 하나로 거론한 사실을 근거로 들었다. 실제로 트럼프 대통령은 당시 북한이 휴전 이후 미국인과 한국인을 수없이 공격했다며 '푸에블로호'를 언급했다. 그는 북한이 미국에 대해 자행한 공격에는 '푸에블로호'의 미군 승조원들을 억류해 고문한 사건과, 미 헬기에 대한 반복적인 공격, 그리고 1969년 미 정찰기를 격추시켜 31명의 병사를 사망하게 한 사건 등이 포함된다고 하였다.[11] 변호인은 트럼프 대통령의 연설 2주 뒤 백악관이 북한을 테러지원국으로 재지정했다고 밝혔다. 그 연설을 통해 '푸에블로호' 사건이 북한의 테러지원국 지정의 배경이 됐음을 알 수 있다는 주장이다. 아울러 변호인은 미국정부의 테러지원국 지정은 단일 사건이 아닌 여러 사건들을 고려해 이뤄진다며, '푸에블로호'를 비롯한 다른 관련 사건들이 종합적으로 지정에 영향을 끼쳤다고 주장했다. 재판부는 변호인의 주장을 토대로 궐석판결을 내릴지 여부를 결정할 것으로 전망된다. 궐석판결은 피고소인이 재판에 응하지 않을 때 공방 없이 판결이 내려지는 것으로, 통상 원고가 승소한다. 오토 웜비어의 소송 역시 궐석재판으로 진행됐었다. 2~3년 단위로 신청을 받는 테러지원국 피해기금의 마감일은 다음달 13일이다."

현재 국제법상으로는 "푸에블로호" 납치나 "천안함" 폭침 같은 군사행위는 국가지원 테러행위가 아니라 국가 간 적대행위로 전쟁행위에 가까운 것으로 간주되지만 명확한 구별이 어렵고 이를 어떻게 받아들이냐 하는 것은 결국 피해국의 정치적 또는 사법적 판단에 따라야 할 것이다. 1968년 공해상에서 북한이 미 해군 정보함 "푸에블로호"를 납치하고 미 공군 정찰기를 동해 상공에서 격추시켰지만 미국이 북한에 대한 보복조치를 취하지 못하였음은 당시 월남전에서 고전하고 있는 상황에서 보복으로 인한 또 다른 전쟁의 발생 등 사태확산을 우려한 정치적 결정이었다. 그러나 50여 년이 지난 후에야 이에 대한 북한의 피해보상 문제가 미국 법원에서 다뤄지고 있음은 흥미로운 일이다.

제1차세계대전의 원인은 제국주의 경쟁이 가져온 비극이 근원이지만 직접적인 도화선이 된 것은 1914년 오스트리아·헝가리 제국 황태자가 속국인 보스니아의 사라예보를 방문 중에 독립운동가에게 암살된 사건이었다. 그 사건이 없었더라도 전쟁이 발발할 여건이 성숙되었다고 할 수도 있지만, 그 반대로 그러한 사건이 없었더라면 각국이 식민지 경쟁을 평화적으로 조정할 수 있었을 것이라는 견해도 있다. 러시아가 공산화되는 과정에서도 레닌이나 왕당파에 의한 반대파 요인 암살은 정당한 정치활동으로 간주될 정도로 횡행하였다. 레닌 자신도 스탈린의 집권욕에 의해 암살당했다는 설이 유력하다. 스탈린은 더 나아가 자신의 정적인 트로츠키를 제거하기 위해 멕시코에까지 자객을 보낼 정도로 암살정치에 적극적인 독재자였다. 모택동의 중국 장악과정에서도 수많은 암살테러가 이용되었다. 그러나 이러한 테러활동은 민족독립투쟁이나 민주화나 공산화 투쟁이 아닌 경우에는 국가정책의 목표로서가 아니라 독재자 개인의 권력 강화와 연장에 목적이 있었다고 할 것이다. 이러한 점에서 북한이 자행해 온 대남 테러행위는 국가정책 차원에서 자행되고 있지만 "짐이 곧 국가"라는 절대왕권체제를 유지하고 있는 북한 "김씨 왕조"의 성격 때문에 후자에 속한다고 할 수 있다.

2. 김일성 왕조의 국가테러정책

전 세계에서 현재까지도 국가정책으로 대내외적 테러행위를 자행하고 있는 국가는 북한과 이란, 시리아 등 극소수인데 북한의 테러 대상은 근래에는 미국이나 일본이 아닌 남한에 거의 한정되어 있다는 점이 특이하다. 1948.9월 소련에 의한 북한정권 수립 이후 김일성이 집권하면서 1950.6월 남한에 대한 침략전쟁으로 수백만 명의 인명이 살상되었다. 미국의 개입으로 전쟁은 성공을 거두지 못하고 현상유지로 끝났으나 김일성체제는 오히려 공고화되었다는 점도 세계사에서 유례가 드문 일이다. 어느 체제나 전쟁을 일으켰으나 엄청난 인명 피해와 경제시설의 파괴 후에 얻은 것이 없다면 지도자는 책임을 지고 쫓겨나는 것이 일반적이나 김일성은 이후에 오히려 일인독재체제를 강화하고 신격화의 경지에까지 이르렀는데 이를 가능하게 한 국제정치적 배경뿐 아니라 역사문화적 배경도 살펴 볼 필요가 있을 것이다.

김일성이 한국전쟁 후에도 김정일까지 대를 이어 남한을 대상으로 끊임없이 각종 테러행위를 지속해 온 이유는 무엇일까? 대부분의 분석들은 북한이 남한을 공산화하기 위한 정책의 일환이라고 한다. 그러나 북한의 남침으로 남한 내 엄청난 피해자가 발생하여 세계에서 반공의식이 가장 강화된 상황에서 테러행위를 통하여 남한의 공산화를 이룰 수 있다고 북한 지도층이 믿은 결과라고 할 수는 없을 것 같다. 더구나 4.19 학생의거와 5.18 광주민주항쟁, 6.29 민주항쟁, 촛불 시민혁명을 거쳐 민주주의 사상이 사회 전반적으로 깊게 뿌리 내린 남한에서 공산혁명은 북한의 민주화 혁명보다 훨씬 가능성이 없는 것인데도 불구하고 북한이 남한의 공산화를 계속 도모해왔다는 주장은 설득력이 없어 보인다. 그럼 김일성-김정일 부자가 대 남한 테러행위를 지속해 온 이유는 무엇인가? 우선 정통성이 없는 왕조체제를 지탱하기 위해서는 끊임없는 대내외적 위기상황 조성이 필요하다고 할 수 있다. 과거 남한 내 독재자들도 정권유지를 위해 선거를 앞두고 심지어 북한에게 도발을 부탁하기도 하지 않았던가? 북풍사건이란 것들이다. "김씨 왕조"의 경우에는 그 도가 매우 심한 것이라고 할 수 있을 것이다. 또 한가지 북한이 쉽게 대남 테러행위를 자행하는 것은 김일성과 그 주변 인물들의 개인적 경험 때문이 아닐까 한다. 김일성은 일제강점기 만주지역에서 항일독립 게릴라 투쟁을 하면서 소련공산당의 도움을 받고 소련군의 장교가 된 인물이다. 당시 소위 빨치산이라고 불린 이들은 서로가 일제의 밀정 노릇을 하는 경우도 많아 서로를 믿을 수 없는 상황이었기에 조그마한 의심이 있어도 암살을 서슴지 않았다. 상하이지역을 중심으로 독립투쟁을 전개한 소위 민족진영 내부에서도 일제의 밀정문제가 심각하여 많은 독립투사들이 억울하게 암살당한 경우가 없지 않았다. 김일성으로서는 정적을 밀정으로 몰아 암살하거나 처형하는 일이 일상적인 것이었기에 북한정권 수립 이후에도 이러한 행태는 계속되었다. 북한 내에서 자기의 정권 강화에 방해가 되는 세력이나 인물은 반당 종파분자나 미제의 스파이로 몰아 무자비하게 숙청하였다. 김일성─김정일 부자는 정적을 제거하는 이러한 테러행위를 북한 내에서 뿐 아니라 남한에까지 연장해서 적용한 것이라고 할 수 있다. 남한 내 미군이 주둔하는 상황에서 군사적인 침략은 불가능하므로 정적을 제거하는 수단으로 습관이 된 테러와 암살행위를 저질러왔다고 할 것이다. 김일성은 북한 공산당 내에서 정적을 폭력적으로 제거하는 일을 일상화된 혁명적 행위이며 모든 공산주의자들의 당연한 의무로 여겼다. 6.25 남침 실패의 책임을 남조선노동당 책임자였던 박헌영 외상에게 지워 미제의 간첩으로 사형에 처하고, 북한정권 수립의 공신인 김두봉 등 친중세력 연안파를 제거하거나 친소파들을 제거하는 등 가히 테러에 가까운 숙청활동을 통하여 "김일성 왕조"를 수립하였다. 이러한 정치적 테러와 암살의 연장선상에서 그는 남한 권력자들에 대한 암살을 자신의 권력강화를 위한 당연한 정치활동의 일환으로 보았을 것이다. 그는 1968.1.21 무장특공대를 보내 청와대를 습격하여 박정희를 암살하고자 한 이후에도 1970.6.22 서울의 현충문 폭탄 테러로 박정희 암살을 시도하였고, 1974.8.15에는 재일동포 문세광을 이용하여 박정희 암살을 기도하였다. 전두환이 정권을 잡은 후에도 이러한 시도는 계속되었다. 차이점이라면 박정희와는 달리 해외 방문을 자주하는 전두환을 외국에서 수차례 암살하고자 계획한 점이다.

자신의 독재권력 강화를 위해 정적을 암살하는 테러행위는 남한의 독재자 박정희의 경우에도 없지 않았다. 군사 쿠데타로 정권을 장악하고 부정선거로 정권을 유지해온 그는 자신에게 반대하는 개인이나 집단에 대해서는 무자비한 폭력을 행사하였다. 김대중에 대한 여러 차례의 암살기도는 잘 알려진 일이다. 그는 측근이었으나 자신을 배반한 전 중앙정보부장 김형욱의 파리 암살 배후로 추정되어 왔고, 반독재 잡지인 "사상계" 발행인 장준하의 의문사 배후로도 의심되었다. 해방 후 남한의 극심한 권력투쟁 속에서 희생된 정치인의 경우를 보더라도 독재자들이 암살을 중요한 수단으로 사용해왔음을 알 수 있다. 해방 후와 대한민국 수립 직후, 김구 등 정치 지도자들의 암살과 관련하여 이승만의 관여 또는 묵인이 의심되었다. 정적 제거를 위한 이승만의 조봉암 사법살인이나, 역시 사법부를 이용하여 많은 무고한 사람들을 반공법으로 사형시킨 박정희처럼 남북한 독재자들 모두 자신의 독재권력을 위해서는 암살이나, 합법을 가장한 사법살인 등 사실상의 테러와 공포를 매우 유용한 수단으로 간주해 왔던 것이다.

3. 북한의 전두환 대통령 암살공작 기도

북한의 김정일은 1972년에 후계자로 내정된 후, 1980년부터 노동당 중앙위원회 조직지도부장을 맡아 내정을 관할하고 있었다. 그러나 1985년까지 외교의 최종 승인권은 김일성이 가지고 있었다[12]고 하므로 버마암살폭발사건을 전적으로 김정일이 기획하였다고 하더라도 김일성의 최종 승인을 받아서 추진했다고 봐야 할 것이다. 2004. 5월호 "신동아" 잡지는, 김정일이 1982.8월 전두환의 아프리카 가봉 방문에 맞춰서 "동건애국호"로 암살단을 보내 전두환에 대한 암살을 실행하려다가 막판에 김일성에게 보고하자 아프리카 비동맹 지원세력의 상실을 우려한 김일성이 이를 취소시킨 바 있다고 보도하기도 하였다.[13]

북한은 1981.7.6－9일간의 전두환 대통령의 필리핀 방문 중 캐나다인 두명을 시켜 그를 암살할 계획을 세웠으나 실패한 적이 있었다. 7.7 전대통령 내외 주최 만찬이 마닐라 호텔에서 예정되어 있었으나 마르코스 대통령의 권유에 따라 갑자기 대통령궁인 말라까냥 궁내로 변경되었다. 그 이유는 전대통령에 대한 위해 음모가 진행되고 있다는 첩보를 오스트리아 주재 필리핀대사가 보고해 왔기 때문이었다.[14] 이 테러 음모의 중간에 선 인물이 최중화(1955-)였다. 그의 부친은 한국군 6군단장 출신으로 박정희와 5.16 쿠데타를 같이 하고 駐말레이시아 대사를 지냈으나 박정희와 결별하고 1972년 캐나다로 망명한 현대 태권도의 창시자이자 국제태권도연맹ITF 창설자인 최홍희 장군이다. 최중화는 1998.9.7 "중앙선데이"와의 인터뷰에서 국제마피아를 접촉하여 전두환 암살계획을 세웠다고 밝히기도 하였다. 그는 먼저 접촉해 온 캐나다인 살인청부업자 2명의 부탁을 받고 1981.5월 이들을 북한 측에 소개하였다. 또 이들이 1981.7월 필리핀에서 전두환 암살계획을 추진하다 실패한 후 계속 암살임무를 추진하도록 60만 달러의 북한 공작금을 건네준 혐의로 체포되기 직전에 캐나다를 떠나 10년간 해외 도피생활을 하였다. 그 같은 사실은 살인청부업자 찰스 야노버Charles Yanover, 알렉산더 마이클 제롤, 두 사람이 최씨로부터 공작금을 받은 직후 캐나다 경찰에 신고함으로써 알려졌었다. 최중화는 1982.1월 캐나다를 떠나 북한, 유고, 체코 등을 거쳐 1987년부터 폴란드에서 살다가 부모의 강력한 권유로 1991.1.21 캐나다로 자진 귀국, 자수하여 1991.3.13 토론토에 있는 온타리오주 지방법원에 의해 6년 징역형을 선고 받았다. 재판부는 최씨에 대해 어느 특정국가의 정치적 변혁을 꾀하기 위해 캐나다 내에서 살인음모를 꾀하는 일은 용납할 수 없는 범법행위라고 전제, 최씨가 자신의 모든 혐의를 시인했으므로 그에게 암살 음모죄를 적용, 6년간의 징역형을 선고하는 것이라고 판시했다.[15] 나는 1989.11월 폴란드 바르샤바에 우리 대사관을 개설하고 다음 해 초에는 아이들이 미국학교에 입학했는데 다른 한국인 자녀가 그 학교에 다니고 있음을 알고 탐문해 보니 최중화의 자녀들이었다. 캐나다 국적의 최중화는 바르샤바에서 태권도복을 판매하면서 살고 있었다. 그의 가족을 학교 앞에서 스친 적은 있지만 그를 직접 본 기억은 없다.

1982년 북한 군부 내에서 김정일 세습 반대세력에 의한 군사정변이 있었고 이에 연루된 100여 명이 중국에 망명하였다는 소문도 있었다. 김정일로서는 세습에 반대하는 세력에게 보여줄 공적이 필요해서 전두환 암살계획을 수차례 세웠다는 평가도 있다. 북한 통일전선부는 전두환의 캐나다 방문 중 암살계획을 세워 남한 내 반정부 세력의 행위로 위장하려고 했으나 실패한 후, 버마에서의 암살계획은 인민무력부가 주도한 것으로 밝혀졌다. 북한에서 망명한 최고위급 인사인 황장엽은 자서전에서, 김정일이 버마암살폭발사건이 자신의 업적이라고 자랑하고 다녔는데 테러범이 잡혀 북한에 대한 국제여론이 나빠지자 김일성은 아래 사람들이 자의적으로 했다고 시인하자고 했으나 김정일이 강하게 반대하였다고 하였다. 황장엽은 또 북한은 전두환 암살에는 실패하였으나 대북 강경파인 이범석을 희생시킨 것을 큰 성과로 본다고 암살계획에 직접 관여한 인민무력부 작전국장 임선태에게서 들었다고 밝히기도 하였다.16 1986.9.14.에는 아시안게임 서울 개최 일주일을 앞두고 김포 국제공항 청사에서 폭탄이 터져 5명이 사망하고 33명이 부상하였다. 랑군에서와 같은 C－4폭약이 사용되었음이 밝혀졌으나 범인은 잡히지 않아 미제사건이 되었다. 2009.3월 "월간조선"은 "진실화해를 위한 과거사 정리위원회"가 이 사건을 북한이 사주한 아랍 테러리스트 아브 니달Abu Nidal의 공작으로 일본 기자가 추적해서 밝혔다고 보도하였다. 김정일은 군부 쿠데타로 정권을 탈취하고 5.18 광주학살을 자행함으로써 민심을 잃은 전두환을 제거하여 남한사회에 혼란을 야기하고 북한에 우호적인 정권이 등장하기를 기대하였을 것이다. 정통성이 없는 전두환에 대한 암살은 그 배후가 밝혀지지 않더라면 광주학살 유족 등 남한 내 반전두환 세력에 의한 것으로 호도될 가능성이 있었다. 북한으로서는 시도할 만한 충분한 가치가 있는 암살계획이었던 것이다.

여기서 한가지 검토해 볼 필요가 있는 문제는, 북한이 버마에서건 어디서건 한국 대통령에 대한 암살공작에 성공했을 경우의 남북한 관계이다. 북한이 이를 자행했다는 확실한 증거가 없을 경우에는 우리의 북한에 대한 어떠한 군사보복도 정당성을 가질 수 없을 것이다. 미국이 이를 허용하지 않을 것이므로 남북한 관계에 근본적인 변화는 없을 것이다. 그러나 버마에서처럼 북한의 공작임이 확실히 밝혀지는 경우에 어떤 상황이 발생할 것인가? 1983.10월의 경우에는 암살공작이 수행원들 피살에 그쳤음에도 우리 군 일각에서 강력한 대북 군사보복 여론이 일었으나 전대통령과 미국의 억제로 진정되었다. 그러나 북한에 의한 암살공작이 성공하고 그 사실이 밝혀졌을 경우에는 대북 군사보복을 원하는 국내 여론을 무마하기가 쉽지 않았을 것이다. 그러나 우리 군이 보복을 원하더라도 미국의 묵인이나 승인 없이는 불가능했을 것이므로 문제는 미국이 어떤 입장으로 임했을까이다. 이러한 문제 제기는 현재에도 유효하므로 하나의 시나리오로서 검토해 둘 필요가 있을 것이다. 나의 소견으로는 1983.10월 당시에는 전대통령이 버마에서 암살을 당했더라도 미국의 억제로 우리가 북한에 대한 군사 보복을 취할 수 없었을 것으로 생각한다. 북한의 직접적인 남침이 없는 한, 미국이 한반도에서 또 다른 전쟁을 원하지 않을 것이란 점은 미군 역사상 해군 함정이 공해상(북한은 영해 침범 주장)에서 최초로 외국군에 나포되는 수모(1968.1.23 푸에블로호 납치사건)를 당하고서도 미국이 어떤 보복 조치를 취하지 않았다는 사실에서 이미 명확히 드러났다. 병사 1명이 사망하고 장병 82명이 체포, 억류되었으나 미국은 11개월에 걸친 협상 끝에 북한에 사과하고 시신과 억류된 인원들만 돌려받았다. 함정은 북한이 몰수하여 지금까지 대동강변에서 반미 교육용으로 전시되는 수모를 당하고 있다. 그 당시의 북한 군사력은 보잘 것 없었으나, 미국은 군사충돌 발생 시 발생할 미군의 피해를 우려하고 있었다. 또 미국 내 반전 분위기가 고조되었고 월남에서도 고전중이 었으므로 한반도에서 제2의 전선을 형성할 여력도 없었던 것이다. 그 후 50여년이 지난 현재의 상황은 어떠한가? 북한의 군사력은 이미 수소폭탄을 개발하고 미국의 여러 지역을 핵무기로 공격할 수 있는 핵국가로 변화했으니 미국이 북한과 일전을 불사한다는 시나리오는 가능하지 않게 되었다. 미국으로서는 북한이 핵무기로 미국이나 일본을 위협하지 않는 한 한반도에서 북한과의 직접적인 군사충돌은 회피할 것이라고 보는 것이 합리적 판단일 것이다. 즉 북한이 한국 대통령을 암살하거나 한국 산업시설 등에 대한 테러행위를 자행해도 미국으로서는 북한에 대한 한국의 군사보복을 허용하지 않을 것이라는 것이다. 그런 일이 발생한다면 미국은 이를 "국제연합 안전보장이사회"에 회부할 것이고 중국이나 러시아는 증거가 명확하지 않다는 이유로 의제채택 자체를 거부할 것이다. 혹 의제로 채택된다고 해도 실효성이 없는 형식적인 경제제재로 끝날 것이다. 결국 현실적으로 전쟁을 할 수 있는 전시군사작전권이 없는 한국은 안보주권이 없는 반쪽짜리 국가인 셈이다. 그러니 우리가 무슨 수를 써서라도 북한의 환심을 사서 북한의 군사도발을 유발하지 않으려는 대북유화정책을 쓸 수밖에 없는 것이 안타깝지만 불행한 우리의 현실이다. 이러한 비참한 처지에서 벗어나기 위한 대비책을 세우는 것이 제대로 된 국가의 외교안보정책일 것으로 생각된다.

4. "정치적 해결수단"으로서의 암살

민주국가에서도 정치적 암살사건이 없다고 할 수는 없으나 그 효과가 미미하여 빈도가 잦지는 않다. 1962년 미국 케네디 대통령의 암살사건은 아직도 그 배후가 모호하여 정치적 암살인지의 여부는 불분명하다. 링컨 대통령도 정적에 의해 암살되었으나 그로 인해 미국의 민주주의가 후퇴하지는 않았다. 1980년대 스웨덴 총리의 암살은 일탈적인 개인에 의한 암살이었고, 1995년 이스라엘 라빈 총리의 암살은 팔레스타인 자치정부PLO 인정 등 오슬로 평화합의에 반대하는 유대교 근본주의자에 의한 암살이었으나 그로 인해 이스라엘의 대 PLO정책이 바뀌지는 않았다. 민주국가 지도자의 암살은 이처럼 그 효과가 미미한 데 반하여 독재자나 국제테러조직 지도자에 대한 암살은 피해에 비해 정책적 효과가 매우 크다고 할 수 있다. 오바마 대통령의 명령에 의해 9.11 테러행위의 책임자로 지목된 알 카에다Al-Qaeda 조직의 우두머리인 오사마 빈 라덴Osama bin Laden을 2011.5.2 미군 특공대가 파키스탄에서 암살한 것은 외국 정치지도자에 대한 암살을 금지해온 미국으로서는 특이한 조치였다. 이는 알 카에다를 합법적인 정치조직이 아닌 테러조직으로 간주한데 따른 조치였다. 미국은 또 2019.9에는 오사마 빈 라덴의 후계자로 알 카에다 조직을 이끌어 온 그의 아들 함자 빈 라덴Hamza bin Laden을 아프가니스탄과 파키스탄 접경지대에서 암살한 것으로 알려졌다. 이어서 2019.10.26 이슬람 수니파 무장단체 이슬람국가IS의 수장 아부 바크르 알바그다디Abu Bakr al-Baghdadi가 미군의 암살 작전으로 인해 자폭함으로써 국제테러조직인 IS는 심대한 타격을 입었다. 미국은 이라크에서 친이란 시아파 민병대를 이끌며 미군에 대한 공격을 지휘해 온 이란 혁명수비대 쿠드스군 사령관 솔레이마니Qasem Soleimani를 2020.1.3 이라크에서 드론공격으로 암살하였다. 이런 맥락에서 북한을 테러지원국가로 지정한 미국이 북한 지도자에 대한 참수작전을 실행할 가능성이나 정당성은 없을 것인가?

현대에도 독재국가는 국가정책으로서가 아닌 독재자의 명령에 따른 비밀공작으로 암살을 일상적으로 자행하는 경우가 있는데 러시아가 대표적이다. 소련 시대에는 국가정책을 추진하는 "정치적 해결수단"의 하나로 해외에서 자국민이나 외국인을 암살하는 경우가 많았다. 전후 소련의 영향력에서 벗어난 유고슬라비아의 지도자 티토에 대한 암살 시도는 실패하였지만 반체제인사들을 대상으로 한 암살은 소련주도의 공산체제 유지를 위한 일상적인 국가의 업무이기도 했다. 1978년 런던의 워털루 브릿지에서 불가리아 정보요원이 소련 KGB가 제공한 독약(화학물질 ricin)을 묻힌 우산 끝으로 불가리아 망명작가 게오르기 마르코프Georgi Markov를 찔러 암살한 사건도 있었다. 이러한 정치적 암살의 전통은 이제 형식상 민주화된 국가의 정책으로서가 아닌 푸틴 독재의 지속을 위한 비밀공작으로서 러시아에 계승되어 국제분쟁까지 일으키고 있다. 2006년 영국에 망명한 전직 KGB요원 알렉산드르 리트비넨코Alexander Litvinenko가 런던의 한 스시 바Sushi bar에서 폴로늄−210(polonium−210방사선물질)에 오염된 스시를 먹고 암살되었다. 근래에도 2018.3 영국 솔즈베리에서 러시아제 화학무기 노비촉Novichok을 사용한 전 러시아 정찰총국 대령 세르게이 스키리팔Sergei Viktorovich Skripal(영국−러시아 이중간첩)과 딸에 대한 암살기도사건이 있었다. 이에 영국은 러시아 외교관 23명을, 미국은 60명을 추방하였고 유럽연합 14개국도 이에 동참하여 양 진영 간 외교관 추방전이 벌어지기도 했다. 2020.8.20에는 반푸틴 정치인 나발리Alexei Navalny가 시베리아 톰스크Tomsk에서 화학무기인 노비촉이 섞인 차를 마신 후 혼수상태에 빠져 독일로 이송되어 생사를 헤매다 회복 중으로 이로써 러시아와 유럽연합 간 갈등이 심화되었다. 북한은 대남테러행위뿐 아니라 정권에 대한 위협이 되는 북한인에 대해서도 암살을 자행하여왔다. 2013.12월 김정은의 고모부 장성택 처형은 형식상 암살은 아니었지만, 2017.2.13 쿠알라룸푸르 공항에서 이복형인 김정남에 대한 독살(화학물질 VX)은 명백한 국가테러 행위였다. 그런데 김정은의 암살 작전으로 주권이 침해된 말레이시아 정부의 태도가 우리의 주목을 끈다. 처음에는 북한에 대한 단교까지도 불사한다는 입장을 보이다가 관련 북한대사관원 추방으로 외교적 조치를 마무리하고, 범인으로 현장에서 체포된 인도네시아 여성과 베트남 여성을 재판 도중에 석방해 버린 것이다. 말레이시아는 분명 북한의 테러보복을 우려했던 것 같다. 테러국가라는 오명이 힘이 지배하는 국제관계에서는 꼭 불리한 것만은 아니라는 반증이다. 2018.10.2 이스탄불 주재 사우디 총영사관에 영사 업무차 들렀다가 영사관내에서 살해된 사우디의 반체제 언론인 카쇼끄지Khashoggi 사건에서도, 당초 주권 침해를 이유로 강력한 대응을 예고하였던 터키정부는 슬그머니 꼬리를 내리고 물러났다. 미국 의회의 강력한 규탄과 책임자인 사우디 왕세자 빈 살만Mohammed bin Salman에 대한 제재요구에도 불구하고 미국정부는 국가이익을 명분으로 아무런 제재조치를 취하지 않았다.

이러한 사례를 보면 암살은 현 국제정치체제하에서도 "정치적 해결수단"으로 매우 유용하게 사용되고 있다고 할 수 있다. 국가의 도덕적 책임은 개인의 그것과는 다르다는 마키아벨리Niccolò Machiavelli의 주장이, 6백년이 지나 자유민주체제가 인류의 보편적 정치체제로 최후의 승리를 거뒀다는 탈냉전시대에도 아직도 설득력 있는 주장으로 받아들여지고 있는 것이다. 정치에서는 국가의 이익이 모든 것에 앞선다는 마키아벨리식 현실주의는 도덕주의나 자유주의보다 변하지 않는 불변의 원칙으로 보인다. 마키아벨리는 단지 이는 군주 개인의 이익이 아닌 국가이익의 관점에서 그렇다고 주장하였지만, 국가이익을 독재자 개인의 이익과 동일시하는 전근대적 국가인 북한을 다루는 데 어떤 주장이 유효한지 검토할 필요가 있을 것이다. 1인 독재자에 의해 수 천만 명이 인질로 잡혀있는 상황을 최소한의 피해로 해결할 수 있는 방법의 하나가 그 독재자를 제거하는 것일 것이다. 외교적 해법이 최선일 수 있으나 진전이 난망한 상황에서 이에만 매달리는 것은 비윤리적이고 국가이성에도 어긋나는 것이다. 무자비한 독재자나 그들이 보유한 대량살상무기들을 제거하기 위해서는 군사적이나 비군사적인 다양한 수단을 활용할 수 있어야 한다. 많은 사람의 생명과 안전을 지키는 것이 국가의 가장 중요한 존재이유이기 때문이다. 이와 관련하여 2019.2.22 駐스페인 북한대사관 침입사건을 실행하였다고 밝힌 "자유조선"(전 "천리마 민방위")의 활동은 의미 있는 시사점을 던지고 있다. 북한의 비핵화와 관련하여 북한체제 변환을 하나의 옵션으로 위협해 온 미국이 그 배후로 보이지는 않는다. 그러나 그러한 시도는 그 성패를 떠나 1인 독재 체제의 약점을 노출시킴으로써 북한인들 스스로 체제변환을 이룰 수 있다는 가능성을 보여줄 수 있을 것이다.

1997년 남한으로 망명한 황장엽은 "언론자유도 없고 결사의 자유도 없어 이성적 투쟁이 불가능한 독재체제 아래서는 폭군을 제거하는 폭력은 정당화된다. …김정일의 제거가 피해를 가장 적게 주면서 민족문제를 해결하는 방법인데 이것 자체가 힘들고 어렵다. 앞으로 정세가 변화된다면 가능하다고 보지만 지금까지로 볼 때 10.26 김재규 중앙정보부장에 의한 박정희 암살식의 우발적 사건은 상상하기 어렵다. 북한에서는 온건파, 강경파 등 어떤 계파를 형성할 수가 없다."[17]고 북한의 독재자 제거가 최선이나 현실적으로 내부에서는 어려운 일이라고 하고 있다. 고대 바빌로니아 함무라비 법전(BC 1750년경)에 적혀있는 탈리오의 법칙[18]은 같은 민주국가인 한·일관계에서보다는 독재테러 국가를 상대로 하여 유효한 법칙으로 적용되어야 한다. 국제관계에서 우월한 힘을 가진 국가가 수십 년간 일방적으로 국가테러를 당하면서도 한 번도 이에 제대로 대응하지 못한 것은 대한민국뿐이 아닌가 한다. 테러에 대한 이스라엘의 강력한 보복정책은 차치하고라도 자국의 주권은 스스로 지킨다는 의식이 없다면 누구도 자국을 방어해 줄 수는 없는 것이다. 6.25 전쟁 이래 지속되고 있는 북한의 대남 테러행위가, 전시작전권이 미국에게 있으므로 남한은 단독으로는 북한에 대해 어떤 군사적 보복행위도 할 수 없다는 북한의 인식에서 기인하고 있는 것이 아닌지 검토해 볼 필요도 있을 것이다. 전시작전권 환수문제도, 동맹국과 우방의 도움을 받되 자국 방위에 대한 1차적 책임은 스스로에게 있음을 행동으로 보여주지 않는다면 그 나라의 궁극적 방위는 그 누구도 보장해 줄 수 없다는 점을 염두에 두고 다뤄야 할 것이다. 우리보다 더 확실한 미국의 핵우산 아래 있는 일본이 왜 미국을 설득해서 즉시 수천개의 핵무기를 제조할 수 있는 플루토늄을 보유하고 핵 재처리시설을 가동하고 있는 것인가? 우리는 미국이라는 동맹 뒤에 숨어서 스스로의 방위를 사실상 포기해 온 것이 아닌가 심각하게 생각해 볼 필요가 있다. 국가테러 행위였던 버마암살폭발사건이 현재의 우리에게 던지는 근본적인 질문의 하나라고 생각한다.

제17장
맺는말: 그들은 왜 순국해야 했는가?

전시의 군인이 아니더라도 공직을 수행하다가 순직하는 것은 어느 나라에서나 일어나는 일이다. 경찰이나 소방공무원은 직무수행 중 항상 신체적 위험에 노출되어 있다. 외무공무원도 세계 여러 나라에서 근무하며 테러나 납치, 풍토병이나 사고 등 예상치 못한 위험에 직면하는 경우가 있다. 일반 행정공무원도 그러한 위험에서 자유롭지는 못할 것이다. 공무를 맡은 자가 순직하는 경우, 그 죽음이 일상적인 업무 수행중이라기보다는 국가의 존립이나 안보와 관련된 중요한 일을 하는 중에 발생했다면 이를 순국이라고 높여 부르게 된다. 버마에서 희생된 순국외교사절들의 유해는 국립서울현충원 유공자 1묘역 내에 분산, 안장되었다. 이들을 순국자라고 부르는 데 국민적 거부감은 없었다. 그러나 그들이 왜, 무엇을 위해 순국해야 했는가에 대한 탐구 또한 없었다. 유족의 입장에서는 아들과 배우자와 부모와 형제를 억울하게 잃었는데도, 그 죽음이 순국이라는 이름하에 덮여버리고 그것이 불가피한 순국이었는지, 왜 순국해야 했는지에 대한 이유는 알 필요가 없는 것이 되어 버렸다. 순국이든 순직이든 한 개인의 죽음은 엄중한 것이다. 앞에서 밝힌 사건의 진실이 그들이 소중한 생명을 불필요하게 희생당하며 순국하게 된 과정에 대한 하나의 설명이 되겠지만 그 의미를 큰 틀에서도 정리해 볼 필요가 있다. 그들의 순국이 주는 교훈을 찾아 우리나라가 그들이 염원했던 통일된 선진민주국가로 발전해 나가도록 노력하는 것이 희생자에 대한 우리의 도리일 것이다. 그들의 희생을 헛되지 않은 진정한 순국으로 승화시켜야 하는 의무가 우리에게 지어졌기 때문이다.

　버마암살폭발사건은 외국의 국가원수가 국빈으로 초청된 행사 중에 공식 수행원들이 대규모로 암살된 전대미문의 사건이었다. 동서고금을 통틀어 세계 외교사에서 전례를 찾을 수 없는 이 비극적 사건을 초래한 외교와 정상외교의 의미에 대해 살펴볼 필요가 있다. 전두환 대통령의 버마 방문 동기가 독재권력의 지속이라는 비도덕적이고 비판 받아야 할 사욕에 기초하였더라도 대한민국 대통령의 행위로서 이루어진 그의 방문은 한국과 버마 간의 외교행위였다. 정상외교라는 최고위급 외교활동에 그 행위자의 권력욕이 개입하게 되어 나타난 최악의 사건이었다. 사욕이 개입된 공적 행위로 인한 피해는 비단 외교분야에서만 나타나는 것은 아니다. 조선왕조시대는 차치하고, 대한민국 정부수립 이후만 하더라도 정치, 경제, 문화 등 국정의 모든 분야에서 권력을 잡은 공직자들의 탐욕으로 인하여 국가와 국민에게 어떠한 피해가 있었는지를 우리는 끊임없이 목도하여 왔다. 인류사회에 도덕적으로 완벽한 국가는 존재하지 않았고 앞으로도 그러할 것이다. 그러나 세계 역사는 권력자들을 규제하면서 보다 정의롭고 공정한 사회를 만들기 위한 용기 있는 시민들의 투쟁을 통하여 발전하여 왔다. 이러한 노력은 우리나라를 비롯한 세계 각지에서 계속되고 있다. 유럽이나 북아메리카에서는 선각자들과 일반 시민들의 오랜 투쟁의 결과로 우리가 선진국이라고 부르는, 살고 싶은 정의로운 국가사회를 건설하는 데 큰 성과를 달성하였다.

　국내 정치에서는 사익을 공익으로 포장하더라도 많은 사람이 주시하고 관여함으로 머지않아 그 실체가 드러나기가 쉽다. 그간 우리나라에서는 정권이 바뀌면 적폐청산이라는 이름으로 과거 권력자들의 공익으로 위장된 비리가 드러나 한바탕 청소활동이 벌어지고, 다시 새로운 권력에 의하여 새로운 비리가 쌓이기 시작하는 악순환이 있었지만 그런 와중에도 보다 나은 사회를 향한 진보가 이루어져왔다. 국내정치와 달리 국제정치라고 불리는 외교분야는 소수 엘리트만이 관여하고, 그 과정이 비밀리에 수행되는 면이 많아서 이를 모두 공개하기가 어렵다. 이에 따라 그 과정상의 여러 문제점들이 묻혀 버림으로써 우리 사회의 전반적인 발전의 흐름과 궤를 맞추지 못하는 일도 생기게 된다. 버마암살폭발사건의 배경을 이러한 맥락에서 이해하기 위해서는, 국가이익과 외교 업무 종사자들의 충성심 등 외교의 기본적 개념과, 이에 대한 정치적 지도자의 분별력, 그리고 국가의 통치권을 행사하는 최고 권력자가 그 권한을 적법하고 적절하게 행사할 수 있도록 하는 국내제도 등에 관한 문제를 검토함이 필요하다.

1. 국가이익과 지도자의 분별력

명분과 실리: 국가주권과 국가이익

외교는 명분과 실리라는 동전의 양면과 같이 상충되면서도 상호 보완적인 두 가지 개념으로 이루어진다. 외교는 명분이라는 주장은 국가 간의 관계는 옳고 그름이라는 정의justice에 근거한다는 이상주의적 입장이며, 외교는 실리라는 주장은 정의라는 것은 허울이고 실제로 국가가 외교를 통해 달성하려는 목적은 국가이익national interest이라는 현실론적 입장에 근거를 두고 있다. 외교의 요체는 이러한 두 가지 목적을 어떻게 조화시켜 나가느냐에 있다고 할 것이다. 고대 그리스 도시국가들 간에 벌어진 펠로폰네소스 전쟁(Peloponnesian War BC 431-404) 시기인 기원전 416년, 아테네의 침공을 받은 스파르타의 식민지인 작은 섬나라 멜로스Melos는 "우리는 스파르타 편에 서지도 않았고 국제법에 따라 중립을 지켰는데 왜 침공하느냐"고 아테네 측에 항의한다. 이에 아테네 측은 답한다:

> "당신이나 나나 우리 모두가 알다시피, 권리라는 것은 힘이 비슷한 나라 간에 문제가 되는 것이다. 강자는 하고 싶은 것을 하는 것이고, 약자는 약하기 때문에 당해야 하는 것이다."[1]

당시 아테네의 장군으로 전쟁에도 참가하였던 투키디데스Thucydides가 기록한 "펠로폰네소스 전쟁사"에 나오는 이 구절은 현재까지도 국제정치에서 현실주의 사상의 표본으로 자주 인용되고 있다. 외교에서의 현실주의적 시각은 이후 르네상스시대에 피렌체의 정치가이자 외교관인 마키아벨리의 "군주론The Prince"을 통해 더 정교하게 펼쳐졌다.

국가라는 것은 어떤 지역 내 인간공동체가 하나의 효과적인 통치체제 하에 놓인 단위이다. 이는 영토, 국민, 정부라는 국가의 3대 요소로 쉽게 설명된다. 국제정치학에서 긴밀한 국제관계 시대가 시작된 시기로 보는 고대 그리스는, 지중해내 에게해 지역의 그리스-소아시아 연안에서 국가가 형성되기 시작한 기원전 750년부터 로마가 그리스제국을 멸망시킨 기원전 146년까지 약 600년 간 존속하였다. 특히 페르시아의 그리스 침공이 시작되었던 기원전 480년 무렵부터 그리스 북부 마케도니아왕국의 알렉산더 왕이 그리스 전체를 하나로 통일한 기원전 323년까지 160년의 기간을 고전 그리스시대라고 부른다. 이 고전 그리스 시대가 도시국가들의 전성기로서 이들은 에게해 지역을 둘러싼 비교적 작은 지역에서 서로 경쟁과 협력의 관계를 형성함으로써 긴밀한 국제관계가 이뤄졌다. 그 중 그리스가 통일국가를 이룬 기원전 323년부터 로마에 멸망한 기원전 146년까지 약 180년을 그리스 문화가 가장 번성하였던 헬레니즘 문화시대라고 한다. 기원전 500년 무렵 그리스 지역에서는 아테네가 페르시아의 침공에 대항하여 결성한 도시국가들의 협력체인 델로스 연맹(Delian League BC 478-404)이 가장 강력한 세력으로 등장하였다. 그러나 아테네가 연맹국들에 대한 패권을 강화하는 것에 위협을 느낀 전통적 강호 스파르타가 주도하는 펠로폰네소스 연맹(Peloponnesian League BC 6세기-BC 338)이 이에 도전함으로써 시작된 수 십 년에 걸친 펠로폰네소스 전쟁(BC 431-404)에서 아테네는 결국 패배하여 주도권을 상실하였고 델로스 연맹도 해체되었다. 이 전쟁 중에, 스파르타의 식민지였으나 중립을 선언한 섬나라 멜로스를 아테네가 침공(BC 416)하였을 때 양측 장군들 간의 담판이 아테네의 장군이었던 투키디데스의 "펠로폰네소스 전쟁사"에 위와 같이 기록된 것이다. "멜리안 다이어로그Melian Dialogue"라고 불리는 양측 담판의 요지는 위와 같다. 멜로스의 민의회는 아테네의 식민지가 되기보다는 700년간 지켜온 자주권을 지키기 위해, 수호신과 확실치는 않지만 스파르타의 지원을 믿고 싸우자는 명분론과, 패배가 확실한 전쟁에서 패배함으로써 노예가 되느니 아테네의 조공국이 되는 게 낫다는 현실론을 두고 격론을 벌렸다. 결국, 신의 가호와 동맹국인 스파르타의 지원을 믿는 명분론이 득세하여 항복을 거부하고 전쟁을 시작한다. 그러나 멜로스 내부의 분열과 아테네의 우세한 군사력에 굴복하여 무조건 항복을 하게 되고 그

대가는 참혹하였다. 전투력이 있는 모든 성인 남자는 사살되었고 여자와 아이들은 모두 아테네의 노예가 되었다.

이로부터 2천년 후, 조선에서 일어난 1627년의 정묘호란과 1636년의 병자호란도 힘의 논리를 무시한 채 명분론에 치우친 국가 운영이 가져온 참극이었다. 당시 조선은 명明나라를 누르고 새로운 패권자로 등장한 청淸나라를 오랑캐라고 얕보며 망해가는 명에게 충성을 다하다가 정묘호란을 맞아 청에게 항복하여 충성을 약속하였다. 그러나 곧 이를 배반한 조선을 징벌하러 청군이 재차 침입하자 남한산성으로 도망친 조선의 왕 인조는 한 달 여 만에 송파의 삼전도에서 청 태종에게 삼궤구고두三跪九叩頭2를 하며 사죄하고 목숨을 부지하였다. 그러나 조선의 무고한 백성들 수십만 명은 인질로 청나라에 끌려가야 했으니 현실적인 국력을 무시한 채 쇠락한 종주국 명明의 도움을 기대하며 명분론에 휘둘린 조선 왕국의 참사는 멜로스의 비참한 운명과 비견할 만하다. 삼전도의 굴욕 이후 조선은 1637년 11월 그 굴욕의 자리에 청의 감수를 거친 비문이 새겨진 대청황제공덕비를 세워야 했다. 비석은 청의 쇠락을 기화로 고종 때에 땅에 파묻었다가 일제에 의해 다시 세워지는 등 많은 곡절을 겪으며 현재 잠실 석촌호수가에 옮겨져 있다. 비문은 모두 지워져 있으나 조선왕조실록(인조실록 36권)에 기록된 비문의 마지막 부분인 명銘은 다음과 같이 화이질서체제 하에서 힘이 지배하는 국제관계의 현실을 적나라하게 표현하고 있다.

"하늘이 서리와 이슬을 내려 죽이기도 하고 살리기도 한다. 오직 황제가 그것을 본받아 위엄과 은택을 아울러 편다. 황제가 동쪽으로 정벌함에 그 군사가 십만이었다. 기세는 뇌성처럼 진동하고 용감하기는 호랑이나 곰과 같았다. 서쪽 변방의 군사들과 북쪽 변방의 군사들이 창을 잡고 달려 나오니 그 위령 빛나고 빛났다. 황제께선 지극히 인자하시어 은혜로운 말을 내리시니 열 줄의 조서가 밝게 드리움에 엄숙하고도 온화하였다. 처음에는 미욱하여 알지 못하고 스스로 재앙을 불러왔는데 황제의 밝은 명령 있음에 자다가 깬 것 같았다. 우리 임금이 공손히 복종하여 서로 이끌고 귀순하니 위엄을 두려워한 것이 아니라 오직 덕에 귀의한 것이다. 황제께서 가상히 여겨 은택이 흡족하고 예우가 융숭하였다. 황제께서 온화한 낯으로 웃으면서 창과 방패를 거두시었다. 무엇을 내려 주시었나. 준마와 가벼운 갖옷이다. 도성 안의 모든 사람들이 이에 노래하고 칭송하였다. 우리 임금이 돌아오게 된 것은 황제께서 은혜를 내려준 덕분이며 황제께서 군사를 돌리신 것은 우리 백성을 살리려 해서이다. 우리의 탕잔함을 불쌍히 여겨 우리에게 농사 짓기를 권하였다. 국토는 예전처럼 다시 보전되고 푸른 단은 우뚝하게 새로 섰다. 앙상한 뼈에 새로 살이 오르고 시들었던 뿌리에 봄의 생기가 넘쳤다. 우뚝한 돌비석을 큰 강가에 세우니 만년토록 우리나라에 황제의 덕이 빛나리라."

한민족 역사상 처음으로 민주공화국 형태로 수립된 대한민국은 근대국가를 형성하기 위한 과정이나 경험이 없이 미국의 점령군에 의해서 갑자기 주어진 해방으로 탄생함으로써 이후 많은 시행착오를 겪을 수밖에 없었다. 초대 대통령 이승만은 오랜 미국생활에도 불구하고 고령인 탓인지 이 땅에 민주주의를 정착시키고자 하는 의지나 지도력이 부족하였고 그가 태어나 자랐던 시대인 조선의 왕조사상에서도 크게 벗어나지 못했다. 민주적 절차에 대한 국민적 인식이 미약했던 탓이기도 했지만, 그는 국가조직을 이용하여 합리적인 정책을 결정하기보다는 조선시대의 왕처럼 행동하며 정권 연장을 위해 불법행위를 서슴지 않았다. 또 정적들의 암살을 부추긴 것으로 의심받았고, 사법부를 강압하여 무고한 정적을 사형시키는 등 국가기관을 이용한 살인도 서슴지 않았다. 군사 쿠데타로 집권한 박정희는 일본 군국주의의 산물답게 조국 근대화라는 명분하에 효율성을 최고 우위에 두고 경제 발전을 추진함으로써 경제면에서는 상당한 성과를 거두었다. 그러나 그도 장기 집권의 욕망에서 벗어나지 못함으로써 부인과 자신이 암살당하고 자신이 달성한 성과마저 부정적으로 평가 받는 처지로 전락하고 말았다. 그는 한일국교정상화 교섭 등 외교를 정권의 정통성 확보와 경제를 위한 중요 수단으로 활용하였다. 그러나 장기 독재를 추구하면서 정치적 억압과 인권침해 문제로 미국, 유럽 등과 갈등을 빚으며 외교문제는 외무부에 거의 일임하게 되었다. 이에 따라 그 시대의 외교는 명분보다는 실리에 중점을 두게 되었다. 1979년 12.12 쿠데타로 등장한 전두환 정권은 정통성의 부족을 미국에 대한 무조건적 복종과 제3세계와의 관계 강화로 보충하려는 경향을 보이며 비동맹외교를 일층 강화하였다. 그러나 전대통령의 버마 방문은 앞에서 언급한 바와 같이 국익을 위한 외교적 고려보다는 자신의 권력 연장을 위한 구상의 일환으로 추진된 것이었다고 할 수밖에 없다. 외교가 국내 정치, 더 나아가 집권자의 권력욕에 악용된 나쁜 사례라고 할 것이다. 전두환 시대의 외교는 정권의 정통성을 인정받으려는 명분 외교에 치중한 부분이 크지만, 국익과의 관련성이 미약한 명분외교를 추진하다 보니 불필요하게 많은 비용을 지불하는 경우도 많았다. 버마 방문은 명분도 불충분하고 기대할 실익도 없는 최악의 정상외교 행위가 빚어낸 결과였다. 우리는 정상외교가 외교문제의 만병통치라도 되는 듯 홍보하는 경우가 많았는데, 버마사건을 그 폐해에 대한 교훈으로 삼아야 할 것이다.

명분은 세계질서를 주도하는 강대국들이 사용할 때 그 효용성이 극대화된다. 중·소국가들은 강대국들이 형성하는 자유무역, 인권, 반공 등의 세계질서에 적극적으로 참여함으로써 그 주권을 보장받고 그 질서가 주는 이익을 향유하게 된다. 일찍이 동아시아에서는 중국 중심의 천하사상天下思想하에서 모든 국가들이 일정한 지위를 유지하고 평화롭게 살아가는 질서가 형성되었다. 천하사상은 "황제가 덕치를 몸소 실현하고 있으며, 그 위세가 주위에 미치고 그 은혜를 받은 자가 자발적으로 공납을 한다는 화이질서華夷秩序의 정점으로서 하나의 세계질서관이었다. 이 중화적 세계질서는 덕치를 절대지상의 것으로 전제하기 위해 타인에 대한 인식의 틀을 갖고 있지 않았다. 이념적으로는 황제의 덕치에 따르지 않는다는 가정이 존재하지 않기 때문이다. 여기서는 내외의 구별이 없기 때문에 '외外(외교)나 제際(국제)' 관계는 도출되지 않는다. 중국은 이민족이나 서양의 여러 이질집단과 교섭할 필요성이 있을 때, 덕치에 따르지 않을 경우에는 회유나 기미羈縻(상대방의 요구를 일부 들어주고 이쪽의 의향에 따르게 하는) 등의 수단을 사용하였다. 이것은 상대와의 교섭 결과로써 서로 확인된 내용이 아니라, 상대방을 교섭상대로서 규정하지 않고 스스로의 틀 속에서만 사태를 해석하는 것을 의미했다. 화이질서 내에서 중심 – 주변관계를 형성한 내용이 조공체제이며, 그 안에는 대등한 조약관계도 포함된다."3 결국 자신에게 유리한 가치체계를 천하질서의 명분으로 내세우는 강대국의 세계질서 속에서 각국은 실리를 찾아 움직이는 것이 과거나 현재의 변함없는 외교 양태라고 할 수 있다. 다만 천하질서의 명분은 강대국의 이해관계에 따라 변화해왔다. 중화이념 하의 화이질서에서는 황제의 덕치를 자발적으로 따르되 중앙과 주변의 거리나 여타 요소에 따른 다양한 관계─간접통치 형태인 토사土司, 이민족夷民族 식민통치 형태인 번부藩部, 변방 국가가 반란을 일으키지 않도록 관리하기 위한 조공통치, 상호적 관계인 호시互市國─가 존재하였다. 그러나 이러한 화이질서는 중국이 서양 세력에 밀리면서 한민족漢民族 민족주의를 중화中華에 내실화 함으로써 조공관계는 공적인 국제질서로서는 그 종말을 맞았다.

　　수백 년간 화이질서 체제하에서 조공관계에 익숙해진 우리로서는 화華를 중국에서 미국으로 바꾸었을 뿐, 실질적으로는 자유와 인권, 자유무역, 반공, 대량살상무기의 강대국 독점과 확산방지라는 새로운 화이질서 속에서 번영해 왔다. 그러나 이제 다시 화華가 미국에서 중국으로 되돌아 갈 가능성이 대두됨에 따라, 그 질서의 내용이 바뀔 것이라는 우려 속에서 외교적 좌표도 혼란스러워지는 상황이라고 할 수 있다. 화華로부터 거리상 멀리 떨어져 있고 독자적인 방어 능력이 있었던 일본은 과거 중국 중심의 중화中華 시기나 현대 미국 중심의 미화美華 시기나 변함없이 호시국互市國으로 그들과 상호적 관계를 맺을 수 있는 유리한 지정학적 위치에 있다. 강대국들에 둘러싸여 지정학적으로 조공국의 위치에서 벗어나기 어려운 우리는 외교적 입지가 매우 어렵고 따라서 외교에 더 많은 공을 들여야 생존할 수 있는 처지이다. 이에 따라 우리의 경우, 외교에 사私가 개입할 소지를 더 줄임으로써 국익에 보다 전념할 수 있어야 한다는 당위의 문제가 더 심각하다고 할 수 있다. 중소 규모의 국가들은 강대국 질서라는 명분을 따르며 그 안에서 실리를 추구할 수밖에 없지만, 지정학적 제약을 뛰어 넘을 수 있게 하는 것이 세계질서이기도 하다. 그러나 트럼프가 추구해온 미국 우선주의는 중국의 부상에 점차 밀리게 되는 미국이 자신이 추진해온 세계화를 보다 더 좁은 의미의 미국 이익에 충실화하려는 정책으로서 국제정치에서 지정학의 역할을 다시 강화하는 측면이 있음에 유의하게 된다. 제1차 세계대전 이후 미국이 수립한 미국주도의 미화美華질서가 미국우선주의America First로 쇠퇴하는 현 상황은 마치 옛 중화질서의 중심이었던 중국이 서양 세력에 밀리면서 한漢민족 중심주의로 축소되면서 중화질서가 무너졌던 19세기를 연상시킨다. 그래서 많은 국제정치학자들은 현재의 미·중 갈등을 2,500년 전

고대 그리스에서 신흥세력 아테네제국의 부상에 위협을 느낀 전통 강국 스파르타제국의 도전으로 발생한 펠로폰네소스 전쟁 상황에 비유한다. 따라서 신흥 패권국 중국의 부상으로 전통적 패권국인 미국이 위협을 느껴서 양 세력 간에 전쟁에 이르는 사태가 발생하지 않도록 공통의 세계질서를 수립하도록 노력해야 한다고 강조한다.4 합리적인 조 바이든Joe Biden이 미국의 새 대통령에 당선됨에 따라 미국이 트럼프식 일방주의에서 벗어나 호혜적인 세계질서를 발전시키는 데 다시 주도적 역할을 할 것으로 기대된다.

중국 중심의 화이질서를 동아시아에서 무너뜨리며 전 세계적으로 국가 간 관계의 기본원칙으로 확립된 유럽식 주권국가 개념에 대해서도 살펴볼 필요가 있다. 프로테스탄트 신교를 받아들일지 여부를 둘러싸고 중부 유럽왕국들 간에 시작된 17세기 초반의 종교전쟁은 그간 각국 간에 내재되어 있던 다양한 이해관계의 갈등을 촉발함으로써 서로 물고 물려 원인도 모르고 끝도 모르는 전쟁으로 발전하였다. 30년간의 파괴적인 전쟁을 통하여 유럽대륙의 중심부가 철저하게 파괴된 끝에 모두 지쳐서 맺은 평화조약이 베스트팔렌 조약이다. 1648년의 이 베스트팔렌 조약들Westphalian Treaties은 그전까지는 모호하였던 "주권 불가침과 내정간섭 금지 원칙"을 유럽의 지배체제로 확립하였다. 이제부터 누가 무슨 종교를 믿든 어떤 정치 체제를 갖든 간에 남의 나라 일에는 간섭하지 말자는 합의였다. 그때까지 유럽왕국의 지배적 이념은 국가이익을 초월하는 종교였으나 이제 국가이익이라는 개념이 종교를 초월하는 국가의 최고 이념으로 자리 잡게 된 것이다. 30년전쟁 당시 루이 13세 치하 프랑스의 외상과 총리Chief Minister를 오래 역임한 추기경 리쉴뢰Cardinal Richelieu(1585–1642)는 합스부르크왕조(오스트리아–스페인)의 세력을 억제하기 위해 신교국들과의 연합도 마다하지 않는 국가이익 우선주의 정책의 선구자로 알려졌다. 그는 프랑스 철학자이자 정치인이었던 쟝 드 실온Jean de Silhon(1596–1667)으로 하여금 "양심이 허용하고 상황이 필요로 하는 중간치a mean between that which conscience permits and affairs require"로서 국가이성(raison d'Etat＝reason of state)으로 정의되는 국가이익이라는 개념을 정립하도록 하였다.5 이후 국가이익을 최우선적 가치로 추구하는 "주권 불가침과 내정간섭 금지 원칙"은 유럽의 세계지배에 따라 자연스럽게 전 세계적으로 국가관계의 기본원칙으로 받아들여져 오늘에 이르고 있다.

그런데 이 원칙은 1919년 제1차 세계대전을 종결하는 베르사유 평화조약에서 윌슨 미국 대통령의 주장으로 민족자결의 원칙으로까지 발전하였다. 이를 접한 일제강점하의 한반도에서는 3.1 독립운동이 촉발되기도 하였다. 그러나 이 민족자결의 원칙은 어디까지나 구미국가들이 인정하는 "문명화된 백인민족"에만 해당되는 것이었다. 그 후, 제2차세계대전에 참전한 미국은 영국을 압박하여 보편적인 민족자결원칙을 전쟁 수행 주요 목적의 하나로 선언하는 대서양 헌장(Atlantic Charter, 1941.8.14)을 공동으로 발표하였다. 이에 따라 아시아·아프리카 각 지역에서 민족자결원칙에 따른 식민지 탈피와 독립을 외치는 물결이 거세지고, 1945년 출범한 국제연합의 헌장에서 비로소 전 세계적 범위에 걸친 보편적인 주권국가 개념이 채택되었다. 그 후 국제연합 총회의 결의에 따라서 식민지배가 불법화되기에 이르렀다. 국제연합 헌장은 모든 회원국들의 주권 불가침과 내정 불간섭을 원칙으로 하고 있으나 현실적으로 모든 나라가 같은 정도로 이러한 권리를 누린다고 할 수는 없다. 그러한 세계는 오히려 내부적인 약육강식과 무질서를 초래할 위험성도 있으므로 이러한 원칙은 국제연합 헌장과 각종 국제조약의 범위 내에서 존중된다고 봐야 할 것이다. 북한은 이 원칙을 근거로 핵무기를 개발하고 인민들의 인권을 유린하고 있으나 이는 국제연합 헌장과 국제법에도 어긋나는 일이다. 세계질서는 화이질서 시대뿐만 아니라 21세기에도 발전된 인류문명과 이성의 수준에 맞춰서 합리적으로 확립되고 호혜적으로 유지되어야 한다. 주권국가, 민족주의 등의 이상도 보편적인 세계질서라는 명분 속에서 실현 가능한 것이다. 국력의 뒷받침 없이 강대국 주도의 보편적인 세계질서에 거슬리는 민족주의적이고 독단적인 이념은 국제정치에서 자국의 주권과 실리를 위협하는 위험한 명분이 되기 쉽다.

지도자의 분별력

통치나 외교에 있어 국가이익이 최우선의 가치가 되어야 한다는 이론을 최초로 전개한 이는 피렌체 공화국의 정치가이며 외교관이었던 마키아벨리Niccolò Machiavelli(1469−1527)로 알려져 있다. 그 후 국가 외교정책의 목표로서의 국가이익은 유럽에서 30년 전쟁을 거치며 국가이성國家理性으로까지 신성시된 것이다. 국가이익에 대한 개념은 자유주의자들과 현실주의자들 간에 차이가 있을 수 있다. 아직 세계국가가 구성될 조짐이 보이지 않고 오랜 인류역사를 통해 전개되어온 세계화도 한계에 이른 느낌을 주는 요즈음에는 세계적으로 국제정치에서 자유주의 사상보다는 현실주의적 사상이 더욱 힘을 얻고 있다. 국가이익을 전 세계적 관점에서 폭넓게 이해하려는 자유주의는 국제연합이나 세계무역기구 등 여러 국제기구의 탄생을 가능하게 하고 그 활동영역을 넓혀 왔다. 국가이익을 자국 위주로 좁게 해석하려는 현실주의자들은 자유무역이나 기후변화협약 등 세계화의 여러 움직임에 반대해 온 것이 사실이다. Covid-19 사태는 국제관계에서 현실주의적 경향을 더욱 강화하고 있음에 주목하게 된다. 국가이익은 정치, 경제, 사회, 문화 등 인간생활의 각 분야에서 정의될 수 있는 광범위한 개념이다. 국가이익은 또한 타국의 이익과 양립할 수 있는 것과 양립 불가능한 이익, 적극적 이익과 소극적 이익으로 나뉠 수 있고 각국이 처한 상황을 고려한 국가이익의 우선순위도 생각해 볼 수 있다.

국가이익을 분야별로 살펴보면 정치분야에서는 주권과 독립의 유지가 국가의 주요 목표이다. 국가는 이를 지키기 위해서는 무력 수단도 불사하며 외교(평화)와 전쟁이 양대 수단이다. 외교적으로는 힘의 균형balance of power, 동맹alliance, 집단안보collective security의 수단을 이용하게 된다. 경제적으로는 국부를 키우고 경제성장을 달성하는 것이 국익의 목표가 된다. 서양제국들이 신대륙 발견 이후 추진해온 중상주의mercantilism는 국가이익의 호전적 추구를 경제적으로 합리화하기 위한 것이었다. 문화적 국가이익은 자국의 문화를 보존하고 확산해 나가는 것인데 자국어의 국제적 보급과 종교의 확산, 기타 자국 전통문화의 국제적 보급 등 다양한 수단이 사용된다.

국가 간 이익의 양립문제와 관련, 모든 국가가 평화적이거나 외국의 이익과 양립할 수 있는 목적과 정책을 추구하는 것은 아니다. 어떤 국가는 여러 분야에서 현재의 상태status quo를 변경하기를 원한다. 그 대상은 영토, 인종, 정의, 이념, 경제 등 다양하다. 북한은 핵무기 보유라는 현상을 유지하기를 원하나 남한은 북한의 비핵화와 궁극적인 통일이라는 현상타파를 원한다. 미국, 중국이나 일본은, 한반도의 비핵화와 분단지속을 원하지만 구체적인 접근 방법이나 시기 등에서는 이견이 많다. 동맹국이라도 각자의 입장에서, 또 시점에 따라 국가이익을 정의하고 이에 따른 정책을 추진하는 것은 당연한 것이다. 우리 사회 일각에서는 아직도 역사적 사대주의의 미몽 탓인지 동맹이 항상 최상의 국가이익이며 영원한 것인 것처럼 믿는 분위기가 있음은 우려되는 현상이라고 할 수밖에 없다. 경제나 문화적 이익이 적극적인 국가이익이라면 안보는 생산적이 아닌 소극적인 국가이익이라고 해야 될 것이다. 국가이익과 관련하여 제1차세계대전 이후 등장한 개념인 국제공동선global common good에 대해서도 유념할 필요가 있다. 자유진영에서는 주로 정치분야에서, 사회주의 진영에서는 주로 경제분야에서 이를 강조하고 있다. 국제공동선이라는 가치는 국제기구의 근본이념으로서 국가이익들이 상호 평화적인 방법으로 조정될 수 있다고 믿으며 이를 위해서 국제적 기구들이 필요하다는 주장이다.

마지막으로 국가이익의 우선순위에 대해서 생각해 본다. 국가는 영토나 전략적 우위, 자원, 경제적 특권, 존중, 위신, 영향력, 이념적 우위 등을 확보하기 위해 경쟁하거나 협력한다. 국제관계에서 어떤 결정이나 행동을 함에 있어 국가는 국가이익의 우선순위를 그 지침으로 삼게 되는데 그 우선순위를 결정하는 것은 결국 정치적 지도력이라고 할 수 있다. 국가이익의 우선순위에서 최상의 이익supreme interests으로 간주되는 것이 침범당할 때, 국가는 모든 수단과 방법을 강구하여 이를 지키려 하며 이에 대한 도전은 전쟁에 이르게 된다. 국가의 존립(독립과 문화적·인종적 정체성)에 대한 침범이 이에 해당된다. 그 다음 단계로 중요한 이익은 필수적 이익vital interests(inspiration of reason of state)으로 국가존립이라는 최상의 이익을 위태롭게 하지 않는 한, 이를 확보하기 위해서는 덜 중요한 이익을 희생하면서 중대한 피해를 감수하는 위험을 무릅쓴다. 안보분야에서는 국민통합의 유지, 외국의 위협으로부터의 자유, 경제분야에서는 국력에 필수적인 자원의 확보, 국내안정을 위한 체제전복 위협 차단과 국내문제에 대한 외국의 간섭 배제 등이 이에 해당된다. 다음 단계로는 전략적 이익strategic interests이 거론된다. 이는 방치하면 필수적 이익에 직접적인 위해를 끼치거나 이를 증진하거나 보호할 능력에 영향을 줄, 잠재성을 가진 것들을 포함한다. 또 적대국들이 서로 강화하거나, 자국의 동맹을 약화시키는 문제들과 국제적 노선설정international alignments과 영향력의 패턴에 대한 변화, 새로운 자원과 기술의 발견, 국제적인 국가체제나 규제체제의 변화, 경제발전과 무역, 주의ism

와 이념 분야에서의 새로운 패턴의 등장, 재외동포의 처우와 지위나 그 재산에 대한 도전이 포함된다. 이러한 전략적 이익을 방어하기 위해서 국가는 전쟁이 아닌 군사적 움직임과 시위나 작전을 전개하며 무력분쟁에까지 쉽게 이르지는 않을 수단을 사용할 수 있다. 이 경우 대개 국가는 강제력이나 무력의 사용보다는 설득적인 외교적 해결책을 찾게 된다. 다음 단계의 국가이익으로는 전술적 이익tactical interests이 있다. 이러한 이익은 국경을 넘는 국가와 국민들의 활동 전반에 걸쳐 발생한다. 국제적이나 양자적으로 합의된 규범들을 무역, 금융, 여행과 기타 활동에 따른 외국 내 자국의 개별 기업이나 국민들에 대해 합리적으로 적용하지 않는 경우이다. 국가의 법률·제도·국경에 대한 외국으로부터의 존중, 선박이나 항공기의 국제적 운용, 외교관·군 장교와 국가재산에 대한 지위, 정부와 국민들 간의 통신, 국가주권과 품위에 대한 적절한 존중이 포함된다. 이러한 이익에 대한 방어는 일상적 외교활동의 대상이 된다. 마지막으로 국가적 관심 또는 국민적 우려national concerns라는 국가적 이익이 있다. 어떤 사회의 가치체제는 국가이념에서 표현된다. 이 국가이념은 국제적으로 그 국가가 추구하려는 열망의 형태를 표출하며 국가이익에 영감을 준다. 이익과 병합된 이념은 국가적 관심을 야기하며 정치가들은 국가적 관심을 일으키기 위해 국민적 가치를 불러온다. 국가 간에 공유하는 가치는 국가 간의 이익충돌을 제거하지는 않지만 교섭에 의한 문제 해결을 촉진한다. 국가들이 공유하는 공동의 관심사는 상호 연관되는 이익을 추구하는 공동 또는 조정된 행동을 취할 수 있는 강력한 정서적 기반을 제공한다. 국가이익에 연관됨이 명확하지 않는 한, 국가는 자신의 가치를 외국에 강요하기 위한 공격적 조치를 취하려고 다른 국가들의 행동에 가담하려 하지는 않는다.

이러한 국가이익을 보호함에 있어서 정치적 지도력statesmanship이 중요하다. 정치적 지도력은 국가이익의 우선순위에 대한 명확한 인식과 그러한 국가적 가치가 그들에게 힘을 제공하는 정도에 의존하기 때문이다. 정치가는 자국의 이익을 증진할 전략을 세우기 위해서는 어떤 문제와 관련된 상대방과 자국민의 국가적 관심의 성격과 우선순위를 명확히 구별해야 한다. 외교관의 역할은 정치가의 비전을 상대방과의 상충하는 이익과 조화시키는 방안을 강구함으로써 불필요한 무력의 사용을 방지하는 것이다. 외교관은 국력의 총체적 범주를 배경 삼아서 폭넓은 전문적인 기술을 적용해야 한다. 결론적으로 국가이익을 확보하기 위해서는 국가이익의 우선순위를 이해하고 이를 추진할 수 있는 정치적 리더십과 이를 현실적으로 실천할 수 있는 능력을 가진 우수한 외교관료 집단이 필요한 것이다. 버마 방문의 경우에도, 그 방문이 우리의 국가이익과 어느 정도의 연관성을 가지고 있는가를 최종적으로 판단하는 것은 정치적 지도자의 국가이익에 대한 분별력에 의존했어야 했다. 외무부나 국가안전기획부나 모두 그 방문은 우리 국익에 도움이 되지 않는 것으로 판단하여 이를 건의하지 않았다. 그러나 외교에 문외한이었던 대통령이 비선의 건의에 따라 자의적으로 이를 결정하고 국익을 위해서였다고 강변한 것이다. 국가 지도자의 이러한 결정은 분명 위법한 것은 아니지만 모든 재앙이 위법에서만 발생하는 것은 아니다. 보다 중요한 것은 공익을 앞세우고 합리적 절차를 거쳐 결정을 내리는 지도자의 분별력이라고 할 것이다.

2. 충성심의 제도적 보장

공직자의 충성심

국가공동체의 지속과 발전을 위해서는 그 구성원들이 국가에 대한 충성심을 유지하여야 한다. 국가에 대한 충성심이란 현대 민주국가에서는 권력자 개인이나 어떤 집단에 대한 충성심이 아니라 국가이익에 대한 충성이라는 개념이며 서양에서는 일찍부터 이에 대한 여러 연구가 있어왔다. 국가라는 타자에 대한 충성심은 국민 개개인의 이기심과 조화를 이뤄야 되며 이 상충하는 두 지점의 접점에 법이 있다고 할 수 있다. 따라서 법은 개인들이 국가를 유지하기 위해 희생할 수 있는 이익의 최대공약수가 될 것이다. 법이 없이는 국가가 성립할 수 없지만 법이 특정 세력이나 개인의 이익에 치우치게 제정되거나 운용될 경우에는 국가에 대한 충성심의 강도는 약해진다. 우리가 후진국이라고 부르는 나라들을 보면 법률과 국가정책이 독재자나 그 추종자들을 위해 자의적으로 운영됨을 알 수 있다. 그런 경우, 겉으로 국민들의 충성심이 강해 보이더라도 실상은 충성도가 낮으며, 위기 시에는 국가보다는 개인의 이익을 위해 각자도생各自圖生하는 현상이 나타난다. 반면에 선진국의 경우에는 국가 지도세력에 대한 믿음이 강하며, 위기 시에 개인들이 강한 애국심으로 충성심을 발휘하는 것이 일반적 현상이다. 노블레스 오블리주noblesse oblige가 선진 국가사회의 도덕률이라면, 후진 국가사회는 특권층은 법 위에서 사익을 추구하고 시민계층은 불평등한 법률이나 제도·관습 하에서 일방적인 희생을 강요받는다. 한국사회에서 문제가 되고 있는 "갑질 문화"는 이러한 후진성의 표현이라고 할 수 있다. 어떤 사회가 강한 사회인가는 불문가지일 것이다.

나는 책을 좋아하는 편이다. 그러나 읽는 것보다 사는 것을 더 좋아한다. 그러다 보니 안 읽은 책들도 언젠가 시간이 되면 읽을 것이라는 희망을 가지고 평생 여러 나라로 끌고 다니는 고초를 겪어왔다. 그 많은 책들 중에 영국의 외교관 출신으로 언론인, 정치인, 문학가로 활동한 하롤드 니콜슨Sir Harold Nicolson이 쓴 두껍지 않은 "Diplomacy"라는 책이 있다. 대학시절 교수들이 많이 언급했던 책이지만, 대학도서관 목록에 있는 한권마저 교수 차지여서 졸업 때까지 구경도 하지 못했다. 아무튼 당시에는 영어 실력이 안되어 유럽의 역사적 배경과 문학적 표현이 많은 이 책을 제대로 이해하지는 못하였을 것이다. 그 후 옥스퍼드에 있는 세계 최고, 최대의 서점Blackwell's Bookshop 인근(3 Holywell St., Merton Hostel 대학원 기숙사)에 살게 되어 이를 사서 요즘에도 가끔씩 들춰 본다. 1939년에 처음 출판된 이 책은 니콜슨의 사후 1963년에 3판까지 나왔으며 지금도 외교론 분야에서 가장 권위 있는 책으로, 나는 아직 이를 능가하는 책을 알지 못한다. 은퇴 후 한양대학교 국제학부에 "The Developments of Modern Diplomacy"라는 과목을 만들어 8년이나 매 학기 강의하면서도 많이 참고했던 책이다. 그 책에서 여러 사람이 많이 인용하는 부분이 외교관의 자질에 관한 것이다. 그는 이상적인 외교관이 가져야 할 도덕적 지성적 자질을 "일곱 가지의 구체적 덕목seven specific diplomatic virtues"6으로 정리하였다. 이를 역사적 경험을 근거로 상세히 설명한 다음에 진실성truthfulness, 정확성precision, 평정심calmness, 인내심patience, 온화함good temper이라는 다섯 가지의 덕목을 갖췄더라도 겸손함modesty이 없다면 이상적인 외교관은 아니라고 한다. 또 충성심loyalty을 마지막으로 언급하면서 충성심이란 여러 종류이고 서로 상충될 수 있는 것으로, 그가 대표하는 국가 원수나 정부, 장관, 외교부뿐 아니라 동료, 외교단, 교민과 그들의 상업적 이익, 주재하는 나라의 정부나 관리에게까지 미칠 수 있으며 최종적으로 자국의 정부에 대한 것이어야 된다고 한다. 니콜슨은 이 충성심과 관련하여 외교관은 무의식적으로 본부에 듣기 좋은 보고를 할 불충 disloyalty의 위험을 경계하여야 한다고 한다. 그는 이 일곱 가지의 덕목은 지능·지식·분별력·신중함·친절함·매력·근면·용기와 재치를 기본 전제로 한다고 하니 이상적인 외교관이 된다는 것은 거의 불가능에 가깝다는 생각도 든다. 그는 또한 외교론에 관한 원조격인, 프랑스 루이 14세의 특별사절로 활동했던 까이예르François de Callières(1645–1717)의 "군주와 교섭하는 방법De la manière de négocier avec les souverins"(1716)을 인용하여 주재국에서 활동하면서 본부가 "듣고 싶어 하는 것이 아니라 알아야 하는 것을 보고해야 한다."고 하고, 가장 명예로운 외교관도 듣기 좋은 보고를 하고자 하는 유혹에 빠져서 "쓰라린 진실bitter truth"을 들어야 할 본국 정부에 대한 불충을 무의식중에 할 수 있다고 경고한다. 우리의 과거 외교 역사에서도 뼈아픈 사례가 있었다. 1591년 조선 왕 선조는 일본을 통일한 도요토미 히데요시豊臣 秀吉가 조선을 침공할 것이라는 정보를 듣고 이를 확인하기 위해서 김성일과 황윤길을 각각 부사와 정사로 임명하여 일본에 일 년 가까운 장기 출장을 보내 사정을 파악해 보고하라고 하였다. 알다시피 부사 김성일은 도요토미가 인물이 원숭이 같이 못 생겨 조선을 감히 침공할 위인이 못 된다고 평가 절하한 반면, 정사 황윤길은 용기를 발휘하여 자신이 본 바에 의하면 일본이 대단히 발전되고 강성하여 침략의 위험이 크다고 하였다. 선조는 듣기 좋은 부사 김성일의 보고를 채택하였고 바로 몇 달 후에 임진왜란이라는 엄청난 재앙을 아무 준비 없이 맞은 것이다. 두 사신이 모두 용기를 내어 본대로 진실대로 보고하였다면 조선으로서도 어느 정도 대비는 할 수 있었을지 모른다.

충성심과 관련하여 나의 경험에서 절실하게 느낀 바에 의하면 그 정부가 민의에 따라 선출된 민주정부가 아닌 경우에는 이 문제가 개별 외교관에게는 매우 심각한 심적 갈등을 유발한다는 것이다. 유신시대 이후 군사독재시대에는 한국적 민주주주의 정당성을 주재국 각계에 홍보하고 그 결과를 보고하도록 외교공관에 엄청난 압력이 가해졌다. 또 외교관들이 이를 제대로 실행하는가를 감시, 보고하는 내부 체제가 강력하게 작동하고 있었다. 후진국에서야 서로 피장파장이니 크게 어려울 것도 없으나 선진민주국가와 그 언론에 이를 홍보해야 되는 처지를 상상해 보면 그 시대의 한국 외교관이 주재국에서 어떤 수모를 받았을지 짐작이 갈 것이다. 이에 따라 우리 외교관의 정치적 망명사건도 있었다. 민주화가 상당히 높은 수준으로 달성된 현재의 대한민국을 대표하는 우리 외교관들은 이 점에서 선배들이나 아직 독재국가를 대표해야 하는 외교관들에 비하면 참으로 행복한 위치에서 업무를 수행하고 있음을 잊지 말아야 한다. 그러나 근년 주미대사관 간부직원의 한미 정상회담록 유출사건에서 보듯, 근래에는 공무원들이 이런저런 개인적인 이유로 정치권이나 언론에 국가기밀을 누설하는 일이 있는데 이는 정당화될 수 없는 불충행위로서 매우 우려해야 할 일이다.

니콜슨은 외교 교섭의 수행 중에 발생하는 여러 갈등에 대한 마지막 잣대는 정부에 대한 충성심이라고 한다.7 외교에서 발생하는 여러 문제점에 대한 최후의 해독제가 충성심loyalty이라는 것이다. 여기에서 충성심의 대상인 정부는 현 집권자로 대표되는데 민주국가에서도 가끔 대통령이나 총리의 정책에 반대해서 사임하는 외교관을 볼 수 있다. 이 경우 그 외교관은 충성심의 최종 목적지를 국가의 이상을 함축화시킨 헌법적 가치에 두고 있는 것일 것이다. 그러나 헌법이나 법률을 해석해서 이를 정책화하는 것은 행정부이고 그 책임자는 대통령이나 총리이니 외교관은 명령계통에 따른 합법적인 지시에 따라 움직여야 한다. 이것이 민주국가에서의 일반적인 원칙이다. 우리의 경우에는 1993년 김영삼 정부의 출범으로 민주화가 실현되면서 외교관 개인의 양심이랄 수 있는 충성심과 상부의 지시 사이에 존재하는 갈등은 거의 해소되었다고 할 수 있다. 그러나 개인적 영달을 위해 충성심으로 위장한 불충행위가 없다고 할 수는 없을 것이다. 이러한 경우 그 정도가 지나치면 반역행위로까지 발전할 수 있음에 유의해야 할 것이다. 과거 군사독재정권 시절에는 불법적인 방법으로 집권하여 사욕을 추구하는 지도자에게 충성해야 하느냐는 문제가 양심적인 많은 외교관들을 괴롭혔다. 끝내 못 견디고 민주국가로 망명하거나 명령불복종으로 해임되거나 인사상 불이익을 받는 경우도 있었지만 대부분의 경우에는 나름대로 적응하며 민주정부의 등장을 기다려왔다. 어떤 이들은 앞장서서 독재자에게 충성을 맹세하면서 중책을 맡기도 했지만 이들에 대한 객관적 평가가 쉬운 일은 아니다. 그들은 나름대로 충성심에서 국가에 봉사했고 그 결과로 출세한 것이라고 주장하기 때문이다. 2004.3.22 공포된 "일제강점하 친일반민족행위 진상규명에 관한 특별법"과 그 시행령에 따라 대통령소속위원회로 출범한 '친일 반민족행위 진상규명위원회'(2005.5~2009.11)가 발표한 1904~1945년간의 친일반민족행위자는 1,005명이나, '민족문제연구소'(친일문제연구 비영리사단법인, 1991년 설립)의 "친일 인명사전"에는 4,389명이 포함된 것을 보더라도 공인일지라도 그가 바친 충성심의 진위를 후대가 분별하는 것이 간단한 일이 아님을 알 수 있다.

외교관으로서 충성심의 기준을 어디에 두어야 하는가는 민주국가에서도 갈등의 소지가 없지 않다. 반면에 독재체제하에서도 인권과 민주이념을 위하여 겉으로 드러나는 충돌을 피하면서도 나름대로 노력해 온 많은 공직자들이 있었음을 잊지 말아야 할 것이다. 국가에 대한 충성은 독재정부하에서도 나름대로 가능한 것이니 공직자들은 어떤 상황에서도 굴하지 말고 최선을 다해 국가에 진정으로 충성하는 방안을 모색하는 것이 중요하다고 생각된다. 근년에 어느 고위공직자가 국회에서 "사람에게 충성하지 않는다."라고 언급하고, "그럼 조직에 충성한다는 뜻인가?"라는 물음에는 "그렇다."라고 수긍하여 정치권과 언론으로부터 공직자의 신념 있는 발언으로 두루 찬사를 받았다. 그가 언급한 사람은 공직자이고 조직은 국가조직이니 공직자들의 국가조직에 대한 충성심을 항상 믿기는 어렵다는 인식에서 비롯된 것으로 이해된다. 그러나 이는 공직자들의 충성심이 향해야 하는 목표를 자신이 속한 국가조직이라고 인정한 것으로 오해될 소지도 있어 보인다. 공직자는 법률과 상급자의 적법한 지시에 따라 국가공동체 전체(국가이익)를 충성심의 목표로 삼아야지, 자신이 속한 조직을 최우선 순위에 두고 이를 충성심의 목표나 대상으로 삼는 것은 위험한 일이다. 법률로 만들어진 조직이라도 그것을 운영하는 것은 사람이므로 조직도 꼭 믿을 것만은 아니기 때문이다. 우리 현대사에서도 특정 개인이나 그룹이 국가조직을 자의적으로 운영하며 국민의 자유와 권리를 유린해 온 많은 사례가 있었다. 국가공동체 전체가 아닌 자신이 속한 조직에만 충성하는 조직이기주의는 마피아식 의리로 발전될 위험성이 있으므로 경계해야 될 일이다.

아이히만Otto Adolf Eichmann(1906－1962)은 나치 친위대 중령(최종 계급)의 실무급 장교였지만, 유태인 대량학살에 적극 참여하였다가 전후 1950년 아르헨티나로 도피하였다. 그러나 집요하게 그를 추적한 이스라엘의 정보기관은 1960년 그를 납치하여 예루살렘 법정에 세웠다. 그의 재판을 참관한 유태계 독일 철학자 한나 아렌트Hannah Arendt는 "예루살렘의 아이히만Eichmann in Jerusalem"이라는 책에서 독재정권에 충성한 그의 책임에 대한 분석을 시도하였다. 나치의 유태인 학살에 대한 책임 문제를 그녀는 두 가지 측면에서 다루었는데 이는 충성심의 문제와도 연결되었다. 첫째는 나치 치하에서 유럽내 유태인단체 지도자들이, 나치의 유태인 집단이주 정책이 아우슈비츠 수용소 등에서의 집단학살을 의미하는 것을 알면서도 더 큰 유태인 이익을 지킨다는 명분하에 그 이주에 협력함으로써 그렇게 짧은 시일 내에 그렇게 많은 사람들이 그렇게 쉽게 살해될 수 있었다는 점이다. 이 점을 공개적으로 지적함으로써, 그녀는 특히 미국 내 유태단체들로부터 "자해적 유태인self-hating Jew"으로 지목되어 유태 사회로부터 여러 박해를 받았다. 말하자면 유태사회 지도자들의 유태민족에 대한 충성심을 의심하는 불충을 보였다는 것이다. 두번째는 아이히만이란 인물에 대한 분석이다. 재판을 통해 마주한 아이히만은 부지런하나 평범한banal 인물이었다. 나치체제에 충성을 바쳐 열심히 일한 관료로서의 그의 평범성banality이 그가 최대의 유태인 학살 범죄자가 되도록 했다는 것이다. 그러나 그녀가 언급한 "악의 평범성the banality of evil"이란 말은 많은 사람들의 격분을 자아내게 되었다. 대량학살을 자행한 악인은 보통사람들과는 뭔가 달라야 하는데, 그가 우리와 같은 평범한 인간이라고 하니 평범성이라는 것이 면죄부가 될 것을 우려하는 여론이 비등하기도 하였다. 히틀러도 그림을 그리고, 베토벤의 음악을 들으며, 애인과 그녀의 애완견을 사랑하였으니 평범한 인물이었단 말인가? 유태계 지식인들이 격분한 이유이다. 범죄자에게 일반인과 같은 평범성이 있더라도 그것이 범죄행위를 정당화할 수 없다는 점에서는 한나 아렌트도 이견이 없었다. 다만 그녀가 지적하고 싶었던 것은 아이히만의 도덕적, 지적 천박함과 내면의 공허함이었다. 그는 사고할 능력이 없었고 특히 타인의 관점에서 사고할 능력이 없었으므로, 병리적 깡패집단에 의해 운영되는 폐쇄적 체제내에서 얼굴 없는 "나치 악 그 자체Nazi evil itself"의 성격을 자기 자신으로 내재화했다는 것이다. 가족을 사랑하고 주말에는 아이들과 영화관에도 가고 식당과 공원에도 가는 평범한 가장인 아이히만은 나치 관료로서 유태인을 가능한 많이 죽이는 것이 집권 나치정부에 충성하는 것으로 진심으로 믿었을 것이라는 것이다. 그래서 그녀가 사용한 것을 후회하였다는 "악의 평범성banality of evil"이라는 용어는 결국은 인간성에 대한 비관론과 절망감을 표현하는 의미로 인식되기에 이르렀다. 아이히만은 사형집행을 앞둔 순간에도 기독교도도 아니고 사후세계를 믿지도 않으므로 두 시간 남은 생명을 허비할 시간이 없다고 목사의 기도도 거부하고, 적포도주 한 병을 달라고 해서 반병을 마시며 "우리 모두 곧 다시 만날 것이다. 그것이 모든 인간의 운명이다. 독일 만세, 아르헨티나 만세, 오스트리아 만세, 나는 그들을 잊지 않을 것이다."라고 장례 연설까지 하였다. 한나 아렌트는 이러한 그의 마지막 순간은, 오랜 기간 행해져 온 인간의 사악함이 우리에게 말이나 생각으로도 표현할 수 없을 정도로 무서운 "악의 평범성"이라는 교훈을 가르쳐 줬음을 요약하는 듯하였다고 하였다.[8]

이를 군사독재 시대의 우리 정치·외교에 적용해보면 같은 결론을 내릴 수 있을 것 같다. 한나 아렌트식으로 보면, 전두환이나 그의 쿠데타 그룹과 그에 특별하게 충성한 인물들도 특별히 악하게 태어난 악의 화신이 아니고 평범한 인물들이었을 것이다. 다만, 그들은 다양한 사색을 할 줄 모르는 지적으로 천박한 인물들이었기에 본인들이 하는 행위가 국가라는 공동체에 어떤 해악을 끼치는가에 대해서 깊이 생각할 능력이 없이 본능적으로 행동한 것이라고 평가할 수 있을 것이다. 그들이 가진 충성심이란 개념은 깡패나 조폭 사회의 의리와 같은 것이지, 지도층이 가지는 충성심이 아니라는 이야기이다. 그러면 그러한 정치 지도자 밑에서 충성을 다해 일한 외교관들은 어디에 충성했다고 생각하는 것이었던가? 그들 중 크게 출세했다는 인물들은 아이히만처럼 상부의 지시를 다른 생각 없이 충실하게 따른 평범한 사람이었고 독재체제하에서 관료적으로 부지런하게 정책을 집행한 결과로 보상을 받았을 것이다. 사색 능력을 가진 다른 일부는 독재체제하에서 나름대로 양심을 가지고 부당한 정책에 여러 방식으로 저항하며 견뎌온 평범하지 않은 인물들이었을 것이다. 우리 사회는 1960년대 초의 미국 유태계 사회에서와 같은 논쟁을 전개할 단계에는 아직 못 미친 것으로 생각된다. 그러나 외교업무나 국가의 주요 업무에 종사하거나 하려는 사람들은 한나 아렌트의 이러한 분석에도 관심을 가지고 다양한 사색과 인문학적 소양을 배양함으로써 진정한 충성심으로 보다 나은 나라를 만드는 데 기여할 수 있을 것이다.

　세계화가 급속하게 진행되고 있는 21세기에 충성심의 문제는 국가 단위를 떠나 인류의 보편적 가치라는 개념과 관련된 세계질서 차원에서도 생각해 볼 수 있다. 프랑스 시민혁명과 나폴레옹 전쟁을 거치며 유럽에서 민족주의에 기초한 근대국가체제가 등장하면서 근대국가는 민족국가라는 형태를 지니게 되었다. 민족국가는 동일한 인종과 역사, 같은 언어·종교·문화를 가진 사람들이 모여 형성한 국가라서 다분히 감성적인 편향성을 갖게 되어 또 다른 갈등의 원인이 된다. 제1, 2차세계대전이 독일민족국가의 뒤늦은 등장(1871년 독일통일)에 따라 발생한 것도 그러하다. 세계대전의 참화에 따른 반성에서 국제정치에서도 민족을 뛰어넘는 보편적인 가치를 중시하게 되었다. 1945년 "국제연합"의 출범도 제3차세계대전을 예방하기 위해 탈식민지, 인권과 자유, 자유롭고 안정적인 교역환경 등 세계적 차원의 국제질서를 확립하기 위한 미국 자유주의자들의 주도적 노력의 일환이었다. 20세기 후반 이후 교통통신의 발달로 세계화가 급속하게 진전되고, 특히 1991년 소련 공산국가가 붕괴하면서 민족국가의 시대는 지고 시장경제에 기초한 자유민주주의체제가 인류의 최종적인 정치형태로 채택되었다는 "역사의 종언론the end of history"[9]이 풍미하게 되었다. 그러나 공산당 독재체제하에서 국가주도 시장경제체제를 도입하여 급속한 경제성장을 이룩한 중국이 이러한 자유민주적 세계질서에 도전하고, 러시아의 민주발전이 지연되면서 세계는 상이한 두 질서간의 대립과 갈등의 시대를 맞이하고 있다. 지금까지 미국·유럽이나 한국·일본 등에서는 자본주의에 기초한 시장경제체제와 민주체제의 발전은 상호 보완하며 순기능적으로 발전하였으므로 중국도 이러한 방향으로 발전할 것으로 기대되었으나 중국은 강력한 공산당 일당독재하에서 자신만의 독특한 국가사회주의 모델을 발전시켜 나가고자 하는 의지가 뚜렷해졌다. 작금의 미·중 갈등은 경제문제를 넘어 세계질서에 대한 대립이라고 볼 수 있다. 중국인들이 공산독재체제에 순응하면서 이에 대한 강한 충성심을 보여주는 것은 세계화 시대의 흐름에 역행하는 뿌리 깊은 민족주의 성향에 기인한다고 볼 수도 있고, 아니면 단순히 공산독재체제에 억눌린 관제 민족주의 현상에 지나지 않는다고 평가할 수도 있을 것이다. 역사는 계속되는 것이므로 중국 민족주의가 인류보편적 가치를 포용하는 큰 흐름으로 갈 것인지, 한漢민족 중심의 화이질서로 회귀하는 배타적인 방향으로 발전할 것인지가 이 시대의 세계평화 유지에서 가장 큰 관심사가 되고 있다. 즉 세계평화는 이제 중국이 그저 상부의 지시에 따르는 평범한 사람들에 의해 이끌어질 것인가, 아니면 보다 폭넓은 사고를 하는 평범하지 않은 사람들에 의해 이끌어질 것인가에, 또 그들이 궁극적으로 중화민족주의에 충성할 것인가, 아니면 인류보편적 가치에 충성심을 보일 것인가에 달려있는 셈이다. 핵무기 등 대량살상무기의 시대에 인류 생존의 문제가 달린 세계평화는 중국인들에게만 책임을 지울 수 없기에 국제사회 모두가 함께 노력해 나가야 할 과제이기도 하다.

세계화 시대의 충성심의 문제는 국가를 넘어 범지구적 차원에서 인류사회 전체에 대한 충성심의 문제로 발전되어야 할 것이나 현실적으로는 아직 주권국가시대가 계속되고 있으므로 상호간에 상충하는 문제점이 발생한다. 국제사회 발전의 현 단계에서는 "국제연합"보다는 "유럽연합"이나 "동남아국가연합" 같이 역사적 유대관계가 깊고 종교적 배경이 유사한 지역연합체들이 발전해 나감으로써 충성심의 문제도 점차 국가주의를 넘어서 지역주의, 더 나아가 보편적 세계질서라는 미래 지향적인 방향으로 진전되는 것이 바람직할 것이다. 그런 의미에서 "미국 우선주의"를 내세우는 도날드 트럼프나, "대국굴기大國屈起"를 바탕으로 "중국몽中國夢, Chinese Dream"을 내세우는 시진핑, "위대한 러시아"를 추구하는 블라디미르 푸틴, "전쟁할 수 있는 국가로의 전환"을 목표로 하는 극우 성향의 일본의 아베 총리 부류와 같은 자국 지상주의 인물들이 이 세계화 시대에 각각 미국과 중국, 러시아, 일본의 지도자로 동시에 군림하며 세계질서를 역행시켜 온 것은 인류사회의 발전을 위해서는 불행한 일이었다. 그러나 이제 미국과 일본에서의 새로운 리더십의 등장을 계기로 다시 희망을 가져본다.

충성심의 제도적 보장

버마가 방문국에 들어 있지 않은 결재서류를 가지고 대통령의 재가를 받으러 갔던 이범석 외무장관이, 버마를 방문국에 추가하라는 전두환 대통령의 갑작스런 지시에 의문을 제기하거나 합당한 정부 내 절차를 거쳐 추진하겠다고 하면서 이를 관계부처 간의 협의에 부쳐 추진했으면 어떠했을까를 생각해 본다. 버마 방문의 문제점에 대해서 이미 명확한 인식을 하고 있었던 그가 대통령의 지시에 대해 현지 대사의 의견을 들어 추진하겠다고 일단 수긍하고 돌아온 점을 어떻게 평가해야 하는가? 전두환 대통령의 비서실장을 역임한 그는 버마 방문 추가 지시에 몹시 놀라고 불편해 했던 것은 여러 정황상 사실이었다. 그는 전두환의 의도를 명확히 간파했을 것이다. 당시 외무부 서기관이었던 나의 첫 느낌도 다르지 않았으니, 정치적 감각이 좋고 전두환을 잘 아는 그가 이를 누구보다 꿰뚫어 봤으리라는 데 의문의 여지는 없다. 버마 방문 사실이 알려지자 당시 외무부 미주국의 안보과장이던 권순대(駐인도대사 역임)도 서남아과 최남준 과장을 찾아가 대통령의 버마 방문을 만류해야 된다고 했다고 한다. 과거 파키스탄에서 근무할 때 체제가 비슷한 북한과 버마의 긴밀한 관계를 목격했었기에 걱정이 되어서였다고 한다.[10] 그 정도로 외무부 내에서는 버마 방문 결정이 그 나라를 아는 사람들에게는 충격적으로 받아들여졌던 것이다. 이범석이 대통령의 지시를 반대하지 못하고 이에 따른 점에 대해서는 여러 가지 생각을 해 볼 수 있다. 우선 그는 전두환의 버마 방문 추가 지시를 반대해봤자 이를 돌이킬 수 없을 것이라고 판단했을 것이다. 그가 객관적인 여건과 상황을 들어 이를 반대했을 경우, 그는 외무장관직을 즉시 사임했어야 할 가능성이 크며 그 이상의 개인적 고초도 각오해야 했을 것이다. 아무튼 버마 방문은 후임자에 의해 그대로 진행되었을 것이다. 외교문제의 최종 결정권자는 국가원수인데 그의 지시를 거부하려면 절대적인 객관적 자료가 필요할 것이나 외교업무에서 그러한 절대적 확실성을 확보할 수 있는 경우는 극히 희소하다고 할 것이다. 합리적 판단만이 최상이니 정당한 절차를 거쳐서 관계부처의 의견을 종합해야 할 것이다. 이범석 장관이 일단 전두환 대통령의 지시를 따르겠다고 하면서 여러 부처의 의견을 종합하여 구체적 방안을 보고하겠다고 하였으면 좋았을 것이라는 생각은 든다. 여기서 관계부처란 국가안전기획부인데 노신영 부장도 외무부장관 출신으로 버마 방문에 대해서는 최소한 소극적이었을 것이라고 생각된다. 이범석 장관이 駐버마대사의 의견만 묻고 즉시 이를 이행한 점에 대해서는 아쉬운 감이 있지만 전대통령은 이미 사전에 국정자문위원 중 전직 대법원장 등 고위법률가 세명을 버마에 파견하기로 하는 등 외무부 모르게 사전준비를 해왔으니 물러서지 않았을 것이다. 이러한 전두환의 숨은 정치적 의도에 따른 확고한 버마 방문 의지를 감안할 때, 관계부처들의 반대가 있었더라도 그의 고집을 꺾었을 가능성은 희박하다. 그러나 이순자 여사도 사후에 노신영 부장에게 왜 버마 방문을 강하게 반대하지 않았느냐고 원망했다는 이야기도 있지 않은가.

이 경우에도, 공직자의 충성심이라는 어려운 문제가 제기된다. 공직자의 충성심이란 그 나라의 헌법과 법률, 전통과 국민적으로 합의된 가치에 대한 충성심을 의미한다. 상관의 지시가 위법, 불법이라고 명확하게 판단되는 경우에는 공직자는 이에 불복해야 될 것이다. 우리의 경우에는 이 경우에도 하급자에게 거의 모든 불이익이 돌아가니 불복하기가 쉽지 않은 것이 작금의 현실이나 선진민주국가에서는 이러한 점은 공직자들에게 그리 어려운 문제점을 제기하지는 않는다. 그러나 지시의 위법·불법 여부가 불명하고 정치적 판단의 영역이라고 해석될 소지가 있는 경우에는 복잡한 상황이 발생할 수가 있다. 영국의 경우 공직자들은 현 정부Government of the day에 충성해야 된다는 원칙이 확립되어 있다. 이는 위법·불법·부당의 여지가 있는 문제가 아니라면, 정책의 작성과 추진에 있어 현 정부의 방침에 따라야 한다는 것을 의미한다. 아직 민주국가로서의 다양한 경험이 부족한 우리의 공직사회에서는 충성심은 상관의 지시에 무조건 따라야 된다는 점에 무게가 실려 있는 것 같다. 공직사회에서 상관의 지시에 따르는 것은 당연하나 그 지시가 위법·불법·부당하다고 여겨지는 경우가 문제이다. 기관 내부나 외부 국가기관에서 이에 대한 판단을 해 줄 수 있는 기능이 더 확충되어야 할 것이다. 앞에서 언급했지만, 외교문제의 경우에는 상대방과의 종합적인 이해관계의 충돌이 있을 수 있고 상급자만이 가질 수 있는 비밀정보도 있기 때문에, 하급자의 입장에서는 이러한 판단이 명확하지 못한 경우가 많아서 문제를 제기하기가 쉽지 않다. 그래서 니콜슨이 외교관의 자질 중 가장 중시한 국가에 대한 충성심에 대한 문제가 여러 각도에서 더 심각하게 고려되어야 하는 것이다.

3. 사회의 기둥들: 정부. 기업. 시민사회조직

노르웨이 극작가 입센(Henrik Ipsen, 1828-1906)의 희곡 중에 "사회의 기둥들The Pillars of Society"(1877)이라는 작품이 있다. 입센은 1864년부터 27년간 자의적 망명으로 스웨덴 치하에 있던 조국을 떠나 로마와 드레스덴, 뮌헨 등에 머무르며 국제인으로서 밖에서 바라보는 안목으로 노르웨이 사회를 비판하는 작품들을 많이 발표하였다. "사회의 기둥들"은 1877년 당시로서는 놀라운 1만부가 7주내에 발간되었다. 몇 달 후부터 코펜하겐 왕립극장에서의 초연을 시작으로 스톡홀름, 베르겐 등 북유럽 각지에서 공연되었고, 이듬해에는 베를린의 다섯개 극장에서 동시에 공연되는 전대미문의 사건까지 벌어졌다고 한다. 그 해에 오스트리아의 27개 극장에서도 그 작품이 공연되는 등 세계적인 선풍을 일으키고 1880년에는 런던에서 그의 작품 중 영어로 처음 공연되었다.

대략의 줄거리는 영국 등에서 영사로 근무 후, 가업인 조선회사를 운영하는 주인공 베르니크Bernick는 많은 근로자들을 고용한 회사를 운영하며 도덕성이 높은 지역의 명사이다. 철도 노선이 자기가 계획한 지역으로 지나가도록 영향력을 행사하고 남몰래 그 인근에 많은 땅을 사두는 등 돈과 권력을 향유하면서 행복한 생활을 영위한다. 그러나 유랑극단의 여배우와 스캔들을 일으키고 미국으로 도망간 처남 요한Johan과, 원래 베르니크와 연인관계였으나 그녀의 동생이 유산을 받게 됨을 알고 베르니크가 그 동생과 결혼하자 이에 실망하여 역시 미국으로 떠나버린 처형 로나Lona가 15년이 지난 어느 날 갑자기 동반 귀국한다. 문제는 과거에 실제 여배우와 스캔들을 일으킨 것은 베르니크 영사 자신이었으나 처남이 이를 뒤집어쓰고 도망간 것이었고, 이를 미국에서 알게 된 처형 로나가 그를 데리고 귀국하여 베르니크에게 진실을 밝히고 떳떳하게 살 것을 권유하는 데서 시작된다. 베르니크는 처남을 설득하여 다시 미국으로 돌아가게 만드는데, 당시 노르웨이 등 유럽에서는 2014년 "세월호"처럼 선주들의 욕심 때문에 낡아서 위험한 배들을 적당히 수리하여 출항시킴으로써 많은 인명피해를 내는 일이 자주 발생하였다고 한다. 처남이 타고 갈 예정인 배도 그대로 출항하면 침몰이 예상된다는 노동조합장의 반대를 무릅쓰고, 오히려 그래서 더 출항을 강행시키는데, 엉뚱하게도 처남은 마지막 순간에 다른 배로 갈

아타고, 자신의 아들이 신천지 미국 이야기를 듣고 혼자 몰래 미국으로 도망치고자 그 배를 탔음을 뒤늦게 알게 된다. 우여곡절 끝에 이야기는 해피엔딩으로 끝나지만, 이런 과정을 거치면서 베르니크는 회개하여 처남이 아닌 자신이 과거 스캔들의 주인공이었음을 만천하에 전격적으로 밝히고, 자신이 몰래 사둔 철도인근의 땅도 사회에 환원할 것임을 발표한다. 그러면서 처형 로나 등 자신을 회개시킨 여성들이 사회의 기둥들이라고 말한다. 그러나 로나는 "진실과 자유"가 사회의 기둥들이라고 대답한다. 억눌려 사는 것이 여자의 당연한 숙명으로 알았던 베르니크의 부인도 이제야 진정으로 남편을 믿고 사랑하게 되었다고 감격하는 것으로 끝난다.

"세월호"의 소유주인 청진해운의 유병언 회장이나 기타 온갖 불의와 부정을 위선으로 치장하고서 애국자이자 지도자연하고 있는 우리 사회의 소위 저명하고 부유한 인사들에게서 19세기의 베르니크 같은 인간해방의 정신을 기대하기는 아직도 빠른 우리 현실 때문인지 이 연극의 한국 초연(2014.11)이 때 이른 것으로 느껴지기까지 하였었다. 그래서 이 연극을 희극이자 비극이라고 평하는 것일까? 입센의 작품에서는 지도층 인사인 베르니크가 스스로 회개하고 새 사람으로 다시 태어나지만, "진실과 자유"가 사회의 기둥들이라는 인식을 사회 전반이 받아들이는 가치가 될 때에 비로소 불필요한 순국자나 익사자나 산업재해 사망자가 나오지 않을 것이라고 생각해 본다. 현대 사회의 3대 기둥이라고 불리는 정부, 시장(market, 기업), 시민사회(언론, 시민단체 등)가 서로 균형과 견제를 이루며 조화로운 발전을 이뤄가는 과정에서 많은 갈등의 표출은 불가피하기도 하지만, 그 3대 기둥들의 기반이 되는 "진실과 자유"라는 19세기적 가치는 아직도 유효한 것이 아닐까.

국가기관이 헌법에 명시된 임무를 제대로 행사하기 위해서는 대통령 개인이나 어떤 특정집단의 이익에 부합하는 식으로 운영되어서는 안 되며 역사적 인식의 중요성에 대한 국민적 공감대가 더 깊고 명확하게 확립되어야 한다. 이런 면에서 근래, 국회의원이란 사람들이 국회 내에서 모임을 열어, 5.18 광주 민주항쟁을 북한의 사주를 받은 혹은 북한군에 의한 무력활동으로 규정하면서 이를 무력으로 진압한 전두환을 영웅이라고 칭송하고, 이에 대해 소속당 지도자란 사람들은 역사는 여러 가지로 해석이 가능한 것이라고 유식한 척 국민에게 훈계하는 말을 들으니 우리가 갈 길은 아직도 멀구나 하는 회의감을 버릴 수 없게 된다. 역사적 평가와 이미 확인된 역사적 사실을 혼동하는 무지에서 비롯된 언사인지, 극우표심을 향한 정치적 구애인지는 모르나, 확인된 역사적 사실 자체도 여러 가지로 해석될 수 있는 것이라면, 일제의 조선 강제병합도 강제가 아니라 조선인들과 왕의 동의로 이뤄졌고 위안부들이나 징용자들도 강제가 아니라 본인들의 동의로 이뤄졌다는 일본 극우파들의 주장도 사실왜곡이 아니고 또 다른 역사 해석이라고 받아들일 것인가? 6.25 전쟁이 북침이라는 북한 측 주장도 또 다른 역사 해석이라고 인정할 것인가? 그런 역사 인식을 가진 사람들이 대한민국의 미래를 이끌겠다고 정치판에서 활동하는 현실을 어떻게 보아야 할 것인가? 시일이 지나 재해석될 수 있는 것은 이미 사실로써 밝혀진 역사적 사건이 아니라 그 사실에 대한 맥락과 함의일 뿐이다. 지도층이라는 사람들이 최소한의 양심과 양식에 기초한 올바른 역사관을 피력하지 않고, 사실에 눈 감고 권력욕에 눈이 어두워 계속 권력자들이나 편향된 언론과 여론의 눈치나 보며 탐욕을 채울 자리만 추구한다면 버마에서처럼 억울한 순국자는 계속 나오게 될 것이다. 고생하며 이리저리 억울하게 죽고 다치는 것은 법을 지키려는 착실한 시민들과 충성스런 군인·공직자이니 결국 이 나라에서는 죽은 자만 억울하다는 한탄이 그치지 않고 나오는 이유가 아니겠는가. 정부(국회, 사법부 포함)가 모든 국사를 공정하고 효율적으로 처리할 수 있게 되는 것은 사회의 다른 두 기둥인 시장(기업)과 시민사회조직들이 견제하고 비판하기 때문이다. "권력은 부패한다. 절대권력은 절대적으로 부패한다. 위대한 사람들이란 거의 항상 나쁜 사람들이다."[11]라는 말은 인간성에 대한 한계를 표현하는 말에 다름 아니다. 인간 개인들이 아닌 집단지성의 산물로서의 사회적 기둥들이 인간의 탐욕을 억제할 수 있어야 한다. 또 이 기둥들 간에 상호 견제와 균형이 이뤄지도록 시민 모두가 관심을 가지고 참여하고 지켜봐야 된다. Covid-19을 극복해 나가는 과정에서의 정부와 다른 두 기둥들 간의 협력의 경험이 이후 우리의 정치 발전과정에도 적용될 수 있기를 기대해 본다.

4. 정상외교의 내실화

정상외교의 허와 실

행정안전부 국가기록원 대통령 기록관과 외교부의 웹 사이트 자료가 상당히 부실하기에, 다른 여러 경로를 통해 힘들게 파악한 역대 대통령들의 해외 순방기록은 아래와 같다:

이승만 대통령은 12년의 집권 기간 중 1953년 대만과 일본, 1954년 미국, 1958년 월남을 방문한 것이 해외 방문외교의 전부였다. 그 당시 우리나라는 일제 강점으로부터 독립된 지 얼마 되지 않아 새로운 국가체제를 건설 중이었고 전쟁까지 겪은 마당이라 외교라는 것은 사실상 대미외교가 전부였다. 일본과는 어업문제와 재일교포 북송 문제, 그리고 일본의 식민통치에 따른 문제들을 청산하고 국교를 정상화하는 교섭이 가끔씩 진행되는 정도였다. 그리고 당시는 먼 나라까지 가서 정상회담을 한다는 것이 기술적으로도 요즘처럼 쉬운 시기도 아니었다.

1961년 군사 쿠데타로 집권한 박정희는 집권 초기에는 미국의 인정을 받고 군사, 경제적 지원을 받기 위한 노력으로 미국과 잦은 정상회담을 가졌다. 1961.11월 방미하여 케네디 대통령과 회담을 가졌고, 방미를 위한 항공사정으로 일본에 30시간 체류하며 일본총리와도 만났지만, 재임 중 일본을 공식방문하여 정상회담을 하지는 않았다. 일본과는 1965.12월 국교정상화를 달성하였으나 국민정서나 제반 여건상 일본을 방문하여 정상회담을 하기는 어려운 형편이었다. 그는 1964.12월 독일, 1965년 미국, 1966.2월 말레이시아, 필리핀(월남 참전 7개국 정상회담), 태국과 대만을 방문하였다. 1967년에는 호주, 1968년에는 미국, 호주, 뉴질랜드를 방문하였다. 그 후 1969.8월에 그 해 취임한 미국의 닉슨 대통령과 샌프란시스코에서 정상회담을 가진 것이 마지막 외국 방문이었다. 그는 1979.10.26 암살당할 때까지 10년간 해외를 방문하지 않은 것이다. 1979.6월 카터 미국 대통령의 방한 시 가진 정상회담에서 양측은 한국의 인권문제와 미군 철수 문제로 대립하여 한미간 최악의 정상회담으로 남게 되었다. 유럽과는 독일에 많은 노동자를 보내고 경제협력을 얻고자 1964.12월 독일을 방문하여 정상회담을 가지기도 하였지만 다른 유럽국가와는 정상회담을 가지지 못하였다. 이는 군사독재와 1972년 이후 유신독재체제로 국제적인 비난이 비등한 현실에 기인하였는 바, 그 시대의 외교업무는 외무부에 사실상 일임되었다. 1953년 아이젠하워 대통령 이래 미국 대통령들은 케네디와 닉슨을 제외하고는 모두 한국을 방문하여 정상회담을 가졌다. 닉슨은 1953.11월 부통령으로서 방한하여 이승만 대통령을 면담하고 아이젠하워 대통령의 친서를 전달하였다. 그러나 대통령 선거에 이어 캘리포니아 주지사 선거에서도 패배한 후 1966.8월 민간인 신분으로 방한하였을 때는 그의 정치 생명이 끝났다고 판단한 박대통령은 청와대에서 그와 잠시 차만 마시는 것으로 홀대를 하였다. 이 때문에 그가 대통령이 된 후에 한국을 방문하지 않았을 것이라는 평가도 있다.

최규하 대통령은 1980.5.10－16간 사우디아라비아와 쿠웨이트를 방문하였다.

1980년 취임한 전두환 대통령은 비동맹외교를 내세우며 아프리카도 순방하고 동남아, 미국과 일본도 방문하였다. 그는 7년 반을 대통령으로 재임하며 총 7회에 걸쳐 누계 18개국을 방문하였다.

1981년	말레이시아 · 인도네시아 · 필리핀 · 싱가포르 · 태국, 미국
1982년	가봉 · 세네갈 · 나이지리아 · 케냐, 캐나다
1983년	버마
1984년	일본
1985년	미국
1986년	영국 · 독일 · 벨기에 · 프랑스

1988.2월 말 취임한 노태우 대통령은 냉전 해체기를 맞아 북방외교를 적극적으로 전개하여 소련과 헝가리 등 동구권을 최초로 방문하는 한국 대통령이 되었다. 그는 5년 재임 중 총 10회에 걸쳐 누계 18개국을 방문하였다.

1988년	브루나이 · 말레이시아 · 인도네시아, 미국, 호주
1989년	미국, 독일 · 프랑스 · 스위스 · 영국 · 헝가리
1990년	일본, 소련, 미국
1991년	미국(제46차 국제연합 총회), 미국, 캐나다
1992년	미국(제47차 국제연합 총회)

1993년 취임한 김영삼 대통령은 총 14회에 걸쳐 누계 28개국을 방문하였다.

1993년	미국(제1차 APEC정상회의)
1994년	일본, 인도네시아(제2차 APEC정상회의), 러시아, 중국
1995년	독일, 미국, 일본(제3차 APEC정상회의), 프랑스·벨기에·체코
1996년	브라질·페루·과테말라, 베트남·싱가포르(제1차 ASEM정상회의), 필리핀(제4차 APEC정상회의), 아르헨티나·칠레, 인도
1997년	미국(국제연합 환경특별총회), 캐나다(제5차 APEC정상회의), 일본, 멕시코

1998년 취임한 김대중 대통령도 활발한 정상외교 활동을 전개하였다. 그는 총23회에 걸쳐 누계 37개국과 북한을 방문하였다.

1998년	베트남(ASEAN+3정상회의), 미국, 중국, 말레이시아(제6차 APEC정상회의), 영국(제2차 ASEM정상회의), 일본
1999년	필리핀(ASEAN+3정상회의), 뉴질랜드(제7차 APEC정상회의), 미국, 호주, 몽골, 러시아, 캐나다
2000년	이탈리아·바티칸·프랑스·독일(3.2-11), 일본 오부치 게이조 총리 조문(6.8), 국제연합 새천년정상회의(뉴욕 9.5-10), 일본(9.22-24), 브루나이 제8차 APEC정상회의(11.13-17), 싱가포르ASEAN+3정상회의·인도네시아(11.23-29), 노르웨이·스웨덴(12.8-14) *남북한 정상회담: 평양(6.13-15)
2001년	미국(워싱턴, 시카고 3.6-11), 제9차 APEC정상회의(상하이10.18-22), ASEAN+3정상회의(브루나이 11.4-6), 영국·노르웨이·헝가리·유럽회의(프랑스)(12.2-12)
2002년	일본월드컵 폐막식(6.30-7.2), 제4차 ASEM정상회의(덴마크 코펜하겐)·암스테르담(9.20-25), 제10차 APEC정상회의(멕시코 로스카보스)·시애틀(10.24-30)

2003년 취임한 노무현 대통령은 총 27회 누계 55개국과 북한을 방문하였다.

2003년	태국(제10차 APEC정상회의), 인도네시아(ASEAN+3정상회의), 중국, 일본
2004년	일본, 프랑스·폴란드·영국, 라오스(ASEAN+3정상회의), 칠레(제11차 APEC정상회의)·브라질, 베트남(제5차 ASEM정상회의)·인도, 러시아·카자흐스탄
2005년	필리핀·말레이시아(ASEAN+3정상회의), 미국(국제연합 고위급 본회의), 코스타리카(SICA회의)·멕시코(제12차 APEC정상회의), 미국, 러시아, 터키·독일
2006년	뉴질랜드·호주, 캄보디아·베트남(제13차 APEC정상회의), 중국, 미국, 핀란드(제6차 ASEM정상회의)·루마니아·그리스, 아랍에미리트

2007년	·아제르바이잔·몽골, 알제리·나이지리아·이집트 싱가포르(ASEAN＋3정상회의), 과테말라(제14차 APEC정상회의), 사우디아라비아·이탈리아(교황청)·스페인 *남북한 정상회담: 평양(10.2－4)

2008년 취임한 이명박 대통령은 총 49회 누계 84개국을 방문하여 역대 대통령 중 가장 많은 해외 순방을 하였다. 그는 재임 중 232일을 해외에서 보냈다.

2008년	미국(뉴욕, 워싱턴)·일본(4.15－21), 중국(베이징, 칭다오5.27－30), 일본 도야코 G－8 확대정상회의(7.8－9), 2008베이징 올림픽 개막식(8.8－9), 러시아(모스크바, 상트페테르부르크9.28－10.1), 베이징 ASEM정상회의(10.23－25), 워싱턴 금융정상회의·페루 리마 APE정상회의·브라질(상파울루, 브라질리아)·LA(11.14－26), 후쿠오카 한·일·중 정상회의(12.13)
2009년	뉴질랜드(오클랜드)·호주(캔버라, 시드니).인도네시아(3.2－8), 런던 제2차금융정상회의(3.31－4.4), 태국 파타야 ASEAN＋3/EAS정상회의(4.10－12), 우즈베키스탄·카자흐스탄(5.10－14), 미국(6.15－18), 일본(6.28), 이태리G8 확대정상회의·폴란드·스웨덴(7.7－14), 뉴욕 기후변화정상회의·국제연합총회·피츠버그제3차금융정상회의(9.20－26), 베이징 한·일·중 정상회의(10.9－10), 베트남·캄보디아·태국 ASEAN＋3/EAS 정상회의(10.20－25), 싱가포르 APEC정상회의(11.13－15), 코펜하겐 기후변화정상회의(12.17－19), 아랍에미리트(12.26－28)
2010년	인도·스위스 다보스포럼(1.24－30), 워싱턴 핵안보정상회의(4.11－14), 2010상하이 엑스포개막식(4.30－5.1), 싱가포르 샹그릴라대회 기조연설(6.4－5), 토론토 G20정상회의·한·파나마SICA정상회의·멕시코(6.26－7.3), 러시아 야로슬라블 세계정책포럼(9.9－11), 벨기에 제8차 ASEM 정상회의(10.3－7), 하노이 ASEAN＋3/EAS정상회의(10.28－30), 요코하마 APEC 정상회의(11.13－14), 발리 민주주의 포럼·말레이시아(12.8－11)
2011년	아랍에미리트(3.12－15), 덴마크·독일·프랑스(5.8－15), 한·일·중 정상회의(일본 도쿄5.21－22), 남아공 IOC총회·DR 콩고·에티오피아(7.2－11), 몽골·우즈베키스탄·카자흐스탄(8.21－26), 뉴욕 국제연합총회·시애틀 원자력안전 고위급회의(9.20－24), 미국(워싱턴, 시카고, 디트로이트)(10.11－16), 제2차 한·러 대화(상트페테르부르크)·프랑스 칸 G20 정상회의(11.1－5), 호놀룰루 제19차 APEC정상회의(11.12－14), 발리 ASEAN＋3/EAS 정상회의·필리핀(11.17－22), 일본(12.17－12.18)
2012년	중국(1.9－1.11), 터키·사우디·카타르·UAE(2.4－2.11), 제5차 한·일·중 정상회의(북경5.12－5.14)·미얀마(5.14－5.15), 멕시코 G20정상

회의·브라질RIO＋20정상회의·칠레..콜롬비아·샌프란시스코 (6.17－6.27), 블라디보스토크 APEC정상회의·그린란드·노르웨이·카 자흐스탄(9.7－9.14), 발리 민주주의포럼·태국(11.7－11.11), 캄보디 아 ASEAN＋3/EAS정상회의·아랍에미리트(11.18－11.22)

4년 남짓 재임한 박근혜 대통령은 총 25회 58개국을 방문하였다.

2013년	미국(5.5－5.10), 중국(6.27－6.30), 상트페테르부르크 G20 정상회의 ·베트남(9.4－9.11), APEC정상회의(발리)·브루나이 ASEAN＋3/동아 시아정상회의·인도네시아(10.6－10.13), 프랑스·영국·벨기에·유럽 연합(11.2－11.9)
2014년	인도·스위스－다보스포럼(1.15－1.23), 네덜란드 핵안보정상회의· 독일(3.23－3.29), 아랍 에미리트(5.19－5.20), 우즈베키스탄·카자흐 스탄·투르크메니스탄(6.16－6.21), 캐나다·뉴욕 국제연합기후정상회 의 및 69차총회(9.20－9.26), 이탈리아 10차 아시아 유럽 정상회의 (10.14－10.18), 중국 APEC정상회의·미얀마ASEAN＋3/동아시아 정상 회의·호주 G20 정상회의(11.9－11.17)
2015년	쿠웨이트·사우디아라비아·아랍에미리트·카타르(3.1－3.9), 싱가포르 리콴유 前 총리 조문(3.28－3.30), 콜롬비아·페루·칠레·브라질(4.16－4.27), 중국 전승70주년 기념행사·상하이(9.2－9.4), 뉴욕 국제연합 개발정상 회의·제70차 국제연합총회(9.25－9.30), 미국(10.13－10.18), 터키 G20 정상회의·필리핀 APEC·한－ASEAN/ASEAN＋3정상회의/말레이시아 동 아시아 정상회의(11.14－11.23), 파리기후총회 및 유네스코(파리)·체코· 한－V4 정상회의(11.29－12.5)
2016년	핵안보정상회의(미국 워싱턴 D.C.)·멕시코(3.30－4.6), 이란(5.1－4), 에티오피아·우간다·케냐·프랑스(5.25－6.5), 몽골 ASEM정상회의(7.14－ 18), 러시아 동방경제포럼·중국 G20·라오스 ASEAN＋3정상회의－ 동아시아정상회의(9.2－9)

2017.5월 취임한 문재인 대통령은 2019.12월 말까지 총 23회 누계 29개국 과 북한을 방문하였다.

2017년	미국(6.28－7.2), 독일(함부르크 G20 정상회의7.5－10), 러시아(제3 차 동방경제포럼9.6－7), 미국(제72차국제연합총회9.18－22), 인도 네시아·베트남(APEC정상회담)·필리핀(ASEAN＋3정상회의·동아시 아정상회의11.8－15), 중국(12.13－16)
2018년	베트남·아랍에미리트(3.22－28), 일본(제7차 한·중·일 정상회의5.9), 미국(5.21－24), 러시아(6.21－24), 인도·싱가포르(7.8－13), 미국(제73 차 국제연합총회9.23－27), 프랑스·이탈리아·벨기에(제12차 ASEM정 상회의)·덴마크(제1차 녹색성장 정상회의10.13－21), 싱가포르(ASEAN＋3

정상회의)·파푸아 뉴기니(APEC정상회의11.13-18), 체코·아르헨티나(G20
정상회의)·뉴질랜드(11.27-12.4)
*2018.11.4-7: 대통령 부인 김정숙 여사, 인도 단독방문(허황후 기
    념공원 착공식)
*남북한 정상회담: 2018.4.27 판문점 평화의 집
                    2018.5.26 판문점 통일각
                    2018.9.18-20 평양

2019년

브루나이·말레이시아·캄보디아(3.10-16), 미국(4.10-11), 투르크
메니스탄·우즈베키스탄·카자흐스탄(4.16-23), 핀란드·노르웨이·
스웨덴(6.9-15), 일본(오사카G20정상회의6.27-29), 태국·미얀마·
라오스(9.2-7), 미국(국제연합총회9.22-26), 태국(ASEAN+3정상회
의11.3-5), 중국(한·중·일 정상회의 12.23-24)
*남북미 정상회동: 2019.6.30 판문점 자유의 집

1990년대 이후 아시아·태평양경제공동체APEC와 동남아국가연합ASEAN, 아시아 지역안보포럼ARF 등 국제기구가 연례 정상회담을 개최하고 아시아-유럽회의ASEM가 격년으로 정상회담을 갖게 되었다. 또 G20 정상회의와 동아시아 정상회의가 연례회의가 됨에 따라 한국 대통령은 양자 정상회담뿐 아니라 전통적인 국제연합 총회 참석과 기타 국제연합 개최 특별정상회담 외에도 정례적인 다자정상회의에 참석하는 기회가 많아졌다. 이명박 대통령은 매년 거의 매달(연간 10회), 문재인 대통령의 경우에도 2019년까지 거의 매달(연간 10회) 해외 정상회담이나 정상회의에 참석하였다. 이러한 정상회담의 정례화는 세계적인 추세로서 전통적인 외교의 틀을 깨는 새로운 현상이다. 오랫동안 정상회담에 익숙하고 외교체제가 확립된 유럽 등 서구국가는 이러한 새로운 현상이 외교의 기본방향을 흔들거나 정상적인 외교업무 수행에 큰 부담을 주지는 않는다. 그러나 외교경험이 일천하고 군사독재정권뿐 아니라 엽관제에 재미를 붙인 민주정부에 의해서도 전통적인 외교체제가 쉽게 훼손되어 온 우리의 경우에는 정상외교라는 것이 터무니없는 환상을 일으키고 국익에 큰 손실을 끼치는 경우가 없지 않다고 할 수 있다.

유럽국가들은 중세 때까지 왕들 간에 외교문제를 직접 교섭하는 경우가 많았다. 그 후 16세기에 들어 상주공관 제도가 발전하기 시작하면서 쇠퇴하였다가 나폴레옹 전쟁을 마감하는 1815년의 비엔나회의Congress of Vienna를 계기로

정상회의가 양자 및 다자간에 빈번하게 개최되기 시작하였다. 제1차세계대전을 마무리하는 1919년의 파리강화회의Paris Peace Conference에는 세계주요국 정상들이 대거 참석하였다. 회의에서 합의된 세계 최초의 상설 정치협의체 국제기구인 "국제연맹The League of Nations"의 탄생은 다자정상회의 발전에 새로운 이정표가 되었다. 제2차세계대전 중에는 미국, 영국, 소련의 정상들이 여러 번 만났고 중국 총통 장개석도 중요한 회의에 참석하여 전쟁 수행과 전후 처리 문제 등을 협의하였다. 전후 국제연맹을 대체하여 1945년 출범한 "국제연합기구The United Nations Organization"는 다자정상회의를 새로운 차원의 보편적 정상회의로 정례화하기에 이르렀다.

　미국과 소련 간의 냉전 시기에는 핵무기 대결로 발전할 수 있는 상황에서 외교를 외교관에게만 맡겨둘 수 없다는 정치 지도자들의 인식에 따라 미·소간 정상회담에서 중요한 문제들이 협의되고 합의되는 등 정상회담은 큰 기대 속에 활발하게 개최되었다. 국가 간 정상회담의 정례화는 교통통신의 발달로 대사관의 역할이 축소되고 세계화의 추세 속에서 다양한 양자 및 다자간의 문제들에 대해 외교의 총책임자인 정상들이 직접 여행하며 회담을 가지는 것이 수월해진 점에도 기인한다. 제2차세계대전 후에는 과거의 모든 식민국가들이 독립하여 '국제연합'의 회원국이 됨에 따라 다자외교가 한층 활발해짐과 동시에 각 지역별로 국가 간 협력체가 다양하게 출현하였다. 정치·군사적으로는 서구권의 북대서양동맹기구NATO와 동구권의 바르샤바조약기구가 출범하여 역내 정상회의가 정례화 되었다. 서구에서는 '유럽경제공동체EEC'가 출범하여 '유럽연합EU'으로 발전하였고, 아시아에서도 '동남아국가연합ASEAN'이 '유럽연합'을 모델로 협력을 발전시키고 있다. '동남아국가연합'은 한국과 중국, 일본과의 정상급 및 각료급 정례회의인 ASEAN＋3를 매년 정례적으로 하고 있다. 기타 '아시아·태평양 경제공동체APEC', '아시아－유럽회의ASEM', '동아시아 정상회의EAS', '미주연합OAS', '아프리카연합OAU', '유럽안보협력기구OSCE', '경제협력개발기구OECD' 등 상설 국제기구와 G7, G20, '국제연합' 주최 주요 주제별 특별정상회의 등 20세기 후반 이후는 인류역사상 전례 없는 국제기구 및 국가 간 정기적인 정상회의 전성시대를 맞이하였다.

정상회담은 양자 간 회담과 다자 간 회담, 정기적과 비정기적 회담으로 구분할 수 있다. 양자회담도 국가 간 및 국가 대 국제기구(EU, ASEAN 등) 간 회담으로 구분할 수 있다. 또 정상회담은 아니나 국가 정상이 '국제연합' 등 국가 간 국제기구가 개최하는 국제회의에 참석하여 연설하거나 국제기구 주최 정상회의에 참석하여 현안 문제에 관하여 교섭하는 경우도 있다. 또 이명박 대통령과 박근혜 대통령이 각각 2010년과 2014년에 스위스 '다보스 포럼(세계경제포럼WEF)'에 참석하였듯이 민간 주최 국제회의에 국가 정상들이 참석하기도 한다. 이처럼 현재의 세계화 시대에는 매우 다양한 형태의 정상회담과 정상회의가 수시로 개최되는 특이한 상황이 전개되고 있는데 그 장점과 문제점에 대해 검토해 볼 필요가 있다.

우선 정상회담이나 정상회의는 친선관계의 증진, 상대국 최고 지도자의 의중 파악(2000년 김대중-김정일 평양 남북정상회담 등), 정세 파악, 중요한 문제의 교섭 등의 목적으로 개최된다. 정상회담이나 정상회의가 유용하다는 주장은 여러 각도에서 나오고 있다. 우선 일반 대중의 이목을 끄는 상징적이고 선전적 효과가 크다는 것이다. 동·서 냉전시대의 미·소 정상회담은 세계적으로 엄청난 주목을 받았다. 또 동맹국간의 정상회담은 유대를 과시하는 효과가 크다. 현재와 같이 다양한 매체를 통하여 회담과 회의의 진행이 실시간으로 전 세계에 중계되는 시대에는 정치인들에게는 거부할 수 없는 엄청난 홍보 효과를 가져다준다. 상대국을 방문하여 개최되는 일회성 정상회담Ad-hoc summits은 보통은 교섭보다는 우호증진이라는 상징적 목적이 크다. 교섭과 관련이 있더라도 이미 실무적으로 모두 합의된 내용을 공식화하는 보텀업bottom up의 경우가 일반적이다. 그런 의미에서 트럼프 대통령이 북한의 김정은과 가진바 있는 일련의 정상회담은 톱 다운top down 방식으로 여러 관찰자들에 의해 그 효율성에 대한 의구심이 표출되었다. 일회성 정상회담은 정상들이 2-3일간 두 세차례 만나는 것이 보통이며 정례적인 정상회담보다 더 많은 대중의 관심을 받기 마련이다. 그런 의미에서 이런 회담은 교섭 목적으로는 유용하지 않으며 어떤 외교적 계기를 발생시키거나 회복하는데 더 적합하다고 할 수 있다. 한편으로는 일회성의 양자 간 정상회담은 정기적 정상회담보다는 현존하는 교섭을 끝내는 시점을 보다 명확하게 제시할 수도 있다는 장점이 있다. 예로서 1972년의 닉슨-브레

즈네프 정상회담을 앞두고 미소 양측의 전략무기감축SALT 협상자들은 그 시한에 맞추기 위해 엄청난 압력하에서 교섭에 임해야 했다. 정상회담 중 특이한 것 중의 하나가 여러 나라의 정상들이 참석하는 장례식으로, 의도치 않게 서로 대립하는 국가의 지도자들 간에 우연하게 만나는 계기가 되어 심각한 교섭은 아니지만 서로 어떤 외교적 신호를 보내는 기회를 제공하기도 한다. 그러나 일회성 정상회담은 정상들 간의 상이한 배경이나 성격으로 인하여 만나지 않음만 못한 경우도 있다. 예로서 1961년 케네디 – 후르시초프 간의 비엔나 정상회담이 그러하였다. 양측은 이 만남을 통하여 "무식한 농부"라는 인상과 "결기가 없는 지도자"라는 인상을 가지게 되어 추후 양자관계에 부정적인 영향을 끼친 것으로 알려졌다.

모든 종류의 정상회담 중 교섭이라는 역할 수행에 가장 적합한 것은 정기적 정상회담serial summits이라고 할 수 있다. 미국과 EU는 1년에 두번 정상회담을 하며 미 – 러 간에도 전에는 매년 3회의 정례 정상회담을 가진 바 있었다. 프랑스와 독일은 매년 최소 2회 이상, 아세안 국가들은 매년 여러 차례의 정상회담을 가진다. G7과 G20, 아랍 리그, 아시아ㆍ태평양경제협력체APEC 등은 매년, 아시아ㆍ유럽회의ASEM와 영연방British Commonwealth 수뇌들은 매 2년마다 정상회담을 가진다. 한ㆍ중ㆍ일간에도 연례 정상회담에 합의한 바 있으나 상호간 갈등으로 제대로 지켜지지 않는 경우가 많았다. 이러한 정례 정상회담은 각국 정상들이 국제적 현실에 대한 이해를 깊이 할 기회를 주고, 여러 문제들을 함께 해결하기 쉽게도 하며, 외교적 계기를 지속 가능하게 하여 어떤 잔존하는 걸림돌을 해결하게 하기도 한다.

직업외교관들의 입장에서 보면 정상회담의 남발은 외교 교섭에 있어서는 득보다는 실이 큰 일종의 재앙으로 받아들여지는 면이 크다. 그들은 국가 정상은 나라의 최고 권위로서 모든 중요한 정책의 최종 결정권자이므로 어떤 교섭에 직접 나서서는 안 된다고 생각한다. 정상들은 정책의 상세한 내용을 모를뿐더러 허영심으로 가득 차 있고 타국의 정상을 자기와 같은 특별한 부류로 간주하여 그와 쉽게 타협하려 한다고 생각한다. 정상들은 홍보와 과시를 중시하며, 성공을 자랑하기 위하여 국가의 이익과 일치하지 않거나 이익과는 관련이 없는 협정에도 합의하려는 경향이 있다고 한다. 이는 상세한 내용에 대한 무지와 시간의 부족, 문화적 차이, 상대에 대한 호감 또는 비호감으로 영향을 받기 때문이고, 또 지나친 의전에 도취되어 실질적인 문제에 대해서는 눈을 감거나 어떤 환상적인 슬로건에 넘어가기도 하고 성공해야 한다는 강박감으로 인해 어떤 합의라도 이루려고 한다는 것이다.[12] 제2차세계대전 중, 미국 대통령 프랭클린 루즈벨트Franklin D. Roosevelt처럼 중병으로 교섭에 제대로 임하지 못하고 사실상 스탈린Joseph Stalin에게 끌려 다니며 그에게 모든 것을 양보하고 마는 경우도 있었다. 정상회담은 성공에 대한 강박감이 심하며, 자랑할 만한 성과를 얻을 수 없을 것으로 보일 때는 상호 갈등이 심화되고 교섭을 조기에 단절할 위험성이 크며, 미궁에 빠질 때는 다른 방법을 찾기 어렵다. 2019.2의 북·미 간 하노이 정상회담이 그 좋은 예이다. 잘못된 합의라고 하더라도 일단 정상이 약속한 이상 커다란 굴욕이 아니면 대물릴 수가 없다는 위험성도 지적된다. 또 정상이 직접 참여하여 합의되거나 양해된 사항은 개인적 업적화되므로 그가 물러나면 그 합의가 약화되기 쉽다. 또 정상회담은 정상 간의 정치적 쇼로 비춰져서 국가 관계가 지속적인 과정이라는 개념을 흐리게 할 위험성도 있다. 세계사적으로 비웃음을 받는 정상회담으로는 1938.9 뮌헨에서 개최된 독일 총통 히틀러Adolf Hitler와 영국 총리 체임벌린Neville Chanberlain, 프랑스 총리 달라디에Edouard Daladier, 이탈리아 총리 무솔리니Benito Mussolini 간의 정상회담이었다. 서부 체코슬로비아 영토를 독일이 합병하는 것을 양해하면 이제 더 이상의 영토 확장을 하지 않겠다는 히틀러의 약속을 믿고 뮌헨협정에 서명한 체임벌린은 귀국 후 이제 유럽에 평화가 돌아왔다고 선언하였다. 그러나 영국의 허약한 의지를 파악한 히틀러의 폴란드 침공을 유도하는 결과를 초래하여 일 년 후 제2차세계대전으로 발전하였다. 이후 "유화정책appeasement policy"이라는 좋은 의미의 단어는 외교상의 금기어로 타락하였다. 상대방의 불만을 완화하여 평화를 보존하려는 정책이라는 본래의 좋은 의미를 잃고 추구해서는 안 되는 굴욕적인 정책을 의미하게 된 것이다.

정상회담은 또 그 경비가 많이 든다. 특히 우리나라의 경우 미국 등 최강대국을 제외하고는 보기 드물게 많은 공식, 비공식 수행원들과 경호원들을 대동하고 또 많은 민간 경제인 등을 수행하게 함으로써 세계적으로도 가장 비싼 해외 정상회담을 하고 있는 국가 중 하나라고 생각된다. 정상회담 여행 경비에 관한 정부 공식통계에 의하면 노태우 452억 원, 김영삼 523억 원, 김대중 585억 원, 노무현 700억 원, 이명박 1,200억 원, 박근혜 대통령에게 600억 원이 지출되었다고 한다. 이는 아마 예산상 정상회담 명목으로 공식적으로 책정된 경비일 것이므로 각 기관별로 숨겨진 별도의 예산과 간접경비를 합하면 이를 크게 상회할 것으로 추정된다. 정상회담과 관련하여 지적되는 또 한가지의 문제점으로는 대통령이 복잡한 국내정치 문제를 회피하는 수단으로 외국여행에 재미를 붙여서 방문 이유가 별로 없는 먼 나라까지 여행하는 습관을 들일 수 있다는 것이다. 한국의 경우 대통령의 해외 순방에 불필요하게 많은 의전과 경호요원이 동원되어 선진국에 비해 엄청난 인원과 예산이 사용된다. 이는 민주공화국의 경험이 아직 짧아서 대통령을 왕으로 인식하는 왕권사상이 아직 국민의식 속에서 완전히 사라지지 않은데다 조선시대 왕보다 강력한 권한을 가진 제왕적 대통령제 때문으로 이해된다. 버마사건 후 내가 영국에 근무 중에 1986.5.2-4간 대처 수상이 영국총리로서는 처음으로 한국을 공식 방문하였다. 수행원은 경호요원을 포함하여 7명이었다. 영국총리는 전용기가 점보제트기가 아닌 소형 제트기이다. 나는 1986.4.7-10간의 전두환 대통령 영국방문을 1년 전부터 준비하며 엄청난 고생을 하였다. 사전점검 명목으로 1년간 끊임없이 출장 와서 영국 측과 우리 대사관을 쓸데없이 괴롭히는 이해할 수 없이 많은 의전과 경호요원들 때문이었다. 심하게 말하면 무슨 큰 잔치에 몰려드는 요란한 파리떼 같다고 생각될 정도였다. 영국여왕의 해외 국빈방문도 그 정도로 요란하게 의전과 경호를 따지지는 않을 것이라고 생각되었다. 그리고 더욱 한심한 것은 정작 정상회담의 내용에는 다들 관심이 없다는 점이었다. 그 1년 가까운 영접준비를 하면서 의전과 경호와 관련하여 영국 측으로부터 받은 수모는 이루 말할 수 없을 정도였다. 서로 너무 피곤해서 준비 기간 중뿐 아니라 행사 중에도 영국 측 관계자들로부터 다시는 한국 대통령이 영국에 오지 않았으면 좋겠다는 이야기를 수시로 들어야 했다. 그리고 점잖은 영국 의전관리들로부터도 레이건 대통령도 보잉 707을 사용하는데 한국이 그렇게 부자나라냐, 가봉의 봉고 대통령 말고는 이번에 처음 점보기를 타고 오는 외빈을 맞으니 너무 힘들다는 핀잔을 수시로 들어야 했다. 당시 런던 히드로 국제공항의 귀빈 터미널은 보잉 707 기준으로 지어졌기에 점보기는 날개가 건물에 닿을 위험성이 있었다. 트랩에서 내려올 때 까는 붉은 카펫도 길이가 점보기에는 안 맞다고 우리 측에서 불평하여 새로 장만해야 되었는데, 영국 측의 예산 문제로 우리가 비용을 대겠다고 해야 할 정도였다. 의전이나 경호와 관련된 우리 측 요구가 너무 무례하고 곳곳에서 갈등이 심해서 이를 책으로 쓰고 싶을 정도였다. 아직까지도 정말 생각하고 싶지도 않은 끔찍한 대한민국의 정상외교였다. 1983년 버마대사관 직원들이 영접준비를 하며 겪은 애로에 대해서도 송영식 참사관이 그의 자서전에서 많이 언급하였다. 당시 해외공관에서 정상회담을 준비한 경험이 있는 외무부 직원들은 정상외교라고 하면 아직도 냉소적인 입장을 가지고 있는 경우를 많이 본다. 수행 언론들은 정상회담에서 엄청난 성과가 있었다고 항상 보도하였지만 내막을 아는 입장에서는 창피하고 부끄러운 기억이 더 많았기 때문이다.

결론적으로 양자 간 정상회담은 그 지도자가 외교적 사안에 정통하고 외국 문화에 익숙한 인물이 아닐 경우에는 많은 위험성을 내포하고 있으므로 신중하게 추진되어야 한다. 다자간 정상회담이나 다자정상회의는 거의 상징적이고 선언적 회의이므로 그러한 위험성이 적다고 할 수 있다. 정상회담은 지도자가 외교업무에 밝고 의전이나 경호에 많은 비용을 들이지 않고 간편하게 여행하는 경우에는 외교업무에 긍정적인 요소로 작용할 소지가 크다. 그러나 지도자의 사욕이나 외유성 또는 국내 정치적 홍보 효과를 위한 과시적이고 대규모 수행원을 거느린 해외 순방은 이제 자제되어야 한다. "버마암살폭발사건"은 불필요한 정상회담의 여러 면모를 지닌 대표적 폐해 사례였다. 후진적 형태의 정상회담도 이제 적폐청산의 대상이 될 때가 되지 않았는가.

정상외교의 내실화

정상외교의 장단점과 의미에 대해서는 앞에서 언급한 바 있다. 민주주의와 교통통신의 발달로 외교관의 전유물이었던 외교가 국민외교, 민주외교로 발전하였고, 20세기 후반 이후에는 정상외교 전성시대를 맞고 있다. 이처럼 일상화된 정상외교는 외교교섭의 역사적 발전과정상 새로운 장을 여는 중요한 발전임에도 불구하고 일반인뿐 아니라 학계나 외교계에서도 이에 대한 깊이 있는 분석이 간과되는 느낌이다. 절대적 왕권국가 시대에는 왕이 직접 외교업무에 관여하였으나 점차 귀족권한의 강화로 귀족외교로 전환되었다. 이후 제1차세계대전으로 귀족 주도의 비밀외교에서 탈피하여 공개외교, 민주외교를 지향해 오다가 제2차세계대전 이후 국제기구와 교통 통신의 발전에 따라 국가 정상들의 모임이 빈번해지며 양자외교에까지 정상외교가 중심이 되는 시대에 돌입한 것이다. 오랜 외교전통을 가진 서구사회는 이러한 변화를 별 무리 없이 수용하면서 국익을 극대화하고 있으나, 20세기 중반에야 도입된 민주체제에 적응해 나가고 있는 우리의 경우에는 정상외교의 장점보다는 위험성에 더욱 유의해야 된다. 버마사건이 그 단적인 예라고 할 수 있다. 현 세계화시대에서 정상외교는 피할 수 없는 일상적인 외교방식이 되었다. 따라서 이를 특별한 국내 정치적 홍보의 계기로 삼거나 제왕적 의전에 몰두하는 것은 지양하고, 대통령도 외교교섭의 최고 책임자로서 국가이익에 대한 분별력을 가지고 실질적으로 국익을 증진하는 역할에 정상외교의 중점을 두어야 할 것이다. 선진외교국가처럼 실무적 형태로 가벼운 의전과 필수적인 수행원만을 대동하는 일상적인 정상외교를 시행할 시대인 것이다. 40여 년 전 히말라야 아래에서 살며 보니 세계 최고의 등산가들은 1−2백 명의 포터와 셰르파의 도움을 받으며 히말라야 고봉에 오르는 정복형 등산보다는, 고정 로프나 산소통의 도움 없이 단독으로 또 자연친화적으로 등반하는 유럽 알프스 등반 방식인 알파인 스타일을 선호하고 있었다. 1975년 라인홀트 메스너Reinhold Messner와 피터 하벨러Peter Habeler가 히말라야 가셔브룸(Gasherbrm, 8,068m) 북서벽을 이런 방식으로 3일 만에 등정함으로써 시작된 것이라고 한다. 세계 최고의 국가를 지향하는 우리도 이렇듯 가볍고 효율적인 정상외교를 시행해야 할 때가 되지 않았을까.

작고 효율적인 정상외교는 의전 중심의 한국식 정상외교에서의 탈피를 의미하는 것이지 부실한 내용의 정상외교를 의미하는 것이 아니다. 오히려 그 반대를 지향해야 한다는 것이다. 1983.5월에 전대통령의 버마 방문이 결정된 이후, 관례적으로 우리 의전·홍보·정보·경호 요원들은 사전에 현지를 1−2차 방문하고 일부 요원들은 한 달 전부터 버마에 상주하며 준비를 하였다. 1975년 수교 이래 우리 외무장관이 버마를 방문한 적이 없으니 10.8 전대통령의 방문 이전에 외무장관이 버마를 공식 방문하여 성공적인 국빈방문이 되도록 협의하고 분위기를 조성하는 노력이 필요하였겠지만 검토조차 없었다. 정상회담을 총괄하는 외무부 지역국에서도 정상회담의 의제와 내용을 사전에 협의하기 위한 버마 방문이 없었다. 아주국장이나 서남아과장, 지역 담당관인 필자 등 누구도 대통령 행사 전에 버마를 방문한 적이 없었다. 정상외교에서 논의할 중요한 의제가 없고, 의전행사로만 취급되었다는 증거이기도 하였다.

5. 제왕적 대통령제

순국이라면 당연히 국가의 안위와 관련된 일을 하다가 죽음을 당한 것을 의미한다. 버마에서 죽음을 당한 공직자들이 공식적인 외교업무를 수행 중이었음은 의문의 여지가 없다. 문제는 북한의 테러위험 가능성이 높은 버마를 정부 내 정상적인 절차를 거쳐 공식 방문하게 된 것이 아니라 전두환 대통령의 갑작스런 지시에 따라 가게 됐다는 데 있다. 전두환 대통령은 정부 공식 기관이 아닌 개인적인 경로로 건의를 받아서 그 방문을 외무부에 지시한 것으로 파악되고 있다. 민주국가에서는 대통령이 국사와 관련된 개인적인 건의를 받았더라도 이를 공식화하기 위해서는 관계 부처로 하여금 그 타당성을 검토시킨 후에 결정하는 것이 정상적일 것이다. 그러나 버마 방문은 앞에서 상세히 설명한 바와 같이, 대통령 비서실을 비롯한 정부 관계부처 간에 이미 합의되었고 이에 따라 국무총리까지 재가를 받아 외무부장관이 가지고 온 문서를 대통령이 재가하지 않고 방문국에 버마를 추가하라고 즉석에서 지시하여 전격적으로 이뤄진 것이었다. 제왕적 권력을 가진 대통령이 국익이 아닌 사익을 추구하다가 발생한 사건이라는 점에서 최순실의 국정농단 사태와 매우 흡사한 결정 과정이지만 버마 방문의 경우에는 돈이 아니라 권력이 핵심인 점이 다르다.

정상외교는 대통령의 정치적 통치행위의 일환으로서 법적 다툼의 영역은 아니니 버마 방문 지시가 법적인 문제점을 야기하지는 않음이 분명하다. 그러나 어떠한 통치행위에도 정치적 책임이 뒤따름은 민주국가의 기본이다. 최고권력자 1인에게 권력이 집중되어 있는 정치체제에서는 그 권력자가 국익이라는 미명하에 사익을 추구한다고 하더라도 이를 견제하는 것은 매우 어려운 일이다. 우리 현대사에서 이승만, 박정희, 전두환, 노태우, 이명박, 박근혜 대통령 모두가 망명, 암살, 또는 투옥된 것은 헌법과 법률에 정해진 권력의 사유화를 견제하는 여러 장치가 작동하지 않은 불행한 결과이다. 북한의 '김씨 왕조'나 러시아의 푸틴 대통령, 중국의 시진핑 당서기 등 독재자는 차치하더라도 미국의 트럼프 대통령, 일본의 아베 총리, 프랑스나 독일의 총리들까지도 각종 스캔들에서 자유롭지 못한 것은 민주국가라 하더라도 권력자가 국익과 사익을 항상 명확하게 구별하여 정책을 수행하는 것은 아니라는 것을 보여준다. 권력에 대한 통제장치가 마련된 오래된 민주국가에서는 이러한 문제점을 해결하는 각종 장치가 작동함으로써 국가적 재앙을 부르는 최악의 경우까지 가는 경우가 드물 뿐이다.

조선왕조의 절대왕권사상이 아직도 우리 사회 전반에 무의식적으로나마 잔존하고 있는 현실에서, 또 국가이익과 당파적 이익을 구분하지 않거나 못하는 우리의 정치 현실에서, 제왕적 대통령의 권력을 효과적으로 통제하는 장치들이 있다 해도 제대로 작동할 것을 기대하는 것은 어려울 것이다. 버마에서 순국한 이들은 대통령이 국익을 위해 방문한다고 했으니 영문도 모르고 따를 수밖에 없는 처지였다. 제대로 된 정치나 법률체계가 작동하는 나라였다면 사후에라도 그 방문의 타당성과 결정 과정에 대한 객관적인 조사가 이뤄졌을 것이다. 외교도 밀실이 아닌 최소한의 객관적인 정부 내 절차를 거쳐 이뤄져야 국익을 빙자한 권력자의 사익 추구를 막을 수 있는 것이다. 대통령의 권력이 합법적이고 합목적적으로 행사될 수 있도록 하는 법적 제도적 장치가 보다 정교하게 만들어져야 할 것이다. 또한 언론과 경제·시민사회조직들이 사회의 기둥으로서의 맡은 역할을 충실히 하는 성숙된 시민의식이 불필요한 순국자의 발생을 막는 데 기여할 것이다.

제1차세계대전 이후 미국의 우드로 윌슨Thomas Woodrow Wilson 대통령이 전쟁의 원인을 유럽국가들의 밀실외교에서 찾고, 공개적 절차를 거쳐 시행되는 민주적 외교를 국제사회의 새로운 규범으로 채택할 것을 주장하면서 이의 일환으로 국제연맹을 창설한 것도 그러한 문제의식의 발로였다. 민주적 외교란 국내적 외교절차가 민주적 원칙에 의거함과 동시에 국제적으로는 비밀외교가 아닌 공개적 외교를 지향하는 것이다. 국제사회가 아직 거기에 완전히 이르지는 못했지만 국제연합체제와 세계무역기구 등 다자외교체제의 발전으로 공개외교를 향한 많은 진전을 이룬 것도 사실이다.

외교는 한 나라의 일방적인 업무가 아니고 두개 이상의 나라가 관련되는 복잡한 방정식으로서 이를 100% 대 0%로 확신을 가지고 평가할 수는 없는 문제이다. 외교적 결정은 궁극적으로는 정치적 판단에 좌우된다. 히틀러의 위장 평화 제안을 받아들여 뮌헨협정(1938.9.30)을 체결한 영국과 프랑스의 총리도 히틀러가 원하는 체코슬로바키아의 주데텐지역Sudetenland을 독일이 점령하는 것을 허용함으로써 유럽의 평화를 유지하는 것이 전쟁을 막는 길이라고 오판한 결과였다. 이 경우에는 영국과 프랑스의 지도자들이 어떤 사익을 염두에 둔 것은 전혀 아니었지만 히틀러를 달램으로써 평화를 확보할 수 있다는 잘못된 정치적 판단으로 세계대전으로 가는 길을 열어주었다. 이처럼 평화와 국익을 우선시하며 나름대로 최선을 다하더라도 좋은 결과를 항상 기대할 수 없는 것이 외교이다. 하물며, 처음부터 지도자가 국익과 사익을 혼합하거나 혼동한 외교를 추진한다든지, 국익의 우선순위에 대한 분별력이 없다면 그 결과의 참담함은 예정된 것일 것이다.

트럼프 행정부하의 미국의 예가 보여주듯이 연방국이며 실질적인 삼권분립 제도가 잘 정착된 오랜 민주국가라고 하더라도 대통령 책임제가 얼마나 쉽게 국익을 해칠 위험성이 큰가를 알 수 있다. 조선왕조에서도 성군은 1백년에 한 명 정도 나왔다고 하는데 민주국가에서도 크게 다르지는 않을 것이다. 국민에 의해 직접 선출된 자라고 하더라도 대통령 1인에게 5천만 명의 운명을 맡기는 제도는 너무나 위험할 수밖에 없다. 2천년의 중앙집권제 절대왕조를 거쳐 일제 식민통치 후 외부로부터 주어진 민주제도를 채택한 우리의 경우에는 권력분립의 개념도 허약할 수밖에 없다. 또 오랜 기간의 군사독재로 인해 민주제도를 바르게 이해하는 정치의식이 취약할 뿐 아니라 전문적 관료체제도 허약한 우리의 현실을 직시해야 한다. 조선왕조를 이어 받은 '김씨 왕조'가 북한에 존재하는데 우리가 어떻게 권한이 내각에 분산되는 내각책임제나 대통령의 권한을 총리와 나누는 제도를 채택할 수 있느냐며 대통령제를 계속 하는 것이 우세한 여론이라고 하나 이는 책임 있는 여론은 아닐 것이다. 우리보다 더 어려운 안보환경에 처한 이스라엘은 내각책임제인데 어떻게 국가안보를 유지하고 있는가? 제왕적 대통령제가 얼마나 위험하고 국익에 해를 끼쳤는가는 이미 우리 모두가 충분히 경험하지 않았는가? 뒤늦은 이야기지만 보다 전문적인 외교관료집단의 육성과 더불어 우리 정치제도 변혁에 대한 보다 활발한 논의가 필요한 시점이다. 그럼으로써 또 다른 억울한 순국자의 발생도 막을 수 있기 때문이다.

6. 북한 및 주변국과의 관계 설정

북한은 한국전쟁의 타격에서 어느 정도 회복한 1960년대 후반부터 남한 요인들에 대한 암살과 무장침투 테러공격을 격렬하게 전개하였다. 그 배경은 여러 가지로 분석되고 있다. 김일성 유일지도체제 구축에 장애가 되는 친중·친소세력 등을 주체사상을 내세워 제거하는 과정에서 북한 내 동요를 외부로 돌리려는 대내적 통치전략도 그중 하나일 것이다. 또 월남전에 매달려 대내외적으로 고전하고 있는 미국이 한반도에 개입할 여력이 없었다는 점과 남한의 경제적 발전과 이에 따른 국제적 위상 상승에 위협을 느껴 이에 제동을 걸고자도 했을 것이다. 군사독재체제에 대한 국내외적 불만을 이용하여 남한 내 불안정 상황을 조성하려고도 했을 것이다. 월남에 파병한 한국에서 군사분쟁을 일으켜 한국군의 파병을 제한시키고자 하는 월맹 측 요청에 부응한 면도 있을 수 있다. 그러나 북한이 국지적 분쟁이나 테러를 통하여 남한을 공산화하고자 했다는 당시 박정희나 전두환의 주장은 이를 자신들의 독재체제 강화에 이용하고자 하는 의도에서 비롯되었을 것이다. 주한미군이 인계철선으로 작동하고 있는 남한을 북한이 다시 침략한다는 것은 현실성이 없는 것으로 중국이나 소련이 묵과할 형편도 아니었다.

문제는 이러한 북한의 테러공격에 대해서 남한이 어떠한 보복조치도 할 능력이나 의지가 없었다는 데 있다고 본다. 한국의 군부는 60, 70년대의 두번에 걸친 쿠데타로 정권을 잡고 정부와 기업 모두에서 특권을 가진 세력으로 등장함으로써 본연의 국가방위와 주권수호 업무보다는 이러한 특권의 확대와 유지에 집착하는 경향을 보였다. 국토방위의 일선에서 군사전략을 고민하고 무기체계를 개발하는 군인 본연의 길보다는 정치인, 고위 관직, 기업가의 길이 쿠데타 핵심 세력이 군 장교 집단에게 보여준 선망의 길이었다. 이를 위해서는 가능한 북한과의 분쟁을 피하고 남북화해의 명분하에 그들이 원하는 것을 어느 정도 맞춰줘야 했다. 이러한 일종의 북한정권 비위맞추기 행태는 하나의 습관이 되어버려 1993년 문민정부 출범 후에도 지속되었다. 2006년 북한이 핵국가로 등장한 이후에는 이러한 무조건적인 대북화해정책은 새로운 국면을 맞게 되었다. 이제 그러한 정책은 선택이 아닌 필수가 되어버린 것이다. 북한의 핵 위협하에 놓인 남한으로서는 북한과의 무력대결은 불가능하게 됨으로써 대북유화정책 외의 다른 선택은 현실적으로 가능하지 않게 된 것이다. 이러한 상황은 미국의 핵우산으로 보호받을 수 있도록 대미국 사대정책을 강화하고 북한을 견제할 수 있는 유일한 세력인 중국에 대한 저자세 외교를 불가피하게 하는 요인으로 작용하고 있다. 수시로 서울을 불바다로 만들겠다고 위협하는 적대국이 지척에 있으나 이에 대처하고자 하는 적극적 노력 없이 동맹을 맹신하며 외국군대에 의존해온 정책이 습관화되어 버린 것이 아닌지 우려된다. 이러한 상황이 계속되는 한 북한은 언제든 자신들의 아젠다에 따라 필요한 시기에 버마암살폭발사건이나 천안함 폭침이나 연평도 포격 같은 군사적 테러행위를 자행하고 우리는 합당한 보복조치를 취할 수 없게 될 것이다.

이러한 남북관계의 군사적 비대칭성에서 초래되는 북한의 테러위험에서 벗어나는 방안을 강구해야 한다는 것이 이 시점에서 우리가 버마암살폭발사건을 복기하며 찾게 되는 교훈의 하나이다. 경제력이 북한의 수십 배에 달하면서도 언제까지 북한의 테러위협에 시달려야 하는지 군부나 정부 지도자 모두 더 심각하게 고민해야 할 것이다. 미국의 지원을 바라고 아무런 준비나 근거도 없이 북진통일을 외치다 북한의 남침 3일 만에 수도 서울을 버리고 도망친 이승만식 전략실패를 되풀이해서는 안 될 것이다. 그러나 북한의 위협에 매번 굴복하는 유화정책appeasement policy보다는 테러에 대해서는 반드시 그 이상의 보복이 있다는 확신을 북한의 권력자들에게 보여주지 않는다면 우리 국민들은 항상 불안 속에서 전전긍긍해야 할 것이다. 정치인들의 최우선 임무는 국가이익의 맨 위에 있는 국가안보의 확보이다. 물론 군사력만이 모든 것을 보장해주지는 않으니 미국 등 우방국과의 관계 긴밀화에 힘쓰고 우리와 같은 정치, 경제적 가치를 추구하는 일본과의 정상적인 우호관계를 유지하는 일에도 소홀히 해서는 안 된다. 일본 역사상 최장기간 집권한 아베 신조安倍晋三총리가 물러나고 새로운 스가 요시히데晉 義偉 내각이 들어선 것을 계기로 흔들리지 않고 지속될 수 있는 항구적인 한일우호관계의 기반을 조성해야 할 것이다. 세계 최강대국으로 부상 중인 중국과는 장기적 관점에서 동북아의 평화와 안정을 유지하도록 세계질서내에서 협력하는 방안을 찾아 노력해야 할 것이다. 이로써 다시는 북한이 무모한 테러행위를 자행하지 못하도록 전방위적 외교태세를 유지해야 한다. 이와 함께 남북한 간 비대칭적 무력상황을 해소할 수 있는 대내적 군사역량을 갖춘다면 무모한 북한의 독재자에게 휘둘리는 일은 없게 될 것이고 더 이상의 무고한 순국자도 나오지 않게 될 것으로 기대해 본다.

대한민국 외교사에 최대의 치욕을 안긴 "버마암살폭발사건"을 처음부터 끝까지 다룬 대한민국의 유일한 공직자로서 나는 나의 기억과 입수 가능한 자료를 참조하여 그 진상과 배경, 그 사건이 갖는 의미에 관한 궁금증을 해소하고 진실에 접근하고자 노력하였다. 당시 나는 아직 외무부의 과장직을 맡지 못하고 있던 서기관 3년차의 실무급 직원이었지만 그 사안에 대한 문서를 기안하고 수령하고 보고하는 담당관으로서 사건의 실체에 가장 가까이 있었다. 한참 세월이 흐른 1996년 가을, 외교부 외교정책실에서 안보정책심의관 일을 맡아 외교정책실장을 보좌하면서 외교부에서 가장 빠르게 진급해 온 그에게 개인적인 질문을 던진 일이 있다. 그의 남다르게 빠른 출세의 비결이 뭐냐는 것이었다. 그는 잠시 생각하더니 출세를 위하여 일하지는 않았으나 항상 모시고 일하는 윗사람들이 궁금해 할 수 있는 사항을 미리 파악하여 보고한 것이 비결이라면 비결이라고 하였다. 매우 설득력 있고 공직자들에게는 귀감이 될 수 있는 말로 지금껏 잊지 않고 있다. 이 책은 공직자들의 상관인 국민이 "버마암살폭발사건"과 관련하여 궁금해 할 수 있는 점에 대하여 뒤늦게나마 내가 알고 있고 파악한 바를 사실 그대로 보고하고자 한 하나의 보고서이자 36년간 외교업무를 수행하며 느낀 외교에 관한 나의 단견을 피력한 것이다.

국제문제를 다룸에 있어 저널리즘은 시의성은 좋으나 깊이가 없고, 학술연구서는 깊이는 있으나 시의성과 실용성이 떨어지며, 외교보고서는 이 둘의 단점을 보완하여 시의성과 깊이와 실용성을 모두 충족시킬 수 있는 장점이 있다고도 한다. 나로서는 이러한 외교보고서를 쓰는 마음으로 저술에 임하였지만 능력의 한계로 그 어느 것에도 미치지 못한 게 아닌지 우려된다. 지금까지 나온 여러 분의 저술들은 사건을 다양한 각도에서 이해하는 데 도움이 되지만 사실이 잘못 파악되거나 오해된 부분도 있어 우려되는 면도 있다. 가장 최근에 나온 저술은 심지어 사건이 남한과 미국이 꾸민 자작극이라고 주장한다.1 이 책이 이런 여러 오류가 정설로 굳어지지 않도록 바로잡는 데 기여하기를 희망한다. 또 여기서 밝히는 여러 가지 새로운 사실과 배경들이 사건을 전체적으로 조망하고 외교업무가 현장에서 수행되는 과정을 이해하는 데 도움이 되기를 바란다. 이로써 불필요한 혼선에서 벗어나서, 정확한 사실을 바탕으로 한 미래지향적인 논의가 이어지기를 기대한다.

나로서는 "역사는 부정확한 기억이 불충분한 문서와 만나는 지점에서 빚어지는 확신이다."2라는 지적에도 유의하였다. 영국 자유주의 일간지 The Guardian의 전설적인 편집인이자 정치가였던 스콧C.P.Scott의 "평론은 자유롭다. 그러나 사실은 신성하다Comment is free but facts are sacred"3라는 언론의 역할에 관한 논평은, 해석은 자유이나 사실을 왜곡해서는 안 된다는 경고이기도 하다. 그가 또 강조한 "솔직한 것은 좋다; 그러나 공정한 것이 더 좋다It is well to be frank; it is even better to be fair"라는 주장에 공감하며, 이 책이 이러한 원칙에 부합하도록 노력하였지만 만족할 만한 결과가 되었는지는 독자 여러분의 판단에 맡길 뿐이다. 나로서는 어떤 이념적, 정파적 목적이나 이익을 조금도 염두에 두지 않았으나 지난 40년 가까운 세월에 걸친 우리 사회와 나의 변화가 과거를 돌아보는 시각에 영향을 미쳤을 것임은 분명하다. "지나간 역사에 관해 기술할 때에 우리는 의식적으로든 무의식적으로든 우리 자신의 시대적 위치를 반영하게 되며, 우리가 살고 있는 사회에 관해서 어떤 견해를 가지고 있는가라는 더욱 폭넓은 질문에 대한 대답의 일부가 된다."4는 카Edward.H.Carr의 지적이 여기에서도 유효하다고 할 수밖에 없을 것이다. 본의 아니게라도 나의 불찰로 인하여 여러 가지로 불비하고 잘못 파악하였거나 오해한 점도 있을 수 있을 것이다. 카Carr는 "사실은 신성하다."라는 스콧의 명제를 비웃으며, "중요한 것은 수많은 사실 중에서 어떤 사실을 역사적 사실로 채택하는가이다."라고 하고 있다. 나로서는 파악할 수 있는 의미 있는 사실은 모두 참조하고자 노력하였으나 미진한 점도 많다. 중요한 사실에 대한 증언을 거부하는 이들도 있으니 아직 역사적 사실이 되지 못한 채 빛을 보지 못하고 있는 묻힌 사실이 있을 수도 있다. 그래서 문헌고증과 지배자 중심으로 역사를 기술하는 실증사학이 능사가 아니라는 주장이 설득력을 지니는 모양이다. 이 책의 미흡한 부분에 대해서는 독자 여러분들의 양해를 바라고 바로잡아 주시기를 바랄 뿐이다. 또한 여러 공직자들에 관한 언급도 사건과 관계가 있거나 일반적인 외교활동과 업무에 관한 이해를 돕기 위한 것이므로 개인에 대한 인격적 공격이나 비난으로 받아들여지지 않기를 바란다.

공직자의 책임은 공직을 떠난 후에도 무한하다. 공직은 사리사욕과 개인의 영달을 위한 것이 아니기 때문이다. 민주국가를 표방하는 한, 최소한 이론상으로라도 주권의 원천인 국민에 대한 무거운 책임감을 퇴직 후에도 평생 안고 살아야 된다. 고의든 실수든 잘못한 점은 계속 반성하고 사죄하여야 한다. 세월이 지났다고 세상이 바뀌었다고 응분의 처벌을 받았다고 책임이 없어지는 것은 아니다. 권력에는 무한 책임이 따른다는 것을 공직자들이 다시 한번 깨우치는 데 조금이라도 이 기록이 기여하기를 바랄 뿐이다. 대한민국이 세계적인 민주국가로 계속 발전·번영해 나가고 한반도의 평화적인 통일을 이루는 날이 속히 오기를 간절히 기원하며 부족하고 두서없는 이 기록을 읽어주신 분들께 깊은 감사의 말씀을 드린다.

이 책을 쓰는 데 도움을 주신 여러분의 이름을 거명할 수는 없지만 많은 감사의 말씀을 드린다. 또 어려운 출판여건에도 불구하고 이 책의 출판에 흔쾌히 동의해 주신 박영사의 안종만 회장과 노현 이사, 조보나 대리, 이미연 씨 등 여러 분께도 고마움의 말씀을 드린다.

오랜 역사의 고난을 아프게 견뎌온 조국의 산하,
남산과 한강을 바라보며 쓰다
2020년 11월
최병효

그들은 왜
순국해야 했는가

마암살폭발사건의 외교적 성찰

부 록
Appendix

T H E
INNOCENT
M A R T Y R S

아시아

국가	일자	내용
일본	11.4	외상 명의의 북한 규탄 성명 발표
	11.7	관방상은 아래와 같은 북한 제재 조치를 발표 – 일본외교관의 북한 외교관 접촉 제한 – 일·북한 간 특별기 운항 금지 – 일본 관리의 북한 방문을 원칙적으로 억제 – 북한 관리의 일본 입국 원칙적 금지 및 북한 민간인의 일본 방문 제한 강화
호주	11.9	북한과의 관계 재개를 원치 않는다는 요지의 노트를 주북경 호주대사관을 통하여 북한 측에 전달하고 동 내용을 남태평양 국가들에게 통고하고 북한에 대한 주의를 환기시킴.
	11.20	Hayden 외상 명의의 북한 행위 규탄 성명을 발표함.
뉴질랜드	11.7	•Cooper 외무장관 명의로 북한 규탄 성명 발표 •북한 만행을 남태평양 도서 국가에 주지시킴, 북한과 공식관계 회피 정책 재확인
태국	11.7	•북한 부외상 버마사건 변명 목적의 태국 방문 제의 거절 •북한의 상주공관 설치 불허 방침 당분간 견지 •버마에서 추방된 북한대사를 더 이상 태국 겸임대사로 인정치 않음 •북한 통상대표부 활동을 제약하고 감시 •태국어 연수 목적 북한인 3–4명 증원 요청 불허, 상호 방문 적극 억제

인도네 시아	11.9	Kamil 외무성 정무차관, 11.10 Satari 아태국장이 북한대사 불러서 해명 요구
	11.11	북한과 인적 교류 제한(북한 유학생 2명의 유학 신청 접수 거부)
말레이 시아	11.16	•북한과 1년간 인사교류 동결, 북한개최 국제회의에 1년간 불참 •북한과 1년간 문화교류 동결
싱가포르	11.18	북한을 규탄하는 외무성 성명 발표, Peter Chan 외무차관 이 북한대사를 불러 랑군 테러 비난
	11.11	동건애국호 입항 불허
필리핀	11.10	대북한 불수교 방침 견지 표명
	11.21	Castro 외무부장관이 북한 테러행위 비난 기자회견
자유중국		북한 규탄 외무성 성명 발표
스리랑카	12.22	북한을 규탄하는 외무성 성명 발표
파푸아 뉴기니		인도네시아 상주 북한대사에 대한 아그레망 부여를 1년 이 상 연기
브루나이	1.15	북한과 공식관계 불원 입장 재천명
네팔		•국왕의 북한방문 무기 연기, 북한과의 인적 교류 제한 •북한대사관의 면세품 구입을 최소한으로 제한, 북한대사 의 면담 요청 기피
피지		•북한과의 외교관계 동결 상태 지속 •국제연합총회 제6위원회에서 북한을 지칭하지 않고 일반 적인 테러행위 규탄
서사모아	12.21	북한과의 외교관계 단절
솔로몬 아일랜드		북한사절단 방문 제의 거부
투발루	11.22	북한 규탄 외무성 성명

미주

국가	일자	내용
미국	11.4	백악관 성명 및 Reagan 대통령 연설에서 북한 규탄
	11.10	•상원의 북한 규탄 결의 •미국 외교관의 북한 공관원 접촉 금지
캐나다	11.16	북한 규탄 외상 성명
브라질	11.20	북한을 규탄하는 의회 결의
칠레	11.17	북한 규탄 외상 성명
코스타리카	12.2	북한과의 외교관계 단절
도미니카 공화국	11.22	북한 규탄 하원 결의, 북한과 불수교 원칙 재천명
엘살바도르	11.17	북한 규탄 외무성 성명
에쿠아도르	11.11	북한 규탄 외무성 성명, 북한인 입국제한 방침 고수
과테말라	11.15	북한 규탄 외무성 성명
온두라스	11.23	북한 규탄 외무성 성명
파라과이	11.17	북한 규탄 하원 결의안
세인트 루시아		북한과의 사실상 외교 동결 상태 계속
베네수엘라		북한 상주공관 설치 불허 방침 견지

유럽

국가	일자	내용
영국	11.4	•북한 규탄 외무성 성명 •북한인 입국 및 활동 제한 심화 •국제연합 총회 제6위원회에서 북한 규탄 발언

프랑스	12.14	북한 규탄 외무성 성명, 대북한 외교관계 수립 곤란 시사
서독	11.15	•독일 DPA통신사의 질의에 대한 답변에서 외무성은 북한 규탄 •북한 사회과학원 부원장 장승철 일행 5명의 방문 거부
네덜란드	11.9	북한 규탄 외무성 성명
이탈리아		북한과의 인적, 물적 교류 제한
스페인		•북한요원의 입국 및 비자발급 통제 강화, 입국 목적외 활동 제한 및 장기 체재 불허 •북한 주재 자국 대사관원의 북한 요원 접촉 제한
터키	11.10	북한 규탄 외무성 성명
	12.30	•터키상공회의소는 북한과 민간무역의정서 폐기 •북한 규탄 한국전참전협회 성명
포르투갈		향후 1년간 주북경 겸임대사의 평양 방문 금지
아일랜드		•주북한겸임대사의 북한방문 금지, 북한의 아일랜드 외상 방북 초청 불응 •북한 사절단의 방문 요청시 거절 방침 •스웨덴 상주 북한대사의 아일랜드 방문 거절
오스트리아		•북한 재정·보건상의 방오 거부 •외무차관겸 정무총국장의 1984년 북한방문 계획 취소
벨기에	11.18	•외무성의 북한 규탄 성명 •상당기간 북한인의 입국 불허 방침
덴마크		•신임 주북한 겸임대사의 평양방문 신임장 제출 연기 •차관 공여 및 실질관계 중단
노르웨이		•주북한 겸임대사의 북한 방문 및 북한행사 불참 지시 •정부 부처에 대북한 관계 냉각 지시, 북한 전시회 및 방북 초청 불응 계속
스웨덴	12.7	•외무성의 북한 규탄 언론 성명 •주북한대사 임명 연기
핀란드		북한이 채무를 변제하지 않는 한, 협력관계 증진 거부
그리스		EEC외상회의(10.10－12)시 테러 규탄, 유감 표명

중동

국가	일자	내용
바레인		북한과의 인적 교류 금지, 대북 통상관계 최대 억제
요르단		북한대사 접수 회피 계속, 양국관계 최소한으로 동결 방침 고수
쿠웨이트		북한통상대표부와 접촉 제한
오만		북한과의 외교관계 수립 회피 방침 공고화
카타르		북한과의 인사교류 제한
사우디 아라비아	12.27	외무성의 대북 규탄 언론 발표
수단		•대사관원 이외의 북한요원 감축 방침 •IPU 전 회원에게 랑군테러 진상 배포(국회의장겸 IPU 이사회 의장)
튀니지	11.17	스페인 국왕 부처를 위한 브루기바 대통령 주최 오찬에 외교사절 중 유일하게 북한대사 내외만 초대하지 않음
아랍에미리트		북한과 공식관계 거부 방침 견지

아프리카

국가	일자	내용
카메룬		북한대사의 대통령 면담 신청 거절
코모로	12.2	북한과의 외교관계 단절
라이베리아	11.11	•외무성의 규탄 성명 •주북한 겸임대사의 평양방문(부임) 보류 •북한대사 접촉 삼가, 관계 극소화
어퍼볼타		혁명위 의장이 북한대사를 초치하여 해명 요구

[참고문서 및 자료]

1. 버마암살폭발사건 경위 및 처리결과(1984.3 외무부, 최병효 서기관 작성, 외교사료관 보관)
2. 버마암살폭발사건관련 문서들(2013－14년 공개자료, 외교사료관)
3. 수행원명단·특별기 좌석배치(대통령각하내외분 서남아·대양주5개국 및 브루나이 순방)(1983.9 외무부 의전장실, 포켓용 소책자)
4. 버마 방문일정 세부설명서(1983.10.8－11 외무부, 포켓용 소책자)
5. Programme for the State Visit of His Excellency Mr. Chun Doo Hwan, President of the Republic of Korea to the Socialist Republic of the Union of Burma, October 8－11, 1983(버마외무성 작성, 포켓용 소책자)
6. 각종 국내외 언론 보도
7. www.wikipedia.com 등 인터넷 자료

[사건관련 주요 문서목록](외교사료관 보관)

1. 대통령각하 내외분, 서남아·대양주 5개국 및 브루나이 공식방문계획(1983.9.29 외무장관－국무총리－대통령 재가문서)
2. "Press Statement Issued by U San Yu, President of the Socialist Republic of the Union of Burma" Rangoon, 9 October, 1983
3. 버마 외무성이 주버마 한국대사관에 전달해 온 우 산유 대통령의 전두환 대통령 앞 조의문, 1983.10.9 자(3인칭 외교 공한－영문)
4. 주버마 한국대사관이 버마 외무성에 보낸 1983.10.10자 외교공한 2개(1.전대통령의 귀국 성명문을 첨부하면서 사건 조사결과를 알려주고 관련자 처벌을 요구 2.이원경 특사 파견 통보)
5. 버마 측 사건 중간발표문(영문, 1983.10.17)
6. 이원경 외무장관이 U Chit Hlaing 버마 외상에게 보낸 우리 측 전문가 조사참여 등 요청 공한(영문, 1983.10.28)

7. 사건 조사결과에 대한 버마정부 공식 발표문(영문, 1983.11.4)

8. 사건 조사결과에 대한 버마국영통신 발표문(영문, 1983.11.4.)

9. 버마 측 사건결과 발표에 대한 한국 외무장관 성명문(영문, 1983.11.4.)

10. 네윈 당 의장과 우 산유 대통령에게 보낸 전두환 대통령 서한(영문, 1983.11.4)

11. 범인재판 기록(영문, 1983.12.9)

[참고서적]

강진욱: 1983 버마(박종철출판사, 2017)

공로명: 나의 외교노트(도서출판 기파랑 2014)

김영주: 외교의 경험과 단상(인사동문화 2004)

김창훈: 한국외교 어제와 오늘(한국학술정보㈜ 2002)

노신영: 노신영 회고록(고려서적 2000)

라종일: 아웅산 테러리스트 강민철(창비 2013)

박창석: 아웅산 리포트(도서출판 인간사랑 1993)
  아웅산 다시 보기(백산출판사 2013)는 위 아웅산 리포트와 사실상 같은 책이므로 인용하지 않음.

송민순: 빙하는 움직인다(창비 2016)

송영식: 나의 이야기(nBook 2012)

신봉길: 시간이 멈춘 땅 미얀마(한나래 1991)

싱 후쿠오(Xing hu−Kuo)/남현욱 옮김: 아웅산 피의 일요일(1985 병학사)

이용준: 북핵 30년의 허상과 진실(한울 2018.11)

이정숙: 슬픔을 가슴에 묻고(고려원 미디어 1994)

자유평론사: 자멸의 시나리오(1983.12)

장세동: 일해재단(㈜ 한국논단 1995)
  역사의 빛과 그림자−버마 아웅산국립묘지 폭탄테러사건(맑은샘 2013)은 위 일해재단에 포함된 부분을 별책으로 낸 것 이므로 인용하지 않음.

전두환: 전두환 회고록(자작나무숲 2017)

하마시타 다케시, 서광덕·권기수 역: 조공시스템과 근대 아시아(소명출판, 2018)

하영섭: 초강 이범석평전(채륜 2018)

Alain de Botton, Art as Therapy(Phaidon)

D.G.E.Hall: A History of South East Asia(Macmillan 1987)

Don Oberdorfer: Two Koreas(Addison Wesley 1997)

E.H.Carr: 역사란 무엇인가?(김택현 옮김, 까치, 1997)

Elmer Plischke, edt: Modern Diplomacy(American Enterprise Institute, 1981)

Graham Allison: Destined for War(Mariner 2018)

G.R.Berridge: Diplomacy, Theory and Practice(Palgrave, 2005)

Hannah Arendt: Eichmann in Jerusalem(Penguin Classics 1963)

Henry Kissinger: On China(Penguin Books, 2011)

Henry Kissinger: World Order(Penguin Books, 2014)

Joseph S.Nye, JR: Understanding International Conflicts(Pearson, Longman, 2013)

Nicholas Greenwood: Guide to Burma(Bradt, 1996)

Peter Zeihan: The Accidental Super Power(12 Twelve, 2014)

Philip Ziegler: Mountbatten, the official biography(Collins, 1985)

Sir Harold Nicolson: Diplomacy(Oxford University Press 1963)

Thucydides: History of the Peloponnesian War(Penguin Books 1972)

Yuval Noah Harari: 21 Lessons for the 21stCentury(Jonathan Cape 2018)

[서문]

1. 七十而從心所欲不踰矩: 논어에서 공자가 나이 칠십에 이르렀을 때의 경지를 나타낸 말로, 칠십이 되니 하고 싶은 대로 하여도 법도를 어기지 않았다는 뜻.

[1장]

1. 노신영, 331−332쪽
2. Alain de Botton, 197쪽

[2장]

1. 노신영, 309쪽
2. 박창석, 44쪽
3. 1983.10.13 장례식에서의 김상협 국무총리의 조사 중 "머나먼 이역만리"의 공식 영역문
4. E.H.Carr, 22쪽
5. 송영식, 161쪽
6. 국정자문회의는 1979년 12.12 군사 쿠데타로 정권을 잡은 전두환 장군 등 신군부 세력이 1980년 8차 개헌을 하면서 헌법기관으로 등장시켜 1980.12월 "국정자문회의법"이 제정, 공포되면서 구체화 되었다. 이 회의는 직전 대통령인 의장과 국가원로인 국정자문위원으로 구성되는데, 직전 대통령이 없을 때에는 대통령이 위원 중에서 지명한다. 국정자문위원은 대통령·국회의장·대법원장·국무총리 또는 내각수반의 직에 있던 자와, 기타 정치·경제·사회 등 각계의 원로에 해당하는 자 중에서 30인 이내로 대통령이 위촉한다고 되어 있다. 그 후 1987년 6.29 항쟁을 거쳐 1987년 9차 개헌(대통령 직선제) 때 현재의 "국가원로자문회의"라는 명칭으로 변경되었다. 현행 대한민국 헌법 제90조 국가원로자문회의 설치 조항에 의하면 국가원로를 구성원으로 하되, 회의의 의장은 전직 대통령 가운데 직전 대통령을 선출하거나 직전 대통령이 없을 경우 대통령이 직접 지명한다. 아직도 헌법상에 존재하는 기관이기는 하나, 1989년에 국가원로자문회의법이 폐지된 이후 구성된 적이 한 번도 없어 사실상 존재하지 않는 기관이 되었다.
7. 송영식, 164쪽
8. "신동아" 2020.10월호 기사 참조

9. 이영섭(1919－2000)은 1943년 일본고등문관시험 사법과 합격 후 판사생활, 1950년 6.25
   후 이대 교수, 1961.9 －73.3 대법관, 1979.3－81.4 대법원장(제7대), 81.7－88 국정자문위
   원을 지낸 인사이며, 헌법위원(1973－79.3)으로서 유신헌법을 정당화하며 장준하·백기완
   의 긴급조치1호위반 상고를 기각, 김재규사건에서 변호인의 주장을 일축하고 그를 군사재
   판에 회부하는 등 군사정부에 적극 협력한 인물로 기록됨(한국학 중앙연구원의 한국민족
   문화대백과).

[3장]

1. 당시 외무부에서는 국빈방문state visit도 공식방문official visit의 개념에 포함하여 구분하지
   않은 탓으로 공식방문으로 부름. 버마 측 방문일정 프로그램에는 State Visit라고 표기되어
   있으나 우리 측 자료에는 버마 방문, 서남아·대양주 5개국 및 브루나이 순방 등으로 되어
   있다.
2. 5.20 오후 늦게 친전이 작성됨에 따라 암호화를 거쳐 실제 전문이 발송된 시간은 5.20 자
   정을 넘긴 시간이었을 것으로 추정됨.
3. 송영식 회고에 의하면 83.5.21 주미얀마 이계철 대사는 버마 외무성 간부들과의 골프 모임
   에서 떼인 아웅Thein Aung 의전국장에게 은밀히 국빈 영접 가능성을 타진하며 협조를 요
   청해 둠.
4. 83.5.25－28 국정자문회의 위원인 이영섭 전 대법원장 등 국정자문위원회 대표단이 버마
   를 방문하여 네윈 사회주의계획당 의장 등을 예방하고 외무장관 주최 만찬에 참석함(송영
   식 회고).
5. 83.5.28 주버마 이계철 대사는 틴툰Tin Tun 버마 외무성 정무총국장과 긴급 면담하여 우
   리 대통령의 10.8－11간의 버마 방문 가능성을 공식적으로 타진함. 83.5.31 틴툰 정무총국
   장이 이계철 대사를 초치하여 전두환 대통령의 방문을 진심으로 환영한다고 공식 통보함.
6. 10.12.이정숙, 241－2, 232, 235쪽
7. 김영주, 119, 222쪽
8. 장세동, 36쪽, 사건 후 네윈과의 면담 시 전대통령의 언급 내용: "나는 사관생도시절부터
   각하의 전기를 읽고 각하와 마음으로 친숙하게 느끼고 존경하였습니다. 내가 사관학교를
   졸업한 것이 1955년이었습니다. 이렇게 만나게 되어 유감스럽습니다. 그러나 다시 만날 기
   회가 있기를 바랍니다. 그러니 각하께서 부디 건강에 유의하시어 오래 사시기 바랍니다."
9. 송영식, 227－230쪽
10. 이정숙, 241－2, 232, 235쪽
11. 허영섭, 546쪽
12. 이정숙, 241－2, 232, 235쪽
13. 박창석, 51쪽
14. Mutual respect for each other's territorial integrity and sovereignty, Mutual non－aggression,
    Mutual non－interference in domestic affairs, Equality and mutual benefit, Peaceful
    co－existence
15. 김창훈, 139쪽

[4장]

1. Philip Ziegler, 318－323쪽
2. 9명의 버마순국자들: 총리 아웅산Aung San, 공보장관 Ba Cho, 산업·노동장관 Mahn Ba Khaing, 상무장관 Ba Win, 정무장관 Thakin Mya, 교육·국가계획장관 Abdul Razak, 산악지역장관 Sao San Tun, 교통차관 Ohn Maung, 교육·국가계획장관의 경호원 Ko Htwe
3. 송영식, 226쪽
4. 자유평론사, 자멸의 시나리오, 12쪽
5. 싱 후쿠오, 22쪽
6. 독일외무차관 이름을 따서 The Hallstein Doctrine으로 언론에서 사용한 서독정부의 동독 외교봉쇄정책이다. 1955년 아데나워 대통령이 소련을 방문하여 수교하고 돌아오는 비행기에서 수행한 할슈타인 차관이 브리핑한 내용으로 소련과의 수교는 소련이 독일점령국의 일원이므로 특수한 경우에 해당하고 다른 나라들이 동독을 승인하거나 수교할 경우에는 서독은 그 나라와 외교관계를 단절한다는 기존의 정책을 확인한 것이다. 이 정책은 1970년까지 유지되다가 1971년 베를린에 관한 4국 합의, 1972년 "동서독 기본조약"으로 서독이 동방정책을 적극 추진하면서 폐지되었다.
7. 1973.6.23 박정희 대통령이 발표한 평화통일외교정책에 관한 특별성명이다. 총 7개항으로 구성되어 있다. 남북한은 서로 내정에 간섭하지 않으며, 남북한의 유엔동시가입 및 북한의 국제기구 참여에 반대하지 않고, 호혜평등(互惠平等)의 원칙 아래 모든 국가에게 문호를 개방한다는 것이다. 이 선언은 기존의 '할슈타인원칙'에 따른 적대적이고 폐쇄적인 통일정책을 탈피한다는 정부의 적극적인 평화통일의지를 표방하였다는 점에서 긍정성을 가진다. 그러나 북한에서는 이 6.23선언을 한반도에 두 개의 정부를 인정함으로써 분단을 영구화시키는 것이라고 비난하고 모든 남북대화 중단의 구실로 삼아 이후 남북대화는 다시 교착상태에 빠지게 되었다(두산백과).
8. 킨다댐 공사: 7,500만 불로 1981.6 착공하여 1986.4 완공, 56MW급 수력발전용, 랑군 북방 622km, 제2도시 만달레이 남쪽에 위치한 주요 전력원.

[5장]

1. 송영식, 171－174, 211쪽
2. 송영식, 171－174, 211쪽
3. 이정숙, 232, 235, 238쪽
4. 허영섭, 546, 47쪽
5. 박창석, 62쪽
6. 라종일, 72쪽
7. 싱 후쿠오: 그는 "아웅산, 피의 일요일"을 쓰기 위하여 1984년에 버마와 스리랑카 등을 방문하여 버마기자협회 위원장 U Sein Win과도 만나는 등 가능한 많은 관계자들을 만났다고 한다. 그의 책을 보면 우리 정보기관에서도 많은 자료를 제공한 느낌도 든다. 그는 인도네시아 출신으로 1959년 인도네시아－동독학생교류계획에 따라 동독에 가서 저널리즘을 연구 중에 간첩혐의로 체포되어 드레스덴 정치범 수용소에서 7년을 복역하고 1972년에

석방되었다고 한다. 이후 서독 "Axel Springer 뉴스서비스" 기자로 활동하였다고 한다.

8. 싱 후쿠오, 22, 18쪽

9. 싱 후쿠오, 22, 18쪽

10. 자유평론사, 85−6쪽("자멸의 시나리오"는 우리 정보기관 제공 정보로 집필된 것으로 보임)

11. 송영식, 227쪽; "지금 생각해 보니 미얀마 정부 내에는 북한이 몇 십년간 구축해 온 친북세력이 하위급 관리부터 고위관리까지 폭 넓게 퍼져 있었을 것이며, 정부뿐 아니라 문화, 예술, 체육 등 민간분야에도 친북세력이 매우 뿌리 깊고 광범위했을 것으로 상상하기란 어렵지 않다. 미얀마 정부 관리나 민간인 중에는 구태여 뇌물로 매수하지 않아도 이념적으로나 혹은 그간의 친분관계 때문에라도 우리 대통령 방문에 관한 정보 제공 등을 해줄 북한 동조세력이 상당수 있었을 것으로 나는 생각한다."

12. 자유평론사 21쪽, 박창석 57쪽; "범인들이 폭발물을 장치하고 있을 때 아웅산묘소 주위에는 아무런 경비망도 없었다. 다만 관리인 1명만이 묘소앞 숙소에서 잠을 자고 있었다... 11월8일자 일본의 시사통신은 범인 일당이 먼저 아웅산묘소 관리인 집을 방문, 전대통령의 경호원이라고 속인 다음 1만 키야트(약 1백만 원)를 건네주고 사다리를 빌어 지붕에 올라가 폭발장치를 설치했다고 보도하고 있다." 하지만 사건 후 재판과정에서 행한 버마 검찰 측의 논고에는 이럴 귀절이 없다.

13. 싱 후쿠오, 71쪽

14. 송영식, 193쪽; "우리 정부는 미얀마쪽 관련자 색출이나 처벌문제는 일체 거론하지 않았으며, 미얀마 측도 묘지 관리자 등 몇몇 말단 공무원을 수뢰혐의로 처벌했다는 이야기는 들었으나 공식적으로 통보한 내용은 하나도 없었다. 짐작하기로 고위급 수준의 협조나 방조 가능성이 있다고 보지만 이제 이 문제는 흐르는 세월과 함께 영구히 묻힐 것만 같다."

[6장]

1. 외교문서: 버마암살폭발사건 경위 및 처리결과(1984.3)

2. 송영식, 207, 179, 190−191, 211, 193, 212, 299−230쪽

3. 송영식, 207, 179, 190−191, 211, 193, 212, 299−230쪽

4. 버마 방문일정 세부설명서, 15쪽

5. 박창석, 75, 99−100쪽

6. 버마 방문일정 세부설명서 15쪽

7. 장세동, 24쪽

8. 송영식, 207, 179, 190−191, 211, 193, 212, 299−230쪽

9. 라종일, 112−113쪽; 저자가 관계자들을 만나 청취한 것인지 여부 등 근거는 밝히지 않고 있으나 상당 부분 송영식의 저서에서 따온 것임을 밝히고 있다.

10. 외교문서: 버마암살폭발사건 경위 및 처리결과(1984.3 최병효 서기관 작성)

11. 외교문서: 버마암살폭발사건 경위 및 처리결과(1984.3 최병효 서기관 작성)

12. 박창석, 75, 99−100쪽

13. 조문사절단장으로 온 것은 우 산유대통령이 아니라 우 칫라잉 외상이므로 그 부분은 천병득이나 저자의 착각일 것임.

14. 외교문서: 버마암살폭발사건 경위 및 처리결과(1984.3 최병효 서기관 작성)

15. 싱 후쿠오, 140, 188−189쪽

16. 송영식, 207, 179, 190−191, 211, 193, 212, 299−230쪽

17. 송영식, 207, 179, 190−191, 211, 193, 212, 299−230쪽

18. 송영식, 207, 179, 190−191, 211, 193, 212, 299−230쪽

19. 싱 후쿠오, 140, 188−189쪽

20. 하영섭, 47쪽

21. 라종일, 113−4쪽

22. 스칸디나비아 사회는 '우리는 이웃의 행운을 시기한다'라는 소위 얀테의 법칙(The Law of Jante＝Janteloven)이 지배한다고 한다. 얀테의 법칙은 1933년 덴마크−노르웨이 작가 Aksel Sandemose 의 소설 "A Fugitive Crosses His Tracks"(도망자, 지나온 발자취를 다시 밟다)의 무대로서 주민들 모두가 서로를 다 알고 지내는 덴마크의 소도시 Jante의 삶에 등장한다. "당신이 특별하다고 생각하지 말 것, 당신이 우리보다 더 나은 존재라고 생각하지 말 것, 당신이 우리보다 더 많이 안다고 생각하지 말 것" 등과 같은 평등 문화를 강조하는 개념이다.

[7장]

1. 박창석, 83쪽
2. 경황 중에 전문 제목도 못 붙임
3. 장세동, 29−33, 34−36, 37−39쪽
4. 장세동, 29−33, 34−36, 37−39쪽
5. 장세동, 29−33, 34−36, 37−39쪽

[9장]

1. Don Oberdorfer, 143, 144−145쪽
2. Don Oberdorfer, 143, 144−145쪽
3. Don Oberdorfer, 143, 144−145쪽

[10장]

1. 1970.6.22 북한 노동당 소속 간첩 3명이 6.25 기념행사에 참석 예정이던 한국정부 요인들을 암살하고자 서울 동작구 소재 국립묘지 현충문에 원격 조종 폭파장치를 설치하다가 취급 부주의로 설치도중 폭발하여 일당 중 한 명은 현장에서 즉사하고 두 명은 도주한 사건이 있었음. 당시 사용한 폭발물 분석 결과 폭탄은 1−2km이내에서 원격 조종이 가능하고, 직경 80m이내를 유효 살상거리로 하는 인마살상용 폭발물로서 아웅산묘소에서 사용된 폭발물과 같은 종류이며 동일한 특징을 지니고 있음. 이는 북한이 다년간 연구 개발하여 온 TNT와 RDX를 배합 제조한 고성능 콤포 B로서 현장에서 발견된 미폭발 폭탄은 북한이 1969년 이래 개발·사용하고 있는 것임. 국립과학수사연구소 및 군 전문기관 분석 결과 버

마사건 현장, 폭파범인, 부상자 몸의 파편 등 3곳에서 나온 아이언 볼과 북한 남파간첩이 휴대한 북한제 수류탄 내의 아이언 볼 성분이 완전 일치하였음(철, 납, 구리, 니켈, 코발트, 아연, 망간, 크롬을 일정 비율로 배합).

2. 버마 측은 10.27 우리 측 조사단 법률자문관으로 최환·윤동민 검사가 버마 입국비자를 신청한 데 대한 불쾌감을 표시하였으나 10.31 그들의 버마 입국에 동의함을 알려옴. 랑군에 도착한 두 검사는 범인 면담이나 기타 아무런 활동도 못하고 곧 귀국함.

[11장]

1. 아베 외상의 버마 외상 초청 만찬은 아베 외상을 통하여 범인들의 신변보호 및 사건진상의 조속한 규명을 버마 측에 요청하라는 전대통령의 지시내용을 10.14(금) 이기주 주일공사가 하시모토 일본외무성 아주국장에게 전달하여 전격적으로 이뤄졌다. 우리 요청에 따라 일본 측은 생포된 자들의 치료를 위한 일본 의료진의 파견 제의도 하였다.

2. 버마암살폭발사건 경위 및 처리결과, 1984.3 외무부

[12장]

1. 1960년대 이래 북한의 대남 암살·폭파사건
   1965.7.18 노성집 일당, 요인 위해 기도사건, 67.9.5 경원선 초성역 열차 폭파사건
   67.9.9 서울–문산 철도 폭파 기도사건, 67.9.13 경의선 운정역 열차 폭파사건
   68.1.21 청와대 습격 기도사건, 69.9.12 자수간첩 정차량 휴대, 폭발물 폭발사건
   70.6.22 국립묘지 현충문 폭파, 요인 위해 기도사건, 74.8.15 문세광의 박정희 대통령 저격사건
   81.7 전대통령 캐나다 방문 중 위해 음모사건, 83.9.22 대구 미국 문화원 폭파사건
   83.10.9 버마 아웅산묘소 암살 폭파사건

2. 북한 공관원 거주 주택: Fraser Road 59; 무관 안리섭 대령 및 부인, 3등서기관 안명국 및 부인, 무관보 허철국 소령 및 부인이 거주, Fraser Road 65; 대사 이성호 및 부인과 아들 거주, 2ⁿᵈ Thiri Avenue154/A(범인들 은익장소); 참사관 전창휘 및 부인, 3등서기관 김웅삼 및 부인과 아이 한 명, 3등서기관 최기훈 및 부인과 아이 한 명 거주, Prome Road 477; 참사관 김용호 및 부인, 2등서기관 이창하 및 부인 거주

3. 북한 공관원 명단: 대사 이성호(47세, 부인 고영수) 80.11.29 부임
   참사관 김용호(정무담당 40세, 부인 오화옥) 82.12.1
   참사관 전창휘(고위군사첩보기관원 50세, 부인 홍선봉) 82.9.15
   참사관 윤광섭(경제·무역담당 46세, 부인 강선나) 82.11.10
   무관 안리섭(육군 대좌 47세, 부인 김오복) 83.4.12
   2등서기관 정구화(부인 이선화) 77.9.5
   2서 이창하(정무담당 39세, 부인 장윤영) 82.12.15
   3등서기관 김웅삼(경제담당 40세, 부인 옥경숙) 81.5.5
   3서 최기훈(경제담당 36세, 부인 이금실) 82.11.10
   3서 안명국(상무담당) 83.6.21
   무관보 허철국 소좌(비밀첩보기관원 37세, 부인 노명욱) 83.4.12

상무관 신철수(부인 이채숙) 78.12.11

통신관 원영휘(33세, 부인 차희순)

기타 운전원(주병관 46세, 부인 정복례), 요리사, 정원사 등 상주

*당시 우리 대사관 보고가 부실하고, 다른 여러 자료에서도 이름이 약간씩 달라 명단이
정확하지 않을 수 있음

[14장]

1. 노신영, 332쪽

2. 송영식, 235쪽

3. 허문도: 1940－2016, 조선일보기자, 주일대사관 공보관, 12.12 쿠데타 이후 중앙정보부장
   비서실장, 국보위 입법회의 문공분과위원, 대통령 정무제1비서관을 거쳐 1982.1－1984.10
   까지 문화공보부 차관, 1984.10－86.8 대통령비서실 정무제1수석비서관, 1986.8－88.2 국
   토통일부장관

4. 외무부 직원들이 청사내 복내에서 서로 마주칠 때 교환하는 비공식 정보를 일컬음.

5. 공로명, 276－277쪽

6. 이정숙, 254쪽

7. 자유평론사, 97쪽

8. 황장엽: 1923－2010 김일성대 총장, 주체사상연구소장, 노동당 국제담당 비서, 북한최고인
   민회의 의장 등 역임

9. 월간조선 1998년7월호 225쪽 황장엽·김덕홍 인터뷰 기사

10. 라종일, 227쪽

11. 자유평론사, 16쪽

12. 라종일, 198쪽

13. 라종일, 209쪽

14. 라종일, 206쪽

15. 라종일, 252쪽

16. 장세동, 104－105쪽

17. 장세동, 106쪽

18. 장세동, 114쪽

19. 장세동, 138쪽

20. 1989.6 세종연구소 신·구임 이사진:

신임 이사진	물러난 이사진
이용희 이사장(전 통일원장관)	정주영(현대그룹 명예회장)
구평회(럭키금성사 회장)	김기환(일해연구소장)
김명윤(민주당 상임고문)	남덕우(무역협회 회장)
김상하(대한상의 회장)	서돈각(학술원 원장)
김옥렬(숙명여대 총장)	신병현(전국은행연합회 회장)
백선엽(예비역 대장)	이기백(전 국방부장관)

양호민(언론인, 한국논단 대표)　　　이병용(변호사)
유창순(전경련 회장)　　　　　　　이병주(작가)
이태영(변호사)　　　　　　　　　이영덕(서울대 교수)
장성환(한국관광대학장)　　　　　이정오(한국과학기술원장)
정일영(전 국민대 총장)　　　　　정수창(대한상공회의소 회장)
한표욱(전 주영대사)　　　　　　유수경(유임, 고 서석준 부총리 부인)
감사 김동환(변호사)　　　　　　김상홍(삼양사 회장)
이홍희(동서식품 사장)　　　　　이종원(변호사)

[15장]

1. Don Oberdofer, 226, 146, 147, 150−151쪽
2. 노신영, 337쪽
3. Don Oberdofer, 226, 146, 147, 150−151쪽
4. Don Oberdofer, 226, 146, 147, 150−151쪽
5. Don Oberdofer, 226, 146, 147, 150−151쪽
6. 연합뉴스(홍국기 기자) 2017.4.11.: 외교문서−남북대화 재개되자 아웅산 희생자 추도식 축소
7. https://namu.wiki/w/조중동맹조약: 한미조약과 북중조약의 차이는 북중 양국 간 상호 자동군사개입을 규정한 제2조다. 여기에는 "일방이 무력침공을 당해 전쟁상태에 처할 경우 상대방은 모든 힘을 다해 지체 없이 군사 및 기타 원조를 제공한다."고 규정돼 있는 반면, 한미조약은 자동개입 조항이 없다. 한미상호방위조약 제3조에는 외부세력에 대한 무력공격 발생 시 행동방식과 상호의무에 대해 규정하고 있다. 그러나 조중우호조약의 자동개입 조항과 달리 "유사시 공통의 위협에 대처하기 위해 각자의 헌법상의 수속에 따라 행동할 것을 선언한다."고 명시돼 있다. 제2조에도 외부 침략에 대한 대응양식을 규정하고 있는데 "상호협의"를 주장한다는 점에서 즉각적이고 의무적인 대응은 성립하지 않는다. 다만 휴전선 인근에 배치된 주한미군이 '인계철선(引繼鐵線)' 역할을 수행해왔기 때문에 사실상의 자동개입이 보장돼 왔다. 이는 주한미군이 북한의 공격을 받으면 미군 본토 병력이 자동으로 개입하게 된다는 의미다.
8. 송민순, 빙하는 움직인다, 창비, 2016
9. Graham Allison, 119−121쪽
10. 1905년의 미·일 간 Taft−Katsura합의, 1902년 영·일동맹, 미국이 주선한 1905년 러−일 간 포츠담조약, 1945년 Yalta 미·소 간 2차대전 전후 처리 합의, 1950.1 Acheson의 아시아 방위선 연설처럼 강대국들의 세계전략에 따라 한국이 다시 희생양이 될 가능성에 유의해야 한다.
11. The New York Times Magazine, 1974.9.22
12. Peter Zeiahn, p142 Chapter 8
13. 연상모, "일본을 직시하자", 한국외교협회 "외교광장 2020.7.10"
14. 맹자, 梁惠王 章句 下篇의 齊 宣王이 이웃나라와의 외교의 방법을 묻는 데 대한 맹자의 대답이다＝唯仁者爲能以大事小　唯知者爲能以小事大,　以大事小者樂天者　以小事大者　畏天者,

樂天者保天下, 畏天者保其国

김영주, 406쪽; 惟智者爲能以小事大는 오직 지혜로운 사람만이 작은 나라로서의 자체 실력을 충분히 자각하고 큰 나라에 순응하며 함부로 큰 나라에 달려들어서 나라를 위험한 지경으로 몰고 가는 무모한 일을 벌여서는 안 된다."는 뜻이다. 주견이나 자기주장이 없이 강한 나라에 무조건 추종해서 안전을 꾀하는 사상이란 의미에서의 사대주의에서 벗어나서 지혜로운 외교를 추구해야 한다.

[16장]

1. Wikipedia.com: François−Noël Babeuf(1760−97)는 프랑스 시민혁명기의 정치선동가이며 언론인(Le Tribun du Peuple)으로서 사유재산의 철폐 등을 주장하였다.

2. Edmund Burke denounced the Jacobins for letting "thousands of those hell−hounds called Terrorists ⋯ loose on the people" of France.

3. 자코뱅 사상에 의거해 사회주의공화국을 건설하고자한 로베스피에르는 혁명정부(The Directory로 불린 5인위원회로 1795.11−1799.11 집권)를 몰아내려는 쿠데타를 1796년 5월에 주도하였으나 실패하여 처형되었다. 그는 자신의 사후에 등장한 용어인 무정부주의자, 공산주의자로 매김되고 최초의 혁명적 공산주의자라고 지칭되었다. 1793년 7월 집권한 의회The Convention(1792.8.10−1795.10.26)는 1795년까지 지속되었으나 실권은 1793.5부터 공공안전위원회Committee of Public safety가 장악하여 1794년 7월까지 로베스피에르 주도로 대규모 처형과 숙청을 감독하였는데 이 시기는 테러통치기Reign of Terror라고 불리었다. The Directory or Directorate(French: le Directoire) was a five−member committee that governed France from 2 November 1795, when it replaced the Committee of Public Safety, until 9 November 1799, when it was overthrown by Napoleon Bonaparte in the Coup of 18 Brumaire, and replaced by the French Consulate. It gave its name to the final four years of the French Revolution.

4. Wikipedia.com: Robespierre in February 1794 in a speech explained the necessity of terror: "If the basis of popular government in peacetime is virtue, the basis of popular government during a revolution is both virtue and terror; virtue, without which terror is baneful; terror, without which virtue is powerless. Terror is nothing more than speedy, severe and inflexible justice; it is thus an emanation of virtue; it is less a principle in itself, than a consequence of the general principle of democracy, applied to the most pressing needs of the patrie [homeland, fatherland]."

5. 1994 United Nations Declaration on Measures to Eliminate International Terrorism annex to UN General Assembly resolution 49/60, "Measures to Eliminate International Terrorism", of December 9, 1994, UN Doc. A/Res/60/49.: Criminal acts intended or calculated to provoke a state of terror in the public, a group of persons or particular persons for political purposes are in any circumstance unjustifiable, whatever the considerations of a political, philosophical, ideological, racial, ethnic, religious or any other nature that may be invoked to justify them.

6. U.S. Code Title 22 Chapter 38, Section 2656f(d) defines terrorism as: "Premeditated, politically motivated violence perpetrated against noncombatant targets by subnational groups or clandestine agents, usually intended to influence an audience".

   18 U.S.C. § 2331 defines "international terrorism" and "domestic terrorism" for purposes of Chapter 113B of the Code, entitled "Terrorism": "International terrorism" means activities with the following three characteristics:

   Involve violent acts or acts dangerous to human life that violate federal or state law; Appear to be intended (i)to intimidate or coerce a civilian population; (ii)to influence the policy of a government by intimidation or coercion; or (iii)to affect the conduct of a government by mass destruction, assassination, or kidnapping; and occur primarily outside the territorial jurisdiction of the U.S., or transcend national boundaries in terms of the means by which they are accomplished, the persons they appear intended to intimidate or coerce, or the locale in which their perpetrators operate or seek asylum.

7. The Encyclopædia Britannica Online; defines terrorism generally as "the systematic use of violence to create a general climate of fear in a population and thereby to bring about a particular political objective", and states that "terrorism is not legally defined in all jurisdictions." The encyclopedia adds that "[e]stablishment terrorism, often called state or state−sponsored terrorism, is employed by governments – or more often by factions within governments – against that government's citizens, against factions within the government, or against foreign governments or groups."[2]

8. The terror of tsarism was directed against the proletariat. Our Extraordinary Commissions shoot landlords, capitalists, and generals who are striving to restore the capitalist order. Do you grasp this … distinction? Yes? For us communists it is quite sufficient. (Leon Trotsky: Terrorism and Communism)

9. Kofi Annan, at the time United Nations Secretary−General, stated that it is "time to set aside debates on so−called 'state terrorism'. The use of force by states is already regulated under international law". Annan added, "…regardless of the differences between governments on the question of definition of terrorism, what is clear and what we can all agree on is any deliberate attack on innocent civilians [or non−combatants], regardless of one's cause, is unacceptable and fits into the definition of terrorism."

10. Yuval Noah Harari, 159−170쪽

11. 2017.11 트럼프 미국대통령의 한국 국회 연설문 중 관련 부분: "These attacks have included the capture and torture of the brave American soldiers of the USS Pueblo, repeated assaults on American helicopters, and the 1969 drowning [downing] of a U.S. surveillance plane that killed 31 American servicemen…"

12. 월간조선 1998.7월호, 225쪽: 황장엽·김덕홍과의 인터뷰 기사

13. 1980년 김정일이 공식 후계자로 지명되고 1982년에는 북한의 대외비밀공작은 김정일의 지휘로 넘어갔다는 것이 미국 테러전문가 Joseph Bernodez의 분석이라고 Don Oberdorfer는 그의 저서(142쪽)에서 언급하고 있으나 김일성이 버마에서의 테러계획을 보고는 받았을 것으로 봐야 할 것임.

14. 1982년 가을 전두환의 가봉 방문 시 암살계획이 막판에 취소된 것은 국제연합 총회에서 중요한 아프리카국들의 지원에 타격이 될 것을 우려한 김정일의 지시에 따른 것이라는 김일성 불어통역이었던 탈북 외교관 고영환의 증언이라고 Don Oberdorfer가 그의 저서(142쪽)에서 언급하고 있으나 김정일이 스스로 계획한 것을 막판에 취소했다기보다는 "신동아" 잡지 보도처럼 김정일이 계획한 것을 김일성이 취소시켰다고 보는 것이 합리적으로 보임.

15. 노신영, 260쪽

16. 연합통신 보도, 1991.3.14

17. 1998.7월호 월간조선 인터뷰 기사

18. 1754BC경 고대 바빌로니아의 제6대왕 Hammurabi가 제정하여 돌에 새긴 법률로서(lex talionis＝the law of the claw) 가해자는 피해자로부터 같은 만큼의 피해를 당해야 된다는 원칙(同害報復刑, 눈에는 눈, 이빨에는 이빨)

[17장]

1. Thucydides, 402쪽; "…since you know as well as we do that, when these matters (international law guarantees our neutrality) are discussed by practical people, the standard of justice depends on the equality of power to compel and that in fact the strong do what they have the power to do and the weak accept what they have to accept.

2. 삼궤구고두三跪九叩頭란 중국 청(淸)나라 때 시행한 황제에 대한 경례법으로 삼배구고(三拜九叩)라고도 한다. 궤(跪)는 무릎을 꿇는 것이고, 고(叩)는 머리를 땅에 닿게 한다는 뜻으로, 무릎을 꿇고 양손을 땅에 댄 다음 머리가 땅에 닿을 때까지 숙이기를 3번, 이것을 한 단위로 3번 되풀이하였다. 고두(叩頭)의 예는 청나라 이전부터 있었으나, 청대에 들어와서 1궤 3고·2궤 6고·3궤 9고 등으로 제도화하고, 외국 사절에게도 강요하였다. 가경시대(嘉慶時代, 1796－1820)의 영국 대사 P.W.애머스트가 이것을 거부하여 알현이 허용되지 않았을 뿐만 아니라, 그날로 퇴경 당하여 귀국한 일화가 있다(두산백과).

3. 하미시타 다케시, 51쪽

4. Graham Allison은 신흥강국(중국)과 전통적 강국(미국) 간의 국제패권 경쟁이 불러올 전쟁위험을 Thucydides' Trap이라고 표현함.

5. At Cardinal Richelieu's prompting, he defended the concept of reason of state, arguing that the political necessities under which the State operates mean that it need not always follow normal laws of ethics, such as telling the truth. Reason of state was thus, he said, "a mean between that which conscience permits and affairs require."(Wikipedia.com)

6. Harold Nicolson 55쪽; "The basis of good negotiation is moral influence and that influence is founded on seven specific diplomatic virtues, namely: 1.Truthfulness 2.Precision 3.Calm 4.Good temper 5.Patience 6.Modesty 7.Loyalty.

7. Harold Nicolson, 66쪽

8. Hannah Arendt, 252쪽 "…the lesson that this long course in human wickedness had taught us－the lesson of the fearsome, word－and－thought－defying banality of evil."

9. Francis Fukuyama가 1992 발간한 "The End of History and the Last Man"에서 주장

10. 권순대, 133쪽, "한 외교관의 도전, 기파랑 2015"

11. 영국의 역사가이자 정치인 John Dalberg－Acton, 1st Baron Acton(제1대 Acton남작, 1834－1902)이 1887.4 영국교회의 주교 Mandell Creigton에게 보낸 편지에 쓴 구절: "Power tends to corrupt, and absolute power corrupts absolutely. Great men are almost always bad men…"

12. G.R.Berridge, 175－177쪽

[후기]

1. 강진욱은 "1983 버마"에서 역사수정주의적 시각으로 버마암살폭발사건이 비동맹권에서의 북한 고립을 위해 남한과 미국이 합작하여 연출한 자작극이라고 주장한다. 전통적 시각에서 벗어나 역사를 새롭게 보려는 시도가 무의미한 것은 아니라고 하더라도 지나친 사실 오류와 억측으로 의미 있는 논점을 제공하지 못하고 있는 점은 유감으로 생각된다.

2. 2011년 영국의 "Man Booker Prize"를 받은 Julian Barnes의 소설 "The sense of an ending" 17쪽에 프랑스인 Patrick Lagrange를 인용한 구절; "History is that certainty produced at the point where the imperfections of memory meet the inadequacies of documentation"

3. 영국의 유서 깊은 자유주의 신문 The Guardian지의 편집자로 57년간 활동하고 말년에는 사주가 된 C.P.Scott가 1921년 Guardian지 창립 100주년 기념문에서 언론의 역할에 대해 논평한 것: In a 1921 essay marking the Manchester Guardian's centenary(at which time he had served nearly fifty years as editor), Scott put down his opinions on the role of the newspaper. He argued that the "primary office" of a newspaper is accurate news reporting, saying "comment is free, but facts are sacred". Even editorial comment has its responsibilities: "It is well to be frank; it is even better to be fair". A newspaper should have a "soul of its own", with staff motivated by a "common ideal": although the business side of a newspaper must be competent, if it becomes dominant the paper will face "distressing consequences"(Wikipedia.com).

4. E.H.Carr, 17쪽

찾아보기

지은이

최병효(崔秉孝 Byung-hyo Choi)

서울대학교 외교학과를 졸업하고 1972년 외무고시에 합격하였다. 군 복무 후 1974년 1월 외무부에서 근무를 시작하였다. 1976-77년에는 영국문화원 장학금으로 Oxford University(Merton College)에서 외교관 과정(Foreign Service Programme)을 수료하였다.

36년간 외교부에 근무 후 2009년 12월 말 정년퇴임할 때까지 포르투갈, 네팔, 영국, 폴란드, 뉴질랜드, 태국(공사 겸 "국제연합 아·태경제사회이사회" 한국 상임대표) 주재 대한민국 대사관에서 근무하였다. 국무총리실과 인천광역시(국제관계 자문대사)에서도 근무하였으며 외교부에서 동구과장, 안보정책심의관, 감사관 등을 역임하였다. 2002-2005년 駐노르웨이대사 겸 아이슬란드대사, 2006-2008년 駐로스앤젤레스 총영사를 역임하였다. 노르웨이 수교훈장 대십자장과 대한민국 홍조근정훈장을 수령하였다.

연세대학교 국제학대학원 겸임교수를 역임하였고, 은퇴 후에는 우석대학교, 순천향대학교(아세아학부), 한양대학교(국제학부) 등에서 국제정치, 외교 관련 과목을 10년간 강의하였다. 저서로는 "외교통신문작성법(Diplomatic Correspondence)"(영문, 2012, 국립외교원)이 있다.

그들은 왜 순국해야 했는가The Innocent Martyrs

: 버마암살폭발사건의 외교적 성찰Diplomatic Reflections on the Rangoon Bombing Incident

초판발행   2020년 11월 30일
중판발행   2021년 6월 30일

지은이   최병효
펴낸이   안종만·안상준

편 집   조보나
기획/마케팅   노 현
표지디자인   이미연
제 작   고철민·조영환

펴낸곳   (주) 박영사
              서울특별시 금천구 가산디지털2로 53, 210호(가산동, 한라시그마밸리)
              등록 1959. 3. 11. 제300-1959-1호(倫)
전 화   02)733-6771
f a x   02)736-4818
e-mail   pys@pybook.co.kr
homepage   www.pybook.co.kr
ISBN   979-11-303-1127-2   03340

* 파본은 구입하신 곳에서 교환해 드립니다. 본서의 무단복제행위를 금합니다.
* 저자와 협의하여 인지첩부를 생략합니다.

정 가   24,000원